汽车底盘结构与维修

主　编　叶　芳　李仕生
副主编　黄超群　李　杨
主　审　曹建国

重庆大学出版社

内容提要

本书讲述了汽车传动系统、行驶系统、转向系统、制动系统的结构与维修基础知识，系统介绍了汽车底盘、离合器、变速器、万向传动装置、驱动桥、悬架、车轮与轮胎、转向器、制动器等总成和部件的结构、工作原理，以及拆装与检修方法。每个模块配有学习目标、知识小结、复习思考题和实训项目。本书运用理实一体化教学模式，结合课程教学和技能实训项目教学，可使学生理解汽车底盘各系统各总成的工作原理和结构特点，基本具备汽车底盘拆卸、装配能力以及使用常用维修工具、量具、设备进行底盘各主要总成、部件的检修技能。

本书可作为高职高专汽车检测与维修专业、汽车运用技术等相关专业的必修课教材，也可作为汽车行业从业人员的培训用书，还可供相关工程技术人员参考。

图书在版编目(CIP)数据

汽车底盘结构与维修/叶芳，李仕生主编. —重庆：重庆大学出版社，2013.3(2017.7 重印)
高职高专汽车检测与维修技术专业系列教材
ISBN 978-7-5624-7241-4

Ⅰ.①汽… Ⅱ.①叶…②李… Ⅲ.①汽车—底盘—结构—高等职业教育—教材②汽车—底盘—车辆修理—高等职业教育—教材 Ⅳ.①U463②U472.41

中国版本图书馆 CIP 数据核字(2013)第 045653 号

汽车底盘结构与维修
主　编　叶　芳　李仕生
副主编　黄超群　李　杨
主　审　曹建国
策划编辑：曾显跃
责任编辑：文　鹏　　版式设计：曾显跃
责任校对：杨长英　　责任印制：赵　晟
*
重庆大学出版社出版发行
出版人：易树平
社址：重庆市沙坪坝区大学城西路 21 号
邮编：401331
电话：(023) 88617190　88617185(中小学)
传真：(023) 88617186　88617166
网址：http://www.cqup.com.cn
邮箱：fxk@cqup.com.cn (营销中心)
全国新华书店经销
重庆市国丰印务有限责任公司印刷
*
开本：787mm×1092mm　1/16　印张：25　字数：624 千
2013 年 3 月第 1 版　　2017 年 7 月第 2 次印刷
印数：3 001—5 000
ISBN 978-7-5624-7241-4　定价：47.00 元

前言

我国汽车工业经过六十多年的建设和发展取得了举世瞩目的成就，我国已成为世界汽车制造大国和消费大国。这也使得传统的服务模式难以满足消费者在使用汽车时日益增长的各类需求，汽车服务行业急需大量高素质、高技能的汽车服务应用型人才。高职院校以培养高等技术应用型人才为目标，强调以能力为本位，重视实践能力的培养，注重在掌握必需的理论知识情况下突出实践操作技能。本书就是在我国高等教育稳步发展、国内汽车工业高速发展和汽车“后市场”技能型人才紧缺的背景下编写的。

本书在编写的过程中力求融入理实一体化教学模式，通过“认知—理论—实践”三段式过程将理论知识和技能培养有效结合起来。主要具备以下特点：

①课程内容综合化。本书将汽车底盘重要总成的结构、原理、认知实训、拆装实训、维修检测、诊断在同一模块中讲授，使知识与能力有机结合，避免脱节，减少重复。

②理论教学与实训相结合。每个模块都将理论知识与配套实训相结合，实现理论与实践的有机结合。

③更新了教学内容。为突出实用性特点，本书增加了汽车新知识、新技术，使教学内容与职业岗位相结合，以适应汽车技术发展的要求。

本书讲述了汽车传动系统、行驶系统、转向系统、制动系统的结构与维修基础知识，通过 19 个模块和 17 个实训项目，系统地介绍了汽车底盘、离合器、变速器、万向传动装置、驱动桥、悬架、车轮与轮胎、转向器、制动器等总成和部件的结构、工作原理，以及拆装与检修方法。形式上采用学习目标、能力目标、实训项目、知识小结、复习思考题等。

本书可作为高职高专汽车检测与维修专业、汽车运用技术等相关专业的必修课教材，也可作为汽车行业从业人员的培训用书，还可供相关工程技术人员参考。

本书由重庆工商职业学院、重庆机电职业学院、重庆工业职业技术学院、重庆工程职业学院以及重庆长安汽车工程研究院的专业人士共同组织策划编写。重庆工商职业学院汽车工程学院叶芳、重庆工业职业技术学院汽车工程系李仕生任主编。重庆工商职业学院汽车工程学院黄超群、重庆机电职业学院车辆工程系李杨任副主编。

参加编写的还有重庆长安汽车工程研究院的汤春燕；重庆工商职业学院汽车工程学院的徐杰、邢峰、曹志良，重庆工程职业技术学院机械工程学院的余锋，重庆机电职业技术学院车辆工程的阮东东、黄晶，河南机电高等专科学校王强等。其中，叶芳、李仕生、徐杰、余锋负责“汽车传动系”的编写；李杨、阮东东、黄晶、王强负责“汽车行驶系”的编写；黄超群、汤春燕、曹志良负责“汽车转向系”的编写；邢峰负责“汽车制动系”的编写。全书由重庆工商职业学院汽车工程系教授曹建国主审。

在编写过程中，作者参阅了大量文献资料和专著，借鉴了不少宝贵的资料，汽车行业的众多同行们也对本书提出了很好的建议。在此，向他们表示衷心的感谢！

鉴于编著者水平有限，书中难免有不妥或错误之处，敬请广大读者批评指正。

编　者

2012年12月

目录

学习领域1　汽车传动系

学习领域 3　汽车转向系

学习领域 4　汽车制动系

学习领域 1

汽车传动系

模块 1

汽车传动系统认识

知识目标

1. 理解汽车行驶的基本原理；
2. 掌握汽车底盘的基本组成及功用；
3. 掌握汽车传动系的组成、功用和布置形式；
4. 了解汽车维修流程，掌握汽车维修安全生产注意事项。

能力目标

1. 熟悉汽车底盘各总成元件，能够对照实物说出名称和功用；
2. 掌握汽车传动系各总成部件的结构特点、布置形式和动力传递路线；
3. 理解汽车底盘维修的安全生产。

项目　汽车传动系统认识

项目目标

1. 掌握汽车底盘的结构组成和各系统的作用；
2. 掌握汽车传动系统的组成和各总成的作用；
3. 掌握汽车传动系各种布置形式的特点。

课前思考

汽车底盘对汽车行驶起什么作用？汽车底盘由哪些部分组成？传动系根据布置形式不同有什么结构特点？

项目内容

任务1　汽车行驶的基本原理

任务描述

汽车是如何实现行驶的呢？本任务要求理解汽车行驶的基本原理，加深对底盘重要作用的理解。

学习引导

汽车底盘是用来接受发动机的动力，使汽车运动并保证汽车能够在驾驶员的操纵下正常行驶。那么汽车行驶的原理是什么呢？

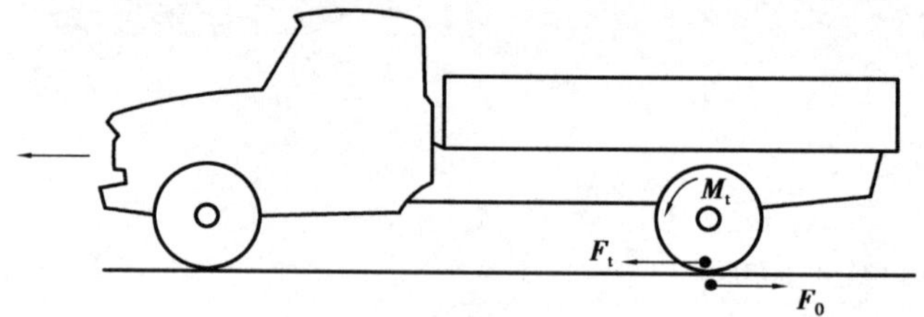

图1.1　牵引力产生的原理

1. 牵引力的产生

汽车要行驶，必须由外界对汽车施加一个推动力 F_t，这个力称为汽车牵引力（驱动力）。汽车牵引力产生原理如图1.1所示。当汽车行驶时，发动机的输出转矩通过传动系传给驱动车轮，使驱动车轮得到一个转矩 M_t；由于汽车轮胎与地面接触，形成一个接触面，在转矩 M_t 作用下，接触面上的轮胎边缘对地面产生一个圆周力 F_0，它的方向与汽车行驶方向相反，其大小为：

$$F_0 = \frac{M_t}{r}$$

式中　M_t——驱动轮上的转矩；

r——驱动轮的滚动半径。

根据作用力与反作用力的关系，路面必然对轮胎边缘施加一个反作用力 F_t，其大小与 F_0 相等，方向相反。F_t 即为外界对汽车施加的一个推动力，即牵引力。当牵引力增大到能克服汽车静止状态的最大阻力时，汽车便开始起步。

汽车牵引力的大小，不仅取决于发动机输出转矩和传动装置的结构，同时还取决于轮胎与路面的附着性能。附着力的大小与轮胎和地面的性质、作用在车轮上的附着重力有关。

2. 行驶阻力

汽车在行驶中会遇到各种阻力，主要有滚动阻力、空气阻力、上坡阻力和加速阻力等，这些阻力会影响汽车行驶。其性质、大小和影响因素如下：

(1)滚动阻力

滚动阻力主要是由于车轮滚动时轮胎与路面的变形、车轮轴承内的摩擦所引起的阻力，用 F_f 表示，其大小与轮胎结构、轮胎气压、路面性质及汽车总质量有关。

(2)空气阻力

空气阻力是指汽车在行驶时，其表面与空气相摩擦、车身前部迎风面受到的气体压力、车身后部因空气涡流而产生真空度等因素所引起的阻力，用 F_w 表示，其大小与汽车迎风面积、汽车与空气的相对速度、汽车外廓形状和表面摩擦系数有关。通常当车速小于30 km/h 时，空气阻力忽略不计。

(3)上坡阻力

上坡阻力是指汽车上坡时，由于汽车重力和坡度所引起的阻力，用 F_i 表示，其大小与汽车总质量和道路纵向坡度角有关。汽车在平坦路面上行驶时，$F_i=0$。

(4)加速阻力

加速阻力是指汽车在起步和加速时，由于惯性作用所引起的阻力，用 F_m 表示，其大小与汽车的加速度和汽车的惯性质量有关。汽车静止或匀速行驶时，$F_m=0$。

(5)汽车行驶总阻力 $\sum F$

汽车行驶总阻力是上述4种阻力之和，即

$$\sum F = F_f + F_w + F_i + F_m$$

3. 汽车行驶的基本条件

汽车的行驶情况取决于汽车的受力情况，其关系如下：

①当牵引力等于行驶总阻力，即 $F_t = \sum F$ 时，汽车匀速行驶或静止状态。

②当牵引力大于行驶总阻力，即 $F_t > \sum F$ 时，汽车加速行驶。

③当牵引力小于行驶总阻力，即 $F_t < \sum F$ 时，汽车减速行驶或无法起步。

车辆在泥泞路面上或冰雪地面上行驶，轮胎与路面间的圆周力存在，但小于汽车行驶阻力时，即 $F_t < \sum F$ 时，车辆将打滑。可见，路面与轮胎间的附着性能决定了路面所能提供反作用力(即附着力)的最大值。

附着力是阻止车轮打滑的路面阻力，为使车轮在路面上不打滑，附着力必须大于或等于汽车牵引力。

任务2　汽车底盘的组成和功用

任务描述

汽车通常由发动机、底盘、车身和电器设备四大部分组成，底盘是组成汽车的重要部分。本任务要求掌握汽车底盘的组成和各系统的重要作用。

学习引导

汽车底盘由传动系、行驶系、转向系和制动系四大系统组成，其功用是接受发动机的动力，使汽车运动并保证汽车能够在驾驶员的操纵下正常行驶。图1.2所示为轿车的底盘结构图。

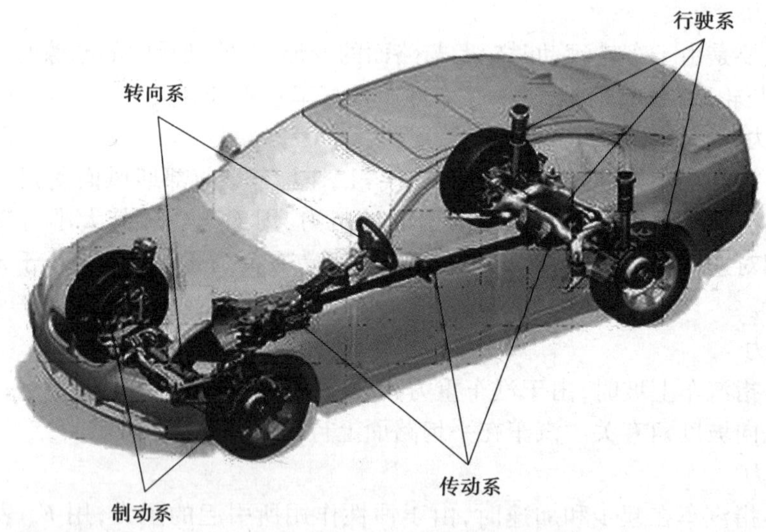

图1.2　轿车的底盘结构图

1. 传动系

汽车传动系是从发动机到驱动车轮之间所有动力传递装置的总称，其功用是将发动机的动力传递给驱动车轮。不同配置的汽车，传动系的组成不同。如载货汽车及部分轿车，其传动系一般由离合器、手动变速器、万向传动装置（万向节和传动轴）、驱动桥（主减速器、差速器、半轴、桥壳）等组成，如图1.3所示。而轿车中采用自动变速器的越来越多，其传动系包括自动变速器、万向传动装置、驱动桥等，即用自动变速器取代了离合器和手动变速器。

2. 行驶系

汽车行驶系一般由车架、悬架、车桥和车轮等组成，如图1.4所示。车轮通过轴承安装在车桥两边，车桥通过悬架与车架（或车身）连接，车架（或车身）是整车的装配基体。

汽车行驶系的功用是：

①支承汽车总重量并承受路面作用在车轮上的各种力；

②把传动系传来的转矩转化为汽车行驶的牵引力；

③保证汽车平稳顺利行驶。

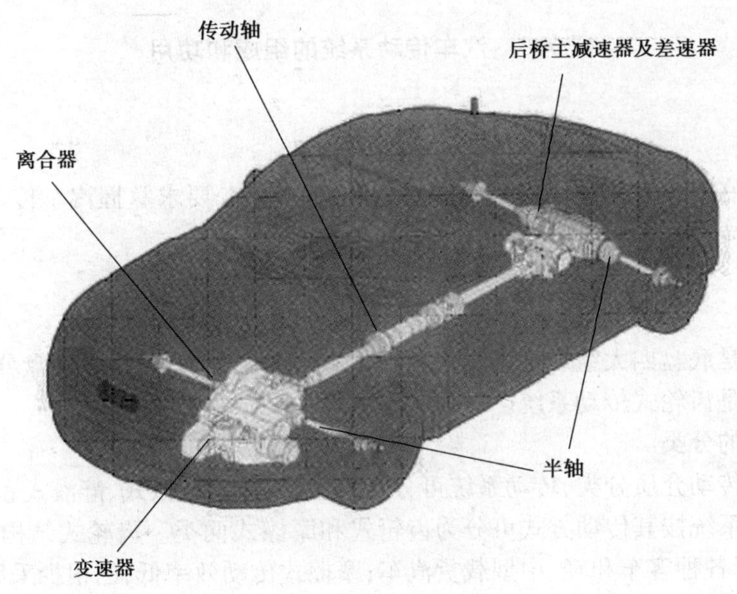

图1.3　汽车传动系构成图

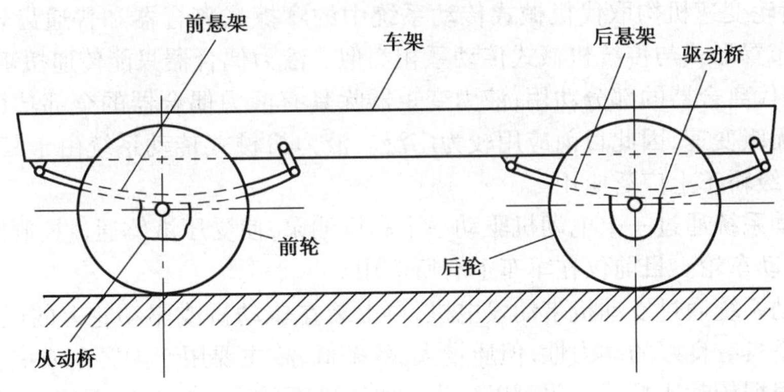

图1.4　汽车行驶系的组成

3. 转向系

汽车转向系主要由转向操纵机构、转向器、转向传动机构组成。现代汽车普遍还带有动力转向装置。

汽车转向系的功用是保证汽车能够按照驾驶员选定的方向行驶。

4. 制动系

汽车制动系一般包括行车制动系和驻车制动系两套相互独立的制动系统，每套制动系统都包括制动器和制动传动机构。现代汽车的行车制动系一般都装配有制动防抱死系统（ABS）。

制动系的功用是使汽车减速、停车并能保证可靠驻停。

转向系和制动系都是由驾驶员来操控的，一般可以合称为控制系。

现代汽车中电子控制技术的应用越来越广泛，如在底盘中普遍采用了电子控制自动变速器（EAT或ECT）、电子控制防滑差速器（EDL）、电子控制防抱死制动系统（ABS）、电子制动力分配系统（EBD）、电子控制悬架系统（EMS）、电子控制转向系统（EPS）等。

任务3　汽车传动系统的组成和功用

任务描述

汽车传动系在汽车底盘系统中具有重要的作用，本任务要求掌握汽车传动系的组成以及各总成具有的重要作用。

学习引导

汽车传动系是底盘四大组成系统之一。根据不同的分类方法，可将底盘分为不同的类型，目前普遍采用的是齿轮式传动系统。

1. 传动系统的分类

按照结构和传动介质分类，传动系统可分为机械式、液力机械式、静液式和电力式。

机械式传动系统按其传动方式可分为齿轮式和摩擦式两类。齿轮式结构简单，传动效率高，故广泛应用于各种客车和轻、中型载货汽车；摩擦式传动效率低，已很少采用。

液力机械式传动系统的特点是组合运用液力传动和机械传动，以液力变矩器（或液力偶合器）和行星齿轮变速机构取代机械式传动系统中的摩擦式离合器和普通齿轮变速机构，其他组成部件及布置形式与传统机械式传动系相类似。液力偶合器只能传递扭矩而不能改变扭矩大小，可以替代离合器的部分功用；液力变矩器除具有液力偶合器的全部功用外，还能在一定范围内实现无级变速，因此目前应用较为广泛。液力机械式传动系统由于其操作简单等优点，目前在中高级轿车上广泛应用。

静液式传动系统通过一个电动机驱动一个高压油泵，使受压液体通过控制阀、管路进入液压马达，从而驱动车轮。目前仅在军车上有所应用。

电力式传动系统通过发动机带动发电机，再由装在驱动桥或驱动轮上的电动机进行牵引驱动。该传动系具有良好的动力性，但质量大、效率低，故主要用于大客车或重载自卸车辆。

传动系统根据传动比是否变化可以分为有级传动系统和无级传动系统。有级传动系统是指传动系统可以得到若干个数值一定的传动比，如齿轮机械传动系。无级传动系统是指传动比能在一定范围内按无限多级进行变化的传动系统，如液力传动系统和电力传动系统。根据传动比的变化方式还可将传动系统分为强制操纵式、自动操纵式和半自动操纵式。本书重点介绍机械式传动系统。

2. 传动系统的功用与组成

以奥迪100型轿车为例，当满载总质量为1 710 kg，发动机最大输出转矩为145 N·m，驱动轮上可得到的牵引力最大值为462 N，在良好的路面上行驶车速为175 km/h时，该车的滚动阻力约为250 N，空气阻力约为895 N。可见，若将发动机与车轮直接连接，汽车则无法工作，也不能实现改变车速、倒向行驶、切断动力、差速等功用，必须设置传动系以满足需要。

传动系的作用是将发动机经飞轮输出的动力传给驱动车轮，并改变转矩的大小，以适应行驶条件的需要，保证汽车正常行驶。任何形式的传动系都必须具有如下功能：

①减速和变速。

②实现汽车倒车。

③必要时中断动力传递。

④差速作用。

汽车传动系的组成与其类型、布置形式及驱动形式等许多因素有关。图1.5所示为普通轿车采用的机械式传动系。发动机纵向安置在汽车前部,后轮为驱动轮。传动系由离合器、变速器、传动轴和万向节组成的万向传动装置以及安装在驱动桥壳中的主减速器、差速器、半轴等组成。发动机发出的动力依次经离合器、变速器、万向传动装置、主减速器、差速器和半轴,最后传给驱动轮。

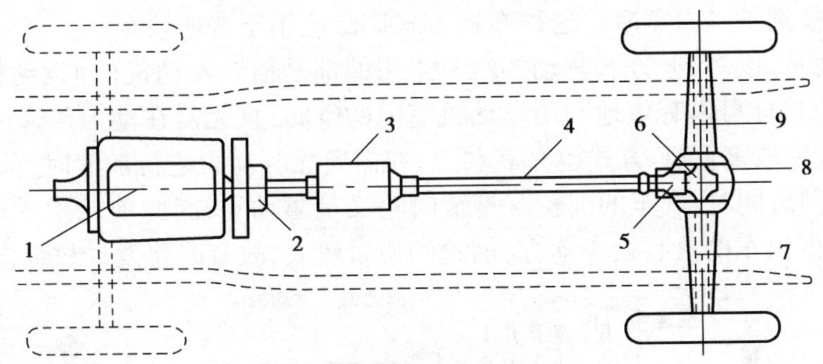

图1.5　汽车传动系示意图

1—发动机;2—离合器;3—变速器;4—万向传动装置;5—主减速器;
6—差速器;7、9—半轴;8—驱动桥壳

汽车传动系各总成的基本功用分别是:

①离合器:在启动、换挡时,切断或接通发动机与传动系之间的动力传递。

②变速器:传递发动机动力,改变输出轴转速的高低、转矩的大小以及旋转方向,也可以用于切断动力。

③万向传动装置:将变速器输出的动力传给主减速器,并适应两者之间距离和轴线夹角的变化。

④主减速器:降低传动轴输入的转速,增大转矩,改变方向(90°),将动力传递给差速器。

⑤差速器:将主减速器传来的动力分配给左右两半轴,并允许左右两半轴以不同角速度旋转,在汽车转弯时实现左右两驱动轮的差速行驶。

⑥半轴:将差速器传来的动力传给驱动轮,使驱动轮获得旋转的动力。

任务4　汽车传动系的布置形式

任务描述

汽车传动系的布置形式直接影响传动系的结构特点。本任务要求掌握汽车传动系前置前驱、前置后驱、全轮驱动等几种重要布置形式的特点和应用情况。

学习引导

汽车传动系的布置形式主要与发动机的安装位置及汽车驱动形式有关,常见的驱动布置形式有发动机前置、后轮驱动(FR),发动机前置、前轮驱动(FF),发动机后置、后轮驱动(RR),发动机中置、后轮驱动(MR),四轮驱动等布置形式(4WD)。

汽车的驱动形式通常用“汽车车轮总数×驱动车轮数(车轮数系指轮级数)”来表示。普通汽车一般装有四个车轮，其中两个为驱动轮，其驱动形式表示为“4 ×2”。越野汽车的全部车轮都可以作为驱动轮，根据车轮总数不同，常见的驱动形式有“4 ×4”“6 ×6”。此外，也有用“汽车桥总数 ×驱动车桥数”来表示汽车的驱动方式。

1. FF 方式（发动机前置、前轮驱动）

FF 方式是 front-engine front-drive 的缩写，即发动机、变速器和驱动桥装置在驾驶室前驱动前轮的方式。FF 方式不需要像发动机前置后轮驱动方式那样在底板下穿一根很长的传动轴，可以减轻质量，使驾驶室内宽敞。这种布置方式广泛应用于普通轿车。

如图 1.6 所示，很多 FF 方式驱动的汽车采用的都是横置发动机（即发动机曲轴与车身纵向呈垂直设置），这样可以有效地利用发动机室内的空间，且无需在动力传递的中途旋转 90°，传动系的传动效率较高。FF 方式也有其弱点，在需要靠驱动力进行加速时，前轮负载变小，前轮附着力有所下降；同时，汽车的前轮既是转向轮又是驱动轮，因此前轮承受的载荷较大。由于 FF 方式布置的汽车的重心处于前方，前轮的质量较大，故有时将发动机纵向布置。

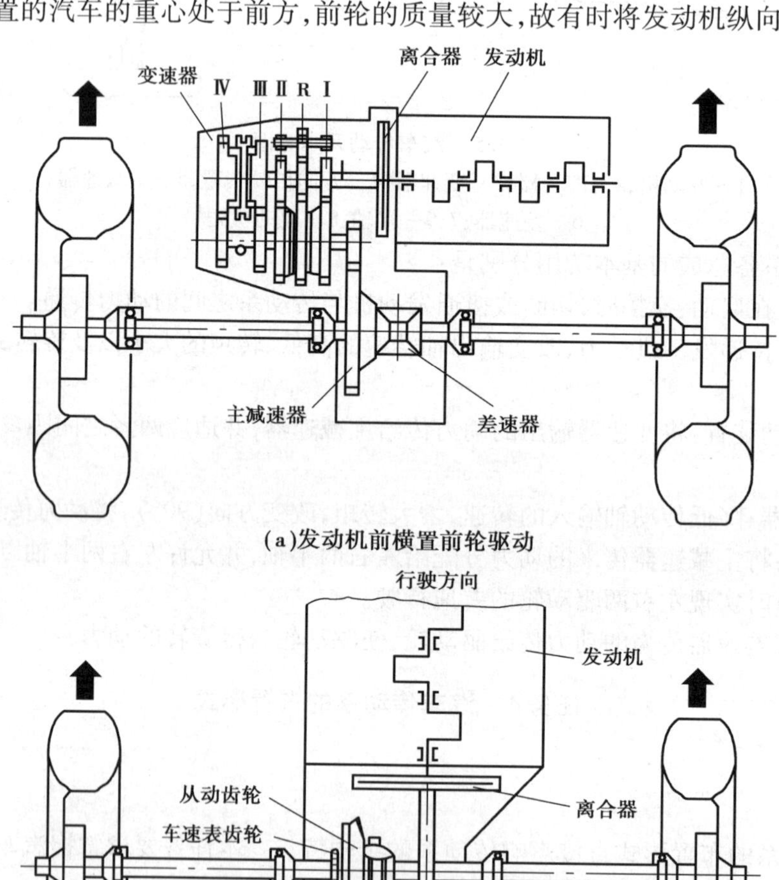

(a)发动机前横置前轮驱动

(b)发动机前纵置前轮驱动

图 1.6　发动机前置前轮驱动传动系示意图

2. FR 方式(发动机前置、后轮驱动)

FR 方式是 front-engine rear-drive 的缩写,即发动机装在驾驶室前方,由传动轴连接到后桥,驱动后轮,如图 1.7 所示。这是一种传统的方式,适用于除越野汽车外的各类型汽车,如大多数货车、部分乘用车和部分客车都采用这种布置方式。其质量前后分散,质量分配接近于理想,即前轮 50%,后轮 50%。但驱动轮与发动机安装位置分开后,需要用传动轴将它们连接起来传递动力,因此增加了车重,降低了动力传动系统的效率。由于发动机是纵置,所以变速器伸入驾驶室内,再加上传动轴使驾驶室内的空间缩小。所以,这种方式对于空间的利用是不利的。

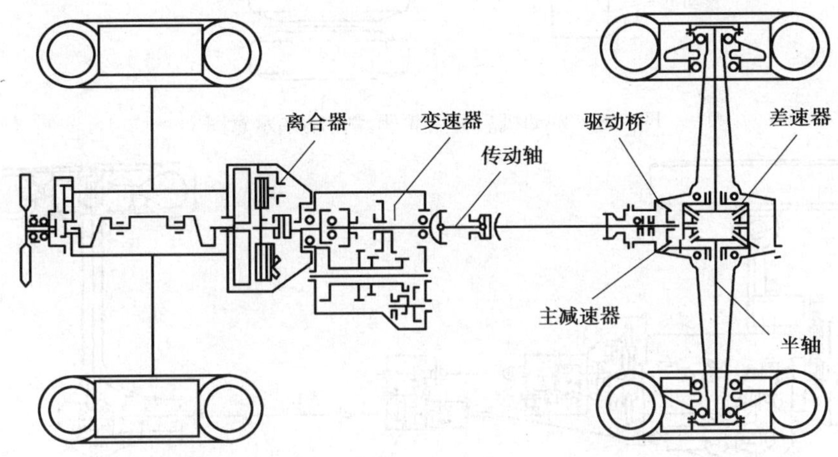

图 1.7　发动机前置后轮驱动传动系示意图

3. MR 方式(发动机中置、后轮驱动)

MR 方式可以细分为前中置和后中置。前中置是指发动机布置在前轮和驾驶员中间,而后中置指发动机布置在驾驶员和后轮中间,目前流行的是后中置布局。中置发动机布局最大的好处是它使车身前、后质量比为 1∶1,也就是说车身的重心几乎在轴线中间的位置,因此中置方式布置的汽车具有良好的操控性。

4. RR 方式(发动机后置、后轮驱动)

RR 方式布置的汽车如图 1.8 所示,发动机装于车身的后部,采用后轮驱动。与 FF 方式不同,它的质量集中于汽车后部,发动机距驱动轮很近,可在最短距离内驱动车轮;车身质量较小,室内宽敞,驱动轮加速时后轮承受垂直载荷较大,所以后轮附着力较大,启动加速时的驱动力良好。但是,采用这种布置方式的汽车在转弯时如果超过转弯极限,就会出现转弯过小的倾向。这种布置形式便于车身内部的布置,减小室内发动机穿入的噪声,一般用于大型客车。

5. 4WD 方式(四轮驱动)

4WD 方式起源于军用越野车。与其他方式相比,它的特点是附着利用率高,善于行驶坏路,爬坡能力好。由于所有的车轮都是驱动车轮,提高了汽车的越野通过性能,故这种布置形式主要用于越野汽车上。如图 1.9 所示,4WD 方式与发动机前置后轮驱动的 4×2 汽车相比较,其前桥既是转向桥也是驱动桥。为了将发动机传给变速器的动力分配给前、后两驱动桥,在变速器后增设了分动器,并相应地增设了从变速器通向分动器,从分动器通向前、后两驱动桥之间的万向传动装置。由于前驱动桥又是转向桥,所以其半轴分为两段,用万向节相连。

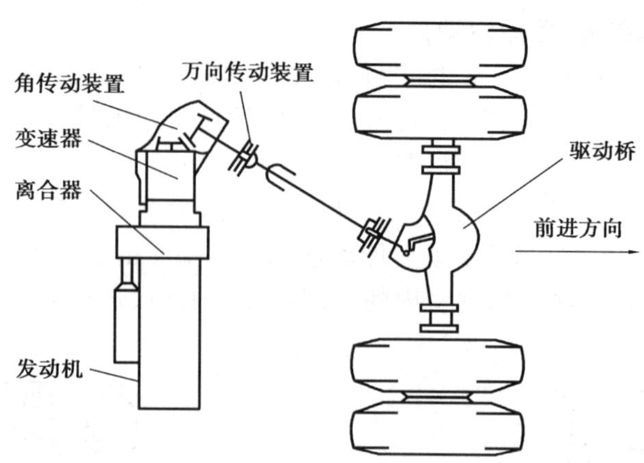

图 1.8　发动机后置后轮驱动传动系示意图

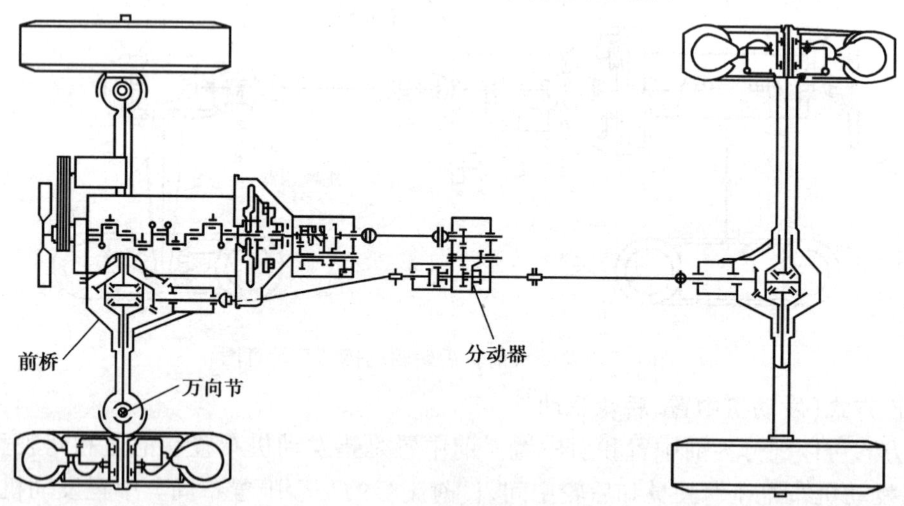

图 1.9　发动机四轮驱动传动系示意图

实训 1　汽车底盘及传动系认知

实训目的

1. 掌握汽车维修的安全知识；
2. 了解常用汽车维修工具的基本使用方法；
3. 对照实物掌握底盘及其组成的结构特点；
4. 对照实物掌握传动系主要总成的名称、组成、作用和布置形式。

实训内容

1. 学习安全规则和工具使用方法；
2. 观察底盘的结构组成；

3. 观察传动系及其各总成的结构组成及布置形式。

工具准备

轿车实训车，切诺基实训车，常用汽车维修工具，确保每辆4～6人。

实训步骤

1. 学习安全规则和工具使用方法

①学习汽车维修单位和实习单位的安全规则；掌握工具的安全使用方法、安全用电规则以及车底工作时的安全规则、维修作业的安全要求，了解汽油安全使用规则、维修废物的处理规则等。

②学习常用和专用汽车维修工具使用的基本知识；学习并掌握梅花扳手、套筒扳手、活扳手、螺钉旋具、锤子等工具的正确使用方法。

2. 观察底盘结构

①了解驾驶室内仪表和操纵装置。观察并记录仪表板上的汽车速度表、发动机转速表、机油压力表、燃油消耗表、各种指示灯或警告灯。了解驾驶室内照明装置、空调开关调节、音响与其他装置的位置和使用方法。

②了解汽车发动机室的相关部件，指出各部分的名称和作用，并作记录。

③观察实训车的底盘结构，了解行驶系、制动系、转向系各个部分结构特点，指出各个部分的名称和作用，并作记录。

3. 观察传动系结构和布置形式

①观察实训车传动系的组成及结构特点，指出各个部分的名称和作用，并作记录。

②观察各个实训车的传动系布置形式，分析其特点，并作记录。

各种车辆轮换进行。

实训结果

①完成实训报告册，说明底盘及传动系的组成、结构特点和功能，绘制动力传递路线。

②填写实训工单，进行实训考核。

本模块知识小结

1. 汽车底盘主要由传动系、行驶系、转向系和制动系四个系统组成。

2. 汽车传动系的基本功用是将发动机发出的动力按照需要传递给驱动轮。

3. 汽车上广泛采用机械式和液力机械式传动系。

4. 发动机前置、后轮驱动的机械式传动系，由离合器、变速器、万向传动装置、主减速器、差速器和半轴等组成。

5. 液力机械式传动系与机械式传动系相比，用液力机械变速器取代了机械式传动系中的摩擦式离合器和普通齿轮式变速器，其他组成部件及布置形式均与机械式传动系相同。

6. 汽车驱动形式通常用“汽车车轮总数×驱动车轮数（指轮毂数）”表示。普通汽车一般装有4个车轮。根据车轮总数不同,常见的驱动形式有4×2、4×4等。

7. 汽车传动系的布置形式主要与发动机的安装位置及汽车驱动形式有关,其布置形式有FR、FF、RR及4WD等。

8. 汽车维修是汽车维护和汽车修理的总称。汽车维护是为维持汽车完好技术状况和工作能力而进行的作业;汽车修理是为恢复汽车完好技术状况和工作能力而进行的作业。汽车维修的原则是“预防为主,定期检测,强制维护,视情修理”。

9. 汽车维修的流程依次是:预约、接待、派工、维修、检验、交车、跟踪。

10. 汽车维修工作必须要注意安全生产,包括人身安全防护、工具和设备安全使用和注意车辆安全。

复习思考题

1. 有人说汽车不是开动的,而是由地面推着而跑起来的。这句话对吗?

2. 简述汽车底盘的基本组成和功用。

3. 汽车传动系有哪几种布置形式?各有什么特点?分别列举其代表车型。

4. 解放CAl092型货车装了6只轮胎,其中后面4只轮胎为驱动轮胎,其驱动形式应该怎么写?

模块 2
离合器

知识目标

1. 理解离合器的功用；
2. 掌握摩擦离合器的基本组成和工作原理，掌握典型离合器的构造；
3. 了解离合器主要操纵机构的类型、构造和工作原理；
4. 掌握离合器维护及常见故障的诊断排除方法。

能力目标

1. 学会正确解体和装配离合器；
2. 能对离合器的主要零件进行检验；
3. 能分析离合器常见故障的原因及掌握故障的排除方法。

项目1 离合器认识

项目目标

1. 掌握离合器的功用；
2. 了解离合器的分类与要求。

课前思考

什么是离合器？离合器安装在什么位置？离合器有什么功用？

项目内容

离合器是传动系中直接与发动机连接的总成，其主动部分与发动机飞轮相连，从动部分与变速器相连，是传动系中占据重要地位的总成之一，如图2.1所示。

图2.1　离合器

1. 离合器的功用

离合器的具体功用有如下三个方面：

①使发动机与传动系逐渐接合，保证汽车平稳起步。

汽车起步时，驾驶员缓慢抬起离合器踏板，使离合器的主、从动部分逐渐接合，与此同时，逐渐踩下加速踏板，以增加发动机的输出转矩，这样发动机的转矩便可由小到大地传给传动系。当驱动力足以克服汽车起步时的行驶阻力时，汽车便由静止开始逐渐加速，实现平稳起步。

想一想：驾驶新手在起步时为什么总会出现汽车向前突然窜动，甚至发生发动机熄火的情况？

提示：起步时操作不当，导致汽车起步不平稳。

②暂时切断发动机的动力传动，保证变速器换挡平顺。

发动机在冷启动时，通过离合器切断发动机与传动系的联系来除去部分阻力，提高启动转速和启动功率。汽车在行驶过程中，由于行驶条件的变换，需要不断变换挡位。对于普通齿轮变速器，换挡时不同的齿轮副要退出啮合或进入啮合，这就要求换挡前踩下离合器踏板，中断发动机的动力传递，便于退出原有齿轮副的啮合、进入新齿轮副的啮合。如果没有离合器或离合器分离不彻底，将使动力不能完全中断，原有齿轮副之间会因压力大而难以脱开，待啮合齿轮副之间因圆周速度不同而难以进入啮合，勉强啮合也会产生很大的冲击和噪声，甚至会打齿。

③限制所传递的转矩，防止传动系过载。

当汽车进行紧急制动时，如果没有离合器，发动机与传动系刚性连接，发动机转速将急剧下降，其所有零件将产生很大的惯性力矩(其数值可能大大超过发动机正常工作时所发出的最大扭矩)。这一力矩作用于传动系，会造成传动系过载而使其机件损坏。有了离合器，当传动系承受载荷超过离合器所能传递的最大转矩时，离合器会通过主、从动部分之间的打滑来消除这一危险，从而起到过载保护的作用。

2. 对离合器的要求

根据离合器的功用，它应满足下列主要要求：

①保证可靠地传递发动机最大转矩而不打滑，具有合适的储备能力，防止传动系过载。

②接合时应平顺柔和。要求离合器所传递的转矩能平稳地增加,防止汽车起步冲击过大或抖动,以保证汽车起步平稳和顺利换挡。

③分离时应迅速彻底,保证变速器换挡平顺和发动机启动顺利。

④旋转部分的平衡性好且从动部分的转动惯量小,以减轻换挡时齿轮的冲击。

⑤具有良好的热稳定性和散热能力。离合器在结合过程中,由于主、从动部分之间的滑摩会产生大量的热,为了避免温度过高而烧损摩擦片和压盘,要求离合器通风散热良好,以便能将离合器滑转产生的热量及时散出,保证离合器工作可靠。

⑥操纵轻便,以减轻驾驶员的疲劳。

3. 离合器的分类

汽车上应用的离合器主要有以下三种形式:

①摩擦离合器:离合器的主、从动元件间利用摩擦力传递转矩,目前在汽车上广泛采用。

②液力偶合器:离合器的主、从动元件间利用液体介质传递转矩,原来多用于自动变速器,目前在汽车上几乎不采用。

③电磁离合器:离合器的主、从动元件间利用电磁力的作用来传递转矩,如在空调中应用的就是这种离合器。

下面我们只介绍在汽车传动系中应用最广泛的摩擦离合器。

项目2　摩擦离合器

项目目标

1. 掌握摩擦离合器的基本组成和工作原理;
2. 掌握膜片弹簧离合器的结构和工作原理。

课前思考

摩擦离合器的基本结构是怎样的?它是怎样工作的?膜片弹簧离合器的工作特点是什么?

项目内容

任务1　摩擦离合器的结构与工作原理

任务描述

摩擦离合器是当前汽车传动系中应用最广泛的离合器,掌握其结构特点和工作过程对实际应用有指导性意义。本任务要求掌握摩擦离合器的结构特点,理解其工作原理。

学习引导

摩擦式离合器结构简单、性能可靠、维修方便,目前为绝大部分汽车所采用。下面介绍它

的结构和工作原理:

1. 摩擦式离合器的结构

摩擦式离合器由主动部分、从动部分、压紧机构和操纵机构4部分组成,如图2.2所示。

主动部分包括飞轮、离合器盖和压盘。离合器盖6用螺栓固定在飞轮4上,压盘5后端圆周上的凸台伸入离合器盖6的窗口中,并可沿窗口作轴向滑动。这样,当曲轴转动时,动力便经飞轮、离合器盖带动压盘一起转动。

从动部分包括从动盘和从动轴。从动盘3带有双面的摩擦衬片,离合器正常接合时分别与飞轮和压盘相接触;从动盘通过花键毂装在从动轴2的花键上,从动轴是手动变速器的输入轴(一轴),其前端通过轴承18支承在曲轴1后端的中心孔中,后端支承在变速器壳体上。

压紧机构由若干根沿圆周均匀布置的压紧弹簧16组成,它们装在压盘与离合器盖之间,用来将压盘和从动盘压向飞轮,使飞轮、从动盘和压盘三者压紧在一起。

操纵机构包括离合器踏板12、分离拉杆13、调节叉14、分离叉11、分离套筒、分离轴承9、分离杠杆7、回位弹簧等。

2. 摩擦式离合器的工作原理

(1)接合状态

离合器在接合状态下,操纵机构各部件在回位弹簧的作用下回到图2.2所示的位置,分离杠杆内端与分离轴承之间保持有一定的间隙,压紧弹簧将飞轮、从动盘和压盘三者压紧在一起。发动机的转矩经过飞轮及压盘通过两摩擦片的摩擦作用传给从动盘,再由从动轴输入变速器。

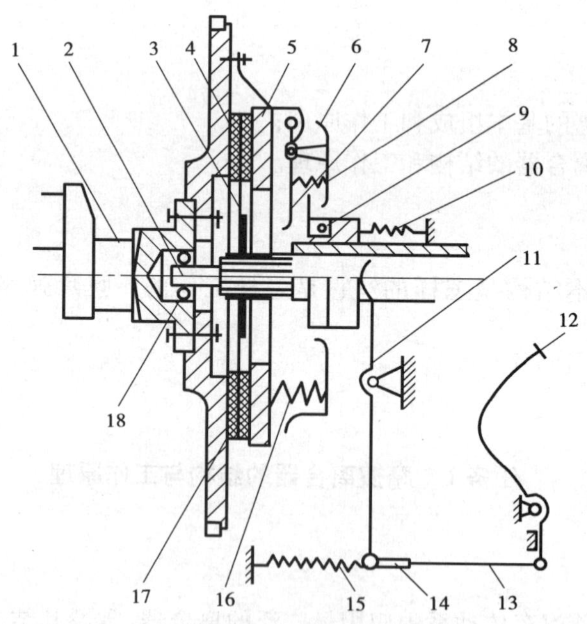

图2.2 摩擦离合器的基本组成示意图

1—曲轴;2—从动轴;3—从动盘;4—飞轮;5—压盘;6—离合器盖;7—分离杠杆;8—弹簧;9—分离轴承;10、15—回位弹簧;11—分离叉;12—踏板;13—拉杆;14—拉杆调节叉;16—压紧弹簧;17—从动盘摩擦片;18—轴承

(2)分离过程

分离离合器时,驾驶员踩下离合器踏板,拉杆 13 拉动分离叉 11 外端向右(后)移动,分离套筒和分离轴承 9 在分离叉 11 的推动下,先消除分离轴承 9 与分离杠杆 7 内端之间的间隙,然后推动分离杠杆内端向左(前)移动,使分离杠杆外端带动压盘克服压紧弹簧作用力向右(后)移,摩擦作用消失,离合器的主、从动部分分离,中断动力传递。

(3)接合过程

接合离合器恢复动力传递时,驾驶员缓慢抬起离合器踏板,分离轴承 9 减小对分离杠杆 7 内端的压力,在压紧弹簧 16 的作用下,压盘 5 向前移动并逐渐压紧从动盘 3,使接触面间的压力逐渐增加,摩擦力矩也逐渐增加。当所能传递的扭矩小于汽车起步阻力时,汽车不动,从动盘不转,主、从动摩擦面间完全打滑;当所能传递的扭矩达到足以克服汽车开始起步的阻力时,从动盘开始旋转,汽车开始移动,但从动盘转速仍低于飞轮的转速,即摩擦面间仍存在着部分打滑的现象。随着压力的不断增加和汽车运动速度逐渐加快,主、从动部分的转速差逐渐减小,直到转速相等、滑动摩擦现象消失、离合器完全结合为止。由上可知,汽车平稳起步是靠离合器逐渐接合过程中滑动摩擦程度大小的变化来实现的。

离合器接合后,在回位弹簧 15 的作用下,踏板回到最高位置,分离叉内端回至原有位置。分离轴承则在回位弹簧 10 的作用下离开分离杠杆,向右靠在分离叉上。

3. 压盘的传动、导向和定心方式

压盘是离合器主动部分的重要组成零件之一,工作过程中既要接受离合器盖传来的动力,又要在离合器分离和接合过程中轴向移动。为了将离合器盖的动力顺利传递给压盘,并保证压盘只作沿轴线方向的平动而不发生歪斜,通常压盘的传动、导向和定心方式因车型不同分为传动片式、窗孔凸台式、传动块式和传动销式,如图 2.3 所示。目前广泛应用的是传动片式。

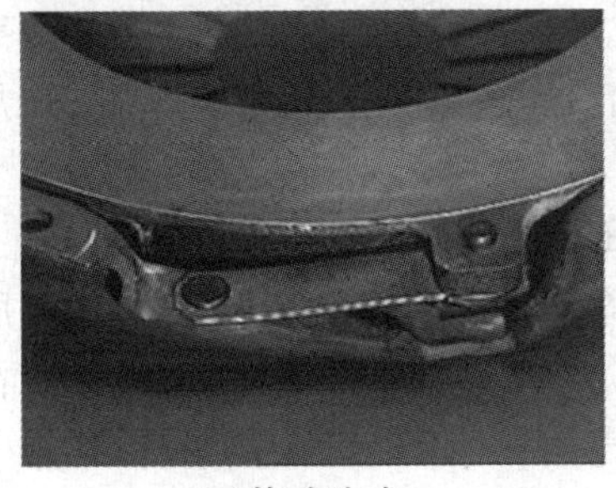

(a)传动片式

(b)窗孔凸台式

(c)传动销式

图 2.3 压盘驱动方式

4. 离合器自由间隙和离合器踏板自由行程

离合器在正常接合状态下,分离杠杆内端与分离轴承之间应留有一个间隙,一般为几毫米,这个间隙称为离合器自由间隙。如果没有自由间隙,从动盘摩擦片磨损变薄后,压盘将不能向前移动压紧从动盘,这将导致离合器打滑,使离合器所能传递的转矩下降,车辆行驶无力,而且会加速从动盘的磨损。

为了消除离合器的自由间隙和操纵机构零件的弹性变形而需要的离合器踏板行程称为离合器踏板自由行程,可以通过拧动分离拉杆调节叉来改变分离拉杆的长度对踏板自由行程进行调整。

任务2　摩擦离合器的类型

任务描述

摩擦离合器根据其结构特点具备多种类型。其中,周布弹簧离合器是最基础的类型,膜片弹簧离合器目前应用最广泛。本任务要求掌握摩擦离合器的分类特点,理解单片周布弹簧离合器的结构特点和工作原理,熟练掌握膜片弹簧离合器的结构特点和工作原理,对照实物加深认识。

学习引导

摩擦离合器根据从动盘的数目、压紧弹簧的形式和安装位置,以及操纵机构形式的不同,其总体构造也有差异。摩擦离合器所能传递的最大转矩的数值取决于摩擦面间的压紧力和摩擦系数,以及摩擦面的数目和尺寸。

1. 摩擦离合器的结构类型

(1)按从动盘的数目分类

摩擦离合器按从动盘的数目不同可以分为单片离合器和双片离合器。乘用车、客车和部分中小型货车多采用单片离合器,因为发动机的最大转矩一般不是很大,单片从动盘就可以满足动力传递的要求;双片离合器由于增加了一片从动盘,使得在其他条件不变的情况下,比单片离合器所能传递的转矩增大一倍(由于一个从动盘是由两个摩擦面传递动力,而两个从动盘则是由四个摩擦面传递动力),多用于重型车辆。

(2)按压紧弹簧的形式分类

摩擦离合器按压紧弹簧的形式可以分为周布弹簧离合器、中央弹簧离合器和膜片弹簧离合器。周布弹簧离合器和中央弹簧离合器采用螺旋弹簧,分别沿压盘的圆周和中央布置;膜片弹簧离合器采用膜片弹簧,目前应用得最广泛。

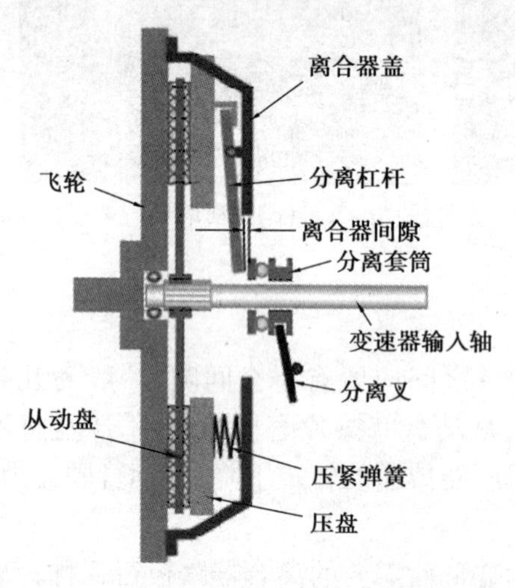

图2.4　单片周布弹簧离合器结构示意图

2. 单片周布弹簧离合器

单片周布弹簧式离合器的结构示意图如图2.4所示。离合器的主动部分、从动部分和压紧机构安装在发动机后部的离合器壳内,而操纵机构的各个部分分别位于离合器壳内部、外部和驾驶室中。

(1)主动部分

主动部分由离合器盖、压盘和传动片组成,如图2.5所示。

离合器盖是用低碳钢冲压而成,并用定位销定位,通过螺栓固装在飞轮上,保证了离合器与飞轮同心。为了散热,离合器盖的侧面制有通风口,当离合器旋转时,热空气就由此抽出,加强了散热作用。

压盘的平面和飞轮的平面一起组成了主动件的摩擦面,该平面要平整并经磨光处理。压盘在工作过程中会承受很大的机械负荷和热负荷,为防止其变形,常用强度和刚度都较大、耐磨性和耐热性能都比较好的高强度铸铁制成。

压盘和离合器盖之间是通过周向均布的四组传动片来传递扭矩的。传动片用弹簧钢片制成,每组两片,其一端用传动片铆钉铆在离合器盖上,另一端则用螺钉与压盘相连接。离合器在分离或接合的过程中,依靠弹簧片的弯曲变形,使压盘前后移动。正常工作时,离合器盖通过传动片拉动压盘旋转。

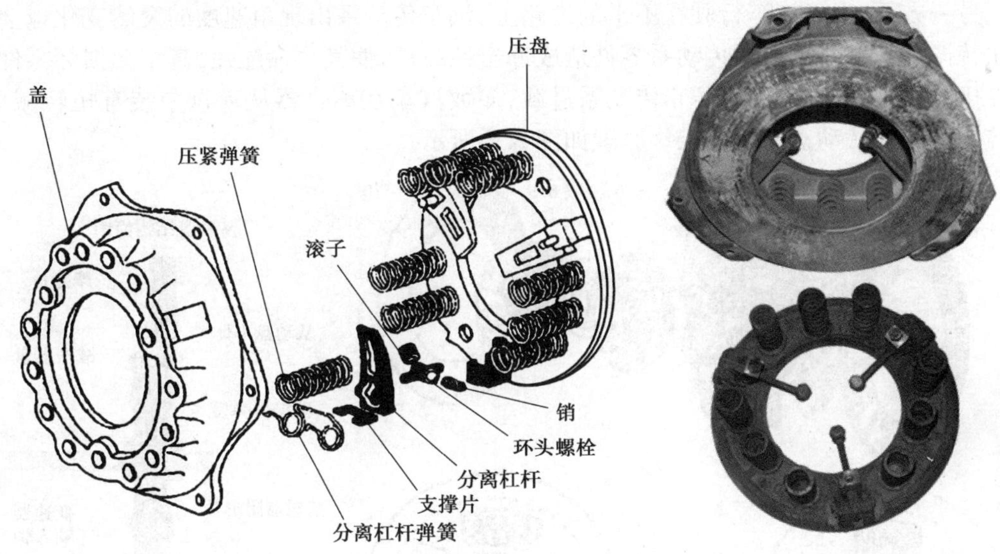

图2.5　周布弹簧离合器盖和压盘总成

(2)从动部分

如图2.6所示,从动部分的主要部件是从动盘。从动盘是由两片摩擦衬片(前摩擦衬片和后摩擦衬片)、从动盘钢片与从动盘毂组成。从动盘钢片通常是用薄弹簧钢板制成,并与从动盘毂铆在一起,其上开有辐射状的槽,以防止热变形。

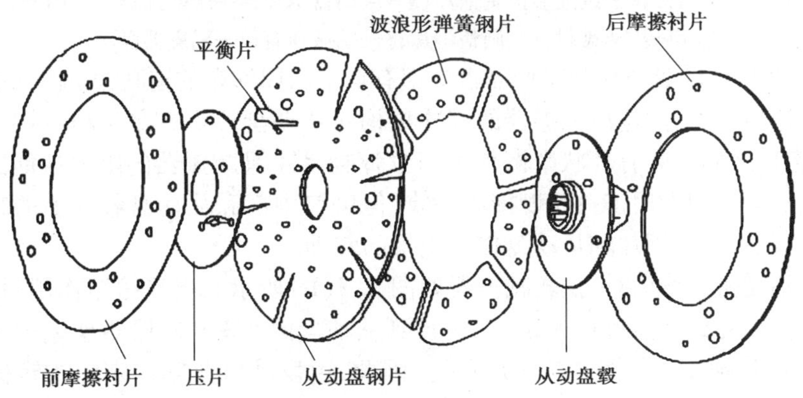

图2.6　不带扭转减振器的从动盘

摩擦衬片(前衬片和后衬片)应有较大的摩擦系数、良好的耐磨性和耐热性。衬片和从动盘钢片之间一般用铜或铝铆钉铆合,也有的用树脂粘接的。

为了使离合器接合柔顺、启动平稳,单片离合器从动盘钢片具有轴向弹性结构,图2.6中从动盘钢片与后摩擦衬片之间的波浪形弹簧钢片就起这个作用。从动盘钢片辐射状切槽将之分为6个扇形面,每个面上有6个孔,其中两孔与前摩擦衬片铆接;波浪形弹簧钢片有6块,每块上有两孔与后摩擦衬片铆接,有两孔与从动盘钢片扇形面上中间两孔铆接。这样,从动盘在自由状态时,后衬片与从动盘钢片之间有一定间隙。在离合器接合时,弹性变形使压紧力逐渐增加,产生轴向弹性,接合柔和。

由于发动机传到汽车传动系的转速和扭矩是周期性不断变化的,这就使传动系产生扭转振动。另一方面,由于汽车行驶在不平的道路上,汽车传动系出现角速度的突然变化也会引起上述扭转振动。这些都会对传动系零件造成冲击性载荷,使其寿命缩短,甚至会损坏零件。为了消除扭转振动和避免共振,防止传动系过载,多数汽车在离合器从动盘中装有扭转减振器。带扭转减振器的从动盘构造和工作原理如图2.7所示。

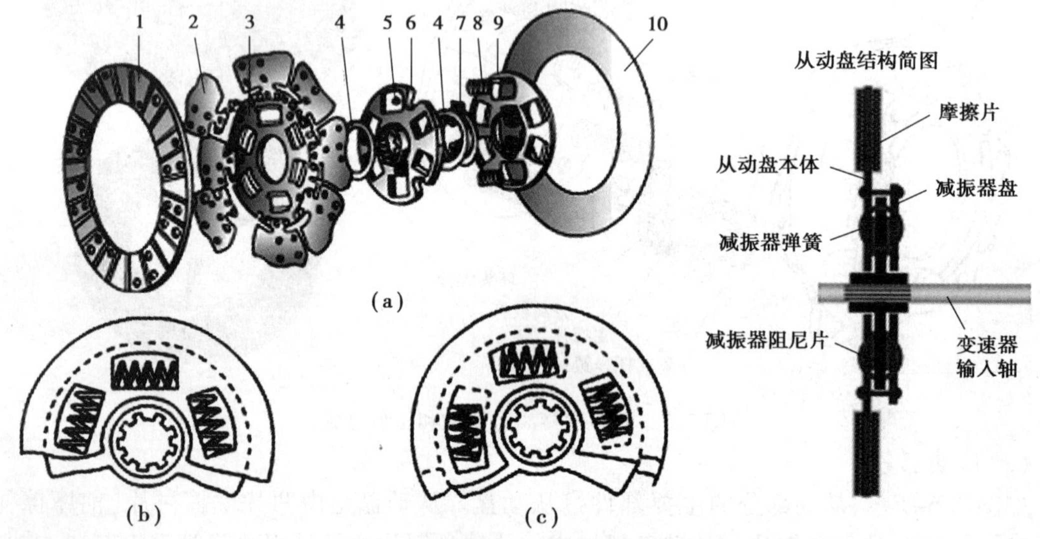

图2.7 带扭转减振器的从动盘组成及工作示意图

1、10—摩擦衬片;2—波浪形弹簧钢片;3—从动盘钢片;4—摩擦片;5—专用铆钉;6—从动盘毂;7—调整垫片;8—减振弹簧;9—减震器盘

从动盘钢片3、从动盘毂6和减振器盘9都有6个圆周均布的窗孔,减振弹簧8装在孔中,弹性地将它们连接在一起,构成减振器的缓冲机构。从动盘毂6夹在从动盘钢片3和减振器盘9之间,在它们之间还装有环状摩擦片4,环状摩擦片4是减振器的阻尼耗能元件。从动盘钢片3和减振器盘9用专用铆钉5铆接成一体,但铆钉中部和从动盘毂6上的缺口存在一定的距离,从动盘毂可相对钢片和从动盘作一定量的转动。

当从动盘不受扭矩作用时,扭转减振器如图2.7(b)所示。当受扭矩作用时,经飞轮和压盘传来的扭矩首先传到摩擦衬片1和10,再传到从动盘钢片3和减振器盘9,再经弹簧传给从动盘毂6,这时弹簧被压缩如图2.7(c)所示。因此,由发动机曲轴传来的扭转振动所产生的冲击即被弹簧缓冲,被摩擦片吸收,而不会传到变速器及其后总成部件上。同样,汽车行驶于不平路面上所引起传动系角速度的变化也不会影响发动机。

有些汽车上采用刚度不等(圈数不同)的弹簧,并将装弹簧的窗孔长度做得尺寸不一,从而使弹簧起作用的时间先后不一而获得变刚度的特性,可避免传动系的共振和降低传动系的噪声。另外,也有采用橡胶代替弹簧作为弹性元件的扭转减振器。

离合器从动盘在安装时应具有方向性,以避免出现连接花键毂处长度不足、摩擦片悬空、顶分离轴承等现象。

(3)压紧机构

如图2.4和图2.5所示,沿压盘周向对称布置的压紧弹簧将压盘和从动盘压向飞轮,使离合器处于接合状态。发动机的动力一部分由飞轮经摩擦作用直接传到从动盘上,另一部分由离合器盖、传动片传给压盘,最后也通过摩擦作用传给从动盘。

一般在压盘的弹簧座处做成凸起的十字形筋条以减小接触面积(或加隔热垫),从而减小压盘向弹簧传热引起弹簧退火、压紧力降低。

(4)分离机构

①分离叉。分离叉用来传递离合器操纵系统的控制力,与其转轴制成一体,轴的两端靠衬套支承在离合器壳上。

②分离杠杆。分离杠杆用薄钢板冲压制成,随离合器主动部分一起旋转,其内端与分离轴承相连,外端与压盘相连,中间由支承柱支承。

从离合器的分离过程看,若分离杠杆中间支承是固定铰链,则其外端与压盘铰接处的运动轨迹将是一弧线,而压盘上该点(分离杠杆外端与压盘铰接处)只能作轴向直线运动,这就使分离杠杆产生运动干涉而不能正常运动。要防止这种干涉,在结构上就得使支点或杠杆和压盘连接点(重点)处能沿径向运动(平移或摆动)。图2.8所示为综合式防干涉分离杠杆,它采用了支点移动、重点摆动的防干涉机构,支承柱前端插入压盘相应孔上;分离杠杆的中部能通过浮动销支承在方孔的平面 A 上,并用扭簧使它们靠紧;凹字形的摆动支片以刃口支承于分离杠杆外端和压盘凸块之间。这样就可利用浮动销在平面 A 上的滚动和摆动支片的摆动来消除运动干涉。这种方式结构简单,且分离杠杆的工作高度可通过调整螺母调节支点高度。

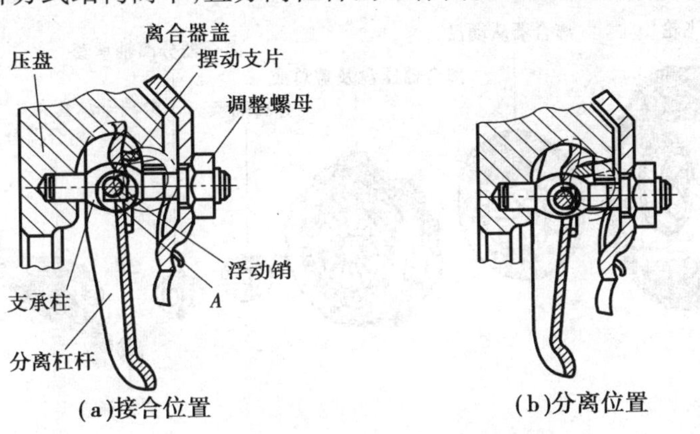

图2.8 分离杠杆防干涉的结构措施示意图

由于离合器接合过程中存在着滑动摩擦现象,从动盘、压盘和飞轮长期使用磨损后,压盘会向前(飞轮方向)移动,分离杠杆内端相应地要向后移动。如果安装时分离杠杆内端与分离轴承间不留间隙,则磨损后分离杠杆内端将由于压在分离轴承上而不能自由地后移,使其外端牵制压盘不能前移,从而不能压紧从动盘。这将造成离合器打滑,不能保证传递发动机的最大扭矩,摩擦副和分离轴承也会很快磨损和烧坏。因此在离合器接合状态下,分离杠杆内端与分离轴承间留有“自由间隙”。这个间隙反映到离合器踏板上,使踏板产生一个空行程,称为踏板的自由行程。

由于从动盘具有一定的弹性,飞轮、压盘和从动盘的接触面积也会有一定的翘曲变形。要使离合器彻底分离，就必须使压盘向后移动充分的距离（1~3 mm）。这一距离通过一系列杠杆放大，反映到踏板上就是踏板的有效行程。有效行程与自由行程之和就是踏板的总行程。

③分离轴承。分离杠杆是随离合器主动部分一起绕其中心转动的，而分离套筒则沿离合器轴线移动，因此二者之间装有分离轴承。分离轴承广泛采用轴向或径向推力轴承，多为在轴承装配之前一次加足润滑脂的封闭式轴承，即预润滑轴承。

在小尺寸的离合器中也采用结构简单的石墨滑动轴承。为降低滑动接触面的单位压力、减小磨损，在分离杠杆内端用卡簧浮动地安装一个与之一起转动的分离环，利用其环形平面与分离轴承接触传动。

分离杠杆与分离轴承间有轴向滑动，也有径向滑动，当二者在旋转不同心时，径向滑动加剧。为了消除不同心引起的磨损，离合器中广泛采用自动调心式分离轴承。

(5)离合器壳

变速器和发动机通过离合器壳（也称飞轮壳）连接，离合器装于离合器壳内。大多数离合器壳是单独用铸铁或铝合金制成的。前端面与汽缸体的后端面间用定位套（销）定位，并用螺栓紧固。变速器用螺栓紧固于离合器壳后端面，并用变速器第一轴（即离合器从动轴）的轴承盖凸缘与离合器壳后孔定心。为了保证变速器第一轴与曲轴的同轴度，离合器壳安装在汽缸体上，其后端应与曲轴轴线垂直，其后孔应与曲轴轴线同轴。

3. 膜片弹簧离合器

膜片弹簧离合器与周布弹簧离合器结构大致相同，其结构特点是膜片弹簧既起压紧弹簧的作用，又起分离杠杆作用，目前在各种类型的汽车上都广泛应用。其结构如图2.9所示，由主动部分、从动部分、压紧机构和操纵机构组成。

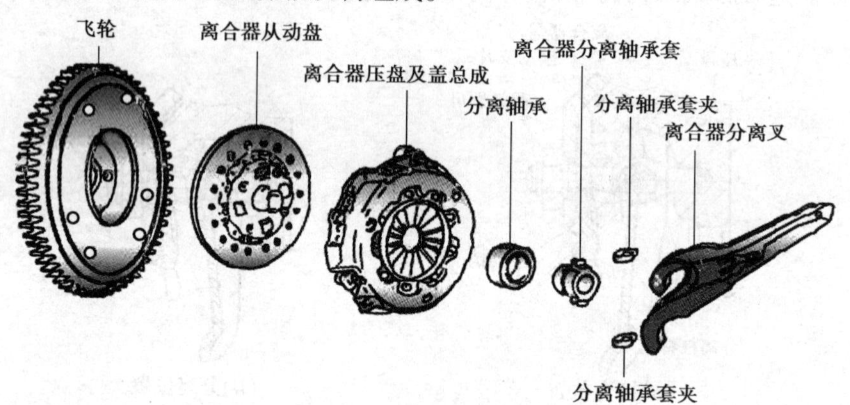

图2.9 膜片弹簧离合器零部件分解图

(1)主动部分

主动部分由飞轮、压盘、离合器盖等组成。离合器盖和压盘分解图如图2.10所示。膜片弹簧离合器盖和压盘示意图如图2.11所示。离合器盖通过螺栓固定在飞轮上，为了保持正确的安装位置，离合器盖通过定位销进行定位。压盘的3组（每组2片）传动片是连接压盘与离合器盖的弹性钢带，其一端用铆钉铆接在离合器盖上，另一端用铆钉连同分离拉钩一起铆接在压盘上，且在压盘的外缘沿切向布置。其主要作用是将来自发动机飞轮的转矩经过离合器盖传递到离合器压盘上，使飞轮、离合器盖和压盘、膜片弹簧构成一个整体，保证离合器盖、压盘与飞轮同步旋转。

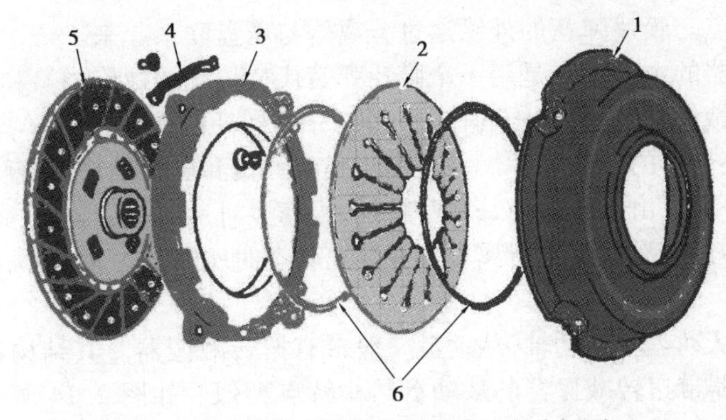

图 2.10　膜片弹簧离合器盖和压盘分解图

1—离合器盖;2—膜片弹簧;3—压盘;4—传动片;5—从动盘;6—支承环

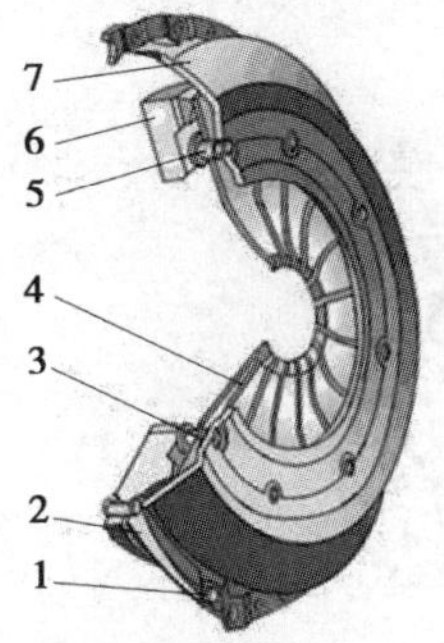

图 2.11　膜片弹簧离合器盖和压盘示意图

1—铆钉;2—传动片;3—支承环;4—膜片弹簧;
5—支承铆钉;6—压盘;7—离合器盖

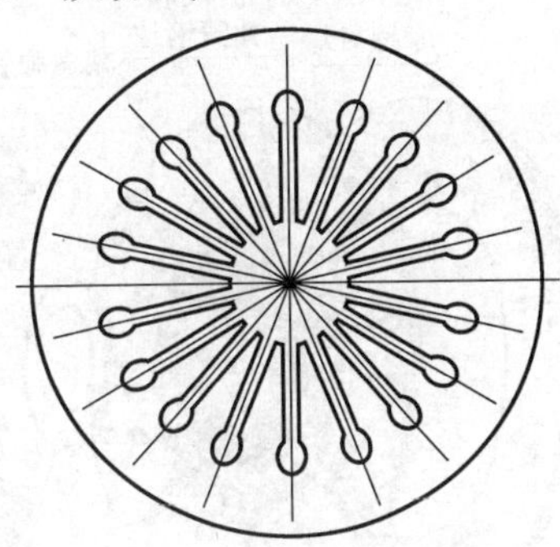

图 2.12　膜片弹簧

(2)压紧装置与分离机构

压紧装置与分离机构由膜片弹簧、枢轴环、压力板、传动片(金属带)及收缩弹簧等组成,如图 2.13 所示。

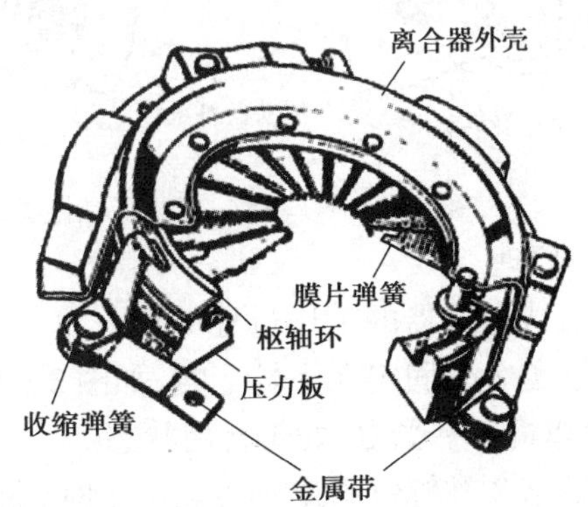

图 2.13　离合器压紧装置和分类机构

膜片弹簧如图 2.12 所示。膜片弹簧的形状像一个碟子,它是在一个具有锥形面的薄弹簧钢板制成的钢圆盘上开有许多径向切口,形成一排有弹性的杠杆,即弹性分离指端;在切口的根部都钻有圆孔,固定铆钉穿过圆孔,固定在离合器盖上同时可以防止应力集中。膜片弹簧两侧装有钢丝支承环(枢轴环),这两个钢丝支承环通过 9 个支承铆钉安装在离合器盖上,成为膜片弹簧的工作支点。膜片弹簧的外缘通过分离钩与压盘联系起来。

膜片弹簧离合器的主要特点是用一个膜片弹簧代替传统的螺旋弹簧和分离杠杆。开有径向槽的蝶形膜片弹簧,既起压紧机构的作用,又起分离杠杆的作用。这样,可使离合器的结构大为简化,缩短了离合器的轴向尺寸。并且由于膜片弹簧和压盘是环形接触,故可保证压盘上的压力均匀、接合平顺。由于膜片弹簧本身特性,当摩擦衬片磨损变薄时,弹簧压力改变小,传动可靠性高,使其不易打滑以及维持离合器在分离状态时所需的力量较小,操纵轻便。

(3)从动部分

从动部分包括从动盘和从动轴,从动盘一般带有扭转减振器。其结构特点与之前介绍的单片周布弹簧离合器带扭转减振器的从动盘结构特点类似。如图 2. 14 所示为膜片弹簧离合器带扭转减振器的从动盘结构图。

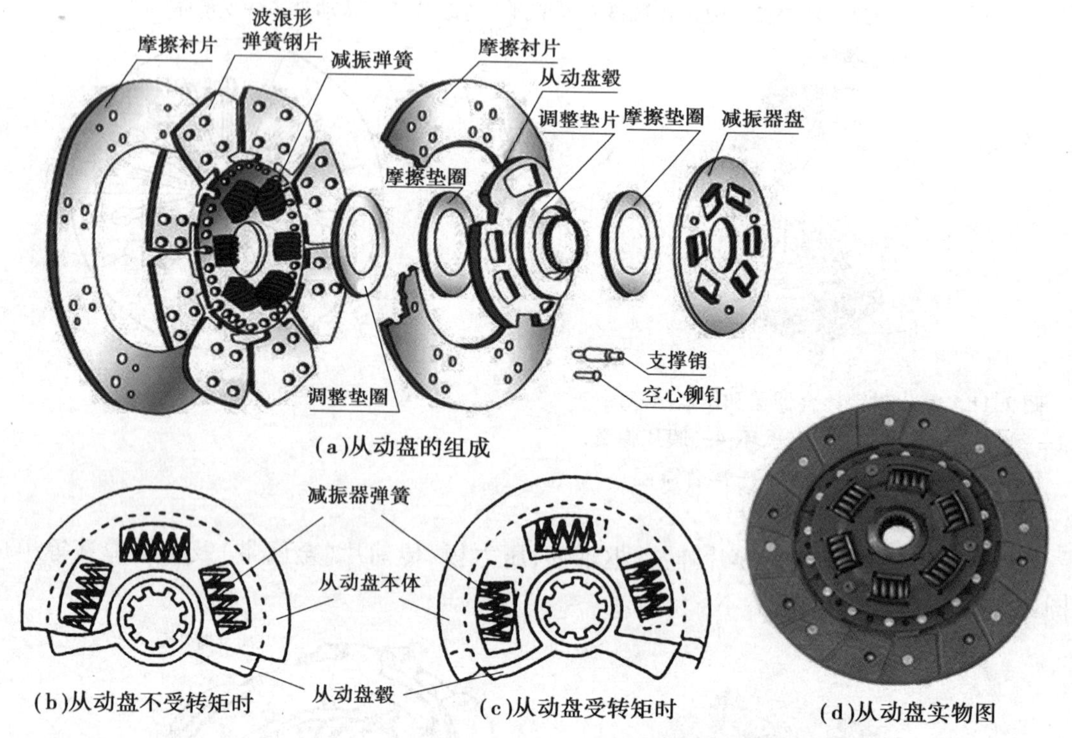

图 2. 14　带扭转减振器的从动盘结构和原理图

(4)工作原理

膜片弹簧式离合器的工作过程如下:

①离合器盖 2 未固定在飞轮上时,如图 2. 15(a)所示,离合器盖与飞轮的安装面间有一个距离 S,膜片弹簧 4 不受力,处于自由状态。

②离合器盖 2 被螺钉固定到飞轮 1 上时,如图 2. 15(b)所示,离合器盖紧压在飞轮的后端面,此时,钢丝支承环 5 压膜片弹簧,并使之发生弹性变形,进而使膜片弹簧外缘压紧压盘。这样,从动盘被夹紧在压盘与飞轮之间,离合器接合时,发动机的动力便依次经飞轮、离合器盖、传动片、压盘传递给夹在压盘与飞轮之间的从动盘,再由从动盘花键毂传给变速器输入轴,将动力传给变速器,向变速器传递转矩。

③分离离合器时,如图 2. 15(c)所示,操纵机构使分离轴承 6 左移,推动膜片弹簧的分离

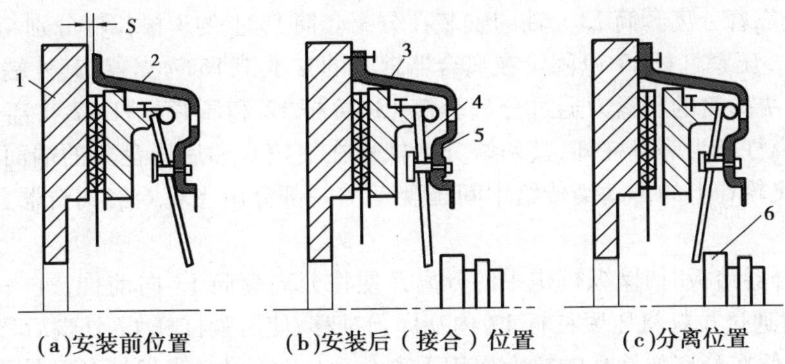

图2.15 膜片弹簧离合器工作原理示意图

1—飞轮;2—离合器盖;3—压盘;4—膜片弹簧;5—支承环;6—分离轴承

指端左移,膜片弹簧以钢丝支承环为支点转动,其外端右移,在传动片工作时拉力所产生的向后分力及膜片通过分离拉钩作用在压盘上的向后拉力的共同作用下,将压盘拉离飞轮。于是从动盘被松开,使离合器分离。

(5)膜片弹簧的弹性特性及其特点

图2.16所示为两种弹簧的特性曲线。曲线1为膜片弹簧特性曲线,呈非线性特性;曲线2为螺旋弹簧特性曲线,呈线性特性。图中a点表示两种弹簧离合器的接合状态,其压紧力都为F_a。分离时,两种弹簧都附加压缩变形量,此时膜片弹簧的压力F_b小于螺旋弹簧的压力$F_{b'}$,即膜片弹簧分离时的压力小于接合时的压力,因此具有操纵轻便的特点。当摩擦片磨损变薄使弹簧都伸长ΔL_2时,螺旋弹簧的压紧力由F_b直线下降至$F_{c'}$,而膜片弹簧的压紧力F_c却几乎等于F_a。因此,膜片弹簧离合器具有自动调节压紧力的特点。

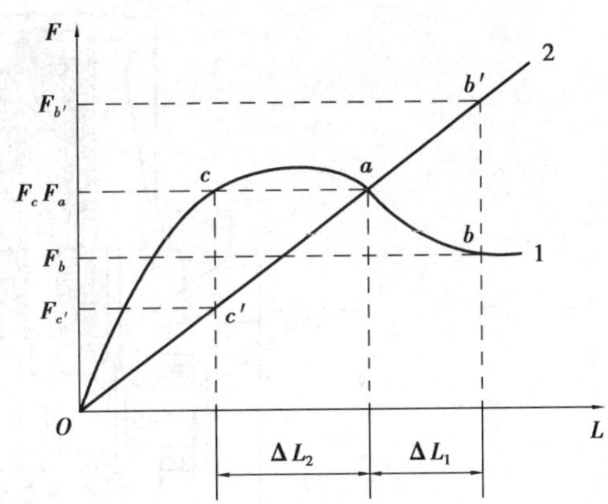

图2.16 弹簧特性比较

1—膜片弹簧特性;2—螺旋弹簧特性;

ΔL_1—分离时弹簧变形量;ΔL_2—磨损后弹簧伸长量

另外,不同于周布弹簧离合器的弹簧在高速时会因离心力产生弯曲而导致弹力下降,膜片弹簧离合器的压紧力几乎与转速无关,即具有高速时压紧力稳定的特点。

综上所述,膜片弹簧式离合器具有结构简单、轴向尺寸小、弹性性能良好、能自动调节压紧力、操纵轻便、高速时压紧力稳定、分离杠杆平整无须调整等优点。

4. 双片中央弹簧离合器

在一些重型载重汽车上,为传递较大力矩、减小离合器操纵力,常采用中央弹簧式离合器。如长征XD2150型汽车所采用中央弹簧、双从动盘摩擦式离合器,其结构如图2.17所示。该离合器由传动销、中间压盘、扭转减振器、从动盘、飞轮、分离杠杆、后压盘、分离弹簧、离合器盖、调整环、拉杆、分离套筒、中央压紧弹簧、平衡盘、支承销、压紧杠杆等组成。传动销1的尾部压入飞轮6内圆面上的径向孔中,而头部则伸入中间压盘2边缘的切口内,内表的凸起部嵌入后压盘8上相应的切口中。中央压紧弹簧14的前端通过一个支承盘支承于离合器盖10

上，其后端则抵靠着分离套筒13。轴向安装在分离套筒13上的3根拉杆分别与3根压紧杠杆17的内端相连。压紧杠杆17以固定在离合器盖上的支承销16为支点，其外端与后压盘8相接触。于是，中央弹簧的压紧力通过分离套筒13、拉杆12和压紧杠杆17将离合器的主从动部分压紧。分离杠杆为等臂杠杆，其两端分别抵靠在飞轮6和后压盘8的端面上。发动机的动力一部分经飞轮6上的传动销传给中间压盘2，另一部分由飞轮6经离合器盖10传给后压盘8。

当踏下离合器踏板时，操纵机构中的分离叉便将分离套筒13向前推，进一步压缩中央压紧弹簧14，同时通过拉杆将压紧杠杆17内端向前推移，使压紧杠杆17外端后移而与后压盘8分离，后压盘8便在分离弹簧9的拉力作用下离开后从动盘4。为保证各摩擦面彻底分离，在中间压盘2上装有分离杠杆7，当后压盘8后移时，分离杠杆7在扭转弹簧作用下使中间压盘2后移至飞轮与后压盘8的正中位置，从而保证两从动盘4、5有同样的轴向游动间隙。

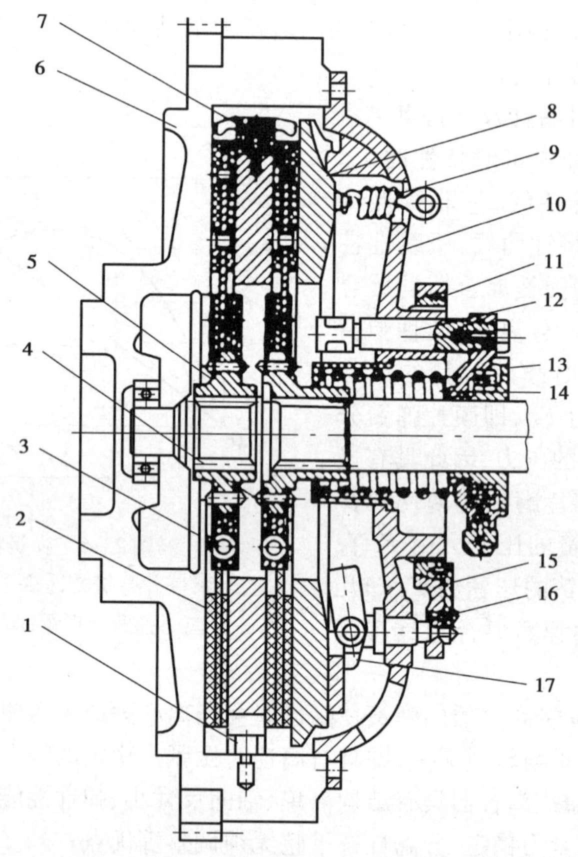

图2.17　长征XD2150型汽车中央弹簧离合器

1—传动销；2—中间压盘；3—扭转减振器；4、5—从动盘；6—飞轮；7—分离杠杆；8—后压盘；9—分离弹簧；10—离合器盖；11—调整环；12—拉杆；13—分离套筒；14—中央压紧弹簧；15—平衡块；16—支承销；17—压紧杠杆

压紧杠杆17采用沿压盘内圆切线方向布置，其内臂比外臂长得多，可能获得较大的杠杆比。中央压紧弹簧14的压紧力是通过压紧杠杆17放大后作用在后压盘8上的，这样便可以用较软的弹簧获得较大的压紧力，分离离合器时只需较小的操纵力。

项目3　离合器的操纵机构

项目目标

1. 了解离合器机械式操纵机构的基本组成和工作原理；
2. 掌握离合器液压式操纵机构的结构和工作原理；
3. 了解弹簧助力式操纵机构的原理。

课前思考

离合器操纵机构都有哪些类型？各具备什么特点？它们是如何实现操纵离合器分离和接合工作的？

项目内容

离合器的操纵机构是驾驶员借以既使离合器分离又使之柔和接合的一套机构，它起始于离合器踏板，终止于分离杠杆。

按照分离离合器时所需操纵能源的不同，离合器操纵机构分为人力式和助力式。人力式又可以分为机械式和液压式；助力式又可以分为气压助力式和弹簧助力式。人力式操纵机构是以驾驶员作用在踏板上的力作为唯一的操纵能源。助力式操纵机构除了驾驶员的力以外，还以其他形式的能源作为操纵能源。

本项目主要介绍在轿车中应用较多的机械式操纵机构、液压式操纵机构和弹簧助力式操纵机构，其中液压式操纵机构应用最多。

1. 机械式操纵机构

机械式操纵机构有杆系传动和绳索传动两种形式。机械式操纵装置结构较简单，制造成本低，故障少，但其机械效率低，而且拉伸变形会导致踏板行程过大。

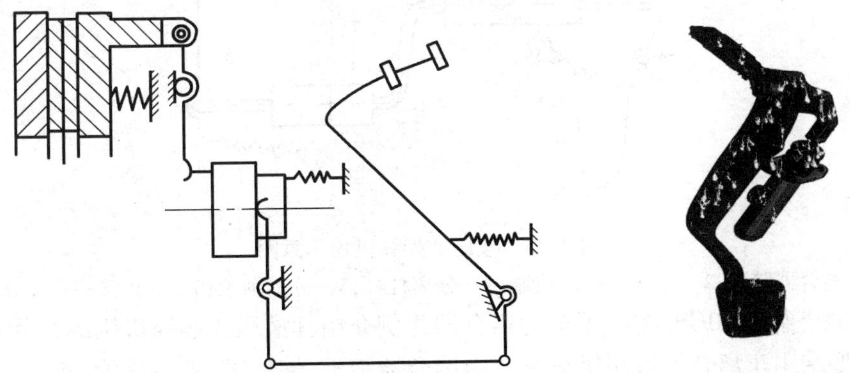

图 2.18　杆系传动操纵机构

杆系传动机构如图 2.18 所示，其结构简单，工作可靠，广泛应用于各型汽车上。如东风 EQ1090E 型汽车离合器即为杆系传动机构。但杆系传动中杆件间铰接多，摩擦损失大，车架或车身变形以及发动机位移时都会影响其正常工作。在平头车、后置发动机汽车等的离合器需要用远距离操纵时，合理布置杆系比较困难。

绳索传动机构如图 2.19 所示，它可消除杆系传动机构的一些缺点，并能采用便于驾驶员操纵的吊挂式踏板。但绳索寿命较短，拉伸刚度较小，故只适用于轻型、微型汽车和轿车。桑塔纳 2000GLs、捷达轿车离合器的操纵机构中就采用了绳索传动机构。

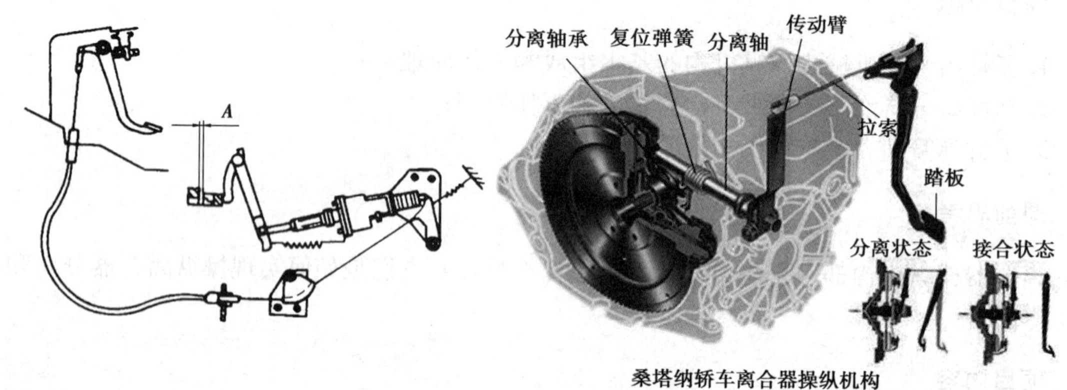

图 2.19　绳索式操纵机构

2. 液压式操纵机构

液压式操纵机构利用液体传递操纵力矩，具有摩擦阻力小、质量轻、操纵轻便、接合柔和、布置方便、不受车身车架变形的影响等优点。它采用吊挂式踏板，提高了车身内的密封性，因此，应用日益广泛。如图 2.20 所示，液压式操纵机构主要由主缸、工作缸和管路系统等组成。

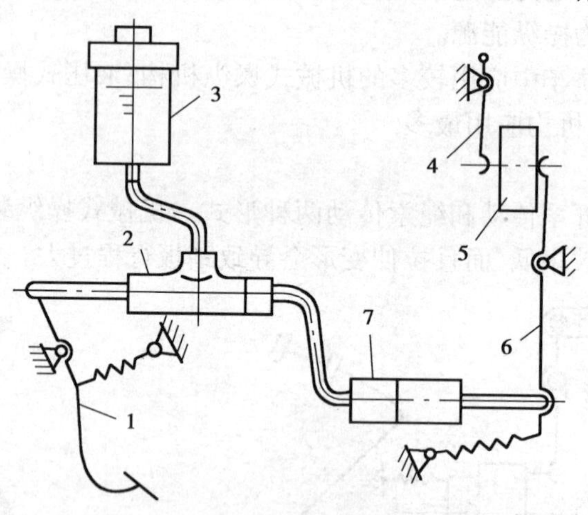

图 2.20　液压式操纵机构示意图

1—离合器踏板；2—主缸；3—储液罐；4—分离杠杆；5—分离轴承；6—分离叉；7—工作缸

下面以桑塔纳 2000GSi 型乘用车的离合器为例介绍其液压式操纵机构的结构特点。桑塔纳 2000GSi 型乘用车离合器液压操纵系统由离合器踏板、储液罐、进油软管、离合器主缸、离合器工作缸、油管总成、分离叉、分离轴承等组成，如图 2.21 所示。

(1)主缸

如图 2.22 所示，主缸由壳体、活塞、推杆、回位弹簧、皮碗等组成，其上部是储液室。主缸

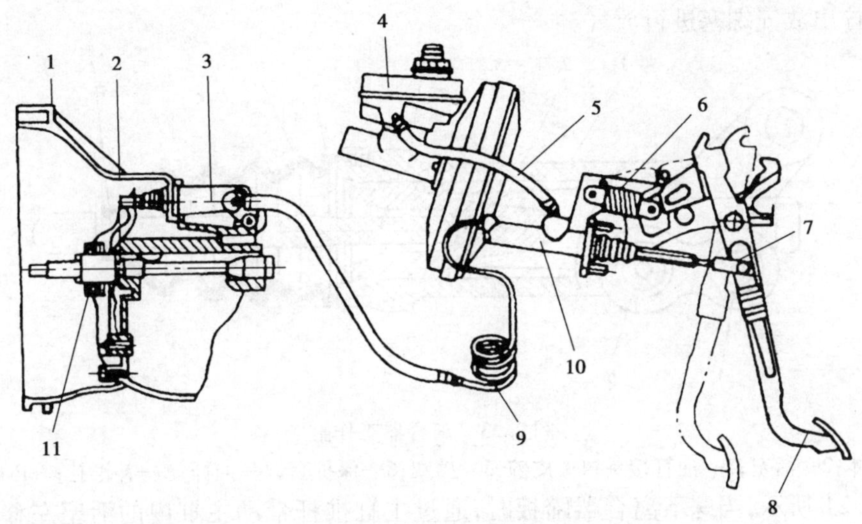

图2.21　桑塔纳2000GSi型乘用车离合器液压操纵系统

1—变速器壳体;2—分离叉;3—工作缸;4—储液罐;5—进油软管;6—助力弹簧及销轴;
7—销轴;8—离合器踏板;9—油管总成;10—主缸;11—分离轴承

借助补偿孔A、进油孔B通过软管与制动系统储液罐相通,内腔形成环形油室。活塞为铝质结构,中部轻细,为十字形断面,使活塞右方主缸内腔形成环形油室。活塞两端装有密封圈和皮碗,活塞顶有沿圆周分布的6个小孔,活塞回位弹簧将皮碗、活塞垫片压向活塞,盖住小孔,形成单向阀,经小孔与活塞右方主缸内腔相通。

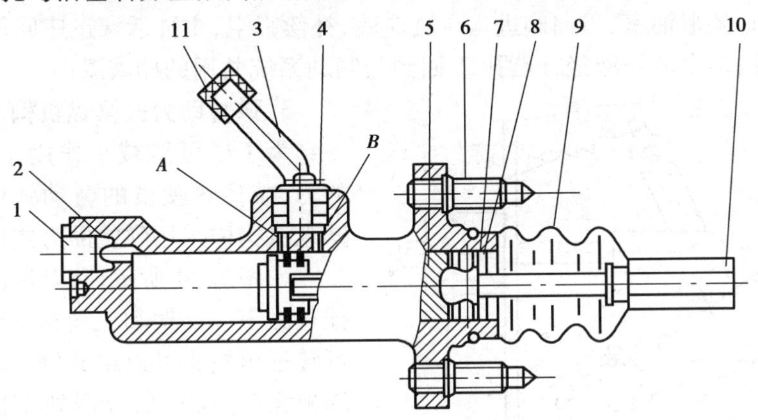

图2.22　离合器主缸

1—保护塞;2—壳体;3—管接头;4—皮碗;5—阀芯;6—固定螺栓;7—卡簧;
8—挡圈;9—防尘罩;10—推杆;11—保护套;A—补偿孔;B—进油孔

当踏板未踩下时,活塞被推向最右端,使皮碗位于补偿孔A与进油孔B之间,两孔均开放。通过转动推杆头可改变活塞与补偿孔的距离(即调整主缸活塞的自由行程)。

(2)工作缸

如图2.23所示,工作缸由活塞、皮碗、油管接头、推杆等组成。推杆除带动离合器分离叉运动外,同时可调整离合器膜片弹簧分离指端与分离轴承的间隙。为防止活塞自工作缸体内脱出,在缸体右端装有挡圈。在缸体左端装有油管接头和放气螺塞,当管路有空气存在而影响操纵时,可拧出放气螺塞进行放气。

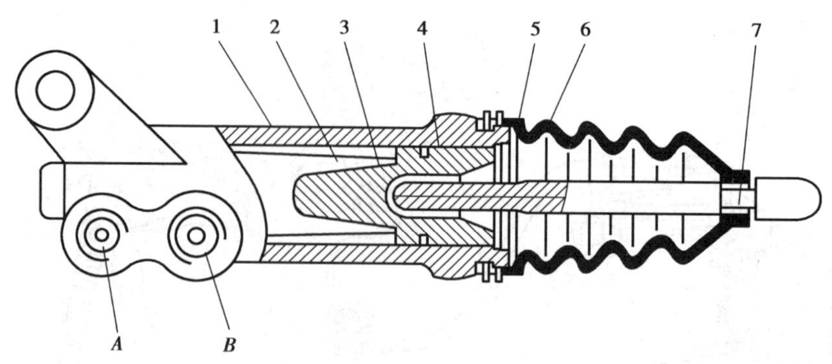

图 2.23　离合器工作缸

1—壳体;2—活塞;3—油管接头;4—皮碗;5—挡圈;6—保护套;7—推杆;A—补偿孔;—B 进油孔

如图 2.21 所示,当踩下离合器踏板时,通过主缸推杆带动主缸内的活塞左移,单向阀关闭,皮碗关闭补偿孔 A,密封容积减小,主缸和管路中的油压升高。在此油压作用下,工作缸中的活塞被推动左移,工作缸推杆头部直接推动分离叉的一端,使其绕支点(分离叉座)摆动,从而推动分离轴承向左移动,压向膜片弹簧的分离指端,从而达到分离离合器的目的。

当缓慢释放踏板时,作用在踏板上的力逐渐减少,油压下降,在回位弹簧作用下,膜片弹簧、工作缸和主缸内的活塞逐渐回位,离合器逐渐接合。当压盘与从动盘接合后迅速放松踏板时,由于油液有黏性,会产生流动阻力,油液流动慢,工作缸活塞回位速度小于主缸活塞回位速度,在主缸活塞左腔形成一定的真空,低于储液室液体压力。在压力差的作用下,单向阀开启,工作液经进油口、环形油室、单向阀进入主缸左腔,补偿真空,主缸活塞迅速回位。而此时工作缸活塞继续右移,多余的油液经补偿孔 A 回到与制动系统共用的储液罐内。

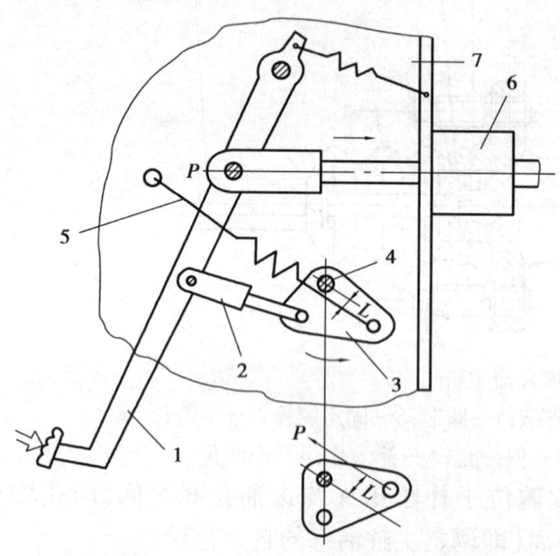

图 2.24　离合器操纵机构弹簧助力装置

1—离合器踏板;2—长度可调推杆;3—可转三角板;
4—销轴;5—助力弹簧;6—主缸;7—支架板

3. 弹簧助力式操纵机构

为了尽可能减小作用于离合器踏板上的力,减轻驾驶员的劳动强度,在离合器的操纵机构中采用弹簧助力式操纵机构。

如图 2.24 所示,助力弹簧 5 的两端分别挂在固定于支架和三角板上的两支承销上。可转三角板 3 可以绕其轴销转动,当离合器踏板完全放松,离合器处于接合位置时,助力弹簧的轴线位于三角板销轴的下方。当踩下踏板时,通过长度可调推杆 2 推动三角板绕其轴销逆时针转动。这时,助力弹簧的拉力对轴销的力矩实际上是阻碍踏板和三角板运动的反力矩。该反力矩随着离合器踏板下移而减小,当三角板转到使弹簧轴线通过轴销中心时,弹簧反力矩为零。

当踏板继续下移到使助力弹簧的拉力对三角板轴销的力矩方向转为与踏板力对踏板轴的力矩方向一致时,就能起到助力作用。在踏板处于最低位置时,这一助力作用最大。助力弹簧的助力作用由负变正的过程是允许的,因为在踏板的前一段行程中,要消除自由间隙,离合器压紧弹簧的压缩力还不大,总的阻力也在允许范围内,在踏板后段行程中,压紧弹簧的压缩量和相应的作用力继续增大到最大值。在离合器彻底分离以后,为了变速器换挡或制动,往往需要将踏板在最低位置保持一段时间,容易导致驾驶员疲劳,因此最需要助力作用。

想一想:图2.21中操纵机构装有助力器,该助力器是怎样工作的呢?

提示:如图2.21所示,当驾驶员踏下踏板时,销轴7围绕踏板轴转动,当销轴7与踏板助力器销轴6、离合器踏板轴在同一直线上时,转动力矩为零,踏板助力器不起作用;而当助力器销轴6位于该直线上方时,踏板助力器内的助力弹簧推动踏板绕踏板轴顺时针转动,给踏板一个附加作用力矩,与驾驶员作用在踏板上的力矩方向一致,减轻驾驶员对踏板的操纵力;反之,当助力器销轴6位于该直线下方时,踏板助力器内的助力弹簧又推动踏板绕踏板轴逆时针转动,促进踏板迅速自动回位。

实训2　摩擦离合器结构认知

实训目的

1. 对照实物掌握各种类型离合器的结构特点;
2. 通过简单拆装巩固离合器主要零部件的名称和作用;
3. 熟悉离合器各主要零部件的相互装配关系。

实训内容

1. 观察离合器的安装位置;
2. 观察离合器盖及压盘总成拆装;
3. 观察离合器各零件状态。

技术标准与要求

拆装压盘总成必须使用专用工具。

工具准备

实训车;膜片弹簧离合器总成;螺旋弹簧离合器总成;常用汽车维修工具及工作台;确保每4~6人有1套工具。

实训步骤

1. 观察离合器安装位置

首先在实训车(不需发动)上观察离合器及其操纵机构的安装位置和工作情况,记录离合器踏板踩下和抬起时各部分的工作情况。

2. 离合器盖及压盘总成拆解

将离合器盖及压盘总成放在压床或压具下，压住离合器盖，先拆卸分离杠杆调整螺钉的锁紧螺母和调整螺母，然后拆卸传动片螺栓座上的螺栓，慢慢卸去压紧压力，并将离合器盖及压盘总成全部解体，对解体后的零件进行彻底清洁。

3. 观察离合器各零件状态

观察拆下的离合器盖、压盘和从动盘各个零件的结构特点和磨损状态，分析其工作原理，做好记录。

4. 离合器盖及压盘总成的装配

将8片分为4组的传动片一端铆在离合器盖相应的位置上，并在盖上装上分离杠杆弹簧。用专用工具装配压盘总成，其步骤如下：

①将压盘放在压具上，在压盘上依次放上摆动块、分离杠杆、调整螺钉、穿入浮动销；

②将16个离合器压盘弹簧放在压盘的弹簧座上；

③将离合器盖放在压盘上，使4个调整螺钉从相应孔中突出，并拨正传动片，使传动片孔对准压盘上的螺孔；

④将离合器盖底面压紧在专用的装配压具平台上；

⑤将调整螺母拧在分离杠杆调整螺钉上；

⑥将传动片螺栓连同传动螺栓座一起固定在压盘的螺孔中，并冲铆螺栓座，最后慢慢松开压具。

离合器装复后，必须进行动平衡试验，平衡量不得大于100 g · cm。

实训结果

①完成实训报告册，说明离合器主要零部件结构、功用和原理。

②填写实训工单，进行实训考核。

项目4　离合器检修

项目目标

1. 掌握离合器维护检查的内容、方法；
2. 掌握膜片弹簧离合器的检修方法。
3. 掌握离合器常见故障现象、原因及排除方法。

课前思考

正确使用离合器应该注意什么？离合器应检修哪些项目和哪些参数？离合器最易出现哪些故障？

项目内容

任务1 离合器的检修与调整

任务描述

本任务要求理解离合器日常维护注意事项,掌握离合器飞轮、压盘、从动盘和膜片弹簧等重要元件的检修要点、参数要求及操作方法,掌握离合器自由行程的检查和调整方法。

学习引导

为了使离合器能保持较好的工作状态,除日常使用过程中注意保护,还要定期进行维护保养。

1. 离合器的维护和检查

(1)正确使用离合器

①汽车起步和换挡时,应遵守"一快二慢三快"的离合器踏板操作办法,力求接合平稳,防止冲击载荷损坏压盘、摩擦片及传动系部件。

②减少离合器使用次数。汽车行驶中,离合器每分离和接合一次都要产生大量的热。过多地使用离合器,会使其温度过高,引起摩擦片急剧磨损或开裂。因此,应尽量减少离合器分离和接合次数、半联动次数。

③在紧急制动或接近停车时,踩下离合器,让汽车滑行减速,以减轻发动机与传动系的冲击。

④为保证安全,严禁上坡脱挡行驶、下坡踩下离合器空挡滑行、挂挡猛抬离合器踏板启动发动机;严禁用猛踩加速踏板、猛抬离合器踏板的方法来通过软路面、泥泞路段和冰雪路面等驱动车轮打滑路段。

⑤当汽车在泥泞、冰雪路面行驶时,如出现驱动轮打滑现象,严禁猛踩加速踏板、猛抬离合器踏板。

(2)离合器的维护

离合器维护主要包括及时润滑、检查、紧固与调整。

汽车行驶6 000 ~8 000 km时,应进行二级维护,主要检查离合器、分离轴承的工作情况,有无过度磨损、卡滞和异响,检查踏板的自由行程是否符合使用要求。

汽车行驶35 000 ~45 000 km时,应进行三级维护,对离合器进行拆检和调整,对分离轴承座与变速器第一轴轴承盖的配合表面、分离叉球窝、球头螺栓接合面涂2号锂基润滑脂进行润滑。

对所拆检主缸或工作缸,应用酒精清洗干净,并用压缩空气吹干;活塞、皮碗、皮圈应更换新件,并在其表面涂清洁的制动液;按技术要求进行装配;绝不能使用汽油、煤油之类的矿物油,以免腐蚀液压系统的橡胶件;装配时,从动盘有"飞轮侧"标记的一面应朝向飞轮安装;分几次按规定力矩交叉拧紧离飞轮壳与发动机后端面、离合器盖与飞轮的紧固螺栓。

(3)离合器的检查

离合器的检查主要包括离合器储液罐液面高度检查、液压操纵机构泄露检查、离合器的工作情况检查等内容。

①离合器储液罐液面高度检查。检查主缸储液罐内离合器液(制动液)面的高度,如果低于“MAX”的标记,则应补加,并进一步检查离合器液压操纵机构是否有泄漏的现象。

②离合器液压操纵机构泄露检查。主要是检查主缸与油管、工作缸与油管及油封等部位是否有离合器液的痕迹。

③离合器工作情况检查。车辆可靠驻停,拉起驻车制动手柄。启动发动机,发动机怠速运转,踩下离合器踏板,换到1挡或倒挡,检查是否有噪声、是否换挡平稳,如果有噪声或换挡不平稳,说明离合器分离不彻底。

2. 离合器的检修与调整

离合器的检修是指对其主要零部件的检查、更换或修理,包括飞轮、压盘和离合器盖、从动盘、膜片弹簧等。离合器的调整主要包括踏板自由行程的检查和调整、分离杠杆高度的检查和调整、液压操纵系统的排气等内容。

(1)飞轮的检修

对飞轮首先应进行目视检查,检查齿圈轮齿是否磨损或打齿,检查飞轮端面是否有烧蚀、沟槽、翘曲和裂纹等。如果有,则应修理或更换飞轮。

其次检查从动轴前支承轴承。如图2.25所示,用手转动轴承,在轴向加力,如果有阻滞或有明显间隙感,则应更换轴承。

最后检查飞轮端面的圆跳动。如图2.26所示,将百分表安装在发动机机体上,百分表表针抵在飞轮的最外圈,转动飞轮,测量飞轮的端面圆跳动,正常情况下应小于0.1 mm。如果端面圆跳动超过标准,应修磨或更换飞轮。

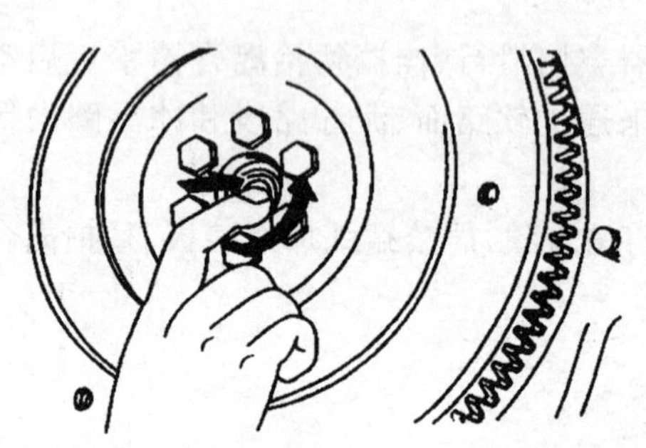

图2.25 从动轴前支承轴承的检查

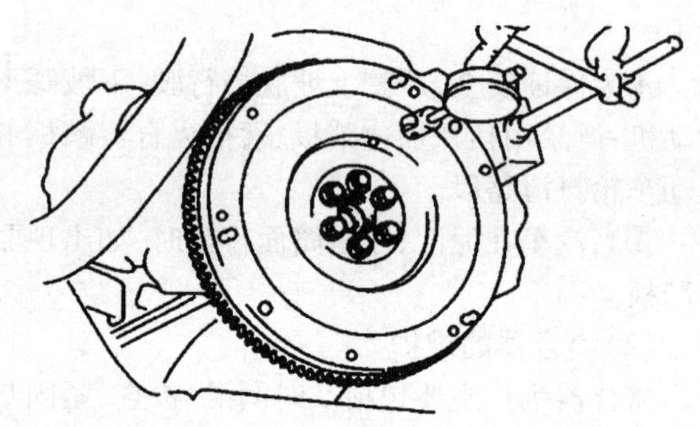

图2.26 飞轮端面圆跳动的检查

飞轮每次拆卸后,应更换连接螺栓。将飞轮安装到曲轴上时,应按对角线逐次以规定的力矩拧紧。

(2)压盘和离合器盖检修

压盘的损伤主要包括压盘翘曲、破裂、擦伤和过度磨损等。

对压盘应先检查其表面光洁度。压盘表面不应有明显的沟槽,沟槽深度应小于0.30 mm。对于轻微的磨损可用油石修平。

其次检查压盘平面度,检查方法如图2.27所示,用钢直尺压在压盘上,然后用塞尺测量。离合器压盘平面度不应超过0.2 mm。压盘平面度或表面光洁度超过要求,或者工作面起槽、龟裂时,可用平面磨床磨平或车床车平表面,但磨、车的厚度应小于2 mm,否则应更换压盘。

离合器盖与飞轮接合面的平面度应小于0.5 mm,如有翘曲、裂纹、螺纹磨损等现象应更换离合器盖。

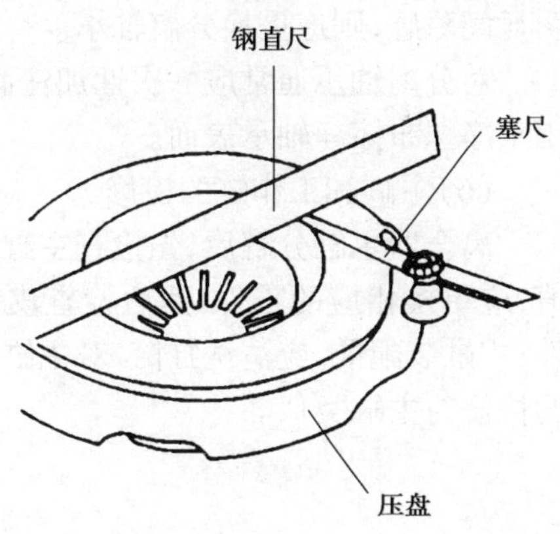

图2.27　压盘平面度检查

(3)从动盘的检修

对从动盘先进行目视检查,看从动盘摩擦片是否有裂纹,是否有铆钉外露、减振器弹簧断裂、花键毂磨损严重等情况。如果有,则更换从动盘。

其次检查从动盘的端面圆跳动。在距从动盘外边缘2.5 mm处测量,离合器从动盘最大端面圆跳动为0.4 mm,测量方法如图2.28所示。如果不符合要求,可用扳钳校正或更换从动盘。

最后检查从动盘摩擦片的磨损程度。摩擦片的磨损程度可用游标卡尺进行测量,如图2.29所示。铆钉头埋入深度应不小于0.20 mm。如果检查结果超过要求,则应更换从动盘。

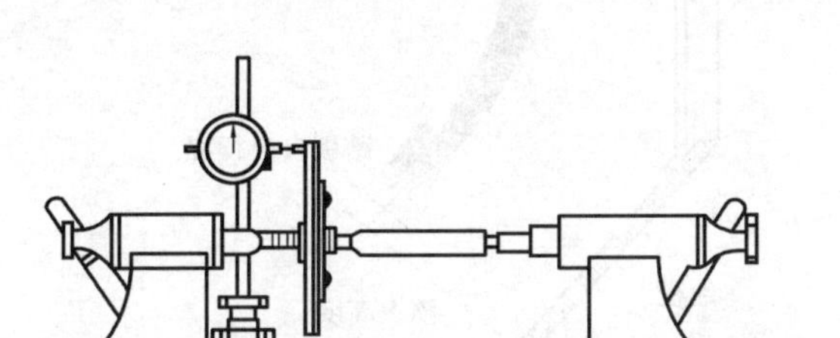
图2.28　从动盘端面圆跳动的检查

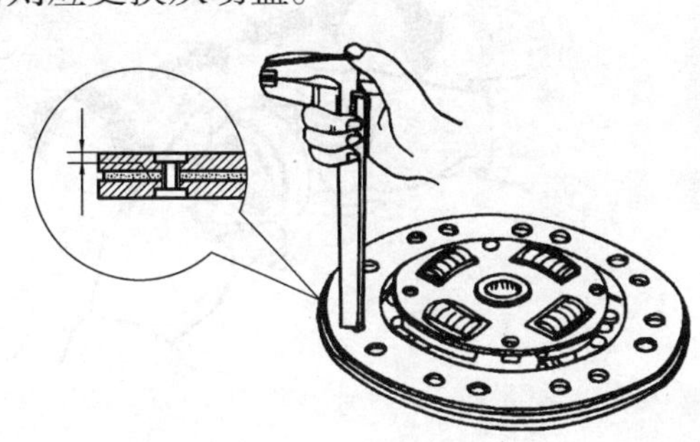
图2.29　摩擦片磨损的检查

(4)膜片弹簧的检修

对膜片弹簧,首先检查其磨损程度。如图2.30所示,用游标卡尺测量膜片弹簧与分离轴承接触部位磨损的深度和宽度,深度应小于0.6 mm,宽度应小于5 mm,否则应更换膜片弹簧。

其次检查膜片弹簧的变形。如图2.31所示,用专业工具盖住弹簧分离指内端(小端),然后用塞尺测量弹簧分离指内端与专用工具之间的间隙。所有弹簧分离指内端应在同一平面内,上述间隙不应超过0.5 mm,否则应用维修工具将变形过大的弹簧分离指撬起以进行调整。

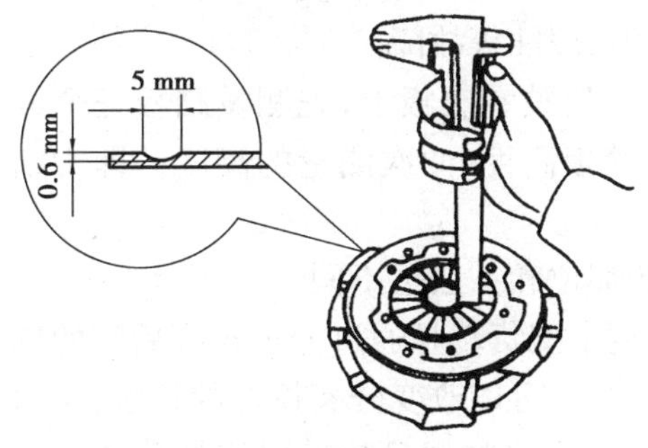

图2.30　膜片弹簧磨损的检查

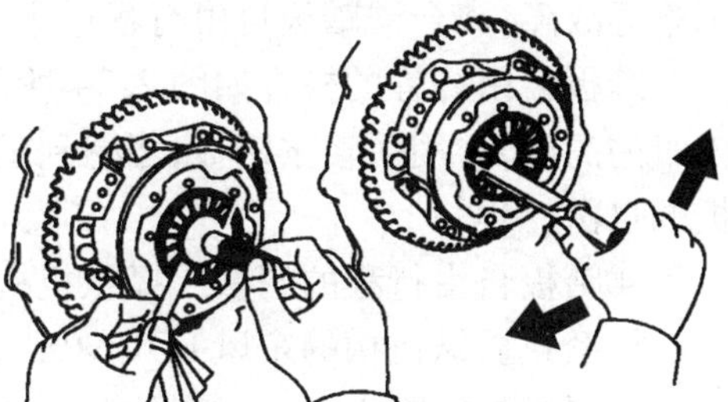

图2.31　膜片弹簧变形的检修

(5)分离轴承的检修

如图2.32所示,用手固定分离轴承内圈,转动外圈,同时在轴向施加压力,如有阻滞或有明显间隙感，则应更换分离轴承。

对分离轴承通常应一次性加注润滑脂。维护时切勿随意拆卸清洗分离轴承，若有脏污，可用干净抹布擦净轴承表面。

（6）主缸和工作缸的检修

离合器主缸分解后，先检查主缸内壁的磨损情况，测量活塞与缸壁的间隙，如果超过规定值，应更换相应的零件；然后检查皮碗是否老化、回位弹簧是否失效，如果是则更换相应的零件；主缸装配前，应清洗缸筒，对主缸活塞、皮碗、密封圈等零件应涂抹润滑脂。离合器工作缸的检修与主缸类似。

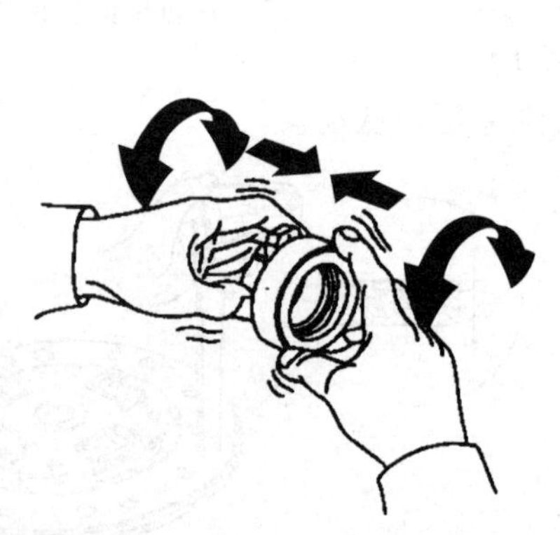

图 2.32　分离轴承的检查

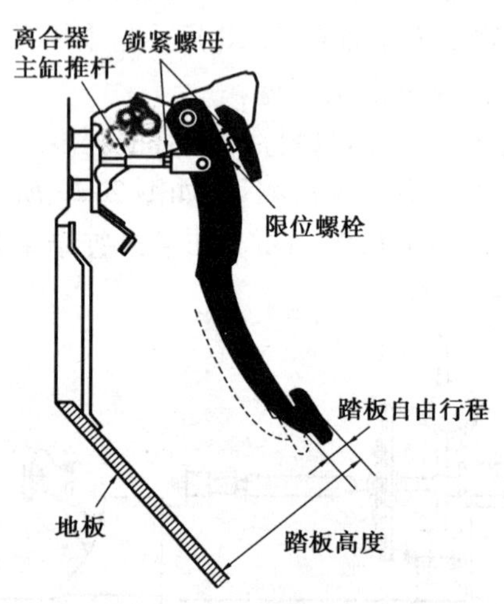

图 2.33　踏板高度检查

（7）踏板自由行程的检查和调整

①离合器踏板检查。踩下离合器踏板，检查是否存在下述故障：踏板回弹无力；异响；踏板过度松动；踏板沉重。

②检查离合器踏板高度。如图 2.33 所示，掀起地毯或地板革，用直尺测量地面到离合器踏板上表面的距离。如果超出标准，应调整踏板高度。离合器踏板高度的调整可以通过踏板后的限位螺栓进行。

③检查离合器踏板自由行程。离合器踏板自由行程过大，会导致离合器分离不彻底、换挡困难等故障；离合器踏板自由行程过小，会导致离合器打滑、烧蚀等故障。

踏板自由行程的检查如图 2.34 所示，用一个直尺抵在驾驶室底板上，先测量踏板完全放松时的高度，再用手轻按踏板，当感到阻力增大时再测量踏板高度，两次测量的高度差即为踏板的自由行程。

④踏板自由行程的调整。操纵机构不同，踏板调整的部位和方法也不同。

杆系式操纵机构的东风 EQ1090E 型和解放 CA1091 型中型货车是通过分离拉杆后端的球型调整螺母进行踏板自由行程的调整的。拧动球型调整螺母，可以改变分离拉杆的长度，从而调整踏板的自由行程。当自由行程小于标准值时，可以将球型调整螺母旋出以增加分离拉杆的有效长度，反之亦然。这两种车型离合器踏板的自由行程应为 30 ~ 40 mm。

上海桑塔纳轿车的拉索式操纵机构是通过如图 2.35 所示的调整螺母进行踏板自由行程的调整的。逆时针旋转调整螺母可以增加踏板的自由行程，反之亦然。上海桑塔纳轿车的踏板自由行程应为15~25 mm。

液压式操纵机构一般通过调整主缸推杆的长度来调整踏板的自由行程。如图2.34所示，先将主缸推杆锁紧螺母旋松，然后转动主缸推杆，从而调整踏板的自由行程。调整后应将锁紧螺母旋紧。

有些车辆的操纵机构具有自调装置，如捷达轿车，可以自动进行离合器踏板自由行程的调整。

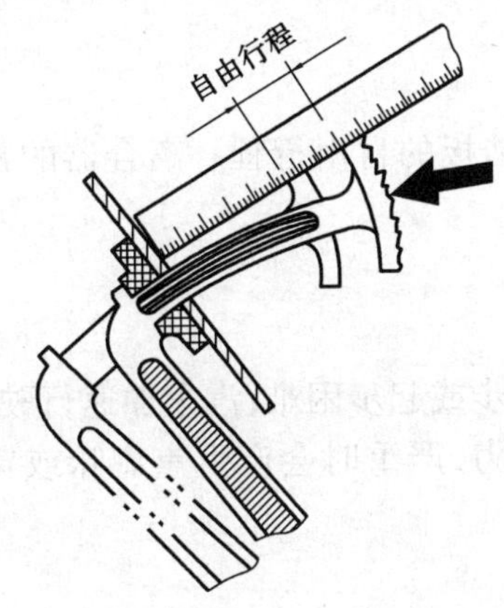

图2.34 自由行程检查

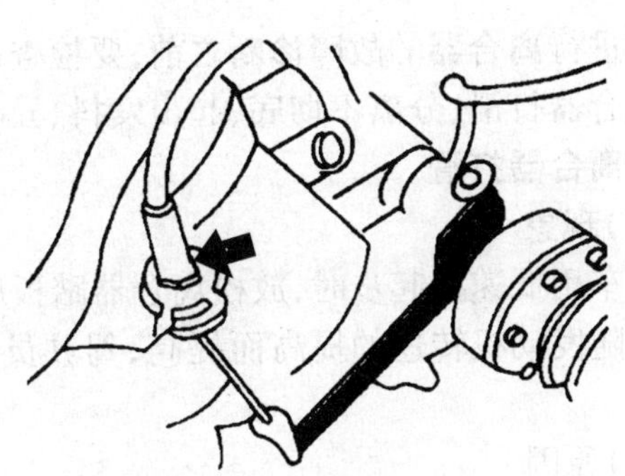

图2.35 拉索式操作机构的踏板自由行程的调整

(8)分离杠杆高度的检查和调整

分离杠杆高度的调整是指将所有分离杠杆（或膜片弹簧分离指）内端的后端面必须调整到与飞轮端面相平行的同一平面内。分离杠杆高度调整不当会导致分离不彻底、汽车起步时颤抖，严重时会发生发动机熄火。

对于离合器分离杠杆高度的调整北京BJ2020型汽车是通过分离杠杆内端的调整螺钉进行的，东风EQ1090E型汽车是通过分离杠杆支承柱上的调整螺母进行的。解放CA1091型汽车是通过分离杠杆外端的调整螺母进行的。

(9)离合器液压系统中空气的排出

离合器液压操纵系统在经过检修之后，管路内可能进入空气；在添加制动液时也可能使液压系统中进入空气。空气进入后，由于缩短了主缸推杆行程即踏板工作行程，从而使离合器分离不彻底。因此，液压系统检修后或怀疑液压系统进入空气时，就要排除液压系统中的空气。排除方法如下：

①将主缸储液罐中的制动液加至规定高度，升起汽车。

②在工作缸的放气阀上安装一软管并接到一个盛有制动液的容器内。

③排空气需要两个人配合工作，一人慢慢地踏离合器踏板数次，感到有阻力时踏住不动，另一人拧松放气阀直至制动液开始流出，然后再拧紧放气阀。

④连续按上述方法操作几次，直到流出的制动液中不见气泡为止。

⑤空气排除干净之后，需要再次检查及调整踏板自由行程。

⑥再次检查主缸储液罐液面高度，必要时添加。

任务2　离合器常见故障诊断与排除

任务描述

本任务要求熟悉离合器常见故障的故障现象，学会寻找分析故障原因，从而找出排除故障的方法。要求学习过程中训练分析推理的能力。

学习引导

在进行离合器的故障诊断之前，要检查和调整离合器踏板的自由行程。离合器的常见故障有离合器打滑、分离不彻底、起步发抖、异响等。

1. 离合器打滑

(1)现象

汽车用低速挡起步时，放松离合器踏板后，汽车不能起步或起步困难；汽车加速行驶时，车速不能随发动机转速的提高而提高，驾驶员会感到行驶无力，严重时会产生焦煳味或冒烟等现象。

(2)原因

①离合器踏板没有自由行程，使分离轴承压在分离杠杆上，使压盘处于半分离状态。

②从动盘摩擦片、压盘或飞轮工作面磨损严重，离合器盖与飞轮的连接松动，使压紧力减弱。

③从动盘摩擦片有油污、烧蚀、表面硬化、铆钉外露、表面不平等现象，使摩擦系数下降。

④压力弹簧疲劳或折断，膜片弹簧疲劳或开裂，使压紧力下降。

⑤离合器操纵杆系卡滞，分离轴承套筒与导管间有油污，尘腻严重，甚至造成卡滞，使分离轴承不能回位，从而使压盘处于半分离状态。

⑥分离杠杆弯曲变形，出现运动干涉，不能回位。

(3)诊断与排除

诊断与排除离合器打滑故障的方法有：

①检查离合器踏板的自由行程，如不符合规定应予以调整。

②如果自由行程正常，应拆下变速器壳，检查离合器与飞轮连接螺栓是否松动，如松动则予以拧紧。

③如果离合器仍然打滑，应拆下离合器检查从动盘摩擦片的状况。如果有油污，一般可用汽油清洗并烘干，然后找出油污来源并设法排除。如果摩擦片磨损严重或有铆钉外露，应更换从动盘。

④如果从动盘完好，则应分解离合器，检查压紧弹簧。如果弹簧弹力过软，则应更换。

总结：离合器打滑主要可以从从动盘压不紧、从动盘摩擦系数下降等方面加以考虑。

2. 离合器分离不彻底

(1)现象

发动机怠速运转时，踩下离合器踏板，挂挡有齿轮撞击声，且难以挂入(无同步器的变速器)；如果勉强挂上挡，则在离合器踏板尚未完全放松时，发动机熄火；变速时，踩下离合器踏板，换挡仍困难，并伴有变速器齿轮撞击声。

(2)原因

①离合器踏板的自由行程过大,踩下踏板后仍然分离不彻底。

②分离杠杆调整不当,其内端不在同一平面内或内端高度太低。

③双片离合器中间压盘限位螺钉调整不当,个别分离弹簧疲劳、高度不足或折断,中间压盘在传动销上或在离合器驱动窗口内轴向移动不灵活。

④从动盘钢片翘曲,摩擦片破裂或铆钉松动。

⑤新换的摩擦片太厚或从动盘正反面装错。

⑥从动盘花键孔与变速器第一轴花键轴卡滞。

⑦离合器液压操纵机构漏油、有空气或油量不足。

⑧膜片弹簧弹力减弱。

⑨变速器输入轴与曲轴不同轴。

(3)诊断与排除

①检查离合器踏板的自由行程,如果自由行程过大则进行调整。对于液压操纵机构应检查储液罐油量是否不足或管路中是否有空气,并进行必要的排除。如果不是上述问题,应继续下面的检查。

②检查分离杠杆内端高度,如果分离杠杆高度太低或不在同一平面,则进行调整;否则检查从动盘是否装反,如果从动盘装反,启动发动机后会产生尖锐的响声。如果都没问题,则继续下面的检查。

③检查从动盘是否有翘曲变形、铆钉脱落现象,从动盘是否轴向运动卡滞等。如果是,则进行更换或修理。

总结:离合器分离不彻底主要可以从离合器踏板自由行程、分离杠杆高度、从动盘等几个方面考虑。

3. 起步发抖

(1)现象

汽车用低速挡起步时,按操作规程逐渐放松离合器踏板并徐徐踩下加速踏板,离合器不能平稳接合且产生抖振,严重时甚至整车产生抖振现象。

(2)原因

①分离杠杆内端高度不处在同一平面内。

②从动盘或压盘翘曲变形,飞轮工作端面的端面圆跳动严重。

③从动盘摩擦片存在厚度不均匀、油污、烧焦、表面不平整、表面硬化、铆钉头露出、铆钉松动或切断、波形弹簧钢片损坏等问题。

④压紧弹簧的弹力不均、疲劳或个别折断,膜片弹簧疲劳或开裂。

⑤从动盘上的缓冲片破裂或减振弹簧疲劳、折断。

⑥发动机支架、变速器、飞轮、飞轮壳等的固定螺栓松动。

⑦分离轴承套筒与导管油污、尘腻严重,使分离轴承不能回位。

(3)诊断与排除

①检查离合器踏板、分离轴承等回位是否正常,如果正常则继续检查。

②检查发动机支架、变速器、飞轮、飞轮壳等的固定螺栓是否松动。如果是,则紧固螺栓,否则继续检查。

③检查分离杠杆的内端是否在同一平面。如果是,则继续检查。

④检查压盘、从动盘是否变形,铆钉是否松动、外露,压紧弹簧的弹力是否不在允许范围内。如果是,则更换或修理相应零件。

总结:起步发抖主要可以从离合器在接合过程中不平稳来考虑,即发动机在匀速转动,而由于离合器接合不平稳使离合器从动部分转动不平稳,从而反映为离合器乃至整车的抖振。

4. 离合器异响

(1)现象

离合器分离或接合时发出不正常的响声。

(2)原因

①分离轴承缺少润滑脂,造成轴承干磨或损坏。

②分离轴承与分离杠杆内端之间无间隙。

③分离轴承套筒与导管之间油污、尘腻严重或分离轴承回位弹簧与踏板回位弹簧疲劳、折断、脱落,使分离轴承回位不佳。

④从动盘花键孔与其花键轴配合松旷。

⑤从动盘减振弹簧退火、疲劳或断裂。

⑥从动盘摩擦片铆钉松动或铆钉头外露。

⑦双片离合器传动销与中间压盘和压盘的销孔磨损。

(3)诊断与排除

①稍稍踩下离合器踏板,使分离轴承与分离杠杆接触,如果有“沙沙”的响声则为分离轴承响;如果加油后仍响,说明轴承磨损过度、松旷或损坏,应更换轴承。

②踩下、抬起离合器踏板,如果出现间断的碰撞声,说明分离轴承前后有窜动,应更换分离轴承回位弹簧。

③连踩踏板,如果离合器刚接合或刚分开时有响声,说明从动盘铆钉松动或外露,应更换从动盘。

总结:离合器异响主要可以从磨损过度、松旷、过紧、运动中刮碰等方面加以考虑。

实训3 离合器及操纵机构的拆装、检测与调整

实训目的

1. 掌握离合器及其操纵机构的拆装方法;
2. 通过实训过程掌握离合器总成拆装的要点,明确各个元件的装配关系;
3. 通过对离合器各元件进行检测,掌握离合器各元件的技术要求。
4. 掌握离合器踏板位置检查与调整的方法。

实训内容

1. 拆装离合器总成;
2. 检测离合器压盘、从动盘、膜片弹簧等主要元件;

3. 检查与调整离合器踏板位置。

技术标准与要求

1. 安装与桑塔纳轿车配套的离合器分离轴承、压盘和从动盘;
2. 安装时,严禁将油液、油脂和水黏附到离合器压盘及从动盘上;
3. 离合器盖压紧螺栓按照“对角多遍”的要求旋松或拧紧;
4. 离合器盖压紧螺栓规定力矩为25 N·m;
5. 安装离合器时,应使用导向专用工具;
6. 从车辆上取下或安装变速器总成时,应使用托板;
7. 桑塔纳2000GLS、2000GSi离合器踏板自由行程为15~25 mm;

工具准备

实训车;膜片弹簧离合器总成;固定飞轮专用工具;导向专用工具、游标卡尺、常用汽车维修工具及工作台等。确保每4~6人有1套工具。

实训步骤

1. 事前准备

车辆进入工位前,将工位清理干净,排除障碍物,准备好相关工具、物品;然后将车辆停驻在举升机平台的中央位置,拉紧驻车制动器,变速器置于空挡,打开并可靠支撑机舱盖,将护裙粘贴在车辆左、右侧翼子板上,安装转向盘套、换挡手柄套、座套,铺设地板垫。

依次拆卸蓄电池负极电缆,断开氧传感器、“+B”导线连接器,拆卸掉左前和右前车轮、左右传动轴、悬架控制臂球头;拔下倒车灯开关电插头和车速传感器电插头,断开电路连接;拆卸下氧传感器、离合器分泵,断开排气管,拆卸下排气管与变速器间支架、换挡机构总成、发动机前缓冲支架、离合器防护板、起动机、变速器减振垫,做好实训准备。

2. 离合器总成的拆卸

(1)观察实训准备好的状况

观察离合器及其操纵机构在汽车上的安装情况。

(2)拆下变速器总成

①将变速器托架放置于变速器正下方,一人托住变速器后端,一人托住变速器前端,严禁摆晃,以防止变速器自动滑出,导致伤害事故发生。

②待变速器扶稳后,使用一字螺丝刀插入变速器与发动机接合端面缝隙中,将变速器后移,脱出定位销。

③用力将变速器向后拉,待输入轴前端离开离合器膜片时,落下变速器,将变速器平稳放置到托架上,推到规定位置。

(3)作好装配标记

在离合器和飞轮上作装配标记。

(4)固定飞轮

将专用工具的销轴插入汽缸体后端螺栓孔中,使专用工具上的挡块键入齿圈的轮齿间,将飞轮固定。

(5)取下离合器差和从动盘

用对角线交叉法分两次旋下离合器盖总成固定螺栓,依次取下离合器盖和从动盘。

(6)拆卸离合器分离机构

①从变速器壳上旋下螺母,取出螺栓、垫圈,拆下分离杠杆。

②取下分离轴承组件及分离轴承固定簧,旋下螺栓,取下衬垫和分离导向套筒。

③拆下分离叉轴的挡圈,取下防尘套,在变速器壳体后面旋下分离叉轴定位螺栓。

④拆下分离叉轴左衬套,取下分离叉轴,再取下回位弹簧。

⑤使用专用内拉头工具,取出分离叉轴右衬套,将各零件摆放在确定位置。

3. 离合器主要元件检测

依照项目四任务一中的方法依次检测各个元件,并做好记录。

(1)飞轮的检查

检查飞轮表面磨损情况和端面圆跳动,飞轮端面圆跳动应小于0.1 mm。

(2)压盘和离合器盖的检查

检查压盘磨损情况和平面度,磨削总量不超过1.0~1.5 mm,压盘平面度应小于0.2 mm,离合器盖与飞轮接合面的平面度应小于0.5 mm。

(3)从动盘的检查

检查从动盘的磨损情况和端面圆跳动。从动盘最大端面圆跳动为0.4 mm,铆钉埋入深度不小于0.2 mm。

(4)膜片弹簧的检查

检查膜片弹簧的变形情况,用游标卡尺测量膜片弹簧分离指内端与分离轴承接触部位的磨损深度和宽度,深度应小于0.6 mm,宽度应小于5 mm,否则应更换。

(5)分离杠杆、分离轴承和分离叉的检查

检查分离杠杆、分离轴承和分离叉的磨损或变形情况。

4. 离合器踏板位置的检查与调整

(1)离合器踏板的拆卸

①观察离合器操纵机构各零部件的连接关系。

②拉开并拆下离合器拉索。

③拆下挡圈,取下连接销,从离合器组件上取下弹簧助力器。

④拆下卡夹,取下离合器踏板。

(2)离合器踏板的安装与调整

①装上离合器踏板,装上卡夹、弹簧助力器和离合器拉索。

②检查离合器踏板的总行程,桑塔纳2000GLS车型踏板总行程为(150±5)mm。若不符合要求,则可能是驱动臂安装不当或变形,应重新调整驱动臂位置。

③用直尺板测量离合器踏板高度。离合器踏板高度为(150±5)mm,若不在规定范围内,应检查踏板助力弹簧的弹力是否正常,以及踏板是否出现变形等情况。

④检查调整离合器踏板的自由行程。桑塔纳2000GLS车型踏板自由行程为15~25 mm。踏板自由行程的调整可通过调整螺母进行调节:将螺母逆时针转动,踏板自由行程加大。调整时应注意分离叉传动臂支架之间的距离为(200±5)mm,若该距离不当,可将分离叉传动臂固定螺母松开,取下传动臂,转过一个角度后装好,直到该距离达到标准为止。

5. 离合器总成的安装

(1)固定飞轮

用专用工具将飞轮固定。

(2)安装从动盘

用专用工具或变速器第一轴将离合器从动盘定位于飞轮和压盘的中心,注意使从动盘上减振弹簧突出一面朝外(向后)。

(3)安装离合器盖和压盘总成

对正装配标记,将离合器盖和压盘总成装在飞轮上,分两次旋紧固定螺栓,使用扭力扳手以25 N·m的力矩对角旋紧。

(4)安装离合器分离机构

①使用专用工具将分离叉轴右衬套压入变速器壳体。

②将复位弹簧套在分离叉轴左段,安装分离叉轴,用适量的润滑脂润滑衬套及分离叉轴的支撑位置。

③安装分离叉轴左衬套。

④用15 N·m的力矩旋紧分离叉轴定位螺栓,分离叉轴应能灵活转动但不能左右移动。

⑤将分离导向套及其衬垫涂上密封胶,安装到变速器前,以15 N·m的力矩旋紧固定螺栓。注意导向套的排油孔应朝下。

⑥安装分离轴承,用适量润滑脂润滑接触点;固定复位弹簧。

⑦将防尘套推入分离叉轴,安装挡圈。

⑧装上驱动臂。在复位弹簧起作用时,驱动臂与钢索固定螺母架的距离应保持为200 mm,然后按25 N·m的力矩旋紧螺栓。

(5)安装变速器

最后将变速器组装好。

实训结果

①完成实训报告册,说明离合器总成拆装过程中应注意的问题,离合器各元件的检测结果以及离合器踏板的高度、自由行程的测量结果。

②填写实训工单,进行实训考核。

本模块知识小结

1. 离合器的功用是保证汽车平稳起步、便于换挡、防止传动系过载。

2. 摩擦式离合器按从动盘的数目分为单片式、双片式和多片式;按压紧弹簧的形式及布置形式分为周布螺旋弹簧式、膜片弹簧式和中央弹簧式等。

3. 离合器按操纵机构的不同可分为机械式(杆式和绳索式)、液压式、气压式和空气助力式等。

4. 离合器由主动部分、从动部分、压紧装置、分离机构和操纵机构组成。

5. 离合器处于接合状态时,压紧弹簧将压盘、从动盘、飞轮互相压紧。发动机的转矩经飞轮及压盘通过摩擦面的摩擦力矩传到从动盘,再经从动轴向传动系输出。

6. 离合器的分离过程:踏下踏板,离合器的主、从动部分处于分离状态,中断动力传递。

7. 离合器的接合过程:当需要恢复动力的传递时,缓慢地抬起离合器踏板,离合器的主、从部分逐渐接合,传递的转矩逐渐增大,直到离合器完全接合,即处于接合状态为止。

8. 离合器在接合状态时,分离轴承与分离杠杆内端之间预留的间隙为离合器的自由间隙。消除离合器自由间隙和操纵机构零件的弹性变形所需要的离合器踏板自由行程称为离合器踏板的自由行程,可通过改变拉杆工作长度进行调整。

9. 膜片弹簧离合器的优点是:膜片弹簧兼起分离杠杆的作用,简化了结构,轴向尺寸小;压盘圆周上的压紧力分布均匀,接合平顺;弹簧压紧力不受高速离心力影响,传动可靠性高,不易打滑;操纵轻便。

10. 液压式操纵机构由离合器踏板、离合器主缸、工作缸、分离叉、分离轴承和管路系统组成。其工作过程是:踏下离合器踏板,主缸油压升高并通过管路传到工作缸,再分离叉、分离轴承使离合器分离。

11. 离合器维护作业的内容包括:检查并调整离合器踏板自由行程、检查分离轴承回位弹簧的弹力。必要时对离合器进行拆检。

12. 离合器常见故障有离合器打滑、分离不彻底、起步发抖和异响等。

复习思考题

1. 简述汽车起步时驾驶员应如何操纵。

2. 简述离合器的功用。

3. 摩擦式离合器由哪几部分组成? 简述其工作原理。

4. 什么是离合器踏板的自由行程? 为什么要有自由行程? 如何测量?

5. 膜片弹簧离合器有何特点?

6. 离合器的操纵机构有哪些类型? 各有何特点? 简述液压式操纵机械的组成和工作原理。

7. 简述离合器主要零件的检修内容和方法。

8. 分析离合器常见故障的原因及诊断排除方法。

9. 某汽车起步困难、加速无力,驾驶员反映发动机明显“丢转”,试分析故障现象、可能的原因及如何排除。

10. 某桑塔纳乘用车换挡时有齿轮撞击声,排除变速器的故障后,该现象依然存在,试分析故障现象、可能的原因及如何排除。

模块 3 手动变速器

知识目标

1. 掌握变速器的功用、类型；
2. 掌握变速传动原理；
3. 熟悉二轴和三轴变速器的构造；
4. 掌握同步器的结构及工作原理；
5. 了解分动器的功用、类型和原理；
6. 了解手动变速器的操纵机构；
7. 掌握手动变速器维护及常见故障的诊断排除方法。

能力目标

1. 能够认识手动变速器各零部件；
2. 能够正确拆装手动变速器；
3. 能够独立对手动变速器进行保养；
4. 能够对手动变速器常见故障进行诊断排除。

项目 1　变速器认识

项目目标

1. 了解变速器的功能与分类；
2. 掌握普通齿轮变速器的基本原理。

课前思考

变速器的作用是什么？变速器有哪些种类？普通齿轮变速器是如何工作的？

项目内容

任务1　变速器的功能与分类

任务描述

变速器是当前汽车传动系中不可或缺的重要组成部分。本任务要求掌握变速器的功能、要求和分类。

学习引导

汽车变速器不仅能够实现变速,还能实现倒车;变速器类型多样,但其必须满足一定的要求,才能正常工作。下面介绍它的功能、要求和分类。

1.汽车变速器的功能

①实现变速变扭:通过改变传动比,扩大驱动轮转矩和转速的变化范围,以适应经常变化的行驶条件,同时,使发动机在最有利(功率较高而油耗较低)的工况下工作。

②实现倒车:在发动机旋转方向不变的条件下,使汽车能倒向行驶。

③实现中断动力传递:中断发动机向驱动桥的动力传递,以使发动机能够起步、怠速,满足汽车暂时停车的需要。

2.对变速器的要求

①拥有足够的挡位与合适的传动比,满足使用要求,提高经济性和生产率;

②工作可靠、传动效率高,使用寿命长,结构简单、维修方便;

③操纵轻便可靠,不允许出现乱挡、跳挡、脱挡等情况;

④动力换挡要求换挡平稳,传动效率高。

3.汽车变速器的分类

汽车变速器通常按照传动比变化情况或操纵方式进行分类。

(1)按传动比的变化情况划分

变速器按传动比的变化情况可分为有级式变速器、无级式变速器和综合式变速器三种。

①有级式变速器:有几个可供选择的固定传动比,采用齿轮传动。其按所用轮系形式不同又可分为齿轮轴线固定的普通齿轮变速器和轴线旋转式轮变速器(行星齿轮变速器)两种。

②无级式变速器:传动比可在一定范围内连续变化,常见的有液力式、机械式和电力式等。

③综合式变速器:由有级式变速器和无级式变速器共同组成的,其传动比可以在最大值与最小值之间几个分段的范围内作无级变化,为部分无级式。

(2)按操纵方式划分

变速器按操纵方式不同可以分为手动挡式变速器、自动操纵式变速器和半自动操纵式变速器三种。

①手动挡式变速器:靠驾驶员直接操纵变速杆进行换挡。这种变速器换挡机构简单,工作可靠,目前广泛应用。

②自动操纵式变速器:传动比的选择和换挡是自动进行的。驾驶员只需操纵加速踏板,变速器就可以根据发动机的负荷信号和车速信号来控制执行元件,实现挡位的变换。

③半自动操纵式变速器:此种变速器可分为两类,一类是部分挡位为自动换挡,部分挡位为手动换挡;另一类是预先用按钮选定挡位,在踩下离合器踏板或松开加速踏板时,由执行机构自行换挡。

本模块主要介绍手动变速器。手动变速器包括变速传动机构和操纵机构两大部分。变速传动机构的主要作用是改变转矩的大小和方向;操纵机构的作用是实现换挡。

任务2　普通齿轮变速器的基本原理

任务描述

普通齿轮变速器主要分为三轴变速器和两轴变速器两种。本任务要求掌握普通齿轮变速器的变速原理、换挡原理和变向原理。

学习引导

普通齿轮式变速器又叫定轴式变速器。它由外壳、轴线固定的几根轴和若干齿轮组成,可实现变速、变转矩和改变旋转方向。下面介绍它的变速原理、换挡原理和变向原理。

1. 变速原理

一对齿数不同的齿轮啮合传动时,若小齿轮为主动齿轮,带动大齿轮转动,转速则降低,称为减速传动,如图3.1(a)所示。若大齿轮驱动小齿轮时,转速升高,称为增速传动,如图3.1(b)所示。这就是齿轮传动的变速原理。汽车变速器就是根据这一原理利用若干大小不同的齿轮副传动而实现变速的。设主动齿轮转速为 n_1,齿数为 z_1;主动齿轮转速为 n_2,齿数为 z_2。主动齿轮(输入轴)转速与从动齿轮(输出轴)转速之比值称为传动比,传动比用字母 i_{12} 表示,即

$$i_{12} = \frac{n_1}{n_2} = \frac{z_2}{z_1}$$

因此有

$$n_2 = n_1 \cdot \frac{z_1}{z_2}$$

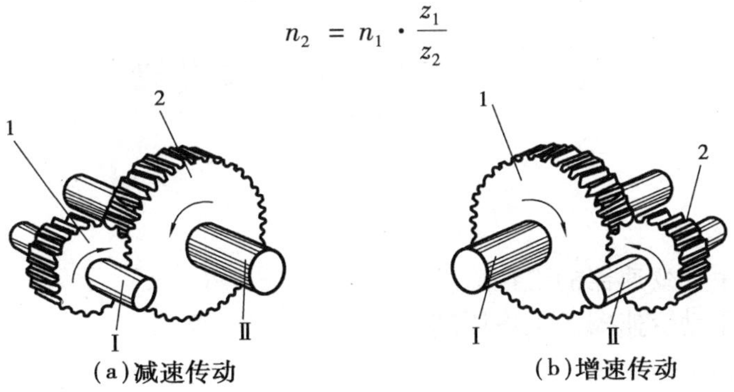

图3.1　齿轮传动的基本原理

Ⅰ—输入轴;Ⅱ—输出轴;1—主动齿轮;2—从动齿轮

如图3.2所示为两级齿轮传动示意图,齿轮1为主动齿轮,驱动齿轮2转动,齿轮3与齿轮2固连在一起,再驱动齿轮4转动并输出动力,此时由1传到4的传动比为:

$$i_{14} = \frac{n_1}{n_4} = \frac{z_2 z_4}{z_1 z_3} = i_{12} i_{34}$$

因此,可以总结为多级齿轮传动的传动比为:

$$i_{12} = \frac{n_1}{n_2} = \frac{\text{所有从动齿轮齿数的乘积}}{\text{所有主动齿轮齿数的乘积}} = \text{各级齿轮传动比的连乘积}$$

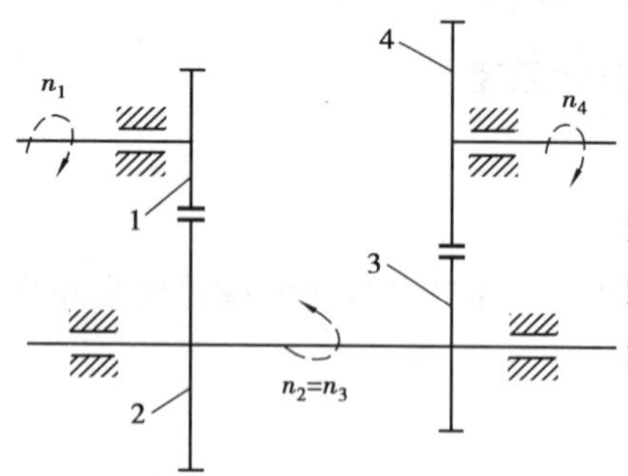

图 3.2　两级齿轮传动示意图
1,3—主动齿轮;2,4—从动齿轮

汽车变速器某一挡位的传动比就是这一挡位各级齿轮传动比的乘积。

由于 $i = n_{in}/n_{out} = M_{out}/M_{in}$($n$ 表示转速,M 表示转矩),可见传动比既是变速比又是变矩比。降速则增转矩,增速则降转矩。汽车变速器就是利用这一关系,通过改变传动比来适应汽车行驶阻力变化需要的。

2. 换挡原理

从前述可知:

当 $i > 1$ 时,为降速增扭传动,其挡位称为降速挡;

当 $i < 1$ 时,为增速降扭传动,其挡位称为超速挡;

当 $i = 1$ 时,为等速等扭传动,其挡位称为直接挡。

习惯上把变速器传动比值较小的挡位称为高挡,传动比值较大的挡位称为低挡;变速器挡位的变换称为换挡,由低挡向高挡变换称为加挡(或升挡),反之称为减挡(或降挡)。变速器就是通过挡位变换来改变传动比,从而实现多级变速的。

3. 变向原理

由齿轮传动原理可知,一对相啮合的外齿轮旋向相反,每经过一传动副,其轴改变一次转向。

二轴式变速器在输入轴与输出轴之间加装了一倒挡轴和倒挡齿轮(此为惰轮);三轴式变速器则在中间轴与输出轴之间加装了一倒挡轴和倒挡齿轮,就可使输出轴与输入轴转向相反,从而可使汽车倒向行驶。

项目2　手动变速器的变速传动机构

项目目标

1. 掌握二轴式手动变速器的工作原理;
2. 掌握三轴式手动变速器的工作原理;
3. 掌握分动器的工作原理。

课前思考

二轴式手动变速器和三轴式手动变速器在结构上有怎样的区别?它们是如何实现变速和倒挡的?分动器的作用和工作原理是怎样的?

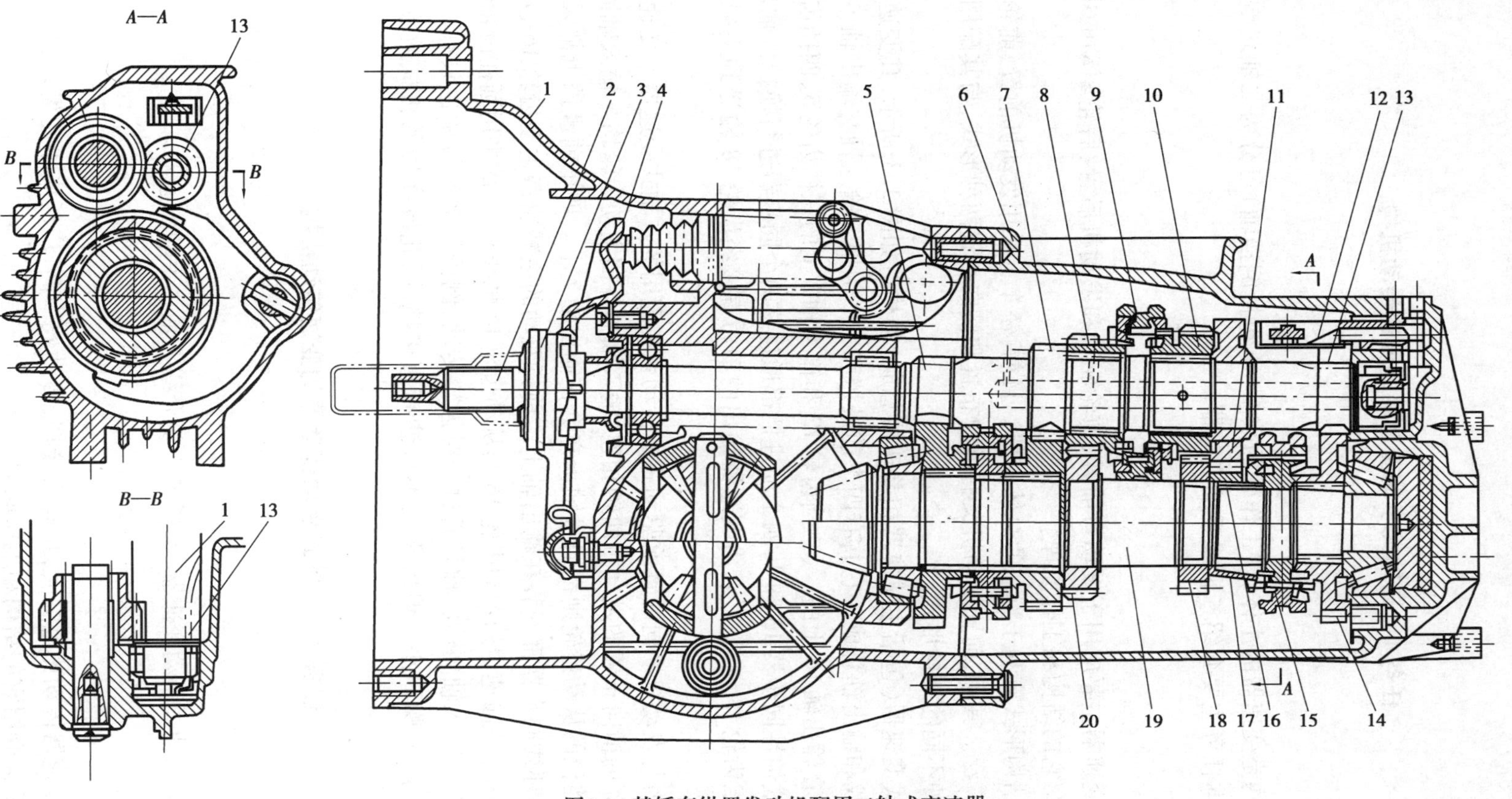

图3.3　某轿车纵置发动机配用二轴式变速器

1—变速器前壳；2—输入轴；3—分离轴承；4—分离杠杆；5—输入轴一挡齿轮；6—变速器后壳体；7—输入轴二挡齿轮；8—输入轴三挡齿轮；9—接合套；10—输入轴四挡齿轮；11—输入轴五挡齿轮；12—集油器；13—输出轴倒挡齿轮；14—输出轴倒挡齿轮；15—接合套；16—输出轴五挡齿轮；17—隔离套；18—输出轴四挡齿轮；19—输出轴；20—输出轴三挡齿轮

项目内容

任务1　二轴式手动变速器的变速传动机构

任务描述

变速传动机构是变速器的主体,按工作轴的数量(不包括倒挡轴)可分为二轴式变速器和三轴式变速器。本任务主要介绍二轴式手动变速器。

学习引导

二轴式齿轮变速器主要应用于发动机前置、前轮驱动和发动机后置、后轮驱动的中、轻型轿车上。下面介绍它的结构和工作原理。

此种变速器结构形式有利于汽车的总体布置。目前,轿车上采用发动机前置、前轮驱动的布置形式越来越广泛。其中,前置发动机又有纵向布置和横向布置两种形式,与其配用的二轴式变速器也有两种不同的结构形式。

某轿车二轴式变速器(包括主减速器相差速器总成)的构造如图 3.3 所示,其变速传动机构包括输入轴总成和输出轴总成。它共有四个前进挡和一个倒挡。输入轴与输出轴各挡齿轮均为常啮合齿轮,在输出轴 16 上的一、二挡齿轮 12 和输入轴 2 上的三挡齿轮 5、四挡齿轮 3 之间分别装有锁环式惯性同步器 13 和 4,四个前进挡都通过这两个同步器进行换挡。输出轴 16 与主减速器主动锥齿轮 18 制为一体,由变速器输出的动力直接经齿轮 18 输送到主减速器和差速器总成。

图 3.4 所示为与发动机横向前置前驱动式的传动系相配用的二轴式变速器。变速器的输入轴 1 通过离合器的横向布置的发动机曲轴相连,输入轴的各挡主动齿轮均与输入轴固连,与之常啮合的四个挡位的从动齿轮则都通过轴承空套在输出轴 7 上。四个前进挡也都采用同步器换挡,但两个锁环式同步器都安装在输出轴上。前桥驱动的主减速器主动齿轮 16 也装在输出轴 7 的输出端,由于主减速器的主动齿轮 16 与从动齿轮 14 轴线平行,故采用圆柱齿轮传动。

二轴式变速器从输入轴到输出轴只通过一对齿轮传动,倒挡传动路线中也只有一个中间齿轮,因而机械效率高,噪声小。但由于它不可能有直接挡,因此最高挡的机械效率比直接挡低。

任务2　三轴式手动变速器的变速传动机构

任务描述

任务一介绍了二轴式手动变速器,本任务主要介绍三轴式手动变速器。

学习引导

三轴式手动变速器传动比范围大,具有直接挡,传动效率高,广泛应用在发动机前置后轮驱动的汽车上。下面介绍它的结构和工作原理。

普通三轴式变速器的结构如图 3.5 所示。第一轴(输入轴)1、中间轴 30 和第二轴(输出

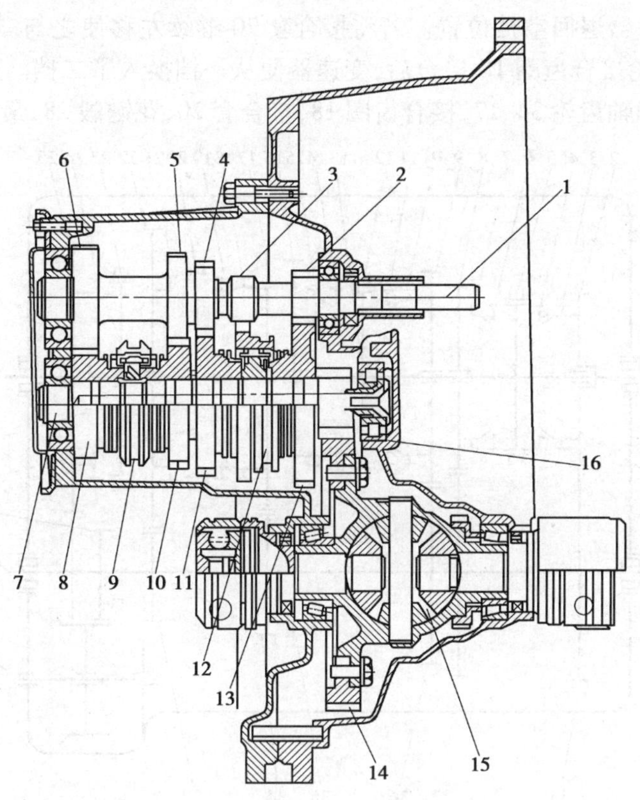

图 3.4　与横置发动机配用的两轴变速器示意图

1—输入轴;2—一挡主动齿轮;3—倒挡主动齿轮;4—二挡主动齿轮;5—三挡主动齿轮;
6—四挡主动齿轮;7—输出轴;8—四挡从动齿轮;9—三、四挡同步器接合套;10—三挡从动齿轮;
11—二挡从动齿轮;12—一、二挡同步器接合套和倒挡从动齿轮;13—一挡从动齿轮;
14—主减速器从动齿轮;15—差速器;16—主减速器从动齿轮

轴)26 支承于壳体之上。第一轴的前端借离合器与发动机曲轴相连,第二轴后端通过凸缘与万向传动装置相连。第一轴常啮合传动齿轮 2 与第一轴制成一体,与中间轴常啮合传动齿轮 38 构成常啮合传动齿轮副。齿轮 29、33、34、35、36 和 37 都固定在中间轴上,而齿轮 8、9、16、17、22 和 25 则空套在第二轴上。花键毂 13、27、28 和 40 以其内花键与第二轴上的外花键相连接,并且不能作轴向移动(用卡环锁止)。

图 3.5 所示为变速器的空挡位置,当第一轴旋转时,通过齿轮 2 带动中间轴及其上的各齿轮旋转。由于齿轮 8、9、16、17、22 和 25 是空套在第二轴上的,故第二轴不被驱动。

固定在第二轴上的各个花键毂 13、27、28 和 40 的外圆表面上均制有与其相邻齿轮的接合齿圈齿形完全相同的外花键,分别与相应的具有内花键的各个接合套相接合,并可沿花键毂轴向滑动。

在该变速器中,除一挡、倒挡外,均采用同步器换挡。同步器是一种加装了一套同步装置的接合套换挡机构。同步装置的作用是使变速器在汽车行驶过程中换挡时不发生接合齿的冲击。欲挂上一挡,可操纵变速杆,通过拨叉使接合套 20 右移,与一挡齿轮接合齿圈 21 接合后,动力便从第一轴依次经齿轮 2、38,中间轴,齿轮 33、22,接合齿圈 21,接合套 20,花键毂 28 再通过花键连接传给第二轴。欲脱开一挡,可通过拨叉使接合套 20 左移,使接合套与接合齿圈

21 脱离啮合,则变速器退回空挡位置。若将接合套 20 继续左移使之与二挡同步器锁环 19 的接合齿圈和二挡齿轮接合齿圈 18 接合后,变速器便从一挡换入了二挡。此时动力从第一轴依次经齿轮 2、38,中间轴齿轮 34、17,接合齿圈 18,接合套 20,花键毂 28,最后传给第二轴。

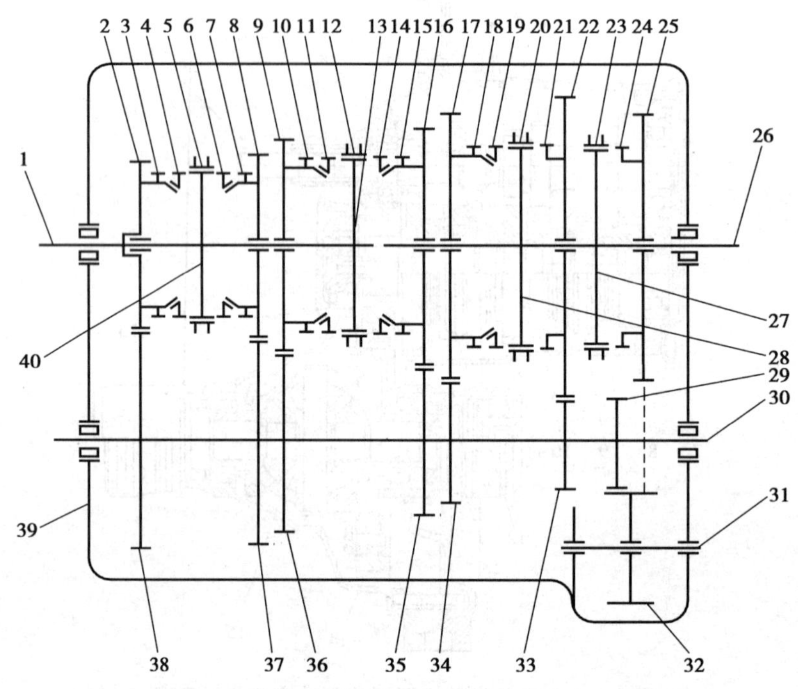

图 3.5　某中型载货汽车六挡变速器传动示意图

1—第一轴;2—第一轴常啮合传动齿轮;3—第一轴齿轮接合齿圈;4—六挡同步器锁环;5,12,20,23—接合套;6—五挡同步器锁环;7—五挡齿轮接合齿圈;8—第二轴五挡齿轮;9—第二轴四挡齿轮;10—四挡齿轮接合齿圈;11—四挡同步器锁环;13,27,28,40—花键毂;14—三挡同步器锁环;15—三挡齿轮接合齿圈;16—第二轴三挡齿轮;17—第二轴二挡齿轮;18—二挡齿轮接合齿圈;19—二挡同步器锁环;21——挡齿轮接合齿圈;22—第二轴一挡齿轮;24—倒挡齿轮接合齿圈;25—第二轴倒挡齿轮;26—第二轴;29—中间轴倒挡齿轮;30—中间轴;31—倒挡轴;32—倒挡中间齿轮;33—中间轴一挡齿轮;34—中间轴二挡齿轮;35—中间轴三挡齿轮;36—中间轴四挡齿轮;37—中间轴五挡齿轮;38—中间轴常啮合传动齿轮;39—变速器壳体

同理,使接合套 12 右移到与三挡齿轮接合齿圈 15 接合,则可得到三挡;使接合套 12 左移到与四挡齿轮接合齿圈 10 接合,便换上四挡;使接合套 5 右移到与五挡齿轮接合齿圈 7 接合,则换入五挡;若使接合套 5 左移到与第一轴齿轮接合齿圈 3 接合,则换入第六挡,此时动力从第一轴经齿轮 2、接合齿圈 3、接合套 5 和花键毂 40 直接传给第二轴,而不再经过中间轴齿轮传动,故这种挡位称为直接挡,其传动比为 1。

有些轿车和轻、中型货车的变速器在直接挡之后,还加设一个超速挡($i=0.7\sim0.85$)。超速挡主要用于在良好路面上轻载或空车行驶的场合,借此提高汽车的燃油经济性。但如果发动机功率不高,则超速挡使用率很低,节油效果不显著,且将影响汽车的动力性。

为实现汽车倒向行驶,在中间轴的一侧还设置了一根较短的倒挡轴 31(图中采用展开画法,将倒挡轴画在中间轴的下方)。其上空套着倒挡中间齿轮 32,它与第二轴倒挡齿 25 为常啮合斜齿轮。倒挡中间齿轮 32 与中间轴倒挡齿轮 29 亦为常啮合斜齿轮。使接合套 23 右移与倒挡齿轮接合齿圈24接合,即得倒挡。动力从第一轴经齿轮2、38,中间轴,齿轮29、32、25,倒挡齿轮接合齿圈24,接合套23,花键毂27传到第二轴:由于增加了一个中间齿轮,故第二轴的旋转方向与第一轴相反,汽车便倒向行驶。

在该变速器中,由于各个挡位利用同步器和接合套换挡,第二轴和中间轴的轴向尺寸较大。为提高轴的支承刚度和轴承的承载能力,故第一、二轴和中间轴的支承有必要全部采用圆柱滚子轴承。与圆锥滚子轴承相比,它省去了调整轴承预紧度的烦琐操作。但由于圆柱滚子轴承(包括圆锥滚子轴承)的接触线长,滚动阻力较大,在汽车的大负荷、长时间运行中,易产生发热现象,严重时可能烧毁轴承,故应加强变速器的润滑。

为减少内摩擦引起的零件磨损和功率损失,需在壳体内注入齿轮油,采用飞溅方式润滑各齿轮副、轴与轴承等零件的工作表面。因此,壳体一侧有加油口,壳体底部有放油塞,通常润滑油液平面高度应保持与加油口的下沿平齐。在第一轴常啮合传动齿轮2和第二轴上的齿轮9、17上钻有径向油孔,第二轴上的其他齿轮,如齿轮8、16、22、25在其轮毂端面开有径向油槽,以便润滑所在部位的滚针轴承。为防止润滑油从第一轴1与轴承盖46之间的间隙流入离合器而影响其摩擦性能,在轴承盖内安装了橡胶油封45,并且壳体上开有回油孔。为防止润滑油从第二轴后端流到中央制动器的工作表面上,在变速器后盖44内亦装有橡胶油封,并且装配时在各轴承盖、后盖、上盖等接合面间加涂密封胶。为防止变速器工作时由于油温升高、气压增大而造成润滑油渗漏现象,在变速器盖上装有通气塞。

普通齿轮式变速器的换挡装置常见的有直接滑动齿轮式、接合套式和同步器式三种结构形式。目前同步器式换挡装置普遍使用,这将在本书后续内容中加以详细介绍。

变速器换挡装置除应能保证顺利地挂挡和退挡外,在结构上还必须保证汽车在行驶过程中,当变速器换入某一挡位后不会出现自动脱挡现象。常见的防止自动脱挡的结构有齿端倒斜面式和减薄齿式两种形式。

如图3.6所示为齿端倒斜面式防止脱挡结构。它是将接合套齿2的两端及接合齿圈1、4的齿端都制有相同斜度的倒斜面。当接合套2向左或右移动,与接合齿圈1或4相啮合时,两者之间即以倒斜面接触传递动力。图示位置为左端接合,这时由于斜面的作用使接合齿圈与接合套之间的啮合存在一个向左的轴向作用力,阻止接合套2自动向右移动,即防止其自动脱挡。

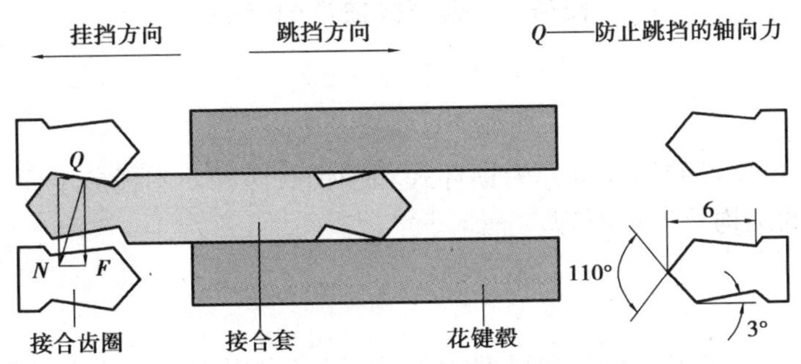

图3.6 齿端倒斜面防止自动脱挡机构

减薄齿式防止脱挡结构如图3.7所示,同步器即采用这种防止脱挡结构。它是将花键毂外齿3的两端减薄0.3~0.4 mm,使各花键齿中部形成一个凸台。当接合套2向左或向右移动与接合齿圈1、4接合传递动力时,其后端将被花键毂齿上的凸台挡住,从而防止自动脱挡。

当要摘挡时,驾驶员放松加速踏板,发动机转速迅速降低,花键毂3则在惯性作用下相对于接合齿圈向接合套方向转过一个角度,使接合套与花键毂分离,便可以顺利摘挡。

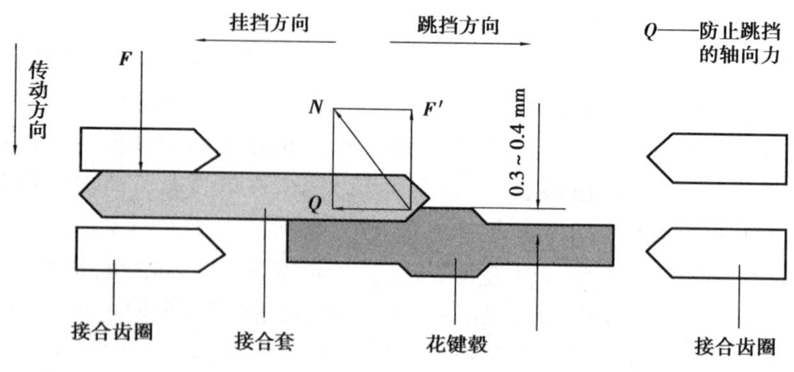

图3.7　减薄齿防止自动脱挡结构

项目3　同步器

项目目标

1. 掌握同步器的作用;
2. 掌握锁环式惯性同步器的结构和工作原理;
3. 掌握锁销式惯性同步器的结构和工作原理。

课前思考

同步器的作用是什么?基本结构是怎样的?它分为哪些类型?每种类型是怎样工作的?

项目内容

任务1　锁环式惯性同步器

任务描述

同步器由于锁止装置的不同可分为锁环式和锁销式两种。本任务主要介绍锁环式惯性同步器,需要掌握它的结构及工作原理。

学习引导

锁环式惯性同步器多用于轿车和轻型货车,近年来也用于中型货车变速器的中、高挡中。下面介绍它的结构和工作原理。

同步器的作用是在换挡时使接合套与待啮合的齿圈先迅速达到同步之后,再进入啮合,实现无冲击、无噪声换挡。目前所采用的摩擦式惯性同步器主要由同步装置(包括推动件、摩擦件)、锁止装置和接合装置三部分组成。

1. 锁环式惯性同步器主要结构

各种汽车变速器所采用的锁环式惯性同步器的具体结构形式略有差异，但基本结构和工作原理相同。现以解放 CA1092 型汽车六挡变速器中的五、六挡同步器为例说明其构造和工作原理。

如图 3.8 所示锁环式惯性同步器，它由花键毂 15、接合套 7、锁环(也称同步环)4 和 8 以及三个滑块 5 及其定位销 6 和弹簧 16 等组成。同步器在第二轴上的装配关系如图 3.8(b)所示。

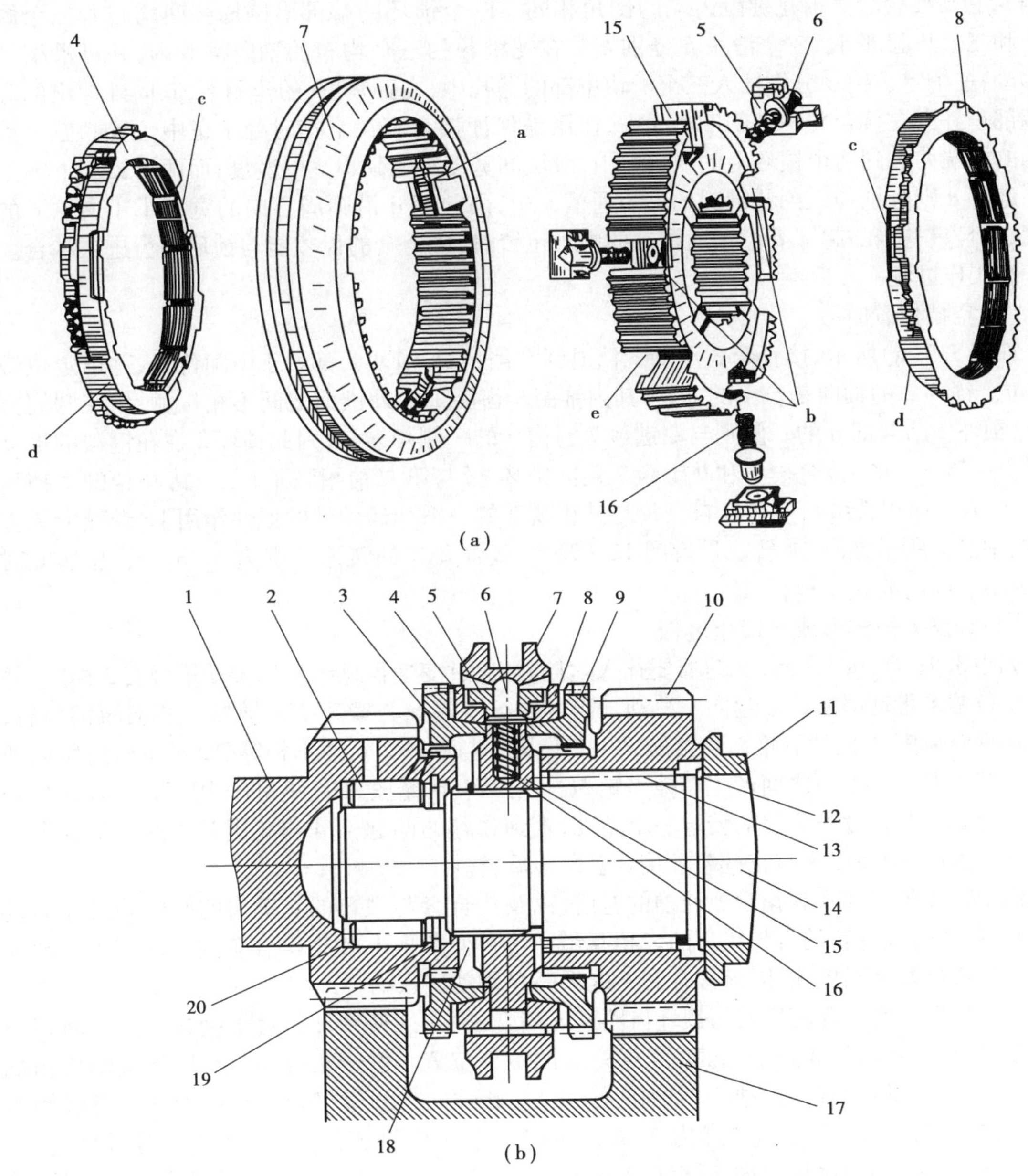

图 3.8　锁环式惯性同步器

1—第一轴；2，13—滚针轴承；3—六挡接合齿圈；4，8—锁环(M～55)；5—滑块；6—定位销；7—接合套；9—五挡接合齿圈；10—第二轴五挡齿轮；11—衬套；12，18，19—卡环；14—第二轴；15—花键毂；16—弹簧；17—中间轴五挡齿轮；20—挡圈

花键毂15以其内花键套装在第二轴14的外花键上，并用卡环18轴向固定。锁环4和8分别装在花键毂15两端以及六挡接合齿圈3和五挡接合齿圈9之间。锁环具有内锥面，齿圈3和9的端部具有相同的外锥面，两者之间通过锥面相接触。为了增加其接触锥面之间的摩擦力，在锁环内锥面上车有细密的螺纹槽，以使两锥面接触后能够破坏锥面间的油膜，提高摩擦系数。锁环上还有断续的短花键齿圈，其花键齿的断面形状和尺寸与齿圈3、9及花键毂上的外花键齿均相同，两个齿圈和锁环上的花键齿在对着接合套7的一端都制有倒角（称为锁止角），它与接合套7内花键齿齿端的倒角相同。两个锁环的端部沿圆周相间均布着三个缺口c和三个凸起部d。三个滑块5分别安装在花键毂的三个均布的轴向槽b内，并可沿槽轴向移动；三个定位销6分别插入三个滑块中部的通孔中，在弹簧16的作用下，其向外伸出的球形端部正好嵌在接合套中部的凹槽a中，作用是保证接合套在空挡时处于正中位置。三个滑块5的两端伸入到两个锁环上的缺口c中，滑块的宽度小于缺口c的宽度；而两个锁环上的三个凸起部d则分别伸入到花键毂的三个通槽e中，凸起部d沿圆周方向的宽度小于通槽e的宽度，而且只有当凸起部d位于通槽e的中央位置时，接合套的齿才能与锁环的齿进入啮合。

2. 工作过程

(1)空挡位置时

如图3.9(a)所示，接合套3刚从五挡退到空挡，它与滑块5都处于中间位置，并由定位销4定位。锁环2的轴向是自由的，因为其内锥面与齿圈1的外锥面之间不相接触；但在圆周方向上，锁环2凸起部d的一侧则与花键毂7通槽e的一侧相靠合，因此锁环2在花键毂的推动下同步旋转。这时，接合套3和花键毂7连同锁环2（与第二轴相联系）以及待啮合的六挡齿圈1（与第一轴相联系），都在其自身及与其相联系的一系列运动件的惯性作用下，继续沿原方向（图中箭头所示方向）旋转。设齿圈1、锁环2、接合套3的转速分别为n_1，n_2，n_3，显然此时$n_2=n_3$，$n_1>n_3$，故$n_1>n_2$。

(2)摩擦力矩的形成与锁止过程

如图3.9(b)、(c)所示，变速器要挂入六挡时，通过变速器操纵机构推动接合套3向左，并通过定位销4带动滑块5一起向左移动。当滑块5左端面与锁环2的缺口c的端面接触后，将锁环推向齿圈1，使两者锥面相接触。由于齿圈1与锁环2转速不相等（即$n_1>n_2$），所以两者一旦接触便在其锥面之间产生摩擦力矩M_1。齿圈1在摩擦力矩M_1的作用下带动锁环2相对于接合套3及花键毂7超前转过一个角度，直到锁环的凸起部d与花键毂7的通槽的另一侧面相接触后，锁环便又与花键毂及接合套同步旋转。

由于锁环凸起部d和花键毂通槽的宽度，以及接合套与锁环的花键齿的厚度等尺寸的设计精确，使此时接合套的齿与锁环的齿相互错开约半个齿厚A，使得接合套的齿端倒角与锁环齿端的倒角恰好互相抵住，因而接合套不能再向左移动进入啮合。

此时如果要使接合套齿圈与锁环齿圈进入啮合，则必须使锁环相对于接合套向后回转一个角度，使它的凸起部d处于花键毂7通槽e的中央位置。由于接合套与锁环齿端倒角相抵触时，驾驶员始终对接合套施加一个轴向推力F_1，此轴向力通过接合套作用于锁环齿端倒角面上，形成倒角斜面上的法向正压力N，并产生切向分力F_2（见图3.9(b)中受力分析图）。切向力F_2便形成一个力图拨动锁环相对于接合套向后倒转的力矩M_2，称为拨环力矩。但是，轴向力F_1则进一步压紧锁环2与齿圈1的锥面，产生摩擦力矩M_1，迫使待啮合的齿圈1相对于锁环2迅速减速以尽早与锁环同步。由于齿圈1及与其相联系的第一轴等零件减速旋转，根据惯性原理，便产生一个与其旋转方向相同的惯性力矩，此惯性力矩通过摩擦锥面以摩擦力矩

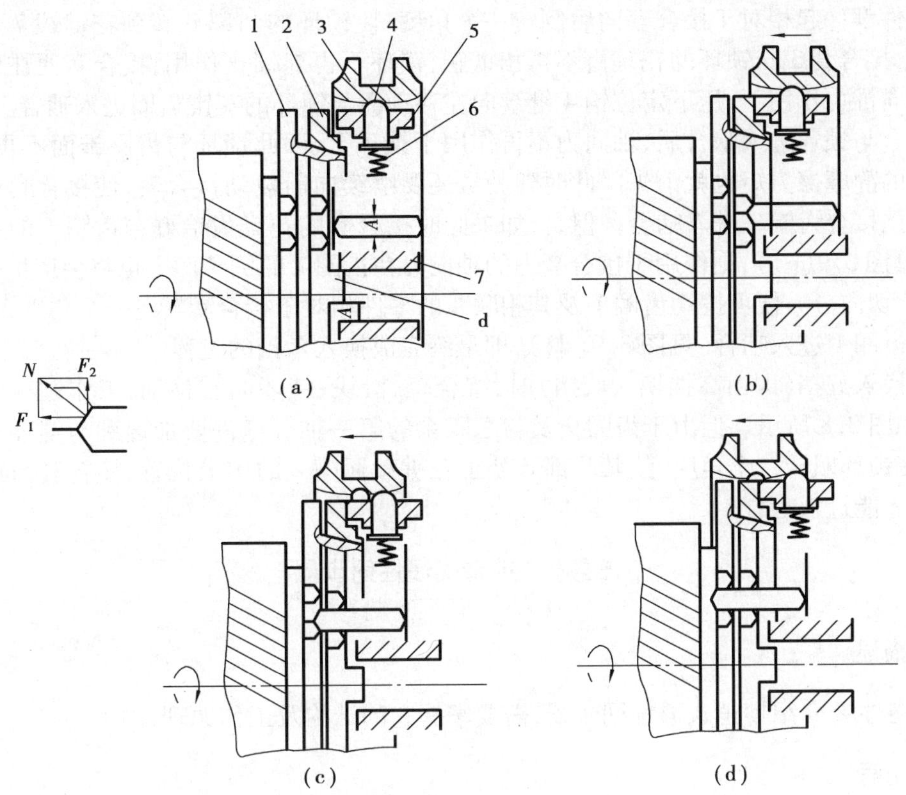

图 3.9 锁环式惯性同步器工作过程

1—六挡接合齿圈;2—锁环(同步环);3—接合套;4—定位销;5—滑块;

6—弹簧;7—花键毂;d—锁环突起部

的形式作用到锁环上,阻止锁环相对于接合套向后倒转。在待接合齿圈 1 与锁环 2 未达到同步之前,摩擦锥面的摩擦力矩在数值上就等于此惯性力矩。

也就是说,在待啮合齿圈 1 与锁环 2 及接合套 3 之间未达到同步之前,在锁环上作用着两个方向相反的力矩:一个是拨环力矩 M_2,另一个是惯性力矩(即摩擦力矩)M_1。如果 $M_2 > M_1$,锁环即可相对于接合套向后倒转一个角度,以使接合套进入啮合;如果 $M_1 > M_2$,锁环则不能倒转,而通过其齿端锁止角阻止接合套进入啮合,这就是锁环的锁止作用。由于锁环的锁止作用是依靠待啮合的齿圈 3 及与其相联系的零件的惯性力矩而形成的,因此称为惯性式同步器。

对于一定的轴向推力 F_1,拨环力矩 M_2 的大小取决于锁环及接合套齿端倒角(即锁止角)的大小,而惯性力矩 M_1 的大小则取决于摩擦锥面的锥角大小。实际上,在设计同步器时都适当地选择了齿端倒角和摩擦锥面锥角,保证在达到同步之前始终保持 $M_1 > M_2$,而且,不论驾驶员施加的轴向力 F_1 有多大,锁环都能够有效地阻止接合套进入啮合,从而使同步器起到锁止作用,防止在同步前挂上挡。

(3)同步啮合

如图 3.9(c)所示,由于驾驶员继续对接合套施加推力,摩擦锥面之间的摩擦力矩就会使齿圈 1 的转速迅速降低,直至齿圈 1 与锁环 2 的相对角速度为零,因此其惯性力矩也就消失了。此时,轴向推力 F_1 仅使两个摩擦锥面之间靠静摩擦作用紧密地结合在一起(两者之间的相对摩擦力矩等于零),于是在拨环力矩 M_2 的作用下,锁环 2 连同齿圈 1 及与其相联系的第一轴等零件都一起相对于接合套向后倒转一个角度，使锁环的凸部 d 转到花键毂 7 通槽 e 的中央位置，接合套 3 与锁环的花键齿不再相抵触，锁环不再起锁止作用，接合套便在驾驶员所施加的轴向推力作用下，压下定位销 4 继续向左移动而与锁环的花键齿圈进入啮合。

接合套与锁环进入啮合后，轴向力不再作用于锁环上，因此锁环与齿圈锥面不再被压紧，它们之间的静摩擦力矩也就消失。此时驾驶员还要继续向前拨动接合套，使接合套最终与待啮合的六挡接合齿圈 3 进入啮合。但是，如果此时接合套的花键齿恰好与齿圈 1 的花键齿发生抵触（见图 3.9(c)），则作用于接合套上的轴向力在齿圈 1 的倒角面上也将会产生一个切向分力，靠此切向分力便可拨动齿圈 1 及其相联系的零件相对于接合套转过一个角度，从而使接合套 3 与齿圈 1 进入啮合（见图 3.9(d)），即最终完成换入六挡的过程。

六挡换入五挡（即由高挡换入低挡）时，接合套、滑块、锁环向右移动，工作过程与前述基本相同，如图 3.8 所示。但由于齿圈 9 及与之联系的第一轴等零件要加速到与锁环 8 同步之后，才能使锁环顺转一个角度，使其凸部 d 处于花键毂通槽 e 的中央位置，接合套与锁环键齿与齿圈也才能进入啮合。

任务 2　锁销式惯性同步器

任务描述

本任务主要介绍锁销式惯性同步器，需要掌握它的结构及工作原理。

学习引导

注意学习锁销式惯性同步器与锁环式惯性同步器在结构和工作原理上的区别。下面介绍它的结构和工作原理。

1. 锁销式惯性同步器基本构造

如图 3.10 所示为东风 EQ1090E 型汽车变速器的四、五挡同步器。花键毂 9 通过内花键与第二轴 7 安装在一起，它的两侧分别为四挡接合齿圈 6 和五挡（直接挡）接合齿圈 1。接合套 5 的圆周上相间均布着三个锁销 8 和三个定位销 4，锁销及定位销的两端安装着两个带外锥面的摩擦锥环 3（锥环 3 作为摩擦元件，在其锥面上也制有细螺纹槽，以破坏油膜来增加摩擦力矩）。与摩擦锥环 3 相配合的两个带内锥面的摩擦锥盘 2，则以其内花键齿分别固装在接合齿圈 1 和 6 上，可随齿圈一起转动。三个锁销 8 的两端插入两锥环 3 相应的孔中，并与它铆接成一体。锁销的中部制有一段环槽，环槽的两侧和接合套 5 上相应的销孔的两端都切有相同的倒角，即锁止角，三个锁销即通过此锁止角对接合套产生锁止作用。锁销两端工作表面的直径与接合套上的销孔直径相同，接合套可以沿其轴向滑动。三个定位销 4 的作用是对接合套进行空挡定位，并可将作用于接合套的轴向推力传给摩擦锥环（所以也称为传力销），它的中间制有定位环槽，在接合套上的相应部位钻有斜孔，孔内装有定位钢球 10 及弹簧 11。

当变速器处于空挡位置时（如图 3.10 所示位置），接合套 5 正好处于定位销的中间位置，此时定位钢球 10 便在弹簧 11 的作用下向外伸入定位销中部的定位球槽内，以保证接合套准确地处于空挡位置。定位销与接合套相应的销孔之间为间隙配合，接合套可以沿定位销轴向移动；它的两端伸入两锥环 3 内侧面相应的弧形浅坑中，但销与锥环不相连，而与浅坑有一定的间隙，因此两锥环及锁销可以在一定范围内相对于接合套作周向转动。这样，两个锥环 3（摩擦元件）、三个锁销 8（锁止元件）、三个定位销 4 和接合套 5（接合元件）构成一个部件，然后通过接合套的内花键齿套在花键毂的外花键齿圈上。目前,大中型载货汽车较普遍地采用锁销式惯性同步器。

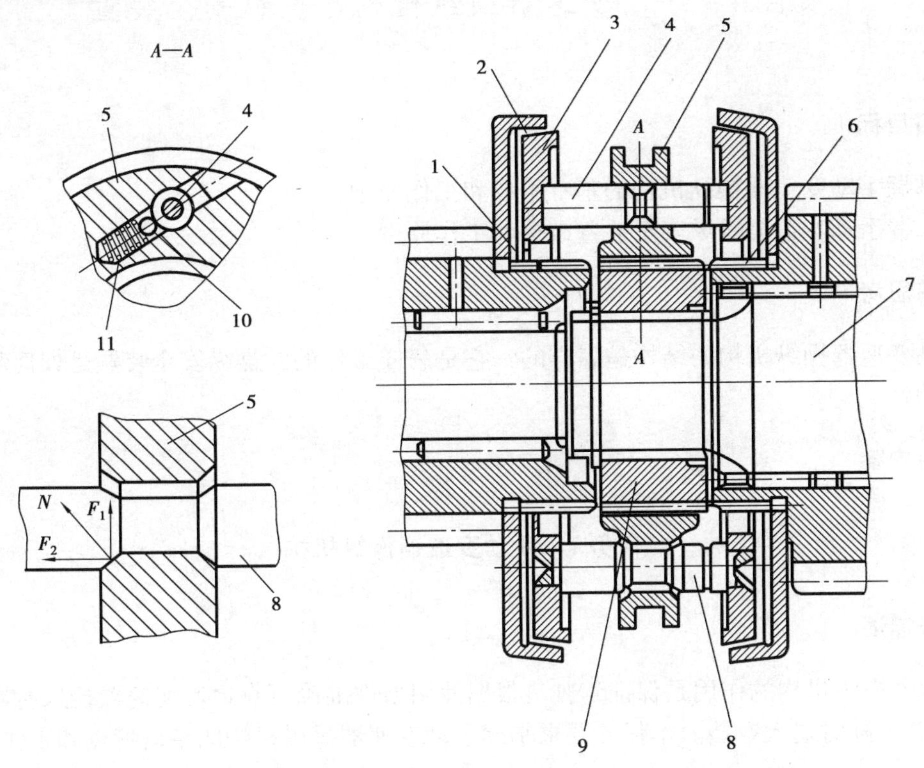

图3.10　锁销式惯性同步器

1—五挡接合齿圈;2—摩擦锥盘;3—摩擦锥环;4—定位销;5—接合套;
6—四挡接合齿圈;7—第二轴;8—锁销;9—花键毂;10—钢球;11—弹簧

2.锁销式惯性同步器工作过程

如图3.10所示,接合套5刚由四挡退入空挡时,便被定位销4和定位钢球10限定在中间位置。当要挂入五挡时,驾驶员通过变速操纵机构向左拨动接合套,对它施加一轴向推力F_2,接合套5便通过定位钢球10和定位销4推动左侧摩擦锥环3向左移动,使之与左侧摩擦锥盘2相接触。由于此时锥环3与锥盘2转速不相等,所以两者一经接触,便在其摩擦锥面之间的摩擦力矩作用下使锥环3连同锁销8一起相对于接合套5转过一个角度,使锁销与接合套相应销孔的中心线相对偏移,于是锁销中部环槽偏向接合套上销孔的一侧,锁销中部环槽倒角便与接合套销孔端倒角的锥面互相抵触,从而使锁销产生锁止作用,阻止接合套向左移动(图3.10A—A锁销放大图)。与锁环式同步器一样,锁销式惯性同步器在锁止倒角上的切向分力F_1也形成一个拨环力矩而力图使锁销及锥环倒转,但在锥盘与锥环未达到同步前,由锥盘2及与其相联系的旋转零件的惯性力矩所形成的摩擦力矩总是大于拨环力矩,因此可以阻止接合套5与齿圈1在同步之前进入啮合。而只有当达到同步后,惯性力矩消失,拨环力矩便可拨动锁销及摩擦锥环、锥盘和齿圈1等一起相对于接合套转过一个角度,使锁销重新与接合套的销孔对中,接合套便在轴向推力的作用下,压下定位钢球10而沿定位销和锁销向左移动,与五挡接合齿圈1进入啮合,即完成挂入五挡的换挡过程。

项目4　手动变速器操纵机构与操纵安全装置

项目目标

1. 掌握手动变速器操纵机构的基本组成和工作原理；
2. 掌握手动变速器操纵安全装置结构和工作原理。

课前思考

手动变速器操纵机构的结构是怎样的？它是怎样工作的？操纵安全装置是如何起到其安全作用的？

项目内容

任务1　手动变速器操纵机构

任务描述

变速器操纵机构的作用是保证驾驶员根据使用条件准确可靠地使变速器挂入所需要的挡位工作，并可随时退入空挡。本任务要求掌握手动变速器操纵机构的结构特点和工作原理。

学习引导

根据变速操纵杆与变速器的相互位置不同，变速器操纵机构可分为直接操纵式和远距离操纵式。下面分别介绍它们的结构和工作原理。

1. 直接操纵式操纵机构

这种形式的变速器布置在驾驶员座椅附近，变速杆由驾驶室底板伸出，驾驶员可以直接操纵。如图3.11所示，解放CA1091中型货车六挡变速器操纵机构就采用这种形式，多用于发动机前置、后轮驱动的车辆。

拨叉轴7、8、9和10的两端均支承于变速器盖的相应孔中，可以轴向滑动。所有的拨叉和拨块都以弹性销固定于相应的拨叉轴上。三、四挡拨叉2的上端具有拨块。拨叉2和拨块3、4、14的顶部制有凹槽。变速器处于空挡时，各凹槽在横向平面内对齐，叉形拨杆13下端的球头即伸入这些凹槽中。选挡时可使变速杆绕其中部球形支点横向摆动，则其下端推动叉形拨杆13绕换挡轴11的轴线摆动，从而使叉形拨杆下端球头对准与所选挡位对应的拨块凹槽，然后使变速杆纵向摆动，带动拨叉轴及拨叉向前或向后移动，即可实现挂挡。例如，横向摆动变速杆使叉形拨杆下端球头深入拨块3顶部凹槽中，拨块3连同拨叉轴9和拨叉5即沿纵向向前移动一定距离，便可挂入二挡；若向后移动一段距离，则挂入一挡。当使叉形拨杆下端球头深入拨块14的凹槽中，并使其向前移动一段距离时，便挂入倒挡。

各种变速器由于挡位数及挡位排列位置不同，其拨叉和拨叉轴的数量及排列位置也不相同。例如，上述的六挡变速器的6个前进挡用了三根拨叉轴，倒挡独立使用了一根拨叉轴，共

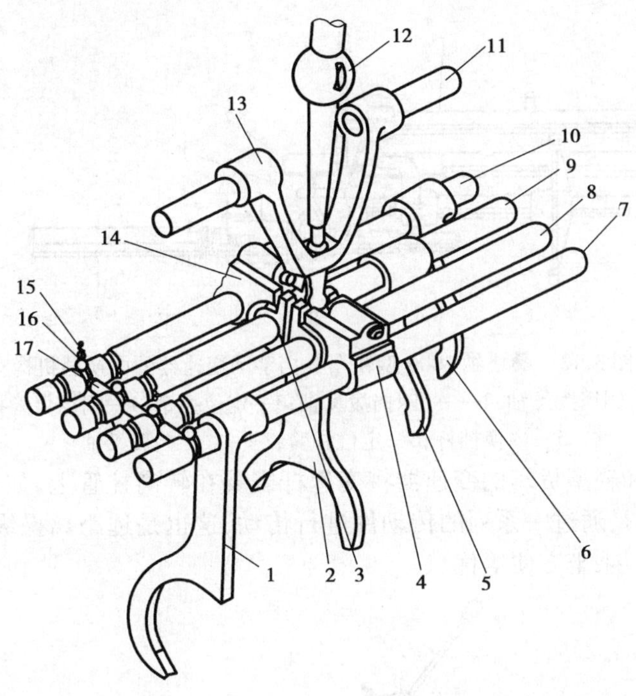

图3.11　解放CA1091中型货车六挡变速器直接操纵式操纵机构

1—五、六挡拨叉；2—三、四挡拨叉；3——、二挡拨块；4—五、六挡拨块；5——、二挡拨叉；
6—倒挡拨叉；7—五、六挡拨叉轴；8—三、四挡拨叉轴；9——、二挡拨叉轴；10—倒挡拨叉轴；
11—换挡轴；12—变速杆；13—叉形拨杆；14—倒挡拨块；15—自锁弹簧；16—自锁钢球；17—互锁销

有4根拨叉轴；而东风EQ1092的五挡变速器具有三根拨叉轴，其二、三挡和四、五挡各占一根拨叉轴，一挡和倒挡共用一根拨叉轴。

2. 远距离操纵式操纵机构

在有些汽车上，由于变速器离驾驶员座位较远，则需要在变速杆与拨叉之间加装一些辅助杠杆或一套传动机构，构成远距离操纵机构。这种操纵机构多用于发动机前置、前轮驱动的轿车，如桑塔纳2000型轿车的五挡手动变速器，由于其变速器安装在前驱动桥处，远离驾驶员座椅，需要采用这种操纵方式，如图3.12所示。而在变速器壳体上具有类似于直接操纵式的内换挡机构，如图3.13所示。

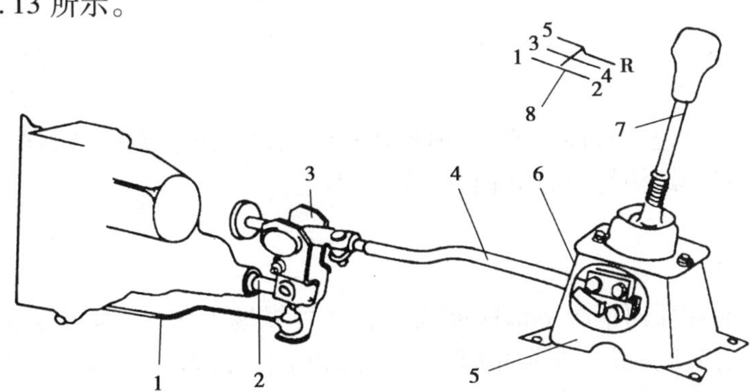

图3.12　桑塔纳2000型轿车五挡手动变速器的远距离操纵机构

1—支撑杆；2—内换挡杆；3—换挡杆接合器；4—外换挡杆；5—倒挡保险挡块；
6—换挡手柄座；7—变速杆；8—换挡标记

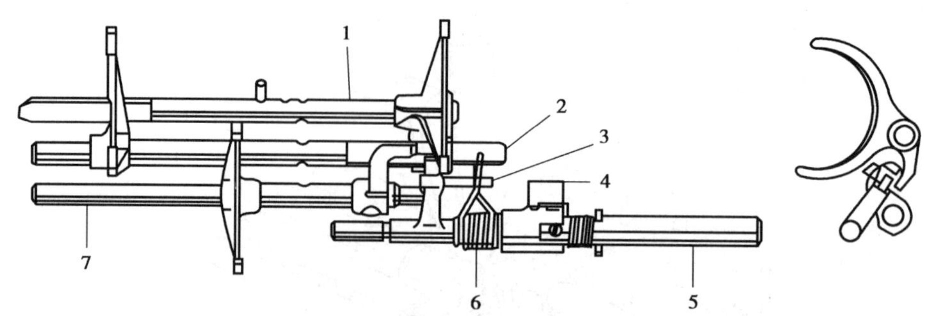

图 3.13 桑塔纳 2000 型轿车五挡手动变速器的内换挡机构
1—五、倒挡拨叉轴;2—三、四挡拨叉轴;3—定位拨销;4—倒挡保险挡块;
5—内换挡杆;6—定位弹簧;7—一、二挡拨叉轴

另外,有些轿车和轻型货车的变速器将变速杆安装在转向柱管上,如图 3.14 所示。其变速杆与变速器之间也是通过一系列的传动件进行传动,这也是远距离操纵方式。它具有变速杆占据驾驶室空间小、乘坐方便等优点。

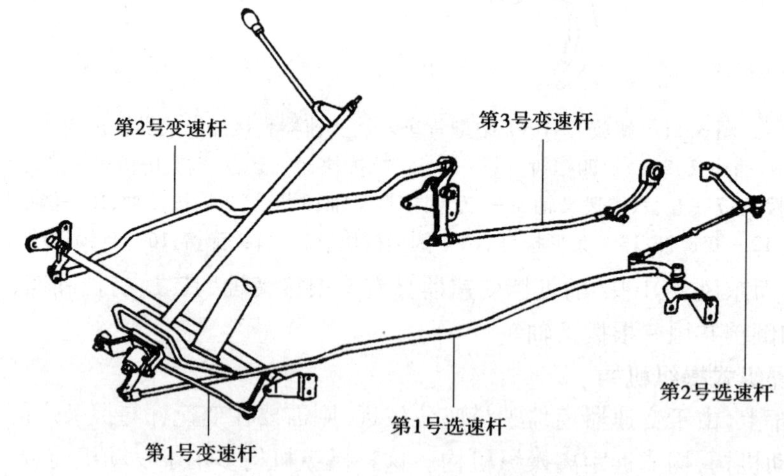

图 3.14 柱式换挡操纵机构

任务 2 操纵安全装置

任务描述

操纵安全装置主要包括自锁装置、互锁装置和倒挡锁装置。本任务要求掌握自锁装置、互锁装置和倒挡锁装置的结构特点,理解其工作原理。

学习引导

为了保证变速器在任何情况下都能准确、安全、可靠地工作,变速器操纵机构一般都具有操纵安全装置,即换挡锁装置。下面介绍它的结构和工作原理。

1. 操纵机构的安全要求

①能够防止自动挂挡及自动脱挡,为此,在操纵机构中应设有自锁装置;

②能够保证不同时挂入两个挡，为此，在操纵机构中必须设有互锁装置；

③能够防止误挂倒挡，为此，在操纵机构中应当设有倒挡锁装置。

2. 自锁装置

自锁装置用于防止变速器自动脱挡或挂挡，并保证轮齿以全齿宽啮合。大多数变速器的自锁装置都是采用自锁钢球对拨叉轴进行轴向定位锁止。如图3.15所示，在变速器盖中钻有三个深孔，孔中装入自锁钢球和自锁弹簧，其位置正处于拨叉轴的正上方；每根拨叉轴对着钢球的表面沿轴向设有三个凹槽，槽的深度小于钢球的半径。中间的凹槽对正钢球时为空挡位置，前边或后边的凹槽对正钢球时则处于某一工作挡位置，相邻凹槽之间的距离保证齿轮处于全齿长啮合或完全退出啮合。凹槽对正钢球时，钢球便在自锁弹簧的压力作用下嵌入该凹槽内，拨叉轴的轴向位置便被固定，不能自行挂挡或自行脱挡。当需要换挡时，驾驶员通过变速杆对拨叉轴施加一定的轴向力，克服自锁弹簧的压力而将自锁钢球从拨叉轴凹槽中挤出并推回孔中，拨叉轴便可滑过钢球进行轴向移动，并带动拨叉及相应的接合套或滑动齿轮轴向移动。当拨叉轴移至其另一凹槽与钢球相对正时，钢球又被压入凹槽，驾驶员具有很强的手感，此时拨叉所带动的接合套或滑动齿轮便被拨入空挡或被拨入另一工作挡位。

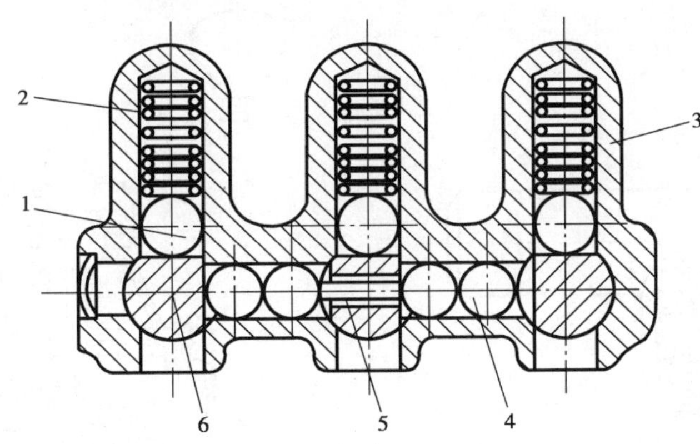

图3.15　自锁和互锁装置

1—自锁钢球；2—自锁弹簧；3—变速器盖；4—互锁钢球；5—互锁销；6—拨叉轴

3. 互锁装置

互锁装置用于防止变速器同时挂上两个挡位。如图3.16所示，互锁装置由互锁钢球和互锁销组成。

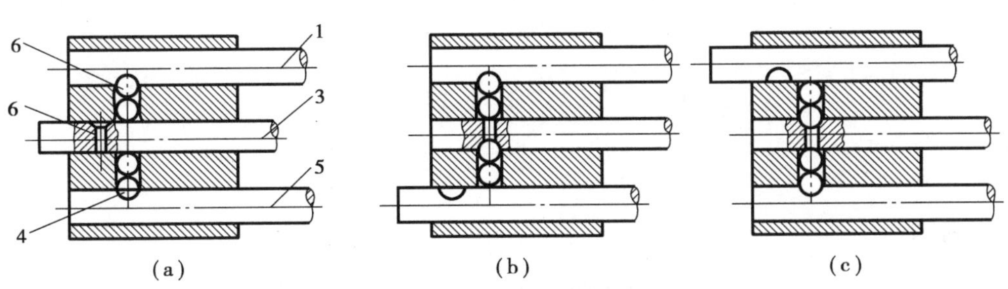

图3.16　互锁装置工作示意图

1,3,5—拨叉轴；2,4—互锁钢球；6—互锁销当变速器处于空挡时，所有拨叉轴的侧面凹槽同互锁钢球、互锁销都在一条直线上。当移动中间拨叉轴3时，如图3.16(a)所示，轴3两侧的内钢球从其侧凹槽中被挤出，而两外钢球2和4则分别嵌入拨叉轴1和轴5的侧面凹槽中，从而将轴1和轴5刚性地锁止在其空挡位置。若欲移动拨叉轴5，则应先将拨叉轴3退回到空挡位置。于是在移动拨叉轴5时，钢球4便从轴5的凹槽中被挤出，同时通过互锁销6和其他钢球将轴3和轴1均锁止在空挡位置，如图3.16(b)所示。同理，当移动拨叉轴1时，则轴3和轴5被锁止在空挡位置，如图3.16(c)所示。由此可知，互锁装置工作的机理是当驾驶员用变速杆推动某一拨叉轴时，自动锁止其余拨叉轴，从而防止同时挂上两个挡位。

有的三挡变速器将自锁和互锁装置合二为一，如图3.17所示，其中$a=b$。

4. 倒挡锁装置

倒挡锁装置用于防止误挂倒挡。如图3.18所示为常见的锁销式倒挡锁装置，当驾驶员想挂倒挡时，必须用较大的力使变速杆4下端压缩弹簧2，将锁销推入锁销孔内，才能使变速杆下端进入拨块3的凹槽中进行换挡。由此可见，倒挡锁的作用是使驾驶员必须对变速杆施加更大的力，才能挂入倒挡，起到警示注意作用，以防误挂倒挡。

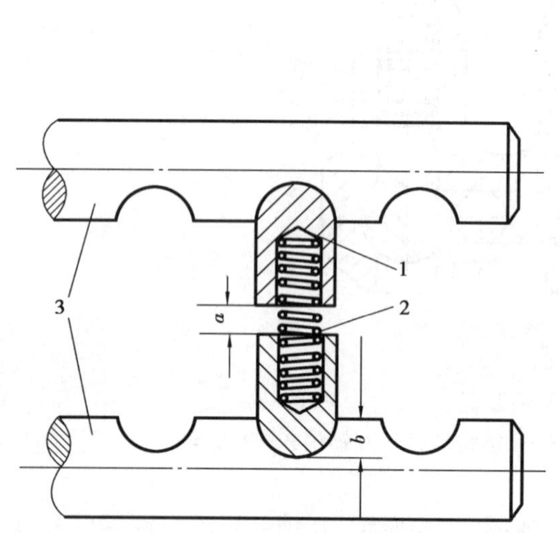

图3.17　合二为一的自锁和互锁装置

1—锁销；2—锁止弹簧；3—拨叉轴

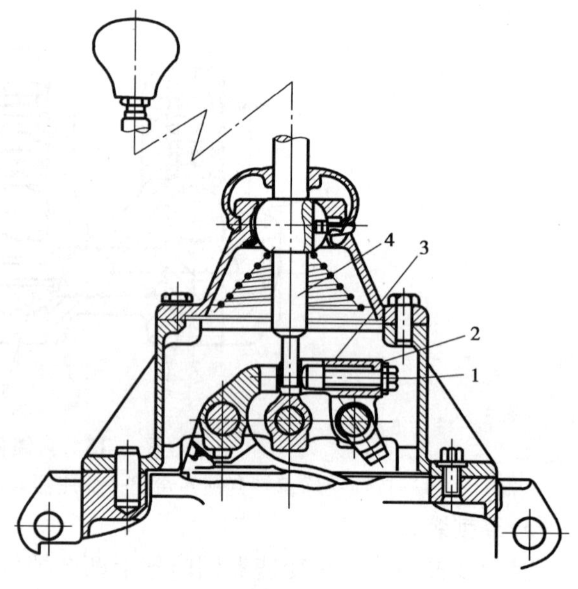

图3.18　锁销式倒挡锁装置

1—倒挡锁销；2—倒挡锁弹簧；3—倒挡拨块；4—变速杆

实训4　手动变速器结构认知

实训目的

1. 对照实物掌握各种类型变速器的结构特点；
2. 通过拆装，认识离合器主要零部件的名称和作用；
3. 熟悉变速器传动机构的组成和工作原理；

4. 熟悉变速器操纵机构的组成和工作原理。

实训内容

1. 观察变速器的安装位置；
2. 拆卸 EQ1090 型汽车三轴式变速器；
3. 认识 EQ1090 型汽车三轴式变速器的结构；
4. 装配 EQ1090 型汽车三轴式变速器。

技术标准与要求

拆装变速器必须使用变速器拆装专用工机具。

工具准备

实训车底盘；EQ1090 型汽车三轴式变速器；变速器拆装专用工机具、工作台每组一套。

实训步骤

1. 观察变速器的安装位置

变速器在传动系中位于离合器(或液力变矩器)的后面，万向传动装置的前面。

2. 变速器的拆卸

(1)从车上拆下变速器

首先旋出放油塞，放净变速器内的润滑油，再拆卸传动轴，拆去变速器与离合器壳的 4 个紧固螺栓，变速器带离合器分离轴承座和驻车制动器总成即可平行退出。

(2)拆下变速器盖

用固定扳手将变速器盖固定螺栓旋松后拧出，取下变速器盖。

(3)拆下变速器一轴

①将一轴轴承盖上螺栓旋下，取出轴承盖。

②将一轴连同轴承从壳体上取下。

③取出轴承内定位卡环，用轴承拉具取下一轴后轴承，取下轴承外卡环。

(4)拆下变速器二轴

①旋出二轴后轴承盖固定螺栓，拆下轴承盖。

②用手抬起二轴前端，取出四、五挡同步器的接合套及锥盘。

③向后推动二轴，使后轴承从壳体中退出。

④旋下二轴后端突缘盘的紧固螺母，用轴承拉具拉下里程表传动齿轮和后轴承，取下轴承卡环。

⑤抬起二轴前端，然后从变速器壳体中抽出。

(5)拆下倒挡轴

①旋下变速器后端面倒挡轴锁片紧固螺栓，取下锁片。

②用榔头垫铜棒锤击倒挡轴前端，用手不断转动倒挡轴并从壳体后端抽出。

③从变速器内取出倒挡齿轮。

(6)拆下中间轴

①旋下中间轴前、后轴承盖的固定螺栓,拆下前、后轴承盖。

②剔开中间轴后端紧固螺母的锁片,旋下紧固螺母。

③将中间轴后移,使后轴承从座孔中退出。

④用轴承拉具拉下后轴承,取下轴承卡环。

⑤向上抬起中间轴前端,将中间轴从变速器壳中取出。

⑥用轴承拉具从壳体上拉出中间轴前轴承。

(7)二轴的拆卸

①从二轴后端取下一档、倒挡滑动齿轮。

②用螺丝刀将二挡齿轮花键挡圈的锁销压下,转动花键挡圈,使其链槽与二轴上键槽相对,从二轴后端取下挡圈。注意取下挡圈时防止锁销弹出丢失,应从锁销孔中取出弹簧。

③取下二挡齿轮,从轴颈上拿下两个半圆形的二挡齿轮滚针轴承,取下二、三挡同步器的接合套和三挡齿轮锥盘。

④从二轴前端拆下有圆周定位作用的弹性卡圈。

⑤取下花键毂的挡圈和花键毂。

⑥取下四挡齿轮及滚针轴承。

⑦取下三挡齿轮挡圈和三挡齿轮。

(8)中间轴的拆卸

①拆下中间轴前端弹性卡圈。

②用专用拉具拉下中间轴常啮合齿轮,取下半圆键。

③拆下四挡齿轮弹性卡圈。

④用专用拉具拉下四挡齿轮,取下半圆键。

⑤用专用拉具拉下三挡齿轮,取下半圆键。

⑥取下二、三挡齿轮隔套。

⑦用专用拉具拉下二挡齿轮。

(9)变速器盖的拆卸

①拆下变速杆固定支座的紧固螺栓,拆下支座。

②将变速器盖前端三个圆形堵片从盖内向外击出。

③用手钳剪断变速叉与导块紧固螺钉的锁线,拆下锁线,旋松紧固螺钉。

④将三根变速叉轴依次从变速器盖前端推出,拆卸时要防止自锁钢球弹出丢失。取出互锁钢球及二、三挡拨叉轴中的互锁销,然后取出各挡拨叉和导块。

⑤旋下变速杆上端球状手柄。

⑥从变速杆固定座下端用螺丝刀撬下定位弹簧。

⑦从支座下方抽出变速杆。

3. 变速器的装配

变速器的装配一般按拆卸的相反顺序进行。

4. 注意事项

①所有零件必须彻底清洗,并用压缩空气吹干。

②装配时,不得用硬金属直接敲击轴承和其他重要配合零件。

实训结果

①完成实训报告册,说明变速器主要零部件结构、功用和原理。

②填写实训工单,进行实训考核。

项目5　手动变速器常见故障与排除

项目目标

1. 熟悉变速器常见故障现象;
2. 掌握变速器的检修方法;
3. 掌握变速器常见故障现象的原因及排除方法。

课前思考

变速器有哪些常见故障现象?其故障原因是怎样的?如何诊断和排除?

项目内容

1. 跳挡

(1)故障现象

汽车在行驶时,变速器换挡杆自动跳回空挡位置,一般发生在中、高速或负荷突然变化(如加速、减速、爬坡等工况)以及剧烈振动时。

(2)故障原因

①自锁装置的钢球或凹槽磨损严重,自锁弹簧疲劳致使弹力过软或折断等引起自锁装置失效。

②齿轮或齿套沿齿长方向磨损成锥形。

③操纵机构变形松旷,使齿轮未能全齿长啮合或啮合不足。

④变速器轴、轴承磨损松旷或轴向间隙过大,使轴转动时齿轮啮合不好,发生跳动和轴向窜动。

⑤同步器磨损或损坏,换挡叉弯曲,换挡杆磨损严重。

(3)故障诊断与排除

先热车采用连续加、减速的方法逐挡进行路试,确认跳挡挡位;然后将变速杆挂入该跳挡挡位,发动机熄火,小心拆下变速器盖进行以下检查:

①看齿轮啮合情况,如啮合良好,应检查变速器轴锁止机构。

②用手推动变速杆,如无阻力或阻力过小,说明自锁装置失效,应检查自锁钢球和变速叉轴上的凹槽是否磨损严重,自锁弹簧是否过软或折断,如是则更换零件。

③检查齿轮的啮合情况,如齿轮未完全啮合,用手推动跳挡的齿轮或齿套能正确啮合,应检查变速叉是否弯曲或磨损过甚,以及变速叉固定螺钉是否松动。若变速叉弯曲应校正;如变速叉下端磨损而与滑动齿轮槽过度松旷时,应拆下修理。

④如变速机构良好,而齿轮或齿套又能正确啮合,则应检查齿轮是否磨损成锥形,如是应更换零件。

⑤检查轴承和轴的磨损情况,如轴磨损严重、轴承松旷或变速轴沿轴向窜动时,应拆下修理或更换零件。

⑥检查同步器工作情况,如有故障应修理或更换零件。

⑦检查变速器固定螺栓,如松动应紧固。

2. 乱挡

(1)故障现象

变速杆不能挂入所需要的挡位,一次挂入两个挡位或者挂挡后不能退回空挡。

(2)故障原因

①变速杆定位销折断或球孔、球头磨损松旷。

②互锁销磨损严重而失去互锁作用。

③变速杆下端拨头的工作面或拨叉轴上拨块的凹槽磨损过大。

(3)故障诊断与排除

①挂需要挡位时,结果挂入别的挡位:摇动变速杆,检查其摆动角度,若超出正常范围,则故障由变速杆下端球头定位销与定位槽配合松旷,或球头、球孔磨损过大引起。若变速杆能摆转360°,则为定位销折断。

②如摆转角度正常而仍挂不上挡或摘不下挡,则故障多为变速杆下端弧形工作面磨损或凹槽磨损而导致下端从凹槽中脱出。

③同时挂入两个挡则表示互锁装置失效。

3. 挂挡困难

(1)故障现象

汽车起步或在行驶中换挡时,变速器齿轮撞击发响或不能顺利挂入所需的挡位。

(2)故障原因

①离合器分离不彻底。

②变速器轴弯曲变形或花键损坏。

③拨叉或拨叉轴磨损变形或磨损。

④自锁钢球损坏。

⑤同步器磨损或损坏。

⑥变速器的变速操纵机构调整不当(多为远程控制式)。

另外,齿轮油不足或过量、齿轮油不符合规定规格,也会造成挂挡困难。

(3)故障诊断与排除

①首先应检查离合器是否分离不彻底,如是,排除离合器故障。

②检查变速叉是否弯曲变形,自锁和互锁钢球是否损坏,弹簧是否过硬。

③检查同步器是否散架,锥环内锥面螺旋槽是否磨损,滑块是否磨损,弹簧弹力是否过软。

④如上述均正常,则需分解变速器,检查各轴承、花键、齿轮等的工作情况。如轴承、花键过度磨损或齿轮不清洁有毛刺,则应进行修理或更换零件。

4. 异响

(1)故障现象

变速器齿轮的啮合声或轴承的运转声等噪声过大;变速器发出干磨或撞击等不正常的响声。

(2)故障原因

①变速器齿轮油不足或变质,轴承磨损松旷、疲劳剥落或轴承滚动体破裂。

②齿轮副不匹配或磨损严重,齿侧间隙过大,齿面有疲劳剥落或个别齿轮损坏折断等。

③某些紧固螺栓、变速器操纵机构各连接处松动,拨叉变形或磨损松旷。

④变速器轴的各轴线不平行,破坏了齿轮的正常啮合而发出不正常的响声。

⑤变速器轴弯曲或花键与滑动花键毂磨损松旷、齿轮的轴向间隙过大等。

(3)故障诊断与排除

①若变速器有金属干摩擦声,用手触摸变速器外壳时有烫手的感觉,即为缺油或油的质量不好,应按规定加注或更换齿轮油。

②若空挡时有响声,但踏下离合器踏板后异响消失,一般为第一轴后轴承磨损松旷或常啮合齿轮啮合不良所致;若变速器挂入各个挡位都有响声,多为第二轴的后轴承响,此时应更换松旷的轴承。

③若行驶时换入某挡响声明显,即为该挡齿轮磨损;若发生周期性的响声,则齿轮个别轮齿损坏。

④汽车在行驶中若听到变速器内有连续而均匀的响声时,一般为变速器齿轮磨损使啮合间隙增大造成,如果响声轻微,可继续使用。但若听到有敲击声,说明轮齿折断或磨损严重,应更换齿轮。

⑤汽车在行驶中,若某挡位出现无节奏而沉闷的"咯叽"声,多为该挡变速拨叉槽磨损所致,应拆检修理,必要时更换损坏部件。

5. 漏油

(1)故障现象

变速器齿轮油从上壳、前后轴承盖或其他部位渗漏,变速箱齿轮油减少。

(2)故障原因

①变速器密封衬垫磨损、变形或损坏,或紧固螺栓松动。

②变速器壳体破裂。

③放油螺塞松动,通气孔堵塞。

④齿轮油过多。

(3)故障诊断与排除

①检查调整变速器油量并检查其质量,进行相应加注、放油或更换。

②如果连接部位的螺栓松动,应予拧紧。

③若油封磨损或损坏,应予更换。

④若加油或放油螺塞处有渗漏,应将螺塞拧紧。

⑤若壳体有裂纹,应更换壳体。

实训5　手动变速器的拆装与检修

实训目的

1. 掌握变速器的结构、作用及其相互装配关系。
2. 了解变速器动力传递过程。
3. 了解自锁、互锁、倒档锁止装置和分动器的结构及其工作过程和作用。
4. 掌握变速器、驻车制动器的解体程序和拆装要领。
5. 掌握变速器检修要领。

实训内容

1. 变速器的结构、工作原理及其相互装配关系。
2. 变速器与操纵机构的相互装配关系及变速器的拆装步骤。
3. 变速器中的动力传递路线。
4. 分动器的结构、工作原理及其相互装配关系。
5. 拆装和调整驻车制动器。
6. 检修变速器。

技术标准与要求

本实训项目以 V5MT1 手动变速器及操纵机构的拆装、检查和调整为例，要求见技术规范与维修数据。

工具准备

变速器总成，每组一台；常用工、量具，每组一套；变速器拆装专用工具，每组一套。

实训步骤

(1)变速器的分解与装配

手动变速器的分解与装配按图 3.19 至图 3.21 中图注顺序进行。

①倒车轴的分解如图 3.22 所示。

②主轴组件和主动小齿轮的拆装如图 3.23 所示。分解时，拔出主动小齿轮，由于齿轮直径大于箱孔直径，因此主动小齿轮不能由此处拆出，应先从箱内拆出主轴组件，再拆出主动小齿轮。安装时，从箱体内部安装小齿轮，使轴伸出箱外，把弹性卡环装入球轴承外圈槽内，把导向轴承插入主动小齿轮的后孔，在箱内安装主轴组件，使其前端插入导向轴承；推主动小齿轮使弹性卡环和箱体前端接触，此时可固装主轴组件，如果主轴组件前端没有插入导向轴承，将造成轴承损坏。

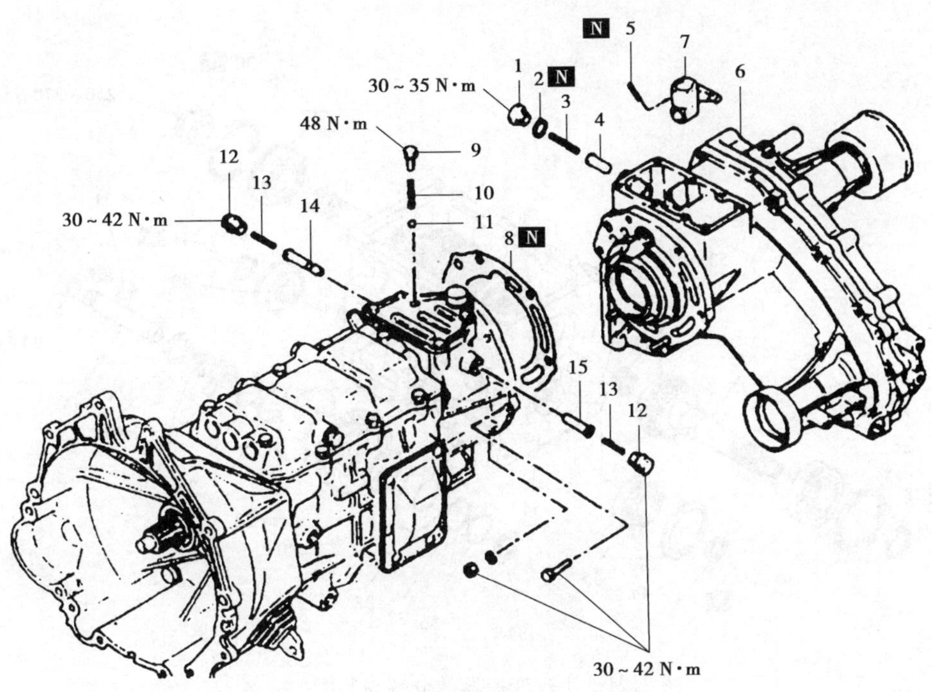

图 3.19　手动变速器的分解与装配(一)

1—选择螺塞;2—衬垫;3—选择弹簧;4—选择柱塞;5—弹簧销;6—分动器组件;7—换挡器;8—接合器衬垫;9—螺塞;10—弹簧;11—钢球;12—密封螺塞;13—空挡复位弹簧;14—空挡复位柱塞(B);15—空挡复位柱塞(A)

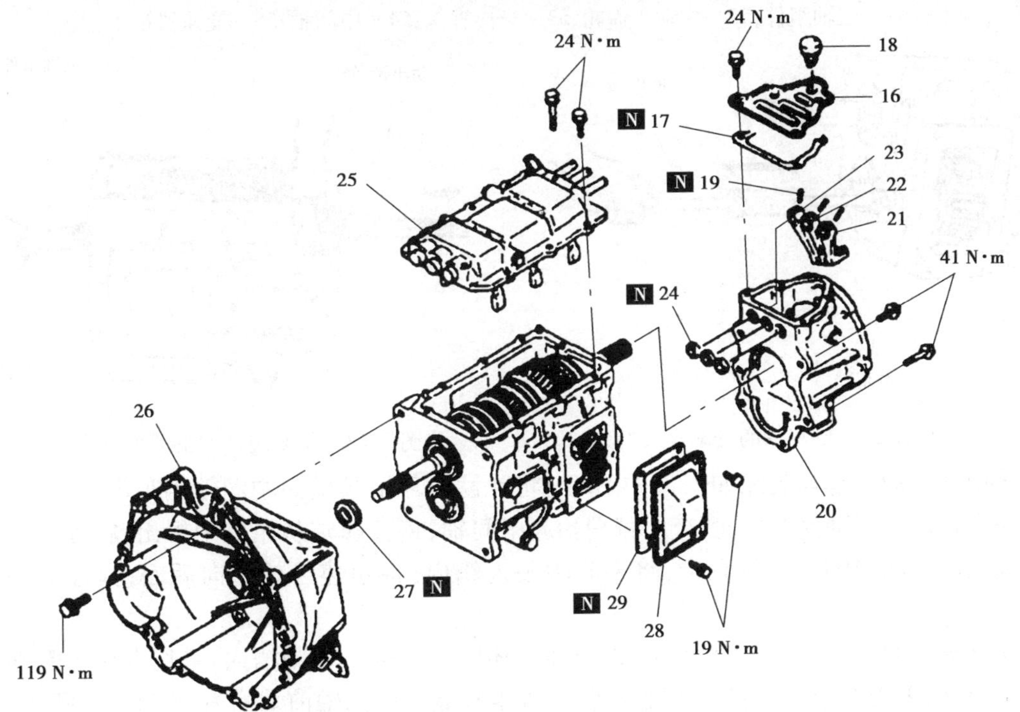

图 3.20　手动变速器的分解和装配(二)

16—接合器盖;17—接合器盖衬垫;18—通气口;19—弹簧销;20—分动器箱体接合器;21—1-2 挡换挡爪;22—3-4 挡换挡爪;23—5-倒挡换挡爪;24—密封环;25—变速器盖;26—离合器箱;27—油封;28—取力器盖;29—取力器盖衬垫

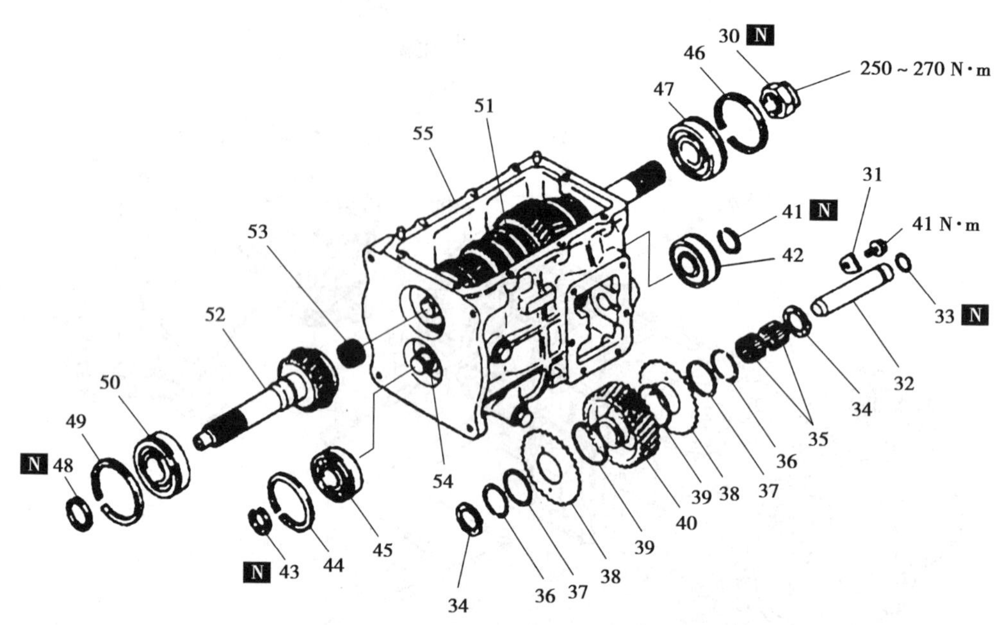

图 3.21　手动变速器的分解与装配(三)

30—锁紧螺母;31—锁止块;32—倒车轴;33—O 形圈;34—侧垫圈;35—滚针轴承;36—弹性卡环;37—隔圈;38—副齿轮;39—弹簧;40—倒车齿轮;41—弹性卡环;42—球轴承;43—弹性卡环;44—弹性卡环;45—球轴承;46—弹性卡环;47—球轴承;48—弹性卡环;49—弹性卡环;50—球轴承;51—主轴组件;52—主动小齿轮;53—导向轴承;54—中间轴;55—变速器箱体

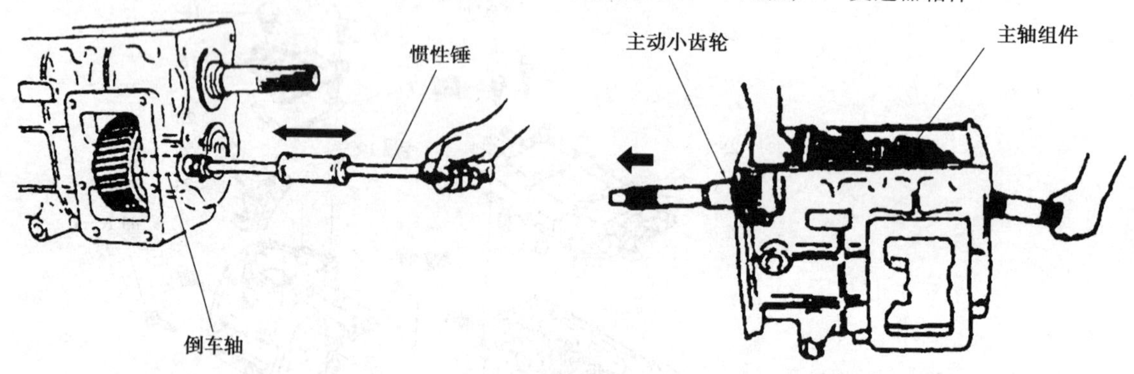

图 3.22　倒车轴的分解

图 3.23　主轴组件和主动小齿轮的拆装

③中间轴的分解与装配如图 3.24 所示:将弹性卡环由其槽向中间轴倒车齿轮移动,同时将超速齿轮向中间轴倒车齿轮移动,稍稍抬起中间轴,将其前端从箱体中拆出;将弹性卡环和超速齿轮向中间轴倒车齿轮移动,将中间轴装入箱内;将超速齿轮移向后面,弹性卡环放入槽内。

④球轴承的安装如图 3.25 所示:把弹性卡环装入球轴承外圈槽内,采用专用工具在后端支承中间轴;采用专用工具安装球轴承,把弹性卡环装入中间轴前端槽内,再拆下专用工具。

⑤锁紧螺母的安装如图 3.26 所示:将 1-2 挡同步器套滑到 1 挡侧,把 5 - 倒挡同步器套滑到倒挡侧,使双方啮合,以防止主轴转动;采用专用工具拧紧锁紧螺母至规定力矩,用冲头使锁紧螺母压入主轴的两个槽内。

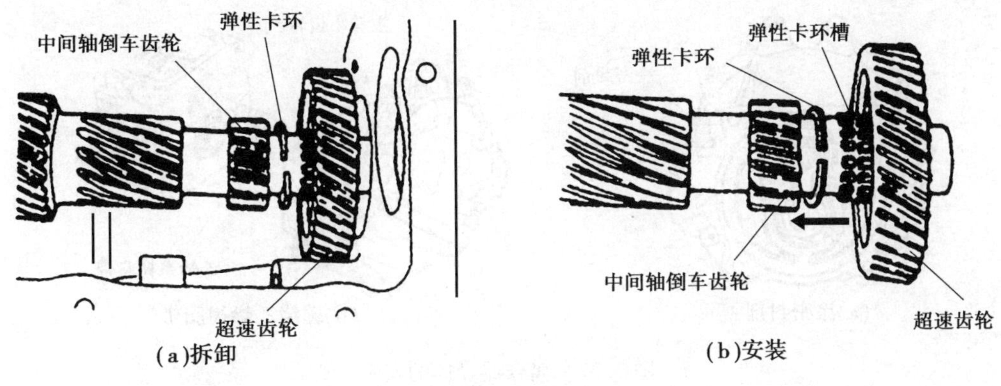

图3.24 中间轴

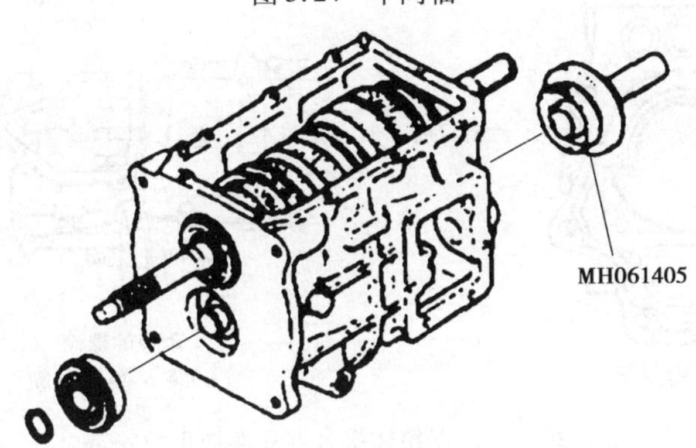

图3.25 球轴承的安装

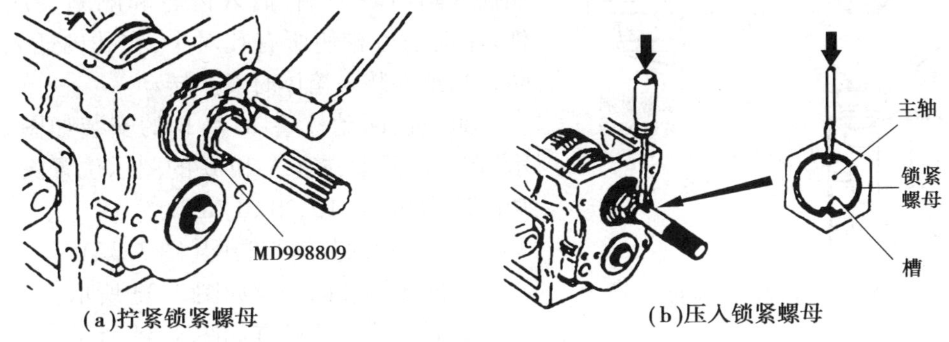

图3.26 锁紧螺母的安装

⑥离合器壳体的安装如图3.27所示:在离合器和变速器箱体接合面涂密封剂,在主动小齿轮花键部分缠绕乙烯树脂带,保护油封以免被花键部分损坏;把离合器壳体装到变速器箱体上,拧紧螺栓至规定力矩。

⑦分动器箱体接合器和换挡爪的安装如图3.28所示:在接合器与变速器箱体接合表面涂敷规定的密封剂MD997740或相等品种;先部分安装接合器,否则换挡爪不能装入;将3个换挡爪分别装入换挡导轨,把接合器与箱体完全接触,拧紧6个螺栓至规定力矩。

⑧通气口的安装如图3.29所示:在通气口的压装部分涂敷规定的密封剂,如三菱纯牌密封剂,零件编号MD997740或相等品种。安装通气口时,标记应向后。

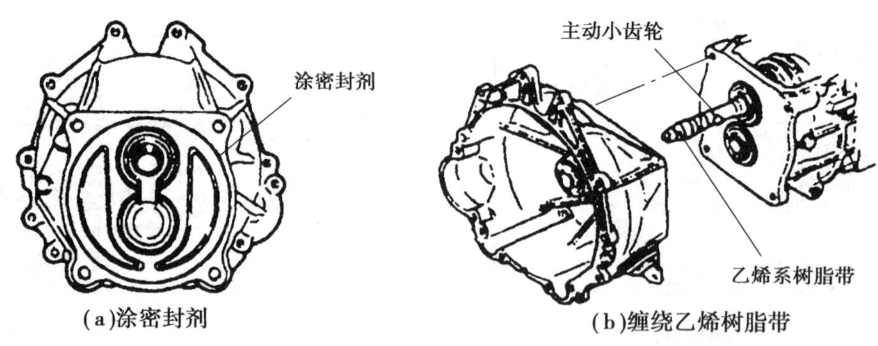

图 3.27　离合器壳体的安装

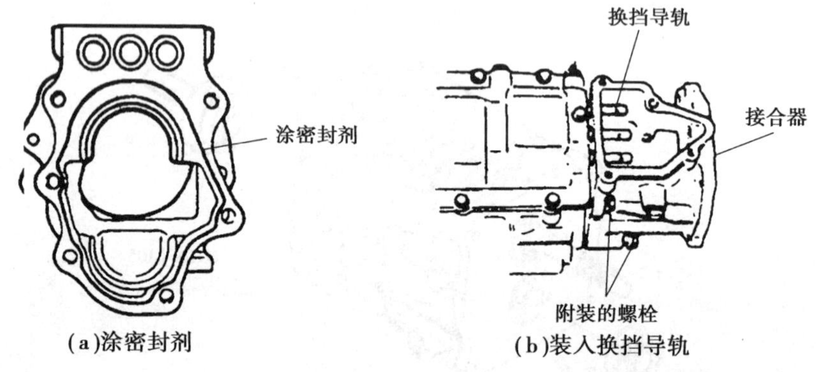

图 3.28　分动器箱体接合器和换挡爪的安装

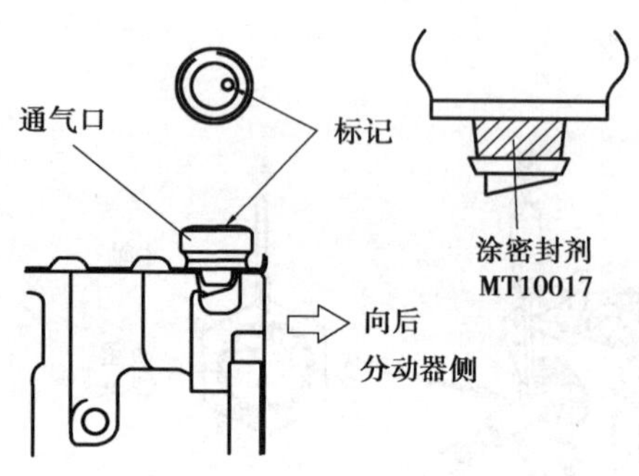

图 3.29　通气口的安装

⑨副齿轮的安装如图 3.30 所示：将弹簧的一端插入副齿轮一端，插入齿轮和隔圈装成一个组件，转动副齿轮使所有孔对中，在孔内插入螺丝刀防止当组件装入箱体时发生转动。

⑩空挡回动柱塞 A 和 B 的安装如图 3.31 所示：在空挡回动柱塞 A 和 B 的图示位置涂油脂（多功能油脂 SAEJ310，NLGI N02）。

（2）主轴的分解与装配（图 3.32）

①同步器毂的分解如图 3.33 所示。

②同步器环的检查如图 3.34 所示。

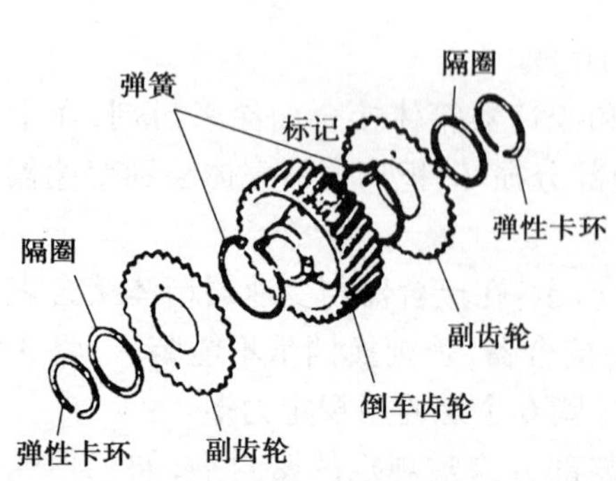

图 3.30　副齿轮的安装

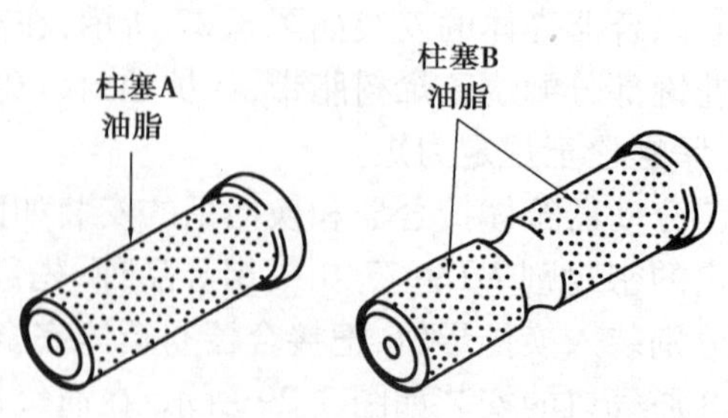

图 3.31　空挡回动柱塞的安装

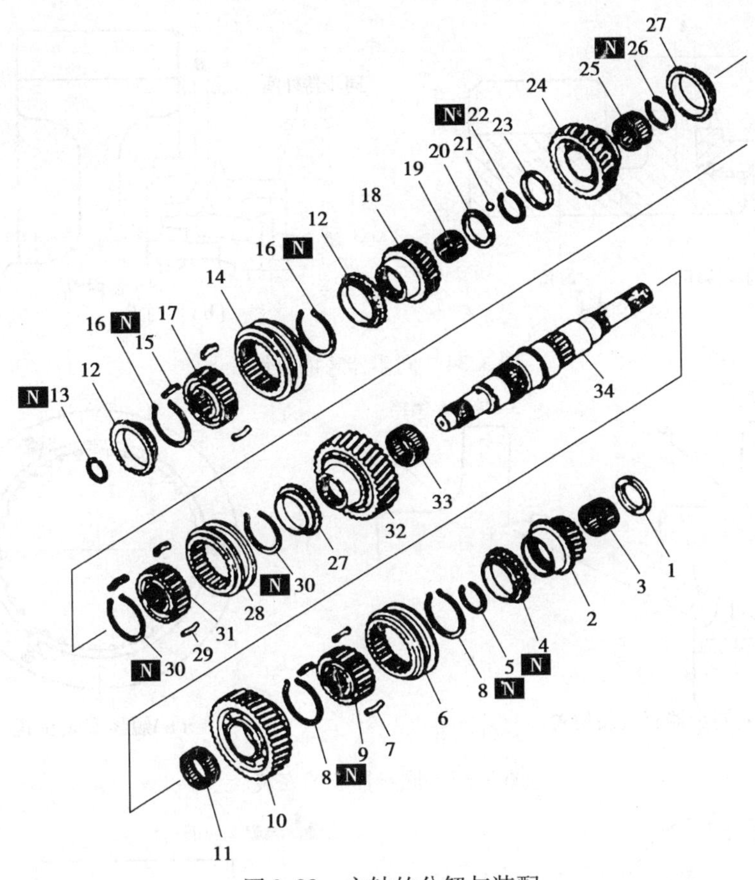

图 3.32　主轴的分解与装配

1—3 号止推垫圈;2—超速齿轮;3—滚针轴承;4—同步器圈;5—弹性卡环;6—同步器套;7—同步器键;8—同步器弹簧;9—同步器毂;10—倒车齿轮;11—滚针轴承;12—同步器圈;13—弹性卡环;14—同步器套;15—同步器键,16—同步器弹簧;17—同步器毂;18—第三挡齿轮;19—滚针轴承;20—1 号止推垫圈;21—钢球;22—弹性卡环;23—2 号止推垫圈;24—第二挡齿轮;25—滚针轴承;26—弹性卡环;27—同步器圈;28—同步器套;29—同步器键;30—同步器弹簧;31—同步器毂;32—第一挡齿轮;33—滚针轴承;34—主轴

a. 测量同步器环与每挡齿轮组合时的尺寸 A,其极限值为 0.2 mm。若 A 小于极限值,应更换环或齿轮。

b. 测量同步器内、外环与各齿轮锥组合的尺寸 B,其极限值为 0.3 mm。如果 B 小于极限值,应更换同步环和锥。

③同步器套的安装如图 3.35 所示。

a. 按图示套 A 部分的不同形状来确认同步器套的安装位置,所有套都可两个方向安装。

b. 将同步器的短齿安装于同步器键位置。

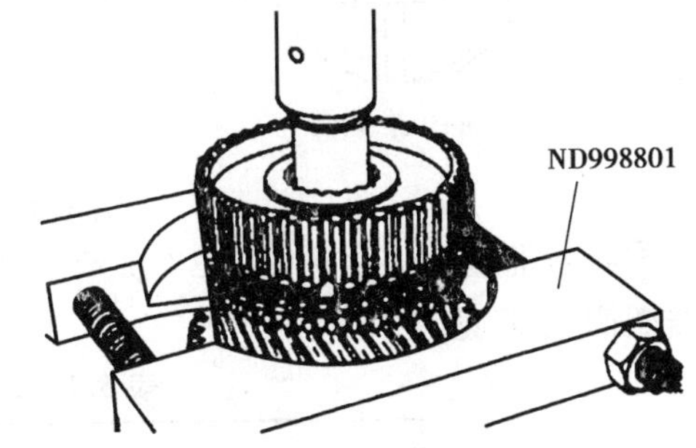

图 3.33　同步器毂的分解

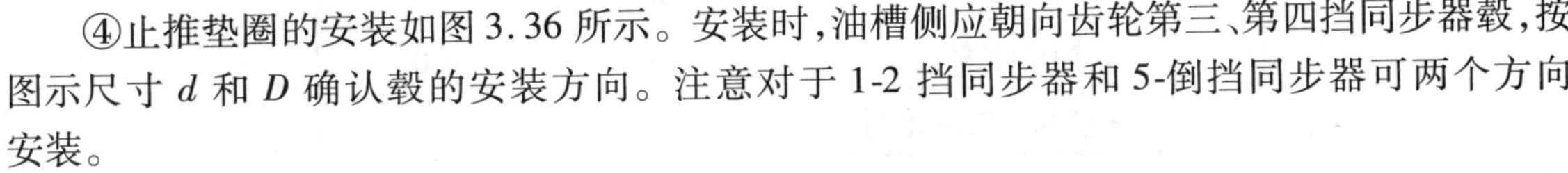

④止推垫圈的安装如图 3.36 所示。安装时,油槽侧应朝向齿轮第三、第四挡同步器毂,按图示尺寸 d 和 D 确认毂的安装方向。注意对于 1-2 挡同步器和 5-倒挡同步器可两个方向安装。

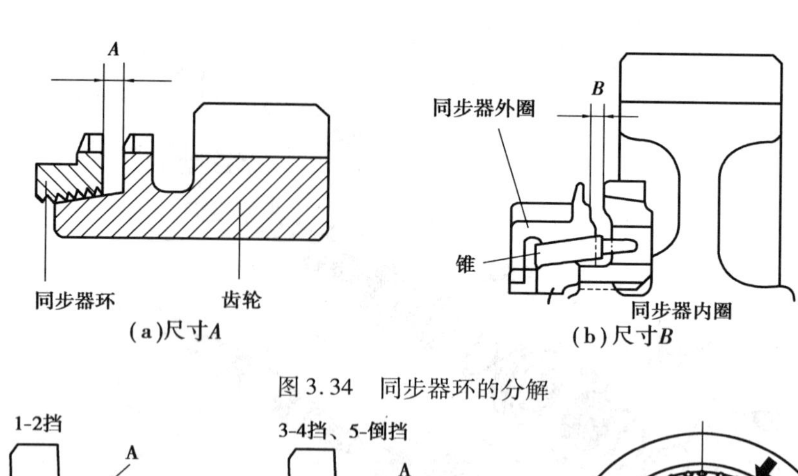

图 3.34　同步器环的分解

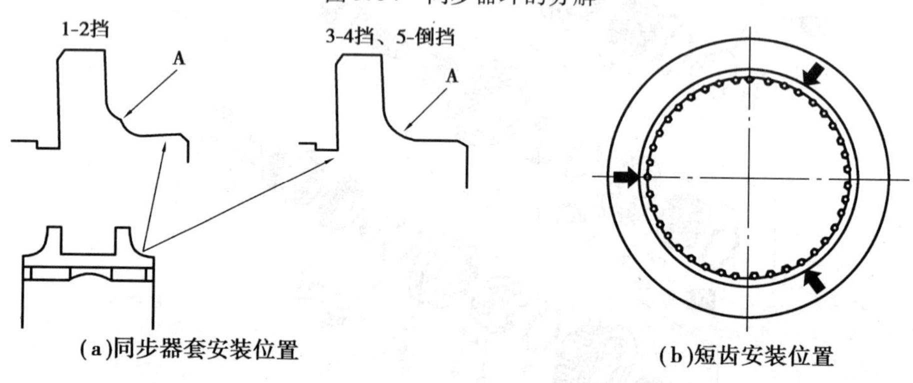

图 3.35　同步器套的安装

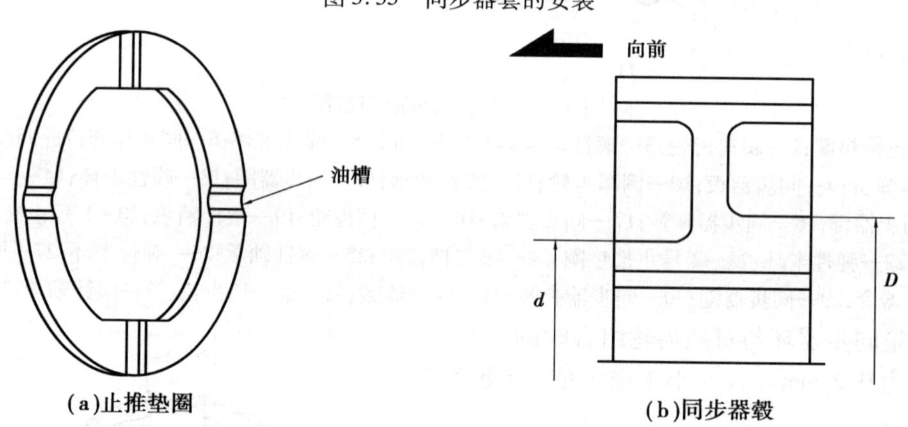

图 3.36　止推垫圈的安装

⑤同步器圈的识别如图 3.37 所示。各挡同步器圈的槽宽尺寸 *W* 不同,以便于识别。同步器圈槽宽 *W* 见表 3.1。

表 3.1　同步器圈槽宽 *W* 规格

	槽宽 *W*/mm	
	纸质衬型	普通型
1 挡齿轮圈	8.2	6.7
2 挡齿轮圈	9.8	9.8
2 挡、4 挡和 5 挡齿轮圈		9.8

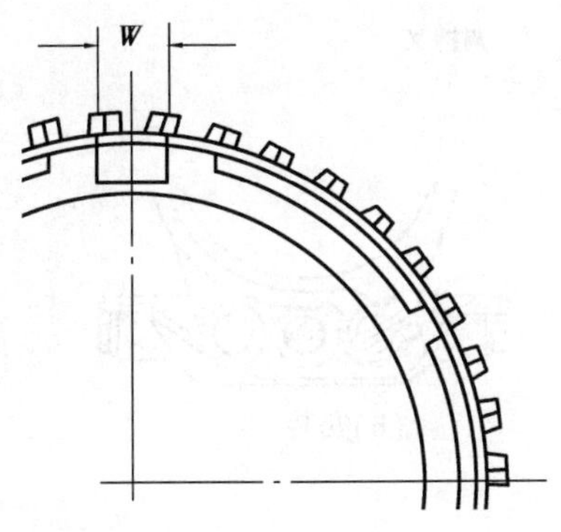

图 3.37　同步器圈的识别

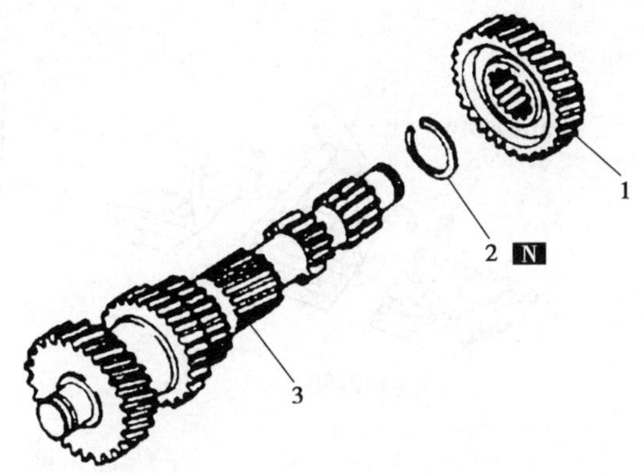

图 3.38　中间轴的分解与装配

1—超速齿轮;2—弹性卡环;3—中间轴齿轮

(3)中间轴的分解与装配(图 3.38)

中间轴齿轮零件的更改主要是齿轮轮齿的螺旋角。对于第二挡齿轮轮齿螺旋角,新件为 30°,旧件为 27.4°;对于第三挡齿轮轮齿螺旋角,新件为 29°,旧件为 27.5°。

(4)变速器换挡机构的分解与装配(图 3.39)

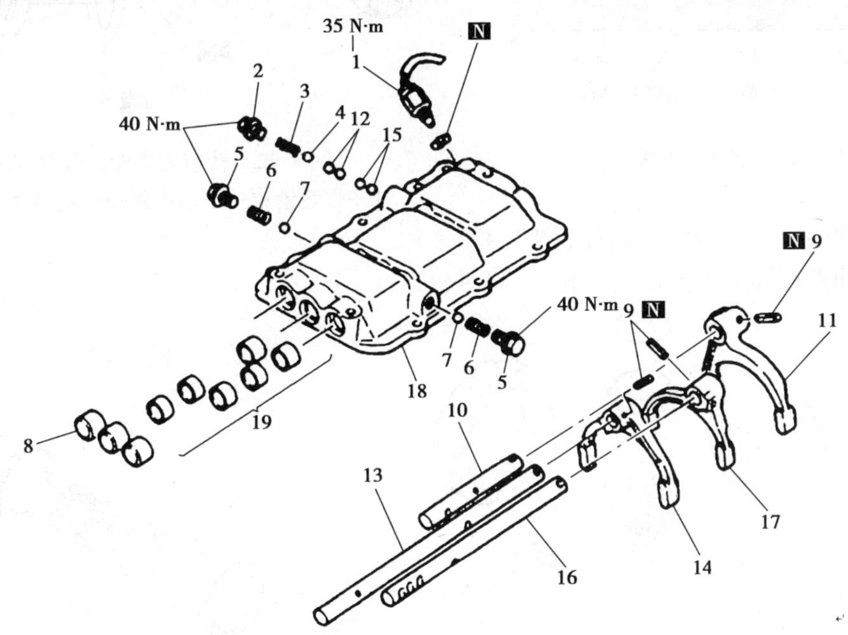

图 3.39　变速器换挡机构的分解与装配

1—倒车灯开关;2—螺塞;3—弹簧;4—钢球;5—螺塞;6—弹簧;7—钢球;8—螺塞;9—弹簧销;10—5-倒挡导轨;11—换挡叉;12—钢球;13—3-4 挡导轨;14—换挡叉;15—钢球;16—1-2 挡导轨;17—换挡叉;18—变速器盖;19—Teflon 轴衬

①弹簧销的拆装如图 3.40 所示:采用专用工具 MD998019 拆下弹簧销,采用专用工具 MD998245 安装弹簧销;拆下的弹簧销不要再用;转动弹簧销,使其切槽对准导轨中心。

②钢球的安装如图 3.41 所示:在换挡导轨孔内同时装入 2 个互锁装置锁定钢球,对 3-4 挡导轨安装互锁销使之能平稳移动。

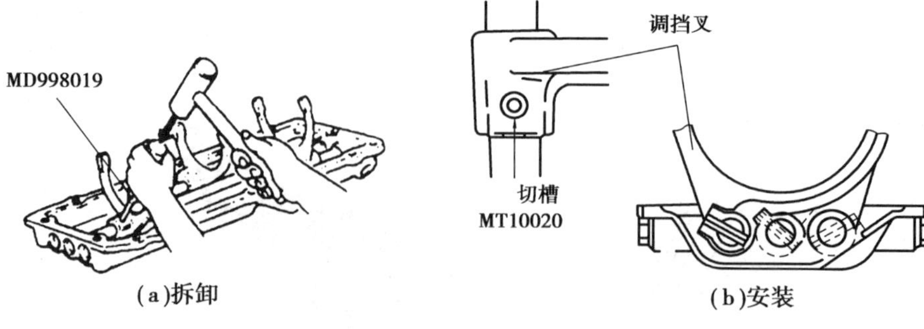

图 3.40　弹簧销

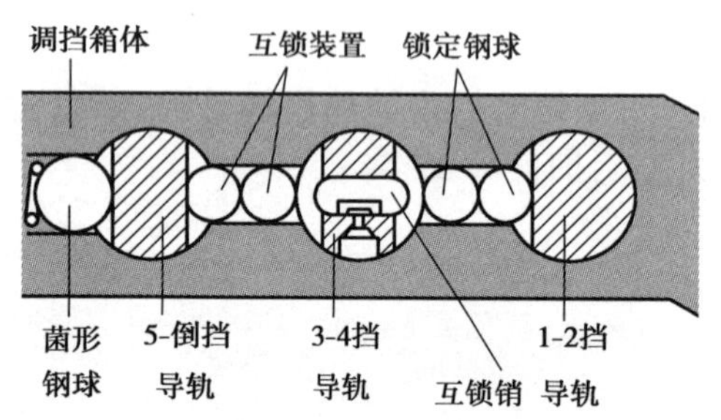

图 3.41　钢球的安装

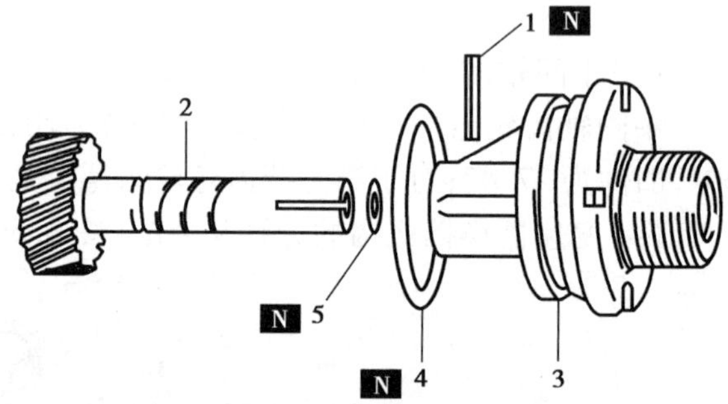

图 3.42　转速表齿轮的分解与装配

1—弹簧销;2—主动齿轮;3—套;4,5—O 形圈

(5)转速表齿轮的分解与装配(图 3.42)

(6)轴间差速器箱的分解与装配(图 3.43)

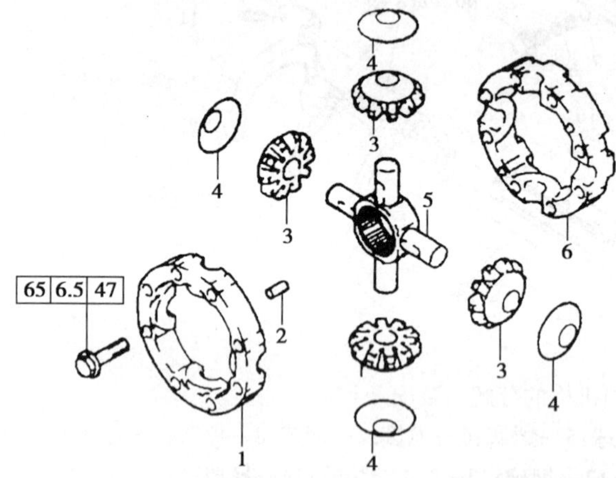

图 3.43　轴间差速器箱的分解与装配

1—轴间差速器前壳;2—定位销;3—小齿轮;
4—止推垫圈;5—小齿轮轴;6—轴间差速器后壳

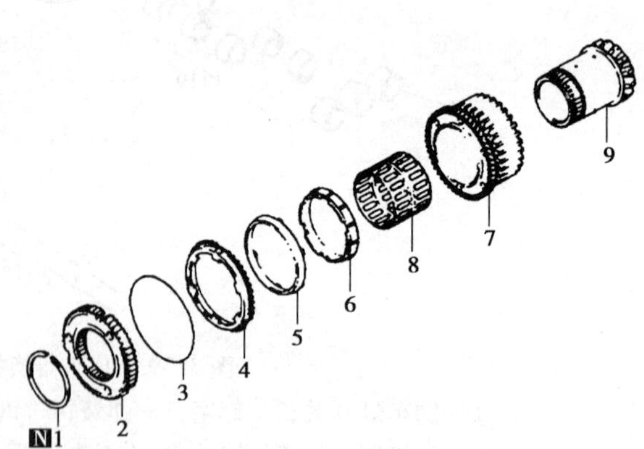

图 3.44　2—4wD 同步器的分解与装配

1—弹性卡环;2—2—4WD 同步器毂;3—同步器弹簧;
4—同步器外圈;5—同步器锥环;6—同步器内圈;
7—主动链轮;8—滚针轴承;9—前主动小齿轮

轴间差速器器前壳重新装配时,应注意定位销对准外周的安装标记。

(7)2—4WD 同步器的分解与装配(图3.44)

(8)同步器圈和同步器锥环的检查(图3.45)

把内、外同步器圈和锥环及主动链轮组装,测量图示尺寸 A,其极限值为0.3 mm。如果 A 不在极限值以内,应更换全部组装件。

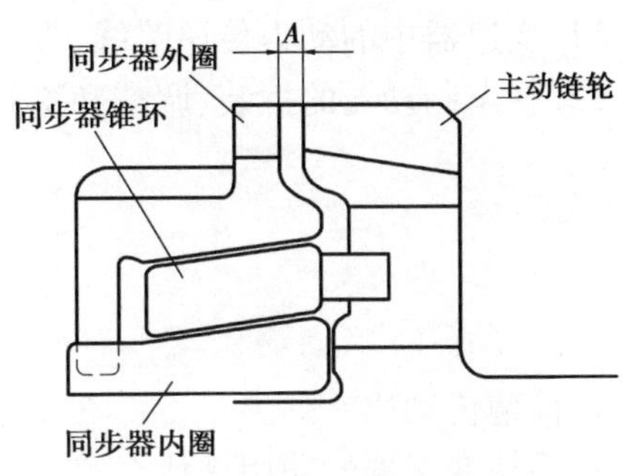

图3.45　同步器圈和同步器锥环的检查

(9)内、外同步器圈的安装(图3.46)

安装前在同步器锥面上涂变速器油。

(10)弹性卡环的安装(图3.47)

选择最厚的弹性卡环装入槽内,其厚度标准值为0～0.08 mm。

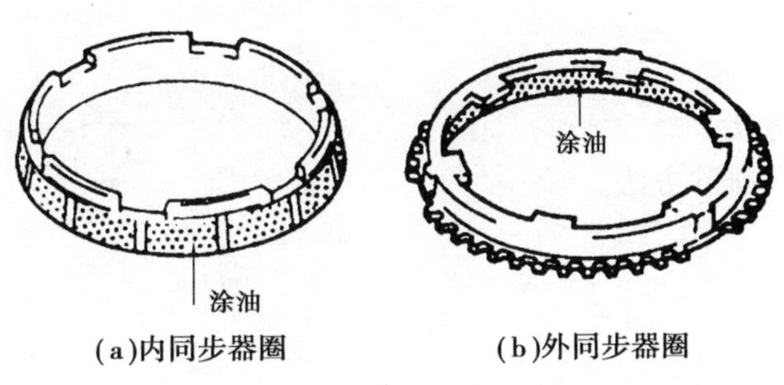

图3.46　内、外同步器圈的安装

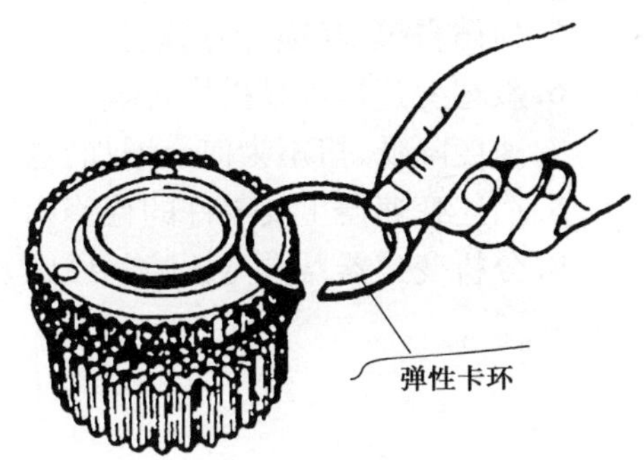

图3.47　弹性卡环的安装

实训结果

①完成实训报告册,说明变速器拆装过程、各零部件的名称和工作原理。

②填写实训工单,进行实训考核。

本模块知识小结

1. 汽车变速器的功能。
2. 汽车变速器的分类。
3. 普通齿轮变速器的变速原理、换挡原理和变向原理。
4. 二轴式手动变速器的工作原理;三轴式手动变速器的工作原理;分动器的工作原理。
5. 同步器的作用;锁环式惯性同步器和锁销式惯性同步器的结构和工作原理。
6. 手动变速器操纵机构的基本组成和工作原理,手动变速器操纵安全装置结构和工作原理。
7. 变速器传动机构的组成和工作原理,变速器操纵机构的组成和工作原理。
8. 变速器常见故障现象的原因及排除方法。
9. 变速器的结构、工作原理及其相互装配关系。
10. 变速器与操纵机构的相互装配关系及变速器的拆装步骤。

11. 变速器中的动力传递路线。
12. 驻车制动器的拆装、调整和检修的工作步骤以及注意事项。

复习思考题

1. 何谓传动比?
2. 手动变速器的功用是什么?
3. 叙述变速器各挡动力传递路线。
4. 同步器的功用是什么?
5. 何谓自锁、互锁、倒挡锁?
6. 叙述变速器操纵机构各零件名称。
7. 速度降低,扭矩为何会增加?
8. 简述变速器主要零件的检修内容和方法。
9. 分析变速器器常见故障的原因及诊断排除方法。

模块 4
自动变速器

知识目标

1. 掌握液力变矩器的作用及工作原理；
2. 掌握单排行星齿轮变速机构的传动原理；
3. 掌握自动变速器中离合器、制动器和单向离合器的组成及工作原理；
4. 掌握三前进挡辛普森式行星齿轮变速器结构及工作原理；
5. 掌握自动变速器液压控制系统和电子控制系统的作用和基本元件的工作原理；
6. 能识别自动变速器的常见故障，并进行基本的故障诊断及检修。

能力目标

1. 能正确解体和装配自动变速器；
2. 能对自动变速器的主要零件进行检验；
3. 能分析自动变速器常见故障的原因及掌握故障的排除方法。

项目 1　自动变速器认识

项目目标

1. 掌握自动变速器的功用；
2. 了解自动变速器的分类。

课前思考

什么是自动变速器？自动变速器与手动变速器有什么不同？自动变速器有什么功用？

项目内容

本节将从自动变速器的功用、分类、组成与优缺点对自动变速器进行初步的认识。

1. **自动变速器的功用**

自动变速器即自动操纵式变速器,可根据发动机负载和车速等工况的变化自动变换汽车传动系统的传动比,使汽车具有良好的动力性和燃油经济性,提高了车辆的行驶安全性、乘坐舒适性和操作稳定性。因此,自动变速器的应用越来越广泛。

2. **自动变速器的分类**

(1)按传动机构的类型分类

①平行轴式自动变速器。平行轴式自动变速器体积大,最大传动比小,目前只有少数几种车型使用。

②行星齿轮式自动变速器。行星齿轮式自动变速器采用行星齿轮机构传动,通过换挡执行元件完成挡位的变换。其机构紧凑,能获得较大的传动比,为绝大多数轿车所采用。

③链条式自动变速器。链条式传动为新型的无极变速器,它只需两个滑轮和一个钢带就能实现无数个前进挡位的无级变速。

(2)按控制方式分类

①全液压控制自动变速器。全液压控制自动变速器通过汽车节气门开度和车速的变化引起控制系统的压力变化,并按照设定的换挡规律操作换挡执行元件实现自动换挡,其工作过程如图 4.1 所示。

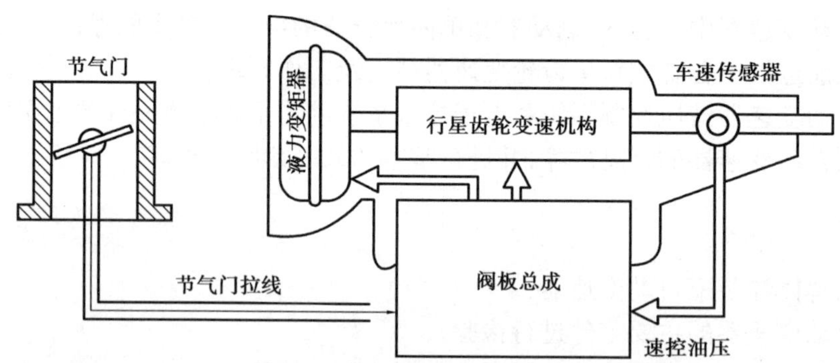

图 4.1　全液压控制自动变速器的工作过程

②电子液压控制自动变速器。目前大多数的自动变速器都是电子液压控制自动变速器。电子液压控制自动变速器从传感器获得需要的节气门开度、车速、发动机转速、发动机冷却液温度和自动变速器油温等参数,将其输入电控单元(ECU),电控单元根据设定的换挡规律向相应的电磁阀发出控制指令,电磁阀动作产生液压控制信号和液压调整信号,从而控制控制阀的正确动作,通过换挡执行元件实现自动换挡。其工作过程如图 4.2 所示。

(3)按传动比变化是否连续分类

①有级式自动变速器。它是采用齿轮变速机构的自动变速器,分为平行轴式和行星齿轮式,其各挡位的传动比都是一个固定值。在各个挡位之间进行变动时,其传动比是间断的。

②无级式自动变速器。无级式自动变速器采用钢带或链条传动,主、从动带轮的槽宽(即带轮的直径)可以改变,从而实现传动比的改变。这种传动比的改变是在一定范围内的连续、无间断的变化,故这种变速器是一种无级变速器,通常称为 CVT 变速器。

(4)按汽车的驱动方式分类

①发动机前置、后轮驱动式自动变速器。自动变速器的结构根据汽车发动机的布置和驱

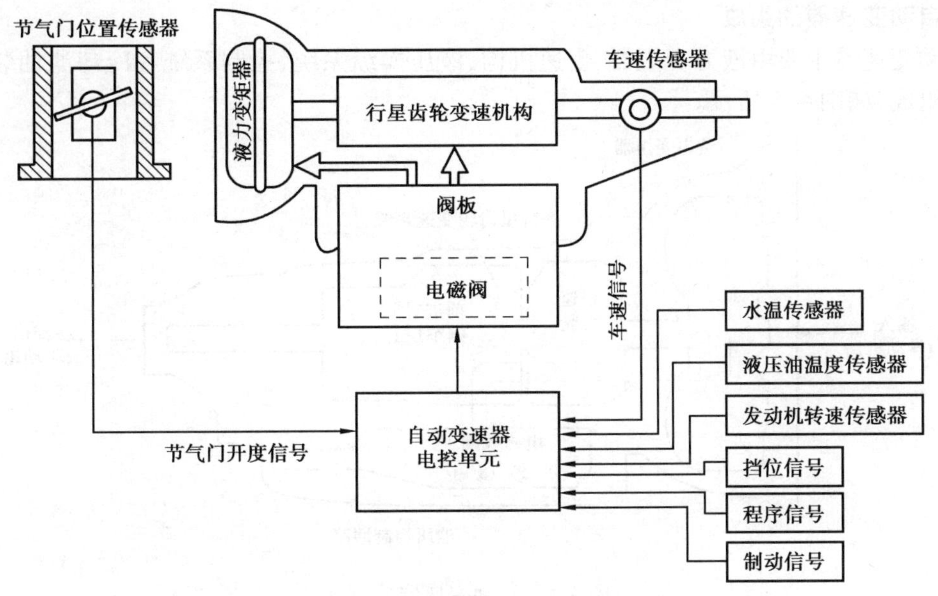

图 4.2　电子液压控制自动变速器的工作过程

动方式的不同有其不同的特点。如图 4.3 所示,发动机前置、后轮驱动式的发动机采用的自动变速器可以有较多的空间布置,一般较长。

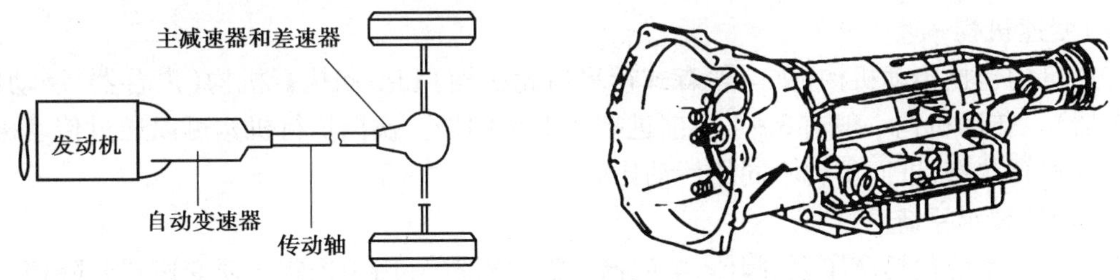

图 4.3　发动机前置、后轮驱动式自动变速器

②发动机前置、前轮驱动式自动变速器。其发动机布置大多为横置,易受空间的限制。此种自动变速器大多短而粗,如图 4.4 所示。

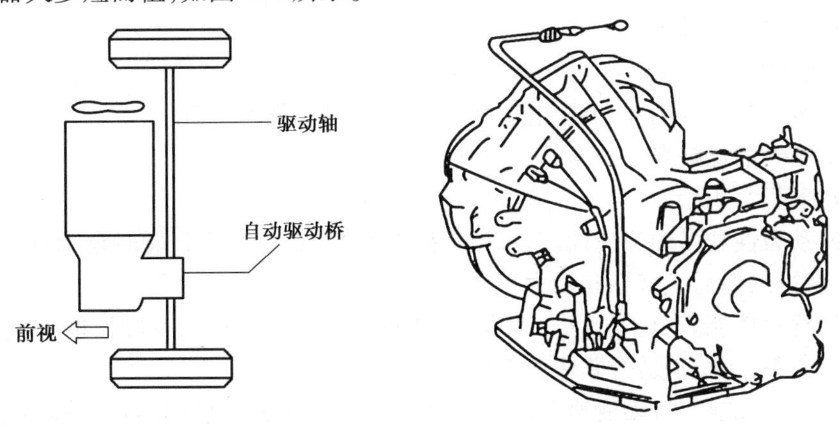

图 4.4　发动机前置、前轮驱动式自动变速器

3. 自动变速器的组成

自动变速器主要由液力变矩器、变速机构、液压操纵系统、控制系统和冷却滤油装置等几个部分组成,如图4.5所示。

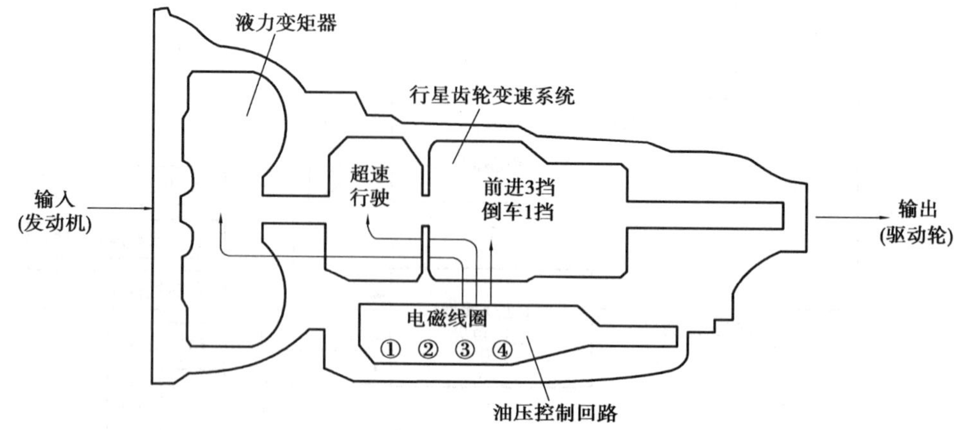

图4.5 自动变速器的组成

(1)液力变矩器

液力变矩器是自动变速器的核心部件,位于自动变速器最前端,安装在发动机飞轮上,利于液力传递动力,具有一定的减速增矩功能。

(2)变速机构

变速机构包括传动机构(如辛普森式行星齿轮机构)和换挡执行机构(离合器、制动器、单向离合器)。传动机构一般有3~4个前进挡和1个倒挡。换挡执行机构可以通过传动机构处于不同的啮合状态,进而实现不同的传动比。

(3)液压操纵系统

液压操纵系统包括液压泵、阀体、电磁阀、液压管路等,用于控制自动变速器升降挡。

(4)控制系统

自动变速器的控制系统有液压式和电子控制液压式。液压式控制系统包括许多控制阀组成的阀体总成和液压管路。电子控制液压系统除了阀体及管路外,还包括传感器、ECU(电控单元)、控制电路和执行器等。

(5)冷却滤油装置

冷却滤油装置包括冷油器和滤油器,用于控制油温和分离杂质。

4. 自动变速器的优缺点

(1)自动变速器的优点

①良好的动力性和燃油经济性。自动变速器可以保证汽车在行驶时自动获得最佳的控制和操纵,从而获得最佳的经济性和动力性。

②更好的驾驶性能。由于可以自动进行控制和操纵,使汽车的驾驶性能和驾驶员的技术水平没有太大关系,故特别适合非职业驾驶员。

③良好的行驶性能。自动变速器的挡位可以实现快速和平稳的转换,消除或降低动力传递系统中的冲击和动载,从而提高了汽车乘坐的舒适性,同时延长了发动机和传动系统零部件的寿命。

④提高了行车的安全性。采用自动变速器可以降低驾驶员的劳动强度,同时改善了驾驶员在操纵中注意力分散的问题,因此可以提高行车的安全性。

⑤降低了废气的排放。采用自动变速器可以保证发动机经常在经济转速区转动,从而尽量降低排气的污染。

(2)自动变速器的缺点

①结构复杂。自动变速器的结构较手动变速器复杂,从而导致生产成本较高,维修技术要求高。

②效率不够高。自动变速器与手动变速器相比,效率还不够高,特别是液力变矩器的效率较低。

5. 自动变速器各挡位标志与控制开关

自动变速器挡位分为6个位置和7个位置两种。6个位置的挡位标志一般是P、R、N、D、2、1位,有的厂家把2位标志为S位,把1位标志为L位,另外还设有一个超速挡位选择开关O/D。7个位置的挡位标志一般是P、R、N、D、3、2、1位,也有标志为P、R、N、D4、D3、2、1位。选挡手柄所处的位置由挡位指示器指示或仪表显示。

(1)P位(停车挡位)

当选挡手柄位于该位时,停车锁止机构将变速器输出轴锁止,驱动轮不能转动,以防汽车移动,同时换挡执行机构使自动变速器位于空挡状态。当选挡手柄离开停车挡位置时,停车锁止机构即被释放。

(2)R位(倒挡位)

当选挡手柄位于该位时,汽车可以倒退行驶。

(3)N位(空挡位)

当选挡手柄位于该位时,换挡执行机构使自动变速器处于空挡状态。此时,动力虽然经过输入轴传入自动变速器,但只能使齿轮空转,输出轴无动力输出。

(4)D位(前进挡位)

自动变速器一般设置4个前进挡位,其中3挡为直接挡,4挡为超速挡。

(5)2位或S位,1位或L位

它们均为强制前进低挡。选挡手柄位于S位时,只能在1~3挡自动变速;选挡手柄位于L档位时,自动变速器固定在1挡或只能在1~2挡自动换挡。

在变换选挡手柄位置时,必须先按下选挡手柄上方的选挡手柄锁止按钮,否则无法移动选挡手柄。

项目2　液力耦合器和液力变矩器

项目目标

1. 掌握液力耦合器和液力变矩器的结构特点;
2. 了解液力耦合器和液力变矩器的工作原理。

课前思考

什么是液力变矩器？液力耦合器和液力变矩器有哪些不同？

项目内容

任务1　液力耦合器的结构与工作原理

任务描述

液力变矩器是在液力耦合器的基础上发展起来的，为了更好地了解液力变矩器，首先来认识液力耦合器。

学习引导

液力耦合器是以液体为工作介质的一种非刚性联轴器，又称液力联轴器。下面介绍液力耦合器的结构和工作原理。

1. 液力耦合器的结构

液力耦合器由主动元件的泵轮、从动元件的涡轮和耦合器外壳组成，如图4.6所示。泵轮和涡轮是工作轮，均成盆形，内部排列有许多径向分布的辐射状的叶片，一般用铝合金精密制造或采用薄钢板冲压焊接而成。泵轮是液力耦合器的主动元件，它与液力耦合器外壳刚性连接，与发动机曲轴一起旋转。涡轮是液力耦合器的从动元件，它与齿轮变速机构的输入轴相连。泵轮与涡轮装在密封的液力耦合器外壳中，两轮对置安装，两者之间留有3～4 mm的间隙，没有刚性连接。两轮装合后，形成环形空腔，内部充满自动变速器油。

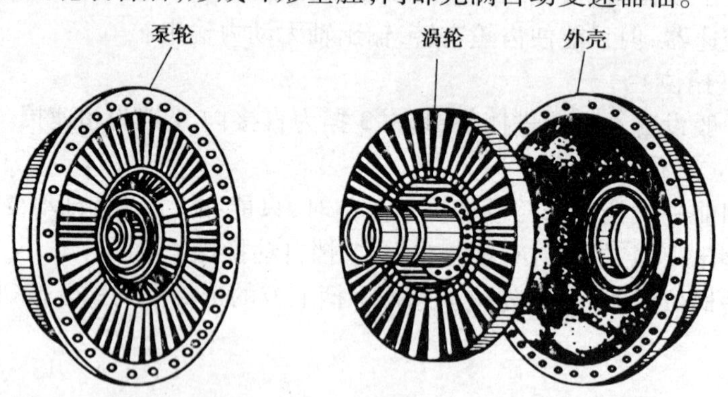

图4.6　液力耦合器的结构

2. 液力耦合器的工作原理

液力耦合器的动力传递原理相当于两台相对放置的电风扇，如图4.7所示。其中一台通电运转，另外一台未通电静止。运转的电风扇叶片旋转，推动空气流动，吹向未运转的电风扇叶片，使未运转的电风扇也开始同向旋转。

液力耦合器的泵轮相当于运转的电风扇，涡轮相当于未运转的电风扇，ATF液压油相当于空气。液力耦合器泵轮在发动机的带动下旋转，泵轮叶片间的变速器油在泵轮的带动下同向转动。在惯性离心力的作用下，油液从泵轮中靠近旋转轴线的一侧，沿泵轮曲面向远离旋转轴线的一侧流动。在液力耦合器中,由于主动件泵轮的转速始终要高于从动件涡轮的转速,同时,还因为泵轮和涡轮的径向尺寸相等,所以在两轮端面相对的间隙处存在着液体压力差。也正是在此压力差的作用下,油液才得以自泵轮外侧穿过两轮之间的间隙,强行进入涡轮。然后,油液在涡轮曲面的引导下,向靠近涡轮旋转轴线的内侧流去,并最终再度穿过两轮之间的间隙,回流至泵轮内侧,形成所谓的旋转运动。除了旋转运动外,油液在液力耦合器中还沿另一条路径流动,即环流运动。所谓环流运动,即油液在泵轮转动时,随其一起发生的沿围绕发动机曲轴和变速器输入轴轴线的环形路径的圆流动,如图4.8所示。为了能形成环流运动,泵轮和涡轮之间必须存在转速差,即泵轮的转速必须大于涡轮的转速。转速差越大,泵轮外缘处与涡轮外缘处能量差越大,工作液传递的动力也越大。若泵轮与涡轮两者转速相等,则泵轮与涡轮外缘处的能量差消失,循环圆内工作液的循环流动停止,液力耦合器就不能传递动力了。

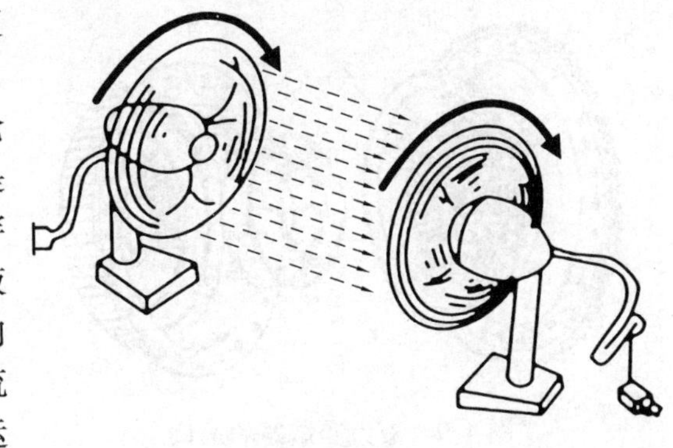

图4.7　液力耦合器的动力传递原理

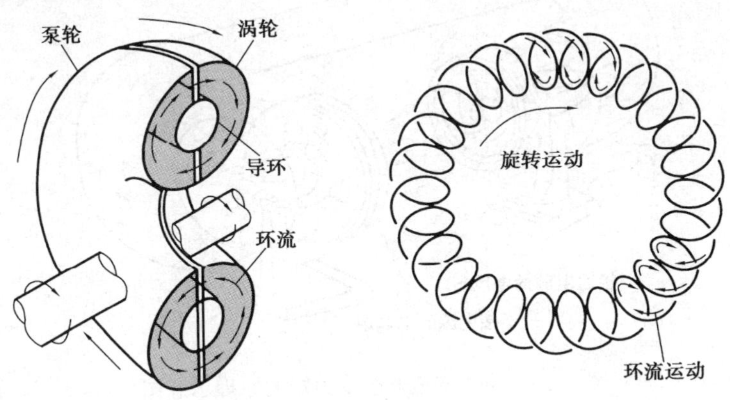

图4.8　液力耦合器的工作原理

任务2　液力变矩器的结构与工作原理

任务描述

液力变矩器由泵轮、涡轮、导轮组成,安装在发动机的飞轮上,以液压油(ATF)为工作介质,起传递转矩、变矩、变速及离合的作用。

学习引导

液力变矩器是自动变速器中重要的部件,主要起传递并增加转矩的功能。下面介绍它的结构和工作原理。

1.液力变矩器的结构

液力变矩器的结构如图4.9所示,主要由泵轮4、涡轮2和导轮3个元件组成。泵轮与变

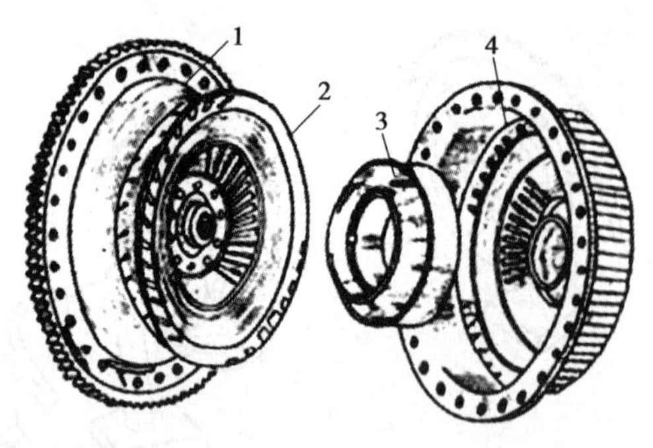

图 4.9　液力变矩器的结构

1—变矩器壳体;2—涡轮;3—导轮;4—泵轮

矩器壳连成一体,用螺栓固定在发动机曲轴后端的凸缘上或飞轮上;壳体做成两半,装配后焊成一体或用螺栓连接;涡轮通过从动轴与变速器的相关部件相连;导轮则通过导轮轴与变速器的固定壳体相连。所有工作轮在装配后,形成断面为循环圆的环状体。泵轮、涡轮和导轮是液力变矩器转换能量、传递动力和改变转矩必不可少的基本工作元件。

2. 液力变矩器的工作原理

液力变矩器和液力耦合器不同,既有传递转矩的作用,还具备改变力矩的作用。同样以两台电风扇示意,如图 4.10 所示,对置的两台电风扇后面用一根空气管道相接通,运转的电风扇叶片吹动气流冲击未运转的电风扇叶片,未运转的电风扇叶片与运转的电风扇叶片同向转动。同时,运转的电风扇叶片背面产生负压,通过空气管吸动未运转的电风扇叶片,使得未运转的电风扇叶片上的力矩得到增加。

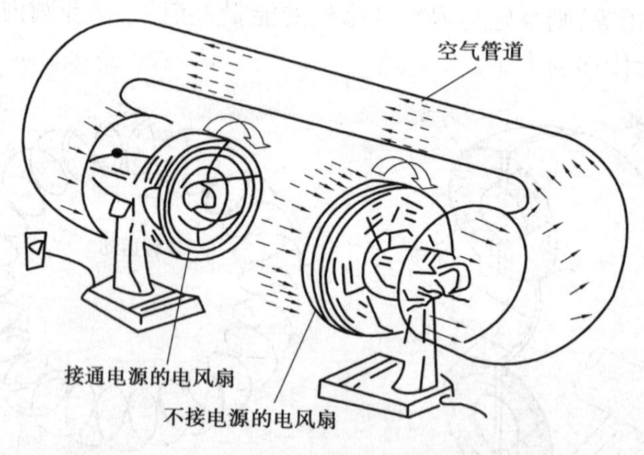

图 4.10　液力变矩器改变力矩的原理示意图

在液力变矩器中,导轮相当于空气管道,位于泵轮和涡轮内侧的中间,安装在与自动变速器壳体相连的支承轴管上。在导轮与支承轴管之间有一单向离合器,通过其中单向元件的作用,使导轮只能按与发动机曲轴即泵轮旋转方向相同的方向转动。若试图使导轮沿与此相反的方向转动,则单向离合器将产生锁止作用。

液力变矩器的工作过程如图 4.11 所示。当涡轮与泵轮转速差较大时,在两轮之间循环的油液旋转运动较强,如图 4.11(a)所示。自涡轮回流至泵轮的油液,冲击作用于导轮叶片的前面,即凹入面,力图推动其反向转动,但由于单向离合器的锁止作用,导轮不能顺应油液的冲击方向转动,从而迫使油液沿导轮叶片的前表面改变流动方向,掠过导轮后冲击作用于泵轮叶片的后表面,如图 4.11(b)、(c)所示。这相当于有一附加力矩与泵轮所接受的发动机转矩相叠加,从而增大了泵轮转矩,再经液力耦合作用后,涡轮所获得的输出转矩也得以增大。液力变矩器的输出力矩与输入力矩的比值称为液力变矩器的变矩系数 K。

当涡轮与泵轮的转速比较接近时,液力变矩器中的油液流动大部分变为环流,而且自涡轮向导轮流动的油液方向发生偏转,最终油液冲击作用于导轮叶片凸起的背面,而不是凹入的前

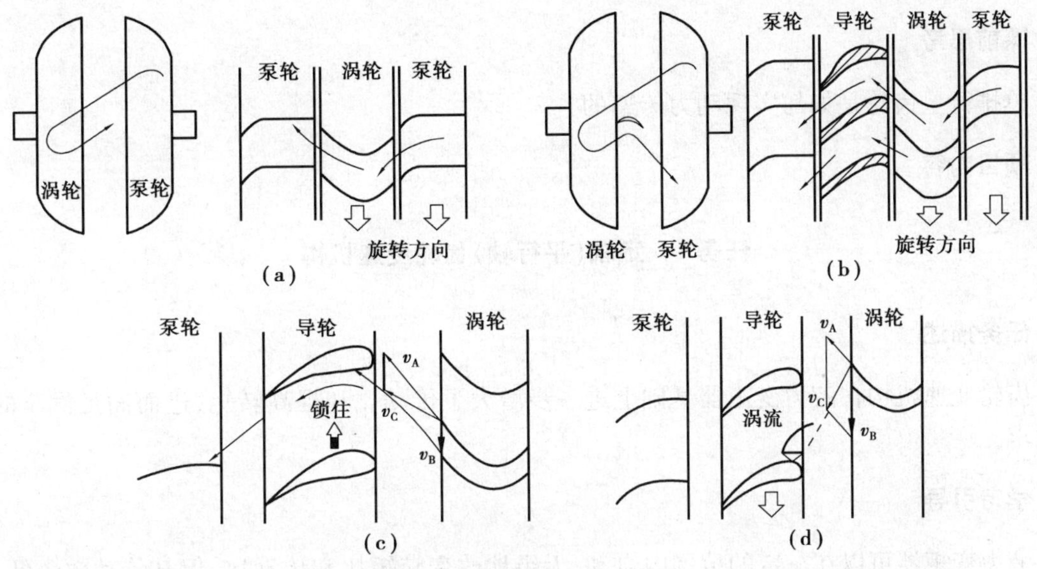

图4.11　液力变矩器的工作过程

面,如图4.11(d)所示。当冲击作用于导轮叶片背面的油液作用力大到足以推动导轮顺时针旋转时,单向离合器的锁止作用解除。这时,泵轮、涡轮以及导轮以大致相同的速度同方向转动,此即液力变矩器的耦合状态。

3. 带锁止离合器的液力变矩器

因为泵轮和涡轮之间存在不可消除的滑转现象,故液力变矩器的传动效率正常情况下仅能达到95%,不可能等于100%。为提高液力变矩器在高传动比时的传动效率,汽车上采用装有锁止离合器的变矩器。其结构如图4.12所示,锁止离合器的主动部分与变矩器的壳体相连,从动部分与涡轮相连。当压力油推动活塞向右移动时,锁止离合器的主、从动部分结合,泵轮与涡轮就成为刚性连接,从液力传动变为机械传动,传动效率达到100%。当压力油撤除后,离合器分离,液力变矩器恢复正常的工作。

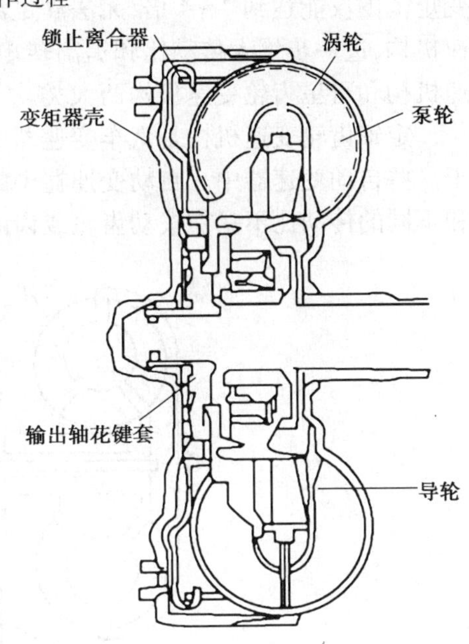

图4.12　带锁止离合器的液力变矩器

项目3　齿轮变速机构

项目目标

1. 掌握单排行星齿轮机构的组成及工作原理;
2. 了解辛普森式行星齿轮机构的机构特点及工作原理。

课前思考

单排行星齿轮是如何实现动力传递的？

项目内容

任务1　定轴（平行轴）齿轮变速机构

任务描述

齿轮变速机构在液力变矩器基础上进一步增大了传动比和提高转矩，进而满足汽车的行驶要求。

学习引导

液力变矩器可以在一定的范围内自动、无级地改变转矩比和传动比，但其传动效率低，且变矩范围仅能达到2～4倍，无法满足汽车的行驶要求，因此在自动变速器中需要设置齿轮变速机构，进一步增大传动比和提高转矩。与液力变矩器配合的齿轮变速机构分为定轴齿轮变速机构和行星齿轮变速机构两大类。

定轴齿轮变速机构是汽车变速器中最为常用的一种，大量应用于手动变速器中，也被应用于一些自动变速器中。自动变速器中的定轴齿轮变速机构与手动变速器不同，其不同的挡位和不同的传动比不是靠拨动齿轮或齿圈获得，而是利用离合器控制轴间啮合来获得。

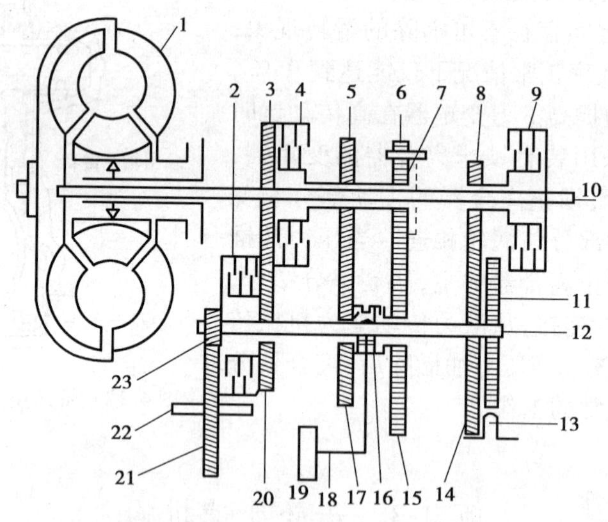

图4.13　某三前进挡自动变速器

1—变矩器；2—OD挡离合器；3—OD挡齿轮；4—D挡离合器；5—D挡齿轮；6—倒车挡惰性齿轮；7—倒车齿轮；8—L挡齿轮；9—L挡离合器；10—主轴（输入轴）；11—停车齿轮；12—中间轴；13—停车杆；14—中间轴L挡齿轮；15—停车换向齿轮；16—换向选择器；17—中间轴D挡齿轮；18—变速器拨叉；19—换向伺服缸；20—中间轴OD挡齿轮；21—末端从动齿轮；22—传动轴；23—末端主动齿轮

某定轴齿轮变速机构如图4.13所示,此变速器为三前进挡自动变速器。变速杆有P、R、N、OD、D、L共6个位置,如图4.14所示。其中,P为停车,R为倒车,OD为超速挡,D为自动前进挡,L为起步,N为空挡。

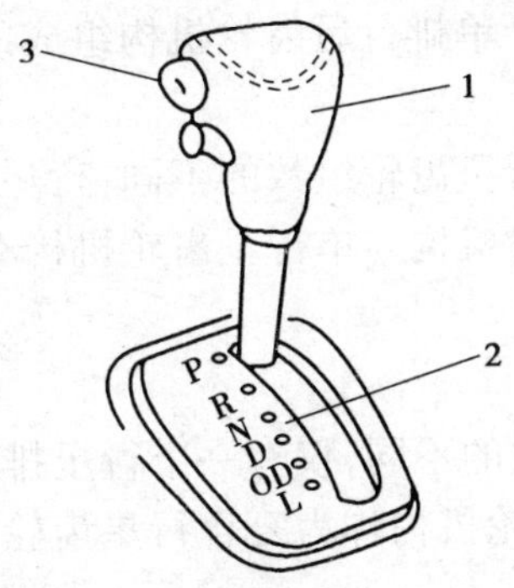

图4.14　自动变速器变速杆位置

1—变速杆;2—挡位;3—锁止按钮

任务2　行星齿轮变速器

任务描述

行星齿轮变速器是用行星齿轮机构实现变速的变速器。它通常装在液力变扭器的后面,与其共同组成液力自动变速器。本任务要求掌握行星齿轮变速器的特点、分类、结构及执行元件。

学习引导

行星齿轮变速器属于一种齿轮箱,它由行星齿圈、太阳轮、行星轮(又称卫星轮)和齿轮轮轴组成,工作时将太阳轮、齿圈和行星架三者之一加以约束,剩下两个元件分别作为主动件和被动元件,从而实现不同传动比的动力传动。

1. 行星齿轮变速机构的特点

行星齿轮机构在小型轿车中应用广泛,和定轴齿轮变速机构相比,它有如下优点:

①行星齿轮机构是一种常啮合传动,其不同的传动比和转动方向是通过对机构中的不同部件予以固定来获得。

②机构中各部件都是同轴的,即各部件围绕同一公共轴线旋转,从而可以取消一般手动变速器中的中间轴和中间齿轮等,因此可以缩小变速器的轴向尺寸。

③机构中各齿轮始终处于常啮合状态,不会出现因换挡不到位等而引起的脱挡现象。

④机构中因承载齿数较多,齿面载荷低,工作可靠性高,使用寿命长。

⑤通过增减行星排的个数、行星排内齿轮的个数、改变行星排之间的排列和组合以及各个构件之间的连接和控制方式等,它可以获得理想的传动比。

当然,行星齿轮变速机构也有诸如机构较为复杂,制造和安装精度要求高,维修较为困难,要求维修人员具有较高的技术水平等缺点。

2. 行星齿轮变速机构的分类

①按照齿轮的啮合方式不同,行星齿轮机构可以分为内啮合式和外啮合式两种。内啮合

式行星齿轮机构结构紧凑、传动效率高，故在自动变速器上广泛应用。

②按照行星齿轮的排数不同，行星齿轮机构可以分为单排和多排两种。多排行星齿轮机构由多个单排行星齿轮机构组成。由于其具有可以实现多种传动比的优势，因此，现代汽车自动变速器中通常采用由两个或三个单排行星齿轮机构组成的多排行星齿轮机构，以实现更多前进挡。

③按照太阳轮和齿圈之间的行星齿轮组数的不同，行星齿轮结构可以分为单行星齿轮式和双行星齿轮式两种。双行星齿轮机构与单行星齿轮机构在其他条件相同的情况下相比，齿圈可以得到反向传动。

3. 行星齿轮变速机构的结构

按照行星齿轮机构的行星排数的不同，仅有一个行星排的行星齿轮机构称为简单行星齿轮机构，拥有多个行星排的行星齿轮机构称为复合行星齿轮机构。下面对两种行星齿轮机构进行分析。

(1)简单行星齿轮机构

简单行星齿轮机构由一个太阳轮、一个齿圈、一个行星架和几个行星齿轮组成，也称为一个行星排，如图 4.15 所示。太阳轮、齿圈及行星架具有共同的固定轴线，行星齿轮与太阳轮和齿圈啮合，并支承在固定于行星架的行星齿轮轴上。其具有两方面的运动，一方面可以绕自己的轴线旋转，另一方面又可以随行星架一起绕着太阳轮旋转。一般将行星排中具有固定轴线的太阳轮、齿圈和行星架称为行星排的三个基本元件。

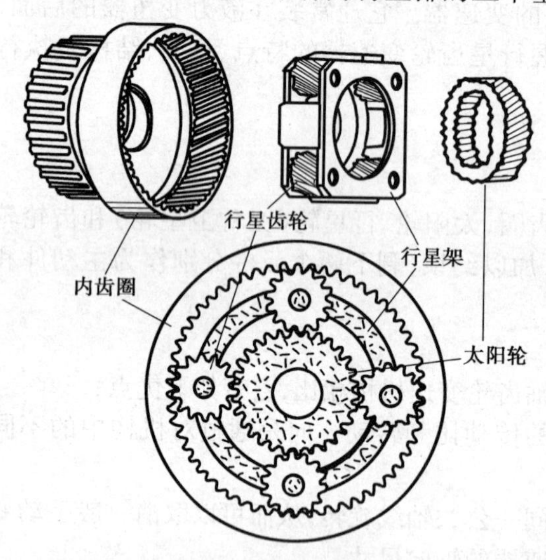

图 4.15　简单行星齿轮机构的组成

(2)复合行星齿轮机构

由于单排的简单行星齿轮机构无法满足汽车行驶中对传动比和变矩能力的要求，故在自动变速器中采用两排或多排行星齿轮机构组合在一起，这就形成了复合行星齿轮机构。它可以提供各种不同的组合情况来实现各种不同的传动。在现代汽车自动变速器中，常用的有辛普森式复合行星齿轮机构和拉维奈尔式复合行星齿轮机构。

辛普森式复合行星齿轮机构如图 4.16 所示，其为四个独立元件构成的双行星排行星齿轮机构。其四个独立元件为：前后太阳轮组件，前排齿圈，后排行星架，前行星架和后齿圈组件。前后太阳轮组件为前后两个行星排的太阳轮连在一起，具有共同的运动规律，整体作为一个元件。前行星架和后齿圈组件为前排行星架与后齿圈连在一起，同样具有相同的运动规律，整体作为一个元件。辛普森式复合行星齿轮机构可以实现三前进挡。另外，在辛普森式复合行星齿轮机构的基础上再加上一个单排行星排，即超速行星排，这样可以实现四前进挡。

拉维奈尔式复合行星齿轮机构也采用双行星排机构，如图 4.17 所示。其前后行星排具有共同的行星架和齿圈，因此，它具有的独立元件为：前太阳轮、后太阳轮、长行星轮、短行星轮、行星架和齿圈。

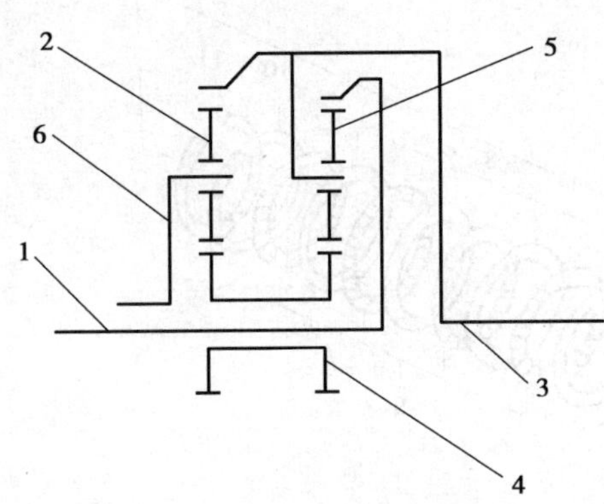

图4.16　辛普森式复合行星齿轮机构

1—后齿圈;2—前行星齿轮;3—后行星架和前齿圈组件;
4—前后太阳轮组件;5—后行星齿轮;6—前行星架

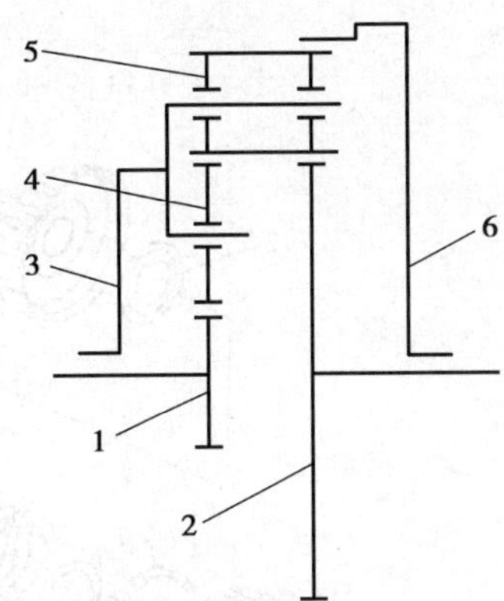

图4.17　拉维奈尔式复合行星齿轮机构

1—前太阳轮;2—后太阳轮;3—行星架;
4—短行星齿轮;5—长行星齿轮;6—齿圈

4.行星齿轮变速器的换挡执行元件

行星齿轮变速器的齿轮机构与手动齿轮变速器不同。行星齿轮变速器中的所有齿轮都处于常啮合状态,其挡位的变换无法通过移动齿轮使之进入啮合或脱离啮合来获得,而是通过以不同的方式对行星齿轮机构的基本元件进行约束来实现的。通过约束不同的基本元件和改变约束方式,就可以获得不同的传动比,从而获得不同的挡位。

行星齿轮变速器的换挡执行元件主要有离合器(C)、制动器(B)和单向离合器(F)3种。其中,离合器和制动器以液压方式控制行星齿轮机构元件的运动,而单向离合器以机械方式控制行星齿轮机构元件的运动。

(1)离合器

①离合器的作用。

离合器的作用是连接行星齿轮变速器的输入轴和行星排中的某个基本元件,或是连接行星排的某两个基本元件,使其实现一体化并同速转动。

②离合器的结构。

在自动变速器的换挡执行元件中,采用的离合器是多片湿式离合器。多片湿式离合器通常由离合器鼓、离合器活塞、回位弹簧、钢片(主动片)、摩擦片(从动片)和离合器毂等构成,其结构如图4.18所示。

离合器毂是一个液压缸,其内有内花键齿圈,内圆轴颈上有进油孔和控制油路相通。离合器活塞是环状的,内外圆上有密封圈,安装在离合器鼓内。离合器鼓和离合器毂分别以一定的方式和变速器输入轴或行星排的某个基本元件连接。一般情况下,离合器鼓为主动件,离合器毂为从动件。钢片(主动片)和摩擦片(从动片)交错排列,两者统称为离合器片。钢片的外花键齿安装在离合器鼓的内花键齿圈上,可沿齿圈键槽作轴向移动;摩擦片由其内花键齿与离合器毂的外花键齿连接,也可沿键槽作轴向移动。摩擦片两面烧结有摩擦系数较大的铜基粉末冶金层或合成纤维层,使钢片和摩擦片组成钢-粉末冶金摩擦副。为了保证离合器接合过程柔和及具有良好散热性,钢片和摩擦片均浸在油中,故而称为湿式离合器。离合器处于分离状态时,钢片和摩擦片之间应有一定的轴向间隙,即离合器的自由间隙,以保证钢片和摩擦片不会相互接触。离合器的自由间隙一般为0.5~2.0 mm。

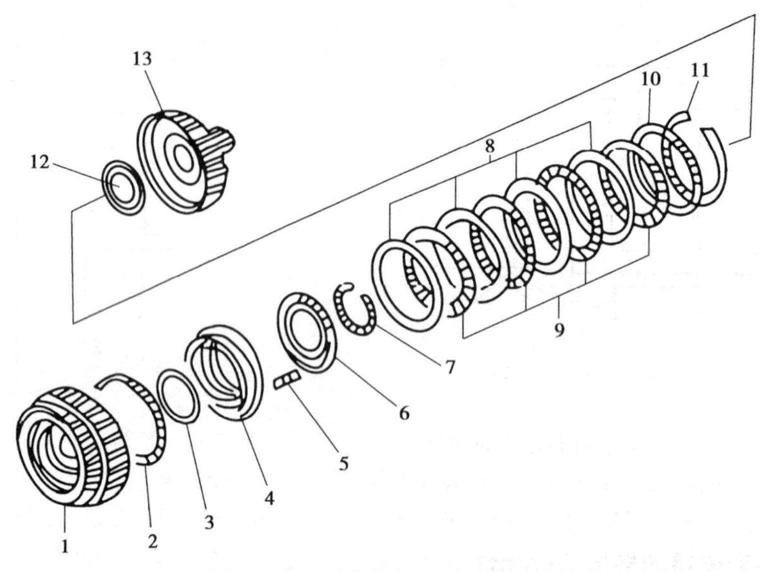

图 4.18 多片湿式离合器的结构

1—离合器毂;2,3—密封圈;4—离合器活塞;5—回位弹簧;6—弹簧座;7,11—卡环;
8—钢片;9—摩擦片;10—挡圈;12—止推轴承;13—离合器毂

(2)制动器

制动器用来固定行星排中的基本元件,阻止其旋转,以改变齿轮的组合。常用的有片式制动器和带式制动器两种。

①片式制动器。

片式制动器具有接合平稳的特点,特别是可以通过增减片数来适应不同排量的发动机,近年来应用日趋广泛。

片式制动器由制动器活塞、回位弹簧、制动器摩擦片、制动器钢片和制动器毂等组成,如图4.19 所示。在制动器中,制动器摩擦片是主动元件,制动器钢片是固定元件。制动器摩擦片的材料和离合器摩擦片一样。片式制动器的工作原理和多片湿式离合器基本相同。当液压油进入活塞缸后,推动活塞在缸体内移动,促使制动器的摩擦片与钢片接触,使行星排的某一基本元件被固定,即不能旋转。当液压油从活塞缸内排出时,回位弹簧推动活塞回复至原始位置,导致制动器脱开,制动器毂可以自由旋转,行星排的基本元件即可自由旋转。片式制动器在使用中,不但规定了制动片的允许间隙和最大间隙,同时也规定了制动片的最小厚度。当摩擦片厚度小于规定值时必须更换。当摩擦片单片厚度尚未小于允许值而总间隙超过允许值时,应通过选装压板的厚度来调整,以保证间隙符合规定。

②带式制动器。

带式制动器占用空间尺寸小,容易布置,过去采用较多。带式制动器将内侧粘有摩擦材料的制动带卷绕在制动鼓上,其摩擦材料与多片湿式离合器的摩擦片相同。

带式制动器由制动带、制动鼓、液压缸和活塞等组成,如图 4.20 所示。其中,制动鼓为旋转元件,而制动带为静止元件。制动鼓与行星排的某个基本元件相连,制动带一端支承在变速器的壳体上,另外一端和活塞顶杆相连。制动器不工作时,制动带和制动鼓之间应按规定保持一定间隙,如不符合,可以通过调整螺钉来调节。当液压油施加于活塞时,活塞在缸体内移至左端,压缩外弹簧,带动连杆移动,推动制动带的一端。因为制动带的另一端固定在变速器壳

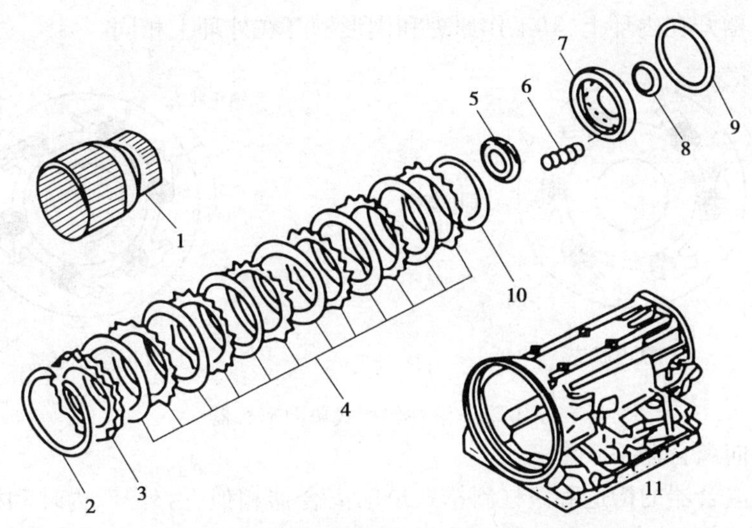

图4.19　片式制动器

1—制动鼓;2—卡环;3—挡圈;4—钢片和摩擦片;5—弹簧座;6—回位弹簧;7—制动器活塞;8,9—密封圈;10—碟形环;11—变速器壳体

体上,制动带直径减小,因此,制动带夹持制动鼓,使与之相连的行星排基本元件固定。制动解除后,液压油返回,活塞在回位弹簧的作用下返回右端,制动带被松开,制动器处于自由状态。

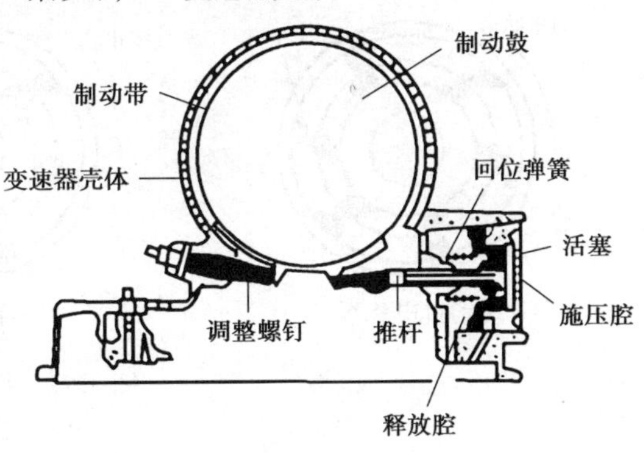

图4.20　带式制动器

(3)单向离合器

单向离合器广泛应用于行星齿轮变速器及综合式液力变矩器中,其作用和离合器、制动器相同,也是对行星排中的基本元件进行连接和固定。它也是行星齿轮变速器的换挡元件之一,但与离合器和制动器不同,它不是依靠液压油的作用来实现功能,而是依靠机械的单向锁止原理来起到连接或固定作用。它只具有单方向离合功能,当与之相连接的元件的受力方向与锁止方向相同时,该元件即被连接或固定;当受力方向与锁止方向相反时,该元件即被脱离或释放。单向离合器常用的类型有滚柱斜槽式和楔块式两种。

①滚柱斜槽式单向离合器。

滚柱斜槽式单向离合器主要由内环、外环、滚柱和回位弹簧等组成,如图4.21所示。内环通常与行星排的某个基本元件连接或者和变速器的壳件连接,外环与行星排的另一个基本元件连接或者与变速器外壳连接。在外环的内表面制有与滚柱相同数目的楔形槽,内、外环之间的楔形槽内装有滚柱和弹簧,弹簧的弹力将各滚柱推向楔形槽较窄的一端。滚柱斜槽式单向离合器工作时,当外环相对于内环逆时针转动时,滚柱在外环带动下克服回位弹簧的弹力,压缩弹簧移向楔形槽的大端,外环相对于内环可以自由滑转,此时处于自由状态。当外环相对于内环顺时针转动时,滚柱在外环带动及回位弹簧的弹力作用下进入楔形槽的小端,外环和内环没有相对运动被连为一体,单向离合器锁止。单向离合器的锁止方向取决于外环上楔形槽的方向,在装配时不能装反,否则会改变其锁止方向,使行星齿轮变速器不能正常工作。有的单向离合器的楔形槽开在内环上，其工作原理和楔形槽开在外环上相同。

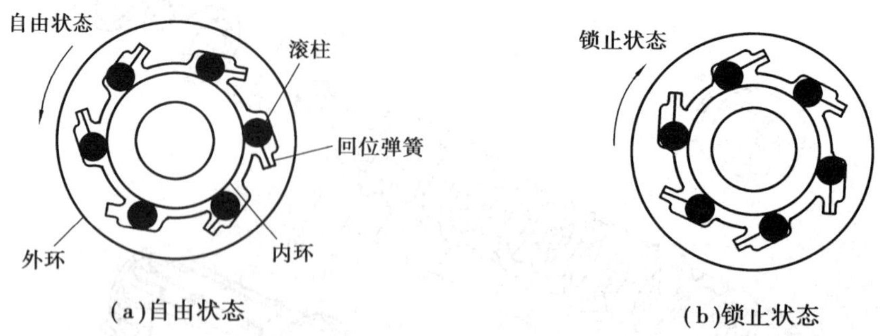

图 4.21　滚柱斜槽式单向离合器

②楔块式单向离合器。

楔块式单向离合器的构造和滚柱斜槽式单向离合器相似，由外环、内环和楔块等组成，如图 4.22 所示。不同之处在于，它的外环或内环上都没有楔形槽，由特殊形状的楔块替代圆柱形的滚柱。楔块在 A 方向上的尺寸略大于内环和外环之间的距离 B，而在 C 方向上，楔块的尺寸略小于 B。

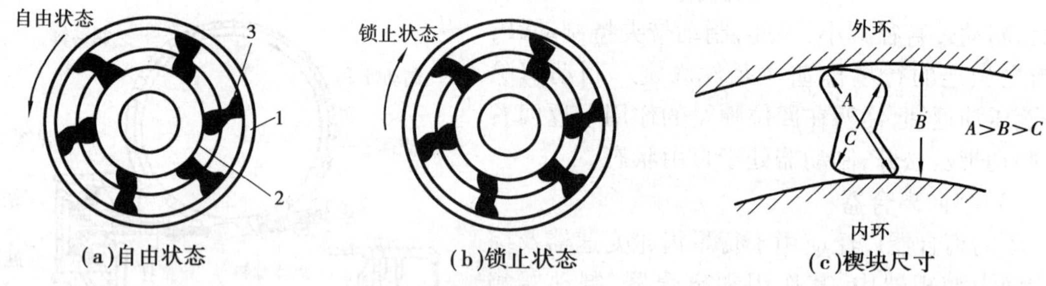

图 4.22　楔块式单向离合器

1—外环；2—内环；3—楔块

楔块式单向离合器工作时，当外环相对于内环逆时针转动时，楔块被推动而产生倾斜，内、外环之间有空隙，单向离合器不发生作用，内、外环均以各自不同的速度自由转动。当外环相对于内环顺时针转动时，楔块被推动而立起，卡在内、外环之间，单向离合器被锁止，内、外环被连为一体。楔块式单向离合器的锁止方向取决于楔块的安装方向，在维修时切记不可装反，否则会影响自动变速器的正常工作。

任务 3　典型行星齿轮变速器的工作原理

任务描述

辛普森式齿轮机构和拉维奈尔式齿轮机构是应用较多的组合行星齿轮机构。本任务要求掌握典型行星齿轮变速器的工作原理。

学习引导

行星齿轮变速器经过多年的发展，出现了各种不同的形式。目前轿车上常用的行星齿轮变速器有辛普森式和拉维奈尔式两种。

1. 辛普森式行星齿轮变速器

辛普森式行星齿轮变速器由辛普森式行星齿轮机构和相应的换挡执行元件组成,目前大部分轿车自动变速器都采用这种行星齿轮变速器。辛普森式行星齿轮机构采用的是双排行星齿轮机构,两个行星排按照在离合器中的位置分为前行星排和后行星排。辛普森式行星齿轮变速器可分为三前进挡和四前进挡两种。这里以三前进挡辛普森式行星齿轮变速器为例说明。

三前进挡辛普森式行星齿轮变速器如图4.23所示,共有5个换挡执行元件,即两个离合器、两个制动器和一个单向离合器。其中,倒挡及高挡离合器 C_1 用来连接输入轴和前后太阳轮组件;前进离合器 C_2 用来连接输入轴和后齿圈;二挡制动器 B_1 用来制动前后太阳轮组件;低挡及倒挡制动器 B_2 用来制动前行星架;低挡单向离合器F用来防止前行星架逆转。5个换挡执行元件分别处于工作或不工作的状态,可形成不同的挡位。

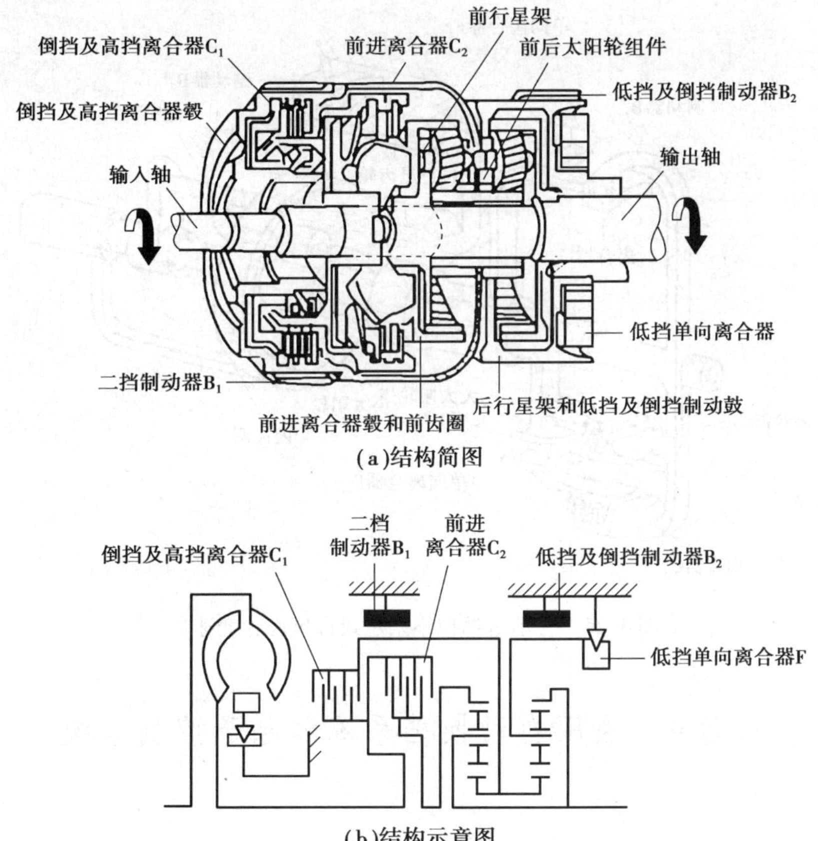

图4.23　三前进挡辛普森式行星齿轮变速器

2. 拉维奈尔式行星齿轮变速器

拉维奈尔式行星齿轮变速器由拉维奈尔式行星齿轮机构和换挡执行元件构成。拉维奈尔式行星齿轮机构采用双行星排结构,它具有4个独立元件:前太阳轮、后太阳轮、行星架和齿圈。如图4.24所示,前后排共用行星架和内齿圈,前排太阳轮与后排长行星齿轮啮合,后排太阳轮与短行星齿轮啮合,长行星齿轮和短行星齿轮互相啮合,共用行星架。一般以前后太阳轮作为输入轴,内齿圈作为输出轴。拉维奈尔式行星齿轮变速器也可分为三前进挡和四前进挡

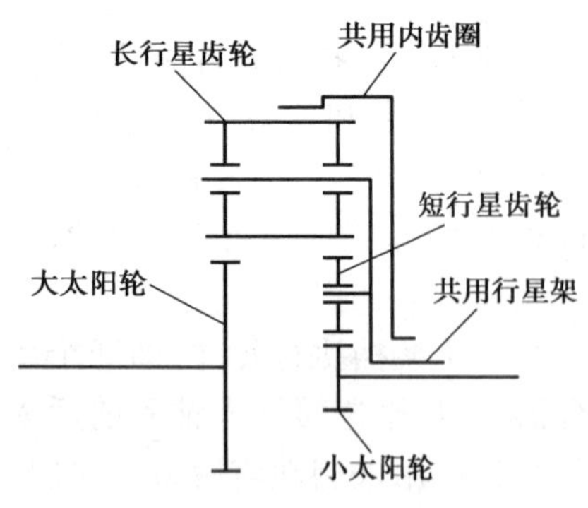

图 4.24　拉维奈尔式行星齿轮机构

两大类。同样,这里以三前进挡拉维奈尔式行星齿轮变速器为例说明。

三前进挡拉维奈尔式行星齿轮变速器有 7 个换挡执行元件:3 个离合器、2 个制动器和 2 个单向离合器。其中,离合器 C_1 用于连接输入轴和大太阳轮;离合器 C_2 用于连接输入轴和小太阳轮;离合器 C_3 与 F_1 串联,连接输入轴和小太阳轮;制动器 B_1 锁止大太阳轮;制动器 B_2 锁止行星架;单向离合器 F_1 与 C_3 串联,单向连接输入轴和小太阳轮;单向离合器 F_2 单向锁止行星架。三前进挡拉维奈尔式行星齿轮变速器的结构如图 4.25 所示。

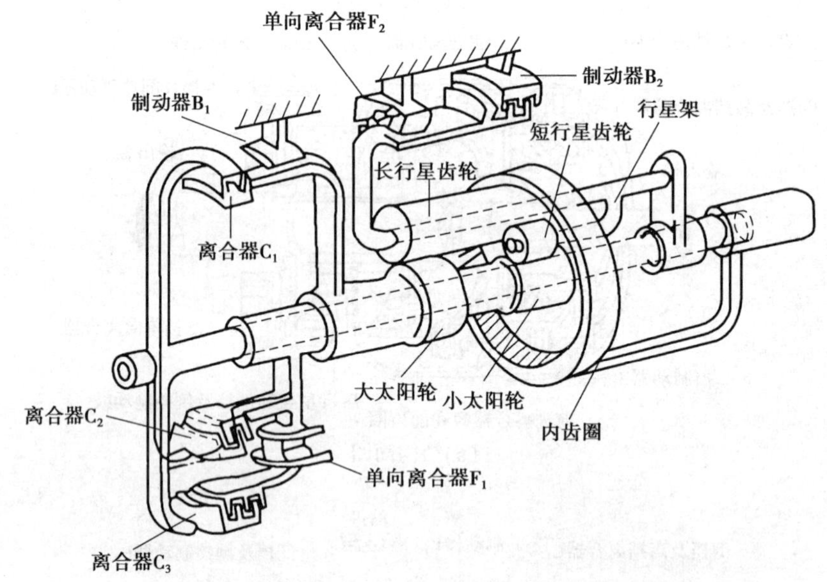

图 4.25　三前进挡拉维奈尔式行星齿轮变速器

项目 4　液压自动换挡系统和电子控制系统

项目目标

1. 掌握液压自动换挡系统的组成及工作原理;
2. 了解电子控制系统的工作原理。

课前思考

自动变速器如何实现自动换挡?该电子控制系统需要哪些传感器?

项目内容

任务1　液压自动换挡系统

任务描述

液压自动换挡系统是自动变速器中重要的组成部分,主要实现自动换挡的执行功能。本任务要求掌握液压自动换挡系统的组成及结构特点。

学习引导

随着人们对汽车的经济性、动力性和舒适性的要求的不断提高,液控系统逐渐被淘汰,取而代之的是电控液压控制系统。下面主要介绍电控液压式换挡系统。

液压自动换挡系统主要是根据电子控制系统的指令通过液压系统推动换挡执行元件完成挡位的改变。其主要组成如下:

①供油部分:主要包括液压泵、主调压阀、次调压阀、油冷却器和滤清器等。

②操纵控制部分:主要包括手控阀等。

③换挡执行元件部分:主要包括离合器和制动器等。

④改善换挡品质工况部分:主要包括各个缓冲阀和蓄压器等。

⑤压力参数调节部分:主要包括节气门阀及其随动阀,调速阀及其随动阀。

⑥换挡时刻控制部分:主要包括各个换挡阀及锁止离合器控制阀。

其中,压力参数调节部分和换挡时刻控制部分主要用于液控液压式控制系统中,这里仅对节气门阀、调速阀和换挡阀等进行简要介绍。

1. 液压泵

液压泵除为液压自动换挡系统提供液压外,还用于液力变矩器中。因此,液压泵对自动变速器的使用性能及寿命有很大影响。液压泵一般安装在变矩器的后端,由变矩器的泵轮通过一个轴套驱动,其转速与发动机转速一致。常用的液压泵分为定量泵和变量泵。定量泵有内啮合齿轮泵、摆线齿轮泵和叶片泵,变量泵常用变量叶片泵。

2. 主调压阀

液压油从液压泵输出后,即进入主油路系统。由于液压泵直接由液力变矩器的泵轮驱动,其转速与发动机一致,故其输出的流量和压力是随发动机的转速变化而变化的。发动机的转速变化范围很大,这导致了液压油输出流量和压力的变化也很大。油压过高,会使自动变速器在换挡时冲击过大,增加功耗;而压力过低,可能使换挡执行元件工作压力不够而产生打滑。为保证主油路系统的压力稳定,对从液压泵输出的液压油应进行调节。因此在主油路中设置了主油路调压阀,以使液压泵输出压力调节到需要值后再进入主油路系统。另外,主油路调压阀还应能满足主油路系统在不同工况、不同挡位时具有不同油压的要求。

①主油路油压应能随发动机节气门开度的增大而升高。当节气门开度较大时,由于发动机输出功率和自动变速器所传递的转矩都较大,为了防止离合器和制动器等换挡执行元件打滑,主油路油压也要相应升高;反之,当节气门开度较小时,自动变速器所传递的转矩也较小,主油路油压也要相应降低。

②当汽车在低速挡时,所传递的转矩较大,主油路压力应较高;当汽车在高速挡以较高车速行驶时,主油路油压可以相应降低。因为此时汽车传动系统在高转速、低转矩状态下工作,因此可以相应地降低主油路油压,以减小油泵的运转阻力,节省燃油,提高燃料的经济性。

③倒挡在汽车使用过程中所占用的时间很少,为了减小自动变速器的尺寸,倒挡执行机构一般均较小,因此在工作时需要有较高的油压,以防止其接合时打滑。

主油路调压阀的结构如图 4.26 所示,属于阶梯式滑阀。主油路的压力高低取决于阶梯式滑阀中弹簧的预紧力,此预紧力可从外部进行调整。其工作过程为:当液压泵工作后,液压油被送到变矩器,油压升高;当主油路调压阀中的阶梯滑阀上部的压力和下部的压力、弹簧力不能平衡时,通过打开或关闭排油孔实现油压的稳定;倒挡时,手动阀会打开另一条油路,将液压油引入主油路调压阀的内部,使阶梯滑阀阀芯移动,导致排油孔关小,主油路压力增大。

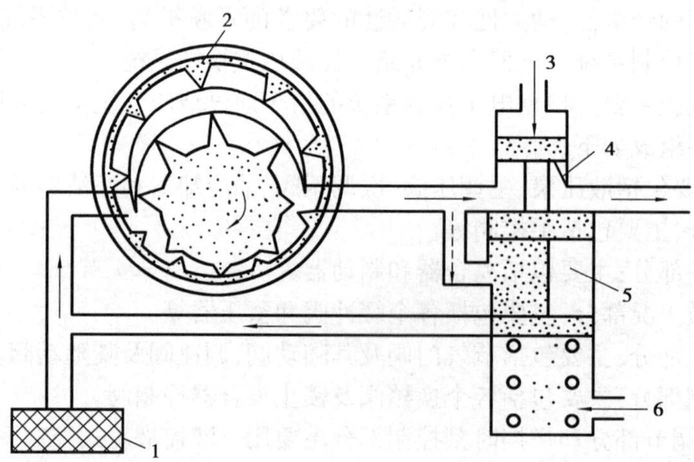

图 4.26　主油路调压阀

1—滤网;2—油泵;3—外部油压;4—通往变矩器;5—调压阀;6—外部压力

3. 变矩器压力调节阀(次调压阀)

液力变矩器较之主油路需要的压力低得多,因此需要变矩器压力调节阀对主油路压力进行减压后再送入液力变矩器,使液力变矩器内液压油的压力符合要求,同时将液力变矩器内受热后的液压油送至散热器冷却,并让一部分冷却后的液压油流回齿轮变速器,对齿轮变速器中的轴承和齿轮进行润滑。

4. 安全阀

安全阀的作用是限制油泵最高输出压力,保证操纵系统的安全。安全阀并联在油泵出油的油路上,当油泵出油口压力超过限定值时,打开阀门泄油,压力下降,因此它是一个常闭的单向阀。

5. 滤清器

自动变速器液压系统零件的精密度要求极高,油液经长期使用后易被污染,从而会导致各种故障发生。因此,应采取多种措施对油液进行严格过滤。自动变速器的供油系统中通常设有进油滤清器、精滤器和阀前专用滤油器 3 种形式的滤油装置。

6. 手控阀

手控阀是一种人力控制的多路换向阀,位于控制系统的阀板总成中,由驾驶员控制。它的主要功能是确定自动变速器的工作方式。如图 4.27 所示,阀体上有多条油道,一条进油道与主油路系统相连接,其余分别通至 D、2、L、R 和 P 等挡位的滑阀或换挡执行元件。

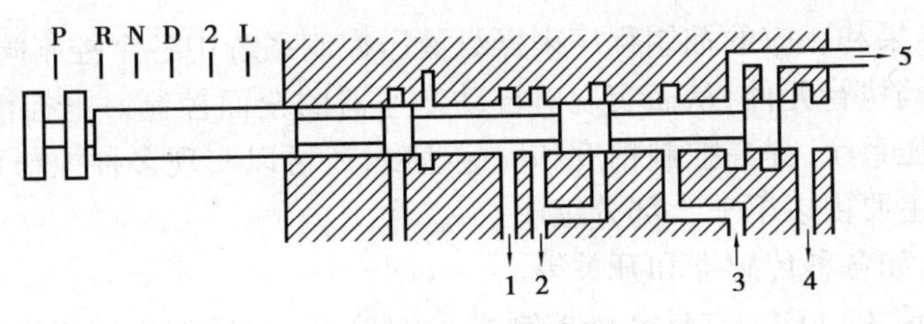

图4.27 手控阀

1—2 和 L 工况油路；2—D、2 和 L 工况油路；3—主油路入口；

4—R 工况油路；5—P、R 和 L 工况油路

7. 缓冲阀

缓冲阀主要由滑阀、阀座和弹簧组成。缓冲阀主要有两个作用：一是当汽车高挡行驶时，如欲强制挂低挡，为防止车速变化过快，要求车速越高，低挡制动器起作用要越慢，反之则要快；二是当驾驶员用松开油门的方法由低速挡提前换高速挡时，要求迅速松开低挡制动器并使高挡离合器接合，以符合换挡平稳的要求。

8. 蓄压器

蓄压器由减振活塞和弹簧组成，在自动变速器中起到缓冲换挡冲击的作用。在自动变速器中，每个前进挡一般均有一个蓄压器，它位于该挡的换挡阀至换挡执行元件的油路中，其作用是满足离合器和制动器接合过程中工作压力增长先快后慢的要求，使之接合平稳柔和，同时吸收液压冲击，保证液压系统的压力稳定。

9. 节气门阀

节气门阀受发动机加速踏板控制，随节气门开度大小而变化，即随发动机负荷大小而变化。其作用是将节气门开度的大小变换为液压信号，用于产生节气门油压，以便控制系统根据汽车节气门开度的大小改变主油路油压和换挡车速，使自动变速器的主油路油压和换挡规律满足汽车实际使用要求。节气门阀可分为机械式和真空式两种。

10. 离心调速阀

离心调速阀受汽车车速的控制，随车速的快慢而变化。其作用是将车速的快慢转变为液压信号，用于产生车速控制油压。其基本原理是利用轴旋转时重块产生的离心力来确定阀芯的位置，即确定油压的高低。常用的离心调速阀可分为普通复合式双级离心调速阀和中间传动复合式双级离心调速阀。

任务2 电子控制系统

任务描述

电子控制系统系统根据发动机的负荷（节气门开度）和汽车的行驶速度等信息，按照设定的换挡规律控制自动换挡系统实现换挡功能。本任务要求掌握电子控制系统的组成及其工作原理。

学习引导

电控液动自动变速器控制系统的控制功能是由电子计算机或微处理器来完成的，换挡控制的信号采用电信号。它利用各种先进的电子手段对自动变速器以及发动机的工作状态进行

检测,并根据检测结果和相应的控制程序来操纵液压控制系统中各个控制阀的工作,以驱动离合器和制动器等换挡执行元件,从而实现对自动变速器的全面控制。电控液动式的自动变速器不但可以简化液压系统,提高控制精度和反应速度,还可以实现多种控制系统的综合控制。

电子控制系统主要由以下三大部分组成:

①信号的来源,如各种传感器和开关等。

②电子控制单元,即 ECU,它是电子控制系统的核心,包括输入输出电路、CPU 以及存储器(RAM 和 ROM)。

③执行器,它根据电子控制单元的指令驱动相应的液压系统工作,如电磁阀等。

1. 电子控制系统

(1)节气门位置传感器

发动机的节气门是由驾驶员通过加速踏板来操纵的,它根据不同的行驶条件来控制发动机的运转。如负荷大时,节气门开度要大,而负荷较小时,节气门开度要小。不同的行驶条件要求汽车自动变速器具有不同的换挡规律。电子控制式自动变速器是利用节气门位置传感器作为电子计算机控制自动变速器挡位变换的依据,从而使自动变速器的换挡规律在任何使用条件下都能满足汽车的使用要求。节气门位置传感器安装在汽车发动机的节气门体上,与节气门作为一个整体一起转动。

(2)车速传感器

车速传感器是为了检测汽车车速,为 ECU 提供汽车车速信号,以此作为控制换挡的依据。常用的车速传感器分为电磁式、光电式和舌簧开关式等。

(3)输入轴转速传感器

常用的输入轴转速传感器是电磁感应式传感器,与车速传感器的工作原理一致。输入轴转速传感器安装在行星齿轮变速机构的输入轴上,也就是液力变矩器的输出轴(涡轮轴)附近。它检测输入轴的转速,将其转变为电信号后输入 ECU,为精确换挡提供依据。同时 ECU 还将该信号和来自发动机控制系统的发动机转速信号进行比较,计算出液力变矩器的传动比,使油路压力控制过程和锁止离合器的控制过程得到进一步的优化,减小换挡冲击,提高汽车的行驶平稳性。

(4)油温传感器

自动变速器的液压油温由于受液力变矩器效率较低的影响,一般情况下较高,因此应对油温进行监测。液压油温度传感器安装在自动变速器油底壳内的阀体上,它将油温转变为电信号传递给 ECU,作为换挡控制、油压控制和锁止离合器控制的依据。液压油温度传感器内部是一个半导体热敏电阻,它具有负的温度电阻系数,温度越高,电阻越低,电子计算机根据其阻值的变化测出自动变速器液压油的温度。

(5)超速挡开关(O/D 开关)

超速挡开关安装在变速杆上,由驾驶员进行控制。当自动变速器变速杆在 D 位时,如该开关打开,则汽车可以超速挡行驶,即最高可以达到四挡。如该开关关闭,则动变速器均只能升至三挡行驶,无法达到最高的四挡。一般超速开关在驾驶仪表盘上有指示灯 O/D OFF。当超速挡开关打开时,O/D OFF 灯灭;当超速挡开关关闭时,O/D OFF 灯亮。

(6)模式开关

模式开关是确定自动变速器的控制模式,以满足汽车在不同的状态行驶或驾驶人员不同的要求。一般模式开关安装在变速杆的旁边,也有的自动变速器不再需要驾驶员人工确定控制模式，而是自动根据行驶状态确定。其主要的控制模式分为经济模式、动力模式、普通模式、手动模式和雪地模式。

①经济模式。此模式是为了使汽车获得最佳经济性而设计的换挡规律。在此模式下，自动变速器将控制其换挡规律，以保证发动机总是处于经济转速范围内，一般在转速较低时就换入高一挡以降低油耗。

②动力模式。此模式和经济模式正好相反，它是为了获得最佳动力性而设计的换挡规律。在此模式下，发动机将处于大转矩和大功率的转速范围内运行，因此可以获得较好的动力性和爬坡性能，一般在较高的转速下才能换入高一挡。

③普通模式。此模式是介于经济模式和动力模式之间的一种主要考虑汽车运行综合性能的模式，即保证动力性和经济性总体最优。

④手动模式。此模式可以让驾驶员手动选择一至四挡。在符合运行条件的情况下，可锁定在某个挡位，驾驶感觉与手动变速器相似，可获得更好的换挡效率或驾驶乐趣。

⑤雪地模式。此模式主要用于汽车在雪地上行驶。选用此模式后，变速杆置于2位时，自动变速器自动保持在二挡行驶；变速杆置于1位时，自动变速器将保持在一挡行驶，如初始位置为二挡，则车速下降后自动降至二挡并不再升挡。

(7)空挡启动及挡位指示开关

空挡启动开关的作用是保证发动机仅能在空挡或停车挡时才能启动。当空挡启动开关侦测到变速杆在N或P位置时，使点火开关工作并将电力输送给起动机，实现启动；同时可以将变速杆的位置反映到汽车驾驶室的仪表板上，使驾驶员对现在的变速杆位置一目了然。

(8)制动开关

制动开关是一个在正常状态下保持闭合的开关，它安装在仪表板下面。该开关既可以与制动灯光开关组合在一起，也可以与巡航控制真空释放开关组合在一起。当踩下制动踏板时，制动开关中的常闭触点张开，从而切断通向锁止离合器电磁阀的电流，这样一来便可通过使液力变矩器中的锁止离合器分离而防止汽车制动时发动机熄火或损坏。

(9)变速器油温开关

在装有ABS/ASR控制模块的自动变速器控制系统中，当自动变速器油温高于要求时，自动变速器油温开关自动断开，使ABS/ASR系统暂时停止工作，同时在仪表盘中点亮TRACTION OFF指示灯。当油温冷却至正常时，变速器油温开关又自动接通。

2.电磁阀的基本结构和原理

电控液动自动变速器的执行器主要是电磁阀，它可以分为开关式电磁阀和脉冲式电磁阀两类。开关式电磁阀主要用在换挡控制和锁止控制中，脉冲式电磁阀主要用在液压控制和锁止控制中。

(1)开关式电磁阀

开关式电磁阀分为常开和常闭两种，常开电磁阀主要用于锁止控制，常闭电磁阀主要用于换挡控制。如图4.28所示，开关式电磁阀主要由电磁线圈、衔铁、阀芯、球阀和回位弹簧等构成。它有两个工作状态：全开和全关。常开电磁阀不通电时，电磁阀打开，通电时，电磁阀关闭；常闭电磁阀不通电时，电磁阀关闭，通电时，电磁阀打开。

(2)脉冲式电磁阀

脉冲式电磁阀由电磁线圈、衔铁和阀芯等组成，与开关式电磁阀相似，其作用是控制油路的压力。它的电信号不是恒定不变的，而是一个频率固定的脉冲信号。在脉冲电信号的推动

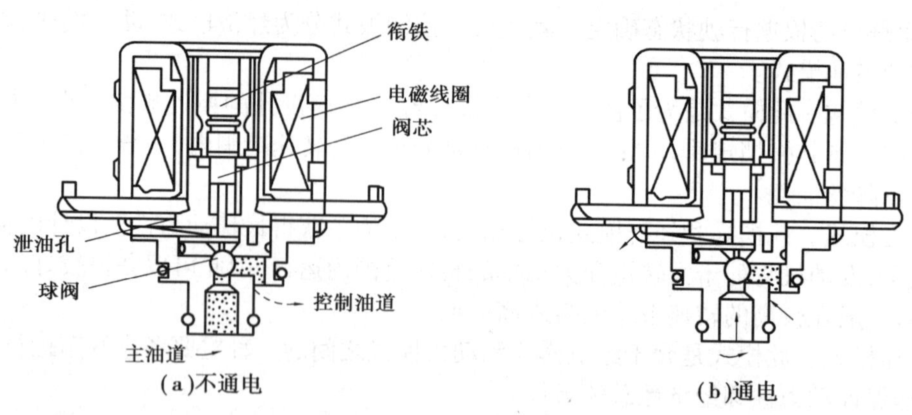

图 4.28　开关式电磁阀

下,电磁阀不断地开闭泄油孔。它通过改变脉冲信号的宽度,即每个脉冲周期中电流接通和断开的时间比例,也就是所谓的占空比,来改变电磁阀开启和关闭的时间,从而达到控制油路压力的目的。

3. ECU 及其控制电路的工作原理

ECU 是电子控制系统的核心,其主要部件包括 CPU、ROM 和 RAM 以及 I/O 电路。CPU 即中央处理器,主要完成译码指令和数据处理工作;ROM 和 RAM 分别为只读存储器和随机存储器,主要用来储存只读数据和随机数据;I/O 电路即输入/输出电路,主要完成模数/数模转换和输入/输出信号。

电控自动变速器的 ECU 现在大多采用两种方式,一种是单独采用一个 ECU 专门针对自动变速器,然后通过局域网与其他 ECU 进行信息交换;另一种是自动变速器和发动机共用一个 ECU。

(1)换挡控制

换挡控制即当汽车达到某一车速时,让自动变速器升挡或降挡,也就是控制自动变速器换挡的时刻。它是自动变速器 ECU 最重要和最基本的控制内容。自动变速器的换挡时刻包括升挡车速和降挡车速,它对汽车的动力性和燃料经济性有很大的影响。汽车在任意行驶条件下都有一个最佳换挡时刻,ECU 应使自动变速器在任意行驶条件下都按最佳换挡时刻进行换挡,从而使汽车的动力性和燃料经济性等各项指标达到最优。汽车的最佳换挡时刻即最佳换挡规律,一般以自动换挡图的形式存储在 ROM 中。在不同的模式开关的作用下,汽车具有不同的换挡规律。经济模式下汽车升挡的车速较低,而动力模式下升挡的车速较高。

根据选挡杆或模式开关的不同,汽车的使用要求也有所不同,因此其换挡规律也应作相应的调整。在汽车行驶过程中,ECU 根据空挡启动开关和模式开关的信号从存储器内选择相应的自动换挡图,再将车速传感器和节气门位置传感器测得的车速、节气门开度与自动换挡图进行比较,根据比较结果,在达到设定的换挡车速时,电子计算机便向换挡电磁阀发出电信号,以实现挡位的自动变换。

(2)油压控制

电控液动式自动变速器的主油路压力仍然用主油路调压阀调节。主油路油压一般随发动机负荷的增大而增大。在现代电控液动系统中,ECU 根据节气门位置传感器的信息来确定节气门的开度,由此向脉冲式的油压电磁阀发送相应的脉冲信号,通过不同的占空比来改变电磁阀的排油孔开度，使主油路油压随节气门开度变化而变化。同时由于倒挡使用较少，故倒挡元件尺寸较小，要传递相同大小的转矩就需要更高的油压。

(3)闭锁离合器控制

液力变矩器中的锁止离合器在电控液动系统中是由ECU控制的。ECU按照设定的控制程序，通过锁止电磁阀来控制锁止离合器的接合或分离。锁止离合器在各种工作条件下的最佳锁止程序存储于ROM中。最佳锁止程序应既能满足自动变速器的工作要求，保证汽车的正常行驶，又能最大限度地节约燃油。ECU根据不同的工作条件从存储器中选择相应的锁止控制程序，再将车速和节气门开度等与锁止控制程序进行比较。当车速足够高，且其他各种条件均满足锁止要求时，电子计算机向锁止电磁阀输出电信号，使锁止离合器接合，实现液力变矩器的锁止。为保证汽车的行驶性能，在液压油温度低于60 ℃、车速过低且怠速开关接通时，禁止锁止离合器接合。早期的锁止电磁阀采用开关式电磁阀，由于冲击较大，现在均采用脉冲式电磁阀。

(4)自动模式选择

液压控制自动变速器和早期的电子控制自动变速器均由驾驶员通过手动的模式开关来改变自动变速器的控制模式。由于大规模集成电路在电子控制自动变速器中的采用，使得ECU具有很强的运算和控制功能，并具有一定的智能控制能力，因此可以取消手动模式开关，由ECU进行自动模式选择控制。ECU可以通过各个传感器测得汽车行驶状况和驾驶员的操作方式，经过运算分析，自动选择采用经济模式、普通模式或动力模式进行换挡控制，以满足不同的驾驶操作要求。ECU在进行自动模式选择控制时，主要参考选挡杆的位置及加速踏板被踩下的速率，以判断驾驶员的操作目的。

①当变速杆位于前进低挡时，ECU只选择动力模式。

②在前进挡位时，ECU根据加速踏板被踩下的速率进行选择。当加速踏板被踩下的速率较低时，ECU选择经济模式；当加速踏板被踩下的速率超过控制程序中设定的速率时，ECU将从经济模式转变为动力模式。

③在前进挡位时，ECU选择动力模式之后，一旦节气门开度低于1/8，ECU即由动力模式转变为经济模式。

(5)输入轴转速传感器的控制

装有输入轴转速传感器的电子控制自动变速器，其ECU可以检测出自动变速器输入轴的转速，并由此计算出液力变矩器的传动比（即泵轮和涡轮的转速之比）以及发动机曲轴和自动变速器输入轴的转速差，从而使电子计算机更精确地控制自动变速器的工作。特别是电子计算机在进行换挡油路压力控制、减转矩控制、锁止离合器控制时，利用这一参数进行计算，可使这些控制的持续时间更加准确，从而获得最佳的换挡稳定性和乘坐舒适性。

(6)发动机转矩控制

为减小换挡冲击，ECU根据各传感器和开关等信号，在自动变速器将要换挡时，向发动机发出指令，暂时延迟点火，以控制发动机输出力矩。最佳的点火延迟量由ECU根据发动机转速、车速、节气门开度及换挡方式等决定。

(7)故障自诊断

ECU将随时监控电子控制系统的工作，当其出现故障时，将故障代码存储在RAM中。在维修时，维修人员通过故障指示灯的闪烁、输出故障代码或通过解码器读取故障代码，可方便地确定故障内容。

(8)失效保护功能

ECU 具有失效保护系统,当电子控制系统发生故障而失效时,ECU 可以保证汽车以最基本的状态行驶一定距离。

项目5　自动变速器常见故障与排除

项目目标

1. 掌握自动变速器的初步检查内容;
2. 熟悉自动变速器失速试验、时滞试验、油压实验、道路实验。

课前思考

自动变速器的检查遵循什么原则? 自动变速器有哪些常见故障排除实验?

项目内容

自动变速器的结构和工作原理都很复杂,它是一个由机械、液压和电子控制系统组成的封闭装置,任何部位出现故障都将影响到变速器的正常工作。其一旦出现故障,检修的难度较大。在没有确定故障部位时,不能随便进行解体检修,应利用各种检测仪器和手段,按照由外到内、由简到繁的步骤和程序,诊断出故障原因,有针对性地进行检修。自动变速器的检验大体可分为初步检查、失速试验、时滞试验、油压试验和道路试验等内容,目的是发现和找出存在的问题,确定故障所在的部位及相应的修理方法。

对于自动变速器的检测程序一般按照以下的顺序来进行。

①读取故障代码,按故障代码进行检测;

②初步检查;

③失速试验;

④时滞试验;

⑤油压试验;

⑥道路试验;

⑦确定故障,开始检修。

1. 自动变速器的初步检查

自动变速器的初步检查包括油质和油面高度的检查,节气门拉索和变速杆的检查,怠速的检查,空挡启动开关及超速挡控制开关的检查等。

(1)油质和油面高度的检查

自动变速器油液品质和油面高度的检查是自动变速器最基本的检查项目,也是决定自动变速器是否进行拆检的主要依据之一。

①油面高度的检查。

各种型号的自动变速器的加油量都有明确的规定,检查油面高度就是检查加油量是否符合规定。自动变速器加油量原则上是在液力变矩器及各换挡执行元件的活塞都充满油之后，油底壳的油面高度应在行星排等旋转零件的最低位置之下，但必须高于阀体总成与自动变速器壳体的安装结合面。

检查方法是：将汽车停放在水平路面上，并拉紧驻车制动；启动发动机，在发动机怠速下踩住制动踏板，将选挡杆分别拨至P、N、R、D、2和L等位置，并在每个挡位上停留几秒，这样使液力变矩器和所有换挡执行元件中都充满自动变速器油，最后再将选挡杆拨至P位；拔出油尺并擦干净，将擦干后的油尺全部插入加油管后再拔出，检查油面高度。油面高度在油尺规定的刻度线范围内则符合要求。若油面过低，应检查是否有泄漏现象，同时检查油质是否变质，若一切正常则加注变速器油。

②油质的检查。

应按照不同车型规定的行驶里程按时更换变速器油，汽车变速器油一般在10～20万km后进行更换。当汽车没有行驶时，若放置一年以上，也必须将自动变速器油全部更换。

另外，还应在汽车行驶每2万km后或每6个月对变速器油进行油质检查。自动变速器油品质的检查方法是将油尺上的自动变速器油滴在干净的白纸上，检查自动变速器油的颜色及气味。正常的自动变速器油颜色一般为粉红色，且无异味。如自动变速器油呈褐色或有焦味等，则说明油已变质。自动变速器油变质的特征及原因如表4.1所示。

表4.1　自动变速器油变质的特征及原因

变质的特征	变质的原因
极深的暗红色或褐色	重负荷或未按期更换变速器油，引起变矩器过热
颜色清淡，充满气泡	油面过高，油被搅动产生气泡，内部密封不严，混入空气或水
有黑色固体残渣及焦味	制动器或离合器烧损，轴承缺损，有金属磨蚀的粉末等
似油膏覆盖在油尺上	自动变速器油过热，自动变速器油超期使用，油面过低等

(2)节气门拉索和变速杆的检查

①节气门拉索的检查。

节气门拉索的松或紧是由发动机和自动变速器相对位置的移动所造成的。汽车的自动变速器和发动机修理后，装复自动变速器节气门拉索时均应按规定要求进行调整。若节气门拉索调整不当，对液控自动变速器会导致换挡时刻的改变，造成换挡过早或过迟，使汽车加速性能变差或产生换挡冲击；对电控自动变速器将导致主油路压力异常，使换挡执行元件打滑或产生换挡冲击。检查方法为：先踩下加速踏板，检查节气门开度，若节气门不能全开，应调整加速踏板的联动机构，然后再将加速踏板踩到全开位置，检查并调整节气门拉索的位置。调整的方法为：先松开调整螺母，调整拉索，使防尘套与限位块的距离为0～1 mm，然后拧紧调整螺母，最后再重新检查调整是否正确。

②变速杆的检查。

变速杆一般分为地板式和转向柱式两种，其调整方法相差不大。

地板式变速杆的调整过程如下：

a. 松开连接杆螺母。

b. 把手控阀摇臂拨至空挡位置。先将摇臂朝汽车前端方向拨至极限位置(停车挡位置)，然后再退回两位至空挡位置。

c. 将变速杆置于空挡位置。

d. 轻轻将手控阀摇臂靠向倒挡位置,同时连接并固定选挡杆与手控阀摇臂之间的连接杆。

e. 检查调整情况。

转向柱式变速杆的调整过程如下:

a. 松开连接杆上的螺母。

b. 将手控阀摇臂朝向汽车前方推到最前端。

c. 调节连接杆上的螺母,使得摇臂处于空挡位置,并轻轻靠向 R 侧。

d. 将连接杆上的螺母拧紧固定,并检查调整情况。

(3)怠速的检查

检查方法是:将变速杆置于空挡位置,使发动机在怠速工况下工作,如不打开空调,怠速的转速应在规定的范围内,一般为 600 ~ 800 r/min。

若怠速过高,将变速杆置于 D 位或 R 位,不踩加速踏板,车辆开始“爬行”,换挡时发动机出现冲击和振动。但应注意,对大功率车辆或空车可能会有轻微的“爬行”,这是正常的。

若怠速过低,换挡时由于动力不足可能引起车身振动,严重时可能导致发动机熄火。

(4)空挡启动开关和超速挡控制开关的检查

①空挡启动开关的检查。

检查变速杆和手控制阀的位置是否对应,这样才能保证变速杆在 P 位和 N 位时发动机能正常启动,而其他位置的发动机不能启动。否则,应对空挡启动开关进行调整。大多数情况下,变速杆在 N 位时,其控制拉臂应与地面垂直,具体的调节根据不同的车型有所不同。

②超速挡控制开关的检查。

首先在停车状态下启动发动机几分钟后熄火,测量自动变速器油温,如在正常范围内(一般为 50 ~ 80 ℃),再启动发动机并接通超速挡(O/D)开关,查听变速器中的电磁阀有无操作声。以上检查都正常后进行路试,当接通超速挡(O/D)开关时,车速应有明显提高。

2. 自动变速器的失速试验

失速试验是自动变速器检查的一种基本试验方法,它是汽车在前进挡或倒挡的同时踩住制动踏板和加速踏板,使发动机处于最大转矩工况。此时自动变速器输入轴及输出轴均静止不动,液力变矩器的涡轮也因此静止不动,只有液力变矩器壳及泵轮随发动机一起转动,这种工况属于失速工况,此时发动机的转速称为失速转速。

它主要用于检查发动机、液力变矩器及自动变速器中有关的换挡执行元件的工作是否正常。失速试验是满负荷试验,应严格控制试验时间,一般在 5 s 以内。若需要重复试验,应间隔 3 min 以后再进行。试验完成后不要马上关闭点火开关,应使发动机在怠速下运行一段时间。在试验中,如加速踏板踩下后发现驱动轮转动,应立即放开加速踏板,停止试验。

(1)失速试验的准备

①启动发动机,并行驶一定距离,确保发动机和自动变速器均达到正常工作温度。

②对汽车的行车制动和驻车制动进行彻底检查,确保其性能良好。

③检查自动变速器的油面高度,使其保持正常。

(2)失速试验的步骤

①将汽车停放在宽阔的水平地面上,前后应无障碍物,前后车轮用三角木块塞死,保证其

不会发生移动。

②如汽车无发动机转速显示,则安装发动机转速表。

③拉紧驻车制动,左脚用力踩住制动踏板。

④启动发动机,并将变速杆拨入D位。

⑤在左脚踩紧制动踏板的同时,用右脚将加速踏板踩到底,迅速读取此时发动机的最高转速。读取发动机转速后,应立即松开加速踏板。

⑥将变速杆拨入P或N位,使发动机怠速运转1 min以上,以防止自动变速器油因温度过高而变质。

⑦将选挡杆拨入R位,作同样的试验。

(3)失速试验的分析

试验完成后对记录的自动变速器失速转速值与标准值进行核对,不同车型的自动变速器都有其失速转速标准。

①若记录的失速转速与标准值相符,说明自动变速器的油泵、主油路油压及各个换挡执行元件的工作基本正常。

②若记录的失速转速高于标准值,说明主油路油压过低或换挡执行元件打滑。

③若记录的失速转速低于标准值,则可能是发动机动力不足或液力变矩器有故障。

具体的失速转速不正常的原因如表4.2所示。

表4.2　失速转速不正常的原因

变速杆位置	失速转速	故障原因
所有位置	过高	主油路油压过低;前进离合器打滑;倒挡执行元件打滑
	过低	发动机动力不足;变矩器导轮单向离合器打滑
仅在D位	过高	前进挡油路油压过低;前进离合器打滑
仅在R位	过高	倒挡油路油压过低;倒挡执行元件打滑

3. 自动变速器的时滞试验

自动变速器的时滞试验是利用换挡的迟滞时间来分析故障的,是对失速试验的进一步验证。所谓换挡迟滞时间,就是在怠速状态下,将变速杆从空挡拨至前进挡或倒挡后,需要有一段短暂时间的迟滞或延时才能使自动变速器完成挡位的变换,此时汽车会产生一个轻微的振动,这一短暂的时间差称为自动变速器换挡的迟滞时间。

(1)时滞试验的步骤

①启动发动机,并行驶一定距离,确保发动机和自动变速器达到正常工作温度(50 ~ 80 ℃)。

②将汽车停放在水平路面上,拉紧驻车制动。

③将变速杆分别置于N位和D位,检查两个挡位时的怠速。N位怠速应略高于D位怠速,一般应在50 r/min左右,如不正常,应按规定予以调整。

④保持发动机怠速,将自动变速器变速杆从N位换至D位,用秒表测量从拨动变速杆开始到感觉汽车振动为止所需的时间,这个时间就是D位迟滞时间。

⑤将变速杆拨回N位,发动机仍保持怠速1 min后再次测试,测试3次后计算3次的平均

值作为最终的 D 位迟滞时间。

⑥按上述方法测量并计算 R 位迟滞时间。

(2)时滞试验的分析

不同车型的迟滞时间不完全相同,但 D 位迟滞时间一般为 1.0 ~ 1.2 s,R 位迟滞时间为 1.2 ~ 1.6 s。如迟滞时间过长则可能是控制油压太低、前进离合器活塞漏油、离合器片磨损等。迟滞时间过短则可能是控制油压过高、间隙调整不当等。

4. 自动变速器的油压试验

自动变速器控制系统油压正常与否是自动变速器是否正常工作的先决条件。油压试验正是测量自动变速器工作时控制系统中各个油路中的油压,以确定其是否符合要求。油压过高,会使自动变速器出现严重的换挡冲击,甚至损坏控制系统;油压过低,会造成换挡执行元件打滑,加剧其摩擦片的磨损,甚至使换挡执行元件烧毁。因油压过低而造成换挡执行元件烧毁的自动变速器,在更换烧毁的摩擦片前应找出真正的故障原因并加以修复,否则更换后的摩擦片经过一段时间的使用后往往会再次烧毁。因此,在分解修理自动变速器之前和修复自动变速器之后,都要对自动变速器作油压试验,以保证自动变速器的修理质量。

(1)油压试验的方法

①拔去变速器壳体上的检查接头塞,接上压力表。

②启动发动机,拉紧驻车制动,并用三角木将 4 个车轮前后均堵死,确保车辆不会移动。

③当变速器油温正常(50 ~ 80 ℃)时开始试验。

④踩下制动踏板,将变速杆换入 D 位,先测量怠速状态下的主油路管道的压力。

⑤将加速踏板踩到底,测量发动机失速转速时油路的最高压力。

⑥将变速杆换入 R 位,重复上述试验。

(2)油压试验的分析

①仅在 D 位油压过低:可能是 D 挡位置油路泄漏或前进离合器出现故障。

②仅在 N 位油压过低:可能是 R 挡位置油路泄漏、直接挡离合器出现故障或倒挡制动器出现故障。

③任何范围油压均高于规定值:可能是节气门拉索调整不当、节气门阀失效或调整阀失效。

④任何范围油压均低于规定值:可能是节气门拉索调整不当、节气门阀失效或调整阀失效。

5. 自动变速器的道路试验

道路试验可以进一步检查自动变速器的使用性能和换挡性能,它是诊断、分析自动变速器故障的最有效的手段之一。另外,自动变速器在修复之后,也应进行道路试验,以检验其工作性能和修理质量。自动变速器的道路试验内容主要有:检查换挡车速、换挡质量,以及换挡执行元件有无打滑现象。

在道路试验之前,应先排除汽车发动机和底盘的故障,并让汽车以中低速行驶一段距离,使发动机和自动变速器都达到正常工作温度后分项进行试验。在试验中,一般情况下,应将超速挡开关置于开的位置,即超速挡指示灯熄灭,并将模式开关置于普通模式或经济模式下。

由于道路试验需要操纵者凭感觉来记录车速表和转速表的数值才能检查分析其性能,因此操纵者应选择技术熟练的人员，并将记录下的数据与此车型的换挡规律图进行比对。

(1)D 挡试验

在正常或加力模式下，挡位如果可以顺序自动增加，则属于正常情况。如不能，按升挡顺序检查。如不能从一挡升至二挡，可能是 2 号电磁阀或换挡阀出现故障。如不能从二挡升至三挡，可能是 1 号电磁阀或换挡阀出现故障。如不能从三挡升至四挡，可能是换挡阀出现故障。

检查锁止离合器的锁止机构：以加速挡行驶，当速度达到锁止离合器接合速度（约为 75 km/h）时，轻轻加一下油，发动机转速表如有跳动，说明没有锁止。

(2)2 挡试验

在 2 挡行驶时，放开加速踏板，检查发动机制动的效能。如没有制动效果，则 2 挡减速制动有故障。反复踩加速踏板，检查升挡和降挡时有无异响、有无振动。

(3)L 挡试验

在 L 挡行驶时，放开加速踏板，检查发动机制动效能。如没有制动效果，则 1 挡与 R 挡制动器有故障。反复踩加速踏板，检查变速器有无不正常响声。

(4)R 挡试验

停车后换入 R 挡，如能迅速倒车，不会打滑，说明是正常的。

(5)P 挡试验

将车辆停在一定坡度（斜率为 9%）的坡道上，换入 P 挡，逐渐放开驻车制动，检查制动效果。此时应注意车辆滑移或溜车。

实训 6　自动变速器的拆装与检修

实训目的

1. 了解自动变速器的结构和工作情况；
2. 了解自动变速器的液力变矩器、行星齿轮变速机构和控制系统的基本结构和工作原理；
3. 掌握自动变速器及其主要组件的正确拆装顺序及调整方法。

实训内容

拆解自动变速器。

技术标准与要求

1. 注意安全操作，严格按照操作规程操作；
2. 分解自动变速器时不能用铁锤直接敲打，必须采用木棒或铜棒；
3. 注意各类配件的装配位置，装前要清洁干净、润滑。

工具准备

F4A42 型自动变速器；拆装工作台；举升机和常用、专用工具。

实训步骤

1. 自动变速器的拆卸

在拆卸自动变速器前,应关闭汽车的点火开关,拆下蓄电池负极电缆,放掉变速器中的液压油,然后按步骤进行拆卸。具体拆卸步骤如下:

①拆下与节气门摇臂连接的自动变速器节气门拉索,拨下自动变速器上的所有线束插头,拆除车速表软轴、液压油加油管、散热器油管、操纵手柄与手动阀摇臂的连接杆等所有与自动变速器连接的零部件。

②拆去排气管中段,拆除自动变速器下方的护照、护板等。

③松开传动轴与输入轴的连接螺栓,拆下传动轴。

④拆下飞轮壳盖板,用起子撬开飞轮,逐个拆下飞轮与变矩器的连接螺栓。

⑤拆下起动机。

⑥拆下自动变速器与车架的连接支架,用千斤顶托住自动变速器。

⑦拆下自动变速器与飞轮壳的连接螺栓,将变矩器和自动变速器一同抬下(扶住自动变速器,防止其滑落)。

具体拆卸部件顺序如下:进气管、空气滤清器、进气管、操纵手柄拉杆、散热器油管、护板、前轮、左右半轴、启动机、变速器与飞轮的连接螺栓、支架、自动变速器与发动机的连接螺栓、自动变速器。

2. 总成分解

以 F4A42 型自动变速器为例,它采用改进型辛普森行星齿轮机构,其前齿圈与后排行星架连为一体;前排行星架与后排齿圈连为一体,是动力输出端,两个太阳轮独立运动。在变速器内部有三个离合器、两个制动器和一个单向离合器。

(1)拆卸前后壳体、油底壳和阀体

①放出变速器液压油,从自动变速器前方取下变矩器。

②拆除所有安装在自动变速器壳体上的部件,如输出轴传感器、输入轴传感器、车速传感器、档位开关、ATF 冷却油管等。

③拆下液力变矩器壳,取出差速器及 ATF 过滤器。

④拆下变速器油底壳、控制阀线束。

⑤拆外阀体总成、内阀体总成。

⑥取出换挡连杆、变速器油泵。

⑦取出减速离合器/输入轴,然后取出减速离合器壳。

⑧取出变速器后端壳,取出倒挡/超速挡离合器组合。

⑨取出制动器、回位弹簧。

⑩取出变速器制动钢片及摩擦片。

(2)分解行星齿轮变速机构

①取出行星齿轮组及行星齿轮组卡环。

②取出短行星轮及前太阳轮。

③取出长行星轮。

④取倒挡和超速挡离合器;取出卡环、倒挡离合器毂、离合器钢片和离合器摩擦片。

⑤取制动器片和压板;取出卡环、制动器钢片(5片)、输出轴堵盖。

⑥取驱动轮;取出驱动轮螺帽、驱动齿轮。

⑦取出低挡和倒挡制动器、离合器。

⑧取出低档和倒挡回位弹簧,取出驱动齿轮固定盘。

在分解自动变速器时,应将所有组件和零件按分解顺序依次排放,以便于检修和组装。特别要注意各个止推垫片、止推轴承的位置不可错乱。

实训结果

①完成实训报告册,说明自动变速器拆装过程中应注意的问题。

②填写实训工单,进行实训考核。

本模块知识小结

1. 自动变速器主要由液力变矩器、变速机构、液压操纵系统、控制系统和及冷却滤油装置等几个部分组成。

2. 液力变矩器由泵轮、涡轮、导轮组成。它安装在发动机的飞轮上,以液压油(ATF)为工作介质,起传递转矩、变矩、变速及离合的作用。

3. 齿轮变速机构在液力变矩器基础上进一步增大了传动比和提高转矩,分为定轴齿轮变速机构和行星齿轮变速机构两大类。

4. 行星齿轮变速器中的所有齿轮都处于常啮合状态,挡位变换必须通过以不同方式对行星齿轮机构的基本元件进行约束来实现。执行机构主要由离合器、制动器和单向离合器三种执行元件组成。

5. 在自动变速器中,常用两排或多排行星齿轮机构组合在一起来满足汽车行驶需要的多种传动比。目前,常用的复合式行星齿轮自动变速器有辛普森式自动变速器和拉维奈尔式自动变速器。

6. 液压控制系统主要由动力源、执行机构和控制机构三部分组成。其中,控制机构主要包括主油路调压装置、换挡信号装置、换挡阀组、安全缓存装置、液力变矩器控制装置等。

7. 电子控制自动变速器采用电液式控制系统,其控制系统由电子控制系统和液压阀控制系统两大部分组成,即由电子元件控制液压元件的动作来完成自动变速器的控制。

复习思考题

1. 简述自动变速器的作用、分类和特点。

2. 简述液力变矩器的结构及工作原理。

3. 简述闭锁式液力变矩器的作用和特点。

4. 简述行星齿轮变速机构的结构、特点和作用。
5. 换挡执行元件有哪些？它们的作用是什么？
6. 简述辛普森式行星齿轮变速机构的结构和特点。
7. 简述拉维奈尔式行星齿轮变速机构的结构和特点。
8. 液控液压式和电控液压式的区别有哪些？
9. 常用的转速传感器有哪些？简述它们的工作原理。
10. 简述 CVT 自动变速器的特点和工作原理。
11. 简述自动变速器的初步检查的主要内容。
12. 简述失速试验的步骤和结果分析。

模块 5
万向传动装置

知识目标

1. 理解万向传动装置的功用及在车上的应用；
2. 掌握万向传动装置的拆装、检修方法。

能力目标

1. 会检修万向传动装置；
2. 掌握正确的万向传动装置的拆装、检修方法；
3. 能编制万向传动装置的检修方案和计划；
4. 会用检测设备和工具；
5. 能够注重安全和环保。

项目 1　万向传动装置认识

项目目标

1. 掌握万向传动装置的功用；
2. 了解万向节的分类与要求。

课前思考

什么是万向传动装置？万向传动装置安装在什么位置？万向节有什么功用？

项目内容

1. 万向传动装置功用

万向传动装置在汽车上有很多应用，结构也稍有不同，但其功用都是一样的，即在轴线相交且相互位置经常发生变化的两转轴之间传递动力。

如图 5.1 所示为万向传动装置在汽车中最常见的应用,它位于变速器与驱动桥之间。由于汽车布置、设计等原因,变速器输出轴和驱动桥输入轴不可能在同一轴线上,并且变速器虽然是安装在车架(车身)上,可以认为其位置是不变的,但驱动桥会由于悬架的变形而引起其位置经常发生变化,所以在变速器和驱动桥之间装有万向传动装置可以满足这些使用、设计的要求。

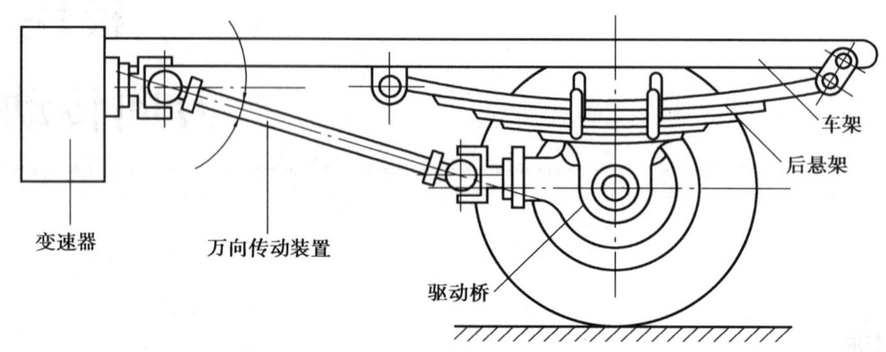

图 5.1　万向传动装置

2. 万向传动装置组成

万向传动装置一般由万向节和传动轴组成。对于传动距离较远的分段式传动轴,为了提高传动轴的刚度,还设置有中间支承,如图 5.2 所示。

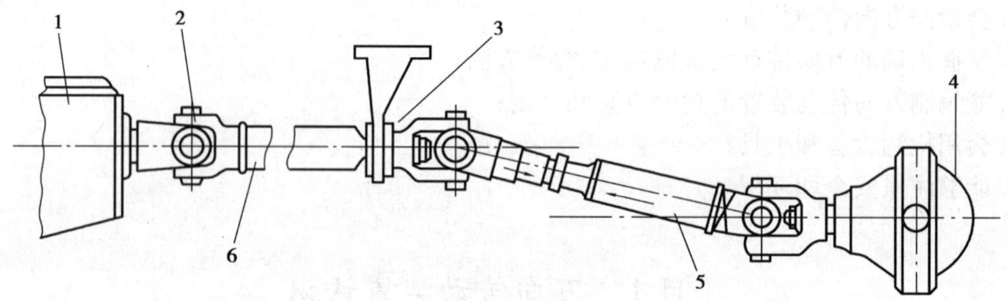

图 5.2　万向传动装置的组成

1—变速器;2—万向节;3—中间支承;4—驱动桥;5,6—传动轴

3. 万向传动装置的应用

万向传动装置在汽车上的应用主要有以下几个位置:

(1)变速器与驱动桥之间(4×2 汽车)

一般汽车的变速器、离合器与发动机三者合为一体装在车架上,驱动桥通过悬架与车架相连。在负荷变化及汽车在不平路面行驶时引起的跳动,会使驱动桥输入轴与变速器输出轴之间的夹角和距离发生变化。因此,要在两轴之间传递动力,不能采用刚性连接,必须设置由两个万向节和一根传动轴组成的万向传动装置,如图 5.3 所示。

(2)变速器与分动器、分动器与驱动桥之间(越野汽车)

当离合器与变速器或变速器与分动器之间分开布置时,虽然它们都支承在车架上,且轴线也可以设计得重合,但为了消除车架变形及制造、装配误差等引起的其轴线同轴度误差对动力传递的影响,须装有万向传动装置,如图 5.4 所示。

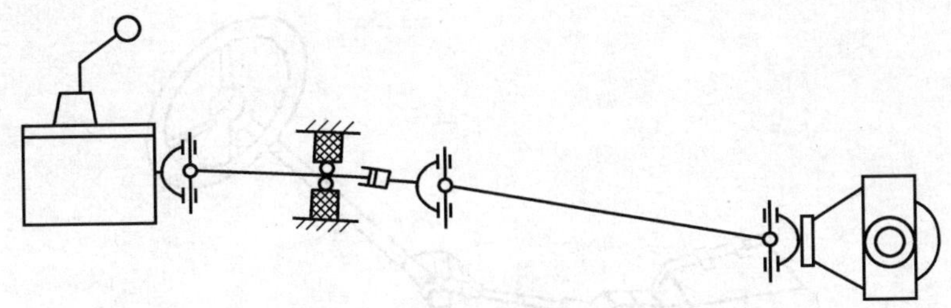

图5.3　变速器与驱动桥之间的万向传动装置

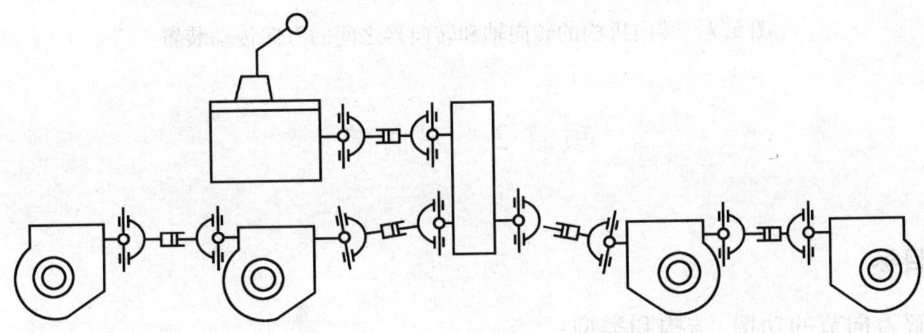

图5.4　变速器与分动器、分动器与驱动桥之间的万向传动装置

(3)转向驱动桥和断开式驱动桥中

对于转向驱动桥,前轮既是转向轮又是驱动轮。作为转向轮,要求它能在最大转角范围内任意偏转某一角度;作为驱动轮,则要求半轴在车轮偏转过程中不间断地把动力从主减速器传到车轮。因此,转向驱动桥的半轴不能制成整体而要分段,且用万向节连接,以适应汽车行驶时半轴各段的交角不断变化的需要,如图5.5、图5.6所示。

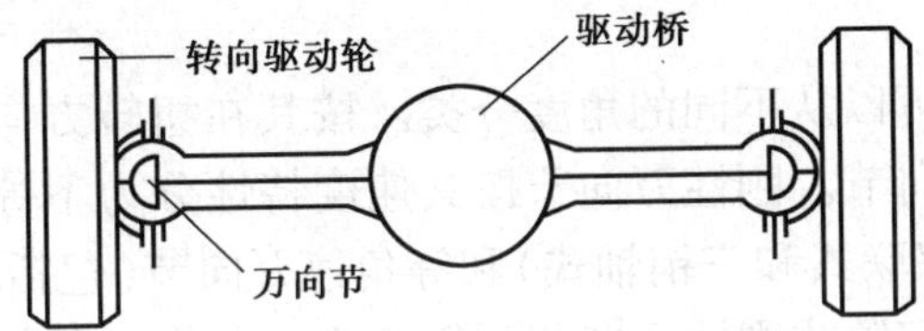

图5.5　转向驱动桥内、外半轴之间的万向传动装置

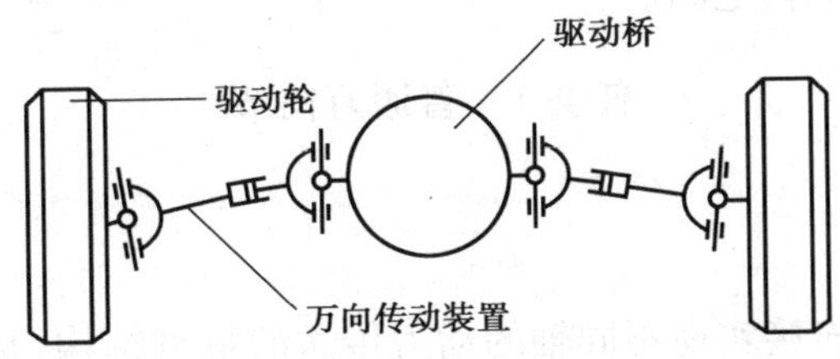

图5.6　断开式驱动桥半轴之间的万向传动装置

(4)转向机构的转向轴和转向器之间

有些汽车的转向操纵机构受整体布置的限制,转向盘轴线与转向器输入轴轴线不能重合,因此转向操纵机构中也常采用万向传动装置,有利于转向机构的总体布置,如图5.7所示。

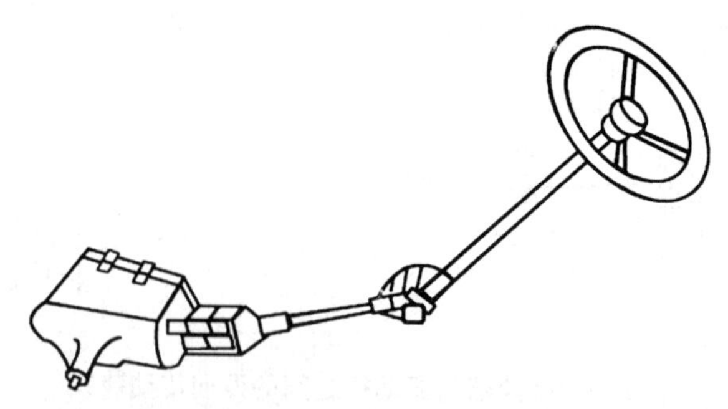

图 5.7　转向机构的转向轴和转向器之间的万向传动装置

项目2　万向节

项目目标

1. 理解万向节的功用、结构和类型；
2. 掌握万向节的工作原理；
3. 掌握十字轴式刚性万向节的结构、拆装、检修。

课前思考

什么是万向节？万向节有哪些种类？万向节有什么功用？

项目内容

汽车上使用的万向节可以从不同的角度分类。按其在扭转方向上是否有明显的弹性，可分为刚性万向节和柔性万向节。刚性万向节按其速度特性分为不等速万向节（常用的为十字轴式）、准等角速万向节（双联式和三销轴式）和等角速万向节（包括球叉式和球笼式）。目前，在汽车上应用较多的是十字轴式刚性万向节和等角速万向节。十字轴式刚性万向节主要用于采用发动机前置、后轮驱动方式的变速器与驱动桥之间，等角速万向节主要用于采用发动机前置、前轮驱动方式的内、外半轴之间。

任务1　普通万向节

任务描述

万向节是指利用球形连接实现不同轴的动力传送的机械结构，是汽车上有一个很重要的部件。在前置发动机、后轮驱动的车辆上，万向节传动装置安装在变速器输出轴与驱动桥主减速器输入轴之间；而前置发动机、前轮驱动的车辆省略了传动轴，万向节安装在既负责驱动又负责转向的前桥半轴与车轮之间。本任务要求掌握普通万向节的结构特点，理解其工作原理。

学习引导

在各种万向节(Universal joint)中,使用最为广泛的是十字轴式刚性万向节,又称为叉式万向节。十字轴式刚性万向节结构简单、强度高、耐久性好,生产性高,生产成本较低,且传动可靠,效率较高,普遍应用于各类汽车的传动系中。下面介绍它的结构和工作原理:

1. 十字轴式刚性万向节结构

十字轴式刚性万向节允许相邻两轴的最大交角为15°~20°。

如图5.8所示为CA1092型汽车十字轴式刚性万向节。两个万向节叉轴分别与主、从动轴相连,两万向节叉上的孔分别套在十字轴的两对轴颈上。这样,当主动轴转动时,从动轴既可随之转动,又可绕十字轴中心在任意方向摆动。为了减少摩擦损失、提高传动效率,在十字轴轴颈和万向节叉孔之间装有由滚针和套筒组成的滚针轴承,并用轴承盖定位、螺钉紧固,然后用锁片将螺钉锁紧,以防止轴承在离心力作用下从万向节叉内脱出。

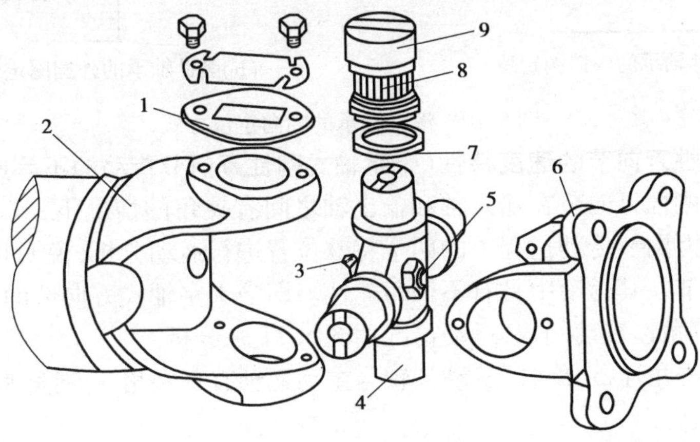

图5.8　十字轴式刚性万向节

1—轴承盖;2,6—万向节叉;3—油嘴;4—十字轴;5—安全阀;7—油封;8—滚针;9—套筒

为了润滑轴承,十字轴内钻有油道,且与油嘴、安全阀相通,如图5.9所示。为避免润滑油流出及尘垢进入轴承,十字轴轴颈的内端套装着油封。安全阀的作用是当十字轴内腔润滑脂压力超过允许值时,安全阀打开,润滑脂外溢,使油封不会因油压过高而损坏。

十字轴式万向节的损坏是以十字轴轴颈和滚针轴承的磨损为标志的,因此润滑与密封直接影响万向节的使用寿命。为了提高密封性能,近年来在十字轴式万向节中多采用橡胶油封。实践证明,橡胶油封的密封性能远优于老式的毛毡或软木垫油封。当用注油枪向十字轴内腔注入润滑油而使内腔油压大于允许值时,多余的润滑油便从橡胶油封内圆表面与十字轴轴颈接触处

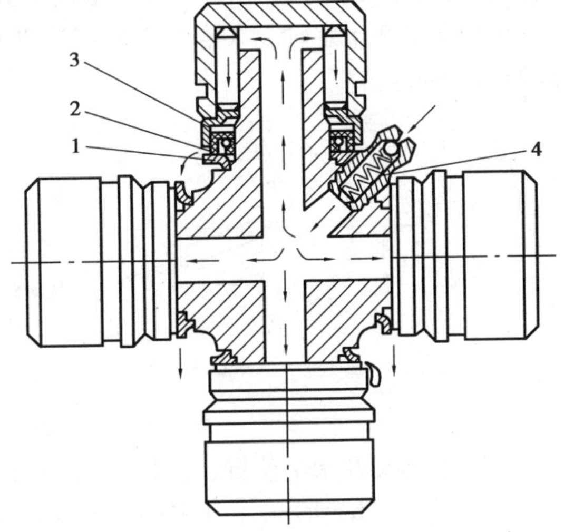

图5.9　润滑油道及密封装置

1—油封挡盘;2—油封;3—油封座;4—油嘴

溢出，故在十字轴上无须安装安全阀。

万向节中常见的滚针轴承的轴向定位方式，除上述盖板式外，还有内、外挡圈固定式，如图5.10所示。其特点是工作可靠，零件少，结构简单。

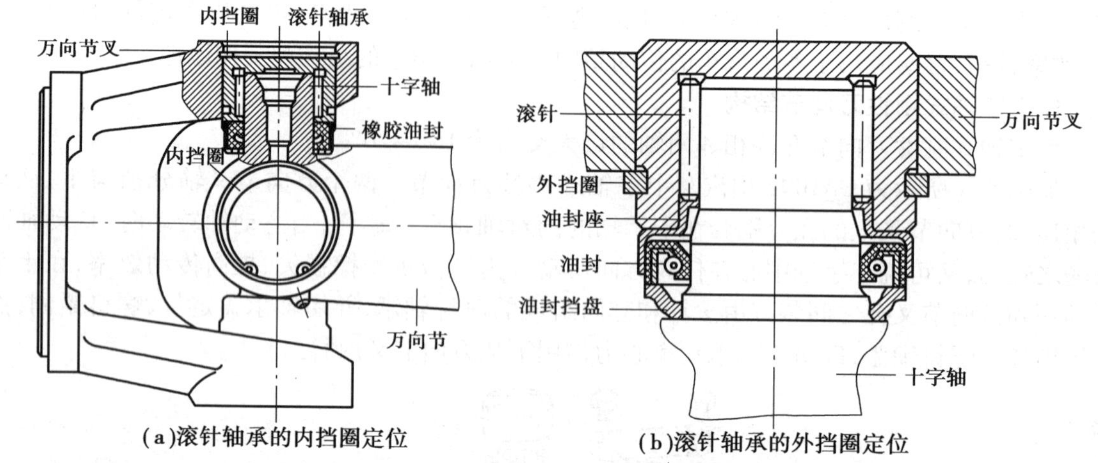

图5.10　滚针轴承的轴向定位方式

2. 十字轴式刚性万向节的速度特性(十字轴式刚性万向节传动的不等速性)

单个十字轴式刚性万向节在输入轴和输出轴之间有夹角的情况下，其两轴的角速度是不相等的。下面就单万向节传动过程中的两个特殊位置进行运动分析，说明它传动的不等速性。

十字轴式万向节在其运动中具有不等角速性。即当十字轴式万向节的主动叉是等角速转动时，从动叉是不等角速转动的，其运动情况用图5.11来分析。

设主动叉轴以等角速 ω_1 旋转，从动叉轴与主动叉轴有一夹角 α，其角速度为 ω_2，十字轴旋转半径 $OA=OB=r$。

(1)主动叉在垂直位置，并且十字轴平面与主动轴垂直

主动叉与十字轴连接点 A 的线速度 v_A 在十字轴平面内；从动叉与十字轴连接点 B 的线速度 v_B 在与主动叉平行的平面内，并且垂直于从动轴。当万向节处于图5.11(a)所示位置时，由于主、从动叉轴在十字轴上 A 点的瞬时线速度相等，为 $v_A=\omega_1 r=\omega_2 r\cos\alpha$，所以 $\omega_2=\omega_1/\cos\alpha$，此时 $\omega_2>\omega_1$。

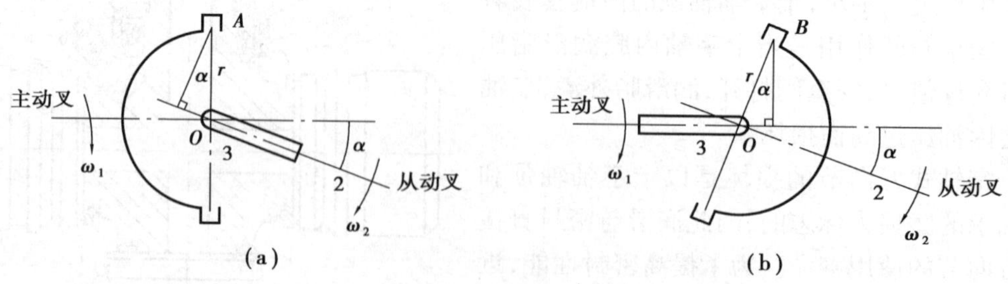

图5.11　十字轴式万向节传动的角速度分析

(2)主动叉在水平位置，并且十字轴平面与从动轴垂直

如图5.11(b)所示，此时主动叉与十字轴连接点 A 的线速度 v_A 在平行于从动叉的平面内，并且垂直于主动轴。根据与上述同样的道理，主、从动叉轴在十字轴上 B 点的瞬时线速度相等，为 $v_B=\omega_1 r\cos\alpha=\omega_2 r$，所以 $\omega_2=\omega_1\cos\alpha$，此时 $\omega_2<\omega_1$。

由上述两个特殊情况的分析可以看出，十字轴式万向节在传动过程中，主、从动轴的转速是不相等的。

图5.12表示两轴转角差（$\varphi_1-\varphi_2$）随主动轴转角φ_1的变化关系。由图可见，主动轴转角在0°~90°的范围内，从动轴转角相对主动轴是超前的，即$\varphi_2>\varphi_1$，并且两转角差在$\varphi_1=45°$时达到最大值，随后差值减小，即在此区间从动轴旋转速度大于主动轴旋转速度，且先加速后减速。当主动轴转到90°时，从动轴也同样转到90°。φ_1为90°~180°时，从动轴转角相对主动轴是滞后的，即$\varphi_2<\varphi_1$，并且两转角差值在φ_1为135°时达最大值，随后差值减小，即在此区间从动轴旋转速度小于主动轴旋转速度，且先减速后加速。当主动轴转到180°时，从动轴也同时转到180°。后半周情况与前半周相同。因此，如果主动轴以等角速转动，而从动轴则是时快时慢，此即单个十字轴万向节在有夹角时传动的不等速性。必须注意的是，所谓“传动的不等速性”，是指从动轴在一周中角速度不均而言。而主、从动轴的平均转速是相等的，即主动轴转过一周从动轴也转过一周。

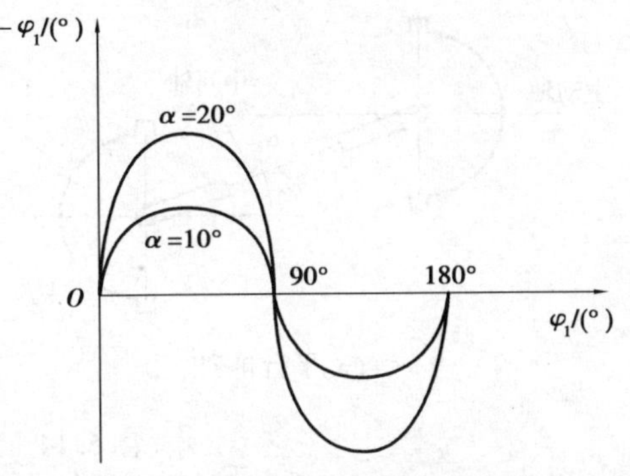

图5.12　十字轴式刚性万向节的不等速特性

由图5.12可知，两转轴之间的夹角α越大，不等速性就越大。

单个十字轴万向节的不等角速特性，会使从动轴及与其相连的传动部件产生扭转振动，产生附加的交变载荷及振动噪声，影响零部件使用寿命。为避免这一缺陷，在汽车上均采用两个十字轴万向节，且中间以传动轴相连，利用第二个万向节的不等速效应来抵消第一个万向节的不等速效应，从而实现输入轴与输出轴等角速传动，但要达到这一目的，还必须满足如图5.13所示两个条件：

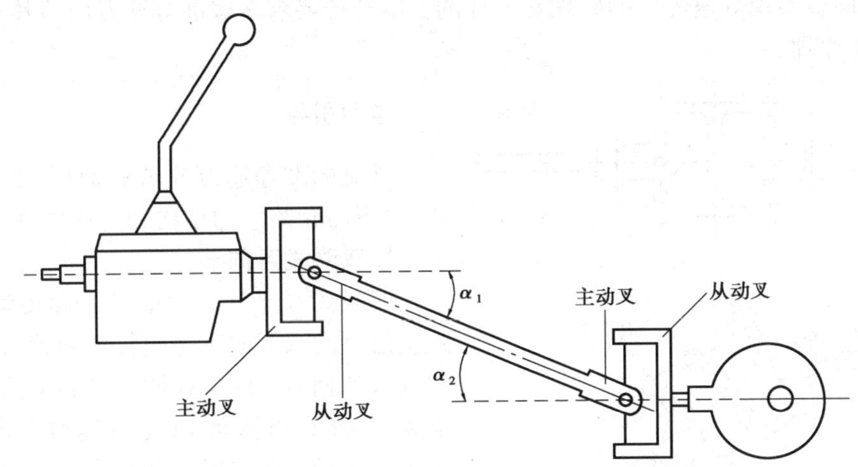

图5.13　双十字轴刚性万向节等速传动布置图

①第一个万向节的从动叉和第二个万向节的主动叉应在同一平面内，即传动轴两端的万向节叉在同一平面内；

②输入轴、输出轴与传动轴的夹角相等，即$\alpha_1=\alpha_2$。

满足上述两条件的等速传动有两种排列方式:平行排列和等腰三角形排列,如图 5.14 所示。

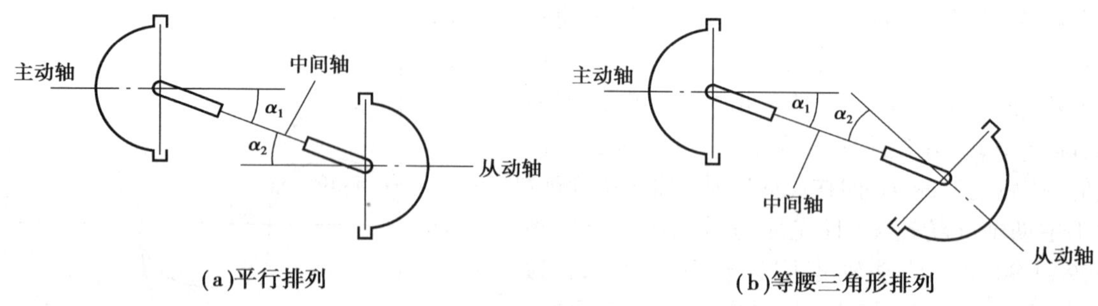

图 5.14　双万向节的等速排列方式

由于悬架的振动,不可能在任何时候都保证 $\alpha_1=\alpha_2$,因此这种双十字轴刚性万向节的传动只能近似地解决等速传动问题,且由于两轴夹角最大只能是 20°,因此使用上受到限制。

上述双万向节传动虽能近似地解决等速传动问题,但在某些情况下,例如转向驱动桥的分段半轴间在布置上受轴向尺寸限制,而且转向轮要求偏转角度大(30°~40°),因此上述双万向节传动已难以适应。在长期实践过程中,人们创造了各种形式的准等速和等速万向节。只要用一个这样的万向节,即能实现或基本实现等角速传动。在转向驱动桥及独立悬架的后驱动桥中,广泛采用等角速万向节。

任务 2　准等速万向节

任务描述

根据双万向节实现等速传动原理而设计的万向节称为不等速万向节,它的工作原理与双十字轴式万向节实现等速传动的原理是一样的。本任务要求掌握准等速万向节具备的结构特点,理解工作原理。

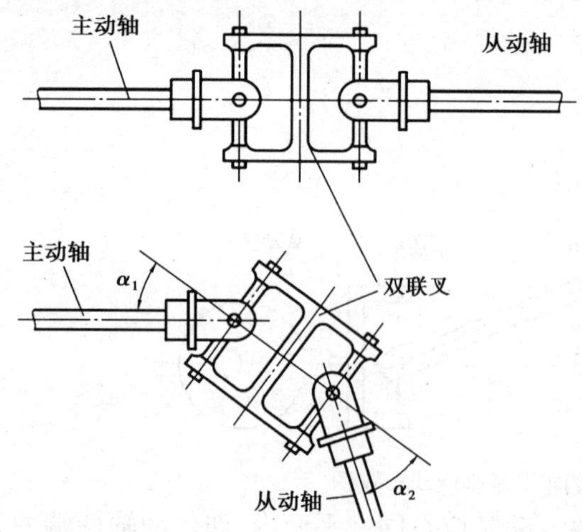

图 5.15　双联式万向节示意图

学习引导

常见的准等速万向节有双联式和三销轴式两种,下面介绍它的结构和工作原理。

1. 双联式万向节

双联式万向节实际上是一套传动轴长度缩减至最小的双万向节等速传动装置。图 5.15 中的双联叉相当于两个在同一平面上的万向节叉。欲使主动轴和从动轴的角速度相等,应保证 $\alpha_1=\alpha_2$。为此,在双联式万向节结构中装有分度机构,以期双联叉的对称线平分所连两轴的夹角,从而保证两轴角速度接近相等。

双联式万向节允许有较大的轴间夹角,且具有结构简单、制造方便、工作可靠等优点,故在转向驱动桥中的应用逐渐增多。北京吉普汽车有限公司生产的切诺基轻型越野汽车的前传动轴与分动器前输出轴之间,即采用了这种双联式万向节。

2. 三销轴式万向节

三销轴式万向节是由双联式万向节演变而来的准等速万向节。图 5.16 所示为东风 EQ2080 型汽车的转向驱动桥中所采用的三销轴式万向节。它主要由 2 个偏心轴叉、2 个三销轴以及 6 个轴承、密封件等组成。主、从动偏心轴叉分别与转向驱动桥的内、外半轴制成一体。叉孔中心线与叉轴中心线互相垂直但不相交。两叉由两个三销轴连接。三销轴的大端有一穿通的轴承孔,其中心线与小端轴颈中心线重合。靠近大端两侧有两轴颈,其中心线与小端轴颈中心线垂直并相交。装合时,每一偏心轴叉的两叉孔与一个三销轴的大端两轴颈配合,而后两个三销轴的小端轴颈互相插入对方的大端轴承孔内,形成了三根轴线。

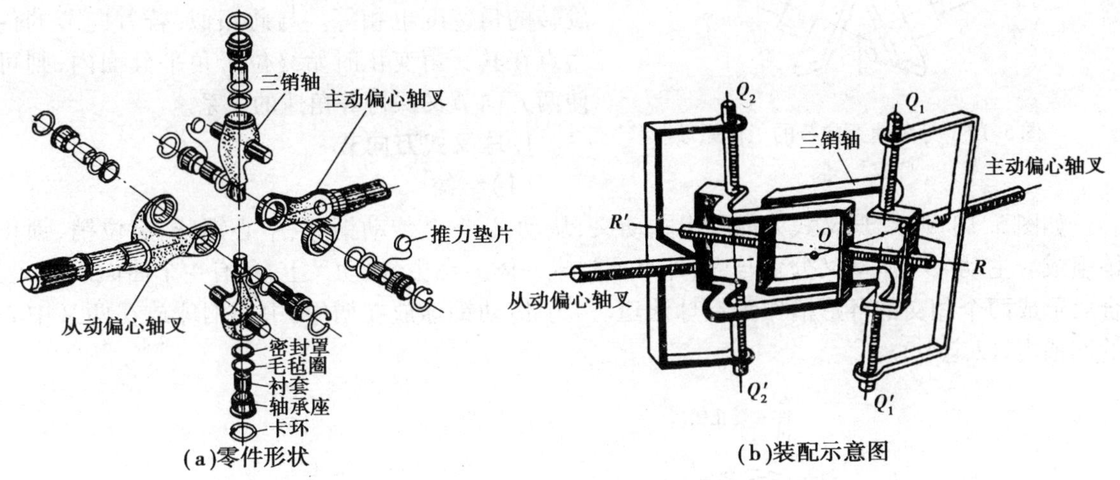

图 5.16　三销轴式准等角速万向节

在与主动偏心轴叉相连的三销轴的两个轴颈端面和轴承座之间加装有推力垫片。其余各轴颈端面均无推力垫片,且端面与轴承座之间留有较大的空隙,以保证在转向时三销轴万向节不致发生运动干涉现象。

三销轴式万向节的最大特点是允许相邻两轴有较大的交角,最大可达 45°。转向驱动桥中采用这种万向节可使汽车获得较小的转弯半径,提高了汽车的机动性。其缺点是所占空间较大。

任务 3　等角速万向节

任务描述

等速万向节是把两个轴线不重合的轴连接起来,并使两轴以相同的角速度传递运动的机构。它是轿车传动系统中的重要部件,其作用是将发动机的动力从变速器传递到汽车的驱动轮,满足轿车传动轴外端转角的要求;补偿轿车内端悬架的跳动,驱动轿车高速行驶。本任务要求掌握等速万向节具备的结构特点,理解工作原理。

学习引导

等角速万向节的常见类型有:球叉式、球笼式和三叉式等。下面介绍它的结构和工作原理。

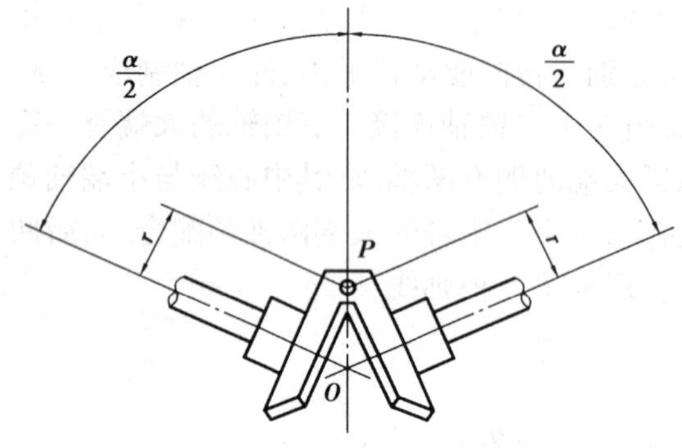

图 5. 17　等角速万向节的工作原理

等速万向节从结构上保证万向节在工作过程中的传力点永远位于两轴交点的平分面上。图 5. 17 为一对大小相同的锥齿轮传动示意图。两齿轮的接触点 P 位于两齿轮轴线交角 α 的平分面上,由接触点 P 到两轴的垂直距离都等于 r。P 点处两齿轮的圆周速度是相等的,因此两个齿轮旋转的角速度也相等。与此相似,若万向节的传力点在其交角变化时始终位于角平分面内,则可使两万向节叉保持等角速的关系。

1. 球叉式万向节

(1)结构

如图 5. 18 所示,球叉式万向节由主动叉、从动叉、4 个传动钢球、中心钢球、定位销、锁止销组成。主动叉与从动叉分别与内、外半轴制成一体。在主、从动叉上,各有 4 个曲面凹槽,装合后形成两个相交的环形槽作为钢球滚道。4 个传动钢球放在槽中,中心钢球放在两叉中心的凹槽内,以定中心。

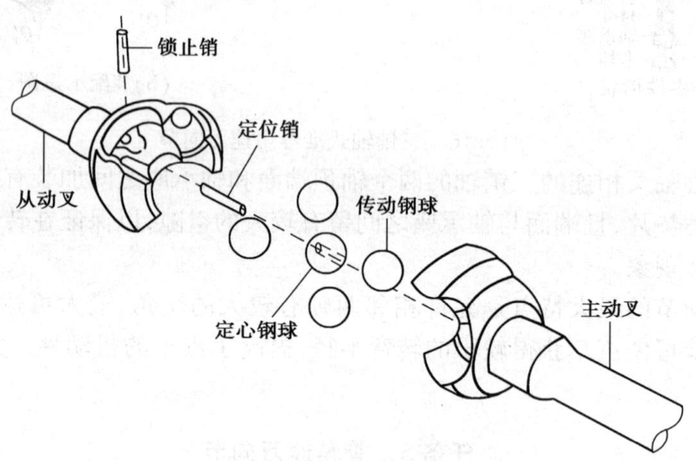

图 5. 18　球叉式万向节

为顺利地将钢球装入槽内,中心钢球上铣出一个凹面,凹面中央有一深孔。装合时,先将定位销装入从动叉内,放入中心钢球,然后在两球叉槽中陆续装入 3 个传动钢球,再将中心钢球的凹面对向未放钢球的凹槽,以便装入第 4 个传动钢球。而后再将中心钢球的孔对准从动叉孔,提起从动叉轴使定位销插入球孔中,最后将锁止销插入从动叉上与定位销垂直的孔中,以限制定位销轴向移动,保证中心钢球的正确位置。

(2)等速传动原理

这种结构的等角速传动原理可用图 5. 19 来说明:主动叉和传动叉凹槽的中心线是以 O_1、

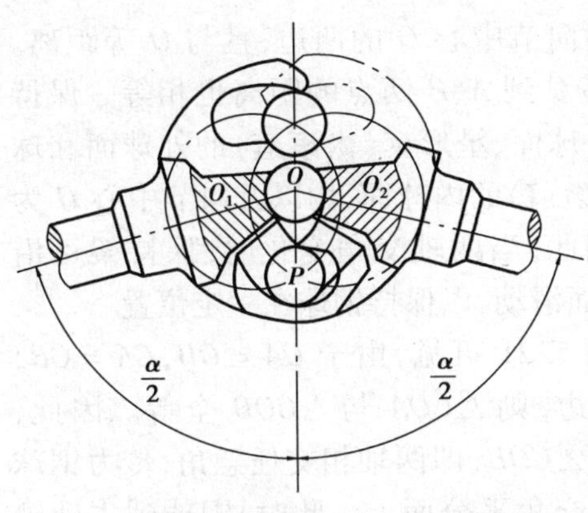

图 5.19　等角速传动的结构原理

O_2 为圆心的两个半径相等的圆，而圆心 O_1、O_2 与万向节中心 O 的距离相等。因此，在主动轴和从动轴以任何角度相交的情况下，传动钢球中心都位于两圆的交点上，亦即所有传动钢球都位于角平分面上，从而保证了等角速的传动。

球叉式万向节结构简单，允许最大交角为 32°~33°，一般应用于转向驱动桥中。近年来，有些球叉式万向节中省去了定位销和锁止销，中心钢球上也没有凹面，靠压力装配。这种结构更为简单，但拆装不便。

球叉式万向节工作时，只有两个钢球传力；反转时，则由另两个钢球传力。因此，钢球与曲面凹槽之间的单位压力较大，磨损较快，影响使用寿命。

2. 球笼式等速万向节

球笼式等速万向节按其内、外滚道结构不同又分为 RF 型球笼式万向节、VL 球笼式万向节及球笼式双补偿万向节。

(1)RF 型球笼式万向节

①其结构如图 5.20 所示，球笼式万向节由 6 个钢球、星形套(内滚道)、球形壳(外滚道)和保持架等组成。星形套以内花键与主动轴相连，其外表面有 6 条凹槽，形成内滚道；球形壳的内表面有相应的 6 条凹槽，形成外滚道。6 个钢球分别装在各条凹槽中，并由保持架保持在一个平面内。动力由主动轴经钢球、球形壳输出。

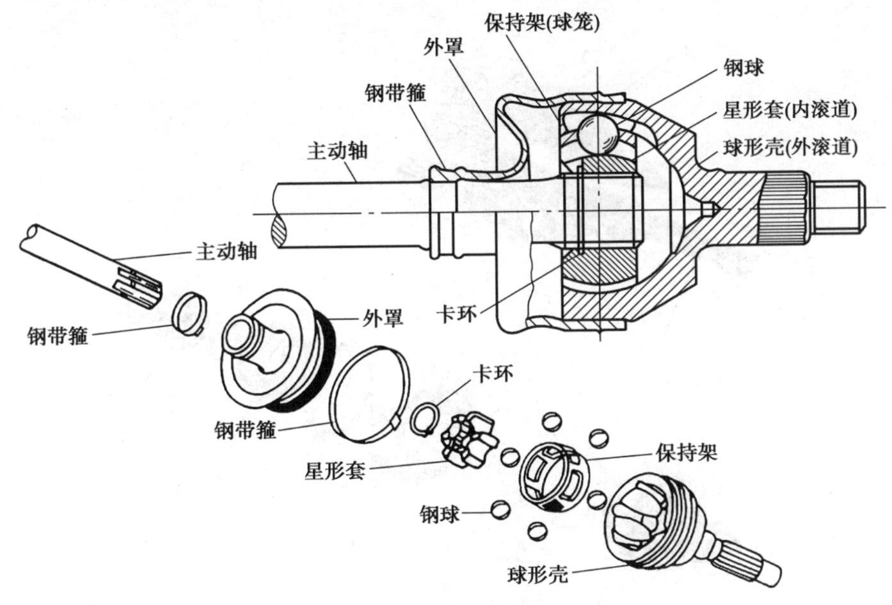

图 5.20　球笼式等速万向节

球笼式万向节工作时，6 个钢球都参与传力，故承载能力强、磨损小、寿命长。它被广泛应用于各种型号的转向驱动桥和独立悬架的驱动桥。

②球笼式万向节的等速传动原理如图 5.21 所示。外滚道的中心 A 与内滚道的中心 B 分

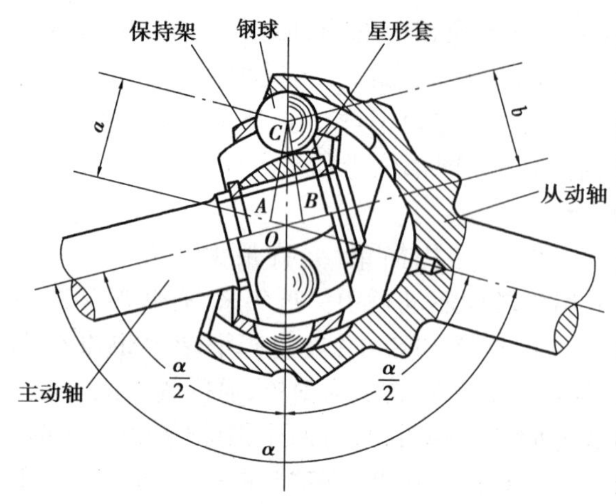

图 5.21　球笼式万向节的等速性

别位于万向节中心 O 的两边，且与 O 等距离。钢球中心 C 到 A、B 两点的距离也相等。保持架的内外球面、星形套（内滚道）的外球面和球形壳（外滚道）的内球面，均以万向节中心 O 为球心。因此，当两轴交角变化时，保持架可沿内、外球面滑动，以保持钢球在一定位置。

由图 5.21 可见，由于 $OA = OB$，$CA = CB$，CO 是共边，则 $\triangle COA$ 与 $\triangle COB$ 全等。因此，$\angle COA = \angle COB$，即两轴相交任意角，传力钢球 C 都位于交角平分面上。此时，钢球到主动轴和从动轴的距离 a 和 b 相等，从而保证了从动轴与主动轴以相等的角速度旋转。

球笼式等角速万向节在两轴最大交角达 47°的情况下，仍可传递转矩。且在工作时，无论传动方向如何，6 个钢球全部传力。与球叉式万向节相比，其承载能力强，结构紧凑，拆装方便，因此应用越来越广泛。例如，国产红旗牌 CA7220 型、捷达、桑塔纳、夏利等轿车，其前转向驱动桥的转向节处均采用这种球笼式等角速万向节。

（2）VL 型球笼式万向节

VL 型球笼式万向节又称为伸缩型等速万向节，简称 VL 节。如图 5.22 所示为上海桑塔纳轿车转向驱动桥半轴内万向节（靠近主减速器处）所采用的 VL 型球笼式万向节。其内、外

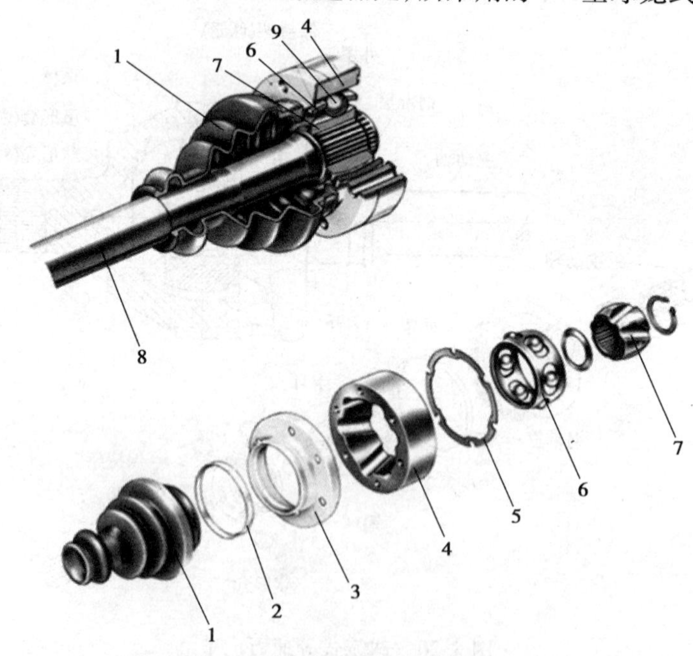

图 5.22　上海桑塔纳轿车转向驱动桥所用的 VL 型球笼式万向节

1—防尘罩；2—箍带；3—外罩；4—球形壳（外滚道）；5—密封垫；6—球笼；
7—星形套（内滚道）；8—中半轴；9—钢球

滚道为圆筒形,且内、外滚道不与轴线平行,而是以相同的角度相对于轴线倾斜。装合后,同一周向位置内、外滚道的倾斜方向刚好相反,即对称交叉,而钢球9则处于内外滚道的交叉部位。当内半轴与中半轴8以任意夹角相交时,所有传力钢球都位于轴间交角的平分面上,从而实现等角速传动。在传递转矩过程中,星形套(内滚道)与球形壳可以沿轴向相对移动,故可省去其他万向传动装置中必须有的滑动花键。这不仅使结构简化,而且由于球形壳(外滚道)4和星形套(内滚道)7间的轴向相对移动是通过钢球9沿内、外滚道滚动来实现的,与滑动花键相比,其滑动阻力小,适用于断开式驱动桥。

上述几种国产轿车所采用的伸缩型球笼式万向节(VL节),在转向驱动桥中均布置在靠主减速器一侧(内侧),而轴向不能伸缩的球笼式万向节(RF节)则布置在转向节处(外侧)。

(3)球笼式双补偿万向节

球笼式双补偿万向节又称为球笼式万向节的滑动式。如图5.23所示,其外球座为圆筒形,内、外滚道是与轴线平行的直线凹槽(即圆筒形)。在传递转矩过程中,内、外球座可以相对轴向移动。球笼的内外球面在轴线方向是偏心的,内球面中心 B 与外球面中心 A 分别位于万向节中心 O 的两边,且 $OA=OB$。同样,钢球中心 C 到 A、B 的距离相等,以保证万向节作等角速传动。

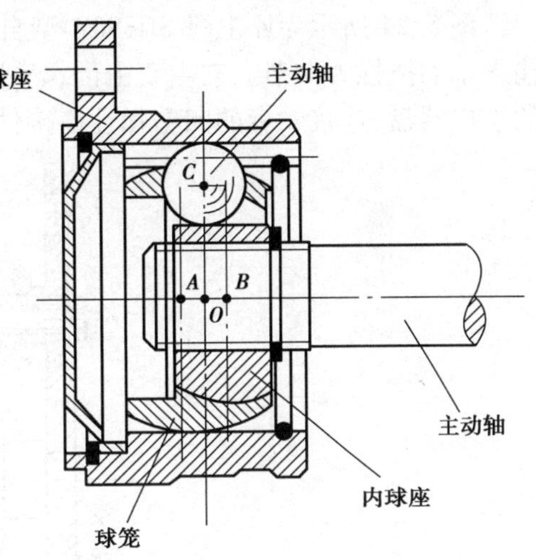

图5.23 球笼式双补偿万向节

由于这种万向节能轴向相对移动,因此可省去万向传动装置中的滑动花键等伸缩机构,使结构简化。且轴向位移是通过钢球沿内、外滚道的滚动来实现,与滑动花键相比,滚动阻力小,磨损轻、寿命长,也适用于断开式驱动桥。

任务4 挠性万向节

任务描述

挠性万向节由橡胶件将主被动轴叉交错连接而成,依靠橡胶件的弹性变形,能够实现转动轴线的小角度偏转和微小轴向位移,吸收传动系中的冲击载荷和衰减扭转振动,具有结构简单、无需润滑等优点。本任务要求掌握等速万向节的结构特点,理解其工作原理。

学习引导

挠性万向节依靠其中弹性元件的弹性变形来保证在相交两轴间传动时不发生干涉。弹性元件可以是橡胶盘、橡胶金属套筒、铰接块、六角环形橡胶圈等多种形状。盘式挠性万向节的弹性元件通常是4~12层的橡胶纤维或橡胶帘布片结构,并用金属零件加固。在挠性万向节装配时,通常使纤维层依次错开,以便于当挠性盘变形时,保证纤维帘布层承受最小的力。六角环形橡胶挠性万向节的橡胶与用钢或铝合金制成的金属骨架硫化在一起。为了使橡胶与金属可靠地结合,在硫化之前,骨架镀一层黄铜覆盖层。使用这种万向节时,为了保证高速转动时传动轴总成有良好的动平衡,常在万向节所连接的两轴端部设专门机构保证对正中心。这种结构中，装有无需润滑的球形滑动对中轴承，如能正确选择轴承配合，可使其内部在装配后具有适当的预紧力。为使万向节有必要的寿命，总是设法使其轴向位移引起的轴向力、侧向位移引起的侧向力和万向节工作角引起的力矩尽可能小，使挠性万向节主要传递工作转矩。有的结构允许有一定的轴向变形。当这种环形挠性万向节的轴向变形量满足使用要求时，可省去伸缩花健。挠性万向节能减小传动系的扭转振动、动载荷和噪声，结构简单，使用中不需润滑，一般用于两轴间夹角不大（3°～5°）和很小轴向位移的万向传动场合。如它常在轿车三万向节传动中被用来作为靠近变速器的第一万向节，或在重型汽车中用于发动机与变速器之间；越野汽车将其用于变速器与分动器之间，以消除制造安装误差和车架变形对传动的影响。此外，它还具有能吸收传动系中的冲击载荷和衰减扭转振动、结构简单、无需润滑等优点。

图5.24所示为原上海SH380A型自卸汽车上用来连接发动机输出轴与液力机械变速器输入轴的挠性万向节。它主要由借螺栓固定在发动机飞轮上的大圆盘、与花键毂铆接在一起的连接圆盘、连接二者的四副弹性连接件以及定心用的中心轴1组成。

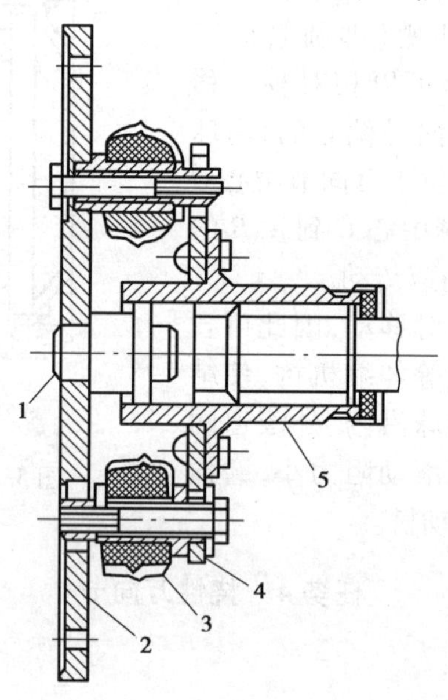

图5.24 原上海SH380A型自卸汽车的挠性万向节

1—中心轴；2—大圆盘；3—弹性连接件；4—连接圆盘；5—花键毂

项目3 传动轴和中间支承

项目目标

1. 了解传动轴和中间支承的基本结构；
2. 掌握传动轴和中间支承的检修手段和方法。

课前思考

为什么需要传动轴和中间支承？

项目内容

常见的轻、中型货车中，连接变速器与驱动桥的传动轴部件由传动轴及其两端焊接的花键轴和万向节叉组成。为避免运动干涉，传动轴中设有由滑动叉和花键轴组成的滑动花键连接，以实现传动轴长度的变化。传动轴分段时须加中间支承。

任务1　传动轴

任务描述

传动轴连接变速器（或分动器）和驱动桥，其作用是将变速器（或分动器）传来的扭矩传给驱动桥；在转向驱动桥和断开式驱动桥中，则用来连接差速器和驱动轮。本任务要求掌握传动轴的结构特点，理解其工作原理。

学习引导

1. 传动轴功用

传动轴是万向传动装置中的主要传力部件，通常用来连接变速器（或分动器）和驱动桥，在转向驱动桥和断开式驱动桥中则用来连接差速器和驱动车轮。

2. 传动轴构造

传动轴有实心轴和空心轴之分。为了减轻传动轴的质量，节省材料，提高轴的强度、刚度，传动轴多为空心轴，一般用厚度为1.5～3.0 mm的薄钢板卷焊而成，超重型货车则直接采用无缝钢管。在转向驱动桥、断开式驱动桥或微型汽车的万向传动装置中，通常将传动轴制成实心轴。

如图5.25所示为解放CA1092型汽车的万向传动装置，因传动轴过长时，自振频率降低，易产生共振，故将其分成两段并加中间支承。前段称中间传动轴（如图5.25上部所示），后段称主传动轴（如图5.25下部所示）。中间传动轴4前端焊有万向节叉，后端焊有花键轴，其上套装带内花键的凸缘盘；主传动轴16前端焊有花键轴，其上安装滑动叉13并在花键轴上可轴向滑动，以适应变速器与驱动桥相对位置的变化，滑动部位用润滑脂润滑。主传动轴16前端和滑动叉13间用橡胶伸缩套防漏、防水、防尘，滑动叉13前端装有带小孔的堵盖12，保证花键部位伸缩自由。

传动轴在高速旋转时，由于离心力作用将产生剧烈振动。因此，当传动轴与万向节装配后，必须满足动平衡要求，可在质量轻的一侧补焊平衡片，使其不平衡量不超过规定值。图5.25中的零件3即为平衡用的平衡片。

平衡后，为防止装错位置和破坏平衡，在万向节滑动叉13与主传动轴16上刻上装配位置标记21，以便拆卸后重装时保持二者的相对角位置不变。为保持平衡，橡胶伸缩套上两个带箍的开口销应装在间隔180°位置上，万向节的螺钉、垫片等零件不应随意改换规格。为便于加注润滑脂，万向传动装置的滑脂嘴应在一条直线上，且万向节上的滑脂嘴应朝向传动轴。

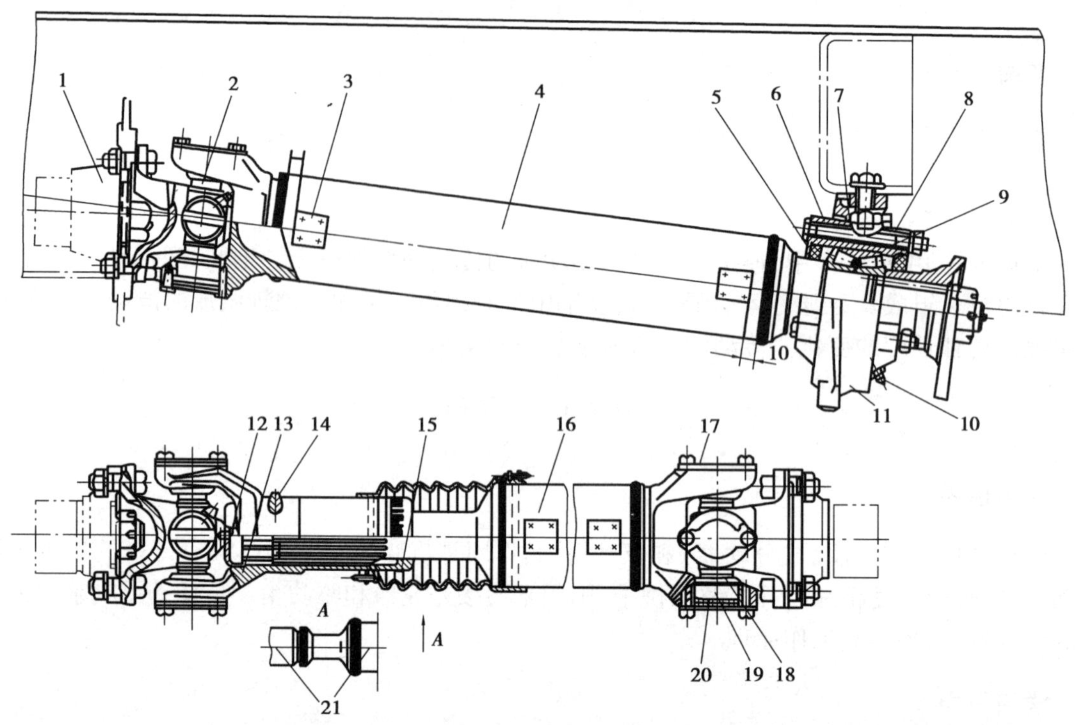

图 5.25　解放 CA1092 汽车的万向传动装置

1—凸缘叉；2—万向节十字轴；3—平衡片；4—中间传动轴；5，15—中间支承油封；6—中间支承前盖；7—橡胶垫环；8—中间支承后盖；9—双列圆锥滚子轴承；10，14—润滑油脂嘴；11—支架；12—堵盖；13—滑动叉；16—主传动轴；17—锁片；18—滚针轴承油封；19—万向节滚针轴承；20—滚针轴承轴承盖；21—装配位置标记

任务2　中间支承

任务描述

中间支承是一个通过支承座和缓冲垫安装在车身(或车架)上的轴承，用来支承传动轴的一端。本任务要求掌握传动轴的结构特点，理解其工作原理。

学习引导

1. 中间支承功用

传动轴分段时需加中间支承。中间支承通常装在车架横梁上，它能补偿传动轴轴向和角度方向的安装误差，以及汽车行驶过程中因发动机窜动或车架变形等引起的位移。

2. 中间支承结构

普通中间支承通常用弹性元件来满足上述要求。它主要由轴承、带油封的轴承盖、支架和使轴承与支架间成弹性连接的弹性元件所组成。常见的类型有双列圆锥滚子轴承式、蜂窝软垫式、摆动式以及中间支承轴式等。

东风 EQ1090E 型汽车的中间传动轴采用蜂窝软垫式中间支承与车架相连接，如图 5.26 所示。其轴承可在轴承座内滑动，轴承座装在蜂窝形橡胶垫内，通过 U 形支架固定在车架横梁上。由于蜂窝形橡胶垫的弹性作用，它能适应安装误差和行驶中出现的位移。此外，还可吸收振动并减少噪声传导。蜂窝软垫式结构简单,效果良好,应用较广泛。

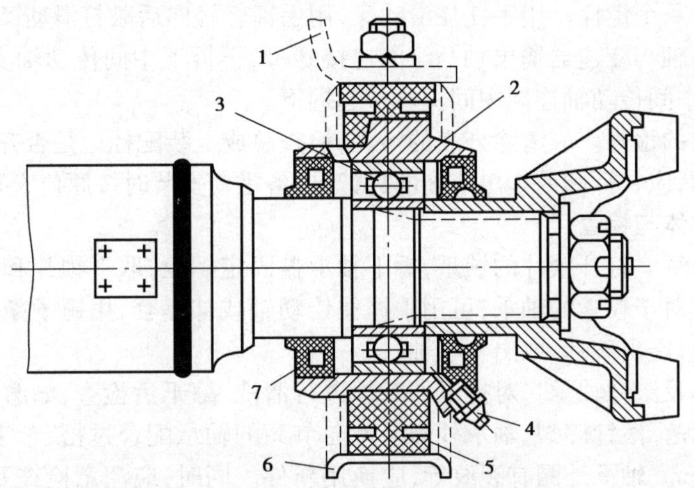

图5.26　东风 EQ1090E 汽车的中间支承

1—车架横梁;2—轴承座;3—轴承;4—注油嘴;5—蜂窝形橡胶;6—U 形支架;7—油封

实训7　万向传动装置结构认知

实训目的

1. 对照实物掌握万向传动装置结构的结构特点;
2. 通过简单拆装掌握万向传动装置结构主要零部件的名称和作用;
3. 熟悉万向传动装置结构各主要零部件的相互装配关系。

实训内容

①观察万向传动装置的安装位置;
②拆装万向传动装置总成。

技术标准与要求

拆装万向传动装置总成必须使用专用工具。

工具准备

货车万向传动装置(带十字轴式刚性万向节),专用工具,常用工具、量具。

实训步骤

下面以解放 CA1091 型汽车传动轴为例介绍其拆装、检查与调整步骤。

1. 拆卸传动轴

①从汽车上拆卸下传动轴。拆卸传动轴前,应先将汽车前、后车轮楔住。先拆下传动轴万

向节与后桥主减速器的凸缘相连接的4个螺栓，使其分离；再拆下传动轴前端凸缘叉与中间传动轴凸缘相连接的4个螺栓。用手托住滑动叉，用手锤轻轻向后敲打滑动叉，即可拆下主传动轴。拆掉中间传动轴与变速器输出轴凸缘的连接螺母，再拆下中间传动轴支架与车架横梁连接的两个螺栓，将中间传动轴连同中间支承一起拆下。

②总成解体前的检查。应清除外表的污泥，检查总成上装配标记是否齐全、清晰。如果标记不齐全或不清晰，应在拆卸前作出清晰的标记，以备重新安装时按原位安装。

2. 传动轴的解体与检查

①万向节的分解。打开锁片的锁爪，拆下轴承盖固定螺栓，取下锁片和轴承盖，用手推出轴承套筒及滚针。对于较紧的轴承，可用手握住传动轴或伸缩套，用锤子敲击万向节叉，使十字轴撞击轴承套筒，震出滚针，取出十字轴。

②检查十字轴及滚针轴承。对拆下的零件进行清洗，擦干后检查，如磨损严重、轴颈出现较深压痕或疲劳剥落、滚针碎裂、轴承外圈与万向节叉的轴承配合过松、十字轴与滚针轴承配合间隙超过0.25 mm、轴承外圈有裂纹等，应换用新件。同时，应注意检查万向节叉表面有无裂纹。

③检查传动轴花键轴与滑动叉花键的配合间隙，最大不得超过0.3 mm。若间隙过大，则传动轴会产生振动，应换用新件。

④检查传动轴轴管的最大径向跳动量，其值应不大于0.8 mm；并对传动轴总成进行动平衡，要求在传动轴两端的最大不平衡量不大于100 g · cm。

⑤中间支承的检查。当传动轴中间支承的轴向间隙大于0.3 mm时，应解体中间支承总成。解体前，应先检查橡胶垫环与中间支架的配合，如有严重松动现象，应更换橡胶垫环。解体后，检查轴承内外圈的滚道及滚子表面是否出现损坏及疲劳剥落，如有此现象，应更换新件。若磨损正常，可将两个轴承内圈之间的隔套在平面磨床上磨薄，使轴承在无轴向力时的轴向间隙在0.15～0.25 mm范围内。

3. 传动轴的装配与调整

按拆卸传动轴相反的次序装配传动轴，并按规定的力矩拧紧螺栓、螺母。其装配工艺和调整如下：

①万向传动装置在装配前应进行零件的清洗、检查，再按与分解相反的顺序装配。首先，将零件清洗干净，在套筒内孔壁上涂以少量油脂，装入滚针，同组滚针直径相差不大于5 μm，然后套合油封和轴承盖。其次，将十字轴放入叉孔中，把带滚针的套筒放入叉孔并套在十字轴轴颈上，轻轻敲击套筒底面使之到位。套筒凹槽与螺孔对正，放上盖板、锁片，拧入螺栓，检查松紧度，合适后，再以锁片将螺栓锁上。最后，向十字轴内腔注入润滑油脂。

注意：连接万向节叉时，应按分解时做的记号进行装配。十字轴加油螺孔应朝向传动轴以便注油。

②装传动轴时，十字轴轴颈如有压痕，但压痕不严重且不在传力面时，可将十字轴由原装配位置旋转90°装复。装配时，在十字轴轴颈及滚针轴承孔内涂以润滑脂，十字轴上的油嘴必须朝向轴管一侧。支承片上止动用的凸棱应嵌入滚针轴承外圈顶凹面，然后用螺栓紧固，再用锁片将螺栓锁住。装配后的十字轴，应能在轴承中自由转动而无发卡现象。应按拆卸时所做的记号进行装配，以确保传动轴的动平衡。

③中间传动轴装配后，应按规定力矩拧紧凸缘螺母，然后检查中间支承轴承的轴向间隙，

并在确保轴承转动灵活的情况下,再插上开口销。

在橡胶垫片装入中间支承支架前,应检查支架上防止垫环转动的键是否完好,以防止垫环在支架中转动。

④所有油嘴应注入2号锂基润滑脂,直到润滑脂分别从十字轴颈、滑动叉堵盖孔和中间支承前轴承盖上的通气孔中挤出为止。

实训结果

①完成实训报告册,说明万向传动装置主要零部件结构、功用和原理。

②填写实训工单,进行实训考核。

项目4　万向传动装置的检修与调整

项目目标

1. 掌握万向传动装置的维护方法;
2. 掌握万向传动装置的检修和装配。

课前思考

万向传动装置的磨损有哪些?为什么要对万向传动装置进行检修?

项目内容

万向传动装置是由万向节叉、十字轴总成等组成,其作用是将变速器动力传递至主减速器。传动轴传递扭矩大,速度高,工作繁重。因此,虽然其结构并不复杂,但技术要求却很高,否则会出现抖震、发响,脱落和断轴现象。因此要注意对万向传动装置的维护与检测。

任务1　万向传动装置的维护

任务描述

万向传动装置应该不紧不旷,螺栓齐全紧固,装配角度正确,润滑良好,行驶中不抖动,无异响。因此在汽车使用中,应认真做好传动轴的养护,发现问题必须及时处理。

学习引导

万向节传动中的故障很多情况下是由于润滑不良所造成的。因此,为了使万向节能充分润滑,应定期通过各个油嘴向各润滑部位注入润滑油脂,注油时应将油脂注入充分,但不能损坏密封。

定期用小撬棍检查连接法兰是否松动。如法兰有松动,应拆下万向节,检查一下传动轴和法兰之间的装置是否损坏。若法兰不能平整连接,应及时更换。同样用小撬棍检查一下万向节是否松动,如有松动应更换十字轴和轴承装置。还应定期检查传动轴的花键部分,如严重磨损应及时更换。传动系统修理之后，应对系统作动平衡配平，以防工作中由于动力不平衡造成传动系统的振动。每次拆下传动系统时，应将中间支承轴承也拆下，以检查其磨损情况。

除了定期检查之外，还应在交接班时检查油嘴，保持其清洁；检查油封是否损坏，传动轴花键滑动部位的防尘盖是否松动，并及时拧紧各部松动的螺栓。

任务2　万向传动装置的检修

任务描述

万向传动装置在使用中特有的故障模式是轴销表面损坏、十字轴端面磨损、轴销断裂、万向传动装置中的直线伸缩接头擦伤或卡住，以及轴的平衡性破坏等。轴的平衡破坏会引起振动，进而使变速器的轴承、前后桥和中间支承的轴承受到破坏。

学习引导

1. 万向节叉、十字轴及轴承检修

万向节拆分完成后，需要用汽油清洗各零件，以便暴露出零件的损伤、磨损情况，而且应按以下要求检查和修复。

①检查万向节叉和十字轴是否有裂纹或其他严重损伤，如有应更换新件。

②检查滚针轴承，如果滚针断裂、油封失效、轴承内圈有疲劳剥落时，应更换新件。

③检查十字轴轴颈磨损、压痕剥落等情况。十字轴轴颈轻微磨损、有轻微压痕或剥落时，仍可继续使用，但如果轴颈磨损过甚、严重压痕（深度超过0.1 mm）或严重剥落时，应予以更换。

④检查十字轴与轴承的最小配合间隙应符合原厂规定。最大配合间隙如表5.1所示。

表5.1　十字轴轴承的配合间隙　　单位：mm

十字轴轴颈直径	≤18	18～23	>23
最大配合间隙	应符合原厂规定	0.10	0.14

⑤按照图5.27所示方法检查十字轴轴承装入万向节叉后的松旷程度和轴向间隙。正常情况下，轴向间隙：剖分式轴承孔为0.10～0.50 mm，整体式轴承孔为0.02～0.25 mm，轿车为0～0.05 mm。

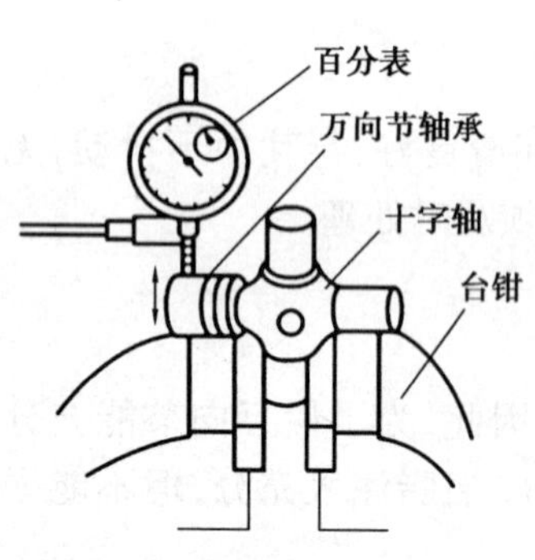

图5.27　检查万向节轴承与十字轴的配合间隙

⑥万向节装配完毕后，可用手扳动十字轴进行检验，如图5.28所示，以转动自如没有松旷感觉为合适。若装配过紧或过松，应查明原因，必要时应拆检及重新装配。

2. 球笼式万向节检修

①对于球笼式万向节，主要是检查内、外等速万向节中各部件的磨损情况和装配间隙。一般情况下，对于外等速万向节可酌情更换；而对于内等角速万向节，如某部件磨损严重，则应整体更换。

②外等速万向节的6颗钢球要求有一定的配合公差,并与星形套(内滚道)一起组成配合件。检查轴、球笼、星形套(内滚道)与钢球有无凹陷与磨损,若万向节间隙过大,需更换万向节。

③内等速万向节的检修包括检查球形壳(外滚道)、星形套(内滚道)、球笼及钢球有无凹陷与磨损,如磨损严重则应更换。内等速万向节只能整体调换,不可单个更换。

④防尘罩及卡箍、弹簧挡圈等损坏时,应予以更换。

3. 传动轴检修

传动轴的主要损伤形式有轴弯曲、表面凹陷或有裂纹等,应主要检修以下几个方面:

①目视检查传动轴轴管,不得有裂纹及严重的凹瘪,否则应更换传动轴。

②检查传动轴弯曲程度(即径向圆跳动)。如图5.29所示用V形铁水平架起传动轴并旋转,用百分表在轴的中间部位测量。径向全跳动公差应符合表5.2的规定(轿车传动轴径向全跳动公差应比表5.2各数据相应减小0.2 mm),否则应校正传动轴或更换新件。

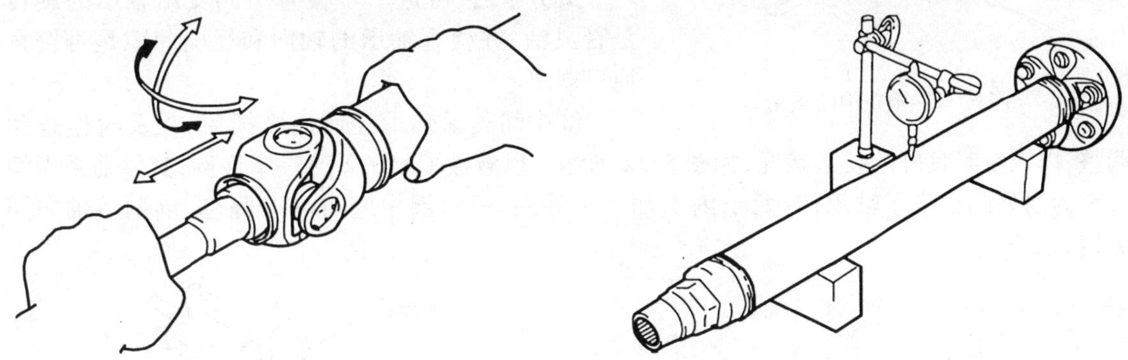

图5.28　十字轴轴承的配合间隙检查　　图5.29　检查中间传动轴、传动轴的弯曲度

表5.2　传动轴轴管的径向圆跳动公差

轴长/mm	<600	600～1 000	>1 000
径向圆跳动/mm	0.6	0.8	1.0

③检查中间传动轴支承轴颈的径向圆跳动公差不应超过0.10 mm,否则应镀铬修复或更换新件。

④检查传动轴花键与滑动叉花键、突缘叉与所配合花键的间隙,如图5.30所示。轿车应不大于0.15 mm,其他类型的汽车应不大于0.30 mm,装配后应能滑动自如。若超差,则应更换传动轴或滑动叉。

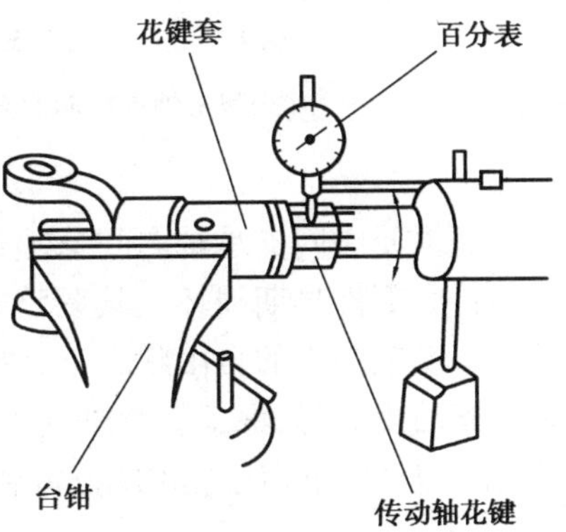

图5.30　检查传动轴花键轴与花键套的配合间隙

⑤传动轴管焊接组合件经修理后,原有的动平衡已不复存在。因此,传动轴管焊接组合件(包括滑动套)应重新进行动平衡试验。传动轴两端任一端的动不平衡量:轿车应不大于10 g·cm,其他车型应不大于表5.3的规定。传动轴管焊接组合件的平衡可在轴管的两端加焊平衡片,每端最多不得多于3片。

表 5.3　传动轴管焊接件的允许动不平衡量

传动轴管外径/cm	≤58	58～80	>80
允许动不平衡量 g·cm	30	50	100

4. 中间支承检修

中间支承的常见故障是橡胶老化和轴承磨损所引起的振动、异响等。其检修内容包括：

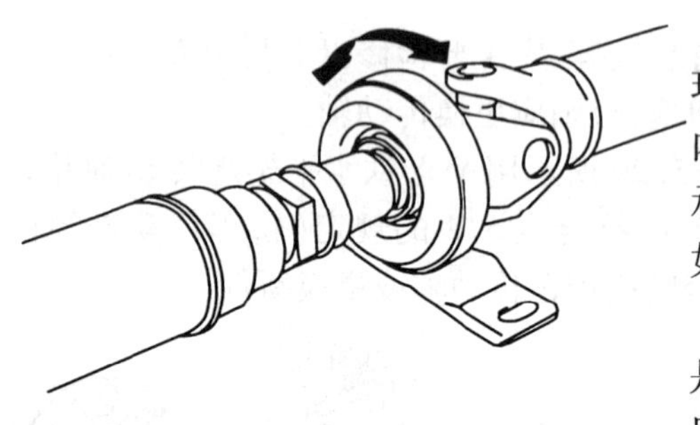

图 5.31　检查中间支承

①拆下中间支承前，应检查中间支承的橡胶垫环是否开裂、油封磨损是否过甚而失效、轴承松旷或内孔磨损是否严重。如图 5.31 所示，可以在中间支承周围摇动传动轴，检查中间支承轴承的松旷程度，如果松旷，应更换新的中间支承。

②分解后，可进一步检查中间支承轴承的旋转是否灵活，并检查轴承的轴向和径向间隙是否符合原厂规定。

③中间支承轴承经使用磨损后，需及时检查和调整，以恢复其良好的技术状况，如图 5.32 所示。以解放 CA1092 型汽车为例，其传动系中间支承为双列圆锥滚子轴承，有两个内圈和一个外圈，两内圈中间有一个隔套，供调整轴向间隙用。

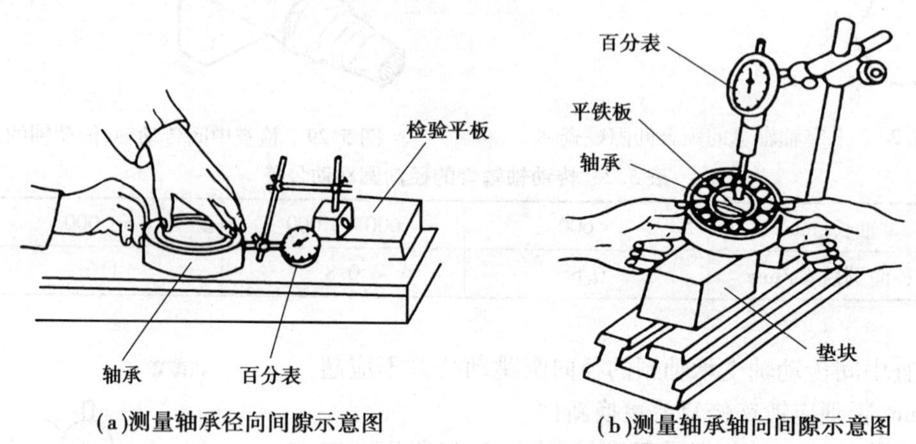

(a)测量轴承径向间隙示意图　(b)测量轴承轴向间隙示意图

图 5.32　轴承的检测

磨损使中间支承轴向间隙超过 0.30 mm 时，将引起中间支承发响和传动轴严重振动，导致各传力部件早期损坏。其调整方法是：拆下凸缘和中间轴承，将调整隔板适当磨薄，传动轴承在不受轴向力的自由状态下，轴向间隙为 0.15～0.25 mm；装配好后用 195～245 N·m 的扭矩拧紧凸缘螺母，保证轴承轴向间隙在 0.05 mm 左右，即转动轴承外圈无明显的轴向游隙为宜；最后从滑脂嘴注入足够的润滑脂，以减小磨损。

项目5　万向传动装置常见故障诊断与排除

项目目标

1. 了解万向传动装置的常见故障；
2. 掌握万向传动装置的故障诊断排除方法。

课前思考

万向传动装置的常见故障有哪些？如何排除？

项目内容

万向传动装置由于经常受汽车在复杂道路上行驶的影响，使传动轴在其角度和长度不断变化情况下传递转矩，因此常出现传动轴动不平衡，万向节与中间支承松旷、发响等故障。

任务1　传动轴的摆振

任务描述

车辆传动轴的不平衡，会使汽车在行驶中出现一种周期性的声响，行驶速度越快，响声越大。严重时，能使车身发抖，驾驶室振动，手握方向盘有麻木的感觉。由于车身发抖，会造成车辆各部机件的松动，严重的会造成焊点开裂，导致事故。本任务要求了解传动轴不平衡的故障现象、原因，掌握故障诊断与排除方法。

学习引导

1. 现象

万向节和伸缩叉技术状况良好时，传动轴不平衡会使汽车在行驶中发出周期性的响声；速度越高响声越大，甚至伴随有车身振动，握转向盘的手感觉麻木。

2. 原因

①传动轴弯曲或传动轴管凹陷、传动轴上的平衡块脱落；

②传动轴管与万向节焊接不正或传动轴未进行过动平衡试验、校准；

③伸缩叉安装错位，造成传动轴两端的万向节叉不在同一平面内，不满足等角速传动条件；

④中间支承吊架固定螺栓松动或万向节凸缘盘连接螺栓松动，传动轴偏斜。

3. 故障诊断与排除方法

①检查传动轴管是否弯曲或凹陷：有弯曲或凹陷，则故障由此引起；无凹陷，则继续检查。

②检查传动轴管上的平衡片是否脱落，如脱落，则故障由此引起；否则继续检查。

③检查伸缩叉安装是否正确，如不正确，则故障由此引起；否则继续检查。

④拆下传动轴进行动平衡试验，如不平衡，则故障由此引起，应校准以消除故障，传动轴弯

曲则应校直。

任务2 传动轴发响

任务描述

车辆起步时车身发抖，并听到底盘有一种金属撞击声；行驶中突然改变速度，特别是突然放松加速踏板降低车速时，响声更加明显。这些都可能是传动轴出现了异响。本任务要求了解传动轴产生异响的现象和原因，掌握故障诊断和排除方法。

学习引导

1. 故障现象

①万向节、传动轴伸缩叉响，在汽车起步和突然改变车速时，传动轴发出“吭”的响声；在汽车缓行时，发出“咣当、咣当”的响声。

②中间支承松旷，汽车运行中出现一种连续的“呜呜”响声，车速越高，响声越大。

2. 原因

①万向节凸缘盘连接螺栓松动；

②万向节主、从动部分游动角度太大；

③万向节轴承、十字轴磨损严重；

④万向节、传动轴伸缩叉磨损松旷；

⑤万向节、传动轴伸缩叉响；

⑥中间支承松旷；

⑦滚动轴承缺油烧蚀或磨损严重；

⑧中间支承安装方法不当，造成附加载荷而产生异常磨损或支架连接松动。

3. 故障诊断与排除方法

①用榔头轻轻敲击各万向节凸缘盘连接处，检查其松紧度。如太松旷，则故障由连接螺栓松动引起。

②用双手分别握住万向节、伸缩叉的主、从动部分转动，检查游动角度。万向节游动角度太大或伸缩叉游动角度太大，都可能引起异响。

③给中间支承轴承加注润滑脂，响声消失，则故障由缺油引起。

④松开夹紧橡胶圆环的所有螺钉，待传动轴转动数圈后再拧紧，若响声消失，则故障由中间支承安装方法不当引起。否则故障可能是由橡胶圆环损坏、滚动轴承技术状况不佳、车架变形等引起。

任务3 启动撞击和滑行异响

任务描述

启动发动机时，传动轴有撞击声，或滑行时传动轴异响。本任务要求了解故障现象、原因，掌握故障诊断和排除方法。

学习引导

1. 现象

汽车起步或突然改变车速时，传动轴发出“吭”的响声；在汽车缓行时，发出“咣当、咣当”的响声。汽车运行中出现一种连续的“呜呜”响声，车速越高响声越大。

2. 原因

①凸缘盘连接螺栓松动；

②万向节主、从动部分游动角度太大；

③万向节十字轴磨损严重；

④滚动轴承缺油烧蚀或磨损严重；

⑤车架变形，造成前后连接部分的轴线在水平面内的投影不同线而产生异常磨损；

⑥变速器输出轴花键及传动轴滑动叉花键处磨损或损伤；

⑦传动轴连接部位松动。

3. 故障诊断与排除方法

①用榔头轻轻敲击各万向节凸缘盘连接处，检查其松紧度。如太松旷，则故障由连接螺栓松动引起，否则继续检查。

②用双手分别握住万向节主、从动部分转动，检查游动角度。游动角度太大，则故障由此引起。

③给中间支承轴承加注润滑脂，响声消失，则故障由缺油引起；否则继续检查。

④检查变速器输出轴花键及传动轴滑动叉花键处是否磨损严重或损伤，若磨损严重或损伤，应予以修理或更换。

⑤检查传动轴连接部位是否松动，若松动，需拧紧各螺栓或螺母。

实训8　万向传动装置的拆装与检修

实训目的

1. 熟悉万向传动装置简单拆装方法；
2. 掌握万向传动装置部件检修方法。

实训内容

1. 拆装万向传动装置总成；
2. 检测万向传动装置。

工具准备

货车万向传动装置（带十字轴式刚性万向节），专用工具，常用工具、量具。

实训步骤

1. 十字轴万向传动装置拆装步骤

①将汽车固定好，防止移动；

②检查装配标记，如果进行动平衡实验应重新补标记；

③拆连接螺栓，从车上取下传动轴总成；

④用专用工具拆下轴向卡环；

⑤击打万向节叉、滚针轴承，将油封盖总成拆下检查；

⑥旋松万向节叉螺帽，取下万向节伸缩叉油封；

⑦检查传动轴平衡片、焊缝、轴管弯曲程度，并进行相应的维修；

⑧装配过程与拆装过程相反。

2. 万向传动装置检修

(1)十字轴万向节检修

①检查滚针轴承，如果滚针断裂、油封失效，应更换新件。

②检查十字轴轴颈磨损、压痕剥落等情况。十字轴轴颈轻微磨损、轻微压痕或剥落，可继续使用，但如果轴颈磨损过甚、严重压痕(深度超 0.1 mm)或严重剥落时，应予以更换。

③检查万向节叉不得有裂纹或其他严重损伤，否则更换新件。

④万向节装配完毕后，可用手扳动十字轴进行检验，以转动自如没有松旷感觉为合适。若装配过紧或过松，应查明原因，必要时应拆检及重新装配。

(2)球笼式万向节的检修

①检查内、外等速万向节中各部件的磨损情况和装配间隙。一般情况下，对于外等速万向节可酌情更换。对于内等角速万向节，如某部件磨损严重，则应整体更换。

②外等速万向节的 6 颗钢球要求有一定的配合公差，并与星形套一起组成配合件。检查轴、球笼、星形套与钢球有无凹陷与磨损，若万向节间隙过大，需更换万向节。

③内等速万向节的检修包括检查球形壳、星形套、球笼及钢球有无凹陷与磨损，如磨损严重则应更换。内等速万向节只能整体调换，不可单个更换。

④防尘罩及卡箍、弹簧挡圈等损坏时，应予以更换。

本模块知识小结

1. 万向传动装置用于汽车上轴间夹角和相对位置经常发生变化的转轴之间的动力传递。

2. 十字轴式万向节常用于 FR 型汽车的传动系中。单个十字轴式万向节在运转中具有不等速性，故需成对使用，并按一定条件装配，才能实现输入轴与输出轴转速相等。

3. 等速万向节常用于 FF 型或断开式驱动桥的传动系中。它能使输入轴转速恰好与输出轴转速相等。

4. 传动轴上的滑动接头保证车辆在坎坷不平的道路上行驶时的正常行驶。

5. 当传动轴太长时，为了避免因其过长而使自振频率降低，高速时产生共振，应将其分为两段，所以需要采用中间支承给予支承。

6. 振动和异响是万向传动装置常见的故障。

7. 万向传动装置的检修的主要部件有传动轴、万向节总成、中间支承等部件，检修时应根据国家标准，参阅厂家维修手册按规范进行操作。

复习思考题

1. 汽车传动系中为什么要设有万向传动装置？该装置由哪几部分组成？
2. 试分析单十字轴式刚性万向节传动的不等速性。
3. 十字轴式刚性万向节的滚针轴承在工作中其滚针作何种运动？
4. 等速万向节有哪些结构形式？各有何特点？
5. 中间支承有何功用？传动轴总成为什么需要进行动平衡试验？

模块 6 驱动桥

知识目标

1. 掌握驱动桥的功用、类型及组成结构；
2. 掌握主减速器的结构、类型；
3. 掌握单级主减速器的结构和工作原理；
4. 了解双级主减速器的结构和工作原理；
5. 掌握差速器的组成、类型、结构特点和工作原理，分析其运动特性和转矩特性；
6. 掌握半轴和桥壳的构造和工作原理。

能力目标

1. 会检修汽车主减速器和差速器；
2. 能对各种主减速器和差速器进行检修；
3. 能编制驱动桥的检修方案和计划；
4. 会用检测设备和工具；
5. 能够注重安全和环保。

项目 1 驱动桥认识

项目目标

1. 掌握驱动桥的组成和功用；
2. 了解驱动桥的分类。

课前思考

哪一个机构最终来驱动车轮？汽车车轮是如何旋转起来的？

项目内容

1. 驱动桥组成

驱动桥是传动系的最后一个总成，一般由主减速器、差速器、半轴和桥壳等组成，如图6.1所示。万向传动装置传来的动力依次经主减速器、差速器和半轴最后传给驱动轮。

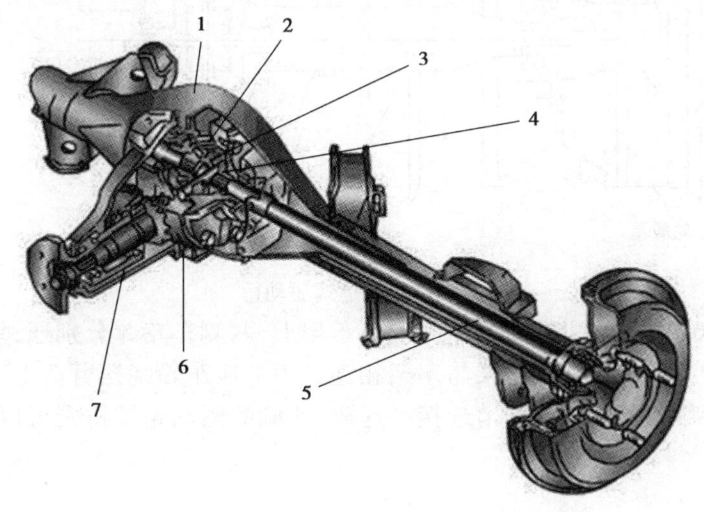

图6.1　驱动桥组成

1—后桥壳；2—差速器壳；3—差速器行星齿轮；4—差速器半轴齿轮；5—半轴；6—主减速器从动齿轮齿圈；7—主减速器主动小齿轮

发动机的动力传到驱动桥后，首先传到主减速器，在这里将转矩放大并降低转速后，经差速器分配给左、右半轴，最后通过半轴外端的凸缘传到驱动车轮的轮毂。驱动桥的主要零部件都在驱动桥壳中。桥壳由主减速壳和半轴套管组成。

2. 驱动桥功用

驱动桥将万向传动装置传来的发动机转矩通过主减速器、差速器、半轴等传到驱动车轮，实现降速、增大转矩；并通过主减速器圆锥齿轮副改变转矩的传递方向；而且通过差速器实现两侧车轮差速作用，保证内外侧车轮以不同转速转动使车辆转向。

3. 驱动桥分类

按悬架结构不同，驱动桥分为整体式和断开式两种。整体式驱动桥又称为非断开式驱动桥。

（1）整体式驱动桥

整体式驱动桥与非独立悬架配用，如图6.2所示。其驱动桥壳为一刚性的整体，驱动桥两端通过悬架与车架连接，左右半轴始终在一条直线上，即左右驱动桥不能相互独立地跳动。当某一侧车轮因地面升高或下降时，整个驱动桥及车身都要随之发生倾斜。为提高车辆行驶的平顺性和通过性，轿车和越野采用独立悬架的断开式驱动桥。

（2）断开式驱动桥

为了提高汽车行驶平顺性和通过性，有些轿车和越野车全部或部分驱动轮采用独立悬架，即将两侧的驱动轮分别用弹性悬架与车架相连，两轮可彼此独立地相对于车架上下跳动。与此相应，主减速器壳固定在车架上。驱动桥壳应制成分段并通过铰链连接，这种驱动桥称为断

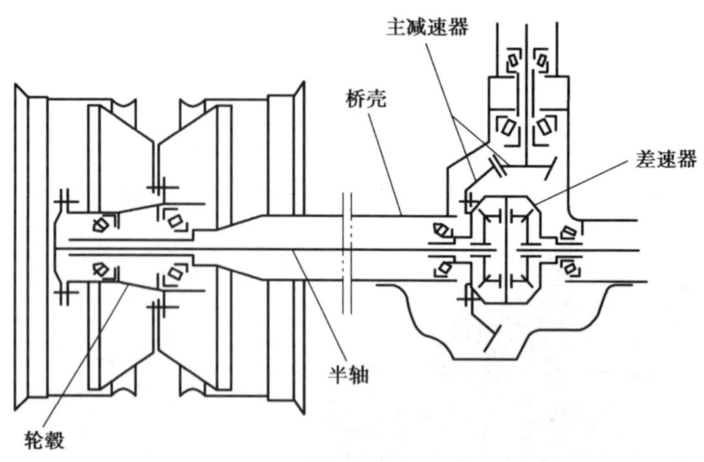

图 6.2　整体式驱动桥

开式驱动桥，如图 6.3 所示，主减速器 1 固定在车架上，两侧车轮 5 分别通过各自的弹性元件 3、减速器 4 和摆臂 6 组成的弹性悬架与车架相连。为适应车轮绕摆臂 7 上下跳动的需要，差速器与轮毂间的半轴 2 两端用万向节连接。这样，两侧的驱动轮及桥壳可以彼此独立地相对于车架上下跳动。

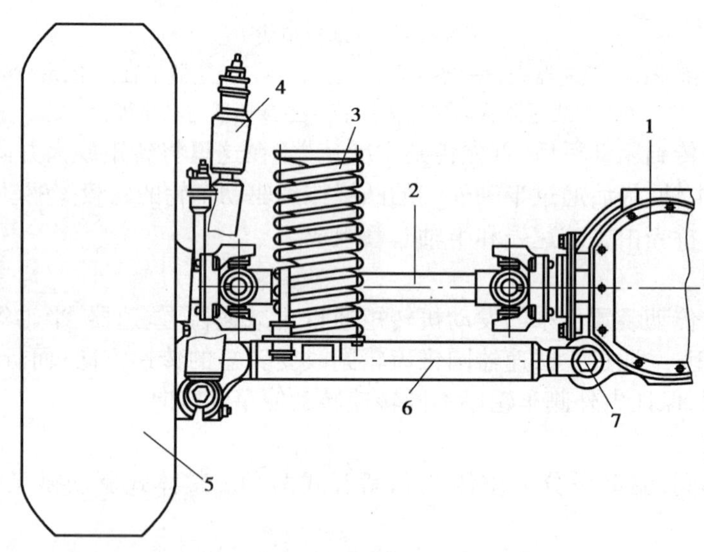

图 6.3　断开式驱动桥

1—主减速器；2—半轴；3—弹性元件；4—减振器；5—车轮；6—摆臂；7—摆臂轴

发动机前置、前轮驱动型轿车的驱动桥，将变速器、主减速器和差速器均安装于一个三件组合的外壳（常称为变速器壳）之内。这样，传动系的体积得到有效的减少，由于取消了贯穿前后的传动轴，可简化结构，使轿车自重减轻；而且动力直接传给前轮，提高了传动效率。

项目2　主减速器

项目目标

1. 掌握主减速器的功用；
2. 了解主减速器的类型；
3. 掌握常见主减速器的结构及调整方法。

课前思考

为什么需要主减速器？主减速器有哪些种类？主减速器有什么功用？

项目内容

汽车正常行驶时，发动机的转速通常为2 000～3 000 r/min，如果这么高的转速只靠变速箱来降低下来，那么变速箱内齿轮副的传动比则需很大，而齿轮副的传动比越大，两齿轮的半径比也越大，换句话说，也就是变速箱的尺寸会越大。另外，转速下降，扭矩必然增加，也就加大了变速箱与变速箱后一级传动机构的传动负荷。所以，在动力向左右驱动轮分流的差速器之前设置一个主减速器，可使主减速器前面的传动部件如变速箱、分动器、万向传动装置等传递的扭矩减小，也可以使变速箱的尺寸、质量减小，使操纵省力。

任务1　主减速器的功用与类型

任务描述

主减速器是汽车传动系中减小转速、增大扭矩的主要部件。对发动机纵置的汽车来说，主减速器还利用锥齿轮传动以改变动力方向。本任务要求掌握主减速的功用和类型。

学习引导

1. 主减速器的功用

①将万向传动装置传来的发动机转矩传给差速器。

②在动力的传动过程中将转矩增大并相应降低转速。

③对于纵置发动机，将转矩的旋转方向改变90°。

2. 主减速器的类型

①按参加传动的齿轮副数目，主减速器可分为单级式和双级式。有些重型汽车又将双级式主减速器的第二级圆柱齿轮传动设置在两侧驱动车轮附近，称为轮边减速器。

②按主减速器传动比个数，主减速器可分为单速式和双速式。单速式的传动比是固定的，而双速式则有两个传动比供驾驶员选择。

③按齿轮副结构形式，主减速器可分为圆柱齿轮式（又可分为定轴轮系和行星轮系）和圆锥齿轮式（又可分为螺旋锥齿轮式和准双曲面锥齿轮式）。

目前,在轿车中主要是应用单级式主减速器。

任务2　主减速器结构与工作原理

任务描述

主减速器依靠齿数少的齿轮带齿数多的齿轮来实现减速,采用圆锥齿轮传动则可以改变转矩旋转方向。将主减速器布置在动力向驱动轮分流之前的位置,有利于减小其前面的传动部件(如离合器、变速器、传动轴等)所传递的转矩,从而减小这些部件的尺寸和质量。本任务要求掌握主减速器结构与工作原理。

学习引导

常见的主减速器有单级主减速器和双级主减速器两种,下面介绍它们的结构和工作原理。

1. 单级主减速器

目前,轿车和一般轻、中型货车均采用单级主减速器,具有结构简单、体积小、质量轻和传动效率高等优点。

(1)东风 EQ1090E 型汽车主减速器

如图6.4 所示为东风 EQ1090E 型汽车主减速器,其减速传动机构为一对准双曲面齿轮。主动齿轮有6个齿,从动齿轮有38个齿。为了使主动和从动齿轮之间啮合传动时冲击轻、噪声低,而且轮齿沿其长度方向磨损均匀,因此必须有正确的相对位置。为此,在结构上一方面要使主动和从动锥齿轮有足够的支承刚度,使其在传动过程中不至于发生较大变形而影响正常啮合;另一方面,应有必要的啮合调整装置。

为保证主动锥齿轮有足够的支承刚度,主动锥齿轮与轴制为一体,前端支承在互相贴近而小端相向的两个圆锥滚子轴承13和17上,后端支承在圆柱滚子轴承19上(图中未画出),形成跨置式支承。环状的从动锥齿轮7连接在主减速器壳4的座孔中。从动锥齿轮的背面装有支承螺栓6,以限制从动锥齿轮过度变形而影响齿轮的正常工作。装配时,支承螺栓与从动锥齿轮端面之间的间隙为0.3~0.5 mm。

装配主减速器时,圆锥滚子轴承应有一定的装配预紧度,即在消除轴承间隙的基础上,再给予一定的压紧力,其目的是为了减小在锥齿轮传动过程中轴向力所引起的齿轮轴的轴向位移,以提高轴的支承刚度,保证锥齿轮副的正常啮合。但也不能过紧,若过紧则传动效果低,且加速轴承磨损。为调整圆锥滚子轴承13和17的预紧度,在两轴承内座垫圈之间的隔离套的一端装有一组厚度不同的调整垫片14。如发现过紧则增加垫片14的总厚度,反之,减少垫片的总厚度。通常用预紧力矩来表示预紧度的大小,对于 EQ1090E 型汽车主减速器主动轴,调整到能以1.0~1.5 N·m的力矩转动叉形凸缘11,预紧度即为合适。支承差速器壳的圆锥滚子轴承3的预紧度靠拧紧两端调整螺母2来调整。调整时,应用手转动从动锥齿轮,使滚子轴承处于正确位置。调好后应能以1.5~2.5 N·m的力矩转动差速器组件。应该指出的是:圆锥滚子轴承预紧度的调整必须在齿轮啮合调整之前进行。

啮合间隙的调整方法是拧动轴承调整螺母2,以改变从动锥齿轮的位置。轮齿啮合间隙应在0.15~0.40 mm范围内。若间隙大于规定值,应使从动锥齿轮靠近主动锥齿轮,反之则使其远离主动锥齿轮。为保持已调好的差速器圆锥滚子轴承预紧度不变,一端调整螺母拧入

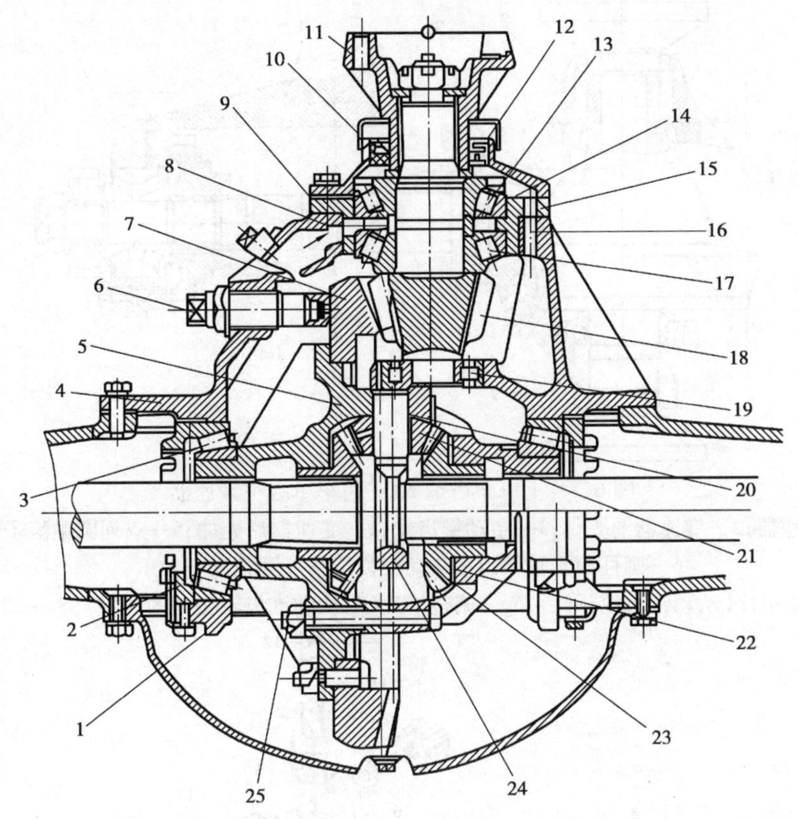

图6.4　东风EQ1090E型汽车主减速器

1—差速器轴承盖；2—轴承调整螺母；3,13,17—圆锥滚子轴承；4—主减速器壳；5—差速器壳；6—支承螺柱；7—从动锥齿轮；8—进油道；9,14—调整垫片；10—防尘罩；11—叉形凸缘；12—油封；15—轴承座；16—回油道；18—主动锥齿轮；19—圆柱滚子轴承；20—行星齿轮垫片；21—行星齿轮；22—半轴齿轮推力垫片；23—半轴齿轮；24—行星齿轮轴（十字轴）；25—螺栓

的圈数应等于另一端调整螺母拧出的圈数。

有时，也可以通过同时调整垫片9的厚度和调整螺母2的位置来保证齿轮副正确的啮合区和啮合间隙。

(2)上海桑塔纳2000轿车单级主减速器

如图6.5所示为桑塔纳2000轿车单级主减速器的装配图、图6.6所示为桑塔纳2000轿车主减速器和差速器的零件分解图。由于发动机纵向前置、前轮驱动，整个传动系都集中布置在汽车前部，因此其主减速器装于变速器壳体内，而没有专门的主减速器壳体。由于省去了变速器到主减速器之间的万向传动装置，所以变速器输出轴即为主减速器主动轴。

图6.5中，R是主动锥齿轮理论上的尺寸（$R=50.7$ mm），r是与理论上的尺寸R成比例的偏差（偏差r用1/100 mm表示，例如25表示$r=0.25$ mm）。

主减速器由一对准双曲面锥齿轮组成，主动锥齿轮的齿数为9，从动锥齿轮的齿数为40，其传动比为4.444。主动锥齿轮与变速器输出轴制为一体，用双列圆锥滚子轴承和圆柱滚子轴承支承在变速器壳体内，属于悬臂式支承。环状的从动锥齿轮靠凸缘定位，并用螺栓与差速器壳连接。差速器壳由一对圆锥滚子轴承支承在变速器壳体上。

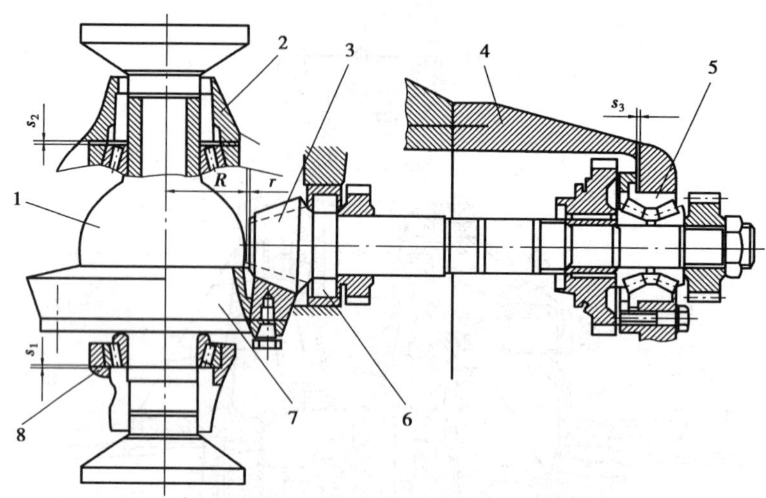

图 6.5　上海桑塔纳 2000 轿车单级主减速器

1—差速器；2—变速器前壳体；3—主动锥齿轮；4—变速器后壳体；5—双列圆锥滚子轴承；6—圆柱滚子轴承；7—从动锥齿轮；8—圆锥滚子轴承；

S_1—调整垫片(从动锥齿轮一侧)；S_2—调整垫片(与从动锥齿轮相对的一侧)；S_3—调整垫片

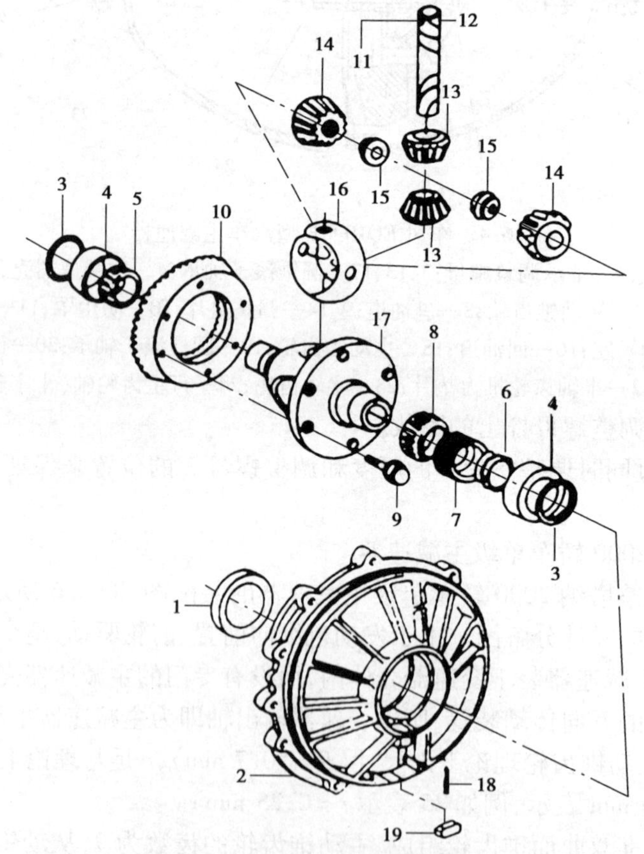

图 6.6　桑塔纳 2000 轿车主减速器和差速器的零件分解图

1—密封圈；2—主减速器盖；3—从动锥齿轮的调整垫片；4—轴承外座圈；5—差速器轴承；6—锁紧套筒；7—车速表主动齿轮；8—差速器轴承；9—螺栓(拧紧力矩 70 N · m)；10—从动锥齿轮；11—夹紧销；12—行星齿轮轴；13—行星齿轮；14—半轴齿轮；15—螺纹套；16—复合式止推垫片；17—差速器壳；18—磁铁固定销；19—磁铁

为了减小驱动桥的外形尺寸，目前主减速器中基本不用直齿圆柱齿轮，而采用螺旋圆锥齿轮。在同样传动比的情况下，主动螺旋齿轮齿数可以做得少些，主减速器的结构就比较紧凑，可以增加离地间隙，而且运动平稳、噪声小，因此在汽车上得到了广泛的应用。

近年来，准双曲面齿轮不仅广泛用于轿车，还越来越多地使用在中型、重型汽车上。这是因为它与螺旋圆锥齿轮相比，不仅齿轮的工作平稳性好，弯曲强度和接触强度好，而且其主动齿轮的轴线相对从动锥齿轮的轴线可以偏移。在保证一定的离地间隙的情况下，主动齿轮的轴线向下偏移，可降低主动锥齿轮和传动轴的位置，使车身的重心降低，提高了汽车的行驶稳定性。东风 EQ1090E 型汽车主减速即采用了这种下偏移的准双曲面齿轮，其偏移距为 38 mm，如图 6.7 所示。

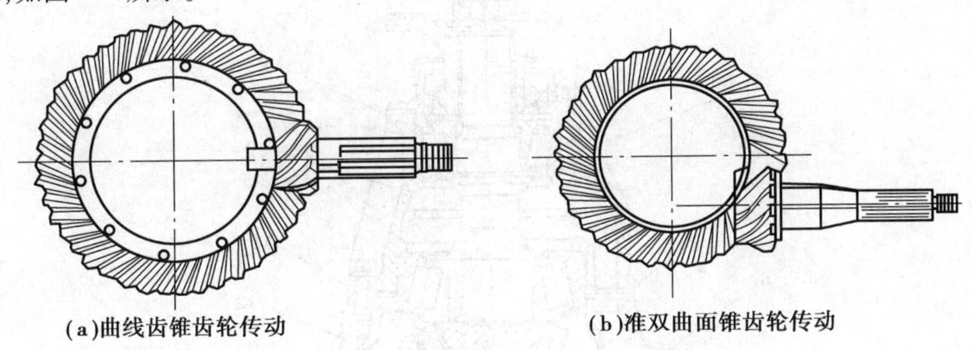

(a)曲线齿锥齿轮传动　　(b)准双曲面锥齿轮传动

图 6.7　主动和从动锥齿轮轴线位置

准双曲面齿轮工作时，由于齿面间的相对滑移量大，且齿面间的压力也大，齿面油膜易被破坏。为了减少摩擦、提高效率，必须使用专门级别的含防刮伤添加剂的双曲线齿轮油，决不允许用普通齿轮油代替，否则会使齿面迅速擦伤和磨损，大大降低主减速的使用寿命。

主减速器壳中所储存的双曲线齿轮油，靠从动齿轮转动时甩到各齿轮、轴承和轴上进行润滑。为了保证主动齿轮前端的圆锥滚子轴承 13 和 17 得到可靠的润滑，在主减速器壳体中铸有进油道 8 和回油道 16。齿轮转动时，飞溅起的润滑油从进油道 8 通过轴承座 15 的孔进入两圆锥滚子轴承小端之间，在离心力的作用下，润滑油从小端流向大端。流出圆锥滚子轴承 13 大端的润滑油经回油道流回主减速器内。在主减速器壳体上装有通气塞，防止壳内的气压过高而使润滑油渗漏。

轿车上使用的都是单级主减速器。因采用发动机纵向前置、前轮驱动，整个传动系都集中布置在汽车的前部，主减速器装于变速器壳体内，总称为“变速驱动桥”，没有专用的主减速壳体。变速器的输出轴即为主减速器的主动轴，动力由变速器直接传递给主减速器，省去了万向传动装置。

2. 双级主减速器

当汽车主减速器需要较大的传动比时，若仍采用单级主减速器，由于主动锥齿轮受强度、最小齿数的限制，其尺寸不能太小，相应的从动锥齿轮尺寸将增大，这不仅使从动锥齿轮刚度降低，而且会使主减速器壳及驱动桥外形轮廓尺寸增大，难以保证足够的离地间隙，从而需要采用双级主减速器。

解放 CA1091 型汽车双级主减速器如图 6.8 所示。第一级传动为第一级主动锥齿轮和第一级从动锥齿轮，这是一对螺旋锥齿轮，而不是桑塔纳 2000 型和东风 EQ1090 型主减速器采用的准双曲面齿轮，其传动比为 25/13 = 1.923；第二级传动为第二级主动齿轮和第二级从动齿轮，这是一对斜齿圆柱齿轮，其传动比为 45/15 = 3。

第一级主动锥齿轮和第一级主动齿轮轴制成一体，用两个圆锥滚子轴承（相距较远）支承在轴承座的座孔中，因主动锥齿轮悬伸在两轴承之后，故称为悬臂式支承。第一级从动锥齿轮用铆钉铆接在中间轴的凸缘上。第二级主动齿轮与中间轴制成一体，用两个圆锥滚子轴承支承在两端轴承盖的座孔中，轴承盖用螺栓与主减速器壳固定连接。第二级从动齿轮夹在左右两半差速器壳之间，并用螺栓将它们紧固在一起，其支承形式与东风 EQ1090 型汽车主减速器中差速器壳的支承形式相同。

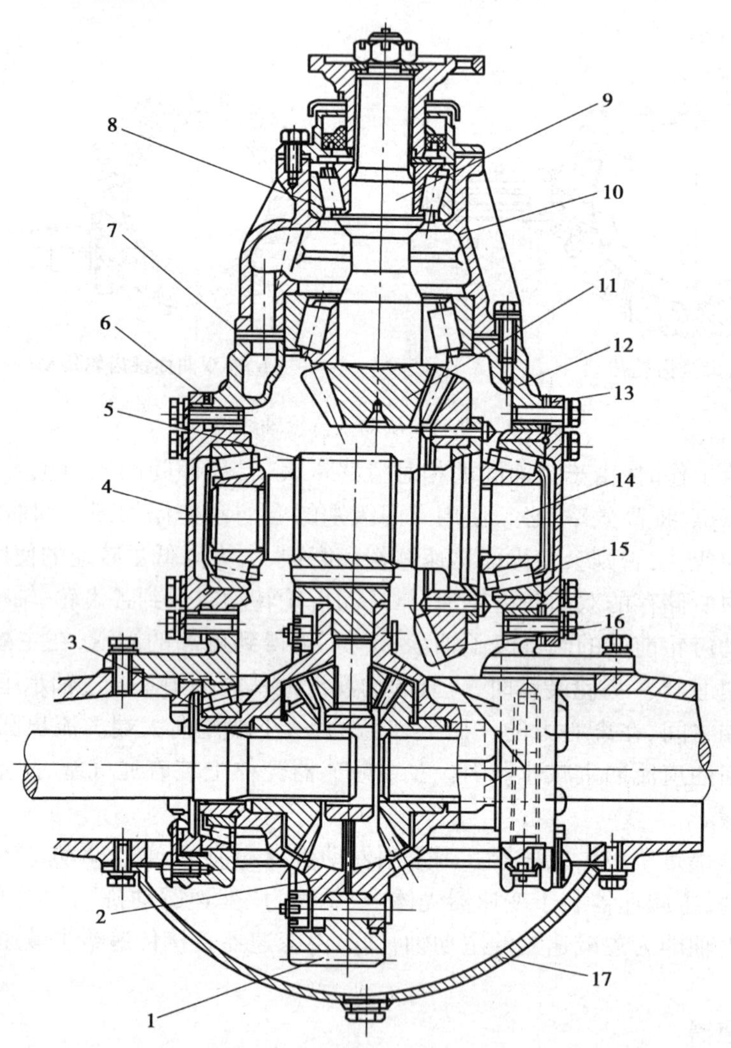

图 6.8　解放 CA1091 型汽车双级主减速器剖面图

1—第二级从动齿轮；2—差速器壳；3—调整螺母；4,15—轴承盖；5—第二级主动齿轮；6,7,8,13—调整垫片；9—第一级主动锥齿轮轴；10—轴承座；11—第一级主动锥齿轮；12—主减速器壳；14—中间轴；16—第一级从动锥齿轮；17—后盖

主动锥齿轮轴轴承的预紧度可通过增减调整垫片 8 的厚度来调整，中间轴圆锥滚子轴承的预紧度则通过改变两边侧向轴承盖 4、15 和主减速器壳 12 间的调整垫片 6 和 13 的总厚度来

调整。支承差速器壳的滚子轴承的预紧度靠旋动调整螺母3来调整。为便于进行锥齿轮副的啮合调整,主动锥齿轮和从动锥齿轮的轴向位置都可以略加移动。增加轴承座10和主减速器壳12间的调整垫片7的厚度,第一级主动锥齿轮11则沿轴向远离从动锥齿轮;反之,则靠近。若减小左轴承盖4处的调整垫片6,同时将这些卸下来的垫片都加到右轴承盖15处,则第一级从动锥齿轮16右移;反之,则左移。若两组垫片6和13的总厚度的减量和增量不相等,则将破坏已调整好的中间轴轴承的预紧度。

3. 轮边减速器

在重型载货汽车、越野车和大型客车上,当要求提供较大的主传动比和较大的离地间隙时,可将双级主减速器的第二级减速齿轮机构制成结构相同的两套,其安装位置靠近两侧驱动车轮,称为轮边减速器,而第一级即称为主减速器。轮边减速器分为外啮合圆柱齿轮式、内啮合齿轮齿圈式和行星齿轮式等多种形式。

通常,轮边减速器为行星齿轮机构,如图6.9所示是上海SH3540A型汽车轮边减速器。其齿圈与半轴套管固定在一起,半轴传来的动力经中心太阳轮、行星齿轮、行星齿轮轴和行星架传给车轮。由于齿圈与不旋转的车轮底板相连,行星轮系形成以太阳轮为输入、行星架为输出的减速传动。

斯太尔汽车的前后驱动桥均为带轮边减速器的主减速器。图6.10所示为斯太尔汽车后驱动桥的车轮轮边减速器的传动示意图。轮边减速器由齿圈1、行星齿轮2、太阳轮3和行星架4等组成。齿圈1固定在桥壳的半轴套管7上,它本身为非旋转件,是该行星齿轮机构中的固定元件。太阳轮3与半轴连接,随半轴一起旋转,为主动件。行星架4为从动件,轮毂6固定在行星架上。由半轴传来的动力经太阳轮3、行星齿轮2、行星架4传给轮毂6。

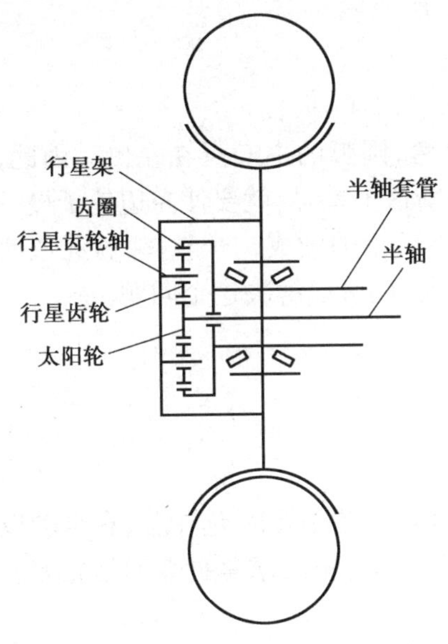

图6.9 上海SH3540A型汽车轮边减速器传动示意图

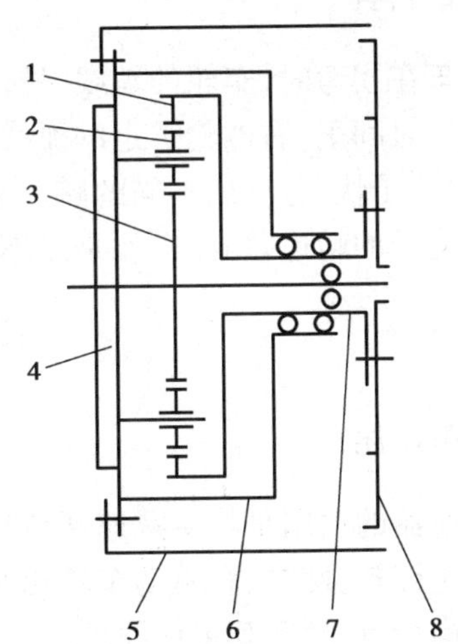

图6.10 斯太尔汽车轮边减速器的传动示意图
1—齿圈;2—行星齿轮;3—太阳轮;
4—行星架;5—制动鼓;6—轮毂;
7—半轴套管;8—制动底板

斯太尔汽车的轮边减速器传动比有多种,对应的主减速器传动比也有多种,故驱动桥可供选用的总传动比也相应地有多种,如5.73、6.72、7.49、8.46和9.49等。

由上述可知,采用轮边减速器可使驱动桥中主减速器尺寸减小,保证足够的离地间隙,并可得到比较大的主传动比;由于半轴在轮边减速器之前,故所承受的转矩大为减小,因此半轴和差速器等零件尺寸可以减小;但是需要两套轮边减速器,结构较复杂,制造成本也较高。

在大型客车和同级越野汽车上,还常采用由一对外啮合圆柱齿轮组成的轮边减速器。其主动小齿轮与半轴相连,当主动小齿轮位于车轮中心上方时,可增大驱动桥的离地间隙,以适应提高越野汽车通过性能的需要;当主动小齿轮位于车轮中心下方时,能降低驱动桥壳的离地高度,以利于降低客车地板的高度。但采用这种布置时,由于轴向和径向空间的限制,轮边减速器的传动比是有限的。

项目3 差速器

项目目标

1. 掌握差速器的功用;
2. 掌握普通锥齿轮差速器的结构和工作原理;
3. 了解托森差速器的基本结构和原理。

课前思考

汽车为什么需要差速器?汽车转向时,左右车轮转速是否一致?

项目内容

汽车在拐弯时,车轮的轨线是圆弧形。如果汽车向左转弯,圆弧的中心点在左侧。因此,在相同的时间里,右侧轮子走的弧线比左侧轮子长。为了平衡这个差异,就要使左边轮子慢一点,右边轮子快一点,用不同的转速来弥补距离的差异。如果后轮轴做成一个整体,就无法实现两侧轮子的转速差异,也就是做不到自动调整。有了差速器,就可以解决这个问题。

任务1 普通齿轮差速器

任务描述

差速器的功用是将主减速器传来的动力传给左、右两半轴,并在必要时允许左、右半轴以不同转速旋转,使左、右驱动车轮相对地面纯滚动而不是滑动。本任务要求掌握普通齿轮差速器的结构特点,理解其工作原理。

学习引导

汽车转向时,其驱动车轮的运动如图6.11所示,内外两侧车轮在同一时间内转动的距离显然不相等,外侧车轮移动的距离要大于内侧车轮移动的距离。如果车上没有差速器,两个车轮将不得不固定联结在一起,以同一转速驱动旋转。这会导致汽车转向困难,同时,为了使汽车能够转弯,一个轮胎将不得不打滑。

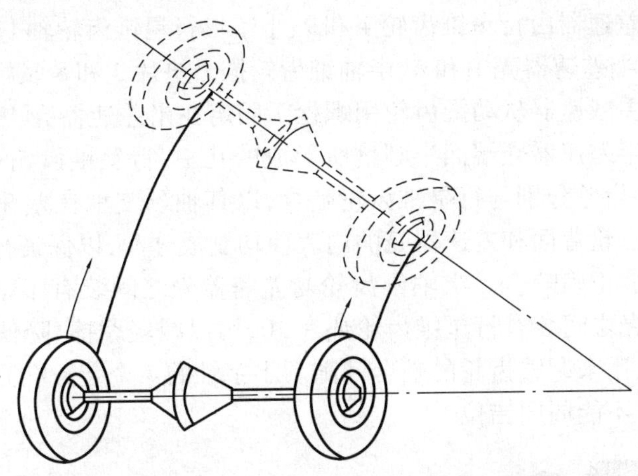

图6.11 汽车转向时驱动车轮的运动示意图

所以,汽车行驶过程中,车轮相对路面有滚动和滑动两种运动状态。滑动又包括滑转和滑移两种。设车轮中心相对路面的速度为 v,车轮旋转角速度为 ω,车轮滚动半径为 r。如果 $v=\omega r$,则车轮对路面的运动为滚动,这是最理想的运动状态;如果 $\omega>0$,但 $v=0$,则车轮的运动为滑转;如果 $v>0$,但 $\omega=0$,则车轮的运动为滑移。

当汽车转弯行驶时,内外两侧车轮中心在同一时间内移过的曲线距离显然不同,即外侧车轮移过的距离大于内侧车轮。若两侧车轮都固定在同一刚性转轴上,两轮角速度相等,则此时外轮必然是边滚动边滑移,内轮必然是边滚动边滑转。

同样,汽车在不平路面上直线行驶时,两侧车轮实际移过的曲线距离也不相等。因此在角速度相同的条件下,在起伏较显著的路面上运动的一侧车轮是边滚动边滑移,另一侧车轮则是边滚动边滑转。即使路面非常平直,但由于轮胎制造尺寸误差、磨损程度不同、承受的载荷不同或充气压力不等的因素,各个轮胎的滚动半径实际上不可能相等,因此,只要各轮角速度相等,车轮对路面的滑动就必然存在。

车轮相对于地面的滑移和滑转,不仅会加速车轮的磨损,而且还会增加汽车的功率消耗和燃油消耗,并导致转向困难、制动性能恶化和行驶稳定性差等。为了消除以上的不良现象,保证驱动轮与地面作纯滚动,必须将车轮的驱动轴分成两段,即左右各一根轴(半轴),并在其间装一差速器。

1. 差速器功用

差速器能使车辆在转弯和在不平路面上行驶时,两侧驱动轮能以不同的转速旋转,以保证两车轮与地面间作纯滚动的要求。此外,多桥驱动的汽车各驱动桥之间也同样存在上述驱动轮与地面之间的相对滑移和滑转,为此,有些汽车在驱动桥之间也装有差速器。

2. 差速器类型

差速器按其工作特性可分为普通齿轮式差速器和防滑差速器两大类,按用途分为轮间差速器和轴间差速器。

3. 普通齿轮式差速器

普通齿轮式差速器分为锥齿轮和柱齿轮式两种。由于对称锥齿轮差速器结构简单、紧凑,工作平稳,因此,目前应用最为广泛。

(1)结构组成

对称行星锥齿轮差速器由行星锥齿轮4和9、十字形行星锥齿轮轴11(简称十字轴),两个半轴锥齿轮3和5、两半差速器壳1和6、半轴锥齿轮推力垫片2和8及行星锥齿轮垫片10组成,如图6.12所示。主减速器从动锥齿轮用螺栓7固定在半差速器壳1的凸缘上,十字轴11的两个轴颈嵌在两个半差速器壳端面半圆槽所形成的孔中;行星锥齿轮4和9分别松套在四个轴颈上,两个半轴锥齿轮分别与行星锥齿轮啮合,以其轴颈支承在差速器壳中,并以花键孔与半轴连接。行星锥齿轮背面和差速器壳的内表面均制成球面,以保证行星齿轮的对中性,使其与两个半轴锥齿轮能正确啮合。半轴锥齿轮与差速器壳之间装有半轴锥齿轮推力垫片2,行星锥齿轮与差速器壳之间装有行星锥齿轮垫片10,用以减轻摩擦、降低磨损,提高差速器的使用寿命,同时还可以用来调整齿轮的啮合间隙。十字轴的4个装配孔是在左、右两半轴装合后加工而成的,装配时不能周向错位。

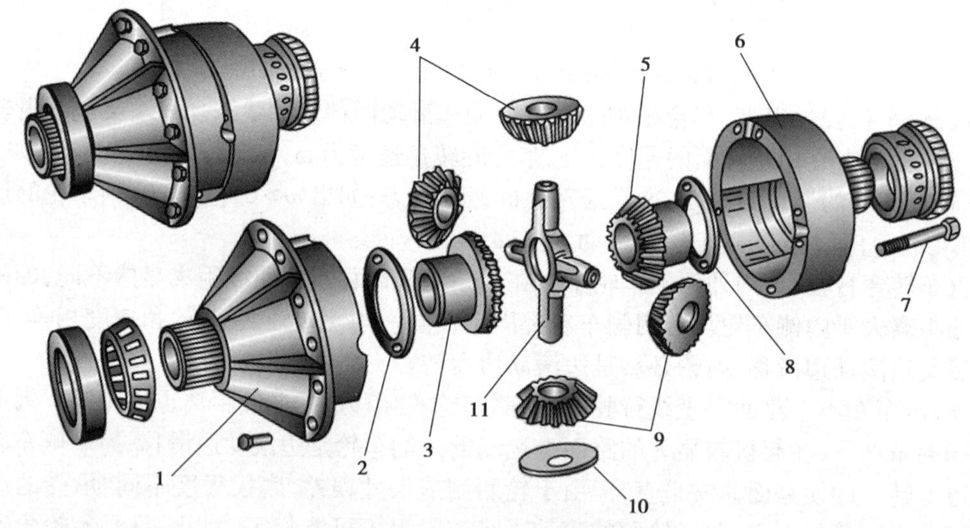

图6.12　对称行星锥齿轮差速器

1,6—半差速器壳;2,8—半轴锥齿轮推力垫片;3,5—半轴齿轮;4,9—行星锥齿轮;7—螺栓;10—行星锥齿轮垫片;11—行星锥齿轮轴(十字轴)

差速器靠主减速器壳内的润滑油来润滑,因此差速器上开有供润滑油进出的窗孔。为了保证行星齿轮和十字轴轴颈之间的润滑,在十字轴轴颈上铣有平面,并在行星齿轮的齿间钻有油孔与其中心孔相通。同样,半轴齿轮上也钻有油孔,与其背面相通,以加强背面与差速器壳之间的润滑。

差速器工作时,主减速器的动力传至差速器壳,依次经十字轴、行星齿轮、半轴齿轮传给半轴,再由半轴传给车轮。

在中型以下的货车或轿车上,因传递的转矩较小,故可采用两个行星齿轮,相应的行星齿轮轴5是一根直轴。如图6.13所示为桑塔纳2000轿车的差速器,差速器壳为一整体框架结构,它由差速器壳、行星齿轮轴、2个行星齿轮、2个半轴齿轮、复合式推力垫片等组成。行星齿轮轴装入差速器壳体后用止动销定位。行星齿轮和半轴齿轮的背面制成球面,与复合式的推力垫片相配合,以减摩、耐磨。螺纹套用于紧固半轴齿轮。差速器通过一对圆锥滚子轴承支承在变速器壳体中。

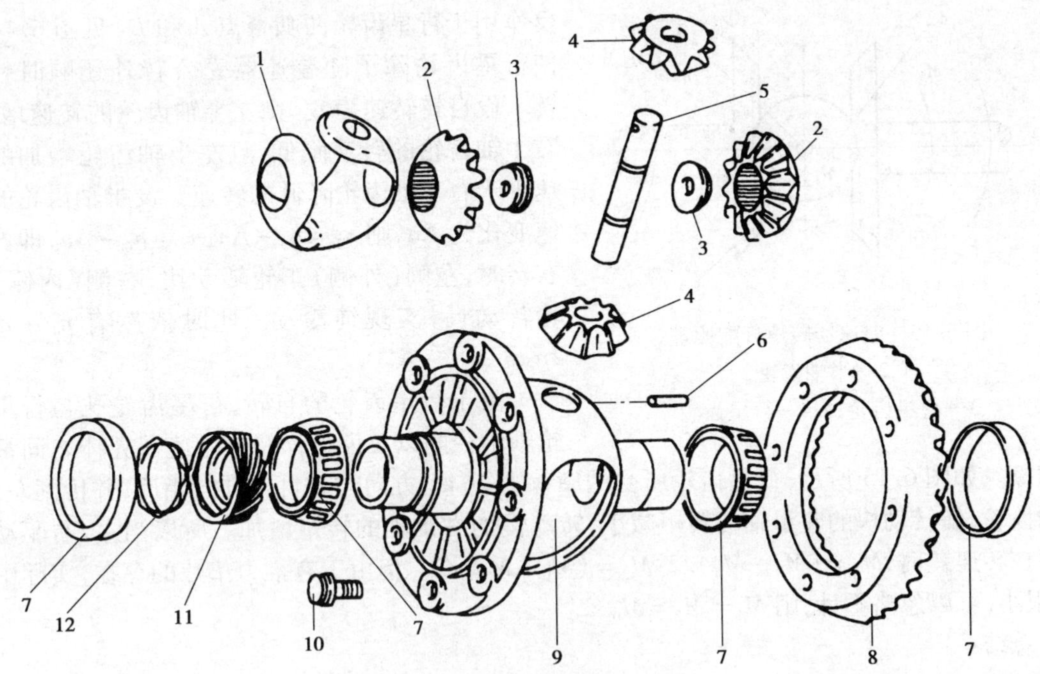

图6.13　桑塔纳2000轿车差速器

1—复合式推力垫片;2—半轴齿轮;3—螺纹套;4—行星齿轮;5—行星齿轮轴;6—止动销;
7—圆锥滚子轴承;8—主减速器从动锥齿轮;9—差速器壳;10—螺栓;11—车速表齿轮;
12—车速表齿轮锁紧套筒

(2)工作原理

差速器的工作原理如图6.14、图6.15所示。主减速器传来的动力带动差速器壳(转速为n_0)转动,经过行星齿轮轴、行星齿轮、半轴齿轮、半轴(转速分别为n_1和n_2),最后传给两侧驱动车轮。

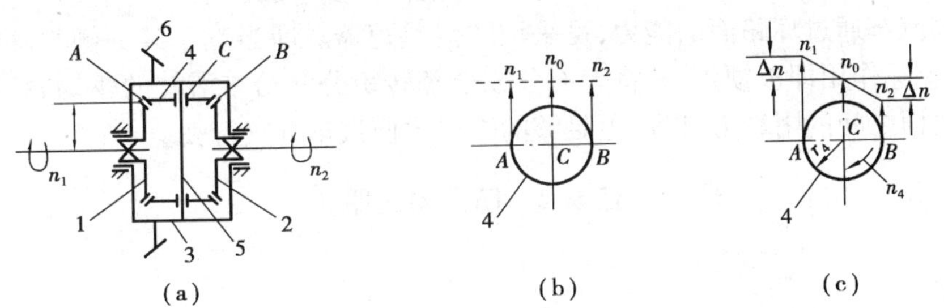

图6.14　差速器运动原理

1,2—半轴齿轮;3—差速器壳;4—行星齿轮;5—行星齿轮轴;6—主减速器从动齿轮

①汽车直线行驶时,两侧驱动车轮所受到的地面阻力相同,并经半轴、半轴齿轮反作用于行星齿轮两啮合点A和B(见图6.14)。这时行星齿轮相当于等臂杠杆,即行星齿轮不自转,只随差速器壳和行星齿轮轴一起公转,两半轴无转速差,即$n_1=n_2=n_0$,$n_1+n_2=2n_0$。

同样,由于行星齿轮相当于等臂杠杆,主减速器传动差速器壳体上的转矩M_0等分给两半轴齿轮(半轴),即$M_1=M_2=M_0/2$。

②汽车转向行驶时,两侧驱动车轮所受到的地面阻力不同。如果车辆右转,右侧(内侧)驱动车轮所受的阻力大,左侧(外侧)驱动车轮所受的阻力小。这两个阻力经半轴、半轴齿轮

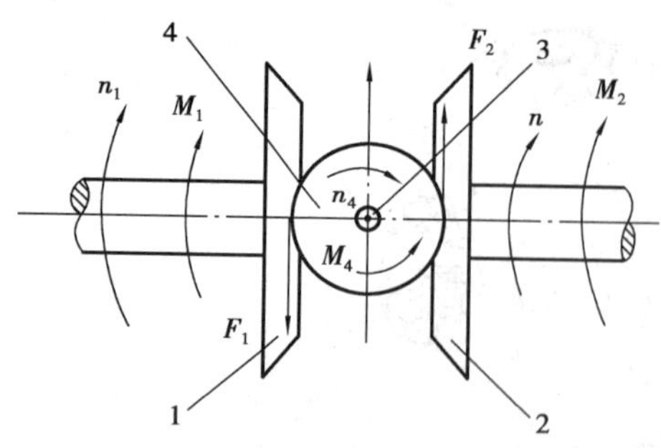

图 6.15　差速器转矩分配原理
1,2—半轴齿轮;
3—行星齿轮轴;4—行星齿轮

反作用于行星齿轮两啮合点 A 和 B(见图 6.14),使行星齿轮除了随差速器壳公转外还顺时针自转。设自转转速为 n_4,则左半轴齿轮的转速增加,右半轴齿轮的转速降低,且左半轴齿轮增加的转速等于右半轴齿轮降低的转速。设半轴齿轮的转速变化为 Δn,则 $n_1 = n_0 + \Delta n$,$n_2 = n_0 - \Delta n$,即汽车右转时,左侧(外侧)车轮转动快,右侧(内侧)车轮转动慢,实现纯滚动。此时依然有 $n_1 + n_2 = 2n_0$。

由于行星齿轮的自转,行星齿轮孔与行星齿轮轴轴径间以及齿轮背部与差速器壳体之间都产生摩擦。如图 6.15 所示,行星齿轮所受的摩擦力矩 M_T 方向与其自转方向相反,并传到左、右半轴齿轮,使转动快的左半轴的转矩减小,转动慢的右半轴的转矩增加。所以当左、右驱动车轮存在转速差时,$M_1 = (M_0 - M_\mathrm{T})/2$,$M_2 = (M_0 + M_\mathrm{T})/2$。但由于有推力垫片的存在,实际中的 M_T 很小,可以忽略不计,则 $M_1 = M_2 = M_0/2$。

总结:

①普通锥齿轮差速器的运动特性:$n_1 + n_2 = 2n_0$。

②普通锥齿轮差速器的转矩分配特性:$M_1 = M_2 = M_0/2$,即转矩等量分配特性。

普通锥齿轮式差速器转矩等量分配的特性对于汽车在良好路面上行驶是有利的。但汽车在坏路面上行驶时却会严重影响其通过能力。例如当汽车的一个驱动轮处于泥泞路面因附着力小而原地打滑时,即使另一驱动轮处于附着力大的路面上未滑转,汽车仍不能行驶。这是因为附着力小的路面只能对驱动车轮作用一个很小的反作用力矩,而驱动转矩也只能等于这一很小的反作用力矩。由于差速器等量分配转矩的特性,附着力好的驱动轮也只能分配到同样小的转矩,以至于总的牵引力不足以克服行驶阻力,汽车便不能前进。

为了提高汽车通过坏路面的能力,可采用防滑差速器。即当汽车某一侧驱动轮发生滑转时,差速器的差速作用即被锁止,并将大部分或全部转矩分配给未滑转的驱动轮,充分利用未滑转车轮与地面之间的附着力,以产生足够的牵引力使汽车继续行驶。

任务 2　防滑差速器

任务描述

汽车上常用的防滑差速器分为人工强制锁止式和自锁式两大类。前者通过驾驶员操纵差速锁,人为地将差速器暂时锁住,使差速器不起差速作用;后者是在汽车行驶过程中,根据路面情况自动改变驱动轮间的转矩分配。常用的自锁式差速器有摩擦片式和托森式等多种结构形式。本任务要求了解这两大类差速器结构特点和工作原理。

学习引导

1. 强制锁止差速器

强制锁止式差速器就是在普通行星锥齿轮差速器上设计了差速锁。当一侧驱动轮滑转时，利用差速锁可使差速器不起作用，保证了汽车的正常行驶。

图6.16所示为奔驰20026A型汽车强制锁止式差速器。它的差速锁由牙嵌式接合器及操纵机构两部分组成。牙嵌式接合器的固定接合套26用花键与差速器壳24左端连接，并用弹性挡圈27轴向限位。滑动接合套28用花键与半轴29连接，并可轴向滑动。操纵机构的拨叉37装在拨叉轴36上并可沿导向轴39轴向滑动，其叉形部分插入滑动接合套28的环槽中。

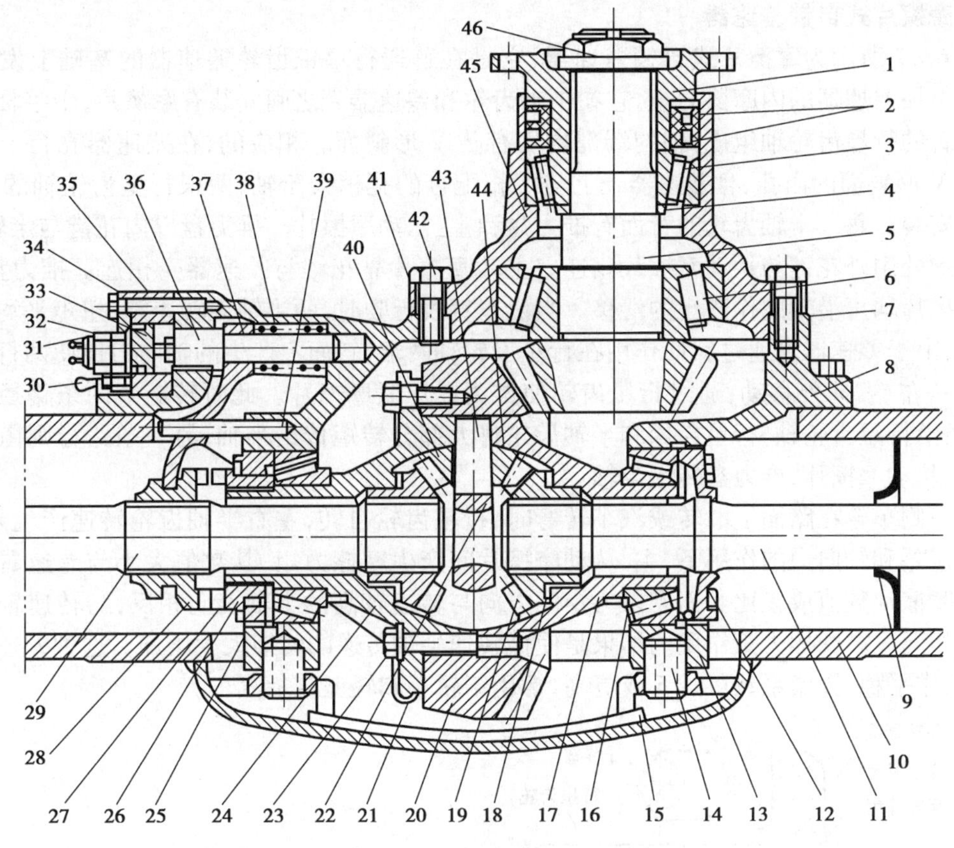

图6.16　奔驰20026A型汽车强制锁止式差速器结构示意图

1—传动凸缘；2—油封；3,6,16—轴承；4—调整隔圈；5—主减速器主动齿轮；7—调整垫片；8—主减速器壳；9—挡油盘；10—桥壳；11,29—半轴；12—带挡油盘的调整螺母；13—轴承盖；14—定位销；15—集油槽；17,24—差速器壳；18,44—推力垫片；19—半轴齿轮；20—主减速器从动齿轮；21—锁板；22—衬套；23,42—螺栓；25—调整螺母；26—固定接合套；27—弹性挡圈；28—滑动接合套；30—气管接头；31—带密封圈的活塞；32—差速锁指示灯开关；33—调整螺钉及其锁紧螺母；34—缸盖；35—缸体；36—拨叉轴；37—拨叉；38—复位弹簧；39—导向轴；40—行星齿轮；41—密封圈；43—十字轴；45—轴承座；46—螺母

当汽车的一侧车轮处于附着力较小的路面上时，可按下仪表板上的电钮，使电磁阀接通压缩空气管路，压缩空气便从气管接头30进入气动活塞缸，推动活塞31克服弹簧38带动滑动接合器28右移，使之与固定接合器26接合。结果，左半轴29与差速器壳24成为刚性连接，差速器不起差速作用，即左右两半轴被联锁成一体一同旋转。这样，当一侧驱动轮滑转而无牵引力时，从主减速器传来的转矩全部分配到另一侧驱动轮上，使汽车得以正常行驶。

当汽车通过坏路后驶上好路时，驾驶员通过电钮使电磁阀切断高压气路，并使气动活塞缸接通大气，缸内压缩空气即经电磁阀排出。于是复位弹簧复位，推动活塞使滑动接合器左移回到分离位置。

强制锁止式差速锁结构简单,易于制造。但操纵不便,一般要在停车时进行,而且如果过早接上或过晚摘下差速锁,亦即在好路段上左、右车轮仍刚性连接,则将产生前面已述及的在无差速器情况下出现的一系列问题。因此,有些越野汽车采用了在行驶过程中能根据路面情况自动改变驱动轮间转矩分配的高摩擦自锁式差速器。

2. 摩擦片式自锁差速器

图6.17 所示为摩擦片式自锁差速器,它是在普通行星锥齿轮差速器的基础上发展而来的。为增加差速器的内摩擦力矩,它在半轴齿轮和差速器壳之间安装有摩擦片,十字轴由两根相互垂直的行星齿轮轴组成,轴的端部均切有凸 V 形斜面。相应的,在差速器壳孔上也开有相应凹 V 形斜面的内孔,且差速器壳上与之相配合的孔稍大于轴,两根行星齿轮轴的 V 形面呈反向安装。每一半轴齿轮的背面有推力盘和主、从动摩擦片。推力盘以内花键与半轴相连,在其轴颈处用外花键与从动摩擦片相连。主动摩擦片靠花键与差速器壳相连。推力盘和主、从动摩擦片均可沿轴向作微小的滑移。当汽车直线行驶时,两半轴无转速差,扭矩平均分配给两半轴,由于差速器壳通过斜面作用在行星齿轮轴两端,斜面上产生的轴向力迫使两行星齿轮轴分别从左、右向外移动,通过行星齿轮使推力盘压紧摩擦片。此时转矩经两条路径传给半轴:一条沿行星齿轮轴、行星齿轮和半轴齿轮将大部分转矩传给半轴,另一条路径则由差速器壳经主、从动摩擦片、推力盘传给半轴。

当一侧车轮在路面上滑转或汽车转弯时,行星齿轮自转,左右半轴齿轮转速产生差异,在这种转速差和轴向力的作用下,主、从动摩擦片间产生摩擦力矩,其数值大小与差速器传递的转矩和摩擦片数值成正比。而摩擦力矩的方向与转速较高的半轴旋向相反,与转速较慢的半轴旋向相同。高摩擦力矩作用的结果是使低转速半轴传递的转矩大大增加。这种差速器结构简单、工作平稳、锁紧系数可达 5 或更高,常用于轿车和轻型载货汽车。

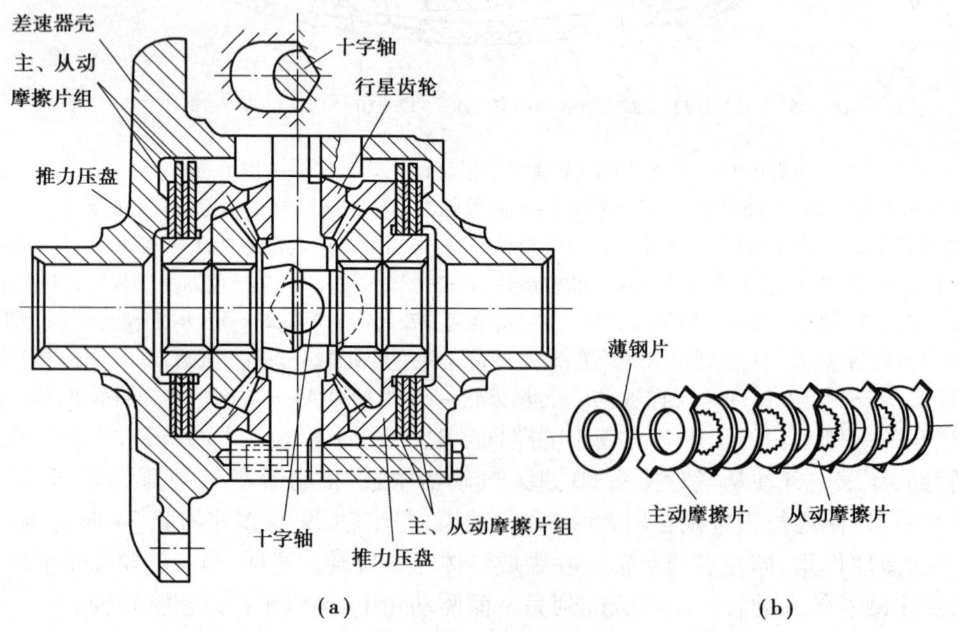

图6.17 摩擦片式自锁差速器

3. 托森差速器

托森差速器是一种新型的差速器，它利用蜗轮蜗杆传动的不可逆性原理和齿面高摩擦条件，使差速器能根据其内部差动转矩（即差速器的内摩擦转矩）的大小自动在“差速”和“锁死”之间转换，即当差速器内差动转矩较小时起差速作用，而当差速器内差动转矩过大时差速器将自动锁死。这样可以有效地提高汽车的通过能力，因此在现代四轮驱动轿车上得到了广泛应用。

如图6.18所示是奥迪全轮驱动轿车变速器和中央轴间托森差速器传动位置示意图。

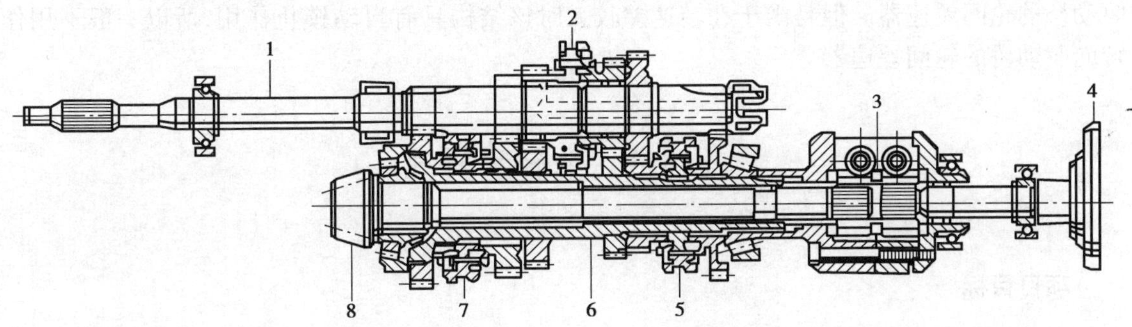

图6.18 奥迪全轮驱动轿车变速器和中央轴间托森差速器传动装置

1—输入轴；2—三、四挡传动齿轮副；3—托森差速器；4—驱动轴凸缘盘；5—五挡和倒挡传动齿轮副；6—空心轴；7—一、二挡传动齿轮副；8—差速器齿轮轴

托森差速器的结构如图6.19所示，由差速器壳、6个蜗轮、6根蜗轮轴、12个直齿圆柱齿轮及前、后轴蜗杆组成。当前、后驱动桥无转速差时，蜗轮绕自身轴自转。各蜗轮、蜗杆与差速器壳一起等速转动，差速器不起差速作用。当前、后驱动桥需要有转速差，例如汽车转弯时，因前轮转弯半径大，差速器起差速作用。此时，蜗轮除公转传递动力外，还要自转。由于直齿圆柱齿轮的相互啮合，使前后蜗轮自转方向相反，从而使前轴蜗杆转速增加，后轴蜗杆转速减小，

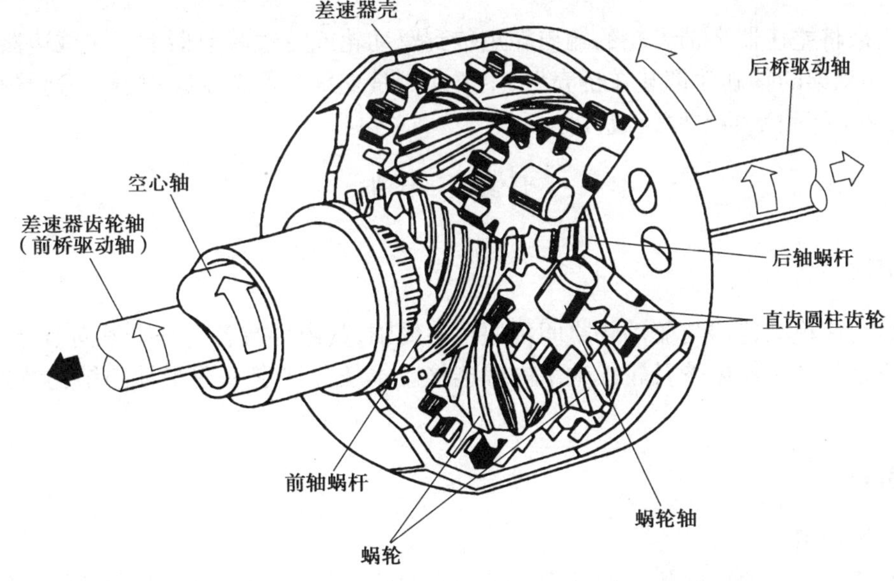

图6.19 托森差速器的结构

实现了差速。托森差速器起差速作用时,由于蜗杆蜗轮啮合副之间的摩擦作用,转速较低的后驱动桥比转速较高的前驱动桥所分配到的转矩大。若后桥分配到的转矩大到一定程度而出现滑转时,则后桥转速升高一点,转矩又立刻重新分配给前桥一部分,所以驱动力的分配可根据转弯的要求自动调节,使汽车转弯时具有良好的驾驶性。当前、后驱动桥中某一桥因附着力小而出现滑转时,差速器起作用,将转矩的大部分分配给附着力好的另一驱动桥(最大可达3.5倍),从而提高了汽车通过坏路面的能力。

托森差速器由于其结构和性能上的诸多优点被广泛用作全轮驱动轿车的轴间差速器和后驱动桥的轮间差速器。但是由于在转速差较大时该结构具有自动锁止作用,所以一般不用作转向驱动桥的轮间差速器。

项目4　半轴和桥壳

项目目标

1. 了解半轴的支承形式;
2. 掌握半轴的检修方法;
3. 了解桥壳的功用;
4. 掌握桥壳的检修方法。

课前思考

汽车动力是如何传递给车轮的?车轴是如何固定的?

项目内容

半轴用来将差速器半轴齿轮的输出转矩传到驱动轮或轮边减速器上。主减速器、差速器、半轴、轮毂和悬架的基础件都装在桥壳上,主要作用是支承并保护主减速器、差速器和半轴等。同时,桥壳又是行驶系的主要组成件之一。

任务1　半轴

任务描述

半轴是变速箱减速器与驱动轮之间传递扭矩的轴,其内外端各有一个万向节,分别通过万向节上的花键与减速器齿轮及轮毂轴承内圈连接。本任务要求掌握半轴的结构特点,理解其工作原理。

学习引导

1. 半轴的功用

半轴的功用是将差速器传来的动力传递给驱动轮。如图6.20所示,其内端与差速器的半轴齿轮相连,而外端则与驱动轮的轮毂相连。因其传动的转矩较大,常制成实心轴。半轴的结构受到悬架和驱动桥的结构影响。非独立悬架、发动机前置、后轮驱动的汽车，如解放CA1091、东风汽车等，半轴是一根长轴，它将转矩直接将动力从差速器传递给驱动轮。断开式驱动桥和发机前置前轮驱动的汽车，如奥迪100和上海桑塔纳轿车，其半轴分段并用等速万向节连接，中半轴常被称为传动轴。

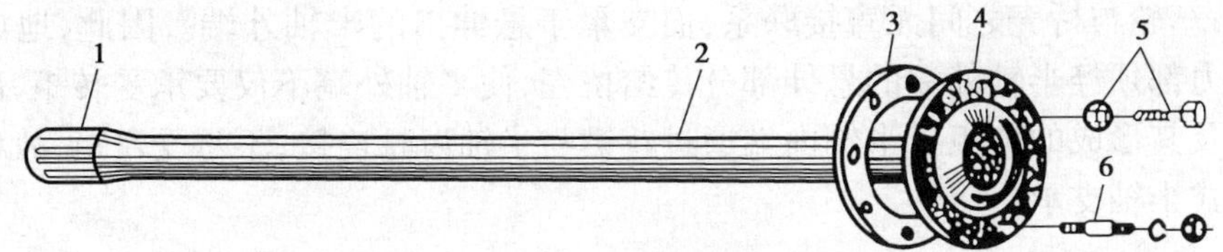

图6.20　半轴

1—花键；2—杆部；3—垫圈；4—凸缘；5—半轴起拔螺栓；6—半轴紧固螺栓

半轴的受力情况由半轴和驱动轮在桥壳上的支承形式而定。现代汽车基本上采用全浮式半轴支承和半浮式半轴支承形式。

2. 全浮式半轴支承

全浮式半轴支承广泛应用在各种货车上。图6.21所示为东风EQ1090型汽车半轴外端与轮毂及桥壳的连接情况。轮毂通过两个相距较远的圆锥滚子轴承支承在半轴套管上。半轴内端用花键与差速器的半轴齿轮连接。在外端，路面对驱动轮的作用力（垂直反力 F_z、切向反力 F_x 和侧向反力 F_y）以及由它们形成的弯矩，直接由轮毂通过两个锥轴承传给桥壳，完全不由半轴承受。同样，在内端作用在主减速器从动锥齿轮上的力及弯矩全部由差速器壳直接承受，与半轴无关。因此，这样的半轴支承形式使半轴只承受转矩，而两端均不承受任何反力和反力矩，故称为全浮式支承形式。所谓“浮”，是对卸除半轴的弯曲负荷而言的。

为防止轮毂及半轴在侧向力作用下发生轴向窜动，轮毂内的两个锥轴承的安装方向必须使它们能分别承受向内和向外的轴向力。轴承的预紧度可调整，并有锁紧螺母锁紧。

全浮式支承的半轴易于拆装，只需拧下半轴凸缘上的螺钉，就可将半轴从半轴套管中抽出，而车轮和车桥照样能支持住汽车。

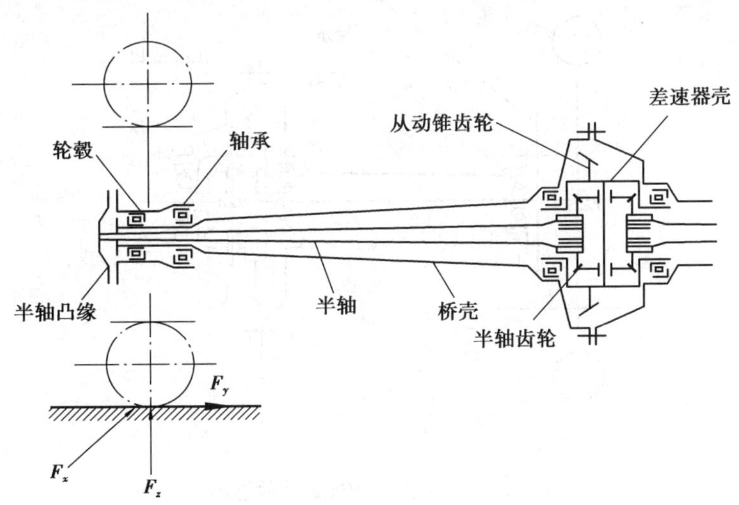

图6.21　全浮式半轴支承

3. 半浮式半轴支承

如图 6.22 所示为红旗 CA7560 型高级轿车半浮式半轴支承型式的驱动桥，其示意图如图 6.23 所示。其半轴外端制成锥形，锥面上铣有键槽，最外端制有螺纹；轮毂以其相应的锥孔与半轴上锥面配合，并用键连接，用锁紧螺母紧固；半轴用一个圆锥滚子轴承直接支承在桥壳凸缘的座孔内；车轮与桥壳之间无直接联系，而支承于悬伸出的半轴外端。因此，地面作用于车轮的各种反力都须经半轴外端的悬伸部分传给桥壳，使半轴外端不仅要承受转矩，而且还要承受各种反力及其形成的弯矩。半轴内端通过花键与半轴齿轮连接，不承受弯矩，故称这种支承形式为半浮式半轴支承。

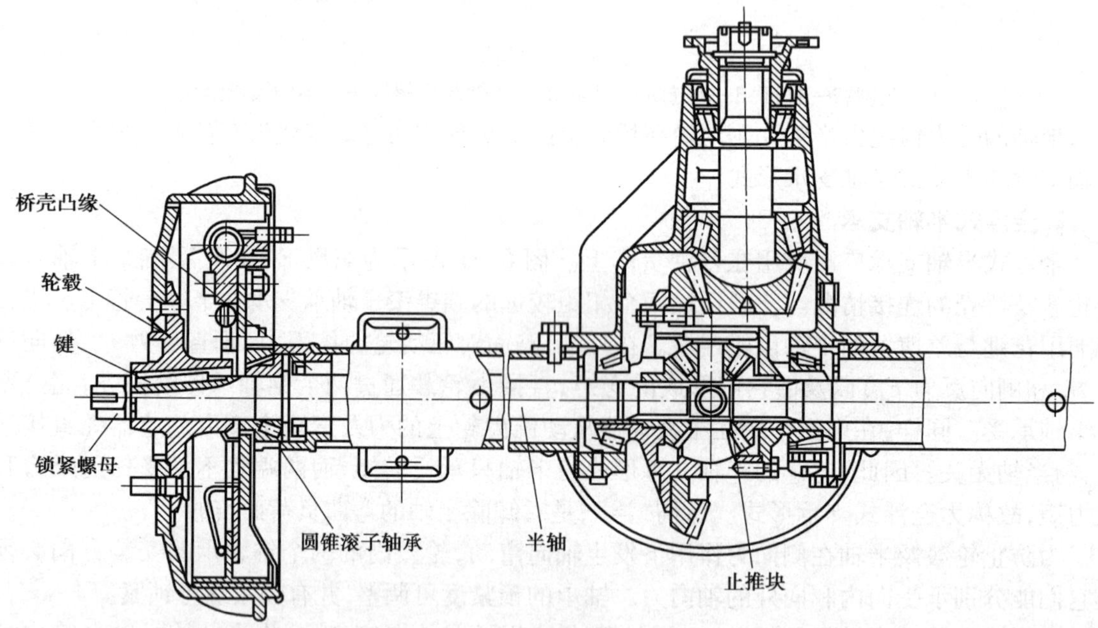

图 6.22　半浮式半轴支承

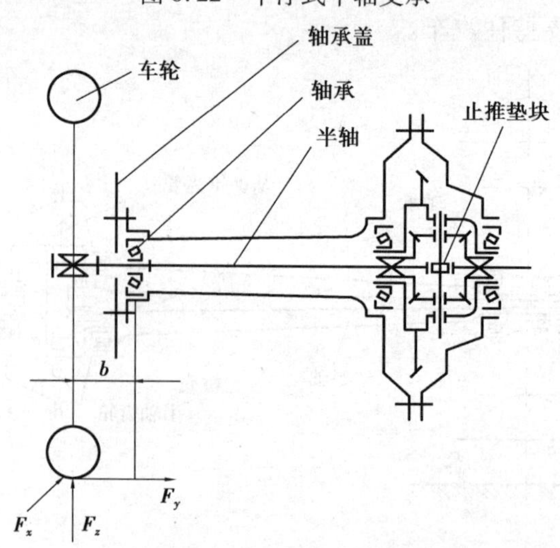

图 6.23　半浮式半轴支承示意图

半浮式半轴支承结构简单，但半轴受力情况复杂且拆装不便，多用于反力、弯矩较小的各类轿车上。

任务2　桥壳

任务描述

桥壳是行驶系的主要组成件之一，是安装主减速器、差速器、半轴、轮毂和悬架的基础件，主要作用是支承并保护主减速器、差速器和半轴等。本任务要求掌握桥壳的结构特点，理解其工作原理。

学习引导

1. 桥壳的功用

驱动桥壳既是传动系的组成部分，也是行驶系的组成部分。作为传动系的组成部分，其功用是安装并保护主减速器、差速器和半轴。作为行驶系的组成部分，其功用是安装悬架或轮毂，和从动桥一起支承汽车悬架以上各部分质量，承受驱动轮传来的反力和力矩，并在驱动轮与悬架之间传力。

由于桥壳承受较复杂的载荷，因此要求桥壳应具有足够的强度和刚度，质量小，还要便于主减速器的拆装和调整。

2. 桥壳的类型

驱动桥壳从结构上分为整体式桥壳和分段式桥壳两类，一般多采用整体式。

（1）整体式桥壳

整体式桥壳因制造方法不同又有多种形式，常见的有整体铸造、中段铸造压入钢管、钢板冲压焊接等形式。图6.24为CA1091型汽车的整体铸造式驱动桥壳。空心的桥壳用球墨铸铁铸成，两端压入无缝钢管制成的半轴套管，并用止动螺钉限定位置。半轴套管露出部分安装轮毂轴承，端部制有螺纹，用于安装轮毂轴承调整螺母和锁紧螺母。凸缘盘用来固定制动底板。桥壳的端部加工有油封颈，和轮毂油封配合，以密封轮毂空腔，防止润滑脂外溢。桥壳后端面的大孔可用来检查主减速器的技术状况，平时用后盖封住。后盖上有螺塞，用以检查油面高度。

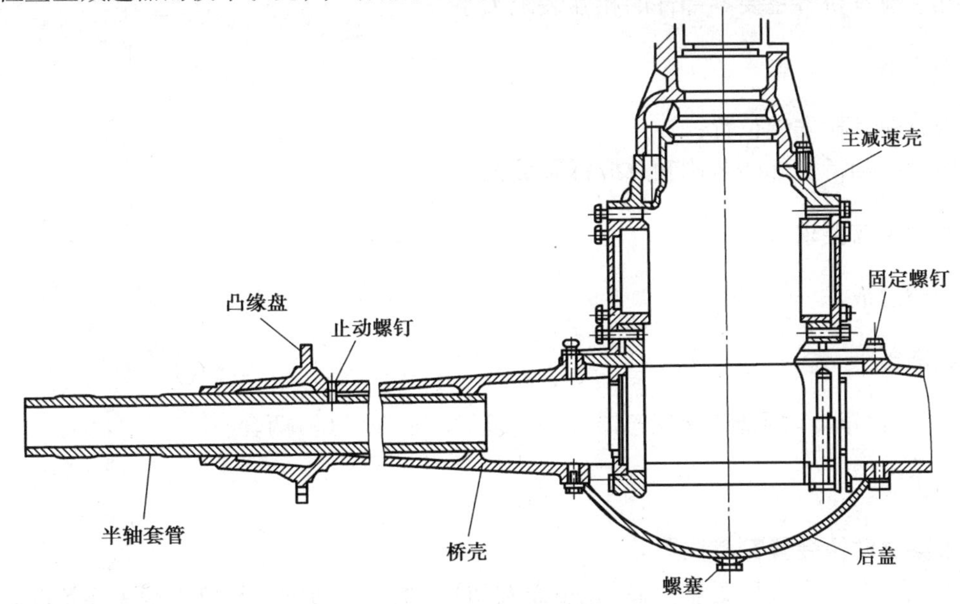

图6.24　CA1091型汽车的整体铸造式驱动桥壳

这种整体式桥壳刚度大、强度高、易铸成等强度梁形状，但因质量大，其铸造质量不易保证，适用于中、重型汽车，更多地用于重型汽车上。

(2)分段式桥壳

分段式桥壳一般由两段组成，也有由三段甚至多段组成的，各段之间用螺栓连接。图6.25为两段组成的桥壳，用螺栓连成一体。它主要由铸造的主减速器壳、盖和两段钢制半轴套管组成。分段式桥壳比整体式桥壳易于铸造，加工简便，但拆装、维修主减速器、差速器十分不便，必须把整个驱动桥从汽车上拆卸下来，现已很少应用。

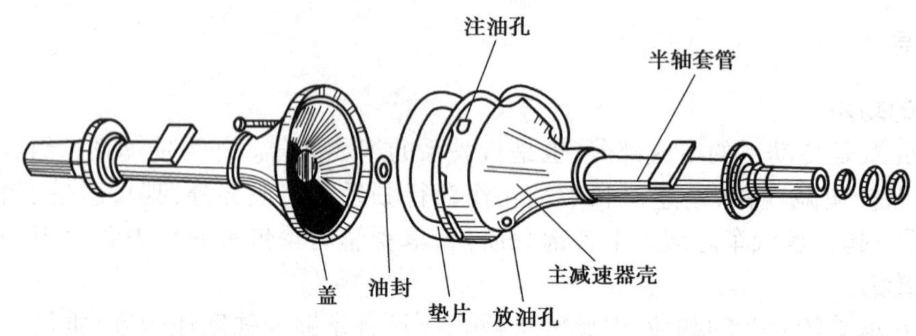

图6.25　分段式桥壳

实训9　驱动桥结构认知

实训目的

1. 对照实物掌握驱动桥结构特点；
2. 通过简单拆装掌握驱动桥主要零部件的名称和作用；
3. 熟悉驱动桥各主要零部件的相互装配关系。

实训内容

1. 观察驱动桥安装位置；
2. 熟悉驱动桥各部件名称和总成拆装关系。

技术标准与要求

驱动桥总成。

工具准备

实训车、汽车传动系统（含变速器、万向传动装置、驱动桥）两套。

实训步骤

1. 观察驱动桥装置安装位置

首先在实训车或汽车底盘台架上（不需发动）上观察驱动桥安装位置和工作情况。

2. 驱动桥各个组成件结构认识

观察拆离的驱动桥各个零件的结构特点和磨损状态，分析其工作原理，做好记录。

实训结果

①完成实训报告册，说明驱动桥主要零部件结构、功用和原理。
②填写实训工单，进行实训考核。

项目5　驱动桥的维修与故障排除

项目目标

1. 了解驱动桥的常见故障；
2. 掌握驱动桥的故障诊断排除方法。

课前思考

驱动桥的常见故障有哪些？如何排除？

项目内容

驱动桥是汽车传动系中最后一个总成，功能是将发动机传出的相关扭矩传给驱动轮，实现降速、增扭作用。因此，驱动桥的减速器、差速器、半轴、齿轮、轴承等不仅承受很大的径向力和轴向力，还承受很大的扭矩，且经常受到剧烈的冲击载荷，造成零部件不同程度磨损、损伤及壳体变形，以及相对位置发生变化、配合间隙变大、齿轮啮合不良，破坏了原先完好的技术状况，使汽车在行驶中产生故障，因此要对驱动桥进行必要的维修。

任务1　驱动桥维护

任务描述

驱动桥结构比较复杂，承受载荷大，传递扭矩大，高速旋转相对运动对零件摩擦表面的磨损也大。为了防止零件的早期磨损和损伤，使驱动桥保持完好技术状况，必须定期维护驱动桥。本任务要求掌握驱动桥的维护方法。

学习引导

1. 一级维护

一级维护时，对驱动桥和车轮应进行下述的维护作业：
①检查后桥壳是否有裂纹及不正常的渗漏。如有渗漏，应查明原因，予以排除；
②检查各部螺栓、螺母的连接是否可靠；
③检查后桥壳体内的润滑油量是否合适，其油面应不低于检视孔下沿15 mm处；
④检查后桥壳的通气塞是否保持畅通；

⑤用推动轮毂来检查轴承的松紧度时，应无明显手感的松旷量；

⑥检视轮胎和半轴上的外露螺栓、螺母不得有松动。

2. 二级维护

二级维护除进行一级维护的所有项目外，还应进行以下内容：

①检查半轴。半轴应无弯曲、裂纹，键槽无过度磨损。如有可视的键槽磨损时，应进行左右半轴的换位；

②拆下轮毂，检查半轴套管是否有配合松旷和裂纹，各螺纹的损伤不得超过 2 牙；

③检视后桥壳是否有裂纹；

④放油后，拆下后桥壳盖，清除油污并检视齿轮、轴承及各部螺栓紧固情况，必要时可以更换齿轮和轴承；

⑤检视主减速器的油封有无漏油、凸缘螺母是否松动，检查主减速器连接螺栓的松紧度；

⑥检查轮毂轴承的紧固情况，必要时按技术条件的要求校紧。

二级维护时，还要根据有无下列现象，决定后桥维护的附加作业项目：

①主减速器有无异响，主减速器的啮合间隙是否过大。如有，说明轮齿磨损或啮合间隙过大，应调整啮合间隙并检查齿面接合状况。

②检查后桥在正常工作时的油温是否超过 60 ℃并伴有异响。如有此现象说明轮齿啮合不当或齿轮有折齿，也可能是由于轴承预紧度过大，应拆检主减速器和差速器。

上述作业结束后，装复后桥壳后盖，按规定加注符合原厂规定的齿轮油至规定油面。

任务2　驱动桥主要零件的检修

任务描述

驱动桥壳体类零件出现微小裂纹或壳体轻微变形均可导致零件间相对位置精度及齿轮间的啮合关系发生改变，从而降低驱动桥的作业效率和使用寿命，影响整机的使用性能和作业能力。本任务要求掌握驱动桥主要零件的检修。

学习引导

1. 桥壳的检修

①桥壳和半轴套管不允许有裂纹存在，半轴套管应进行探伤处理。各部螺纹损伤不得超过2 牙；

②钢板弹簧座定位孔的磨损不得大于 1.5 mm，超限时，可先进行补焊，然后按原位置重新钻孔；

③整体式桥壳以半轴套管的两内端轴颈的公共轴线为基准，两外轴颈的径向圆跳动误差超过 0.30 mm 时应进行校正，校正后的径向圆跳动误差不得大于 0.08 mm；

④分段式桥壳以桥壳的结合圆柱面、结合平面及另一端内锥面为基准，轮毂的内外轴颈的径向圆跳动误差超过 0.25 mm 时应进行校正，校正后的径向圆跳动误差不得大于 0.08 mm。

2. 半轴的检修

①半轴应进行隐伤检查，不得有任何形式的裂纹存在；

②半轴花键应无明显的扭转变形；

③以半轴轴线为基准,半轴中段未加工圆柱体径向圆跳动误差不得大于1.3 mm;花键外圆柱面的径向圆跳动误差不得大于0.25 mm;半轴凸缘内侧端面圆跳动误差不得大于0.15 mm。径向圆跳动超限,应进行冷压校正;端面圆跳动超限,可车削端面进行修正;

④半轴花键的侧隙增大量较原厂规定不得大于0.15 mm;

⑤对前轮驱动汽车的半轴总成(带两侧等角速万向节)还应进行以下作业内容:

a. 外端球笼万向节用手感检查应无径向间隙,否则应予更换;

b. 内侧三叉式万向节可沿轴向滑动,但应无明显的径向间隙感,否则换新件;

c. 防尘套是否有老化破裂,卡箍是否有效可靠,如失效,换新件。

任务3　主减速器总成的装配与调整

任务描述

为了使主减速器主动和从动齿轮之间啮合传动时冲击轻、噪声低,而且轮齿沿其长度方向磨损均匀,因此必须有正确的相对位置。为此,在结构上一方面要使主动和从动锥齿轮有足够的支承刚度,使其在传动过程中不至于发生较大变形而影响正常啮合;另一方面,应有必要的啮合调整装置。本任务要求掌握主减速器主总成的装配与调整。

学习引导

主动锥齿轮和从动锥齿轮的调整正确与否,对于主减速器的使用寿命和运转平稳性起着决定性作用。主减速器和差速器总成拆装后,特别是更换某些零部件后,必须通过精确的测量、计算,选出合适的调整垫片;通过改变垫片的厚度来轴向移动变速器输出轴上的主动齿轮,使啮合印痕在最佳位置;通过改变垫片的厚度来轴向移动从动齿轮,使啮合间隙处于规定的公差范围内。

主减速器装配中的调整包括主、从动圆锥齿轮轴承预紧度的调整(含差速器轴承预紧度的调整),主、从动圆锥齿轮啮合印痕和啮合间隙的调整等项目。主减速器的调整品质是决定主减速器圆锥齿轮副使用寿命的关键。因此,在进行调整作业时,必须遵守主减速器的调整规则:

①先调整轴承的预紧度,再调整啮合印痕,最后调整啮合间隙。

②主、从动圆锥齿轮轴承的预紧度必须按原厂规定的数值和方法进行调整与检查,在主减速器调整齿轮副啮合印痕和间隙的过程中,轴承的预紧度不得变更,始终都应符合原厂的规定值。

③在保证啮合印痕合格的前提下,调整啮合间隙和啮合间隙的变化量都必须符合技术条件,否则应成对更换齿轮副。

④准双曲线圆锥齿轮、奥利康圆锥齿轮(等高齿)和格利森圆锥齿轮(圆弧渐缩齿)啮合印痕的技术标准不尽相同,调整方法亦有差异。前两种齿轮往往以移动主动圆锥齿轮调整啮合印痕,以移动从动圆锥齿轮调整啮合间隙;而对格利森圆锥齿轮的调整则无特殊的要求。

1. 轴承预紧度的调整

主减速器主、从动圆锥齿轮的支承刚度对其能否正常工作至关重要。其原因在于,一是主动齿轮采用圆锥齿轮,而圆锥齿轮在传动中对啮合的精度要求很高;二是主减速器锥齿轮副在工作中会有轴向力。装配时,先给轴承一定的预紧度,形成相当的预紧应力,这有利于加强主动圆锥齿轮的刚度,提高齿轮在工作中的自动定心能力,抑制齿轮的径向抖动和轴向窜动,保护润滑油膜，从而提高圆锥齿轮副的啮合精度，保证啮合间隙。通过改善圆锥齿轮副的啮合精度，减轻齿轮工作面的磨损和传动噪声，可以延长圆锥齿轮副的使用寿命。

2. 主动圆锥齿轮轴承预紧度的调整

主动圆锥齿轮轴承预紧度的调整方法有两种，分别如图 6.26 和图 6.27 所示。

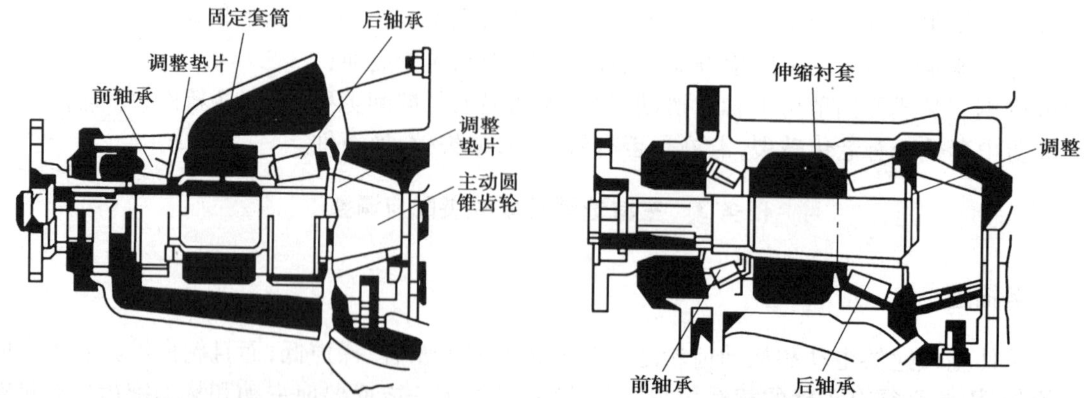

图 6.26 主动圆锥齿轮轴承预紧度的调整方法之一　图 6.27 主动圆锥齿轮轴承预紧度的调整方法之二

第一种方法是在前轴承内圈下加减调整垫片，当按规定力矩拧紧万向节凸缘螺母时，垫片越薄，轴承内、外圈压得越紧，即预紧度越大。国产汽车主动圆锥齿轮轴承的预紧度多数采用这种方法进行调整，如解放 CA1091 型和东风 EQ1090 型汽车。

第二种方法是用一个弹性隔套来调整主动圆锥齿轮轴承的预紧度。装配时，在前、后轴承内圈之间放置一个可压缩的弹性薄隔套，按规定力矩拧紧凸缘盘固定螺母时，隔套产生弹性变形，其张力能自动适应对轴承预紧度的要求。此种方法简单、有效，但采用这种方法因隔套的弹性衰退，每次都必须换用新的隔套。轿车的主减速器大多采用这种方法，如北京切诺基汽车即采用此种结构。

3. 从动圆锥齿轮轴承预紧度的调整

从动圆锥齿轮轴承预紧度的调整因驱动桥的结构不同分为两种：

第一种为单级主减速器，其从动圆锥齿轮固定在差速器壳上，从动圆锥齿轮轴承就是差速器轴承，调整从动圆锥轮轴承的预紧度就是调整差速器轴承的预紧度。

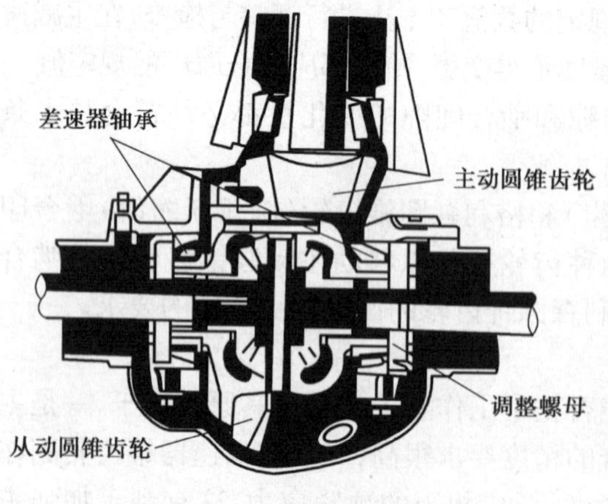

图 6.28 差速器轴承预紧度的调整

差速器轴承两侧都有调整螺母。装配时，将差速器轴承外圈套在轴承上，将差速器总成装入差速器壳内，将两侧调整螺母装在座孔内的螺纹部分（螺纹一定要对好），然后将两侧轴承盖对好螺纹后装复（左、右两轴承盖不得互换）。

调整轴承的预紧度时（如图 6.28 所示），慢慢转动两侧调整螺母，同时慢慢转动差速器总成，使滚柱处于正确位置。两侧相对向内旋转，预紧度增加，而两侧向外相背旋转，预紧度减少。正确的预紧度可用转动差速器总成的力矩来衡量。调好后，装好锁片并用螺栓紧固轴承盖。

第二种为双级主减速器,从动圆锥齿轮与二级减速器的主动圆柱齿轮固定在同一根轴上,两端用轴承支承在主减速器壳上。轴承预紧度的调整可参照图6.8选择适当厚度的调整垫片6和13,将其安装在主减速器壳与轴承盖之间。拧紧轴承盖紧固螺栓后,用转动从动圆锥齿轮的力矩来衡量预紧度是否合适。解放CA1091型汽车转动从动圆锥齿轮的力矩为1.47～3.43 N·m。如所需力矩过大,说明预紧度过大,应增加垫片的厚度。

4. 主、从动圆锥齿轮啮合印痕与齿侧间隙的调整

主、从动圆锥齿轮应沿齿长方向接触,其位置控制在轮齿的中部偏向小端,接触痕迹的长度不小于齿长的60%,齿高方向的接触印痕应不小于齿高的60%,齿侧间隙一般为0.15～0.50 mm,各车型不同。

当主、从动圆锥齿轮的啮合状况和齿侧间隙不符合要求时,齿面接触区应按表6.1所示的方法进行调整。这种方法可简化为口诀:"大进从、小出从;顶进主、根出主",即根据接触区偏向大端或小端、偏向齿顶或齿根而相应移动主、从动齿轮的进或出。用这种方法进行调整时,要注意保证齿侧间隙不得小于规定的最小值。

实现齿轮位移的具体方法与车辆的结构有关:

(1)主动圆锥齿轮的移动

如图6.26和图6.27所示的整体式主减速器,可通过增加或减少后轴承内圈与主动圆锥齿轮之间的垫片来实现主动圆锥齿轮的轴向移动。对于组合式主减速器,其主动圆锥齿轮安装在单独的轴承座中,增减轴承座与主减速器壳之间的垫片可使轴承座连同主动圆锥齿轮的轴向位置发生变化(参阅图6.4和图6.8)。

表6.1　圆锥齿轮副啮合印痕的调整方法

从动齿轮面接触区		调整方法	齿轮移动方向
 前驶	 倒车		
		将从动齿轮向主动齿轮移近,若这时齿隙过小,则将主动齿轮向外移开	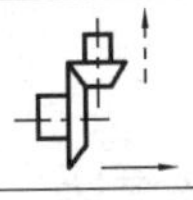
		将从动齿轮自主动齿轮移开,若这时齿隙过大,则将主动齿轮移近	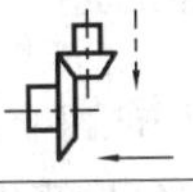
		将主动齿轮向从动齿轮移近,若这时齿隙过小,则将从动齿轮移开	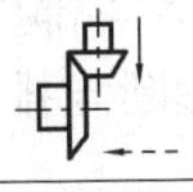
		将主动齿轮自从动齿轮移开,若这时齿隙过大,则将从动齿轮移近	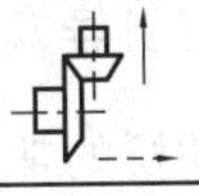

(2)从动圆锥齿轮的移动

对于单级主减速器(如图6.28所示),从动圆锥齿轮轴承就是差速器的轴承,将轴承两侧的调整螺母按左进右退或左退右进的原则转动相等的圈数,就可以在不改变轴承预紧度的前提之下,改变从动圆锥齿轮的轴向位置。

对于双级主减速器,在保持两侧轴承盖下垫片总厚度不变的前提下,将左、右轴承盖下垫片的数目重新分配,便可以在不改变轴承预紧度的前提下移动从动圆锥齿轮的位置。

任务4　驱动桥的磨合试验

任务描述

驱动桥装合后应进行磨合试验,以提高运动件的表面质量与配合质量,及时发现装配和修理中的质量问题,以便及时予以排除。本任务要求掌握驱动桥磨合试验的方法和要求。

学习引导

主减速器和差速器经修理装配后,为了改善个配合副工作状况及检查修理质量,还应进行磨合试验,以检验驱动桥的修理和装配质量,这主要从齿轮工作时啮合印痕位置、噪声大小、轴承的温度和有无漏油等情况来判断。

1. 磨合规范

①试验用油:向桥壳内加足黏度较低的机油或齿轮油。

②试验转速:主动锥齿轮运转速度一般为 1 400 ~ 1 500 r/min,东风 EQ1090E 型汽车为 800 ~ 1 400 r/min。

③试验时间:不少于 1.5 h,加载荷试验为 15 min。试验时,应正、反转进行试验。

④试验设备:用电动机或发动机作为动力带动运转。

2. 磨合的技术要求

①轴承区温度:运转 5 ~ 6 min 后,轴承区温度不高于 333 K。

②无异常响声和漏油现象:试验结束后放出旧油,用煤油或柴油清洗内腔,用压缩空气吹干后加入规定的齿轮油。齿轮油有普通型和双曲线型,东风型载重汽车及轿车用双曲线齿轮油。

任务5　驱动桥常见故障诊断与排除

任务描述

驱动桥的主减速器、差速器、半轴、轴承和油封等长期承受冲击载荷,容易使其各配合副磨损严重、各零部件损坏,导致驱动桥过热、异响和漏油等故障发生。本任务要求掌握驱动桥常见故障诊断与排除。

学习引导

驱动桥的常见故障有过热漏油、异响等。

1. 驱动桥过热

(1)故障现象

汽车行驶一段里程后,驱动桥壳中部或主传动器壳异常烫手。

(2)故障原因

①齿轮啮合间隙和行星齿轮与半轴齿轮啮合间隙调整过小;

②轴承调整过紧；

③润滑油量不足、变质或牌号不符合要求；

④止推垫片与主减速器从动齿轮背隙过小。

(3)故障诊断与排除方法

①局部过热。

a. 油封处过热，则故障由油封过紧引起；

b. 轴承处过热，则故障由轴承损坏或调整不当引起；

c. 油封和轴承处均不过热，则故障由止推垫片与主减速器从动齿轮背隙过小引起。

②普遍过热。

首先检查齿轮油油面高度：油面太低，则故障由齿轮油油量不足引起；否则检查齿轮油规格、黏度或润滑性能。上述检查结果不符合要求，则故障由齿轮油变质或规格不符引起；否则检查主减速器齿轮啮合间隙大小。其方法是：松开驻车制动器，变速器置于空挡，轻轻转动主减速器的凸缘盘。若转动角度太小，则故障由主减速器齿轮啮合间隙太小引起；若转动角度正常，则故障由行星齿轮与半轴齿轮啮合间隙太小引起。

2. 驱动桥漏油

(1)故障现象

从驱动桥加油口、放油口螺塞处或油封、各接合面处可见到明显漏油痕迹。

(2)故障原因

①螺栓多次拆卸导致螺纹孔间隙增大；

②通气孔堵塞；

③油封、衬垫等零件老化、变质；

④螺栓松动导致接合面不严密；

⑤润滑油加注过多；

⑥放油螺栓松动或壳体裂纹。

(3)故障诊断与排除

根据漏油痕迹部位判断漏油的具体原因。

3. 驱动桥异响

(1)故障现象

当汽车以40 km/h以上的速度行驶时，驱动桥会发生一种不正常的响声，且车速越高响声越大，而当滑行时或低速时响声减小或消失。

(2)故障原因

①齿轮或轴承严重磨损或损坏；

②主、从动齿轮配合间隙过大；

③从动齿轮铆钉或螺栓松动；

④差速器齿轮、半轴内端或半轴齿轮花键磨损松旷。

(3)诊断及排除

①停车检查，发现驱动桥有不正常的响声时，可将驱动桥架起，启动发动机并挂上挡，后急剧改变车速，察听驱动桥响声来源，以判断故障所在部位。随即熄火并挂空挡，在传动轴停止转动后，用手转动传动轴凸缘，若有松旷感觉，则为齿侧间隙过大；如感到一点活动量没有，则

说明齿侧间隙过小。此时应调整齿侧间隙。

②汽车在行驶中,如车速越高则响声越大,而滑行时响声减小或消失,一般是由于轴承磨损松旷或齿轮齿侧间隙失常所致。如急速改变车速或上坡时发响,则为齿轮齿侧间隙过大,应予调整。

③如汽车在转弯时发生异响,多为差速器行星齿轮齿侧间隙过大或半轴齿轮及键槽磨损所致,严重时应拆下来修理。

④汽车在行驶中听到驱动桥有突然响声,多为齿轮损坏,应立即停车检查排除。如继续行驶,将会打坏齿轮,使汽车停驶。

实训 10 驱动桥的拆装与调整

实训目的

1. 掌握主减速器和差速器的拆装步骤及技术要求;
2. 熟悉驱动桥主要零部件的名称、作用及相互装配关系;
3. 掌握主减速器的调整项目与调整方法;
4. 熟悉主减速器和差速器的工作原理。

实训内容

1. 拆装驱动桥总成;
2. 调整驱动桥各部件。

技术标准与要求

EQ1090 型单级主减速器或 CA1092 双级主减速器维修手册。

工具准备

1. 轿车(普通桑塔纳、捷达、神农富康或进口轿车)和东风 EQ1090 型单级主减速器或 CA1092 双级主减速器数台,确保每 4 ~6 人有一台。

2. 常用汽车维修工具若干套。

3. 专用轴承拉拔器、吊车、工作台、翻转拆装台若干套。

实训步骤

1. 驱动桥的拆卸与分解

(1)半轴的拆卸

(2)主减速器总成的拆卸

①主减速器总成的解体如图 6.29 所示。

②差速器总成的解体如图 6.29 所示。

2. 驱动桥的装配与调整

(1)主动锥齿轮及轴承座的装配与调整

(2)减速器总成的装配与调整

①锥齿轮轴承预紧度调整如图 6.29 至图 6.31 所示。

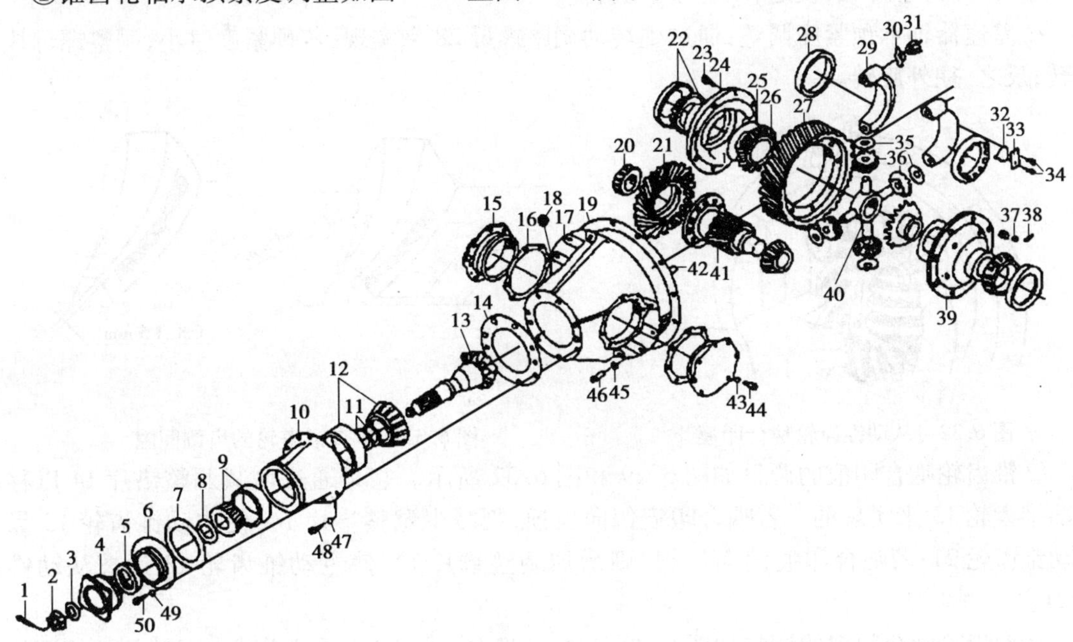

图 6.29　解放 CA1091 型汽车主减速器与差速器的分解

1,38—开口销;主动锥齿轮凸缘螺母;3—垫圈;4—主动锥齿轮凸缘;5—油封;6—油封座;7,19—密封圈;8—主动锥齿轮凸缘止推垫圈;9—主动锥齿轮前轴承;10—主动锥齿轮轴承座;11,14,16—调整垫片;12—主动锥齿轮后轴承;13—主动锥齿轮;15—从动锥齿轮轴承盖;17—主减速器壳;18—加油孔螺栓;20—主动圆柱齿轮轴承;21—从动锥齿轮;22—轴承;23,34,44,46,48,50—螺栓;24—差速器右壳;25—半轴齿轮支承垫;26—半轴齿轮;27—从动圆柱齿轮;28—差速器轴承调整螺母;29—差速器轴承盖;30,33—锁片;31,37—螺母;32—止动片;35—行星齿轮支承垫;36—行星齿轮;39—差速器左壳;40—十字轴;41—主动圆柱齿轮;42—螺柱;43,45,47,49—弹簧垫圈

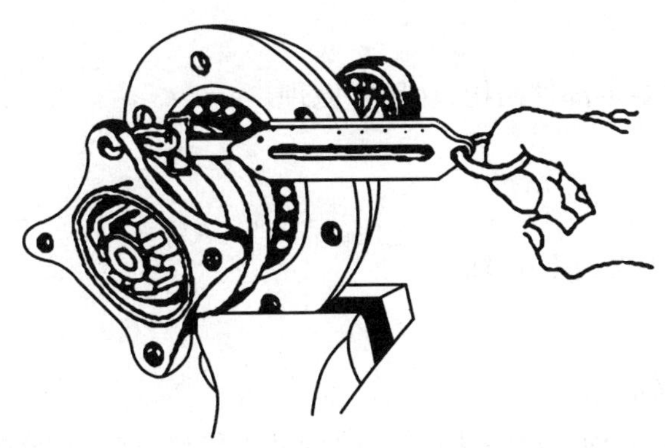

图 6.30　测量主动锥齿轮轴承预紧度

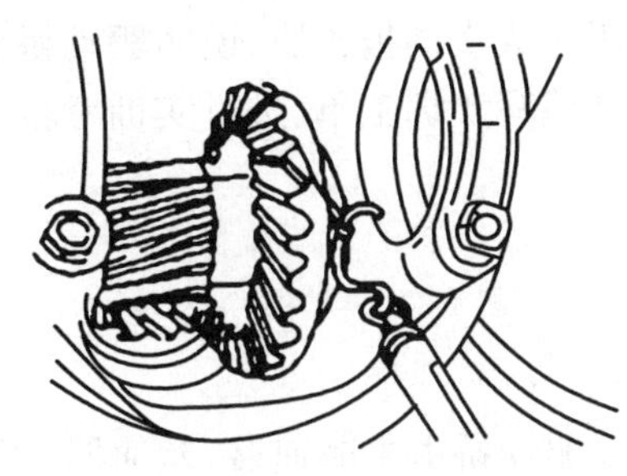

图 6.31　测量从动锥齿轮轴承预紧度

a. 输入轴轴承预紧度调整:通过增减调整垫片 11 来实现,若预紧度过大,增加垫片;若预紧度过小,减少垫片。

b. 中间轴轴承预紧度调整:通过增减调整垫片 16 来实现,若预紧度过小,减少中间轴两端调整垫片 16 的总片数;反之,增加垫片数目。

c. 差速器轴承预紧度调整:通过主转动调整螺母 28 来实现,若预紧度过小,调整螺母往里旋转;反之,往外旋转。

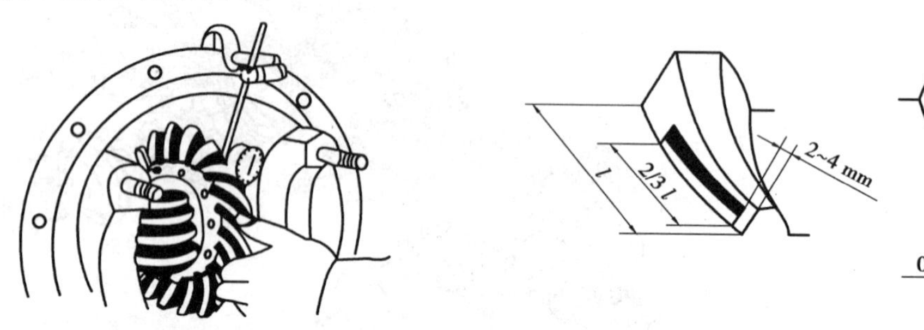

图 6.32　从动锥齿轮啮合印痕

图 6.33　检查锥齿轮的齿侧间隙

②锥齿轮啮合印痕的调整如图 6.29 和图 6.32 所示。它是通过增减调整垫片 14 以移动主动锥齿轮 13 来实现的。若啮合印痕偏向齿顶,则减少调整垫片 14,使主动锥齿轮 13 靠近从动锥齿轮 21;若啮合印痕偏向齿根,则增加调整垫片 14,使主动锥齿轮 13 远离从动锥齿轮 21。

③锥齿轮啮合间隙的调整如图 6.29 和图 6.32 所示。它是通过增减中间轴两端的调整垫片 16 以移动从动锥齿轮 21 来实现的。若啮合间隙过大,则移动从动锥齿轮 21,使其靠近主动锥齿轮 13;若啮合间隙过小,则移动从动锥齿轮 21,使其远离主动锥齿轮 13。

④圆柱齿轮副啮合宽度的调整是通过转动两端的差速器轴承调整螺母 28 以移动圆柱齿轮 27 来实现的。

调整注意事项:调整时,必须按照轴承预紧度—锥齿轮啮合印痕—锥齿轮啮合间隙—圆柱齿轮副啮合宽度的先后次序进行。在进行锥齿轮啮合间隙调整时,两端垫片的总数不能改变;在进行圆柱齿轮副啮合宽度调整时,两端调整螺母的距离不能改变。

实训结果

①完成实训报告册,说明驱动桥装置主要零部件结构、功用和原理。

②填写实训工单,进行实训考核。

本模块知识小结

1. 驱动桥由主减速器、差速器、半轴和桥壳组成。

2. 驱动桥的功用是将万向传动装置输入的动力经降速增矩、改变动力传递方向后,分配到左右驱动轮,使汽车行驶,并允许左右驱动轮以不同的转速旋转。

3. 驱动桥的类型按配用悬架的结构不同,分为整体式和断开式两种;整体式驱动桥采用非独立悬架,断开式驱动桥采用独立悬架。

4. 主减速器的功用是将输入的转矩增大、转速降低,并将动力传递的方向改变后传给差速器。

5. 主减速器有不同的结构类型:按齿轮副数目,可分为单级式和双级式;按主减速器传动速比个数,可分为单速式和双速式;按齿轮副结构形式,可分为圆柱齿轮式和圆锥齿轮式。

6. 单级主减速器采用一对圆锥齿轮传动。

7. 主减速器的调整项目有:轴承预紧度的调整;齿轮啮合印痕的调整;齿侧间隙的调整;它们要按一定顺序和要求进行。

8. 差速器的功用是将主减速器传来的动力传给左、右两半轴,并在必要时允许左、右半轴以不同转速旋转,以满足两侧驱动轮差速的需要。

9. 差速器的类型按其工作特性均可分为普通齿轮式差速器和防滑差速器。

10. 行星锥齿轮差速器由四个行星锥齿轮、十字形行星锥齿轮轴、两个半轴锥齿轮、两半差速器壳、行星锥齿轮球面垫片和半轴锥齿轮推力垫片组成。

11. 半轴的功用是将差速器传来的动力传给驱动轮。

12. 半轴的两种支承形式:全浮式半轴支承和半浮式半轴支承。

13. 桥壳的功用是安装并保护主减速器、差速器和半轴。还可安装悬架或轮毂,和从动桥一起支承汽车悬架以上个部分质量,承受驱动轮传来的反力和力矩,并在驱动轮与悬架之间传力。

14. 桥壳可分为整体式桥壳和分段式桥壳两种类型。

15. 驱动桥的主要故障为过热、漏油、异响等。

复习思考题

1. 汽车驱动桥的功用是什么？每个功用主要由驱动桥的哪些部件来实现和承担？

2. 试以东风EQ1090E型汽车驱动桥为例,具体指出动力从叉形凸缘输入一直到驱动车轮为止的传动路线(依次写出动力传递零件名称)。

3. 试分析为什么主减速器主动齿轮支承轴承相向布置,而从动齿轮和差速器的支承轴承却相背布置。

4. 双速主减速器有何特点？试说明行星齿轮式双速主减速器的工作原理。

5. 以CA1091汽车驱动桥为例,分析双级传动主减速器驱动桥的传动路线和特点。其轴承预紧度和主、从动齿轮啮合印痕与间隙如何调整？驱动桥中的轴承为什么要预紧？

6. 摩擦片式防滑差速器在结构上有什么特点？其防滑的原理是什么？

7. 为什么在全轮驱动的汽车上常设置轴间差速器？分析奥迪全轮驱动轿车上的托森轴间差速器是如何起差速防滑作用的。

8. 黏性联轴(差速)器是如何起到差速作用的？它有什么特点？为什么它会在轿车上得到应用？

9. 在发动机前置前驱动桥上采用变速驱动桥传动有什么好处？发动机的纵置和横置布置

对变速驱动桥传动齿轮有什么不同要求？

10. 驱动桥中各主要运动件是如何润滑的？在结构上有哪些措施？

11. 半轴起什么作用？半浮式半轴通常为一个轴承，那么侧向力是如何来承受和平衡的？

12. 为什么整体式铸造桥壳和钢板冲压焊接式整体桥壳都得到较为广泛的应用？

学习领域 2 汽车行驶系

模块 7 汽车行驶系统认识

知识目标

1. 掌握汽车行驶系的分类、基本组成及功用；
2. 了解汽车行驶系的受力情况；
3. 了解履带式行驶系统的结构形式和特点。

能力目标

1. 能够理解并阐述汽车的行驶原理；
2. 能够对汽车的行驶过程进行分析。

项目　汽车行驶系统认识

项目目标

1. 理解行驶系的功用；
2. 了解行驶系的分类与要求。

课前思考

行驶系是怎样组成的？行驶系可分为哪些类型？行驶系的功用有哪些？

项目内容

任务1　汽车行驶系统认识

任务描述

行驶系统是当前汽车四大系统中最难整合的系统，其组成复杂且没有连贯性。本任务要求掌握行驶系组成、功用。

学习引导

大多数汽车采用轮式行驶系。其结构特点是通过轮胎直接与地面接触支承车辆，并通过轮胎的滚动使汽车行驶。汽车行驶系的结构形式因车型及行驶条件不同，有轮式、履带式、车轮—履带式和水陆两用式等几种类型。不同形式的行驶系其基本组成有所不同。

1. 汽车行驶系统的功用

①支承汽车的总质量；

②接受由发动机经传动系统传来的转矩，并通过驱动轮与地面之间的附着作用，产生驱动力，以保证整车正常行驶；

③传递并支承路面作用于车轮上的各种反力及其所形成的力矩；

④尽可能地缓和不平路面对车身造成的冲击和振动，保证汽车平顺行驶。

2. 汽车行驶系统的组成和分类

(1)行驶系统的分类

汽车行驶系统的基本类型主要有轮式、履带式、车轮—履带式和水陆两用式等几种形式。汽车行驶在比较坚实的道路上，其行驶系统中直接与路面接触的部分是车轮，这种行驶系统称为轮式行驶系统，这样的汽车便是轮式汽车。行驶系统中直接与路面接触的部分是履带的汽车称为履带式汽车。行驶系统中直接与路面接触的部分既有车轮又有履带的汽车称为半履带式汽车或车轮-履带式汽车。应用较多的是轮式汽车行驶系统。

水陆两用汽车除具有一般轮式汽车的行驶系统外，还备有一套在水中航行的行驶机构。

(2)行驶系统的基本组成

汽车(轮式汽车)行驶系统一般由车架、车桥、车轮和悬架等部分组成,如图 7.1 所示。前后车轮分别支承着从动桥和驱动桥,车桥又通过前悬架和后悬架与车架相连接。车架是整个汽车的基体,它将汽车的各相关总成连接成一个整体,构成汽车的装配基础。

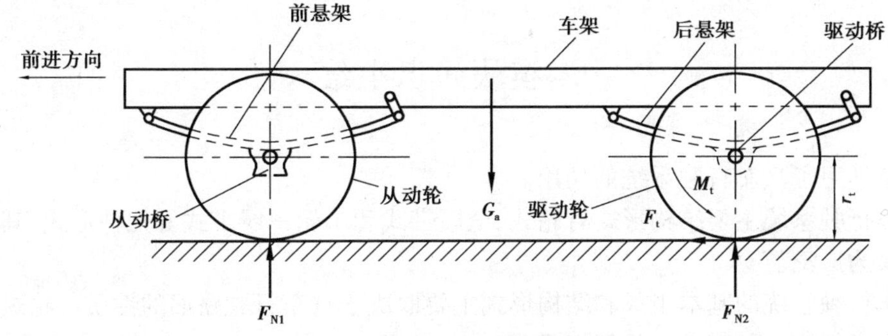

图 7.1　行驶系的组成及部分受力情况

任务 2　汽车行驶系的受力分析

任务描述

理解汽车行驶原理,了解汽车行驶受力分析的过程。

学习引导

汽车行驶系接受由发动机经传动系传来的转矩转化为车轮对地面的推力,进而引起地面的相应反力——牵引力,以保证汽车正常行驶的系统。行驶系承受路面作用于车轮上的各向反力及其所形成的力矩,还能够缓和不平路面对车身造成的冲击和振动,保证汽车的操纵稳定性。

汽车行驶系的受力情况如图 7.1 所示,在垂直方向上,汽车的总重 G_a 通过车架、悬架车桥和车轮传到地面,同时引起的地面垂直反力 F_{N1}、F_{N2}分别作用于前后车轮上;在水平方向上,发动机的动力通过传动系传到驱动车轮上,产生转矩 M_k,通过轮胎与地面的附着作用,产生推动汽车前进的纵向反力——牵引力 F_1;汽车在制动时,同样产生一个与 M_k 相反的制动转矩,作用于车轮上产生一个与汽车行驶方向相反的制动力,迫使汽车减速或停车。

汽车的驱动力 F_1 须克服驱动轮本身所遇到的滚动阻力,由车架经从动悬架 7 传给从动桥,使从动车轮克服其滚动阻力;另一部分驱动力通过驱动桥、驱动悬架传给车架,最后经车身克服空气阻力、坡道阻力、加速阻力。只有当驱动力足以克服上述各种阻力之和时,汽车才能保持前进。

由于驱动力作用在驱动轮与地面接触处,此力对车轮中心产生的反力矩使汽车前部具有向上抬起的趋势,从而使作用于前轮上的垂直载荷减小,后轮上的垂直载荷增加。汽车突然加速行驶时,这种作用更加明显。

同样,汽车制动时,地面将作用于车轮一个与汽车行驶方向相反的制动力。同样,有使汽车后部向上抬起、前部下沉的趋势,从而使作用于后轮上垂直载荷减小,前轮上垂直载荷增大。

紧急制动时,作用尤其明显。

汽车在弯道上或路面弓度较大的道路上行驶时,由于离心力或汽车总重 G_a 在横向坡道上的分力的作用,使汽车具有侧向滑动趋势,路面将阻止车轮侧滑而产生路面作用于车轮的侧向力,此力由行驶系来传递和承受。

本模块知识小结

1. 本章学习了汽车行驶系统的功用。

2. 汽车行驶系统主要结构形式有轮式、全履带式和车轮—履带式等几种形式,其中轮式汽车应用得最为广泛。

3. 汽车行驶系统的基本组成和结构形式主要取决于汽车行驶路面的性质。轮式汽车行驶系统一般由车架、车桥、车轮和悬架组成。

4. 本章对轮式汽车行驶系统的受力情况进行了简要分析,为后续几章的学习奠定了一定的理论基础。

复习思考题

1. 汽车行驶系统的功用是什么?

2. 轮式汽车行驶系统一般有哪些部分组成? 各有什么作用?

3. 轮式汽车与履带式汽车相比,各自的特点是什么?

模块 8
车架与车桥

知识目标

1. 掌握车架的功用、分类和典型形式；
2. 了解综合式车架的结构形式和特点；
3. 理解转向轮定位的原理、基本作用和定位方法。

能力目标

1. 掌握车架的维修方法；
2. 掌握转向桥和转向驱动桥的拆装方法；
3. 掌握驱动桥的常见故障和检修方法。

项目 1 车架

项目目标

1. 掌握车架的功用；
2. 了解车架的分类与要求。

课前思考

车架有哪些类型？汽车行驶对车架的要求是什么？车架有什么功用？

项目内容

任务 1 车架的功用与要求

任务描述

车架是汽车装配的基础，本章介绍车架类型、组成和功用。

学习引导

汽车车架(frame)俗称“大梁”,其上装有发动机、变速器、传动轴、前后桥、车身等总成和部件。

①车架的功用是支承、连接汽车的各总成,使各总成保持相对正确的位置,并承受汽车内外的各种载荷。

②车架通过悬架装置坐落在车轮上。有的客车和轿车为了减小质量,取消了车架,制成了能够承受各种载荷的承载式车身,即无梁式车身。

③由于车架是整个汽车的基础,要承受汽车内外的各种载荷,因此,对车架的具体要求是:

a. 具有足够的强度和合适的刚度;

b. 具有结构简单、质量轻等特点;

c. 应尽可能地降低汽车的重心和获得较大的前轮转向角,以保证汽车行驶时的稳定性和转向灵活性。

任务2　车架的分类与结构

任务描述

现代汽车绝大多数都装有独立的车架,只有部分轿车和大客车车身兼起车架作用。这种车身称为承载式车身(也称为无梁式车架)。本任务要了解车架的分类与结构。

学习引导

目前,汽车车架按其结构形式可分为边梁式、中梁式、综合式和无梁式车架四种类型。

1. 边梁式车架

边梁式车架是由两根纵梁和若干根横梁通过铆接或焊接而成,如图 8.1 所示。在货车和特种汽车上被广泛采用。

纵梁通常用低合金钢板冲压而成,其断面形状变化较多,分为槽形断面、箱形断面、“Z”字形断面和“工”字形断面等几种。

横梁不仅用来保证车架的扭转刚度和承受纵向载荷,而且还用来支承汽车上的主要部件。载货汽车通常有 5 ~ 8 根横梁,分别布置在安装散热器、发动机、驾驶室、传动轴中间支承、备胎架和钢板弹簧的前后支点处。

边梁式车架的特点是便于安装车身和布置总成,有利于改装车型。

根据汽车总体结构布置的需要,边梁式车架可制成前宽后窄、前窄后宽、前后等宽等形式。前窄使前轮具有足够的偏转角度,提高了车辆的机动性能;后窄用于重型车辆,便于布置双胎。边梁式车架纵梁从平面度上看有水平和弯曲两种形式,水平的纵梁便于零部件、总成的安装和布置,弯曲的纵梁可以降低车辆重心。

2. 中梁式车架

中梁式车架只有一根位于中央而贯穿汽车全长的纵梁,亦称为脊骨式车架,如图 8.2 所示。中梁的断面可做成管形、槽形或箱形。中梁的前端做成伸出支架,用以固定发动机,而主减速器壳通常固定在中梁的尾端,形成断开式后驱动桥。中梁上悬伸的托架用以支承汽车车

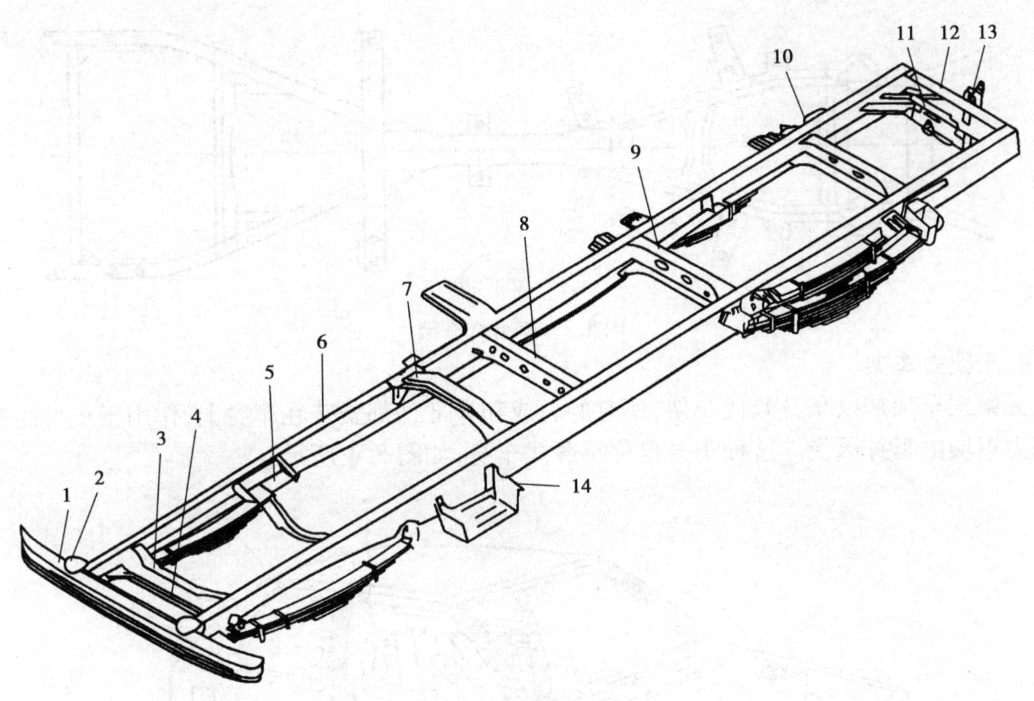

图 8.1　边梁式车架

1—保险杠;2—挂钩;3—前横梁;4—发动机前悬置横梁;5—发动机后悬支架及横梁;6—纵梁;
7—驾驶室后悬置横梁;8—第四横梁;9—后钢板弹簧前支架横梁;10—后钢弹簧后支架横梁;
11—角撑横梁组件;12—后横梁;13—拖钩;14—蓄电池托架

身和安装其他机件。若中梁是管形的,传动轴可在管内穿过。图 8.2 所示为具有中梁式车架的轿车底盘。

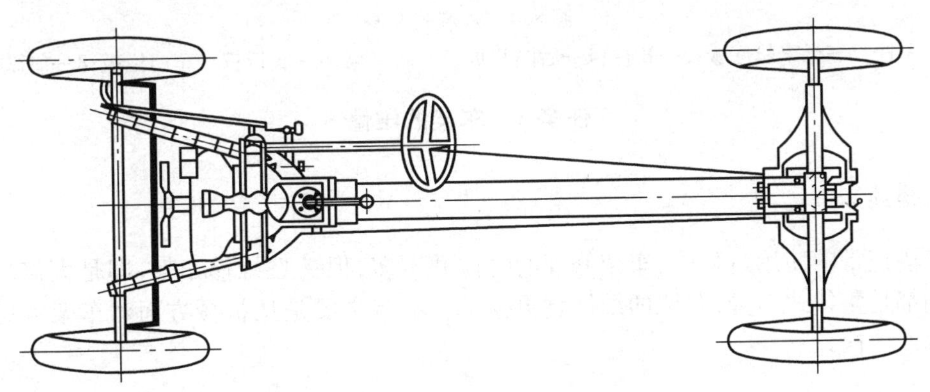

图 8.2　中梁式车架

3. 综合式车架

综合式车架由边梁式和中梁式车架组合而成,如图 8.3 所示。车架前段或后段近似边梁结构,便于分别安装发动机或驱动桥。中段是中梁式,用伸出来的支架固定车身,传动轴从中间穿过。这种结构制造工艺复杂,目前应用不多。

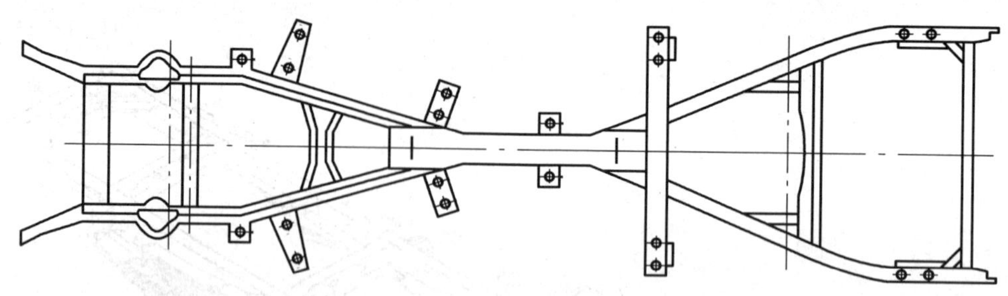

图 8.3 综合式车架

4. 无梁式车架

无梁式车架是以车身兼代车架,所有的总成和零部件都安装在车身上,作用于车身的各种力和力矩均由车身承受。这种车身也称承载式车身,如图 8.4 所示。

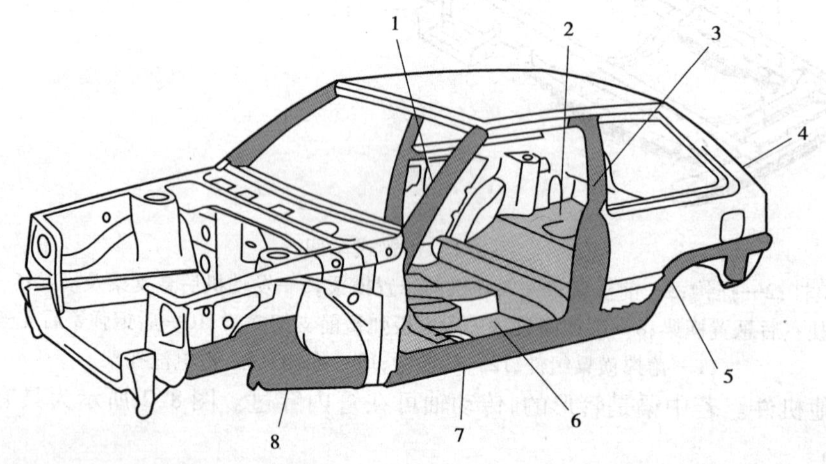

图 8.4 承载式车身

1—A 柱;2—行李舱底板;3—B 柱;4—后围侧板;5—后纵梁;6—底板;7—车门栏板;8—前纵梁

任务 3 车架的维修

任务描述

在车辆正常的使用过程中,车架修理的时候并不多,但一旦维修车架,即是大修。现在的很多车辆都是整体式车身,车架的维修就更少了。本节主要是从机械方面对车架常见的失效形式简单地检修。

学习引导

车架在使用过程中往往会出现变形(包括弯曲变形、扭转变形)、裂纹、锈蚀、螺栓和铆钉松动等失效形式。

由于车架是汽车的装配基体,并承受各种载荷的作用,在某些情况下有可能出现车架的弯曲和扭转变形。车架的变形会导致汽车各总成之间的装配、连接位置发生变化,使得各系统出现故障。

为了满足汽车整体布局、安装的需要，车架常要制成各种形状，其形状急剧变化的地方往往会由于应力集中而导致裂纹、断裂，所以早期发现车架的裂纹对于汽车的安全非常重要。

恶劣的工作环境往往会使汽车车架锈蚀，路面不平产生的冲击振动会使螺栓、铆钉等连接松动。

1. 外观检查

从外观上检查车架是否有严重的变形、裂纹、锈蚀，以及螺栓或铆钉松动等现象。

2. 车架变形的检修

车架弯曲的检查可以通过拉线、直尺等来测量、检查。一般要检查车架上平面和侧平面的直线度误差。车架纵梁直线度允许误差为1 000 mm，长度上不大于3 mm。

车架扭转通常采用对角线法进行测量。如图8.5所示，即分段测量车架各段对角线1—1、2—2、3—3、4—4的长度差，正常情况下不应超过5 mm。如果车架的各项形位误差超过标准值，则应进行校正。

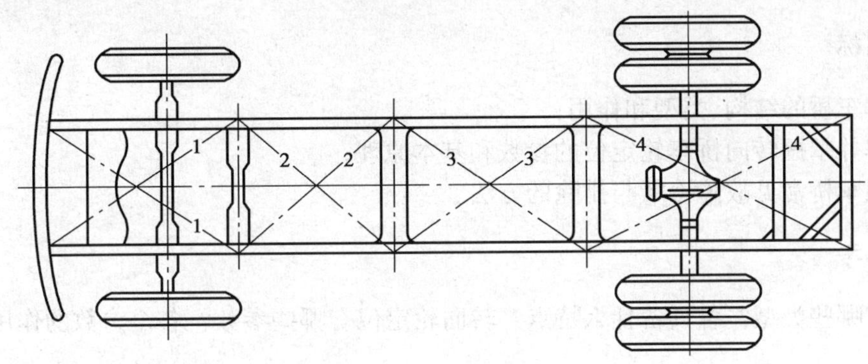

图8.5　车架扭转的检查

3. 裂纹的检修

车架出现裂纹时，应根据裂纹的长短及所在部位的不同，采取不同的修复方法。对于微小的裂纹可以采用焊修的方法；对于裂纹较长但未扩展至整个断面，且受力不大的部位，应先进行焊修，再用三角形腹板进行加强，如图8.6所示。

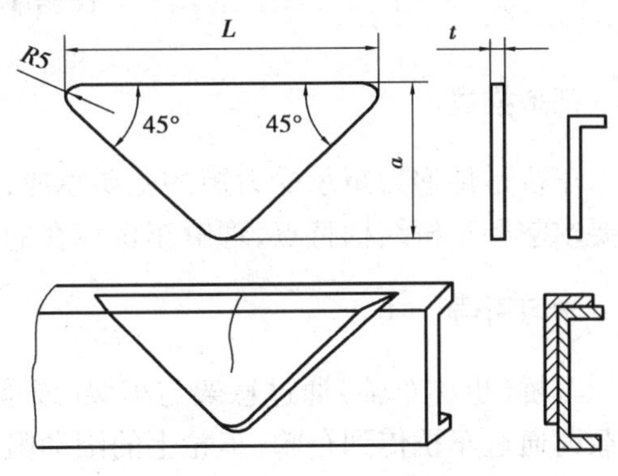

图8.6　用三角形腹板加强

如果裂纹已扩展到整个断面，或虽未扩展到整个断面但位于受力较大的部位时，应先对裂纹进行焊修，然后用角形或槽形腹板进行加强，如图8.7所示。加强腹板在车架上的固定可以铆接、焊接或铆焊结合。采用铆接方法时，铆钉孔应上下交错排列。采用铆焊结合的方法时，应先铆后焊，以免降低铆接质量。采用焊接方法时，应尽量减少焊接部位的应力集中。

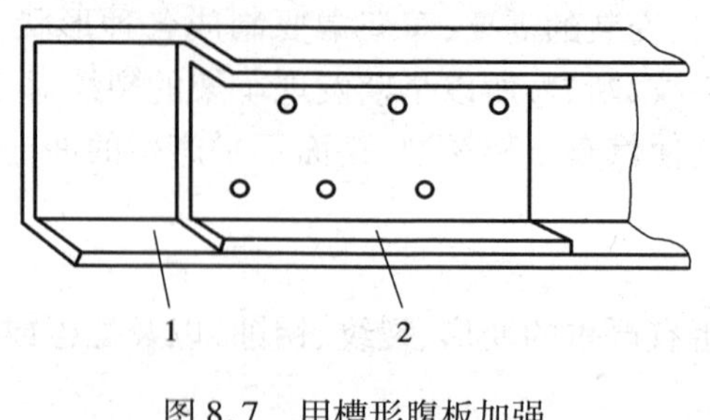

图 8.7　用槽形腹板加强
1—纵梁;2—槽形腹板

项目 2　车桥

项目目标

1. 了解车桥的结构、类型和作用;
2. 理解并掌握转向桥车轮定位的参数和基本原理;
3. 熟悉车桥常见故障诊断与排除的方法。

课前思考

车桥有哪些类型？各具备什么特点？转向轮定位有哪些参数？各个参数的作用是什么？

项目内容

任务 1　车桥的认识

任务描述

车桥是传递力矩承受力矩的主要总成,掌握其结构特点对实际应用有指导性意义。本任务要求掌握车桥结构特点,理解车桥存在的意义。

学习引导

车桥(也称车轴)通过悬架与车架(或承载式车身)相连接,两端安装车轮。车架所受的垂直载荷通过车桥传到车轮;车轮上的滚动阻力、驱动力、制动力和侧向力及其弯矩、转矩又通过车桥传递给悬架和车架,故车桥的作用是传递车架与车轮之间的各向作用力及其所产生的弯矩和转矩。

1. 根据悬架的结构形式分类

根据悬架结构形式的不同,车桥可分为整体式和断开式两种。

断开式车桥为活动关节式结构,它与独立悬架配合使用;整体式车桥的中部是一个整体的刚性实心或空心梁(轴),它多与非独立悬架配用。大部分现代轿车左右车轮之间实际上没有车桥,而是通过各自的悬架与车架相连接,但习惯上仍将它们称为断开式车桥。

2. 按照车桥上车轮的运动方式和作用分类

根据车轮运动方式和作用的不同,车桥可分为转向桥、驱动桥、转向驱动桥和支持桥四种类型。

转向桥和支持桥都属于从动桥。一般汽车的前桥多为转向桥,后桥或中、后两桥多为驱动桥。越野汽车和一些轿车的前桥既是转向桥又是驱动桥,故称为转向驱动桥。某些单桥驱动的三轴汽车(6×2 汽车)的中桥或后桥为支持桥。挂车上的车桥都是支持桥。

驱动桥已在传动系统中介绍过,支持桥除不能转向外,其他功能和结构与转向桥相同,因此本节主要介绍整体式的转向桥和转向驱动桥。

任务2　转向桥

任务描述

转向桥是当前汽车传动系中应用最广泛的离合器,掌握其结构特点和工作过程对实际应用有指导性意义。本任务要求掌握摩擦离合器具备的结构特点,理解工作原理。

学习引导

转向桥利用转向节使车轮偏转一定的角度以实现汽车的转向,同时还承受和传递车轮与车架之间的垂直载荷、纵向力和侧向力以及这些力形成的力矩。转向桥通常位于汽车的前部,因此也常称为前桥。

各种类型汽车的转向桥结构基本相同,主要由前轴(梁)、转向节、主销和轮毂四部分组成,如图 8.8 所示。前轴是转向桥的主体,其断面形状常采用工字形和管形。

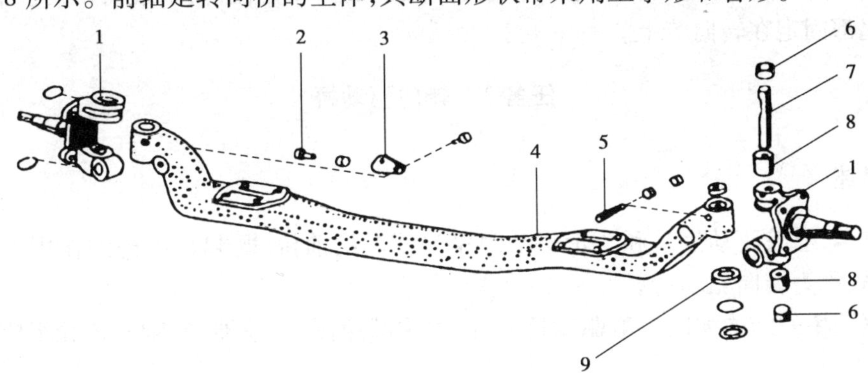

图 8.8　丰田汽车转向桥

1—转向节;2—转向节固定螺栓;3—转向节固定器;4—前轴;
5—主销固定螺栓;6—螺塞;7—主销;8—衬套;9—轴承

1. 前轴

图 8.8 中,作为主体零件的前轴 4 是用中碳钢经模锻和热处理而制成的。其断面是工字形,为提高抗扭强度,在接近两端各有一个加粗部分成拳形,其中有通孔,主销 7 即插入此孔内;中部向下弯曲成凹形,其目的是使发动机位置得以降低,从而降低汽车质心、扩展驾驶员视野、减小传动轴与变速器输出轴之间的夹角。

2. 转向节

图8.8中,转向节1是车轮转向的铰链。它是一个叉形件,上下两叉有安装主销的两个同轴孔,转向节轴颈用来安装车轮。转向节上销孔的两耳通过主销与前轴两端的拳形部分相连,使前轮可以绕主销偏转一定角度而使汽车转向。为了减小磨损,转向节销孔内压入青铜衬套8,它用装在转向节上的油嘴注入润滑脂润滑。为使转向灵活,在转向节下耳与前轴拳形部分之间装有轴承9。在转向节上耳与拳形部分之间还装有调整垫片,以调整其间的间隙。

3. 主销

主销的作用是铰接前轴及转向节,使转向节绕着主销摆动以实现车轮的转向。主销7的中部切有凹槽,安装时用主销固定螺栓5与它上面的凹槽配合,将主销固定在前轴的拳形孔中。主销的常见形式如图8.9所示。主销与转向节上的销孔是动配合,以便实现转向。

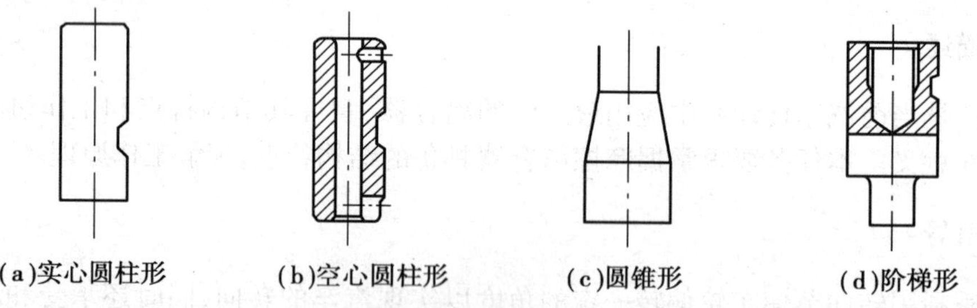

图8.9　主销的常见形式

4. 轮毂

车轮轮毂通过两个圆锥滚子轴承支承在转向节1外端的轴颈上,轴承的松紧度可用调整螺母(装于轴承外端)加以调整。轮毂外端用冲压的金属罩盖住,内端装有油封。制动底板与防尘罩一起都固定在转向节上。

任务3　转向驱动桥

任务描述

越野汽车、前轮驱动汽车和全轮驱动(4WD)汽车的前桥,既起转向桥的作用,又兼起驱动桥的作用,故称为转向驱动桥。

转向驱动桥的结构如同一般驱动桥一样,由主减速器、差速器、半轴和桥壳组成。

学习引导

能实现车轮转向和驱动的车桥称为转向驱动桥。图8.10所示为上海桑塔纳轿车的转向驱动桥总成(图中未画出中间主减速器和差速器)。动力经主减速器和差速器传至传动轴1和内等角速万向节18,经内等角速万向节(球笼式万向节)和外等角速万向节12传到外半轴凸缘4和车轮3上,驱动车轮旋转。在结构上,转向驱动桥既具有一般驱动桥所具有的主减速器1、差速器3及半轴4和8;也具有一般转向桥所具有的转向节壳体11、主销12和轮毂9等。它与单独的驱动桥、转向桥相比,其不同之处是:由于转向的需要半轴被分为两段,分别称为内半轴4(与差速器相连接)和外半轴8(与轮毂连接),二者用等角速万向节6连接起来;其主销也因此分成上下两段,分别固定在万向节的球形支座14上。转向节轴颈7做成空心的,以便外半轴从中穿过。转向节的连接叉是球状转向节壳体11,既满足了转向的需要,又适应了转向节的传力。转向驱动桥广泛地应用于全轮驱动的越野汽车。

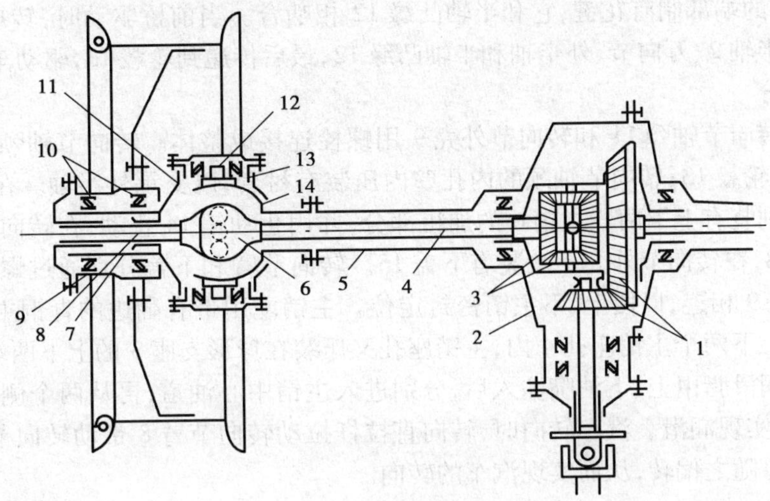

图8.10　转向驱动桥示意图

1—主减速器;2—主减速器壳;3—差速器;4—内半轴;5—半轴套管;6—等角速万向节;7—转向节轴颈;8—外半轴;9—轮毂;10—轮毂轴承;11—转向节壳体;12—主销;13—主销轴承;14—球形支座

下面以图8.11所示的北京BJ2020N型越野汽车为例,说明转向驱动桥的结构。

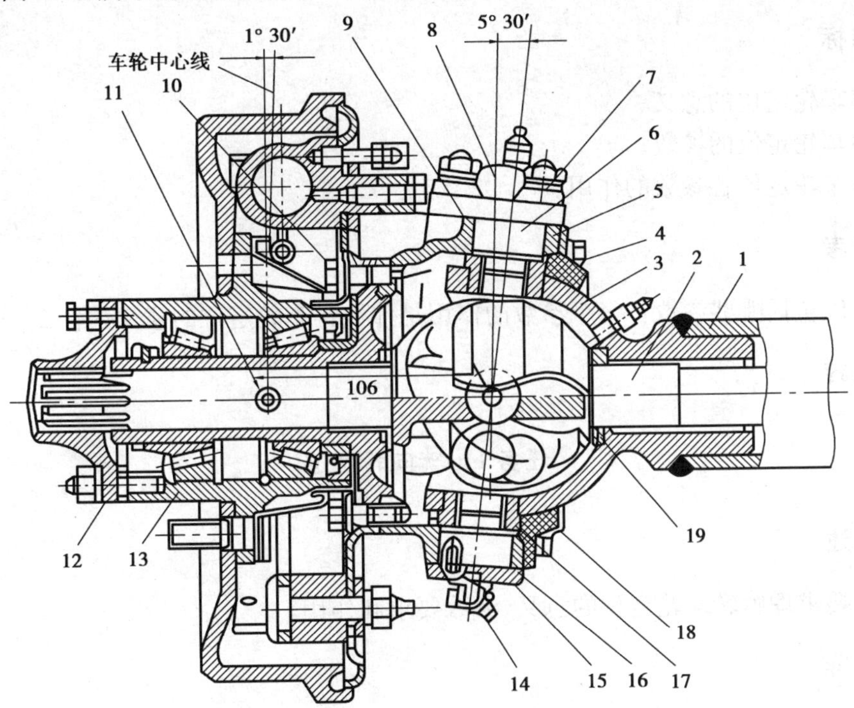

图8.11　北京BJ2020N型越野汽车转向驱动桥

1—半轴套管;2—内半轴;3—球形支座;4—主销座孔;5,16—调整垫片;6—主销;7—锥形衬套;8—转向节臂;9—转向节外壳;10—螺栓;11—转向节轴颈;12—半轴凸缘;13—轮毂;14—止动销;15—下盖;17—主销衬套;18—密封圈;19—止动垫圈

1. 驱动部分

桥的中部装有主减速器(未画出)和差速器。内半轴2和外半轴通过等角速万向节连接在一起,外半轴的端部制有花键,它和半轴凸缘12相啮合。当前桥驱动时,转矩由主减速器、差速器传给内半轴2、万向节、外半轴和半轴凸缘12,最后传递到轮毂13,驱动车轮旋转。

2. 转向部分

转向节由转向节轴颈11和转向节外壳9用螺栓连接成整体。转向节轴颈上装有两个轮毂轴承,以支承轮毂13;转向节轴颈的内孔壁内压装有衬套,以支承外半轴。在转向节外壳9的上下两端分别装有上下两段主销6的加粗部分,并用止动销14止动;在转向节外壳上端还装有转向节臂8,在转向节外壳下端装有下盖15。转向节臂和下盖分别通过螺栓和锥形衬套7与转向节外壳9相连,以便上、下主销密封定位。主销配用带有翻边的青铜主销衬套17,该衬套分别压入上下两个主销座孔4内,主销座孔又压装在球形支座3的上下两端,衬套的翻边起止推作用。润滑脂由上、下油嘴注入后,分别进入主销中心油道,再从两个侧孔出来进入主销与衬套之间,实现润滑。汽车转向时,转向直拉杆拉动转向节臂8带动转向节绕主销摆动,这时转向轮即可随之偏转,从而实现汽车的转向。

项目3　车轮定位

项目目标

1. 理解车轮定位的意义;
2. 熟悉车轮定位的参数;
3. 掌握车轮定位各参数的作用。

课前思考

车轮定位包括哪些参数?每个参数的作用是什么?车轮定位的意义是什么?

项目内容

任务1　转向轮定位

任务描述

本任务要求理解转向轮定位的意义、参数要求和作用。

学习引导

为了保证汽车直线行驶的稳定性和操纵的轻便性,减少轮胎和其他机件的磨损,转向轮、转向节和前轴三者与车架的安装应保持一定的相对位置关系。这种安装位置关系称为转向车轮定位,也称前轮定位。

对于两端装有主销的转向桥,汽车转向时,转向车轮会围绕主销轴线偏转,如图8.12(a)

所示。但在大多数断开式转向桥中没有主销,采用上、下球头销代替主销,上、下球头销球头中心的连心线相当于主销轴线,如图 8.12(b)所示。

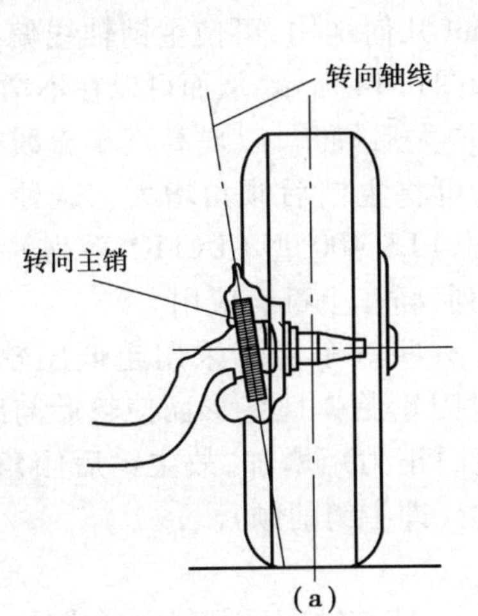

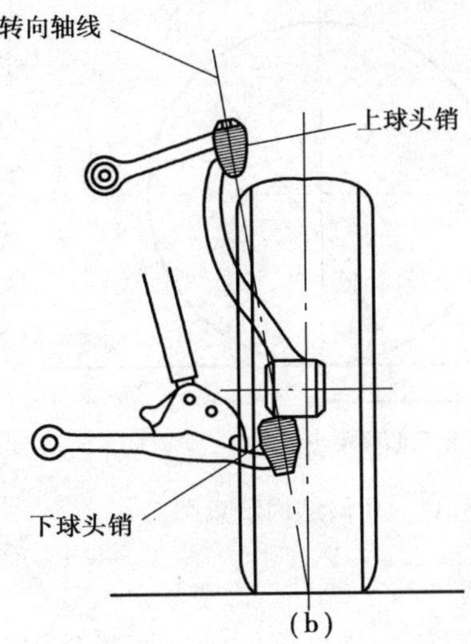

图 8.12　主销的不同形式

转向轮定位包括前轮外倾、主销后倾、主销内倾及前束四个参数。现以有主销的转向桥为例说明转向车轮定位。

1. 主销后倾

(1)定义

主销安装在前轴上,其上端略向后倾斜,这种现象称为主销后倾。在垂直于汽车支承平面的纵向平面内,主销轴线与汽车支承平面垂线之间的夹角 γ 叫主销后倾角,如图 8.13 所示。

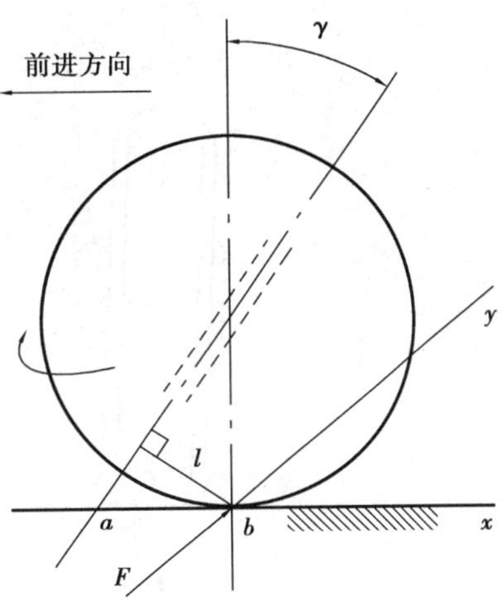

图 8.13　主销后倾

(2)功用

主销后倾的功用是形成回正力矩,保证汽车直线行驶的稳定性,并使汽车转向后回正操纵轻便。

(3)原理

主销后倾可使主销轴线的延长线与地面的交点 a 位于车轮与路面的接触点 b 之前,a、b 两点之间的距离称为主销后倾移距。设 b 点到主销轴线延长线之间的距离为 l,汽车直线行驶时,若转向轮偶然受到外力作用而偏转(图8.13 中所示为向右偏转),汽车将偏离行驶方向而右转弯。由于汽车本身离心力的作用,在轮胎与路面接触点 b 处将产生一个路面对车轮的侧向反作用力 F。由于反作用力 F 没有通过主销轴线,因此形成了一个使车轮绕主销轴线旋转的力矩 F_1,其方向正好与车轮偏转方向相反。在该力矩作用下,使车轮具有回复到原来中间位置的作用,从而保证了汽车直线行驶的稳定性。同理,在汽车转向后的回正过程中,此力矩具有帮助驾驶员使转向车轮回正的作用,使汽车转向后回正操纵轻便。

主销后倾角越大、车速越高,回正力矩越大,转向轮偏转后自动回正的能力也越强。但主

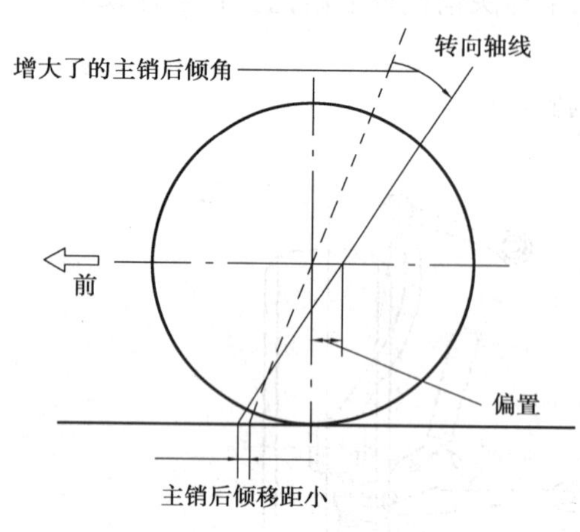

图 8.14 几何结构示意图

销后倾角也不宜过大，一般不超过 2°～3°，否则在转向时为了克服此力矩，驾驶员需在转向盘上施加较大的力，转向沉重。为了解决这个问题，现代轿车常采用 Vorlauf 几何结构，可使主销轴线偏移至车轮中心之后，如图 8.14 所示，从而可以在不增加后倾移距的情况下增大后倾角，以提高汽车直线行驶的稳定性。这样，可将主销后倾角增大。这种几何结构在 Lexus（凌志）LS 400 型（UCFIO 系列）和 Celica 型（STl84 系列）轿车上都有应用。

此外，有些汽车由于采用超低压轮胎，弹性增加，转向时因轮胎弹性变形而使轮胎与路面的接触点后移，使回正力矩增加，故主销后倾角可以减小，甚至为负值（即主销前倾）。

（4）形成

主销后倾角一般是将前轴连同悬架安装在车架上，使前轴向后倾斜而形成的。

2. **主销内倾**

（1）定义

主销安装在前轴上，其上端略向内侧倾斜，这种现象称为主销内倾。在垂直于汽车支承平面的横向平面内，主销轴线与汽车支承平面垂线之间的夹角 β 称为主销内倾角，如图 8.15 所示。

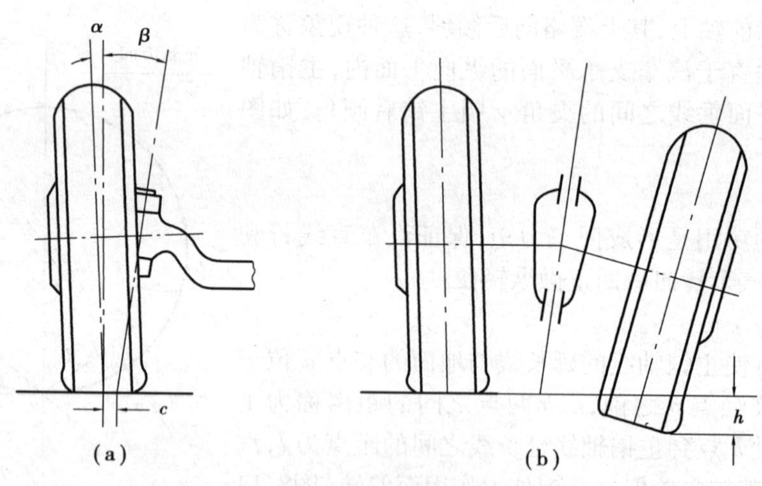

图 8.15 主销内倾

（2）功用

主销内倾的功用是使转向轮自动回正，并使转向操纵轻便。

（3）原理

①主销内倾具有使转向轮转向操纵轻便的作用，如图 8.15（a）所示。由于主销内倾，使主销轴线的延长线与地面的交点至车轮中心平面与地面交点之间的距离 c 缩短（有些维修资料将其称为偏置或磨胎半径）。转向时，路面作用在转向轮上的阻力对主销轴线产生的力矩减

小,从而可减少转向时驾驶员施加在转向盘上的力,使转向操纵轻便。同时还可以减小因路面不平而从转向轮传到转向盘上的冲击力。

②主销内倾具有使转向轮自动回正的作用,如图 8.15(b)所示。当转向轮在外力作用下绕主销旋转(假设旋转 180°,即由图中左边位置转到右边位置)而偏离中间位置时,由于主销内倾,车轮的最低点将陷入路面以下 h 处,即车轮必须将路面压低距离 h 后才能旋转过来。但实际上路面不可能被压低,车轮下边缘不可能陷入路面之下,而是车轮连同整个汽车前部被向上抬起相应高度。一旦外力消失,转向轮就会在汽车前部重力作用下力图自动回正到旋转前的中间位置。主销内倾角越大、转向轮偏转角越大,汽车前部就抬起得越高,转向轮自动回正的作用就越大。

主销内倾角既不宜过大,也不宜太小。主销内倾角过大(偏置 c 减小),则转向时,车轮在滚动的同时将与路面产生较大的滑动,增加轮胎与路面的摩擦阻力,这不仅使转向沉重,而且加速了轮胎的磨损,故主销内倾角一般不大于 8°,偏置一般为 40 ~ 60 mm;主销内倾角过小(偏置增大),汽车行驶的稳定性和制动稳定性将变差。在一些发动机前置前轮驱动的轿车上,为了使汽车具有良好的行驶稳定性,特别是制动稳定性,其主销内倾角均较大,如表 8.1 所示。

表 8.1　常见国产汽车的车轮定位参数

车　型	主销后倾角	主销内倾	前轮外倾	前束值/mm
CA1091—1	1°30′	8°	1°	2 ~ 4
EQ1090—1	2°30′	6°	1°	1 ~ 5
奥迪 100	1.16°	14.2°	0°30′ ± 30′	0.5 ~ 1
上海桑塔纳			− 0°30′ ± 20′	− 1 ~ − 3
南京依维柯	0°30′ ~ 1°	0°	1°	1.5 ~ 2.5
北京切诺基	7.5°		0°	0
天津夏利	2°55′	12°	0°	1

(4)形成

整体式转向桥的主销内倾角是在制造前轴时将销孔轴线上端向内倾斜而获得的。

主销后倾和主销内倾都具有使车轮自动回正及保证汽车直线行驶稳定性的作用,但其区别在于:主销后倾角的回正作用随着车速的增高而增大,而主销内倾的回正作用几乎与车速无关。

3. 车轮外倾

(1)定义

转向轮安装在转向节上时,其旋转平面上端向外倾斜,这种现象称为转向车轮外倾。车轮旋转平面与垂直于车辆支承面的纵向平面之间的夹角 α 称为车轮外倾角,如图 8.16 所示。

(2)功用

车轮外倾角的功用是提高车轮工作的安全性和转向操纵的轻便性。

(3)原理

由于主销与衬套之间、轮毂与轴承等处都存在着装配间隙,若空车时车轮的安装正好垂直于路面,则满载时上述间隙将发生变化,车桥也因承载而变形,从而引起车轮向内倾斜。车轮内倾将使路面对车轮的垂直反作用力的轴向分力压向轮毂外端的小轴承,使该轴承及其锁紧螺母等件承受的载荷增大,降低了它们的使用寿命,严重时会损坏锁紧螺母而使车轮脱落。为此,安装车轮时应预先留有一定的外倾角,以防止上述不良影响。车轮外倾与主销内倾相配合可进一步缩短距离 c(图 8.16),使汽车转向轻便。此外,车轮有一定的外倾角也可以与拱形路面相适应。但车轮外倾角不宜过大,否则会使轮胎产生偏磨损。一般前轮外倾角为 1°左右。

有的汽车其前轮外倾角为负值(参见表 8.1),这样在汽车转向时可避免车身过分倾斜。

4. 前轮前束

(1)定义

车轮安装在车桥上,两前车轮的中心平面不平行,其前端略向内侧收束,这种现象称为前轮前束。两前轮后端距离 A 大于前端距离 B,其差值 $A-B$ 称为前轮前束值,如图 8.17 所示。

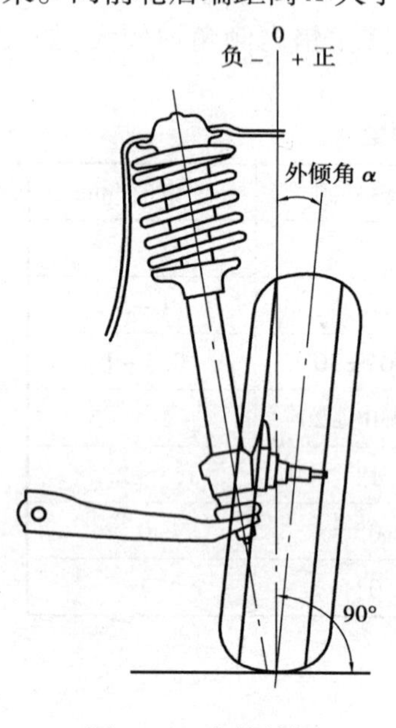

图 8.16 车轮外倾

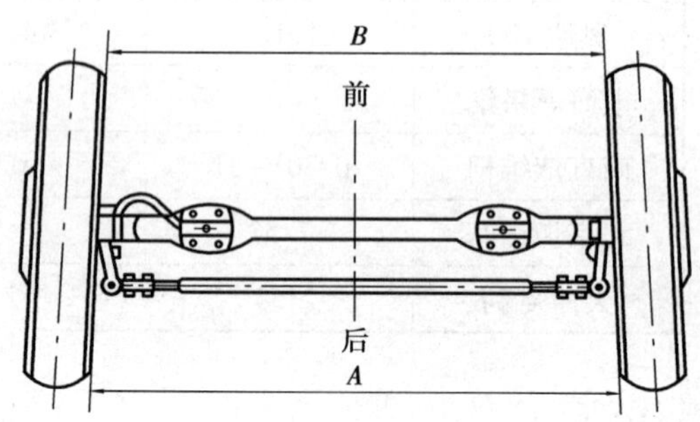

图 8.17 前束

(2)功用

前轮前束的功用是消除因车轮外倾所造成的不良后果,保证车轮不向外滚动,防止车轮侧滑和减轻轮胎的磨损。

(3)原理

由于车轮外倾,汽车行驶时两个车轮的滚动类似于两个锥体的滚动,其轨迹不再是直线而是逐渐向各自的外侧滚开,如图 8.18 所示。但因受车桥和转向横拉杆的约束,两侧车轮不可能向外滚开,这样,车轮在路面上滚动行驶的同时又被强制地拉向内侧,产生向内的侧滑,从而加剧轮胎的磨损。有了前束,车轮滚动的轨迹是向内侧偏斜,只要前束值与车轮外倾角配合适当,车轮向内、外侧滚动的偏斜量就会相互抵消,使车轮每一瞬间的滚动方向都朝着正前方,从而消除了侧滑,减轻了轮胎的磨损。

前轮前束值可以通过改变转向横拉杆的长度来调整,一般前束值为 0 ~ 12 mm。

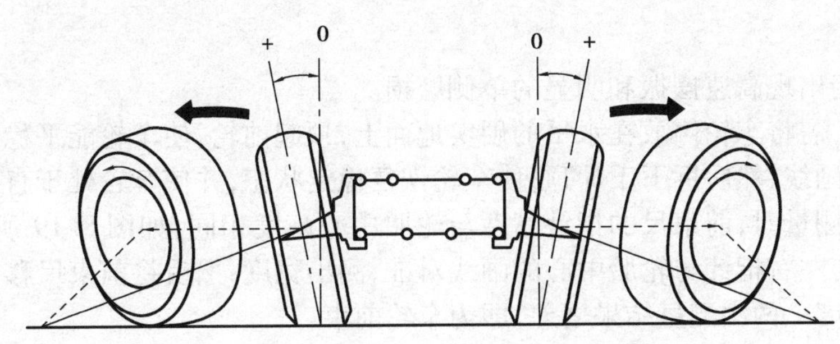

图8.18　车轮外倾产生的车轮运动示意图

任务2　转向轮定位的检测与调整

任务描述

本任务要求在理解转向轮定位作用的基础上,学会转向轮定位的检测与调整的方式方法。

学习引导

车轮定位不仅影响车轮的磨损程度,同时还对操纵稳定性和行车安全产生进一步的影响。因此,除了平时经常检查车轮定位外,车桥拆装后在轮胎发生异常磨损、车辆的操纵稳定性变坏时,必须检查和调整车轮定位。下面以桑塔纳2000型轿车进行介绍。

1. 检查准备

桑塔纳2000型轿车只有前轮定位可以调整,因此检查前轮定位前,车辆应先满足以下条件,否则检查结果无效。

①汽车停放水平场地或专用检测台上,车轮在直线行驶位置且无负载。

②轮胎气压符合规定。

③车轮平衡,悬架活动自如。

④转向系调整正确。

⑤前悬架弹簧无过大的间隙和损坏。

桑塔纳2000型轿车前轮定位最好使用光学测量仪检查。如果没有光学测量仪,检查前轮外倾角可用3021量角器,检查前束可用机械轮距测试器。检查和调整应在车辆行走1 000~2 000 km后,螺旋弹簧的长度基本定型的情况下进行最为适宜。

2. 前轮定位的调整

由于主销后倾和前轮外倾角的改变会引起前束的改变,而前束的变化不会影响主销后倾角和前轮外倾角,所以前轮定位的检查和调整顺序是:首先检查和调整主销后倾角和左右轮的差值,然后检查和调整前轮外倾角和左右轮的差值,最后检查和调整前束。

(1)前轮外倾角

前轮外倾角是指车轮子面与垂直平面(纵向)之间的夹角,当前轮外倾角不正确时,轮胎会出现单边磨损(俗称吃胎)。另外,外倾角过大,高速时车身晃动加剧,转向发“飘”,不易掌握;外倾角过小,转向太沉,回位不良;左右轮外倾角差值过大,会使汽车侧滑跑偏,轮胎磨损不匀。

检查前轮外倾角可采用水准仪进行动态测量。

(2)前束

前束不当,会出现高速摆振和明显的单侧磨损。

检查前束时,需将车轮停放在水平的硬实地面上,顶起前轮,使车轮能平稳回转,在轮胎周向花纹对称中心画线,然后拆下千斤顶,使车轮恢复稳定状态,并使车轮处于直行位置。

使用前束尺测量时,前束尺的指针高度与轮胎中心高度相同,如图 8. 19 所示。在车轮的前侧,使前束尺的左右指针与轮胎中心的画线对准,测出宽度;然后将前束尺移到车轮后侧,以同样方法测出宽度。两次测量结果之差,即为车轮前束。

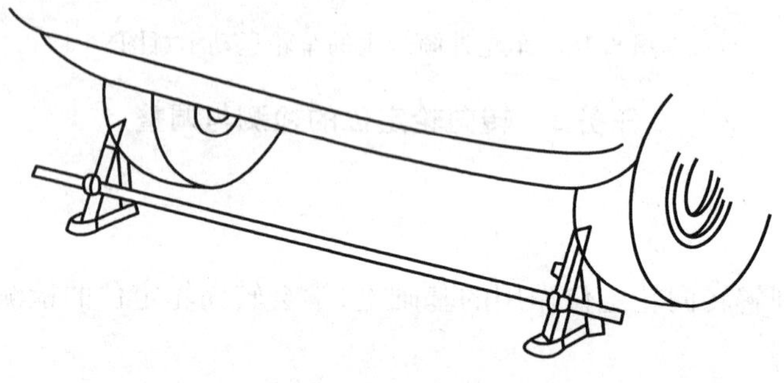

图 8. 19　检查前束

(3)主销后倾角和主销内倾角

桑塔纳 2000 型轿车的主销后倾角是不能调整的。

桑塔纳 2000 型轿车的主销内倾角也不可调整,它是靠前轮外倾角的正确性来保证的。

项目 4　车桥的维修

项目目标

1. 掌握车桥维护检查的内容、方法;
2. 掌握车桥的拆装步骤及方法;
3. 掌握车桥常见故障现象、原因及排除方法。

课前思考

正确拆装车桥应该注意什么? 车桥应检修哪些项目和哪些参数? 车桥最易出现哪些故障?

项目内容

任务 1　转向桥的检修

任务描述

本任务要求理解转向桥日常维护注意事项,掌握转向桥重要元件的检修要点、参数要求及操作方法,掌握转向桥的检查和调整方法。

学习引导

为了使车桥能保持较好的工作状态,除日常使用过程中注意保护外,还要定期对其进行维护保养。

1. 前轴的检修

(1)前轴的磨损

①钢板弹簧座平面磨损大于2 mm、定位孔磨损大于1 mm时,应堆焊后加工修复或更换新件。

②主销承孔的磨损。承孔与主销的配合间隙:轿车不大于0.10 mm,载货汽车不大于0.20 mm。磨损超过极限,可采用镶套法修复。

(2)前轴变形的检修

①前轴变形的检验。常用的检测方法是采用如图8.20所示的角尺检验法。通过测量 a、b 值可以判断前轴是否弯曲和扭转变形。

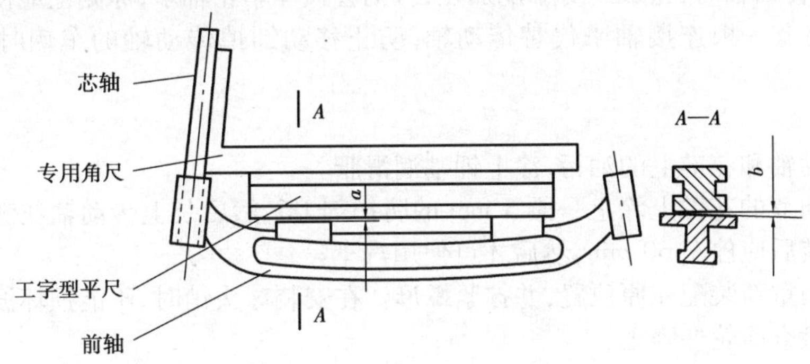

图8.20　角尺检验法

②前轴校正方法。前轴变形校正必须在钢板弹簧座和定位孔、主销孔磨损修复后进行,以便减少检验、校正的积累误差,提高生产率。一般采用冷压校正法。

2. 转向节的检修

(1)隐伤的检验

转向节的油封轴颈处,因其断面的急剧变化、应力集中,是一个典型的危险断面,容易产生疲劳裂纹,以致造成转向节轴疲劳断裂,酿成重大的交通事故。因此,二级维护和修理时必须对转向节轴进行隐伤检验,一旦发现疲劳裂纹,只能更换,不许焊修。

(2)磨损的检修

①转向节轴磨损的检修。轴颈与轴承的配合间隙:轴颈直径不大于40 mm时,配合间隙为0.040 mm;轴颈直径大于40 mm时,配合间隙为0.055 mm。转向节轴轴颈磨损超标后应更换新件。

②转向节轴锁止螺纹的检验:损伤不多于2牙;锁止螺母只能用扳手拧入,若能用手拧入,说明螺纹中径磨损松旷,应予以修复或更换转向节。

③转向节上面的锥孔的检验。对于与转向节臂等杆件配合的锥孔的磨损,应使用塞规进行检验,其接触面积不得小于70%,与锥孔配合的锥颈的推力端面沉入锥孔的沉入量不得小于2 mm。否则,应更换转向节。

任务2　转向驱动桥的检修

任务描述

本任务要求熟悉转向驱动桥常见故障的故障现象，学会寻找分析故障原因，从而找出排除故障的方法；要求学习过程中训练分析推理的能力。

学习引导

1. 拆卸

①在车轮着地时，拧下传动轴与轮毂的紧固螺母。

②拧下传动轴凸缘上的紧固螺栓。

③将传动轴与凸缘分开。

④从车轮轴承壳内拉出传动轴，或者利用压力装置 V. A. G1389 拉出传动轴。

注意：拆卸传动轴时，轮毂绝对不能加热，否则会损坏车轮轴承，原则上应使用拉具。拆掉传动轴后，应装上一根连接轴来代替传动轴，防止移动卸掉传动轴的车辆时损坏前轮轴承总成。

2. 安装

①擦净传动轴和花键上的油污，涂上锂基润滑脂。

②在外万向节的花键上涂上一圈 5 mm 的防护剂 D6，然后装上传动轴花键套。涂防护剂后的传动轴安装后应停车 60 min，然后才可使用汽车。

③将球头销重新装配在原位置，并拧紧螺母。在安装球头销时，不能损坏波纹管护套。

④必要时检查前轮外倾角。

⑤车轮着地后，拧紧轮毂固定螺母。

实训11　车桥的拆装与检修

实训目的

1. 对照实物掌握车桥的结构特点；
2. 通过简单拆装，掌握车桥主要零部件的名称和作用；
3. 熟悉车桥各主要零部件的相互装配关系。

实训内容

1. 观察车桥各零部件的安装位置；
2. 拆装转向桥及转向驱动桥总成；
3. 观察车桥各零件结构关系。

技术标准与要求

1. 安装与桑塔纳轿车配套的离合器分离轴承、压盘和从动盘；

2. 安装时，严禁将油液、油脂和水黏附到离合器压盘及从动盘上；
3. 离合器盖压紧螺栓按照“对角多遍”的要求旋松或拧紧；
4. 离合器盖压紧螺栓规定力矩为25 N·m；
5. 安装离合器时，应使用导向专用工具；
6. 从车辆上取下或安装变速器总成时，应使用托板；
7. 桑塔纳2000GLS、2000GSi离合器踏板自由行程为15～25 mm；

工具准备

汽车1辆；相关图册若干、常用工具、量具，确保每4～6人有1套工具。

实训步骤

1. 事前准备

车辆进入工位前，将工位清理干净，排除障碍物，准备好相关工具、物品；然后将汽车停放于平坦坚实的场地；利用驻车制动系统将汽车可靠地制动住：对于装设手动变速器的汽车，将变速杆推入最低的前进挡；对于装设自动变速器的汽车，将变速杆推入“P”挡，做好实训准备。

2. 转向器总成的检查调整

①两人配合，其中一人在车下观察，另一人在车上转动转向盘。

②朝一个方向缓慢转动转向盘至转向轮刚刚转动时，停止转动转向盘，记下转向盘的位置A；朝相反方向缓慢转动转向盘至转向轮刚刚转动时，停止转动转向盘，记下转向盘的位置B；测量由位置A至位置B转向盘所转过的转角。

③一人在车上左右转动转向盘，另一人在车下观察转向传动机构中各连接球头销的工作情况。

④在工作台上检查调整转向器：

a. 转向器各部应无任何旷动和异响。

b. 转动转向轴，转向器应运转平稳灵活，无任何卡滞发涩的现象；观察转向摇臂（齿条及拉杆）摆动（移动）是否平稳连续。

c. 若轴承间隙过大，可通过改变轴承端盖处垫片的厚度进行调整。

d. 若转向盘自由间隙过大，可利用侧盖处的调整螺栓进行调整（循环球式）。

实训结果

①完成实训报告册，说明车桥结构、组成及拆装过程中应注意的问题。

②填写实训工单，进行实训考核。

本模块知识小结

1. 车架的作用是：汽车车架俗称“大梁”。其上装有发动机、变速器、传动轴、前后桥、车身等总成和部件。车架的功用是支承、连接汽车的各总成，使各总成保持相对正确的位置，并承受汽车内外的各种载荷。

2. 车架的维修方法。

3. 汽车车桥功用是传递车架与车轮之间的各向作用力及其所产生的弯矩和转矩。

4. 根据悬架结构的不同,车桥分为整体式和断开式两种。断开式车桥为活动关节式结构,它与独立悬架配合使用;整体式车桥的中部是一个整体的刚性实心或空心梁(轴),它多与非独立悬架配用。

5. 转向桥主要由前轴(梁)、转向节、主销和轮毂四部分组成。

6. 转向桥和转向驱动桥的拆装方法。

7. 驱动桥的常见故障和检修方法。

复习思考题

1. 车架的作用是什么?它有哪几种类型?各有什么特点?
2. 车架检测有几种方法?简述其检测过程。
3. 车桥的作用是什么?它有哪几种类型?
4. 简述转向桥和转向驱动桥在结构上的异同点。
5. 汽车前轴检修的异同有哪些?
6. 简述转向驱动桥的拆装过程。
7. 什么是车轮定位?车轮定位包括哪些参数,各起什么作用?
8. 简述前轮前束的检测与调整步骤。

模块 9 车轮与轮胎

知识目标

1. 掌握车轮的基本组成和功用；
2. 掌握轮胎的基本结构和功用；
3. 掌握轮辋、轮胎规格的表示方法；
4. 掌握车轮与轮胎的维护与检修方法。

能力目标

1. 会正确拆装车轮与轮胎；
2. 会检查、调整轮毂轴承预紧度。

车轮与轮胎(如图 9.1 所示)是汽车的行走部件,安装在车架上,可以绕车轴转动并沿地面滚动。轮胎及车轮连接车轴,接触地面。轮胎及车轮将汽车发出的作用力传给地面,同时将地面的反作用力传回汽车。

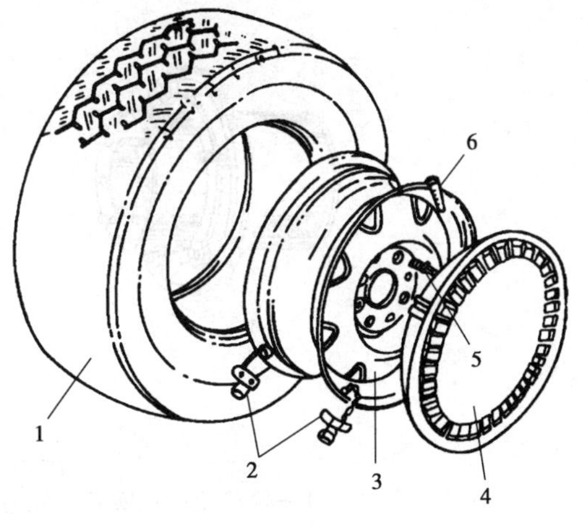

图 9.1　车轮总成
1—轮胎;2—平衡块;3—车轮;4—装饰罩;5—螺栓;6—气门嘴

车轮与轮胎是汽车行驶系中重要部件,其基本功用如下:

①支承整车的质量,使汽车能够承载;

②缓和由路面传来的冲击力,改善承载条件;

③传递驱动力、制动力和转向力,使驾驶人员能够对汽车的运动进行操纵控制;

④减小行驶阻力和能量的消耗,提高运输效率;

⑤有效提高通过性。

此外,车轮和轮胎(特别是轿车轮胎)还是汽车重要的安全件。几乎所有的汽车行驶性能都与轮胎有关。

项目1　车轮

项目目标

1. 掌握车轮的组成与功用；
2. 掌握轮辋规格的表示方法。

课前思考

车轮由哪几部分组成？车轮有什么功用？

项目内容

现代汽车的车轮不但是安装轮胎的骨架，也是将轮胎与车轴连接起来的旋转部件。车轮通常由轮毂、轮辋以及这两种元件之间的连接部件轮辐组成。

1. 车轮的功用和组成

车轮是介于轮胎和车桥之间承受负荷的旋转组件，其功用是安装轮胎，承受轮胎与车桥之间各种载荷的作用。

车轮一般是由轮毂、轮辋和轮辐组成，如图9.2所示。轮毂通过圆锥滚子轴承装在车桥或转向节轴径上，用于连接车轮与车桥。轮辋用于安装和固定轮胎。轮辐用于将轮毂和轮辋连接起来，并通过螺栓与轮毂连接起来。

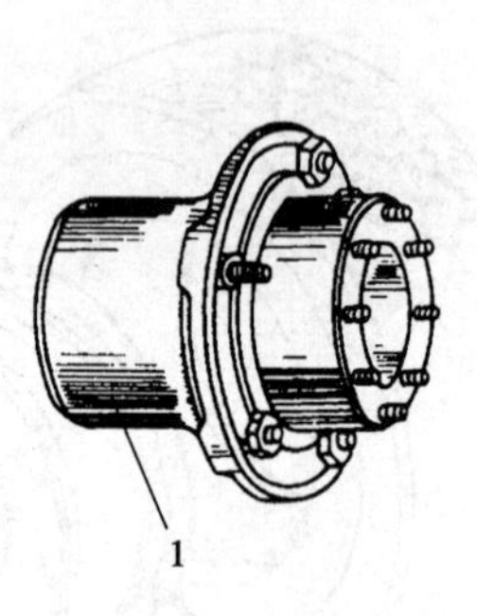

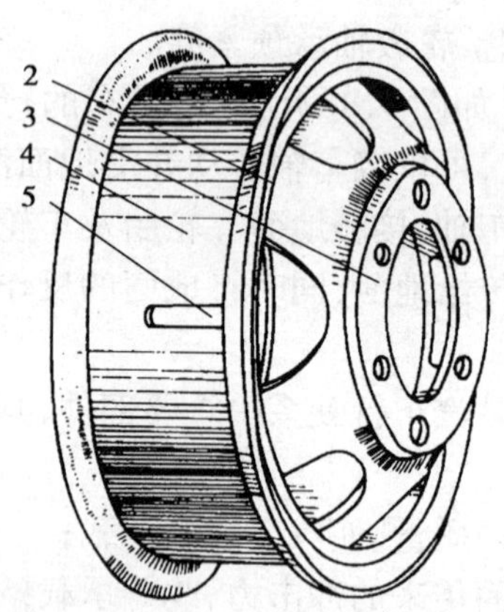

图9.2　车轮的组成

1—轮毂；2—挡圈；3—轮辐（辐板式）；4—轮辋；5—气门嘴出口

2. 车轮的构造

(1)轮辐

按轮辐结构的不同，车轮可以分为辐板式车轮和辐条式车轮两种形式。

①辐板式车轮。

目前，普通轿车和轻、中型货车普遍采用辐板式车轮。这种车轮的结构如图9.2所示，由挡圈、轮辋、辐板和气门嘴伸出口组成。车轮中用以连接轮毂和轮辋的钢质圆盘称为辐板，大多是冲压制成的,少数是和轮毂铸成一体,后者主要用于重型汽车。

货车辐板式车轮如图9.3所示。辐板与轮辋通过焊接或铆接的方式固定成为一个整体,辐板通过螺栓安装在轮毂上。辐板上的孔可以减轻质量,有利于制动鼓的散热,方便于接近气门嘴,同时可作为安装时的把手处。6个孔加工成锥形,以便在用螺栓把辐板固定在轮毂上时对正中心。

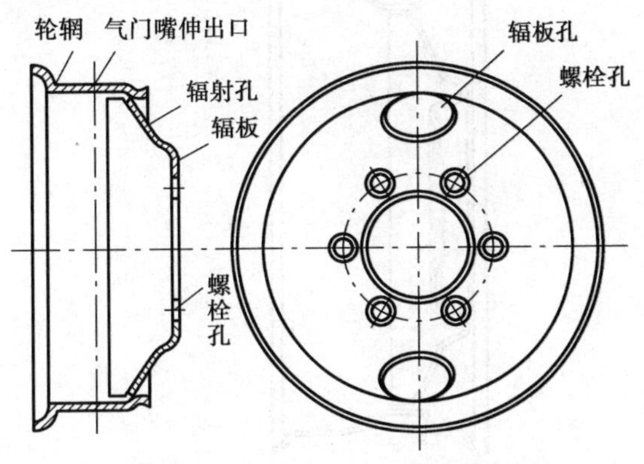

图9.3　货车辐板式车轮

货车后桥负荷比前桥大得多,为使后轮轮胎不致过载,后桥一般装用双式车轮,即在同一轮毂上安装了两套辐板和轮辋,如图9.4所示。为了防止汽车在行驶中固定辐板的螺母自行松脱,汽车两侧车轮上的辐板固定螺栓一般采用旋向不同的螺纹,左侧用左旋螺纹,右侧用右旋螺纹。目前在一些载货汽车上(如黄河JNl50D型汽车),采用了球面弹簧垫圈,可以防止螺母的自行松脱,故汽车左右车轮上固定辐板的螺栓均可用右旋螺纹,从而减少了零件。

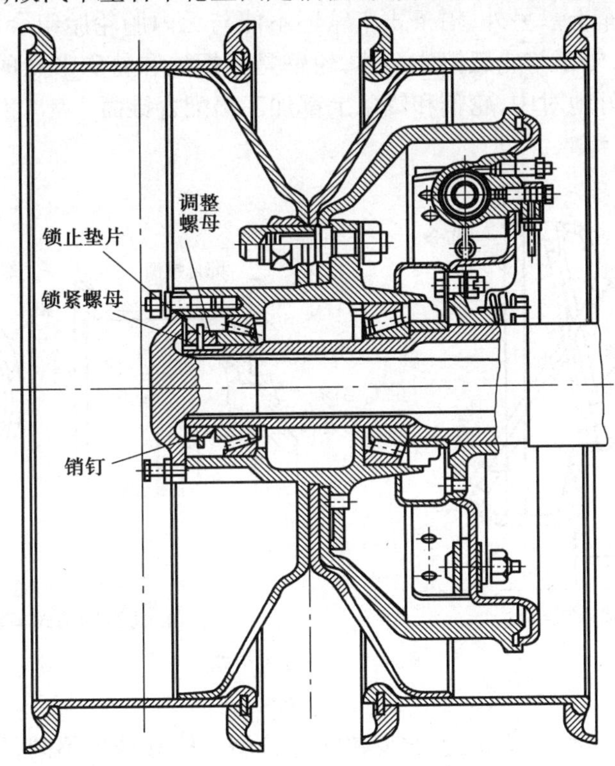

图9.4　货车双式车轮

轿车的辐板所用板料较薄,常冲压成起伏多变的形状,以提高其刚度,如图9.5所示。目前广泛采用的轿车车轮为铝合金车轮,如图9.6所示,且多为整体式的,即轮辋和轮辐铸成一体。它质量轻,尺寸精度高,生产工艺好,美观大方,可以明显改善车轮的空气动力学特性,降低汽车油耗。

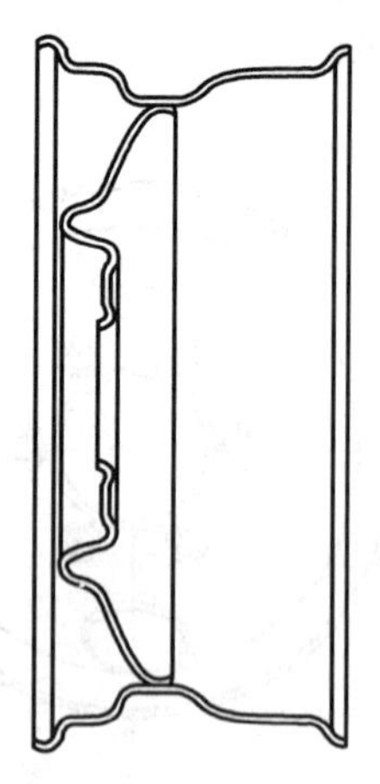

图 9.5　轿车辐板式车轮

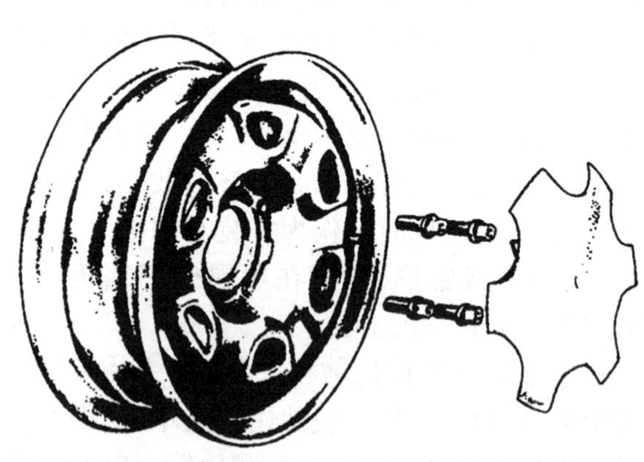

图 9.6　轿车铝合金车轮

②辐条式车轮。

按辐条结构的不同,辐条式车轮又分为钢丝辐条式车轮和铸造辐条式车轮,如图 9.7 所示。钢丝辐条式车轮的结构与自行车车轮完全一样,由于其价格昂贵、维修安装不便,故仅用于赛车和某些高级轿车上。另外,辐条式车轮还不能与无内胎轮胎组合使用。铸造辐条式车轮常用于重型货车上,辐条与轮毂铸成一体,轮辋是用螺栓和特殊形状的衬块固定在辐条上。为了使轮辋和辐条很好地对中,轮辋和辐条上都加工出配合锥面。

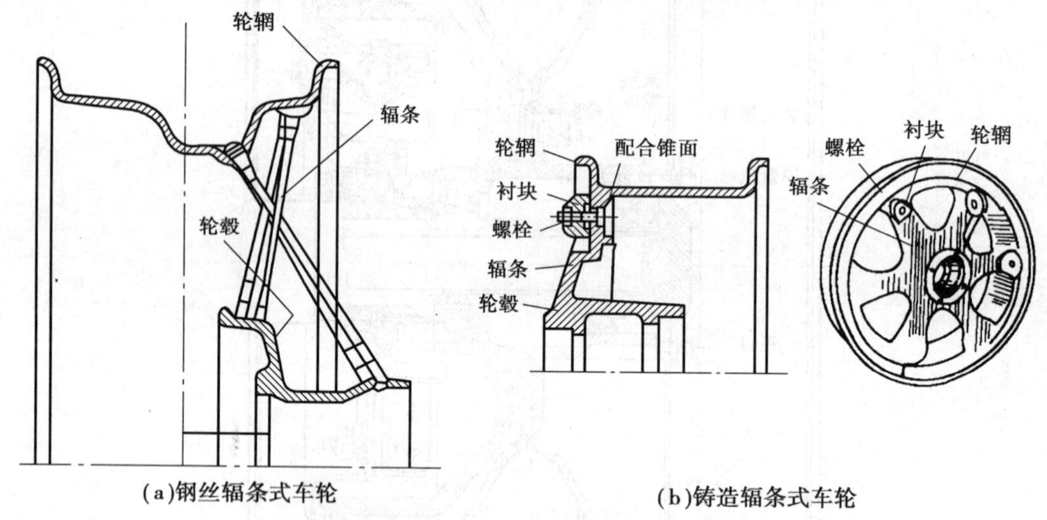

(a)钢丝辐条式车轮

(b)铸造辐条式车轮

图 9.7　辐条式车轮

(2)轮辋

①轮辋的类型和结构。轮辋用于安装和固定轮胎。按其结构不同,轮辋的常见结构形式有:深槽轮辋、平底轮辋和对开式轮辋,如图 9.8 所示。此外,还有半深槽轮辋、深槽宽轮辋、平底宽轮辋、全斜底轮辋等。

深槽轮辋如图 9.8(a)所示。这种轮辋主要用于轿车及轻型越野车,适宜安装尺寸小、弹性较大的轮胎,因为尺寸较大、较硬的轮胎很难装进这样的整体轮辋内。深槽轮辋有带肩的凸缘,用以安放外胎的胎圈,其肩部通常略向中间倾斜,倾斜部分的最大直径即称为轮胎胎圈与轮辋的着合直径。为便于外胎的拆装,其断面的中部制成深凹槽。深槽轮辋的结构简单,刚度

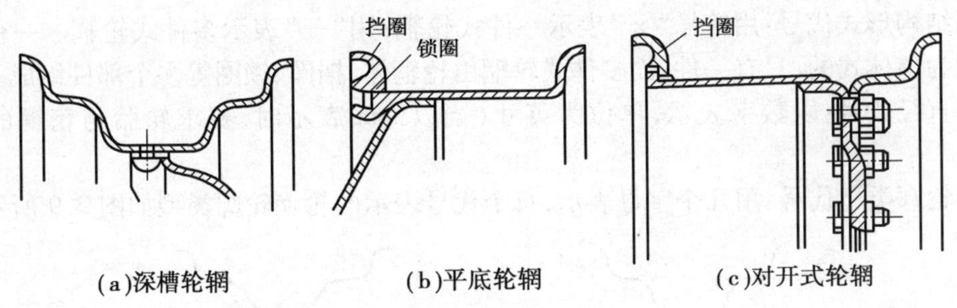

图9.8　轮辋的常见结构形式

大,质量较小。

平底轮辋如图9.8(b)所示,多用于货车。其挡圈是整体式的,且用一个开口锁圈来防止挡圈脱出。在安装这种轮胎时,先将轮胎套在轮辋上,而后套上挡圈,并将它向内推,直至越过轮辋上的环形槽,再将开口的弹性锁圈嵌入环形槽中。东风EQ1090E和解放CA1091型汽车均采用这种形式的轮辋。

对开式轮辋如图9.8(c)所示。这种轮辋由内外两部分组成,其内外轮辋的宽度可以相等,也可以不相等,二者用螺栓连成一体。拆装轮胎时,拆卸掉螺栓上的螺母即可。图中所示挡圈是可拆的。有的无挡圈,而由与内轮辋制成一体的轮缘代替挡圈的作用,内轮辋与辐板焊接在一起。这种轮辋主要用于载重量较大的重型货车和大型客车。

近几年来,为了适应提高轮胎负荷能力的需要,国内外均朝宽轮辋的方向发展,如美国的货车已全部采用宽轮辋,欧洲各国也在积极普及宽轮辋,我国也在进行由窄轮辋向宽轮辋的过渡。实验表明,采用宽轮辋可以提高轮胎的使用寿命,并可改善汽车的通过性和行驶稳定性。

②国产轮辋规格的表示方法。国产轮辋规格用一组数字、字母和符号组合表示,分为几部分,各部分的含义及具体内容如下:

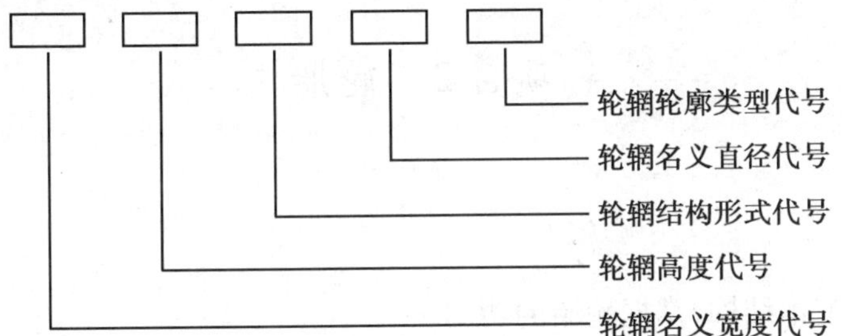

轮辋宽度代号:以数字表示,一般取小数点后两位,单位为英寸(当以mm表示时,要求轮胎与轮辋的单位一致)。

轮辋高度代号:用一个或几个拉丁字母表示,如C,D,E,F,J,K,L,V等。常用代号及相应高度值(mm)如表9.1所示。

表9.1　轮辋的高度代号及高度值　　单位:mm

C	D	E	F	G	H	J	K
15.88	17.45	19.81	22.23	27.94	33.73	17.27	19.26
L	P	R	S	T	V	W	
21.59	25.40	28.58	33.33	38.10	44.45	50.80	

轮辋结构形式代号:用符号"×"表示一件式轮辋;用"—"表示多件式轮辋。一件式轮辋是指轮辋为整体式的,只有一件,而多件式轮辋由轮辋体、挡圈、锁圈等多个部件组成。

轮辋直径代号:以数字表示,单位为英寸(当以 mm 表示时,要求轮胎与轮辋的单位一致)。

轮辋轮廓类型代号:用几个字母表示,每个代号表示的轮辋轮廓类型如图 9.9 所示。

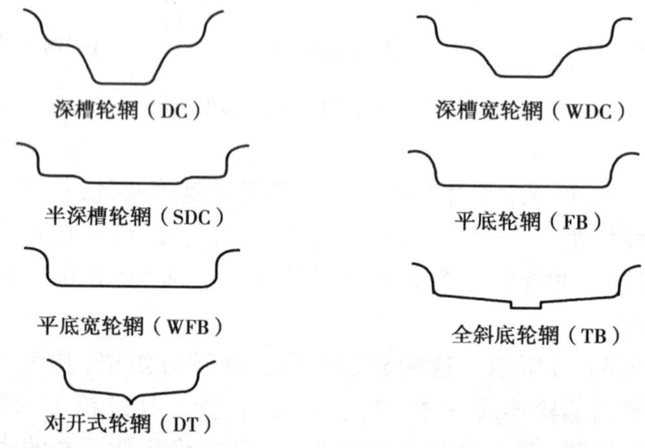

图 9.9 轮辋轮廓类型及代号

对于不同形式的轮辋,以上代号不一定同时出现。例如,解放 CA1092 型汽车轮辋的规格为 6.5-20,表明该轮辋宽度为 6.5 英寸,轮辋直径为 20 英寸,属于多件式轮辋;上海桑塔纳轿车轮辋的规格为 5.5J×13,表明其轮辋宽度为 5.5 英寸,轮辋高度为 17.27 mm,轮辋直径为 13 英寸,属于一件式轮辋;上海桑塔纳 2000GSi 轿车轮辋的规格为 6J×14,表明其轮辋宽度为 6 英寸,轮辋高度为 17.27 mm,轮辋直径为 14 英寸,属于一件式轮辋。

项目 2　轮胎

项目目标

1. 了解轮胎的基本结构,掌握轮胎的功用;
2. 掌握轮胎规格的表示方法。

课前思考

轮胎的基本结构是怎样的? 轮胎有什么功用? 轮胎规格是怎么表示的?

项目内容

轮胎通常安装在金属轮辋上,能支承车身、缓冲外界冲击,实现与路面的接触并保证车辆的行驶性能。轮胎常在复杂和苛刻的条件下使用,因此必须具有较高的承载性能、牵引性能、缓冲性能。轮胎是汽车的重要部件,汽车轮胎上的标记有 10 余种,正确识别这些标记对轮胎的选配、使用、保养十分重要。

任务1 轮胎结构

任务描述

轮胎是汽车行驶系中直接与地面发生接触的部件,直接影响汽车的行驶性能,掌握其结构特点和功用对实际应用有重要意义。本任务要求掌握轮胎的功用和类型,以及轮胎的基本结构。

学习引导

轮胎是行驶系统中的重要部件,轮胎的性能影响着汽车的舒适性、安全性、经济性。不同的轮胎类型决定着各自的性能特性。

1.轮胎的功用和类型

(1)功用

现代汽车都采用充气式轮胎,轮胎安装在轮辋上,直接与路面接触。它的功用是:

①支承汽车的质量,承受路面传来的各种载荷的作用。

②和汽车悬架共同来缓和汽车行驶中所受到的冲击,并衰减由此而产生的振动,以保证汽车有良好的乘坐舒适性和行驶平顺性。

③保证车轮和路面有良好的附着性,以提高汽车的动力性、制动性和通过性。

总结:概括起来,轮胎的功用可以简记为支承、缓冲、减振和提高附着性。

(2)类型

①按轮胎内空气压力的大小,轮胎分为高压胎(0.5~0.7 MPa)、低压胎(0.2~0.5 MPa)和超低压胎(0.2 MPa以下)三种。低压胎弹性好、减振性能强、壁薄散热性好、与地面接触面积大、附着性好,因此广泛用于轿车。超低压胎在松软路面上具有良好的通过能力,多用于越野汽车及部分高级轿车。

②按有无内胎,轮胎分为有内胎轮胎和无内胎轮胎(俗称真空胎)两种。目前轿车上普遍采用无内胎轮胎。

③按胎体帘布层结构的不同,轮胎分为斜交轮胎和子午线轮胎。目前,子午线胎在汽车上得到广泛应用。

总结:目前轿车上应用的轮胎主要是低压(超低压)、无内胎的子午线轮胎。

2.轮胎的结构

轮胎按结构不同可分为有内胎轮胎和无内胎轮胎两种。

(1)有内胎轮胎

有内胎轮胎由外胎、内胎和垫带等组成,使用时安装在汽车车轮的轮辋上,如图9.10所示。

内胎是一个环形的橡胶管,上面装有气门嘴,以便充入或排出空气。为使内胎在充气状态下不产生褶皱,其尺寸应稍小于外胎的内壁尺寸。

垫带是一个环形的橡胶带,它垫在内胎与轮辋之间,以保护内胎不被轮辋和胎圈磨伤。

(2)无内胎轮胎

无内胎轮胎俗称真空胎,在外观上与普通轮胎相似,但是没有内胎及垫带。它的气门嘴用

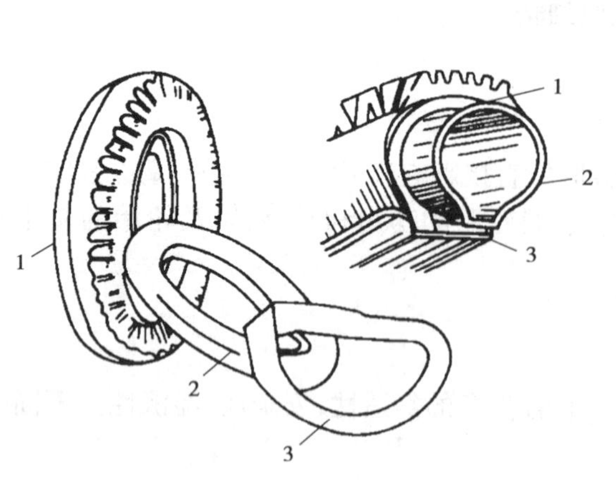

图 9.10 有内胎轮胎
1—外胎;2—内胎;3—垫带

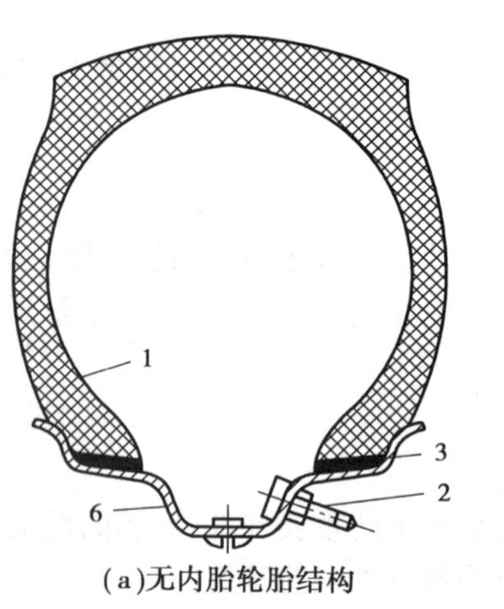

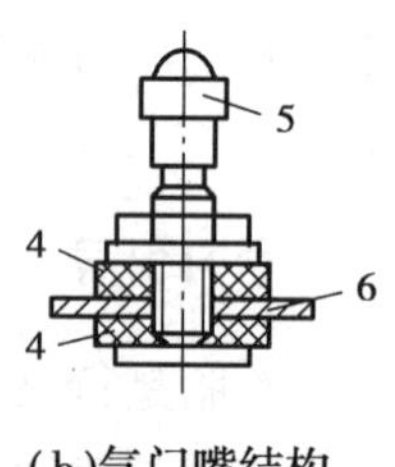

图 9.11 无内胎轮胎
1—橡胶密封层;2—气门嘴;3—胎圈橡胶密封层;
4—橡胶垫圈;5—气门螺母;6—轮辋

橡胶垫圈和螺母直接固定在轮辋上,空气直接充入外胎中,其密封性由外胎和轮辋来保证,如图 9.11 所示。

无内胎轮胎的内壁有一层橡胶密封层,有的在该层下面还有一层自粘层,能自行将刺穿的孔黏合。在胎圈外侧也有一层橡胶密封层,用以加强胎圈与轮辋之间的气密性。无内胎轮胎一旦被刺破,穿孔不会扩大,故漏气缓慢,胎压不会急剧下降,仍能继续行驶一定距离,可消除爆胎的危险。因无内胎,摩擦生热少、散热快,适用于高速行驶。此外,其结构简单,质量较轻,维修也方便,但密封层和自粘层易漏气,途中修理也较困难。无内胎轮胎必须配用深槽轮辋,故目前在轿车上应用较多。

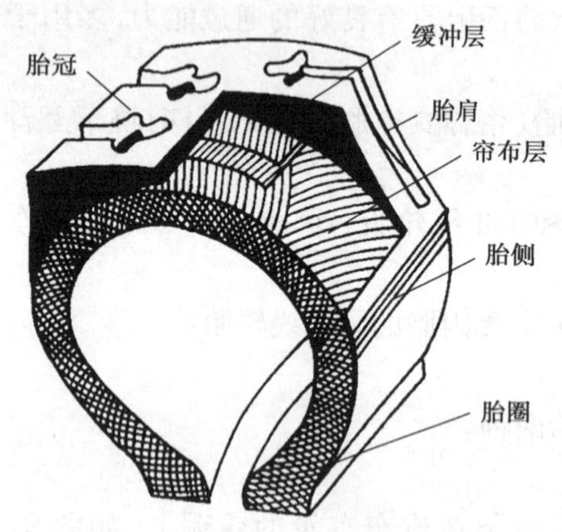

图 9.12 外胎的结构

(3)外胎的结构

外胎由胎面、帘布层、缓冲层和胎圈组成,如图 9.12 所示。

①胎面。胎面是轮胎的外表面,可分为胎冠、胎肩和胎侧三部分。

胎冠与路面直接接触,并产生附着力,使车辆行驶和制动。为使轮胎与地面有良好的附着性能,防止纵、横向滑移,在胎面上制有各种形状的花纹,主要有普通花纹、组合花纹、越野花纹等如图 9.13 所示。普通花纹中的纵向折线花纹最适合于在较好的硬路面上高速行驶,广泛用于轿车、客车及货车等各种车辆;横向花纹仅用于货车。组合花纹由纵向折线花纹和横向花纹组合而成,在好路面和不良路面上都可提供稳定的驾驶性能,广泛用于客车和货车。越野花纹的凹部深而粗,在软路面上与地面附着性好,越野能力强,适用于矿山、建筑工地及其他一些在松软路面上使用的越野汽车轮胎。

胎肩是较厚的胎冠和较薄的胎侧间的过渡部分,一般也制有各种花纹,以提高该部位的散热性能。

(a)纵向折线花纹　(b)横向花纹　(c)组合花纹　(d)越野花纹

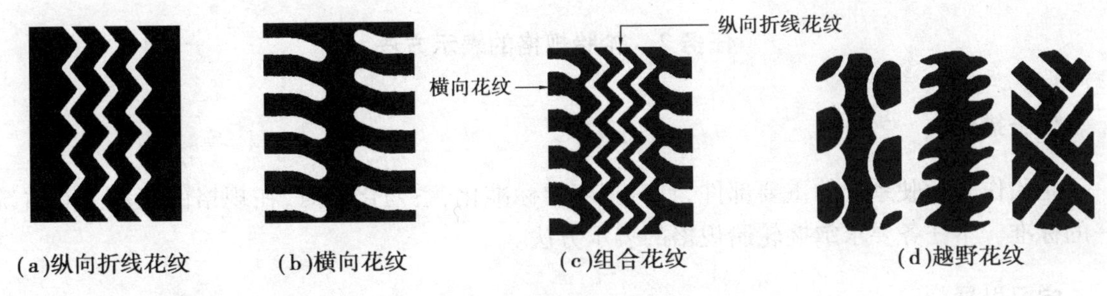

图9.13　胎面花纹

胎侧又称胎壁，由数层橡胶构成，覆盖于轮胎两侧，以保护内胎免受外部损坏。胎侧在行驶过程中，不断地在载荷作用下挠曲变形。胎侧上标有厂家名称、轮胎尺寸及其他资料。

②帘布层。帘布层是外胎的骨架，主要用于承受载荷，保持外胎的形状和尺寸，并使其具有足够的强度。帘布层通常由成双数的多层帘布用橡胶贴合而成，相邻层的帘线交叉排列。帘布层数越多，轮胎的强度越大，但弹性下降。帘线可以是棉线、人造丝、尼龙和钢丝。

按照帘布层帘线排列方式的不同，外胎可以分为斜交轮胎和子午线轮胎，如图9.14所示。

斜交轮胎帘布层的帘线按一定角度交叉排列，帘线与轮胎横断面的交角通常为50°。子午线轮胎帘布层帘线排列的方向与轮胎横断面一致，即垂直于轮胎胎面中心线，类似于地球仪上的子午线。子午线轮胎胎侧比斜交轮胎软，在径向上容易变形，可以增加轮胎的接地面积，即使在充足气后，两侧壁上也有一个特殊的凸起部，如图9.15所示。

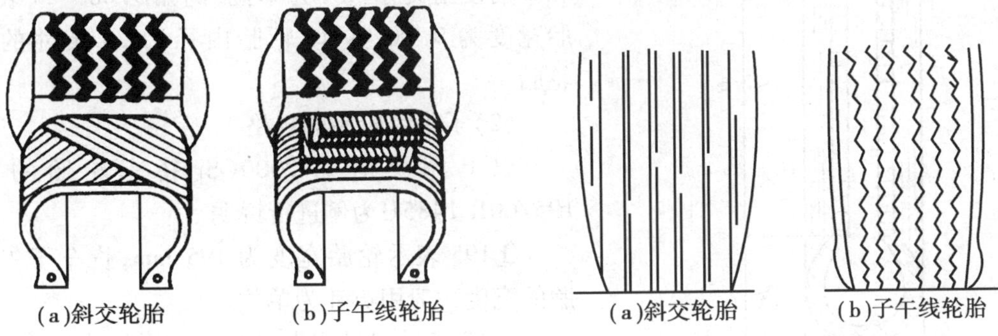

(a)斜交轮胎　(b)子午线轮胎

图9.14　轮胎的结构形式

(a)斜交轮胎　(b)子午线轮胎

图9.15　子午线轮胎与斜交轮胎胎侧比较

子午线轮胎与斜交轮胎相比较具有行驶里程长、滚动阻力小、节约燃料、承载能力大、减振性能好、附着性能好、不易爆胎等优势，目前在汽车上应用广泛。

③缓冲层。缓冲层夹在胎面和帘布层之间，由两层或数层较稀疏的帘布和橡胶制成，弹性较大。其作用是加强胎面与帘布层之间的结合，防止汽车紧急制动时胎面与帘布层脱离，并缓和汽车行驶时所受到的路面冲击。

④胎圈。胎圈由钢丝圈、帘布层包边和胎圈包布组成，有很大的刚度和强度，可以使外胎牢固地安装在轮辋上。

任务2　轮胎规格的表示方法

任务描述

轮胎作为行驶系统的重要部件，具有高度的标准化、系列化特点，在规格的表示上有着统一的标准。本任务要求掌握轮胎规格的表示方法。

学习引导

世界著名的轮胎品牌主要有美国的固特异(Goodyear)，日本的普利司通(Bridgestone)和凡世通(Firestone)，英国的邓禄普(Dunlop)，法国的米其林(Michelin)，意大利的倍耐力(Pirelli)，韩国的韩泰(Hankook)和锦湖(Kumho)，德国的马牌(Continental)，我国的回力等。众多的轮胎品牌在规格表示的方法上都遵循着一定的规律，按照这个规律，我们就可以理解各种轮胎的规格。

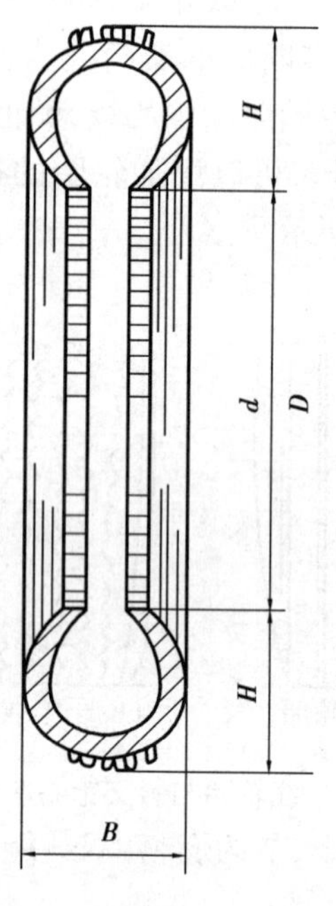

图9.16　轮胎的尺寸标注
D—轮胎外径；d—轮胎内径或轮辋直径
B—轮胎宽度；H—轮胎高度

轮胎的尺寸标注如图9.16所示。

(1)斜交轮胎的规格

我国和大多数国家一样，斜交轮胎的规格用 B—d 表示，载货汽车斜交轮胎和轿车斜交轮胎的尺寸 B 和 d 均使用英寸(in)为单位，例如9.00—20表示轮胎宽度为9.00英寸、轮胎内径为20英寸的斜交轮胎。

(2)子午线轮胎的规格

以上海桑塔纳2000GSi轿车轮胎的规格195/60R 1485H为例进行说明。

①195表示轮胎宽度为195 mm，货车子午线轮胎的宽度一般用英寸为单位。

②60表示扁平比为60%。扁平比为轮胎高度 H 与宽度 B 之比，有60、65、70、75、80五个级别。

③R表示子午线轮胎，即“Radial”的第一个字母。

④14表示轮胎内径为14英寸。

⑤85表示荷重等级，即最大载荷质量。荷重等级为85的轮胎的最大载荷质量为515 kg。

⑥H表示速度等级，表明轮胎能行驶的最高车速。

另外，在轮胎规格前加“P”表示轿车轮胎；在胎侧标有“REINFORCED”表示经强化处理，“RADIAL”表示子午线胎，“TUBELESS”(或TL)表示无内胎(真空胎)，“M + S”(Mud and Snow)表示适于泥地和雪地，“→”表示轮胎旋向，不可装反。

项目3　车轮和轮胎的维护

项目目标

1. 了解车轮与轮胎的维护内容；
2. 掌握轮胎换位的方法；
3. 掌握车轮不平衡的危害、原因；
4. 掌握离车式车轮动平衡机的使用方法。

课前思考

车轮与轮胎的维护都有哪些项目？有什么注意事项？为什么要进行轮胎换位？车轮不平衡有哪些危害？是什么原因造成的？

项目内容

汽车行驶在道路上，轮胎胎面和路面之间发生着接触、滑磨现象，而且还担负着转向的任务，因此轮胎的好坏直接影响着汽车的安全性、稳定性和经济性。轮胎选用不当，会引起轮胎早期磨损，给安全行车构成严重威胁，因此应谨慎选择、使用并认真维护轮胎。此部分将重点学习轮胎的常规维护项目，目的在于保持轮胎气压，减少轮胎磨损，延长轮胎寿命，及早消除隐患。

任务1　轮胎的维护与换位

任务描述

为延长轮胎使用寿命、节约成本、提高其使用效益和保证安全，必须对轮胎进行必要的维护。汽车行驶一定里程后，各不同部位的轮胎在疲劳和磨损程度上就会出现差别。因此，及时进行轮胎换位，特别是新车初驶后的换位，对轮胎的使用寿命影响很大。本任务要求掌握轮胎的维护项目和换位方法。

学习引导

“七分养，三分修”，无论什么时候都不能忽视对轮胎的日常维护，坚持定期检查轮胎是否有扎钉、割伤、气门嘴橡胶老化、开裂等现象。

车轮和轮胎的维护应结合车辆的维护强制执行。因为车轮和轮胎的维护以轮胎的维护侧重，所以这里将详述轮胎的维护。车辆维护分日常维护、一级维护和二级维护。轮胎维护的分级和周期与车辆维护相同。

1. 一级维护轮胎作业项目

①紧固轮胎螺母，检查气门嘴是否漏气、气门帽是否齐全，如发现损坏或缺少应立即修理或补齐。

②挖出轮胎夹石和花纹中的石子、杂物，如有较深伤洞应用生胶填塞。特别是子午线胎，刺伤后若不及时修补，水汽会进入胎体锈蚀钢丝帘线，造成轮胎早期损坏。

③检查轮胎磨损情况，如有不正常磨损或起鼓、变形等现象，应查找原因，予以排除。

④如需检查外胎内部，应拆卸解体，如有损伤应及时修补。

⑤检查轮胎搭配和轮辋、挡圈、锁圈是否正常。

⑥检查轮胎(包括备胎)气压，并按标准补足。

注意：备胎气压应高于使用中轮胎的气压。

提示：厂家一般推荐至少每月或每次长途旅行前检查一次胎压，包括备胎。

⑦检查轮胎有无与其他机件刮碰现象，备胎架是否完好、紧固，如不符合要求，应予排除。

⑧必要时(如单边偏磨严重)应进行一次轮胎换位，以保持胎面花纹磨耗均匀。

完成上述作业后应填写维护记录。

2. 二级维护轮胎作业项目

除执行一级维护的各项作业外，还应进行下列项目：

①拆卸轮胎，按轮胎标准测量胎面花纹磨耗、周长及断面宽的变化，作为换位和搭配的依据。

②轮胎解体检查：

a. 检查胎冠、胎肩、胎侧及胎内有无内伤、脱层、起鼓和变形等现象。

b. 检查内胎、垫带有无咬伤、折皱现象，气门嘴、气门芯是否完好。

c. 检查轮辋、挡圈和锁圈有无变形、锈蚀，并视情况涂漆。

d. 检查轮辋螺栓承孔有无过度磨损或损裂现象。

③排除解体检查所发现的故障后，进行装合和充气。

④高速车应进行轮胎的动平衡试验。

⑤按规定进行轮胎换位。

⑥发现轮胎有不正常的磨损或损坏，应查明原因，予以排除。

完成上述作业后应填写维护记录。

3. 轮胎维护操作要点

(1)充气

①轮胎充气应按照该型汽车使用说明书上规定的标准气压执行，并在冷态时用气压表测量。若在热态时测量，其气压应略高于标准气压，取适当的修正值。气压表应定期校准，以保证读数准确。

②轮胎装好后，先充入少量空气，待内胎充气伸展后再继续充至要求气压。

③充气前应检查气门芯与气门嘴是否配合平整，并擦净灰尘。充气后应检查是否漏气，并将气门帽装紧。

④充入的空气不得含有水分和油雾。

⑤充气时应注意安全防护，充气开始时用手锤轻击锁圈，使其平稳嵌入轮辋圈槽内，以防锁圈跳出。

(2)轮胎换位

①按时换位可使轮胎磨损均匀，可延长约20%的使用寿命，应结合车辆二级维护定期换位。在路面拱度较大的地区或夏季，轮胎磨损差别较大，可适当增加换位次数。

提示:厂家一般推荐8 000~10 000 km应将轮胎换位一次。

②轮胎换位方法常用的有交叉换位法、循环换位法和单边换位法,如图9.17和图9.18所示。

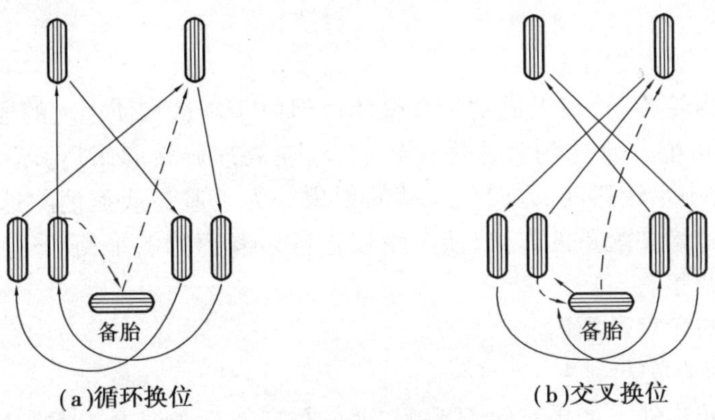

图9.17 六轮二桥汽车轮胎换位法

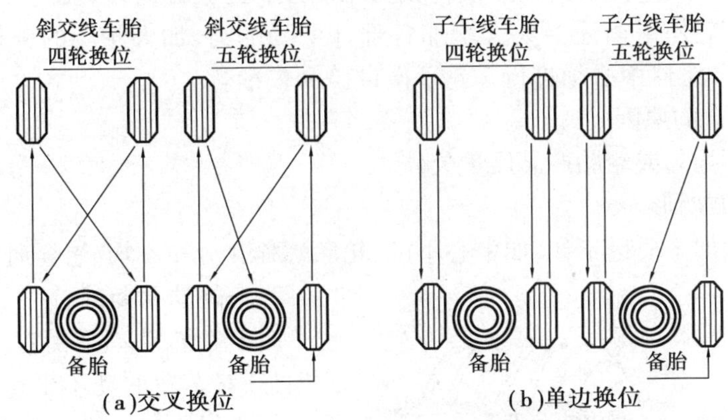

图9.18 四轮二桥汽车轮胎换位法

装用普通斜交轮胎的六轮二桥汽车,常用图9.17中的交叉换位法,具体做法是:左右两交叉,主胎(后内)换前胎,前胎换备胎(后外)、备胎换主胎。这样,通过三次换位,每只轮胎就可轮到一次担负内档(主力)胎。

装用斜交胎的四轮二桥汽车也可采用交叉换位法,如图9.18(a)所示。子午线胎宜用单边换位法,如图9.18(b)所示。

子午线轮胎的旋转方向应始终不变。若反向旋转,会因钢丝帘线反向变形产生振动,汽车平顺性变差,所以一些轿车使用手册推荐单边换位法。

③轮胎换位后,应按所换的胎位要求,重新调整气压。

④轮胎换位后须做好记录,下次换位仍要按上次选定的换位方法换位。

任务2 车轮的动平衡检测

任务描述

轮胎动态不平衡会使车轮摇摆,令轮胎产生波浪形磨损;静态不平衡会产生颠簸和跳动现象，往往使轮胎产生平斑现象。因此，定期检测轮胎平衡不但能延长轮胎寿命，还能提高汽车行驶时的稳定性。本任务要求理解车轮不平衡的原因和危害，掌握离车式车轮动平衡机的使用方法。

学习引导

汽车的车轮是由轮胎、轮毂组成的一个整体。但由于制造和使用上的原因，使这个整体各部分的质量分布不可能非常均匀。这样，当汽车车轮高速旋转起来后，就会形成动不平衡状态，造成车辆在行驶中车轮抖动、方向盘振动的现象。为了避免或是消除这种现象，就要使车轮在动态情况下通过增加配重的方法，使车轮校正各边缘部分的平衡。这个校正的过程就是人们常说的动平衡调整。

1.车轮不平衡的危害及原因

(1)车轮不平衡的危害

汽车车轮是旋转构件。如果车轮不平衡，汽车在高速行驶时会引起车轮上下跳动和横向摇摆，不仅影响汽车乘坐舒适性，而且使驾驶员难以控制行驶方向，以及使汽车制动性能变差，影响行车安全。车轮不平衡还会大大增加各部件所受的力，加大轮胎的磨损和行驶噪声等。因此，汽车在使用和维修中必须进行车轮平衡试验和校准。

(2)车轮不平衡的原因

①质量分布不均匀或轮胎产品质量欠佳。

②轮辋、制动鼓变形。

③轮毂与轮辋加工质量不佳，如中心不准、轮胎螺栓孔分布不均、螺栓质量不佳等。

2.车轮动平衡试验

由于车轮动不平衡对汽车危害很大，因此，必须对车轮的动不平衡进行试验并进行调平衡工作。车轮的不平衡包括静不平衡和动不平衡，由于动平衡的车轮一定处于静平衡状态，因此，只要检测了动平衡，就没有必要检测静平衡。

车轮的动平衡试验有离车式和就车式两种方法，常见的为离车式车轮的动平衡试验。

(1)离车式车轮动平衡机的基本组成

利用离车式车轮动平衡机对车轮进行动平衡检测时，需将车轮从车上拆下。如图9.19所示为常见的车轮动平衡机。该动平衡机主要由驱动装置、转轴与支承装置、显示与控制装置、制动装置及防护罩组成。

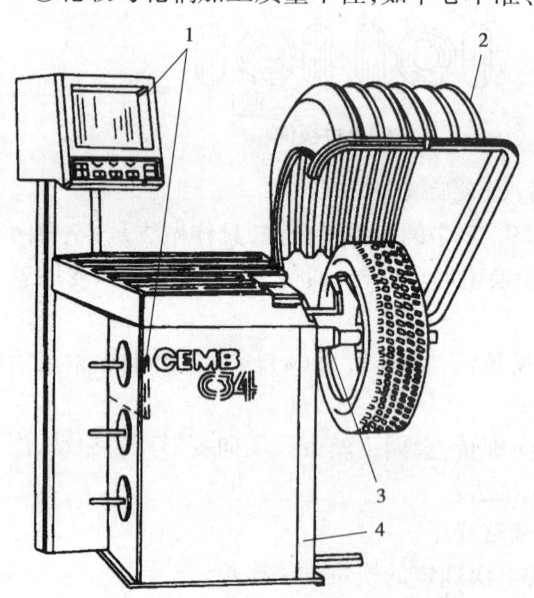

图9.19 离车式车轮动平衡机
1—显示与控制面板；2—车轮防护罩；
3—转轴；4—机箱

(2)离车式车轮动平衡机的使用方法

①对被测车轮进行清洗，去掉泥土、砂石，拆掉旧平衡块。

②检查轮胎气压并充气至规定气压值。

③根据轮辋中心孔的大小选择锥体,将车轮安装于平衡机上。

④打开电源开关,检查指示装置是否指示正确。

⑤键入轮辋直径、宽度,测出轮辋边缘到机箱之间的距离并键入平衡机。

⑥放下防护罩,按下启动键,开始测量。

⑦当车轮自动停转后,从指示装置读出车轮内、外动不平衡量和位置。

⑧抬起车轮防护罩,用手慢慢旋转车轮,当动平衡机指示装置发出信号时,停止转动车轮。

⑨根据动平衡机显示的动不平衡量,在轮辋内侧或外侧的上部(时钟 12 点位置)的边缘加装平衡块。内、外侧要分别进行,平衡块要装卡牢固。

⑩重新启动动平衡机,进行动平衡试验,直至动不平衡量小于 5 g,机器显示“00”或“OK”时为止。

⑪取下车轮,关闭电源,测试结束。

项目4　车轮和轮胎的故障诊断

项目目标

1. 掌握车轮故障的诊断方法;
2. 掌握轮胎故障的诊断方法;
3. 掌握车轮和轮胎故障的排除方法。

课前思考

车轮与轮胎的常见故障都有哪些?是怎么造成的?排除的方法有哪些?

项目内容

车轮是汽车重要的行走机件。其中,轮毂轴承担负着降低底盘运转时的摩擦阻力、维持汽车正常行驶的重任。如果轮毂轴承发生故障,会引起噪音、轴承发热等的现象。轮胎故障结构可以分为胎面故障、胎唇故障、爆胎故障、胎侧故障等。因此,需根据不同的现象对故障进行正确的诊断。

1. 车轮常见故障诊断

车轮常见故障为轮毂轴承过松或过紧。轮毂轴承用于支承车轮轮毂,轮毂轴承过松,会造成车轮摆振及行驶不稳,严重时还能使车轮甩出;轮毂轴承过紧,会造成汽车行驶跑偏。全部轮毂轴承过紧时,会使汽车滑行距离明显下降。轮毂轴承过紧还会使汽车经过一段行驶后,轮毂处温度明显上升,有时甚至使润滑脂溶化而容易甩入制动鼓内,使制动性能下降。

轮毂轴承过松或过紧必须立即修理,即调整轮毂轴承的预紧度,方法为:

①用千斤顶支起车轮,拧下轮毂盖螺钉,拆下轮毂衬垫。

②拆下锁止销钉,旋下锁紧螺母,拆下锁止垫片。

③旋转调整螺母改变轮毂轴承间隙。旋进轴承,间隙变小;旋出轴承,间隙变大。一般是将调整螺母旋紧到底,再退回 1/3 圈即可。

④调整合适的轮毂轴承预紧度，应使车轮能够自由转动，且轴向推动无明显间隙。

上海桑塔纳2000GSi后轮毂轴承预紧度的调整方法为：

①用千斤顶支起车轮，拆下后轮毂盖，如图9.20所示。

②取下开口销及开槽垫圈。

③旋转螺母，同时转动轮毂，用一字旋具在手指的压力下刚好能够拨动止推垫圈即可，如图9.21所示。

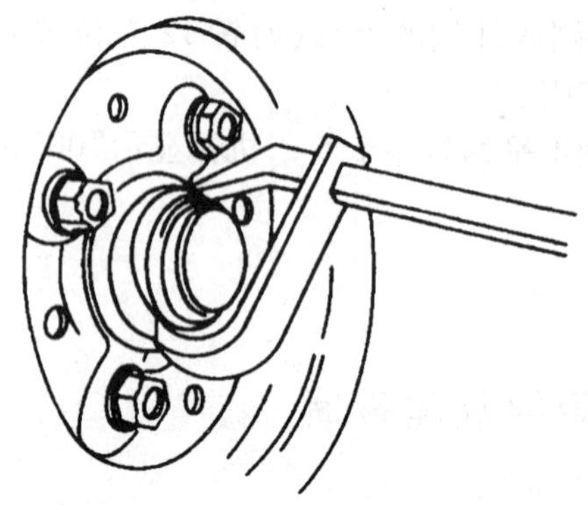

图9.20　拆下后轮毂盖

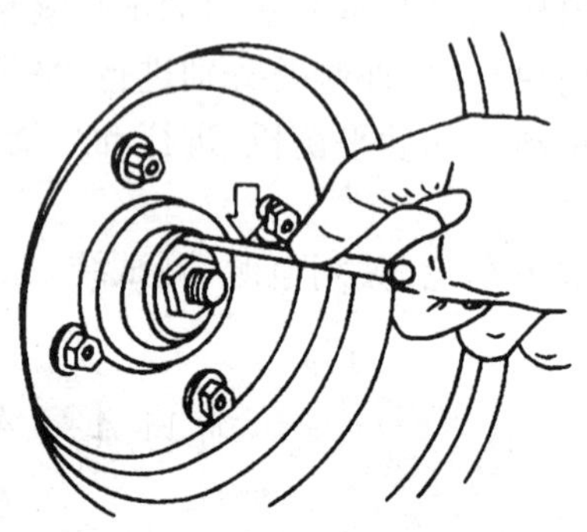

图9.21　调整后轮毂轴承预紧度

④装回开槽垫圈，换上新的开口销，装上轮毂盖。

⑤放下车轮。

2.轮胎常见故障诊断

轮胎的常见故障是轮胎的异常磨损。

(1)胎肩或胎面中间磨损

①现象：如图9.22所示，轮胎的胎肩和胎面出现了磨损。

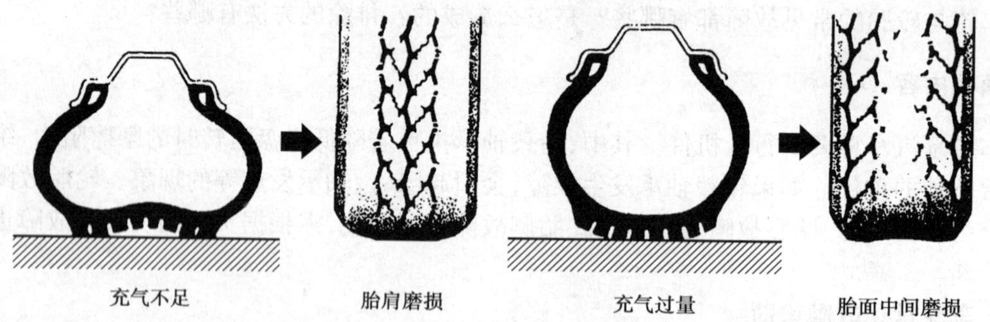

图9.22　胎肩或胎面中间磨损

②故障原因：集中在胎肩上或胎面中间的磨损，主要是由于未能正确保持充气压力所致。如果轮胎充气压力过低，轮胎的中间便会凹入，将载荷转移到胎肩上，使胎肩磨损快于胎面中间。如果充气压力过高，轮胎中间便会凸出，承受了较大的载荷，使轮胎中间磨损快于胎肩。

③故障排除步骤：

a.检查车辆是否超载。

b.检查充气压力。如果充气过量或充气不足，应调整充气压力。

c.调换轮胎位置。

(2)内侧或外侧磨损

①现象:如图9.23所示为轮胎的内侧或外侧磨损。

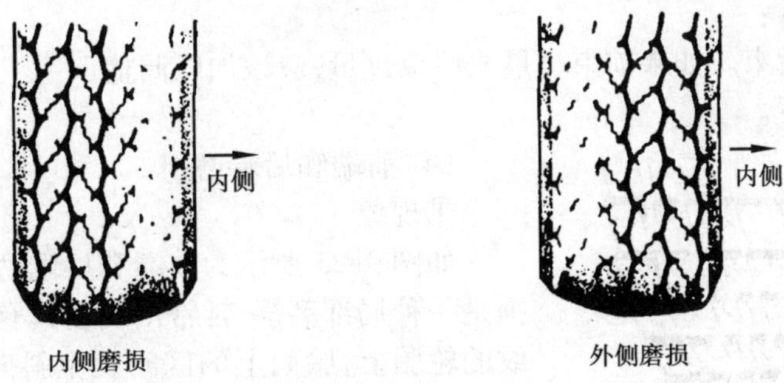

图9.23 内侧或外侧磨损

②原因:

a.在过高的车速下转弯会造成转弯磨损。转弯时轮胎滑动,便产生了斜形磨损。这是较常见的轮胎磨损原因之一。驾驶员所能采取的唯一补救措施,就是在转弯时减低车速。

b.悬架部件变形或间隙过大,会影响前轮定位,造成不正常的轮胎磨损。

c.如果轮胎面某一侧的磨损快于另一侧的磨损,其主要原因可能是外倾角不正确。由于轮胎与路面接触面积大小因载荷而异,对具有正外倾角的轮胎而言,其外侧直径要小于其内侧直径。因此胎面必须在路面上滑动,以便其转动距离与胎面的内侧相等。这种滑动便造成了外侧胎面的过量磨损。反之,具有负外倾角的轮胎,其内侧胎面磨损较快。

③故障排除步骤:

a.询问驾驶员是否高速转弯,如果是则要避免。

b.检查悬架部件,如松动则将其紧固;如变形和磨损,应修理或更换。

c.检查外倾角,如不正常,应校正。

d.调换轮胎位置。

(3)前束和后束磨损(羽状磨损)

①现象:如图9.24所示,车轮出现了前束和后束磨损。

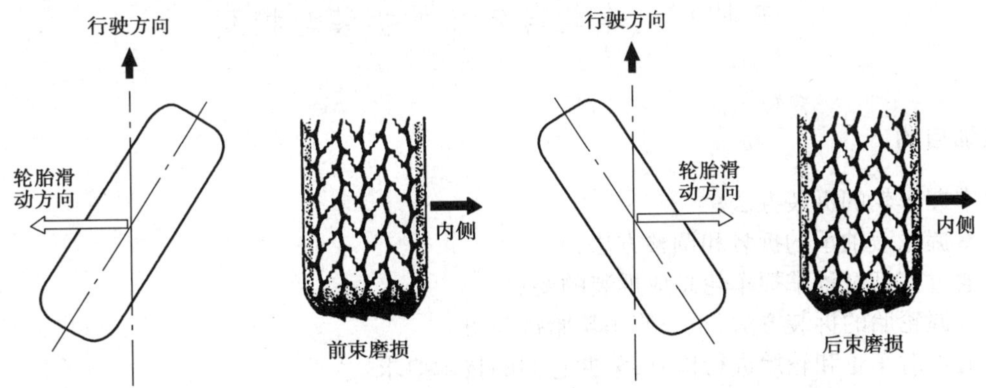

图9.24 前束和后束磨损

②故障原因:胎面的羽状磨损,主要是由于前束调节不当所致。过量的前束,会迫使轮胎向外滑动,并使胎面的接触面在路面上朝内拖动,造成前束磨损。如图9.24所示,胎面呈明显

的羽毛形。用手指从轮胎的内侧至外侧划过胎面，便可加以辨别。另一方面，过量的后束会将轮胎向内拉动，并使胎面的接触面在路面上朝外拖动，造成如图9.24所示的后束磨损。

③故障排除步骤：

a. 检查前束和后束。如果前束过量或后束过量，应该加以调整。

b. 调换轮胎位置。

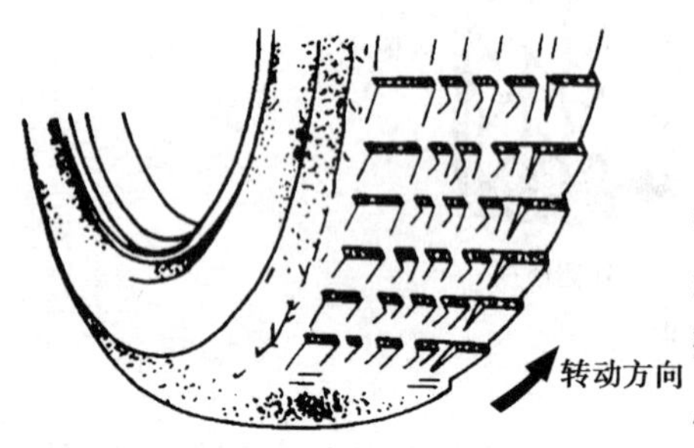

图9.25　前端和后端磨损

(4)前端和后端磨损

①现象

如图9.25所示为前端和后端磨损。前端和后端磨损是一种局部磨损，常常出现在具有横向花纹和区间花纹的轮胎上，胎面上的区间发生斜向磨损（与鞋跟的磨损方式相同），最终变成锯齿状。具有纵向折线花纹的胎面，磨损时会产生波状花纹。

②故障原因

非驱动轮的轮胎由于只受制动力的影响，而不受驱动力的影响，因此往往会有前后端形式的磨损，如反复使用和放开制动器，便会使轮胎每次发生短距离滑动而磨损，前后端磨损的形式便与这种磨损相似。如果是驱动轮的轮胎，则驱动力所造成的磨损会在制动力所造成的磨损的相反的方向上出现，所以驱动轮轮胎极少出现前后端磨损。客车和大货车由于制动时产生了大得多的摩擦力，故具有横向花纹的轮胎，便会出现与非驱动轮相似的前后端磨损。

③故障排除步骤

a. 检查充气压力。如果充气不足，就将其充至规定值。

b. 检查车轮轴承。如果磨损或松动，应更换或调整。

c. 检查外倾角和前束。如果不正确，应加以调整。

d. 检查轴颈或悬架部件。如果损坏，应修理或更换。

e. 调换轮胎位置。

实训12　车轮与轮胎的拆装与检测

实训目的

1. 掌握车轮的拆装方法；
2. 掌握轮毂轴承的拆装和调整方法；
3. 通过实训过程掌握车轮总成拆装的要点；
4. 掌握轮胎的拆装方法，正确使用轮胎拆装机；
5. 通过对车轮和轮胎进行检测，掌握它们的技术要求。

实训内容：

1. 拆装车轮总成；
2. 拆装轮胎；

3. 检测车轮和轮胎。

技术标准与要求

1. 拆卸车轮时，应用千斤顶将车身顶起，但必须将千斤顶顶在指定的位置上；

2. 车轮及车轮螺栓是相互配对的，否则会影响车轮的紧固程度及制动系统的功能；

3. 拆装轮胎要在清洁、干燥、无油污的地面上进行；

4. 轮胎与轮辋必须配套使用，拆装时需用轮胎拆装机，不允许用大锤敲击或其他尖锐的用具拆胎；

5. 安装时，小型车车轮紧固螺栓规定力矩为 120 ~150 N · m；

6. 安装有向花纹的轮胎，应注意滚动方向的标记；

7. 拆装子午线胎应做记号，使安装后的子午线胎滚动方向保持不变；

8. 拆装时，应注意定位爪不要紧贴钢圈，以免擦掉钢圈油漆。

工具准备

实训车；桥车车轮总成；轮胎拆装机；气压表、胎面深度尺、常用汽车维修工具及工作台等。确保每 4 ~6 人有 1 套工具。

实训步骤

本实训项目以车轮和轮胎的拆装、检测为内容，要求通过拆装更好地了解车轮和轮胎的结构，学会拆装的方法和设备的使用。

1. 车轮的拆装

(1) 车轮总成的拆卸

①停稳车辆，用三角木掩住各车轮。

②取下车轮上的装饰罩，弄清汽车左右侧车轮与轮毂连接螺栓的螺旋方向，使用车轮螺母拆装机或用套筒扳手初步拧松各连接螺母，如图 9.26 所示。

③用千斤顶顶在指定的位置，使被拆车轮稍离地面。也可将车辆停在举升架上，升起车辆，使车轮稍离开地面。

④拧下车轮与轮毂连接的全部螺母，取下垫圈并摆放整齐。

⑤边向外拉边左右晃动车轮，从车轴上取下车轮总成。

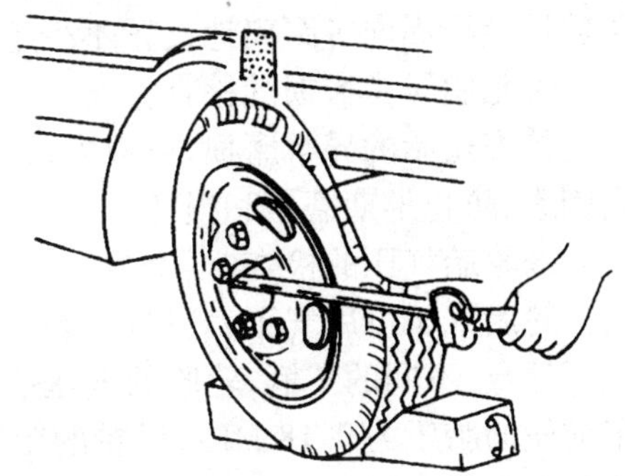

图 9.26　拆卸车轮

(2) 车轮总成的安装

①顶起车桥，套上车轮，将螺母初步拧在螺柱上。

②放下车轮并在车轮前后用三角木掩住，用扭力扳手或车轮螺母拆装机，按对角线顺序分 2 ~3 次拧紧车轮螺母，最后一次要按规定力矩拧紧，如图 9.27 所示。

③安装后轮双胎时，要先拧紧内侧车轮的内螺母，再装外侧轮胎。在安装过程中，应用千斤顶分两次顶起车桥，分别安装内、外两个车轮。双轮胎高低搭配要合适，一般较低的胎装于

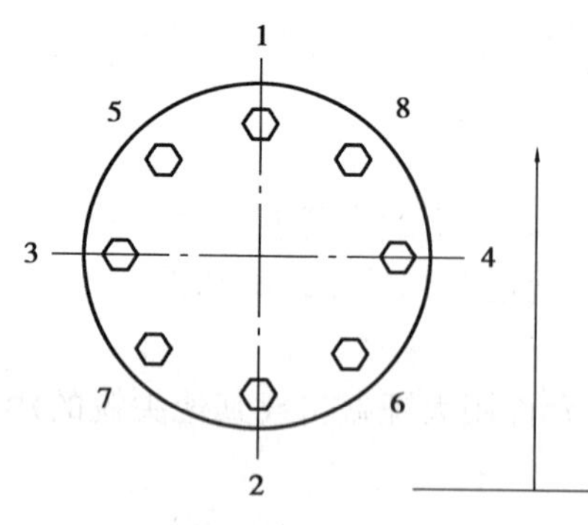

图 9.27 车轮螺母紧固顺序

里侧,较高的胎装于外侧。应注意内侧轮胎和外侧轮胎的气门嘴应互成 180°位置。

2. 轮胎的拆装及检测

(1)轮胎的拆装

目前轿车几乎都是采用无内胎的子午线轮胎,最常见的拆装轮胎的专用设备是轮胎拆装机。

(2)轮胎的检查

轮胎的检查主要是检查轮胎的磨损程度和轮胎气压,轮胎的磨损程度的检查包括胎面花纹深度的检查和轮胎异常磨损的检查。

轮胎磨损过甚、花纹过浅,是行车重要的不安全因素。过度磨损的轮胎,除容易爆破外,还会使汽车操纵稳定性变坏。汽车在雨中高速行驶时,由于不能把水全部从胎下排出,轮胎将会出现水滑现象,致使汽车失控。花纹越浅,水滑的倾向越严重。而轮胎(包括备胎)气压的检查对于行车也是非常重要的。轮胎气压不足,会导致轮胎过热,并因轮胎的接地面积不均匀而产生不均匀磨损或胎肩和胎侧快速磨损,缩短轮胎的使用寿命;同时会增加滚动阻力、加大耗油,而且影响车辆的操控,严重时甚至引发交通事故。轮胎气压过高则使车身重量集中在胎面中心上,导致胎面中心快速磨损,不但缩短轮胎的使用寿命,而且降低车辆的舒适性。所以日常维护和各级维护时,对于轮胎的检查是非常必要的。

①胎面花纹深度的检查。

GB 7258—1997《机动车运行安全技术条件》规定,轿车轮胎胎冠上花纹磨损至花纹深度小于 1.6 mm(磨损标志),载货汽车转向轮胎冠上的花纹深度小于 3.2 mm,其余轮胎胎冠花纹深度小于 1.6 mm 时,应停止使用。

轮胎花纹深度可用深度尺进行测量。

胎面磨耗标志位于胎面花纹沟底部,当胎面磨损到此处时,花纹沟断开,表明轮胎必须停止使用并送去翻新。为便于用户找到磨耗标志所在的位置,通常在磨耗标志对应的胎肩处标出“TWI”或者“△”等符号。按国家标准 GB 1191—89、GB 9743—88 和 GB516—89 的规定,每条轮胎应沿周向等距离地设置不少于 4 个这种磨耗标志。

②轮胎异常磨损的检查。

检查轮胎的异常磨损,可以发现故障的早期征兆和原因,以便及时排除影响轮胎寿命的不良因素,防止早期磨损和损坏。

③轮胎气压的检查。

轮胎气压可用气压表进行检查。

注意:不同的车辆,轮胎的气压值也许不同,检查时应参看相应车辆的维修手册。一般轿车前轮的胎压为 0.18 MPa,后轮的胎压为 0.22 MPa,即平时我们所说的前轮 1.8 个大气压,后轮 2.2 个大气压。

实训结果

①完成实训报告册,说明车轮和轮胎拆装过程中应注意的问题,掌握轮胎拆装机的使用方法,掌握轮胎的检查项目和检查方法。

②填写实训工单,进行实训考核。

本模块知识小结

1. 汽车车轮总成由车轮与轮胎两大部分组成。

2. 车轮的功用是安装轮胎，承受轮胎与车桥之间的各种载荷，一般由轮毂、轮辋和轮辐组成。

3. 轮辋的规格通常是用数字、字母和符号组合来表示。

4. 轮胎安装在轮辋上，直接与路面接触，它的功用是：支承汽车的质量，缓和行驶中的冲击，衰减振动，保证行驶舒适性，保证车轮与路面良好的附着力，提高汽车的动力性、制动性和通过性。

5. 轮胎可分为高压轮胎和低压轮胎，内胎轮胎和无内胎轮胎，斜交轮胎和子午线轮胎。

6. 轮胎维护的分级和周期与车辆维护相同，分为日常维护、一级维护和二级维护。

7. 轮胎的位置若适时、适当交换，可使偏磨耗及疲劳平均化，延长轮胎的使用寿命，使全车轮胎合理负荷和均匀磨损。常用的换位方法有交叉换位法、循环换位法和单边换位法。

8. 车轮不平衡会影响汽车的舒适性、操控性和安全性，大大增加各部件所受的力，加大轮胎的磨损和行驶噪音。因此，必须对车轮进行平衡试验和校准。

9. 轮胎的检查主要是检查轮胎的磨损程度和轮胎气压，轮胎的常见故障是轮胎的异常磨损，这包括：胎肩或胎面中间磨损，内侧或外侧磨损，前束和后束磨损，前端和后端磨损。

10. 目前乘用车几乎都采用无内胎的子午线轮胎，最常见的拆装轮胎的专用设备是轮胎拆装机。

复习思考题

1. 简述车轮总成的组成及功用。

2. 轮辋 6J×14 规格中各字母、数字和符号的含义是什么?

3. 轮胎的功用是什么?

4. 说明轮胎规格 P215/60R16　95H 中各字母、数字的含义。

5. 轮胎的检查项目包括哪些？如何检查?

6. 多长时间检查一次轮胎气压？多长时间进行一次轮胎换位?

7. 轮胎换位有哪些方法？如何进行?

8. 车轮不平衡的危害和原因有哪些?

9. 轮胎的常见故障的现象、原因及排除方法。

模块 10
悬 架

知识目标

1. 理解悬架的功用；
2. 掌握悬架的基本组成和分类，掌握典型悬架的构造及工作原理；
3. 掌握各种弹性元件的结构和原理；
4. 掌握各种减振器的结构和原理；
5. 了解汽车电控悬架的基本组成及工作原理。

能力目标

1. 学会正确解体和装配悬架；
2. 能对悬架的主要零件进行检验；
3. 能分析悬架常见故障的原因及掌握故障的排除方法。

项目1 悬架认识

项目目标

1. 掌握悬架的功用；
2. 了解悬架的分类与要求。

课前思考

什么是悬架？悬架在汽车上什么位置？有什么功用？

项目内容

1. 悬架的组成

汽车车架或车身若直接安装于车桥上，则会由于道路不平而上下颠簸振动，从而使车上的乘员感到不舒服或者使货物损坏。因此,汽车上必须装有具缓冲、减振和导向作用的悬架装置。汽车悬架是车架或车身与车桥之间一切传力连接装置的统称,它的作用是弹性地连接车桥与车架或车身,缓和行驶中车辆受到的由不平路面引起的冲击力,保证乘坐舒适和货物完好;迅速衰减由于弹性系统引起的振动,传递垂直、纵向、侧向反力及其力矩;并起导向作用,使车轮按一定轨迹相对车身运动。

悬架一般由弹性元件、导向装置、减振器和横向稳定杆等组成。弹性元件用来承受并传递垂直载荷、缓和不平路面、紧急制动、加速和转弯引起的冲击或车身位置的变化。常见的弹性元件包括钢板弹簧、螺旋弹簧、扭杆弹簧、油气弹簧、空气弹簧和橡胶弹簧。减振器用来衰减由于弹性系统引起的振动。减振器的类型有筒式减振器、阻力可调式减振器和充气式减振器。导向装置用来使车轮按一定运动轨迹相对车身运动,同时起传递力的作用。通常,导向装置由控制摆臂式杆件组成,可分为单杆式或多连杆式。钢板弹簧作为弹性元件时,它本身兼导向作用,可不另设导向装置。有些轿车和客车上,为防止车身在转向等情况下发生过大的横向倾斜,在悬架系统中加设有横向稳定杆,目的是提高侧倾刚度,使汽车具有不足转向特性,改善汽车的操纵稳定性和行驶平顺性。悬架的组成如图10.1所示。

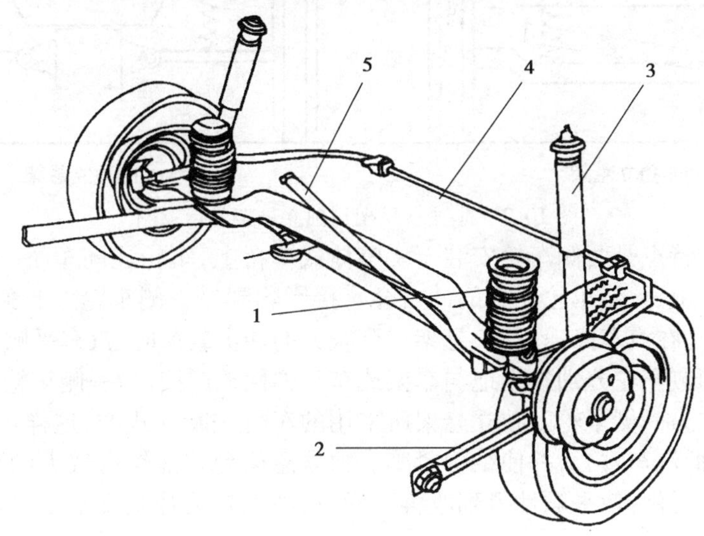

图10.1 悬架的组成

1—弹性元件(螺旋弹簧);2—纵向推力杆;3—减振器;4—横向稳定器;5—横向推力杆

2.悬架的功用

汽车的固定频率是衡量汽车平顺性的重要参数,它由悬架刚度和悬架弹簧支承的质量(簧载质量)所决定。人体所习惯的垂直振动频率为1~1.6 Hz,车身振动的固有频率应接近或处于人体适应的频率范围,才能使人感觉舒适。由于汽车的载重量经常会发生变化,因此其固有频率也会随之而变化。为了使空载和满载时的固有频率保持一定或变化很小,需要把悬架刚度做成可变或可调的。而目前汽车上装有电子控制的悬架,就能满足此种目的。从悬架的组成,可以总结出悬架具有如下的功用:

①连接车架(或车身)和车轮,把路面作用到车轮的各种力传给车架(或车身)。

②缓和冲击、衰减振动,使乘坐舒适,具有良好的平顺性。

③保证汽车具有良好的操纵稳定性。

三项功用与弹性元件和减振器的性能有关,具体来说是与弹性元件的刚度和减振器的阻尼力有关。只有悬架系统软、硬合适,才能使车辆乘坐舒适、操纵稳定。

3. 悬架的分类

悬架的类型因分类方式不同而有所不同。

按照控制方式的不同,悬架可分为被动式悬架和主动式悬架两大类。目前多数汽车上采用被动式悬架。被动式悬架的含义是:汽车姿态(状态)只能被动地取决于路面、行驶状况和汽车的弹性元件、导向装置以及减振器这些机械零件。20 世纪 80 年代,主动悬架开始在一部分汽车上应用,目前使用主动悬架的中、高级轿车越来越多。主动悬架可以根据路面和行驶工况自动调整悬架刚度和阻尼,从而使车辆能主动地控制垂直振动及其车身或车架的姿态。该系统通常由传感器、控制阀、执行机构和悬架系统组成。

若按汽车导向装置的不同,悬架又可分为非独立悬架和独立悬架两种类型,如图 10.2 所示。

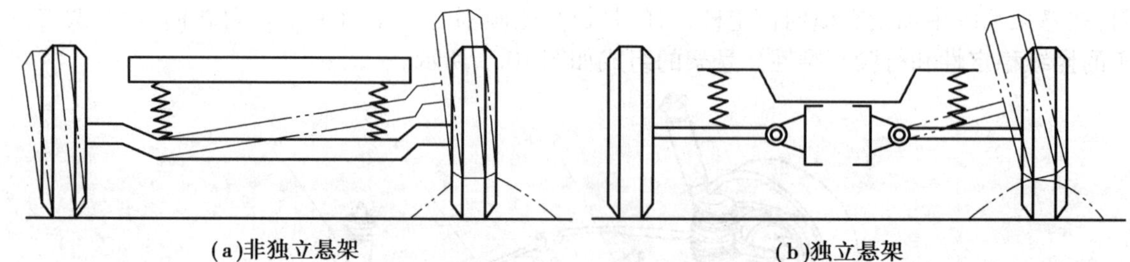

(a)非独立悬架　　(b)独立悬架

图 10.2　非独立悬架与独立悬架的示意图

非独立悬架的特点是两侧车轮安装于一整体式车桥上,车轮连同车桥一起通过弹性元件悬挂在车架或车身上,一侧车轮受到的冲击会直接影响到另一侧车轮。非独立悬架由于簧载质量比较大,特别是在汽车高速行驶、悬架受到较大的冲击载荷时,汽车平顺性较差。

独立悬架的两侧车轮分别独立地与车架或车身弹性地连接,当一侧车轮受到冲击时,其运动不会直接影响到另一侧车轮。独立悬架所采用的车桥是断开式的,这样可使发动机降低安装位置,有利于降低汽车重心,并使结构紧凑。独立悬架允许前轮有较大的跳动空间,这样便于选择较软的弹性元件,使平顺性得到改善。同时,独立悬架簧载质量小,可提高汽车车轮的附着性能。

项目 2　弹性元件

项目目标

1. 掌握钢板弹簧的结构特点和作用;
2. 掌握螺旋弹簧的结构特点和作用;
3. 了解扭杆弹簧、气体弹簧以及橡胶弹簧结构特点和作用。

课前思考

常见的弹性元件有哪些?空气弹簧有哪几种形式及是怎样工作的?

项目描述

弹性元件是汽车悬架的重要组成之一，能缓和不平路面、紧急制动、加速和转弯引起的冲击或车身位置变化。

学习引导

弹性元件主要有钢板弹簧、螺旋弹簧、扭杆弹簧、空气弹簧和橡胶弹簧。现在普通轿车中广泛采用螺旋弹簧，其结构简单、性能可靠。中、高级轿车广泛采用空气弹簧，以提高汽车行驶的通过性、操纵性、平顺性和舒适性。

项目内容

1. 钢板弹簧

钢板弹簧是在汽车悬架中使用最为广泛的弹性元件之一，其结构如图10.3所示。钢板弹簧由若干不等长的合金弹簧片叠加在一起组合成一根近似等强度的梁。钢板弹簧最上面最长的一片，称为主片，其两端弯成卷耳，内装青铜（或塑料、橡胶、粉末冶金等）材料制成的衬套，用弹簧销与固定在车架上的支架或吊耳作铰链连接。钢板弹簧的中心部位用U形螺栓与车桥固定。

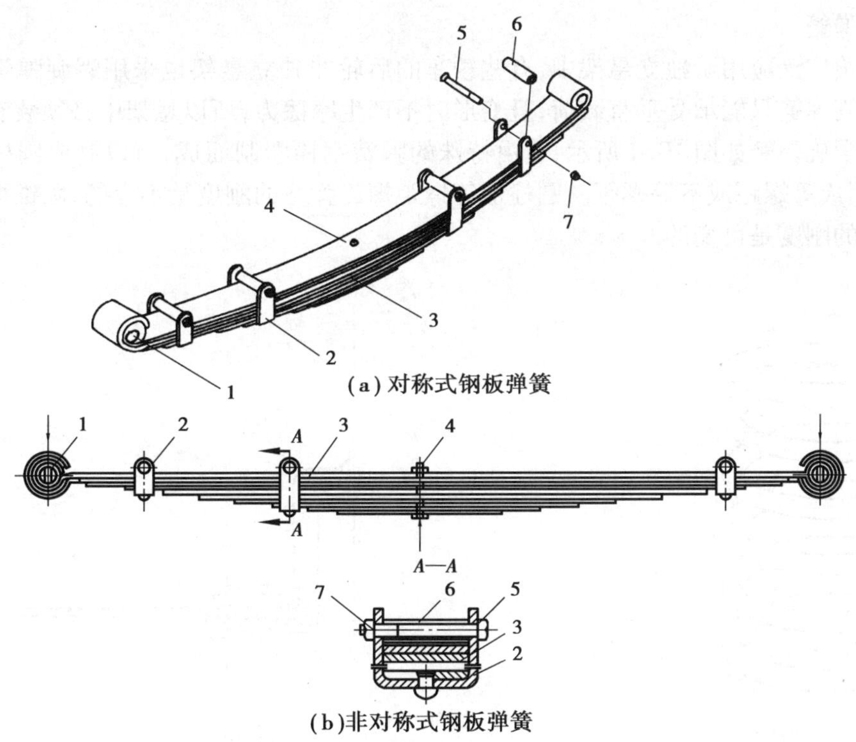

图10.3 钢板弹簧

1—卷耳；2—弹簧夹；3—钢板弹簧；4—中心螺栓；5—螺栓；6—套管；7—螺母

中心螺栓用来连接各种弹簧片，并保证各片装配时的相对位置。中心螺栓到两端卷耳中心的距离相等的，称为对称式钢板弹簧；距离不相等者，称为非对称式钢板弹簧。为了增加主片卷耳的强度，第二片末端也弯成半卷耳，包在主卷耳的外面，且留有较大的间隙，使得弹簧在变形时各片间有相对滑动、伸缩的空间。

钢板弹簧的断面形状除采用对称断面外，还有采用上下对称的特殊断面。这样可改善弹簧的受力状况，不仅提高其疲劳强度，还节约了金属材料。

为了防止汽车在行驶过程中各弹簧片分开，在钢板弹簧上装有若干弹簧夹，以免主片独自承载。弹簧夹通过铆钉与最下片弹簧片相连，弹簧夹两边通过螺栓相连，螺栓上有套管，装配时要求螺母朝向轮胎，以免螺栓脱落时刮伤轮胎，甚至飞崩伤人。

钢板弹簧在载荷作用下变形时，各片之间会相对滑动而产生摩擦，这可以衰减车架的振动。但摩擦会加速弹簧片的磨损，所以在装配钢板弹簧时，各片之间要涂抹石墨润滑脂或装有塑料垫片以减摩。

想一想：钢板弹簧的功用是什么？

总结：如果仅是简单地回答钢板弹簧是悬架中的弹性元件，它的功用是缓和冲击、承受垂直载荷，说明还没有完全掌握钢板弹簧。钢板弹簧除了起到弹性元件的功用，它还起到了减振器和导向机构的功用。上面已经提到，钢板弹簧各片之间的相对滑动、产生摩擦，可以衰减车架的振动，即起到减振器的功用。另外，钢板弹簧还可以承受纵向、横向载荷，所以又起到了导向机构的功用。在轻、中型货车中可以发现，它的后悬架只有钢板弹簧，而没有减振器和导向机构，其道理即在于此。

2. 螺旋弹簧

螺旋弹簧广泛应用于独立悬架中，有些轿车的后轮非独立悬架也采用螺旋弹簧做弹性元件。由于螺旋弹簧只能承受垂直载荷，且变形时不产生摩擦力，所以悬架中必须装有减振器和导向机构。螺旋弹簧如图 10.4 所示，它由特殊的弹簧钢棒卷制而成，可以制成圆柱形或圆锥形，也可以制成等螺距或不等螺距。圆柱形等螺距螺旋弹簧的刚度是不变的，圆锥形或不等螺距螺旋弹簧的刚度是可变的。

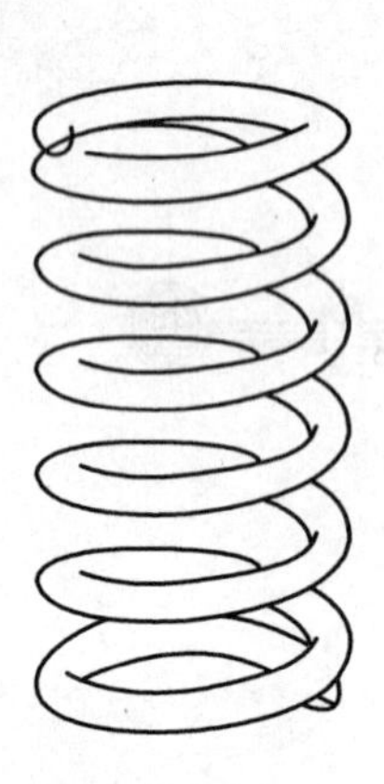

图 10.4　螺旋弹簧

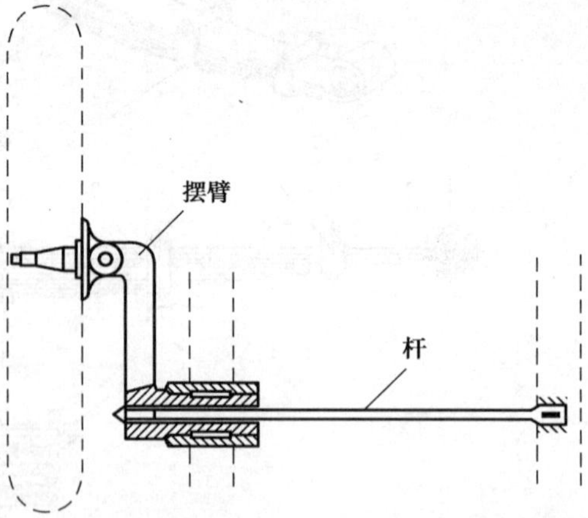

图 10.5　扭杆弹簧

3. 扭杆弹簧

扭杆弹簧是由弹簧钢制成的杆件，如图 10.5 所示。扭杆的断面通常为圆形，少数为矩形或管形，其两端制成花键、方形、六角形等形状，以便一端固定在车架上，另一端固定在悬架的摆臂上。摆臂与车轮相连，当车轮跳动时，摆臂绕扭杆轴线摆动，使扭杆产生扭转弹性变形，以保证车轮与车架的弹性联系。

注意：由于扭杆弹簧在制造时使之具有一定的预应力，且左、右扭杆弹簧预应力方向是不同的，所以左、右扭杆弹簧不能互换或装错。为此，左、右扭杆上标有不同的标记。

4. 气体弹簧

气体弹簧分为空气弹簧(如图10.6所示)和油气弹簧(如图10.7所示)两种。空气弹簧又有囊式和膜式两种形式。

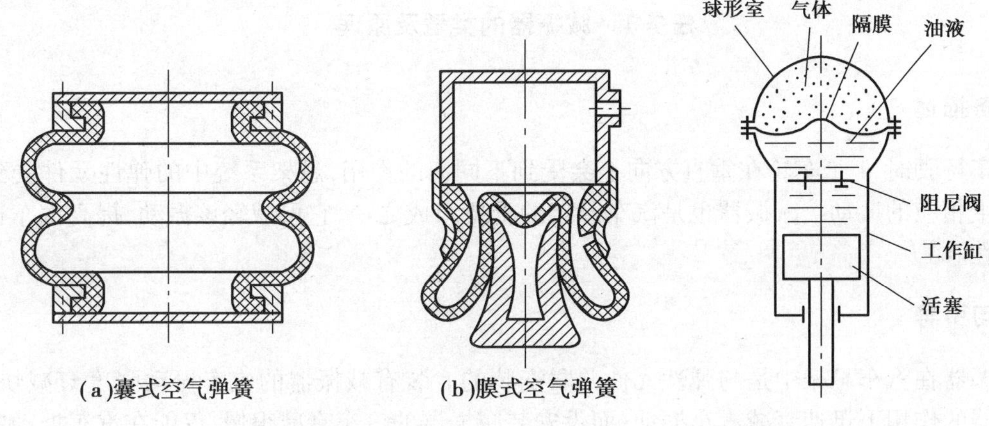

图10.6 空气弹簧

图10.7 油气弹簧

空气弹簧的结构、原理都很简单，下面仅介绍油气弹簧的结构、原理。油气弹簧的球形室固定在工作缸上，室的内腔用橡胶油气隔膜隔开，充入高压氮气的一侧为气室，与工作缸相通并充满油液的一侧为油室。工作缸内装有活塞、阻尼阀及其阀座。

当载荷增加且车架与车桥相互靠近时，活塞上移，使工作缸内容积减小，油压升高，油液顶开阻尼阀进入球形室，推动隔膜向气室方向移动，使气室容积减少，氮气压力升高，油气弹簧的刚度增大。当载荷减小时，隔膜在高压氮气的作用下向油室方向移动，室内油液经阻尼阀流回工作缸，推动活塞下移，这时气室容积增大，氮气压力下降，弹簧刚度减小。当氮气压力通过油液传递作用在活塞上的力与载荷平衡时，活塞便停止移动。随着载荷的变化，气室内氮气也随之变化，相应地使活塞处于工作缸中不同位置。可见，油气弹簧具有变刚度的特性。

5. 橡胶弹簧

橡胶弹簧是利用橡胶本身的弹性来起作用的弹性元件，它可以承受压缩载荷和扭转载荷。当橡胶弹簧在外力作用下变形时，其内部产生摩擦，以吸收振动。橡胶弹簧的优点是可制成任何形状，使用时没有噪声，也不需要润滑。但橡胶弹簧不适合支撑重载荷，故橡胶弹簧主要用作辅助弹簧，或用作悬架部分的衬套、垫片、垫块、挡块及其他支撑件。

项目3 减振器

项目目标

1. 掌握减振器的类型及工作原理；

2. 掌握双向作用筒式减振器的构造和工作原理。

课前思考

减振器在汽车中有什么作用？其常见形式有哪些？

项目内容

任务1　减振器的类型及原理

任务描述

汽车行驶时,4 个车轮在垂直方向上会受到不同力的作用,悬架系统中的弹性元件受到冲击会产生相应的振动。减振器也是汽车悬架的重要组成之一,它可减轻该振动,提高汽车行驶的平顺性。

学习引导

减振器在汽车悬架中是与弹性元件并联安装的。装有减振器的汽车振动强度衰减快,可在减振器的作用下迅速衰减汽车振动;而没安装减振器的汽车衰减很慢,仅能在汽车振动中逐渐衰减。

1. 减振器的基本工作原理

目前,汽车中广泛使用液压减振器,其基本原理如图 10.8 所示。当车架与车桥作往复运动时,减振器中的油液反复经过活塞上的阀孔,由于阀孔的节流作用及油液分子间的内摩擦力便形成了衰减振动的阻尼力,使振动的能量转变为热能,并由油液和减振器壳体吸收,然后散到大气中。阀门越大,阻尼力越小,反之亦然。相对运动速度越大,阻尼力越大,反之亦然。

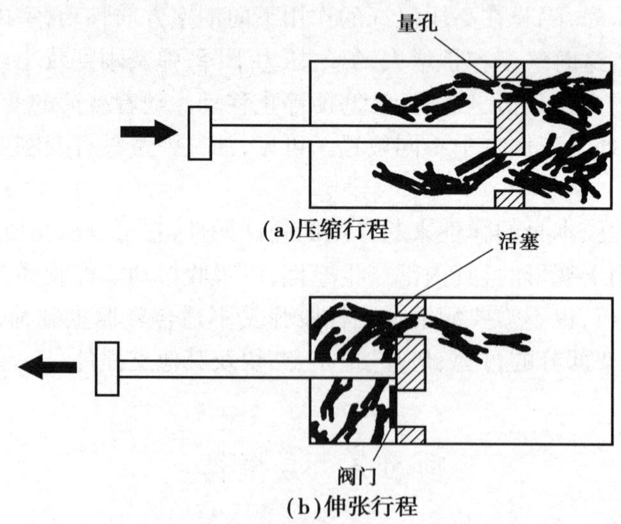

图 10.8　液压减振器的基本原理

阻尼力越大,振动的衰减越快,但悬架弹性元件的缓冲效果不能发挥,乘坐也不舒适,因此弹性元件的刚度与减振器的阻尼力要合理搭配,才能满足乘坐舒适性和操纵稳定性的要求。

2. 减振器的类型

减振器按不同的方式可分为不同的类型,其常见分类有:

①按其工作原理不同分为单向作用式减振器和双向作用式减振器。在压缩和伸张行程都起作用的减振器称为双向作用式减振器,只在伸张行程中起减振作用的称为单向作用式减振器。

②按其结构不同可分为双筒式减振器和单筒式减振器。

③按其工作介质不同可分为液压式减振器和气压式减振器。

目前,汽车上应用最广泛的是双向作用筒式减振器。近年来,高级轿车上广泛采用充气式减振器。

任务2　双向作用筒式减振器

任务描述

双向作用筒式减振器是现代汽车中广泛采用的一种减振器,它具有结构简单、工作可靠等特点,是汽车悬架的组成之一。

学习引导

双向作用筒式减振器由3个缸筒、4个阀组成。工作过程分为压缩行程和伸张行程。

1. 双向作用筒式减振器的组成

双向作用筒式减振器的基本组成如图10.9所示。它有3个同心钢筒,外面的钢筒是防尘罩,其上部的吊耳与车架相连;中间是储油缸筒,内装有一定量的油液,其下端的吊耳与车桥相连;里面是工作缸筒,其内装满油液。它还有4个阀,即压缩阀、伸张阀、流通阀和补偿阀。流通阀和补偿阀是一般的单向阀,其弹簧很弱,当阀上的油压作用力与弹簧弹力同向时,阀处于关闭状态,完全不通油液;而当油压作用力与弹簧弹力反向时,只要很小的油压,阀便能开启。压缩阀和伸张阀是卸载阀,其弹簧刚度和预紧力较大,只有当油压增高到一定程度时,阀才能开启;而当油压减低到一定程度时,阀即自行关闭。

2. 双向作用筒式减振器的工作原理

双向作用筒式减振器的工作原理可用压缩和伸张两个行程加以说明。

(1)压缩行程

当车桥移近车架(或车身)时,减振器受压缩,活塞下移,使其下方腔室容积减小,油压升高,具有一定压力的油液顶开流通阀进入活塞上方腔室。由于活塞杆占去上腔室的部分容积,使上腔室增加的容积小于下腔室减小的容积,因此还有一部分油液不能进入上腔室而只能压开压缩阀,流回储油缸筒。油液流经上述阀孔时,受到一定的节流阻力,为克服这种阻力而消耗了振动能量,使振动衰减。

(2)伸张行程

当车桥远离车架(或车身)时,减振器受拉伸,活塞上移,使其上腔室油压升高,上腔室的油液便推开伸张阀流入下腔室。同样由于活塞杆的存在,上腔室减小的容积小于下腔室增加的容积,因而从上腔室流出来油液不足以充满下腔室所增加的容积,使下腔室产生一定的真空度,这时储油缸筒中的油液在真空度作用下推开补偿阀流进下腔室进行补充。

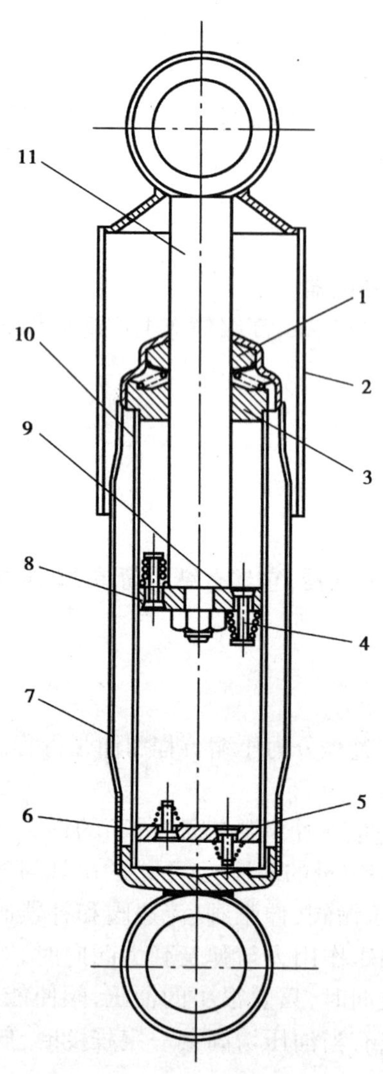

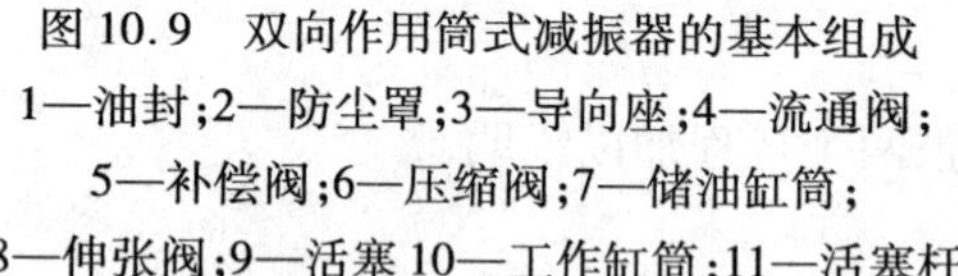

图 10.9　双向作用筒式减振器的基本组成

1—油封；2—防尘罩；3—导向座；4—流通阀；
5—补偿阀；6—压缩阀；7—储油缸筒；
8—伸张阀；9—活塞 10—工作缸筒；11—活塞杆

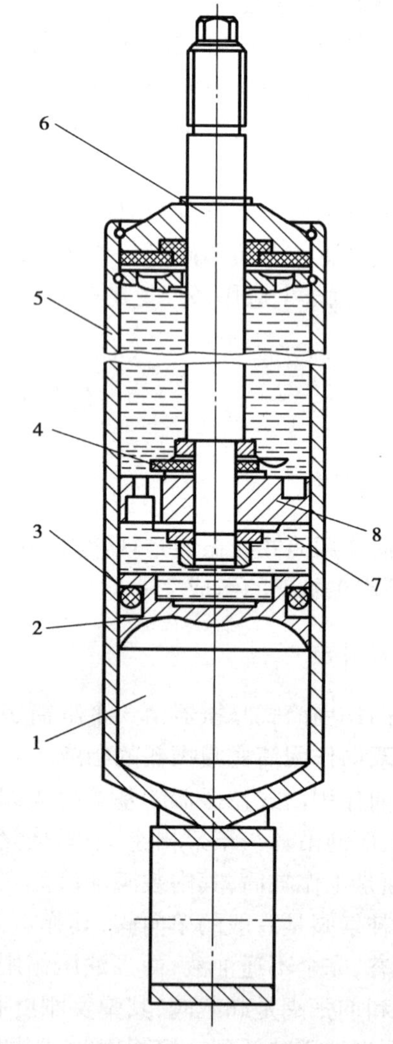

图 10.10　充气式减振器的基本组成

1—密封气室；2—浮动活塞；3—O 形密封圈；
4—压缩阀；5—工作缸；6—活塞杆；
7—伸张阀；8—工作活塞

从上面的原理可以得知，这种减振器在压缩、伸张两个行程都能起减振作用，因此称为双向作用减振器。

3. 充气式减振器

充气式减振器如图 10.10 所示，其结构特点是在缸筒的下部装有一个浮动活塞，高压的氮气充在浮动活塞与缸筒一端形成的密闭气室里。在浮动活塞的上面是减振器油液。O 形密封圈把油和气完全分开，因此活塞也叫封气活塞。工作活塞上装有压缩阀和伸张阀，这两个阀都是由一组厚度相同、直径不等、由大到小而排列的弹簧钢片组成。

当车轮上下跳动时，工作活塞在油液中作往复运动，使工作活塞的上、下腔之间产生油压差，压力油便推开压缩阀或伸张阀而来回流动。由于阀孔对压力油产生较大的阻尼力，从而使振动衰减。

项目4 非独立悬架

项目目标

1. 掌握非独立悬架的种类和基本组成;
2. 掌握非独立悬架系统的拆装、检修过程。

课前思考

非独立悬架有什么特点?在汽车中是如何实现减振的?

项目内容

任务1 钢板弹簧非独立悬架

任务描述

钢板弹簧非独立悬架具有结构简单、工作可靠、维修方便等特点,为汽车悬架广泛采用。本任务要求掌握其基本结构组成。

学习引导

非独立悬架广泛应用于货车的前、后悬架和轿车的后悬架。按照采用弹性元件的不同,非独立悬架可以分为钢板弹簧式和螺旋弹簧式。

钢板弹簧式非独立悬架的钢板弹簧一般纵向布置,所以也称为纵置板簧式非独立悬架。

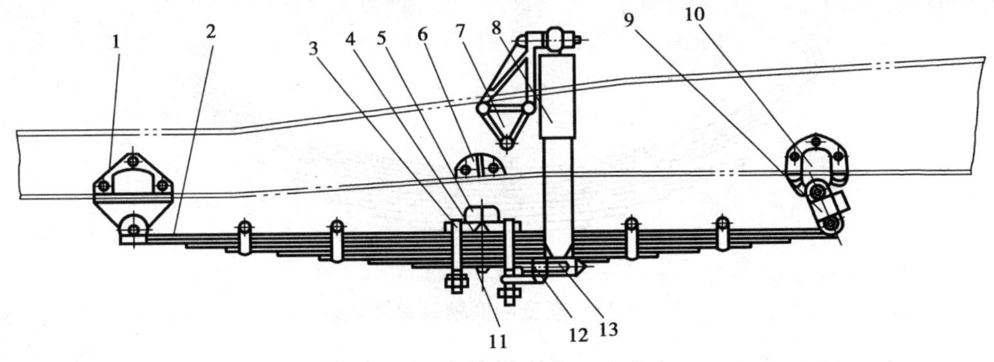

图10.11 某货车的前悬架

1—钢板弹簧前支架;2—前钢板弹簧;3—U形螺栓(骑马螺栓);4—盖板;5—缓冲块;6—限位块;7—减振器上支架;8—减振器;9—吊耳;10—吊耳支架;11—中心螺栓;12—减振器下支架;13—减振器连接销

如图10.11所示为某货车的前悬架。钢板弹簧中部通过U形螺栓(骑马螺栓)固定在前桥上。钢板弹簧的前端卷耳用弹簧销与前支架相连,形成固定式铰链支点,起传力和导向作用；而后端卷耳则用吊耳销与可在车架上摆动的吊耳相连，形成摆动式铰链支点，从而保证了弹簧变形时两卷耳中心线间的距离有改变的可能。

减振器的上下两个吊环通过橡胶衬套和连接销分别与车架上的上支架和车桥上的下支架相连接。盖板上装有橡胶缓冲块，以限制弹簧的最大变形，并防止弹簧直接碰撞车架。

如图 10.12 所示为某中型货车后悬架，由主、副钢板弹簧叠合而成，其刚度是可变的，以适应装载质量的不同。

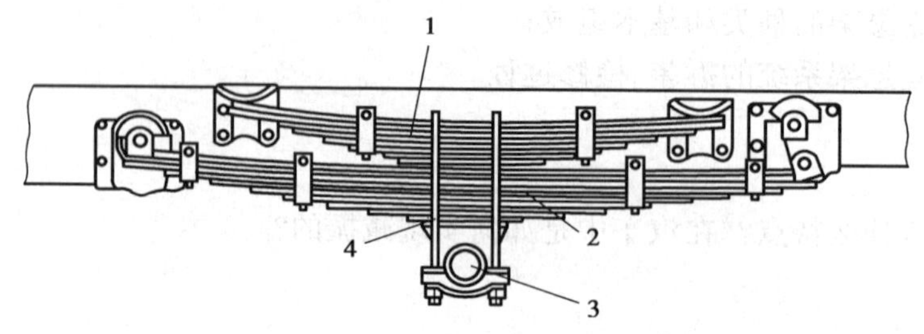

图 10.12　变刚度钢板弹簧悬架

1—副钢板弹簧；2—主钢板弹簧；3—车桥；4—U 形螺栓

当汽车空载或实际装载质量不大时，副钢板弹簧不承受载荷而由主钢板弹簧单独工作。在重载或满载情况下，车架相对车桥下移，使车架上副簧滑板式支座与副簧接触，主、副簧共同参加工作，一起承受载荷而使悬架刚度增大，以保证车身振动频率不致因载荷增大而变化过大。

南京依维柯轻型货车的后悬架采用渐变刚度的钢板弹簧，如图 10.13 所示。主簧由 5 片较薄钢板弹簧片组成，副簧由 5 片较厚的弹簧片组成，它们用中心螺栓固定在一起，主簧在上，副簧在下。在小载荷时，仅主簧起作用，而当载荷增加到一定值时，副簧开始与主簧接触，悬架刚度随之相应提高，弹簧特性变为非线性。当副簧全部接触后，弹簧特性又变为线性的。这种渐变刚度钢板弹簧的特点是副簧逐渐地起作用，因此悬架刚度的变化比较平稳，从而改善了汽车行驶平顺性。

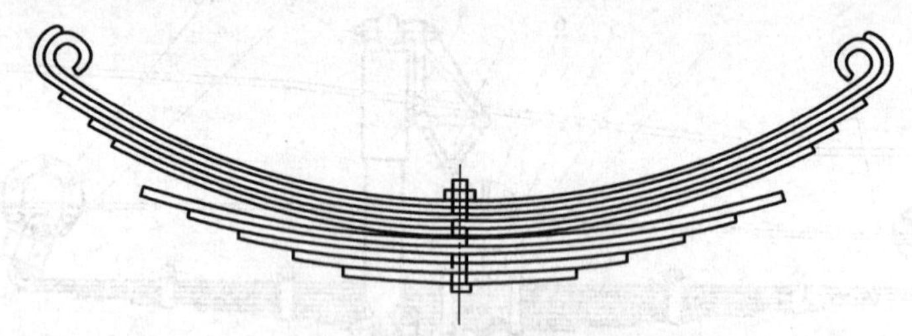

图 10.13　渐变刚度钢板弹簧悬架

任务 2　螺旋弹簧非独立悬架

任务描述

使用螺旋弹簧作为弹性元件的悬架，仅仅能承受垂直载荷，所以必须设置导向装置来承受并传递纵向力和横向力，故螺旋弹簧常使用于轿车的后悬架中。

学习引导

螺旋弹簧非独立悬架一般只用于轿车的后悬架。如图10.14所示为某轿车的后悬架,两根纵向推力杆的中部与后桥焊接为一体,前端通过带橡胶的支承座与车身做铰链连接,后端与轮毂相连接。纵向推力杆用以传递纵向力及其力矩。整个后桥、纵向推力杆及车轮可以绕支承座的铰支点连线相对于车身作上、下及纵向摆动。螺旋弹簧的上端装在弹簧上座中,下端则支承在减振器外壳上的弹簧下座上,它只承受垂直力。减振器的上端与弹簧上座一起装在车身底部的悬架支座中,下端则与纵向推力杆相连接。

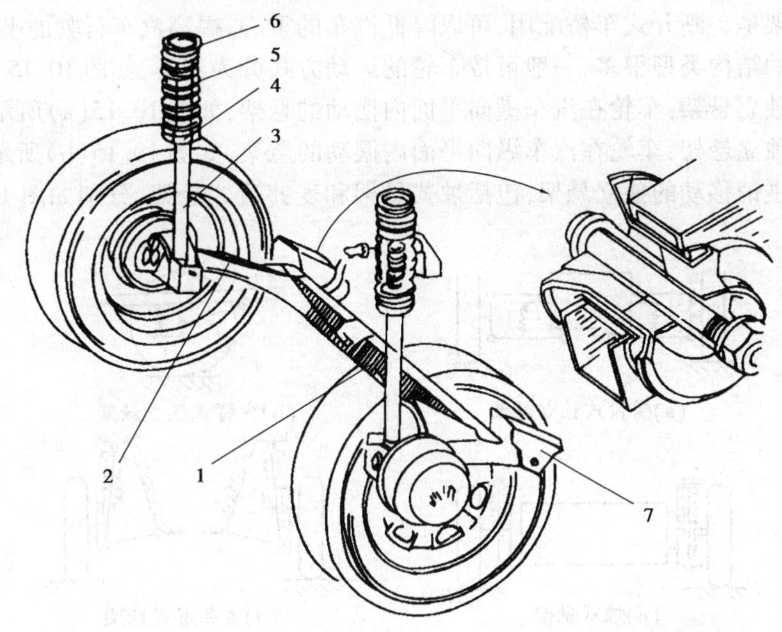

图10.14 螺旋弹簧非独立悬架(桑塔纳2000型轿车后悬架)

1—后桥;2—纵向推力杆;3—减振器;4—弹簧下座;5—螺旋弹簧;6—弹簧上座;7—支承座

项目5 独立悬架

项目目标

1. 掌握独立悬架的种类和基本组成;
2. 掌握独立悬架系统的拆装、检修程序。

课前思考

独立悬架有什么特点? 通常使用在汽车什么悬架上?

项目内容

现代汽车,特别是轿车上广泛采用独立悬架。由于独立悬架能使两侧车轮各自独立地与

车架或车身弹性连接,故具有以下优点:

①由于左右车轮的运动相对独立、互不影响,可以减少行驶时车架或车身的振动,同时可以减弱转向轮的偏摆。

②独立悬架的非簧载质量小,可以减小来自路面的冲击和振动,提高了行驶的平顺性。簧载质量是指汽车上由弹性元件支承的质量,而非簧载质量是指弹性元件下吊挂的质量。对于非独立悬架,整个车桥和车轮都属于非簧载质量。而对于独立悬架,只有部分车桥是非簧载质量,而主减速器、差速器、壳体等都装在车架或车身上,成了簧载质量,所以独立悬架的非簧载质量要比非独立悬架小。

③独立悬架是与断开式车桥配用,可以降低汽车的重心,提高汽车行驶的平顺性。

独立悬架的结构类型很多,一般可按车轮的运动方式分为三类,如图 10.15 所示。

①横臂式独立悬架:车轮在汽车横向平面内摆动的悬架,如图 10.15(a)所示。

②纵臂式独立悬架:车轮在汽车纵向平面内摆动的悬架,如图 10.15(b)所示。

③车轮沿主销移动的独立悬架,包括烛式悬架和麦弗逊式悬架,分别如图 10.15(c)、(d)所示。

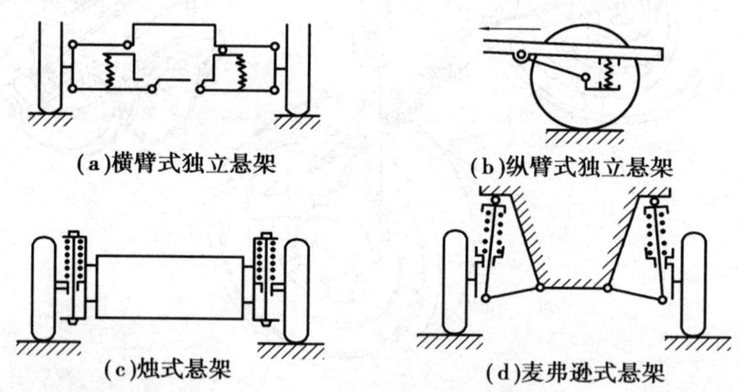

图 10.15　独立悬架的类型示意图

任务 1　横臂式独立悬架

任务描述

横臂式独立悬架分为单横臂式和双横臂式两种。目前单横臂式独立悬架应用较少,下面仅介绍双横臂式独立悬架。

学习引导

双横臂式独立悬架如图 10.16 所示,其两个横摆臂有等长的和不等长的。摆臂等长的独立悬架当车轮上下跳动时,虽然车轮平面不倾斜、主销轴线的方向也不发生变化,但轮距发生较大的变化,这将引起车轮的侧滑和轮胎的磨损。而摆臂不等长的独立悬架当车轮上下跳动时,虽然车轮平面、主销轴线、轮距都发生变化,但都可以控制在允许范围内,所以这种形式的双横臂式独立悬架应用较多,本田雅阁和马自达 6、凌志 LS400 等轿车的前桥都采用这种不等长双横臂式独立悬架。

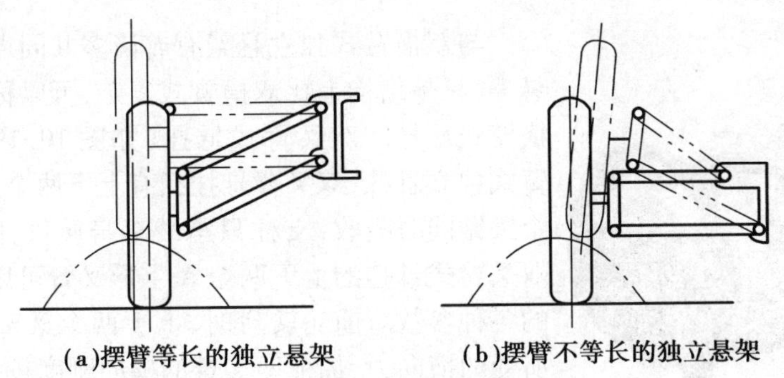

图10.16 双横臂式独立悬架示意图

如图10.17所示为凌志LS400的前悬架,其车轮外倾角和主销后倾角是可以调整的。上摆臂内端通过上摆臂轴用螺栓与车架相连,上摆臂轴与车架之间夹有前、后调整垫片。同时增加或减少调整垫片的厚度可以调整车轮外倾角;前、后垫片厚度一处增加、另一处减少,可以调整主销后倾角,如图10.18所示。

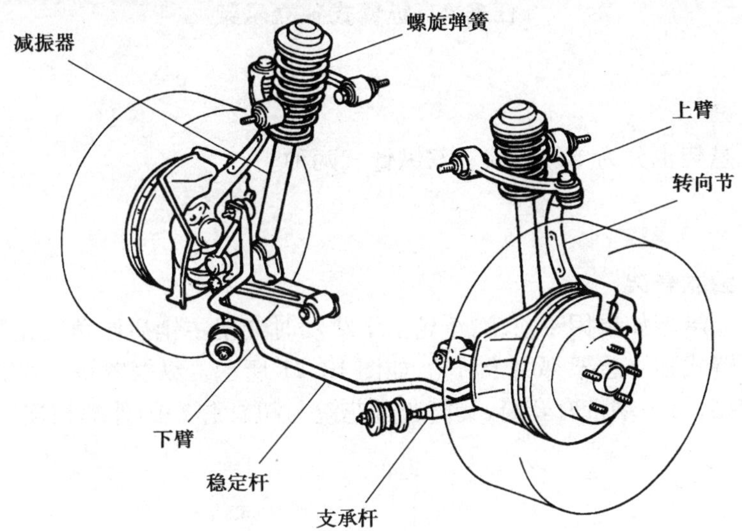

图10.17 凌志LS400的前悬架

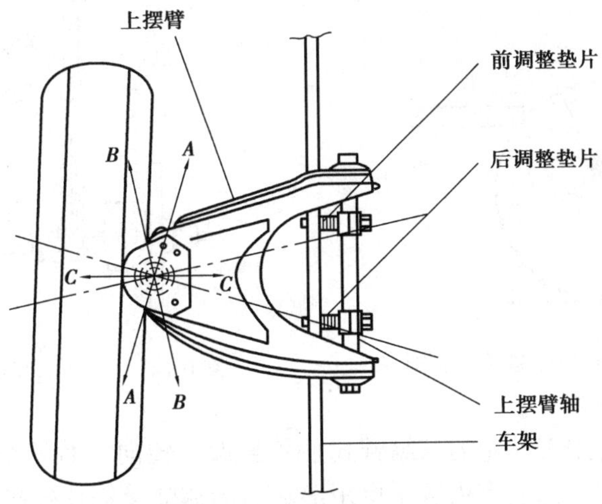

图10.18 车轮外倾角和主销后倾角的调整

图 10.19　双叉臂式悬挂

与双横臂式独立悬架有着诸多共同点的双叉臂式独立悬架，只是结构上比双横臂式复杂，可以称之为复杂版的双横臂式悬挂。双叉臂式悬挂（如图 10.19 所示）又称双 A 臂式独立悬挂，双叉臂悬挂拥有上下两个叉臂，横向力由两个叉臂同时吸收，支柱只承载车身质量，因此横向刚度大。双叉臂式悬挂的上下两个 A 字形叉臂可以精确地定位前轮的各种参数。前轮转弯时，上下两个叉臂能同时吸收轮胎所受的横向力，加上两叉臂的横向刚度较大，所以转弯的侧倾较小。双叉臂式悬挂通常采用上下不等长叉臂（上短下长），让车轮在上下运动时能自动改变外倾角并且减小轮距变化减小轮胎磨损，因此能自适应路面，轮胎接地面积大，贴地性好。双叉臂式悬挂运动性出色，为法拉利、玛莎拉蒂等超级跑车所运用。

任务 2　纵臂式独立悬架

任务描述

纵臂式独立悬架也分为单纵臂式和双纵臂式两种。

学习引导

1. 单纵臂式独立悬架

单纵臂式独立悬架如果用于前轮，车轮上下跳动时会使主销后倾角变化很大，如图 10.20 所示。所以单纵臂式独立悬架都用于后轮，如图 10.21 所示。纵摆臂是一片宽而薄的钢板，一端与半轴套管铰接，另一端带有套筒，套筒通过花键与扭杆弹簧的外端相连，扭杆的内端固定在车架上。

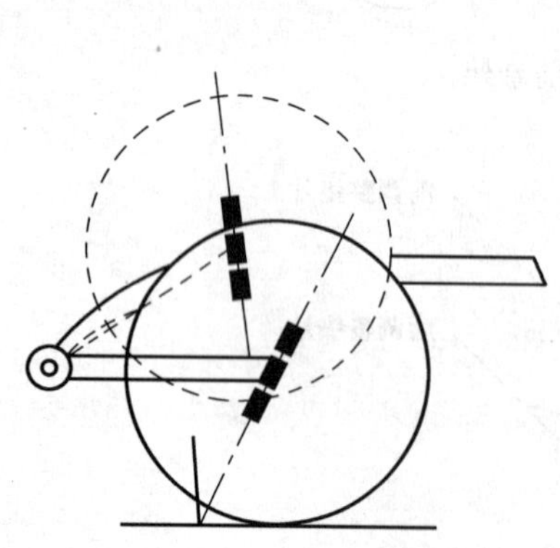

图 10.20　单纵臂式独立悬架示意图

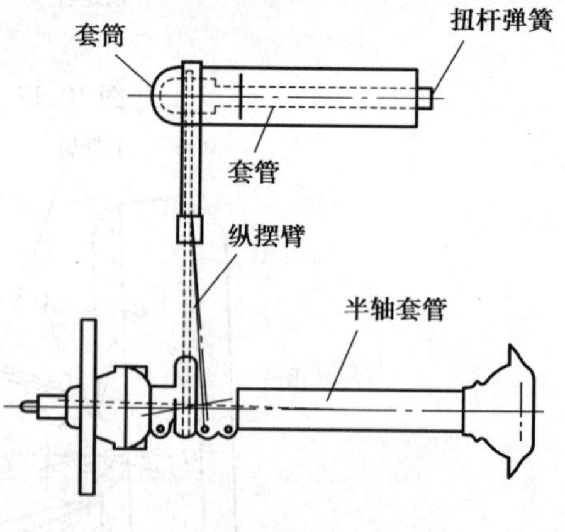

套筒
扭杆弹簧
套管
纵摆臂
半轴套管

图 10.21　用于后轮的单纵臂式独立悬架

2. 双纵臂式独立悬架

如图 10.22 所示为用于前轮的双纵臂式独立悬架。转向节和两个纵摆臂做铰链连接，在车架的两根管式横梁的内部装有由若干层矩形端面的薄弹簧钢片叠成的扭杆弹簧。两根扭杆弹簧的内端用螺栓固定在横梁中部，而外端则插入纵臂轴的矩形孔中。纵臂轴用衬套支承在管式横梁内，轴和纵臂刚性地连接。

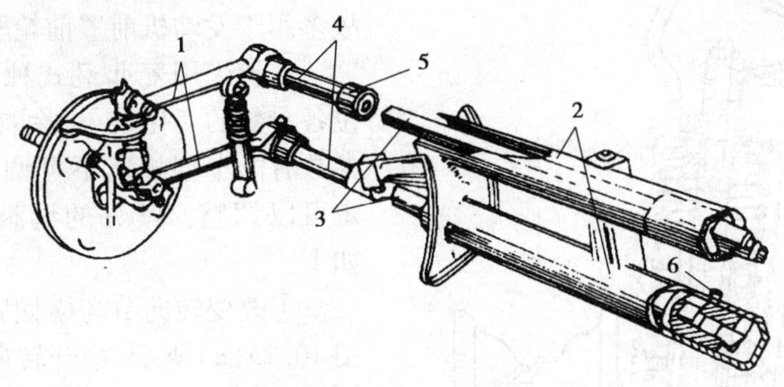

图10.22 用于前轮的双纵臂式独立悬架

1—纵臂；2—横梁；3—扭杆弹簧；4—摆臂轴；5—衬套；6—螺钉

这种悬架当车轮上下跳动时，车轮外倾角、轮距和主销后倾角都不发生变化，所以适用于前轮。

任务3 车轮沿主销轴线移动的独立悬架

任务描述

车轮沿主销轴线移动的独立悬架可以分为两种形式，一种是车轮沿固定不动的主销移动的烛式独立悬架，另一种是车轮沿摆动的主销轴线移动的麦弗逊式独立悬架。

学习引导

1. 烛式独立悬架

如图10.23所示为烛式独立悬架，主销的上下两端刚性地固定在车架上。套在主销上的套管固定在转向节上。套管的中部固定装着螺旋弹簧的下支座。筒式减振器的下端与转向节相连，上端与车架相连。悬架的摩擦部分套着防尘罩。通气管与防尘罩内腔相通，以免罩中空气被密封而影响悬架的弹性。

汽车在不平路面上行驶时，烛式独立悬架的车轮、转向节一起沿主销的轴线移动。螺旋弹簧只承受垂直载荷，而车轮上所受的纵向力、侧向力及其力矩则由转向节、套筒经主销传给车架，使得套筒与主销之间的磨损严重。

2. 麦弗逊式独立悬架

麦弗逊式独立悬架目前在轿车中应用很广泛，由减振器、螺旋弹簧、横摆臂、横向稳定杆（图中未画出）等组成，其结构如图10.24所示。减振器与套在它外面的螺旋弹簧合为一体，构成悬架的弹性支柱；支柱上端与车身挠性连接，支柱的下端与转向节刚性连接。横摆臂的外端通过球头销B与转向节的下部连接，内端与车身铰接。

麦弗逊式独立悬架没有传统的主销实体，转向轴线为上下铰接中心的连线AB（一般与弹性支柱的轴线重合）。当车轮上下跳动时，B点随横摆臂摆动，因此主销轴线AB随之摆动（弹性支柱也摆动）。这说明车轮沿着摆动的主销轴线而运动。

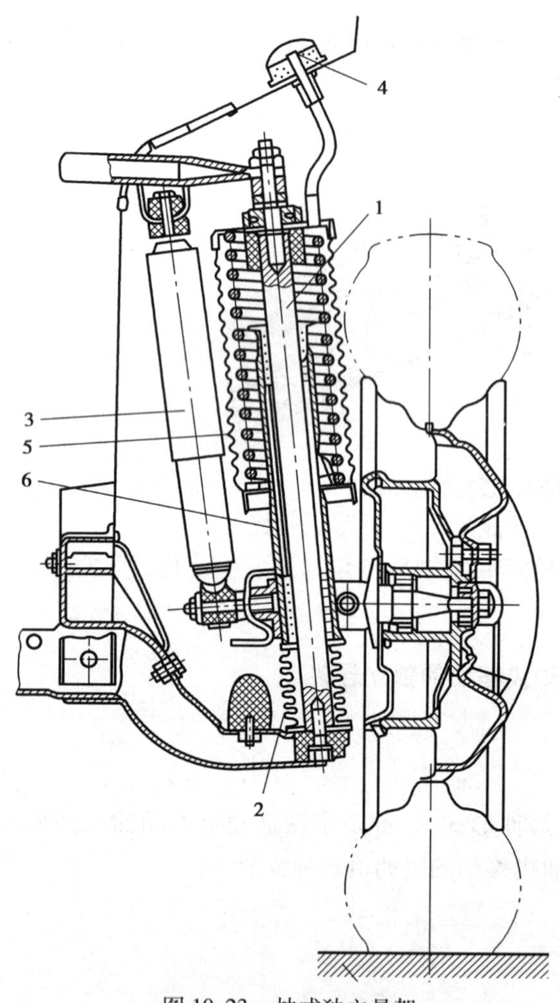

图 10.23　烛式独立悬架
1—主销;2,4—防尘罩;3—套筒;
5—减振器;6—通气管

麦弗逊式独立悬架结构较简单,布置紧凑,用于前悬架时能增大两前轮内侧的空间,故多用于发动机前置前轮驱动的轿车上。

前轮采用麦弗逊式独立悬架时,前轮定位各参数的变化较小,除前束可调整外,其他参数有的车型规定不可调整,有的车型则规定可以调整。常见的调整部位及调整方法如下:

①改变转向节与横摆臂外端的位置。如图 10.25(a)所示,松开转向节球头销与横摆臂的连接螺栓,左右横向移动球头销及转向节,可以改变车轮外倾角。上海桑塔纳轿车即采用这种结构形式。

②改变弹性支柱上支座的位置。如图 10.25(a)所示,悬架的弹性支柱上支座用螺栓固定在车身上,松开螺栓,左右横向移动上支座,可以调整车轮外倾角。一汽奥迪 100 型轿车即采用这种结构形式。

③改变转向节上端的位置。如图 10.25(b)所示,由减振器和螺旋弹簧组成的弹性支柱下端通过上、下两个螺栓与转向节上端固定,其中上螺栓经偏心凸轮将两者连接在一起。转动上螺栓可使偏心凸轮转动,从而带动转向节上端左右横向(*A* 向)移动,进而改变车轮外倾角。丰田花冠轿车即采用这种结构形式。

下面以上海桑塔纳 2000 型汽车的前悬架为例介绍麦弗逊式独立悬架的组成、检修。

(1)桑塔纳 2000 型汽车前悬架的组成

桑塔纳 2000 型汽车前悬架如图 10.26 所示,由双向作用筒式减振器、螺旋弹簧、悬架柱焊接件、缓冲垫、橡胶防尘罩等组成。其特点是筒式减振器作为悬架杆系的一部分兼起主销作用,滑柱在作为主销的圆筒内上下移动,减振器支柱座与车身相连。

(2)桑塔纳 2000 型汽车前悬架的检修

①减振器的检查。在车辆行驶过程中,如减振器发出异响,则说明该减振器已损坏,必须更换。一般减振器是不进行修理的,如有很小的渗油现象不必调换,如漏油较多可通过拉伸和压缩减振器来检查渗油现

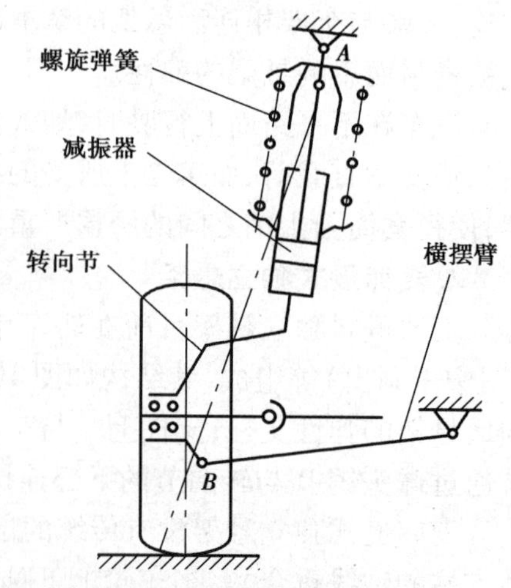

图 10.24　麦弗逊式独立悬架的
结构示意图

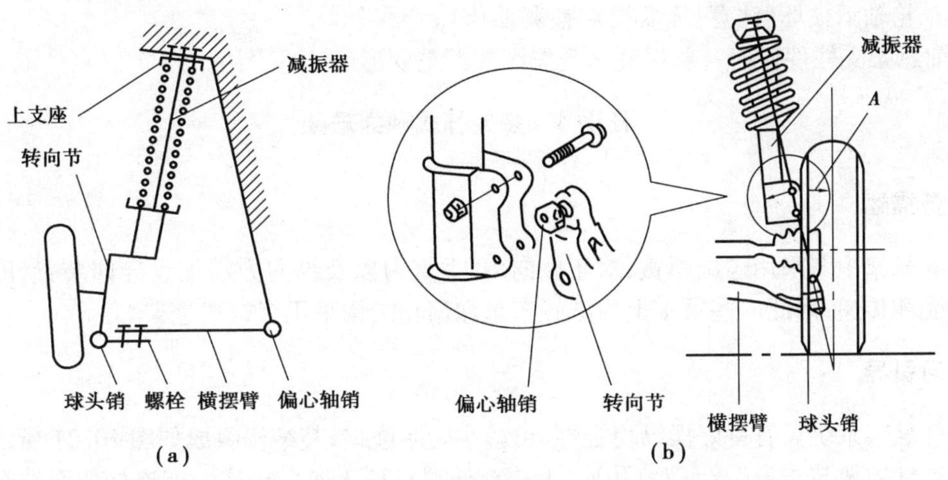

图 10.25　麦弗逊式独立悬架前轮定位调整示意图

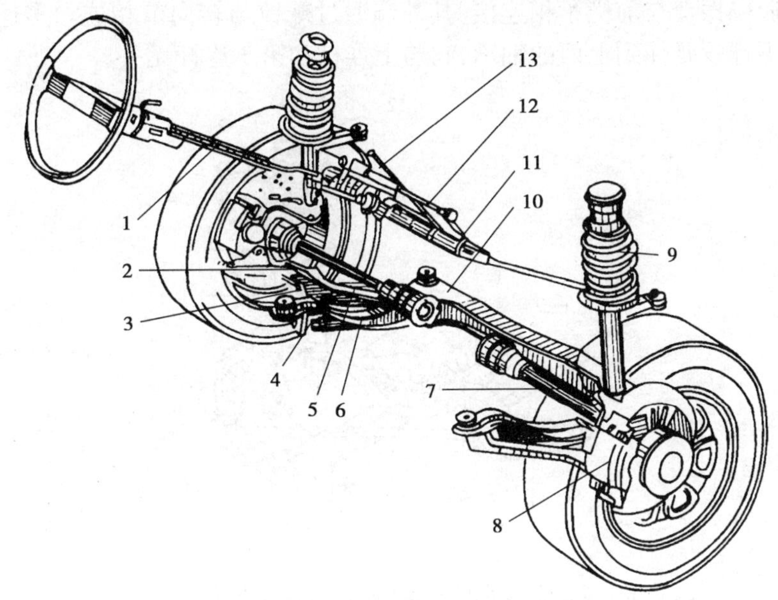

图 10.26　桑塔纳 2000 型汽车前悬架

1—安全转向柱;2—车轮与下摆臂的连接螺栓;3—下摆臂;4—下摆臂橡胶轴承;5—横向稳定器;6—副车架;7—传动轴;8—前轮制动钳;9—减振器支柱;10—副车架前橡胶支承;11—动力转向装置;12—转向减振器;13—转向横拉杆

象。漏出的减振器油不能再加入减振器内重新使用,漏油的减振器不能再使用。

②前悬架支柱总成的检修

在零件全部解体后,应进行清洗、检查,必要时测量。如有下列情况,必须更换新件:

a. 制动盘工作面严重磨损,超出规定或表面出现裂纹。

b. 挡泥板严重扭曲变形。

c. 轮毂花键松旷,磨损严重。

d. 弹簧挡圈失效。

e. 车轮轴承损坏(注意:需要更换整套轴承)。

f. 前悬架支柱件任何一条焊缝出现裂纹或严重变形。

任务4　多连杆式独立悬架

任务描述

独立悬架中多采用螺旋弹簧,对于侧向力、垂直力以及纵向力需加设导向装置,即采用杆件来承受和传递,因此一些轿车上为减轻车重和简化结构采用多杆式悬架。

学习引导

多杆悬架系统具有良好操纵稳定性,可减小轮胎磨损,其结构组成如图 10.27 所示。上连杆用上连杆支架与车身(或车架)相连,上连杆外端与第 3 连杆相连。上连杆的两端都装有橡胶隔振套。第 3 连杆的下端通过重型止推轴承与转向节连接。下连杆与普通的下摆臂相同,其内端通过橡胶隔振套与前横梁相连接,其外端通过球铰与转向节相连。多连杆前悬架系统的主销轴线从下球铰延伸到上面的轴承,它与上连杆和第 3 连杆无关。

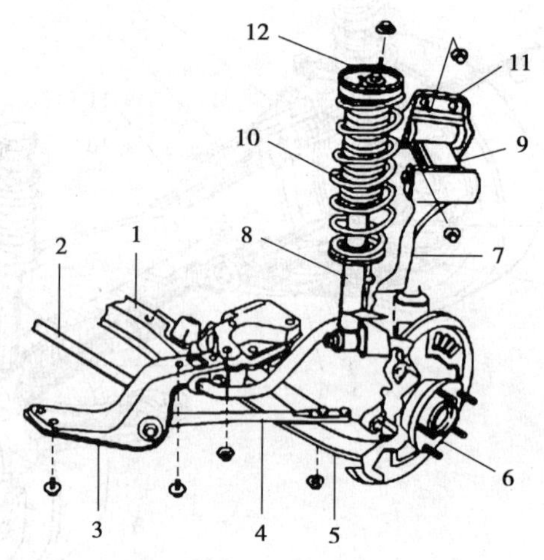

图 10.27　多连杆前悬架系统

1—前悬横梁;2—前稳定杆;3—拉杆支架;4—黏滞式拉杆;5—下连杆;6—轮毂转向节总成;7—第 3 连杆;8—减振器;9—上连杆;10—螺旋弹簧;11—上连杆支架;12—减振器隔振套

任务5　横向稳定器

任务描述

现代汽车的悬架一般都比较软,在高速行驶中转向时,车身会产生很大的横向倾斜和横向角振动。为了提高悬架的侧倾角刚度,减少横向倾斜,常在悬架中添设横向稳定器,用得最多的是杆式横向稳定器。

学习引导

横向稳定器的安装如图10.28所示。横向稳定杆由弹簧钢制成,呈扁平的U形,横向安装在汽车前端或后端(有轿的车在前后都装横向稳定器)。弹性的稳定杆产生扭转内力矩会阻碍悬架弹簧的变形,从而减少车身的横向倾斜和横向角振动。

图10.28　横向稳定器

实训13　悬架结构认知

实训目的

1. 对照实物掌握各种类型悬架的结构特点;
2. 通过简单拆装掌握悬架主要零部件的名称和作用;
3. 熟悉悬架各主要零部件的相互装配关系。

实训内容

1. 观察悬架的安装位置;
2. 拆装前悬架总成;
3. 观察悬架各零件状态。

技术标准与要求

拆装悬架总成必须规范使用工具。

工具准备

实训车;常见悬架总成;常用汽车维修工具。

实训步骤

1. 观察悬架安装位置

首先在实训车(不需发动)上观察悬架的安装位置和工作情况,记录汽车在举起前和举起后的高度。

2. 对悬架各零部件进行总体认识

认识悬架中的常见元件:螺旋弹簧、钢板弹簧、扭杆弹簧、减振器、横向稳定器等。

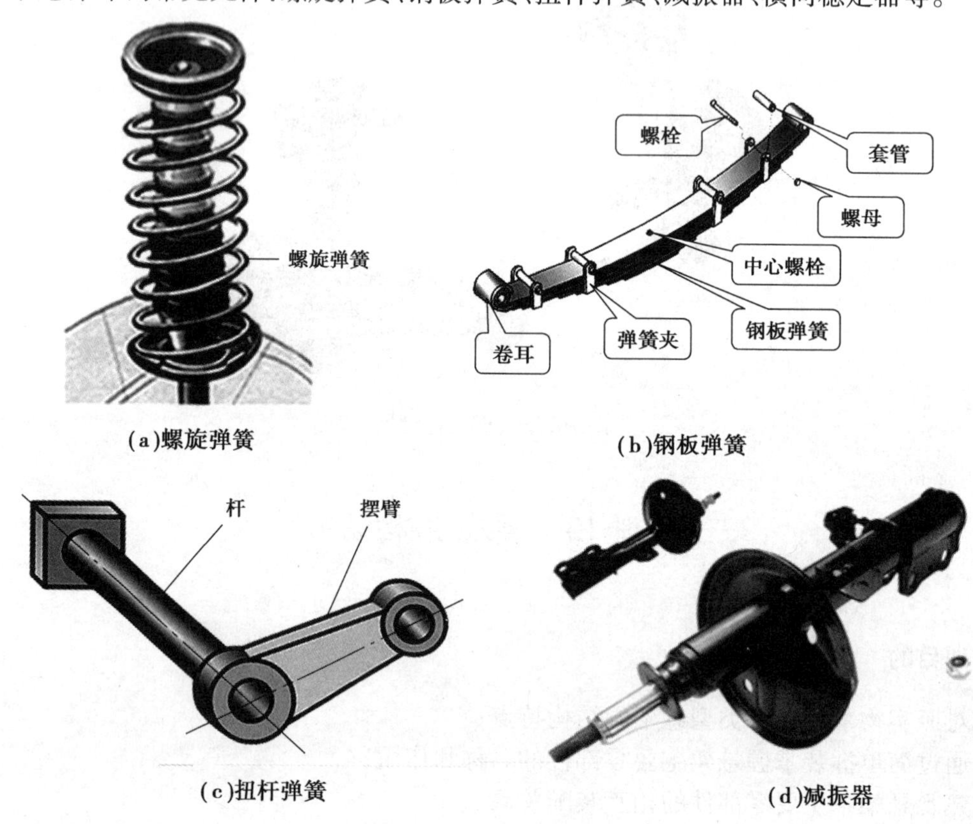

图 10.29　悬架种类

3. 观察离合器各零件状态

观察拆下的悬架总成各部件,分析减振器的工作原理,做好记录。

4. 前悬架总成的安装

前悬架总成的安装顺序基本上与拆卸顺序相反,但在安装时应注意以下事项:

①不允许对前悬架总成进行焊接或整形处理,不合格的要更换新的零部件总成;

②安装传动轴时,应擦净传动轴与轮毂花键齿面上的油污,去除防护剂的残留物;

③安装时,所有螺栓和螺母的紧固力矩应符合规定,所有自锁螺母必须更换。

实训结果

①完成实训项目作业书,说明悬架主要零部件的结构、功用和原理。

②填写实训项目作业书,进行实训考核。

项目6　悬架系统的检修与常见故障排除

项目目标

1. 掌握悬架维护检查的内容、方法；
2. 掌握减振器的检修；
3. 掌握悬架常见故障现象、原因及排除方法。

课前思考

汽车中如果没有悬架会是怎样？悬架检修内容有哪些？如何进行电子控制悬架系统的故障自诊断和怎样排除常见故障？

项目内容

任务1　非独立悬架系统的检修与常见故障排除

任务描述

本任务要求理解非独立悬架日常维护注意事项，掌握减振器、螺旋弹簧、钢板弹簧、橡胶挡块等重要元件的检修要点及操作方法。

学习引导

为了使非独立悬架系统能保持较好的工作状态，除日常使用过程中注意保护外，还要定期进行维护保养。

1. 悬架的维护

(1) 车辆升起前的检查

①减振器减振力检查。在车前、车后通过上下晃动车身确定减振器的减振力大小，并且检查车身停止晃动的时间长短。

②车辆倾斜检查。目视观察车辆是否倾斜。如果车辆倾斜，还需检查轮胎气压、左右车轮的尺寸及车辆承载是否均匀。

(2) 车辆升起后的检查

①检查减振器是否有凹痕、是否漏油，检查防尘套是否有裂纹或损坏。

②检查钢板弹簧或螺旋弹簧、扭杆弹簧等是否损坏。

③检查悬架的其他部位，如摆臂、稳定杆、推力杆等是否损坏。

④用手晃动悬架的主要元件，检查是否磨损或松动，最后用扭力扳手将螺母或螺栓按规定力矩紧固。

2. 非独立悬架系统的检修

(1) 减振器的检查

检查减振器时，应固定住减振器，上下运动活塞杆时应有一定的阻力，而且向上比向下的阻力要大一些。若阻力过大,应检查活塞杆是否弯曲;若无阻力,则表示前减震器油已经漏光或失效,必须更换减振器油。

减振器为免维护机构,如减振器外面有轻微的油迹,不必更换减振器;如有大量油迹即减振器漏油时,减振器在压缩到底或伸展时会产生跳动现象。车辆行驶时,有缺陷的减振器会发出冲击噪声,减振器失效后用手触摸其外表壳不发热,这时应更换减振器。

(2)螺旋弹簧的检查

检查螺旋弹簧时,应检查其有无损坏或变形,并测量螺旋弹簧的自由长度。若检查时自由长度比标准长度减少5%,即表示螺旋弹簧已产生永久变形,必须更换。更换时必须左右两个弹簧一起更换,以保持车辆两侧高度相同。若螺旋弹簧上有裂纹,也要将其更换。

(3)钢板弹簧的检查与维护

钢板弹簧日常维护作业是检查、紧固U形紧固螺栓。首先,紧固力矩必须符合原厂规定,绝非越紧越好;其次,应按时向钢板弹簧销加注润滑脂。若发现断片,钢板弹簧固定卡、隔套、卡子螺栓缺少时,应及时进行小修。二级维护时,要拆检钢板弹簧,并向片间涂抹石墨润滑脂。禁止钢板弹簧加片。

(4)减振器悬架轴承主橡胶挡块的检查

检查减振器悬架轴承的磨损与损坏情况,轴承应能灵活转动,损坏时必须整体更换;检查橡胶挡块的损坏与老化情况,如损坏应及时更换。

3.非独立悬架系统的常见故障

(1)钢板弹簧折断

钢板弹簧折断,尤其是主片折断时,会因弹力不足等原因,使车身歪斜。前钢板弹簧一侧主片折断时,车身在横向平面内倾斜;后钢板弹簧一侧主片折断时,车身在纵向平面内倾斜。

(2)钢板弹簧弹力过小或刚度不一致

当某一侧的钢板弹簧由于疲劳导致弹力下降,或者更换的钢板弹簧与原弹簧刚度不一致时,会使车身倾斜。

(3)钢板弹簧销、衬套和吊耳磨损过量

此时,会出现以下故障现象:

①车身倾斜(不严重)。

②行驶跑偏。

③汽车行驶摆振。

④异响。

(4)U形螺栓松动或折断

此时,会由于车辆移位倾斜,导致汽车跑偏。

任务2　独立悬架系统的检修与常见故障排除

任务描述

本任务要求理解独立悬架日常维护注意事项,掌握减振器、螺旋弹簧、钢板弹簧、橡胶挡块等重要元件的检修要点及操作方法。

学习引导

为了使独立悬架系统能保持较好的工作状态,除日常使用过程中注意保护外,还要定期进行维护保养。

1. 独立悬架系统的检修

独立悬架系统的检修内容与非独立悬架的检修内容相同,这里就不再作介绍。

2. 独立悬架和减振器的常见故障

(1)独立悬架总成常见故障

独立悬架总成主要由螺旋弹簧、上下摆臂、横向稳定杆及减振器等组成,总成铰接点多,总成常见的故障有如下几项:

①异响,尤其在不平路面上转弯时表现明显。

②车身倾斜,汽车在转弯时车身过度倾斜等。

③前轮定位参数改变。

④轮胎异常磨损。

⑤车辆摆振及行驶不稳。

原因:

①螺旋弹簧弹力不足。

②稳定杆变形。

③上、下摆臂变形。

④各铰接点磨损、松旷。

当汽车产生上述现象时,应对悬架系统进行仔细检查,即可发现故障部位及原因。

(2)减振器的常见故障

减振器的常见故障为衬套磨损和泄漏。衬套磨损后,因松旷易产生响声。减振器轻微的油液泄漏是允许的,但泄漏过多会使减振器失去减振作用。

实训14 悬架系统的拆装与检测

实训目的

1. 对照实物掌握各种类型悬架的结构特点;
2. 通过简单拆装掌握悬架主要零部件的名称和作用;
3. 通过检修悬架装置,恢复汽车悬架的技术状况,保证汽车行驶稳定性、舒适性。

实训内容

1. 观察悬架的安装位置;
2. 拆装前悬架总成;
3. 观察悬架各零件状态。

技术标准与要求

拆装悬架总成必须使用专用工具。

工具准备

具有完整悬架系统的实训车多辆;扭力扳手、起子、套筒、游标卡尺等常用工具多套。

实训步骤

①取下车轮装饰罩;
②旋下轮毂与传动轴的紧固螺目,车轮必须着地;
③卸下垫圈,拆下车轮;
④旋下制动钳固定螺栓,旋下制动盘;
⑤取下制动软管支架,并固定在车身上;
⑥压下横拉杆接头;
⑦旋下稳定杆的紧固螺栓;
⑧向下掀压下臂,从车轮轴承壳内拉出传动轴;或利用两个固定车轮凸缘上的螺孔,将压力装置固定在轮毂上,用液压装置从轮毂中压出传动轴;
⑨拆掉压力装置。

实训结果

①完成实训项目作业书,说明悬架系统在检修过程中应注意的问题,记录系统各传感器的检测结果以及离合器踏板的高度、自由行程的测量结果。
②填写实训项目作业书,进行实训考核。

项目7　电控悬架系统认识

项目目标

1. 掌握电控悬架的组成;
2. 掌握电控悬架有哪些传感器及传感器的功用;
3. 掌握电控悬架的执行机构及工作原理。

课前思考

电控悬架和传统悬架有什么区别?有什么优点?

项目内容

传统的悬架系统一般具有固定的弹簧刚度和减振器阻尼,不能同时满足汽车行驶平顺性和操纵稳定性的要求。例如:降低弹簧刚度,平顺性会变好,使乘坐舒适,但由于悬架偏软会使操纵稳定性变差;而增加弹簧刚度会提高操纵稳定性,但较硬的弹簧又使车辆对路面的不平度很敏感,使平顺性降低。因此,理想的悬架系统应在不同的使用条件下具有不同的弹簧刚度和减振器阻尼力,这样既能满足平顺性的要求又能满足操纵稳定性的要求。电子控制悬架系统就是这种理想的悬架系统。

电子控制悬架系统主要分为半主动悬架和主动悬架两种。半主动悬架是指悬架元件中的弹簧刚度和减振器阻尼力之一,可以根据需要进行调节。而主动悬架能根据需要自动调节弹簧刚度和减振器的阻尼力,从而能够同时满足汽车行驶平顺性和操纵稳定性等各方面的要求。主动悬架按照弹簧的类型,又可以分为空气弹簧主动悬架和油气弹簧主动悬架。

本部分以丰田凌志 LS400 为例介绍电控悬架系统。

1. 概述

丰田凌志 LS400 的电控悬架系统为空气弹簧主动悬架,可以根据行驶条件自动控制弹簧刚度、减振器阻尼力及车身高度,以抑制加速时后坐、制动时点头、转向时侧倾等汽车行驶状态的变化,明显改善乘坐舒适性和操纵稳定性。

丰田凌志 LS400 的电控悬架系统主要对车速及路面感应、车身姿态、车身高度三个方面进行控制。

2. 系统组成及工作原理

(1)组成

任何电子控制空气悬架系统都是由传感器、电子控制单元(ECU)和执行器三大部分组成,丰田凌志 LS400 的电控悬架系统也是这样,具体来说,其传感器包括车身高度传感器、转向传感器、车速传感器、节气门位置传感器等,执行器包括高度控制阀、排气阀、悬架控制执行器等。

丰田凌志 LS400 的电控悬架系统元件在车上的位置如图 10.30 所示。

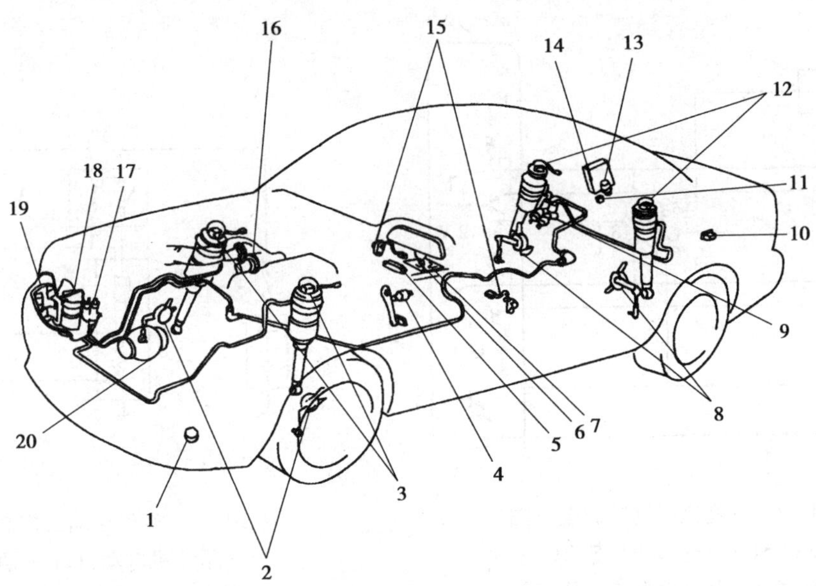

图 10.30 凌志 LS400 的电控悬架系统元件在车上的位置

1—1 号高度控制继电器;2—前车身高度传感器;3—前悬架控制执行器;4—制动灯开关;5—转向传感器;6—高度控制开关;7—LRC 开关;8—后车身高度传感器;9—2 号高度控制阀和溢流阀;10—高度控制 ON/OFF 开关;11—高度控制连接器;12—后悬架控制执行器;13—2 号高度控制继电器;14—悬架 ECU;15—门控灯开关;16—主节气门位置传感器;17—1 号高度控制阀;18—高度控制压缩机;19—干燥器和排气阀;20—IC 调节器

(2)控制原理

①车身高度控制。

车身高度控制系统由压缩机、干燥器、排气阀、1 号高度控制继电器、2 号高度控制继电器、1 号高度控制阀、2 号高度控制阀、前后左右 4 个空气弹簧、4 个车身高度传感器及悬架 ECU 等组成。如图 10.31 所示为车身高度控制系统示意图,图 10.32 所示为 1 号、2 号高度控制阀控制电路图,图 10.33 所示为空气压缩机控制电路图。

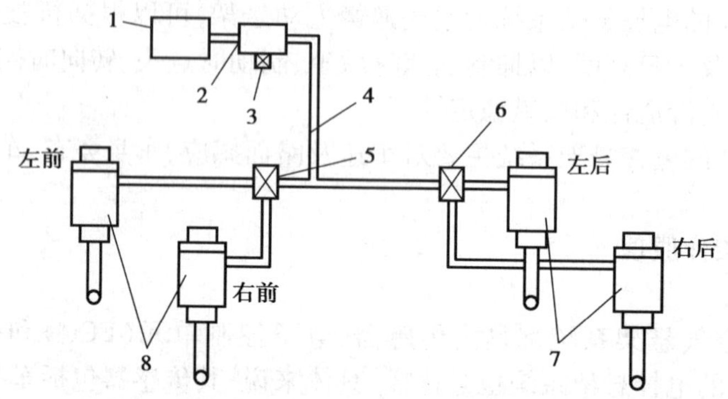

图 10.31　车身高度控制系统示意图
1—压缩机;2—干燥器;3—排气阀;4—空气管;5—1 号高度控制阀;
6—2 号高度控制阀;7,8—空气弹簧

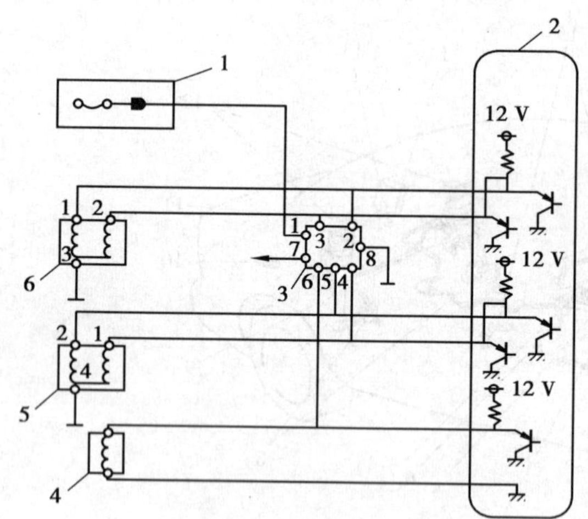

图 10.32　高度控制阀控制电路图
1—AIR SUS 熔丝;2—悬架 ECU;
3—1 号高度控制继电器;4—排气阀;
5—2 号高度控制阀;6—1 号高度控制阀

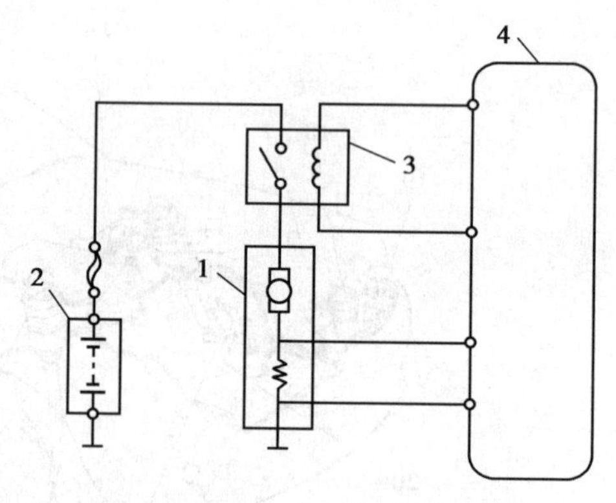

图 10.33　空气压缩机控制电路图
1—压缩机电动机;2—蓄电池;
3—1 号高度控制继电器;4—悬架 ECU

当点火开关接通时,ECU 使 2 号高度控制继电器线圈通电,2 号高度控制继电器触点闭合,使前、后、左、右 4 个高度传感器接通蓄电池电源。当车身高度需要上升时,从 ECU 的 RCMP端子送出一个信号,使 1 号高度控制继电器接通,1 号高度控制继电器触点闭合,压缩机控制电路接通产生压缩空气。ECU 使高度控制电磁阀线圈通电后,电磁线圈将高度控制阀打开,并将压缩空气引向空气弹簧,从而使车身高度上升。

当车身高度需要下降时,ECU不仅使高度控制阀电磁线圈通电,而且还使排气阀电磁线圈通电,使排气阀打开,将空气弹簧中的压缩空气排到大气中。

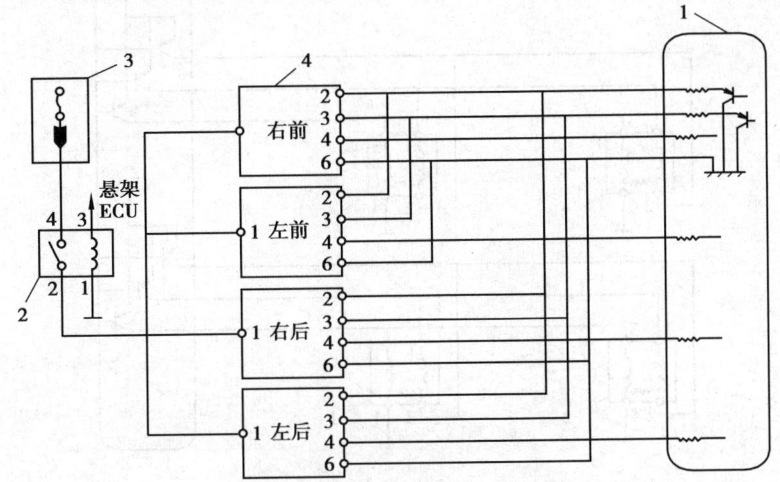

图10.34 车身高度传感器与ECU之间的连接电路图

1—悬架ECU;2—2号高度控制继电器;3—ECU-B熔丝;4—高度控制传感器

1号高度控制阀用于前悬架控制,它有两个电磁阀分别控制左右两个空气弹簧。2号高度控制阀用于后悬架控制,它与1号高度控制阀一样,也采用两个电磁阀。为了防止空气管路中产生不正常的压力,2号高度控制阀中采用了一个溢流阀。

悬架系统的车身高度传感器采用光电式传感器,为了检测汽车高度和因道路不平而引起的悬架位移量,在每个悬架上都装有一只车身高度传感器,用于连续监测车身与悬架下臂之间的距离。如图10.34所示为车身高度传感器与ECU之间的连接电路图。

②弹簧刚度和减振器阻尼力控制。

电子控制空气悬架系统空气弹簧的结构如图10.35所示。悬架系统弹簧刚度和减振器阻尼力控制执行器安装在空气弹簧的上部,悬架控制执行器电路如图10.36所示,ECU将信号送至悬架控制执行器以同时驱动减振器的阻尼调节杆和空气弹簧的气阀控制杆,从而改变减振器的阻尼力和悬架弹簧刚度。

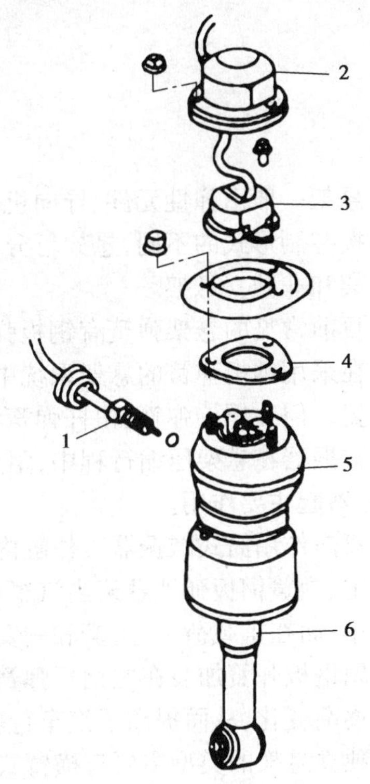

图10.35 空气弹簧的结构

1—空气管;2—执行器盖;3—执行器;4—悬架支座;5—气室;6—减振器

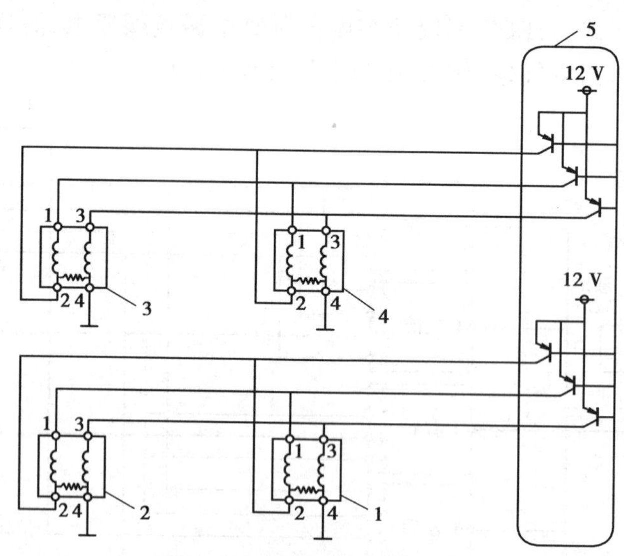

图 10.36 悬架控制执行器电路

1—右前悬架控制执行器;2—左前悬架控制执行器;3—左后悬架控制执行器;
4—右后悬架控制执行器;5—悬架 ECU

本模块知识小结

1. 悬架一般由弹性元件、导向机构、减振器和横向稳定器等组成。

2. 按控制形式的不同,悬架可分为被动式悬架和主动式悬架;按导向装置的不同,可分为独立悬架和非独立悬架。

3. 目前常见的悬架弹簧有钢板弹簧、螺旋弹簧、扭杆弹簧和气体弹簧。

4. 在采用钢板弹簧的悬架系统中,钢板弹簧本身起到导向装置的作用,故不必使用单独的导向装置。但在螺旋弹簧、扭杆弹簧和气体弹簧做弹性元件时,则需要单独加设导向装置。

5. 减振器在悬架压缩行程中,阻尼力较小,弹性元件起主要作用;在伸张行程中,阻尼力较大,减振器起主要作用。

6. 双向作用筒式减振器工作缸内有装有四个阀,即压缩阀、伸张阀、流通阀和补偿阀。

7. 主、副簧钢板弹簧悬架当汽车载荷不大时,副簧不起作用,只有在主簧单独工作时,悬架刚度较小;而在重载荷下,主簧和副簧同时作用,其刚度得到提高。

8. 副钢板弹簧加装在主钢板弹簧下的悬架系统由于副簧逐渐随载荷增加而参与工作,悬架刚度逐渐变化,从而提高了汽车行驶平顺性。

9. 独立悬架的类型主要有横臂式独立悬架、纵臂式独立悬架、烛式独立悬架、麦弗逊式独立悬架和多连杆式独立悬架。

10. 被动悬架指结构参数不能随路况和汽车运动状态调整的悬架。

11. 主动悬架指能够根据汽车的运动状态和路面状况,适时地调节悬架刚度、阻尼力以及车身高度的悬架。

12. 半主动悬架指悬架中弹簧刚度和减振器阻尼系数之一可根据需要进行调整的悬架

系统。

13. 电子控制悬架系统通常可以对汽车车身高度、阻尼力系数及弹簧刚度三个参数进行调整。

14. 电子控制悬架系统一般由传感器、ECU、执行器组成。

15. 悬架系统常见故障有车身倾斜、异响、行驶跑偏和行驶摆振等。

16. 电子控制悬架系统的常见故障有悬架刚度控制失灵、阻尼系数控制失灵和高度控制失灵。

复习思考题

1. 悬架由哪些部件组成？各有什么作用？
2. 简述悬架系统的功用。
3. 悬架系统中有哪些常见弹性元件？
4. 螺旋弹簧有什么优缺点？
5. 简述双向作用筒式减振器的工作原理。
6. 横向稳定器有什么作用？
7. 独立悬架和非独立悬架各有什么特点？
8. 悬架系统的检修内容有哪些，又有哪些常见故障？
9. 电控悬架系统中常用的传感器有哪些？各有什么作用？

学习领域 3
汽车转向系

模块 11
汽车转向系统认识

知识目标

1. 掌握汽车转向系的功用和分类；
2. 掌握机械转向系的参数；
3. 掌握机械转向系的基本组成和工作原理；

项目　汽车转向系统认识

项目目标

1. 了解转向系的功用和分类；

2. 掌握机械转向系的基本组成和工作原理;

3. 掌握机械转向系的参数。

课前思考

什么是转向系? 转向系在什么位置? 转向系有什么功用?

项目内容

转向系是指由驾驶员操作,能实现转向偏转和回位的一套机构。当汽车需要改变行驶方向时,驾驶员必须转动方向盘使转向轮绕主销轴线偏转一定角度,直到新的行驶方向符合驾驶员的要求时,再将转向轮恢复到直线行驶的位置。

1. 转向系的功用、类型

(1)转向系的功用

汽车转向系的功用是改变汽车的行驶方向和使汽车保持稳定的直线行驶。汽车转向系统对汽车的行驶安全至关重要,其性能的好坏直接影响汽车行驶的安全性和操纵性,因此汽车转向系统的零件都称为保安件。

(2)转向系的分类

按转向能源的不同,转向系统可分为机械转向系统和动力转向系统两大类。完全靠驾驶员手力操纵的转向系统称为机械转向系统;借助动力来操纵的转向系统称为动力转向系统。动力转向系统又可分为液压动力转向系统、气动转向系统和电动助力动力转向系统。

2. 转向系的基本组成和工作原理

(1)基本组成

转向系机结构形式多种多样,但是所有的转向系都由转向传动机构、机械转向器和转向操纵机构三部分组成。

①转向传动机构是将转向器输出的力和运动传给车轮(转向节),并使左右车轮按一定关系进行偏转的机构。它包括转向摇臂、转向直(纵)拉杆、转向节臂、转向梯形臂、转向横拉杆等。

②转向器是将转向盘的转动变为转向摇臂的摆动或齿条轴的直线往复运动,并对转向操纵力进行放大的机构。转向器一般固定在汽车车架或车身上,转向操纵力通过转向器后一般还会改变传动方向。

③转向操纵机构是产生转动转向器所必需的操作力的机构,包括转向盘、转向轴、转向传动轴。

(2)工作原理

如图 11.1 所示,汽车转向时,驾驶员转动转向盘,通过转向轴、转向节和转向传动轴,将转向力矩输入转向器。转向器中有 1 ~2 级啮合传动副,具有减速增矩的作用。经转向器减速后的运动和增大后的力矩传到转向摇臂,再通过转向直拉杆传给固定在左转向节上的转向节臂,使左转向节及装于其上的左转向轮绕主销偏转。左、右转向梯形臂的一端分别固定在左、右转向节上,另一端则与转向横拉杆作球铰链连接。当左转向节偏转时,经左转向梯形臂、转向横拉杆和右转向梯形臂的传递,右转向节及装于其上的右转向轮随之绕主销同向偏转相应的角度。

左、右转向梯形臂和转向横拉杆构成转向梯形，其作用是在汽车转向时，使左、右转向轮按一定的规律进行偏转。

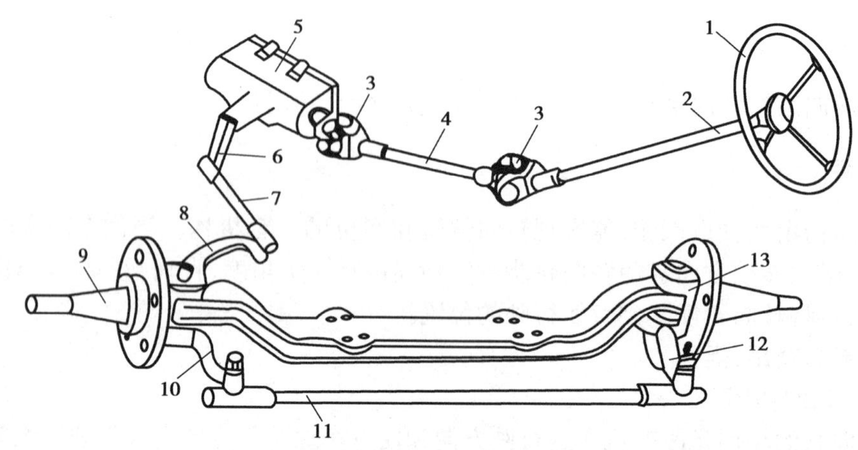

图 11.1　机械转向系示意图

1—转向盘;2—转向轴;3—转向万向节;4—转向传动轴;5—转向器;6—转向摇臂;
7—转向直拉杆;8—转向节臂;9—左转向节;10、12—梯形臂;11—转向横拉杆;13—右转向节

3. 转向系的参数

(1)转向系角传动比 i_w

转向系角传动比 i_w 是指转向器转的角传动比 i_1 和转向传动机构角传动比 i_2 的乘积，可以用转向盘的转角与转向盘同侧的转向轮偏转角的之比来表示。转向器角传动比 i_1 是转向盘转角和转向摇臂摆角之比。转向传动机构角传动比 i_2 是转向摇臂摆角与同侧转向轮偏转角之比。

转向系角传动比 i_w 越大，增矩作用加大，转向操纵越轻便，但由于转向盘转的圈数过多，导致操纵灵敏性变差，所以转向系角传动比不能过大。而转向系角传动比 i_w 太小又会导致转向沉重，所以转向系角传动比既要保证转向轻便，又要保证转向灵敏。但机械转向系很难做到这点，所以越来越多的车辆采用动力转向系。

(2)转向盘的自由行程

转向盘自由行程是指不使转向轮发生偏转而转向盘所能转过的角度，这主要是由于转向系各传动件之间的装配间隙和弹性变形所引起的。由于转向系各传动件之间都存在着装配间隙，而且这些间隙将随零件的磨损而增大，因此在一定的范围内转动转向盘时，转向节并不马上同步转动，而是在消除这些间隙并克服机件的弹性变形后，才作相应的转动，即转向盘有一空转过程。

转向盘自由行程对于缓和路面冲击及避免驾驶员过于紧张时的误操作是有利的，但过大的自由行程会影响转向灵敏性。所以汽车维护中应定期检查转向盘自由行程。一般汽车转向盘的自由行程应不超过 10°~15°，否则应进行调整。

(3)转向器的传动效率

转向器的输出功率与输入功率之比即为转向器的传动效率。

转向操纵力由转向盘传到转向摇臂(或齿条轴)的过程称为正向传动，相应的传动效率称为正传动效率。转向摇臂将地面的冲击力传到转向盘的过程称为逆向传动，相应的传动效率称为逆传动效率。

按传动效率的不同,转向器还可以分为可逆式转向器、极限可逆式转向器和不可逆式转向器。可逆式转向器是指正、逆传动效率都很高的转向器。这种转向器有利于汽车转向后转向轮的自动回正,转向盘“路感”很强,但也容易在坏路行驶时出现“打手”,所以主要应用于经常在良好路面行驶的车辆。

极限可逆式转向器是指正传动效率远大于逆传动效率的转向器。这种转向器能实现汽车转向后转向轮的自动回正,但“路感”较差,只有当路面冲击力很大时才能部分传到转向盘,主要应用于中型以上的越野汽车、工矿用自卸汽车等。

不可逆式转向器是指逆传动效率很低的转向器。这种转向器使驾驶员不能得到路面的反馈信息,没有“路感”,而且转向轮也不能自动回正,所以很少采用。

(4)转向时车轮运动规律

为了实现汽车正常转向,避免汽车在转向时产生路面对汽车行驶的附加阻力和轮胎过快磨损,要求转向系能保证在汽车转向时所有车轮相对于地面作纯滚动。显然,这只有在所有车轮的轴线都交于一点,此点为转向中心,才能实现,如图11.2所示。设汽车的转向中心为 O,外侧转向轮偏转角为 α,内侧转向轮偏转角为 β。在不考虑车轮变形的条件下,前轴左右车轮的偏转角应该不相等,而且是内侧转向轮偏转角 β 大于外侧转向轮偏转角 α,α 与 β 的关系为:

$$\cot\alpha = \cot\beta + \frac{B}{L}$$

式中　B——两侧主销中心距(可近似认为是转向轮轮距);

L——汽车轴距。

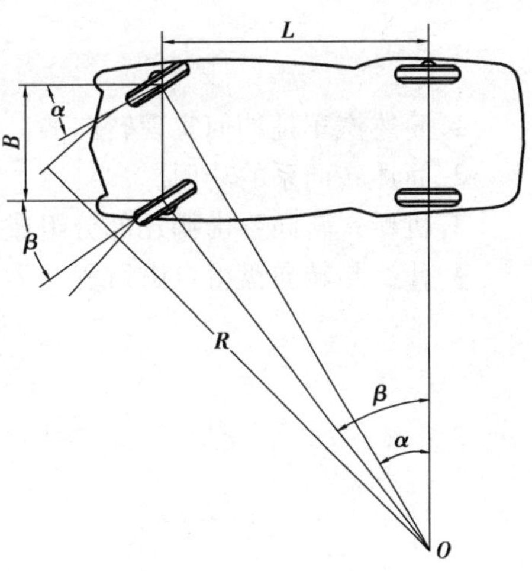

图11.2　汽车转向示意图

这一关系是由转向梯形保证的。所有汽车转向梯形的设计实际上都只能保证在一定的车轮偏转角范围内,使两侧车轮偏转角大体上接近以上关系式。

由转向中心 O 到外转向轮与地面接触点的距离,称为汽车转弯半径。转弯半径 R 愈小,则汽车转向所需要场地就愈小,汽车的机动性也愈好。当外侧转向轮偏转角达到最大值 α_{max} 时,转弯半径 R 最小。最小转弯半径为:

$$R_{min} = \frac{L}{\sin\alpha_{max}}$$

本模块知识小结

1. 转向系的功用是改变汽车的行驶方向和使汽车保持稳定的直线行驶。
2. 汽车转向系统可按转向能源的不同分为机械转向系统和动力转向系统两大类。
3. 转向系都由转向传动机构、机械转向器和转向操纵机构三部分组成。

4. 转向系角传动比是指转向器转的角传动比和转向传动机构角传动比的乘积。

5. 转向盘自由行程是指不使转向轮发生偏转而转向盘所能转过的角度。

6. 转向器传动效率是指转向器的输出功率与输入功率之比。转向操纵力由转向盘传到转向摇臂(或齿条轴)的过程称为正向传动,相应的传动效率称为正传动效率。转向摇臂将地面的冲击力传到转向盘的过程称为逆向传动,相应的传动效率称为逆传动效率。

7. 转向时车轮运动规律:内侧转向轮偏转角 β 大于外侧转向轮偏转角 α,α 与 β 的关系为:$\cot \alpha = \cot \beta + \frac{B}{L}$

8. 由转向中心 O 到外转向轮与地面接触点的距离,称为汽车转弯半径。

复习思考题

1. 简述汽车是如何实现转向的。
2. 简述转向系的功用。
3. 机械式转向系由哪几部分组成?简述其工作原理。
4. 什么是转向盘得自由行程?为什么有自由行程?其对转向有何影响?

模块12 机械转向系统

知识目标

1. 掌握各种典型转向器的构造、特点和工作原理；

2. 掌握与非独立悬架和独立悬架配有的转向传动机构布置情况，以及各组成机件的结构情况；

3. 掌握转向操纵机构的构造、安全转向柱的类型及作用；

能力目标

1. 能正确运用各种拆装工具、机具设备和检测仪器；

2. 会进行转向系各机件的解体和清洗；

3. 会进行齿轮齿条式转向器拆卸、清洗、检验、装配与调整，并符合技术条件；

4. 会进行蜗杆曲柄指销式转向器拆卸、清洗、检验、装配与调整，并符合技术条件。

项目1 转向器

项目目标

1. 了解机械转向器的功用；

2. 掌握齿轮齿条式向器的构造、工作原理；

3. 掌握循环球式向器的构造、工作原理；

4. 掌握蜗杆曲柄指销式向器的构造、工作原理。

课前思考

转向器有什么功用？转向器的类型有哪些？

项目内容

转向器的功能是将转向盘的转动转变为转向臂的摆动,借以达到改变力的传递方向和获得所要求的传动比,进而通过转向传动机构操纵转向车辆偏转。

转向器的结构形式有很多,目前较常用的有齿轮齿条式、蜗杆曲柄指销式、循环球-齿条齿扇式、循环球曲柄指销式、蜗杆滚轮式等。其中,第二、第四种分别是第一、第三种的变形形式,而蜗杆滚轮式则更少见。目前应用较广泛的有蜗杆曲柄指销式、循环球式和齿轮齿条式等。

1. 齿轮齿条式转向器的结构与工作原理

图 12.1(a)所示为齿轮齿条式转向器,它主要由转向器壳体 8、转向齿轮 9、转向齿条 5 等组成。转向器通过转向器壳体 8 的两端用螺栓固定在车身(车架)上。齿轮轴 6 通过球轴承 7、滚柱轴承 10 垂直安装在壳体中,其上端通过花键与转向轴上的万向节(图中未画出)相连,其下部分是与轴制成一体的转向齿轮 9。转向齿轮 9 是转向器的主动件,它与相啮合的从动件转向齿条 5 水平布置,齿条背面装有压簧垫块 4。在压簧 3 的作用下,压簧垫块 4 将齿条 5 压靠在齿轮 9 上,保证二者无间隙啮合。调整螺塞 1 可用来调整压簧的预紧力。压簧 3 不仅起消除啮合间隙的作用,而且还是一个弹性支承,可以吸收部分振动能量,缓和冲击。

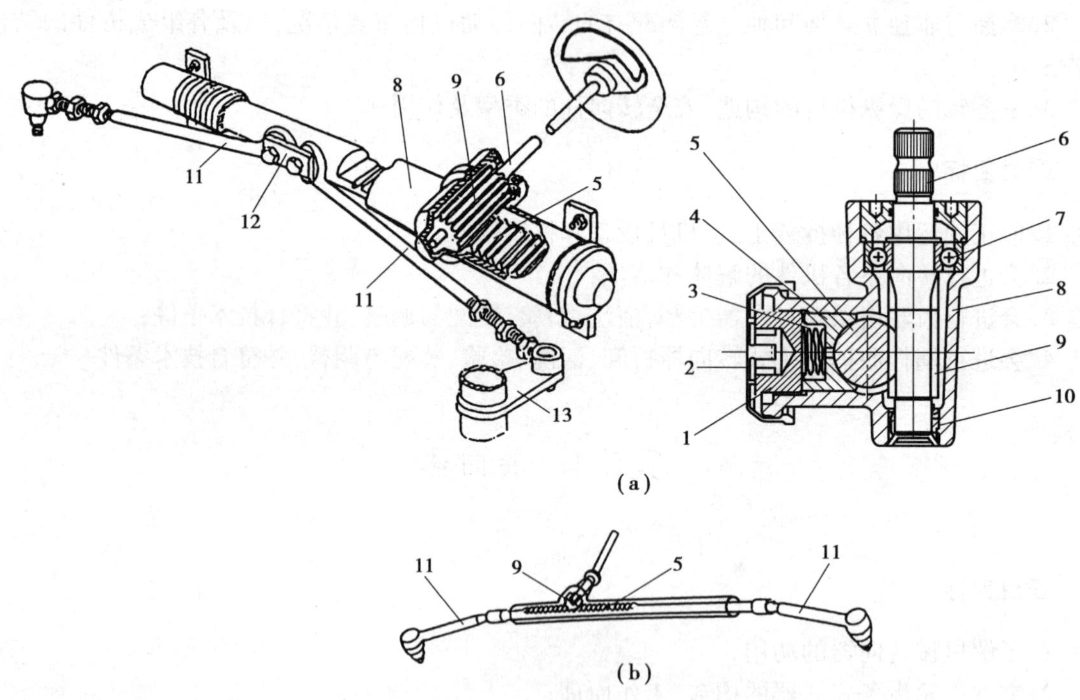

图 12.1　齿轮齿条式转向器

1—调整螺塞;2—罩盖;3—压簧;4—压簧垫块;5—转向齿条;6—齿轮轴;7—球轴承;8—转向器壳体;9—转向齿轮;10—滚柱轴承;11—转向横拉杆;12—拉杆支架;13—转向节

转向齿条 5 的中部(有的是齿条两端,如图 12.1(b)所示)通过拉杆支架 12 与左、右转向横拉杆 11 连接。转动转向盘时,转向齿轮 9 转动,与之相啮合的转向齿条 5 沿轴向移动,从而使左、右转向横拉杆带动转向节 13 转动,使转向轮偏转,实现汽车转向。

齿轮齿条式转向器结构简单、传动效率高,操纵轻便、质量轻,由于不需要转向摇臂和转向直拉杆,还使转向传动机构得以简化。在有效地解决了逆传动效率高和实现转向器可变速比等技术问题后,这种转向器在前轮为独立悬架的中级以下轿车和轻型、微型货车上得以广泛应用,如本田飞度轿车、上海桑塔纳轿车、天津夏利轿车及柳州五菱微型货车等均采用齿轮齿条式转向器。

2. 循环球式转向器的结构与工作原理

循环球式转向器是目前国内外汽车应用最广泛的一种转向器。与其他形式的转向器相比,循环球式转向器在结构上的主要特点是有两级传动副。

图 12.2 所示为解放 CA1092 型汽车的循环球—齿条齿扇式转向器。它有两级传动副,第一级传动副是转向螺杆 12-转向螺母 3;螺母 3 的下平面加工成齿条,与齿扇轴 21 内的齿扇相啮合,构成齿条—齿扇第二级传动副。显然,转向螺母 3 即是第一级传动副的从动件,也是第二级传动副的主动件。通过转向盘转动转向螺杆 12 时,转向螺母 3 不能随之转动,而只能沿杆 12 转向移动,并驱使齿扇轴(即摇臂轴)21 转动。

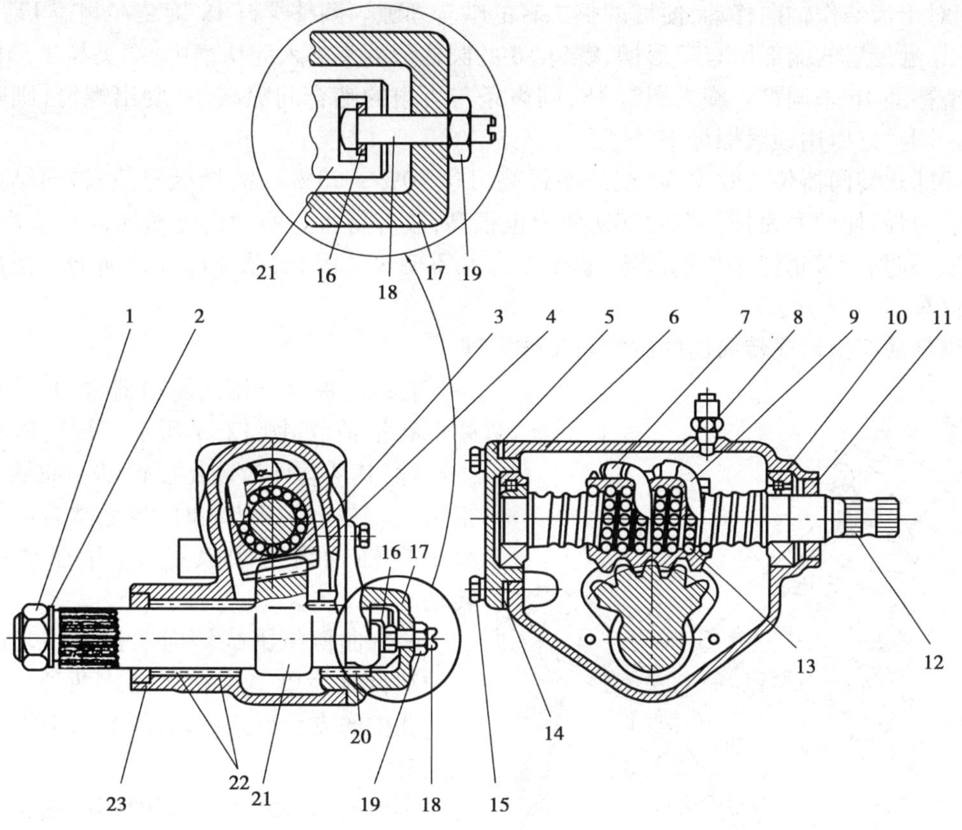

图 12.2　循环球式转向器

1—螺母;2—弹簧垫圈;3—转向螺母;4—转向器壳体密封垫圈;5—转向器壳体底盖;6—转向器壳体;7—导管夹;8—加油(通气)螺塞;9—钢球导管;10—球轴承;11,23—油封;12—转向螺杆;13—钢球;14—调整垫片;15—螺栓;16—调整垫圈;17—侧盖;18—调整螺钉;19—锁紧螺母;20,22—滚针轴承;21—齿扇轴(摇臂轴)

转向螺杆 12 支承在两个推力球轴承 10 上,轴承的预紧度可用调整垫片 14 调整。在转向螺杆 12 上松套着转向螺母 3。为了减少它们之间的摩擦,二者的螺纹并不直接接触,其间装有许多钢球 13,以实现滚动摩擦。

螺杆和螺母的螺纹都加工成截面近似为半圆形的螺旋槽,二者的槽相配合即形成截面近似为圆形的螺旋管状通道。螺母侧面有两对通孔,可从此孔将钢球塞入螺旋通道内。螺母外有两根钢球导管,每根导管的两端分别插入螺母侧面的一对通孔中。导管内也装满钢球。这样,两根导管和螺母内的螺旋通道组合成两条各自独立的、封闭的钢球“流道”。

当转动转向螺杆时,力通过钢球传给转向螺母,使螺母 3 沿杆轴向 12 移动。随着螺母 3 沿螺杆 12 作轴向移动,其齿条便带动齿扇绕着转向摇臂轴 21 作圆弧运动,从而使转向摇臂轴 21 连同摇臂产生摆动,通过转向传动机构使转向轮偏转,实现汽车转向。同时,由于摩擦力的作用,所有钢球便在螺杆 12 和螺母 3 之间的螺旋通道内滚动。钢球在螺旋通道内绕行两周后,流出螺母 3 而进入导管的一端,再由导管的另一端流回螺母 3 内。故在转向器工作时,两列钢球只在各自的封闭流道内循环流动,而不会脱出。

转向螺母 3 下平面上加工出的齿条是倾斜的,与之相啮合的是变齿厚齿扇。只要使齿扇轴 21 相对于齿条作轴向移动,便可调整二者的啮合间隙。调整螺钉 18 旋装在侧盖 17 上。齿扇轴 21 靠近齿扇的端部切有 T 形槽,螺钉 18 的圆柱形端头嵌入此切槽中,端头与 T 形槽的间隙用调整垫圈 16 来调整。旋入螺钉 18,则齿条与齿扇的啮合间隙减小;旋出螺钉,则啮合间隙增大。调整好后用锁紧螺母 19 锁紧。

循环球式转向器传动效率高(正效率最高可达 90% ~95%),故操纵轻便,转向结束后自动回正能力强,使用寿命长。但因其逆效率也很高,故容易将路面冲击传给转向盘而产生“打手”现象,不过,随着道路条件的改善,这个缺点并不明显。因此,循环球式转向器广泛用于各类各级汽车。

3. 蜗杆曲柄指销式转向器的结构与工作原理

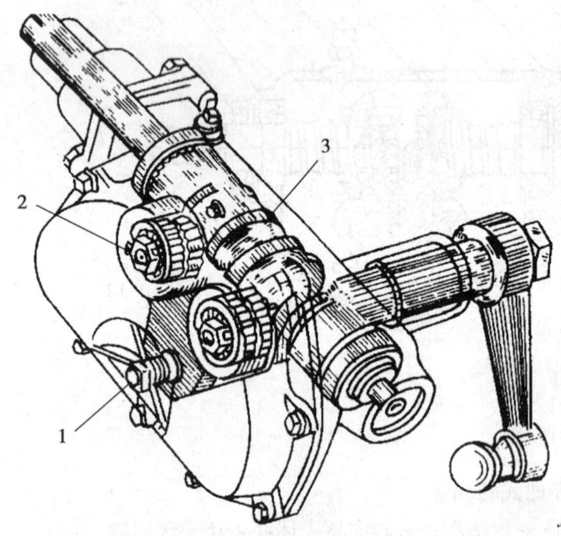

图 12.3　蜗杆曲柄指销式转向器
1—摇臂轴;2—指销;3—转向蜗杆

在蜗杆曲柄指销式转向器中,其传动副是蜗杆和指销,如图 12.3 所示。转向蜗杆 3 为主动件,其从动件为装在摇臂轴 1 曲柄端部的指销 2。转向蜗杆转动时,与之啮合的指销即绕摇臂轴轴线沿圆弧运动,并带动摇臂轴转动。

蜗杆曲柄指销式转向器按其传动副中指销的数目分为单销式和双销式两种。指销在曲柄孔中的支承形式可以是滑动结构,也可以是滚动结构。

东风 EQ1090E 型汽车的蜗杆曲柄双销式转向器如图 12.4 所示,它主要由转向器壳体、转向蜗杆、转向摇臂轴、曲柄和指销、上下盖、调整螺塞和螺钉、侧盖等组成。

转向器壳体固定在车架的转向器支架上。壳体内装有传动副,其主动件是转向蜗杆,从动件是装在摇臂曲柄端部的指销。具有梯形截面螺纹的转向蜗杆支承在转向器壳体两端的两个向心推力球轴承 1 和 2 上。转向器下盖上装有调整螺塞,用以调整向心推力轴承 1、2 的预紧度，调整后用螺母紧固。

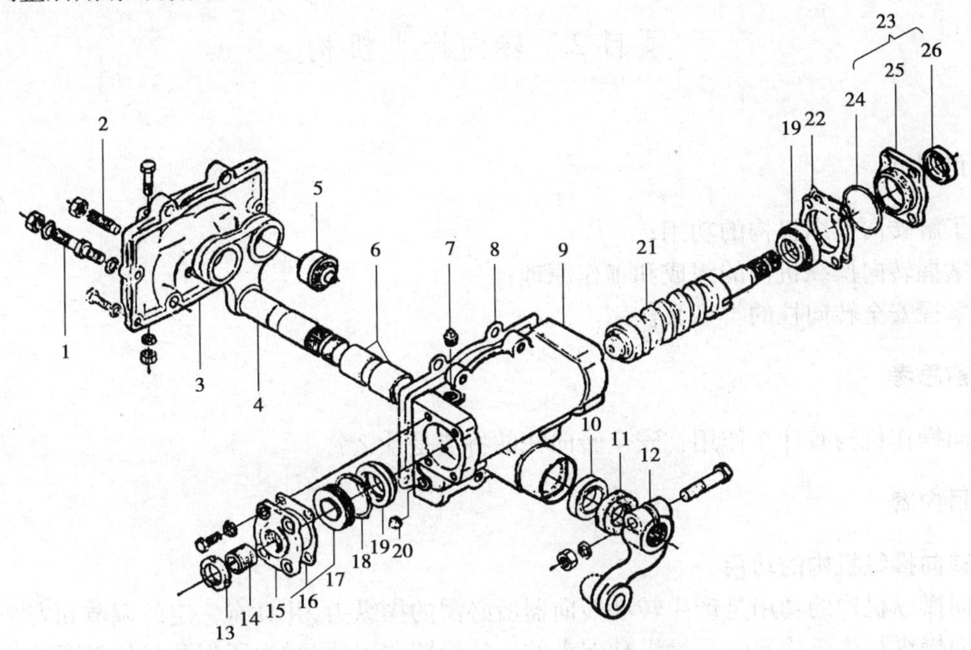

图 12.4　EQ1090E 型汽车的蜗杆曲柄双销式转向器

1—螺栓、螺母；2—摇臂轴调整螺钉及螺母；3—侧盖；4—摇臂轴；5—指销轴承总成；6—摇臂轴衬套；7—加油螺塞；8—侧盖衬垫；9—转向器壳体；10—油封；12—转向摇臂；13—锁紧螺母；14—蜗杆轴承调整螺塞；15—下盖；16—下盖衬垫；17—蜗杆轴承垫块；18—密封圈；19—蜗杆轴承；20—放油螺塞；21—蜗杆；22—调整垫片；23—上盖总成；24—密封圈；25—上盖；26—蜗杆油封

蜗杆与两个锥形的指销相啮合，构成传动副。两个指销均用双列圆锥滚子轴承支承在曲柄上，并可绕自身轴线转动，以减轻蜗杆与指销啮合传动时的磨损，提高传动效率。销颈上的螺母用来调整轴承的预紧度，以使指销能自由转动而无明显轴向间隙为宜，调整后用锁片（图中未示出）将螺母锁住。

安装指销和双排圆锥滚子轴承的曲柄制成叉形，与摇臂轴制成一体。摇臂轴用粉末冶金衬套支承在壳体中。转向器侧盖上装有调整螺钉，旋入（或旋出）调整螺钉可以改变摇臂轴的轴向位置，以调整指销与蜗杆的啮合间隙，从而调整了转向盘自由行程，调整后用螺母锁紧。摇臂轴伸出壳体的一端通过花键与转向摇臂连接。

汽车转向时，驾驶员通过转向盘转动转向蜗杆（主动件），与其相啮合的指销（从动件）一边自转，一边以曲柄为半径绕摇臂轴轴线在蜗杆的螺纹槽内作圆弧运动，从而带动曲柄、转向摇臂摆动，实现汽车转向。

单销式与双销式转向器在结构上基本一样。与双销式相比，单销式的结构较简单，但转向摇臂的摆角不大，一般总摆角只有 80°，而双销式的则可达 120°左右。因为当摇臂轴转角很大时，双销式中的一个指销虽已与蜗杆脱离啮合，但另一个指销仍保持啮合。此外，当摇臂轴转角不大时，双销式的两个指销均与蜗杆啮合，每个指销所承受的载荷比单销式指销的载荷小，故双销式的指销比单销式的指销磨损小，寿命长。

项目2 转向操纵机构

项目目标

1. 了解转向操纵机构的功用；
2. 掌握转向操纵机构的组成和工作原理；
3. 掌握安全转向柱的类型及作用。

课前思考

转向操作机构有什么作用？安全转向柱的特点是什么？

项目内容

1. 转向操纵机构的功用

转向操纵机构的功用是产生转动转向器所必需的操纵力，并具有一定的调节和安全性能。

转向操纵机构要将驾驶员操纵转向盘的力传给转向器，同时为了驾驶员的舒适驾驶，还要求转向操纵机构可以进行调节，以满足不同驾驶员的需求；为了防止车辆撞击后对驾驶员的损伤，还要求转向操纵机构具有一定的安全保护装置。

2. 转向操纵机构的结构与工作原理

转向操纵机构主要由转向盘和转向柱组成。其中，转向盘用于产生转向操纵力，转向柱则包括转向轴和转向管柱。转向轴将转向盘的旋转运动传递到转向器上；转向轴通过轴承支撑于转向管柱上，而转向管柱固定于车身上。

转向盘结构见图12.5所示。它主要由轮毂、轮辐和轮圈组成。轮辐和轮圈都有钢、铝或者镁合金的骨架，外表面通过注塑方法包裹一定形状的塑料外层或合成橡胶，以改善操纵转向盘的手感并提高驾驶室的安全性。转向盘与转向轴一般是通过花键或者带锥度的细花键连接，端部通过螺母轴压紧固定。

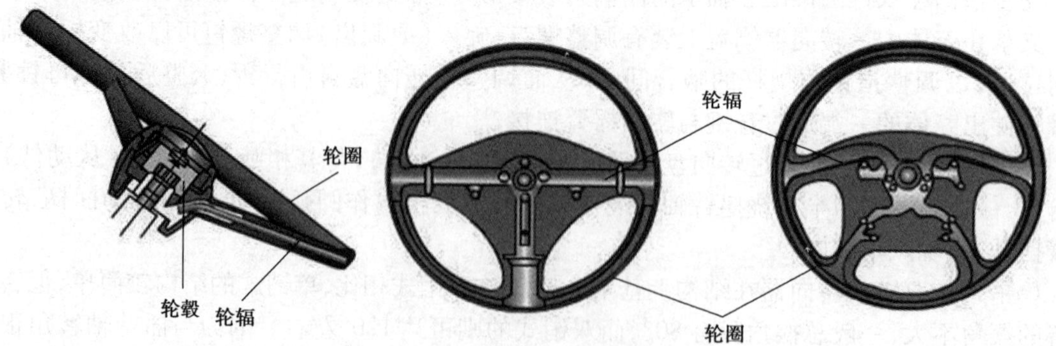

图12.5 转向盘结构

图12.6所示为CA1091型汽车转向操纵机构。转向盘1由塑料制成，内有钢制骨架，通过花键将转向盘毂与上转向轴11相连，用螺母18固定，上转向轴上端支承在衬套12内，下端

支承在轴承 13 中,由孔用弹性挡圈 14 和轴用钢丝挡圈 16 进行轴向定位。转向管柱 9 下端压配在下固定支架 8 中,并通过两个螺栓将下固定支架紧固在驾驶室地板上;上端通过橡胶套 3、盖板 2,由两个螺栓固定在驾驶室仪表板上。弹簧 41 可消除转向管柱与上转向轴间的轴向间隙。

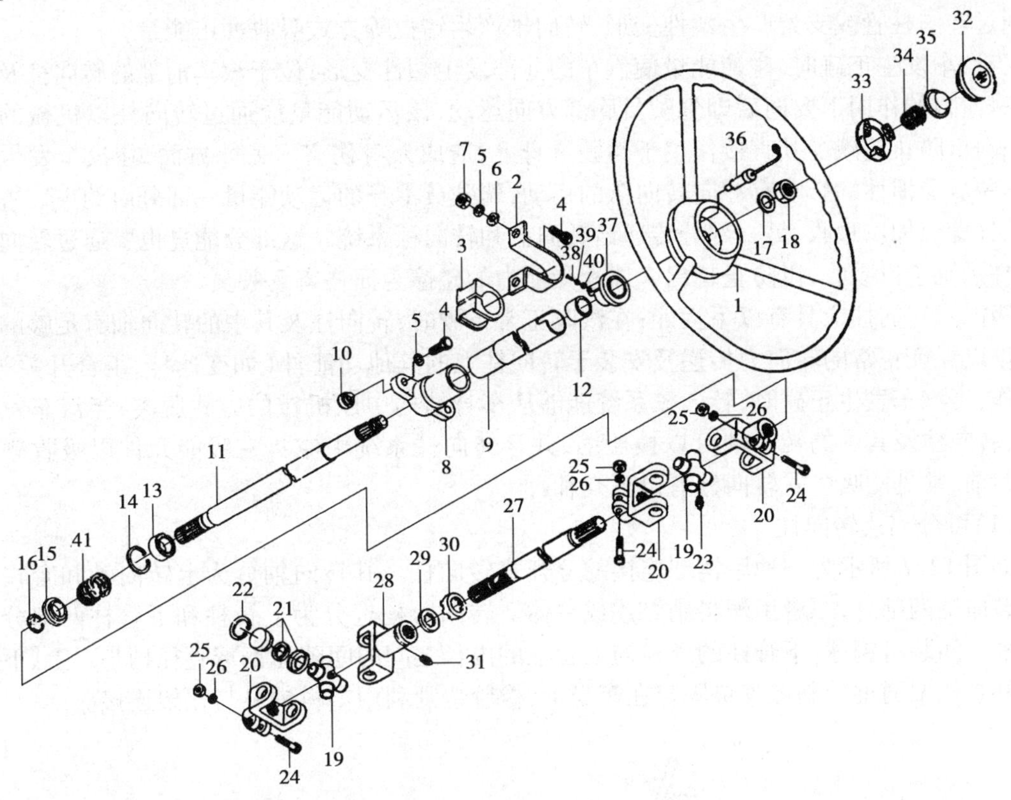

图 12.6　CA1091 型汽车转向操纵机构

1—转向盘总成;2—盖板;3—橡胶套;4,24—螺栓;5,26,40—弹簧垫圈;6,39—垫圈;7,18,25—螺母;8—下固定支架;9—转向管柱;10—楔形螺母;11—上转向轴;12—衬套;13—球轴承;14,22—孔用弹性挡圈;15—轴承挡圈;16—轴用钢丝挡圈;17—平垫圈;19—十字轴;20—转向万向节叉;21—滚针轴承总成;23,31—滑脂嘴总成;27—转向传动轴;28—转向万向节滑动叉;29—油封;30—防尘套;32—喇叭按钮盖;33—搭铁接触板总成;34—接触弹簧;35—接触罩;36—电刷总成;37—集电环总成;38—螺钉;41—弹簧

下端的转向万向节叉 20 通过花键与转向器的转向螺杆相连接,滑动叉 28 通过内花键与转向传动轴 27 的外花键相连。转向传动轴可轴向移动,以适应驾驶室与车架的相对位移。滑动叉一端焊有塞片,另一端装油封 29 和防尘套 30,防止灰砂和泥水进入,并由滑脂嘴 31 对滑动叉与转向传动轴的花键进行润滑。

十字轴 19 有两个,上装滑脂嘴 23 以润滑 4 个滚针轴承 21,由弹性挡圈 22 固定在万向节叉上。万向节叉的结构与滑动叉基本相同,只是多一锁紧螺栓与上端的万向节叉和上转向轴相连。

为了保证驾驶员的安全,同时也为了更加舒适、可靠地操纵转向系,现代汽车(特别是轿车)通常在转向操纵机构上增设相应的安全、调节装置。这些装置主要反映在转向轴和转向管柱的结构上。

3. 吸能式转向柱

各国对防止转向柱对驾驶员的伤害都有法规要求，都规定了当汽车发生正面碰撞时，转向柱的向后水平位移量和碰撞力的要求。为了满足这些法规的要求，吸能式转向柱得到广泛应用。转向轴和转向柱管吸能装置的基本工作原理是：当转向轴受到巨大冲击而产生轴向位移时，通过转向柱管或支架产生塑性变形、转向轴产生错位等方式吸收冲击能量。

当汽车发生正碰时，碰撞能量使汽车的前部发生塑性变形，位于汽车前部的转向柱及转向轴在碰撞力的作用下要向后即驾驶员胸部方向运动，该运动能量应通过转向柱以机械的方式予以吸收，防止或减少其直接作用于驾驶员身上，造成人身伤害。另一方面，在汽车发生正碰时，驾驶员受惯性的影响有冲向转向盘的运动，驾驶员本身的运动能量一部分由约束装置如安全带、气囊等加以吸收，另一部分传递给转向盘和转向柱系统。这部分能量也要通过转向盘及转向柱系统予以吸收，以防止超出人体承受能力的碰撞力而伤害驾驶员。

吸能式转向柱应具有以下性能：在汽车正常行驶时，转向柱及其中的转向轴有足够的强度和刚度以保证正常的转向力传递及安装于转向柱上的其他功能件（如变速杆、组合开关等）正常工作；当汽车发生正碰时，转向校系统能够从车身结构中以机械的方式脱离；当汽车发生正碰时，转向柱及其中的转向轴可以被压缩，并且转向柱系统中应具有吸能元件以吸收碰撞能量。目前，常见的吸能式转向柱有以下几种：

（1）可分离式转向柱

如图 12.7 所示为一种用钢球连接的分开式转向柱。其转向轴分为上转向轴和套在轴上的下转向轴两部分，二者用塑料销钉连成一体。转向管柱也分为上管柱和下管柱两部分，上、下管柱之间装有钢球，下管柱的外径与上管柱的内径之间的间隙比钢球直径稍小。上、下柱管连同柱管托架通过特制橡胶垫固定在车身上，橡胶垫则利用塑料销钉与托架连接。

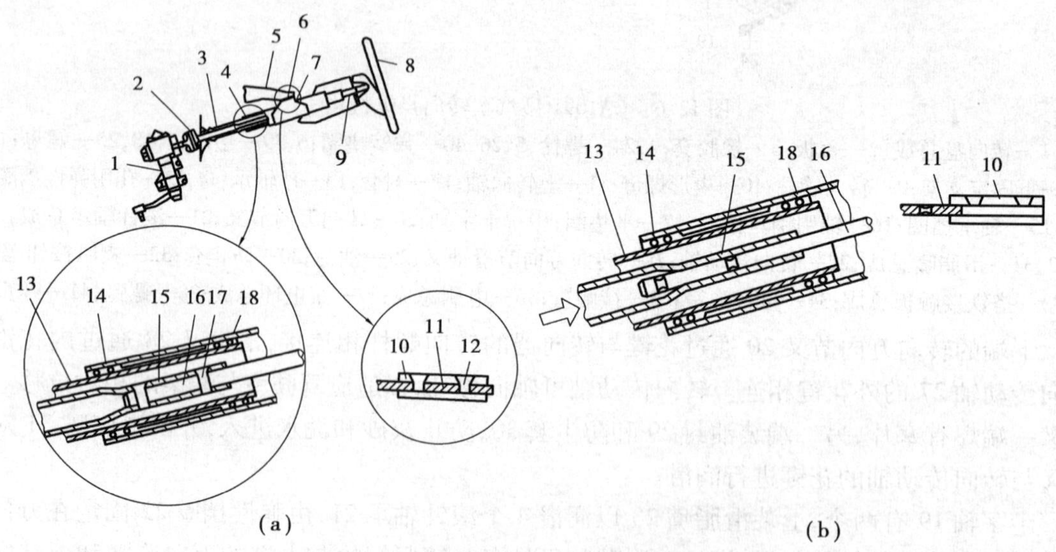

图 12.7　钢球滚压变形式转向柱

1—转向器总成；2—挠性联轴节；3，13—下转向管柱；4，14—上转向管柱；5—车身；6，10—橡胶垫；7，11—转向管柱托架；8—转向盘；9，16—上转向轴；12，17—塑料销钉；15—下转向轴；18—钢球

当汽车发生碰撞时，转向器总成对转向柱施加轴向冲击力（第一次冲击），将连接上、下转向轴的塑料销钉切断，下转向轴便套在上转向轴上向上滑动，如图 12.7(b)所示。在这一过程

中，上转向轴和上管柱的空间位置没有因冲击而上移，故可使驾驶员免受伤害。如果驾驶员的身体因惯性撞向转向盘（第二次冲击），则连接橡胶垫与柱管托架的塑料销钉被切断，托架脱离橡胶垫，即上转向轴和上转向柱管连同转向盘、托架一起，相对于下转向轴和下转向柱管向下滑动，从而减缓了对驾驶员胸部的冲击。在上述两次冲击过程中，上、下转向管柱之间均产生相对滑动。因为钢球的直径稍大于上、下管柱之间隙，所以滑动中带有对钢球的挤压，冲击能量就在这种边滑动边挤压的过程中被吸收了。

(2)网格状吸能式转向柱

图12.8(a)为网格状吸能式转向柱，其转向轴分为上下两段。上转向轴2套装在转向轴3的内孔中，两者通过塑料销1结合在一起（也有采用细花键结合的），并传递转向力矩。塑料销的传力能力受到严格限制，它既能可靠地传递转向力矩，又能在受到冲击时被剪断，因此，它起安全销的作用。

这种转向操纵机构的转向管柱6的部分管壁制成网格状，使其在受到压缩时很容易轴向变形，并消耗一定的变形能量，如图12.8(b)所示。另外，车身上固定管柱的托架8也是通过两个塑料安全销7与管柱连接的。当这两个安全销被剪断后，整个管柱就能前后自由移动。

当发生第一次碰撞时，塑料销1被剪断，上转向轴2将沿下转向轴3的内孔滑动伸缩，转向管柱上的网格部分被压缩而变形，这两个过程都会消耗一部分冲击能量，从而阻止了转向管柱整体向上移动，避免了转向盘对驾驶员的挤压伤害。第二次碰撞时，固定转向管柱的塑料安全销7被剪断，使转向管柱和转向轴的上端能自由移动。同时，当转向管柱受到来自上端的冲击力后，会再次被轴向压缩变形并消耗冲击能量，如图12.8(b)所示。这样，由转向系引起的对驾驶员的冲击和伤害被大大降低了。

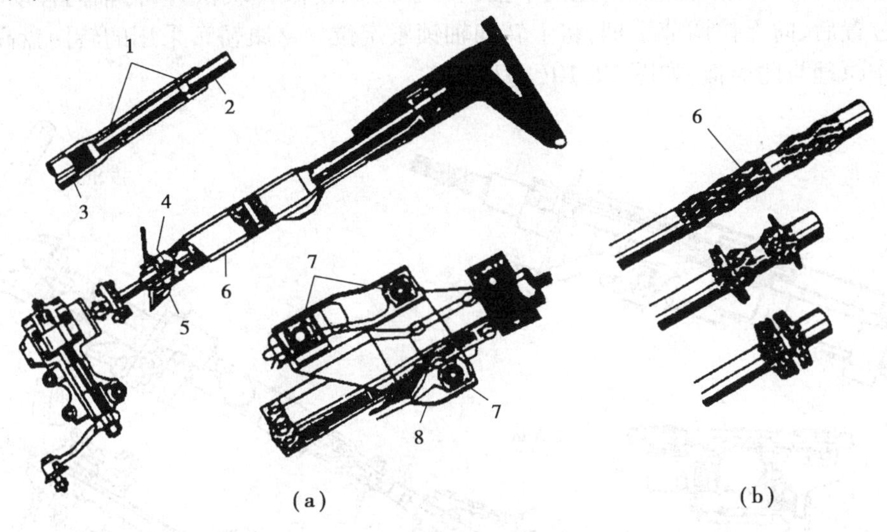

图12.8 网格状吸能式转向柱

1—塑料销；2—上转向轴；3—下转向轴；4—凸缘盘；5—下托架；6—转向管柱；7—塑料安全销；8—上托架

(3)可调节式转向柱

转向柱调节的形式分为倾斜角度调节和轴向位置调节两种。图12.9所示为转向轴倾斜角度调整机构。转向管柱2的上段和下段分别通过倾斜调整支架7和下托架6与车身相连，而且转向管柱由倾斜调整支架夹持并固定。倾斜调整用锁紧螺栓5穿过调整支架7上的长孔

3 和转向管柱,螺栓的左端为左旋螺纹,调整手柄 4 即拧在该螺纹上。当向下扳动手柄时,锁紧螺栓的螺纹放松,转向管柱即可以下托架上的枢轴 1 为中心在装有螺栓的支架长孔范围内上下移动;确定了转向管柱的合适位置后,向上扳动调整手柄,从而将转向管柱定位。

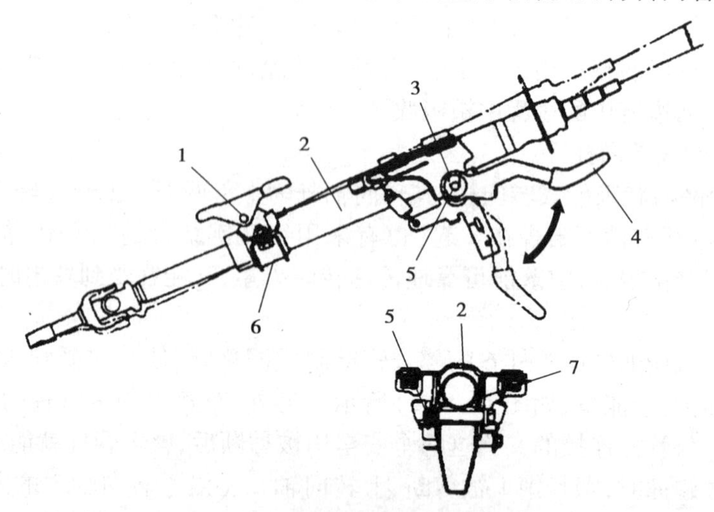

图 12.9　转向轴倾斜角度调整机构

1—枢轴;2—转向柱管;3—长孔;4—调整手柄;5—锁紧螺栓;6—下托架;7—倾斜调整支架

如图 12.10(a)所示的是一种转向轴伸缩机构。转向轴分为上下两段,二者通过花键连接。上转向轴 2 由调节螺栓 4 通过楔状限位块 5 夹紧定位。调节螺栓的一端拧有调节手柄 3。当需要调整转向轴的轴向位置时,先向下推调节手柄 3,使限位块松开,再轴向移动转向盘,调到合适的位置后,向上拉调节手柄,将上转向轴锁紧定位。富康轿车采用的转向盘高度可调节机构的工作原理与此类似,如图 12.10(b)所示。

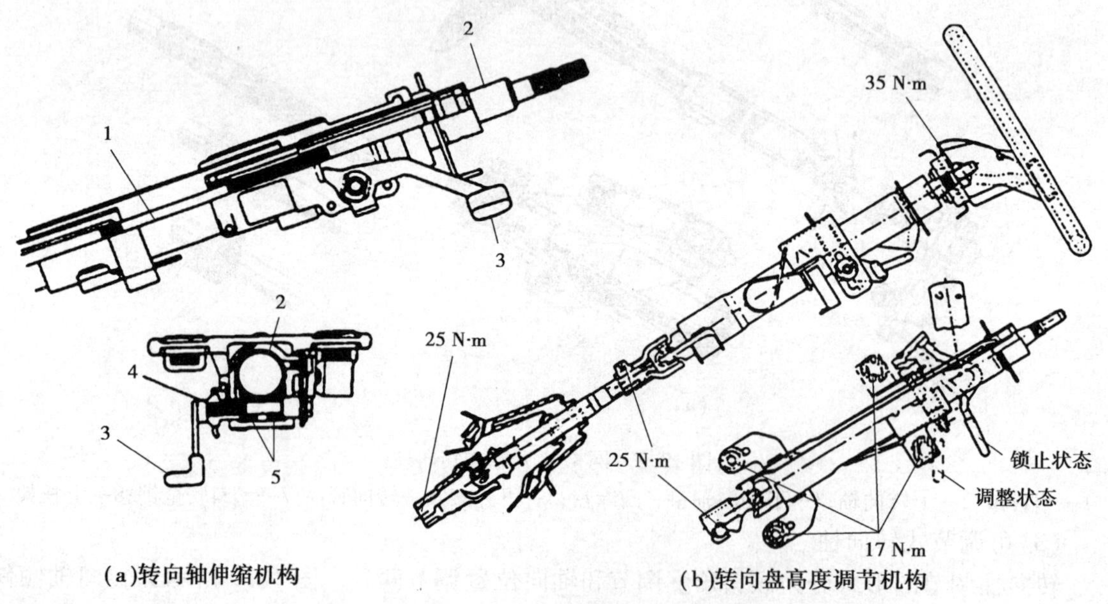

(a)转向轴伸缩机构　　(b)转向盘高度调节机构

图 12.10　转向轴伸缩机构

1—下转向轴;2—上转向轴;3—调节手柄;4—调节螺栓;5—楔状限位块

项目 3　转向传动机构

项目目标

1. 掌握与非独立悬架配用的转向传动机构布置情况,以及各组成机件的结构情况;
2. 掌握与独立悬架配用的转向传动机构布置情况,以及各组成机件的结构情况。

课前思考

独立悬架与非独立悬架配用的转向传动机构有什么不同?

项目内容

转向传动机构的功用是将转向器输出的力和运动传给转向轮,使两侧转向轮偏转以实现汽车转向,并保证左右转向轮的偏转角按一定关系变化。

任务 1　与非独立悬架配用的转向传动机构

任务描述

本任务要求掌握与非独立悬架配用的转向传动机构布置情况,以及各组成机件的结构情况。

学习引导

与非独立悬架配用的转向传动机构是常见的一种结构形式。如图 12.11 所示,它一般由转向摇臂 2、转向主拉杆 3、转向节臂 4、两个梯形臂 5 和转向横拉杆 6 等组成。各杆件之间都采用球形铰链连接,并设有防止松脱、缓冲吸振、自动消除磨损后的间隙等结构措施。

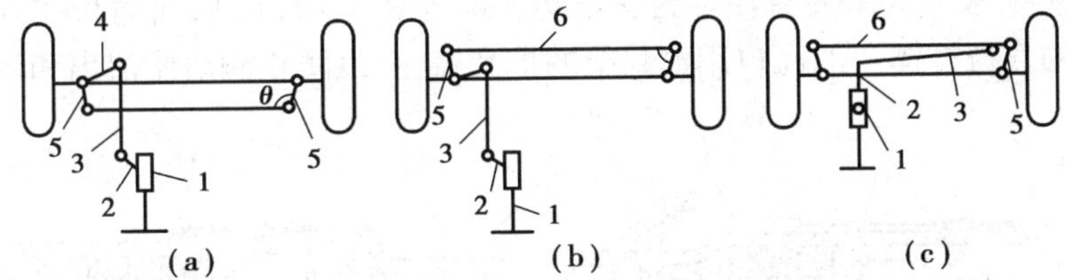

图 12.11　与非独立悬架配用的转向传动机构示意图

1—转向器;2—转向摇臂;3—转向主拉杆;4—转向节臂;5—转向梯形臂;6—转向横拉杆

当前桥仅为转向桥时,由左、右梯形臂 5 和转向横拉杆 6 组成的转向梯形一般布置在前桥之后,称为后置式,如图 12.11(a)所示。这种布置简单方便,且后置的横拉杆 6 有前面的车桥作保护,可避免直接与路面障碍物相碰撞而损坏。

当发动机位置较低或前桥为转向驱动桥时,往往将转向梯形布置在前桥之前,称为前置式,如图 12.11(b)所示。若转向摇臂 2 不是在汽车纵向平面内前后摆动而是在与路面平行的平面内左右摆动,则可将转向主拉杆 3 横向布置,并借球头销直接带动转向横拉杆 6,从而使左右梯形臂 5 转动,如图 12.11(c)所示。

1. 转向摇臂

如图 12.12 所示为常见转向摇臂的结构形式,它一般用中碳钢锻制而成。其大端具有锥形的三角形细花键孔,用以与转向摇臂轴外端相连接,并用螺母固定;小端带有球头销,以便与转向直拉杆做空间铰链连接。转向摇臂安装后从中间位置向两边摆动的角度应大致相等,故在把转向摇臂安装到摇臂轴上时,二者相应的角度位置应正确。为此,常在摇臂大孔外端面上和摇臂轴的外端面上各刻有短线,或是在二者的花键部分上都少铣一个齿作为装配标记。装配时应将标记对齐。

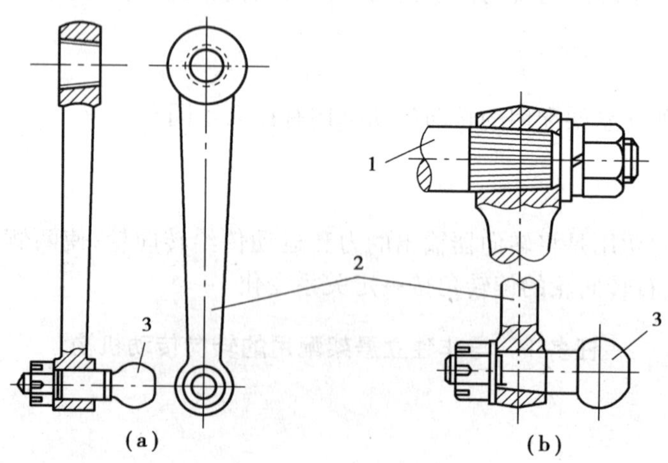

图 12.12　转向摇臂

1—转向摇臂轴;2—转向摇臂;3—球头销

2. 转向主拉杆

如图 12.13 所示为常见的转向直拉杆。其主拉杆体 10 由两端扩大的钢管制成,在扩大的端部里装有转向节臂球头销 1、球头座 6、弹簧座 8、压缩弹簧 7 和螺塞 5 等组成的球铰链。球头销的锥形部分与转向摇臂连接,并用螺母固定。球头销的头部通过钢管开有的圆孔伸入钢管内前、后两个球头座 6 之间,前球头座靠在端部螺塞上,后球头座在弹簧的作用下压靠在球头上。这样,两个球头座就将球头紧紧夹持住。为保证球头与座的润滑,可从油嘴 9 注入润滑脂。拆装时,供球头出入的直拉杆体上的孔口用油封垫的护套盖住,以防止润滑脂流出和污物侵入。

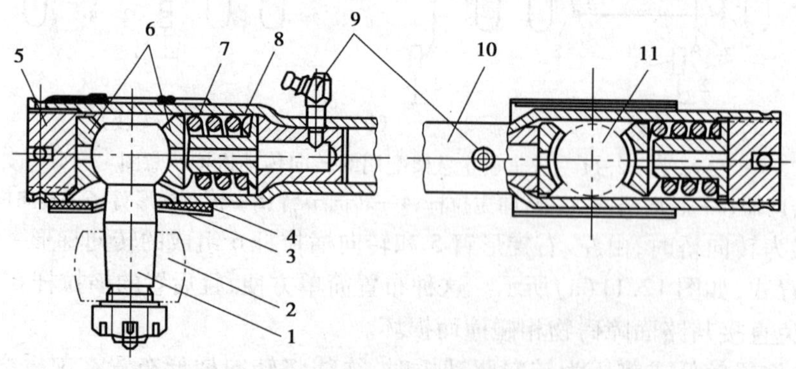

图 12.13　常见的汽车转向直拉杆

1—转向节臂球头销;2—转向节臂;3—油封垫护套;4—油封垫;5—端部螺塞;6—球头座;7—压缩弹簧;8—弹簧座;9—油嘴;10—主拉杆体;11—转向摇臂球头销

在工作中,弹簧缓冲了转向车轮传来的冲击和振动,同时也保证当球头与座磨损后能自动消除间隙。弹簧座的小端与球头座背部之间有一定的间隙,以防止弹簧过载,并用以防止弹簧损坏时球头从钢管孔中脱出。

为了使主拉杆在受到向前或向后的冲击力时都有一个弹簧起缓冲作用,两端的弹簧应装在球头销的同一侧。

3. 转向横拉杆

如图12.14(a)所示,转向横拉杆由横拉杆体2与旋转在两端的横拉杆接头3组成。横拉杆体用钢管或钢钎制成,它的两端切有正、反螺纹,一端为右旋,一端为左旋,与横拉杆接头旋装连接。两端接头结构相同,如图12.14(b)所示。当旋松夹紧螺栓1时,旋转转动横拉杆体2即可改变转向横拉杆的有效长度,以调整转向轮前束。调妥后应将夹紧螺栓1拧紧。

横拉杆两端的接头上都装有球头销等零件组成的球形铰链。球头销的球头部分被夹在上、下球头座内,球头座用聚甲醛制成,有较好的耐磨性。球头座的形状如图12.14(c)所示。装配时,上、下球头座凹凸部分互相嵌合。弹簧通过弹簧座压向球头座,以保证两球头座与球头的紧密接触,在球头和球头座磨损时能自动消除间隙,同时还起缓冲作用。弹簧的预紧力由螺塞调整。球铰上部有防尘罩,以防止尘土侵入。球头销的尾部锥形柱与转向梯形臂连接,并用螺母固定、开口销锁紧。

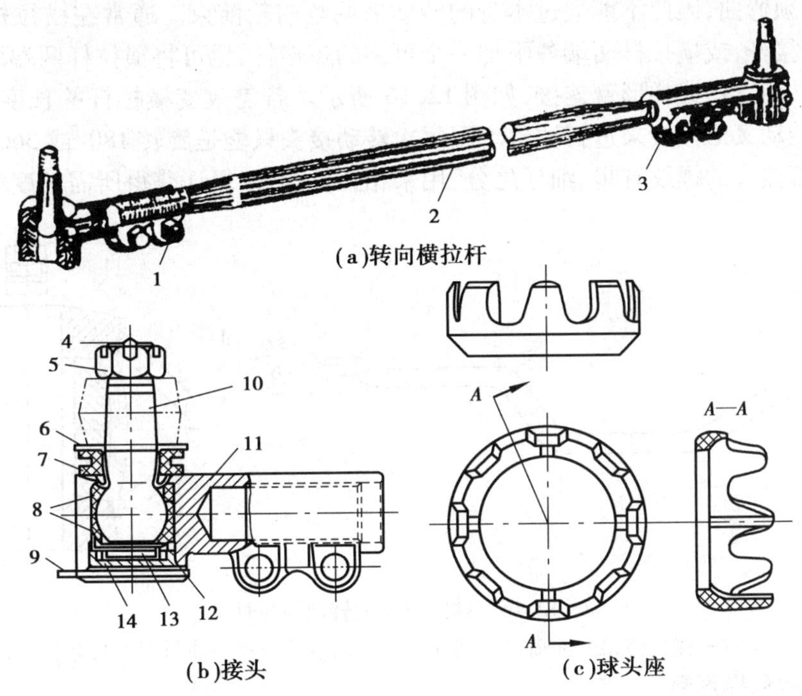

图12.14 转向横拉杆

1—夹紧螺栓;2—横拉杆体;3,11—横拉杆接头;4—开口销;5—螺母;6—防尘垫;7—防尘罩;8—球头座;9—限位销;10—球头销;12—弹簧座;13—弹簧;14—螺塞

图12.15为东风EQ1090E型汽车的转向横拉杆接头,其上、下球头座是钢制的。此外,螺孔切口(在横拉杆体上,而不在接头上)两边没有供夹紧螺栓穿入的耳孔,螺栓通过冲压制成的卡箍夹紧在杆体上,从而简化了接头的结构和制造工艺。

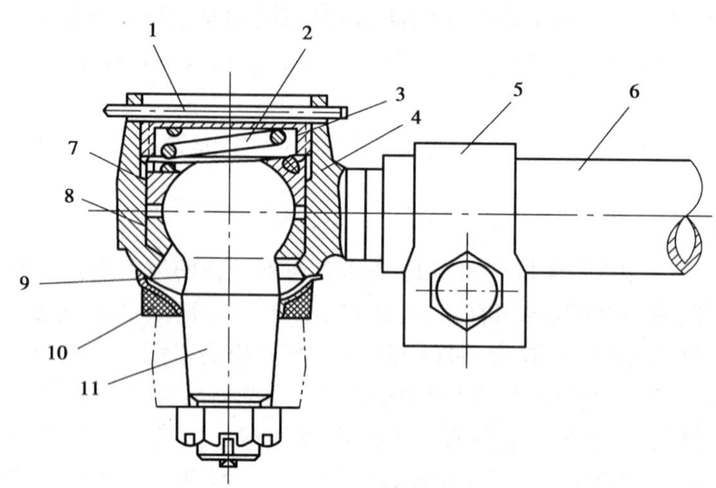

图 12.15　东风 EQ1090E 型汽车转向横拉杆接头

1—开口销;2—圆锥弹簧;3—螺塞;4—左接头;5—卡箍;6—横拉杆体;7—上球头座;8—下球头座;9—防尘罩;10—密封圈;11—球头销

有些越野车汽车转向传动机构的横拉杆,由于受转向驱动桥主减速器尺寸的限制,后置式横拉杆中部必须弯曲,因此不能通过本身的转动来调整前轮前束。通常在横拉杆的一端附加一个可调的短接杆,或横拉杆两端各附加一个可调的短接杆,也可将横拉杆两端用螺纹连接的接头制成叉形,用直销或梯形臂连接,如图 12.16 所示。若需改变横拉杆的长度时,需将直销拔下,再通过转动叉形接头来进行调整。因每次转动接头只能是旋转 180°或 360°才能将直销装复,所以两端接头的螺纹有粗、细牙之分,用来相互补偿,以保证获得所需长度值。

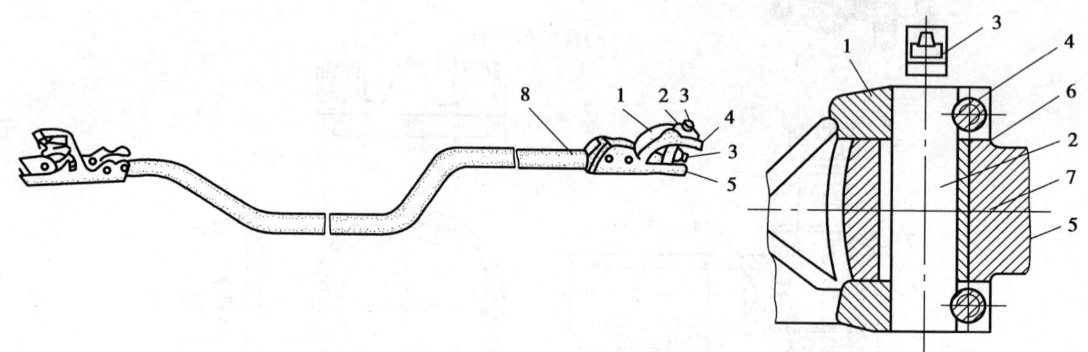

图 12.16　越野汽车的转向横拉杆

1—叉形接头;2—接头销;3—油嘴;4—螺柱;5—转向节外壳;6—油封;7—衬套;8—横拉杆

4. 转向节臂和梯形臂

如图 12.17 所示,转向横拉杆通过转向节臂与转向节相连。转向横拉杆两端经左、右梯形臂与转向节相连。转向节臂和梯形臂带锥形柱的一端与转向节锥形孔相配合,用键防止螺母松动。臂的另一端带有锥形孔,与相应的拉杆球头销锥形柱相配合,同样用螺母紧固后插入开口销锁住。

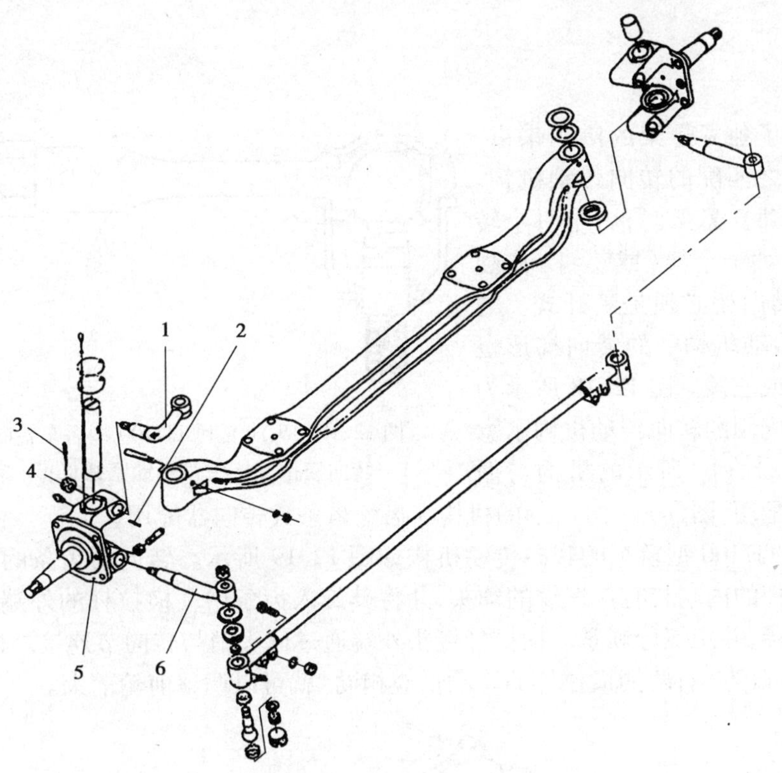

图 12.17　转向节臂和梯形臂

1—转向节臂;2—键;3—开口销;4—锁紧螺母;5—转向节;6—左转向梯形臂

任务 2　与独立悬架配用的转向传动机构

任务描述

本任务要求掌握与独立悬架配用的转向传动机构布置情况,以及各组成机件的结构情况。

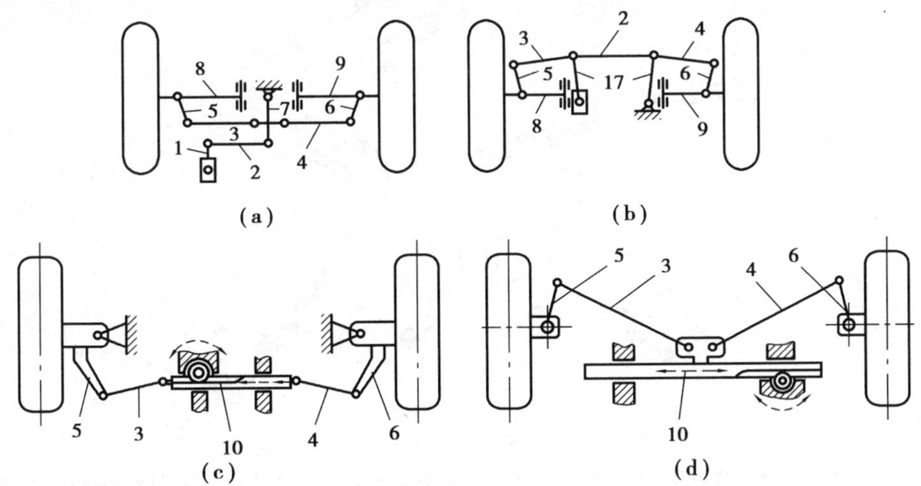

图 12.18　与独立悬架配用的转向传动机构示意图

1—转向摇臂;2—转向直拉杆;3—左转向横拉杆;4—右转向横拉杆;5—左梯形臂;6—右梯形臂;7—摇杆;8—悬架左摆臂;9—悬架右摆臂;10—齿轮齿条式转向器

学习引导

对于采用了独立悬架的汽车来讲，其必须选择与之匹配的转向传动机构。当转向轮采用独立悬架时，由于每个转向轮都需要相对于车架（或车身）作独立运动，所以转向桥必须是断开式。与此同时，转向传动机构中的转向梯形也必须分成两段或三段。图 12.18 所示为几种独立悬架配用的转向传动机构示意图。其中，图（a）、（b）所示的机构与循环球式转向器配用，图（c）、（d）所示的机构与齿轮齿条式转向器配用。

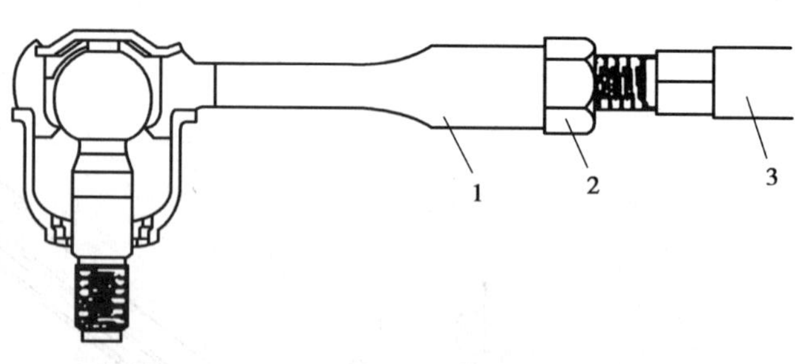

图 12.19 天津夏利 TJ7100 型轿车转向传动机构

1—转向横拉杆接头；2—锁紧螺母；3—转向横拉杆

天津夏利 TJ7100 型轿车的转向传动机构如图 12.19 所示。转向器齿条的两端制有内螺纹。转向横拉杆的内端装有带螺纹的球头，并将其旋入齿条中。横拉杆的外端也通过螺纹与横拉杆接头连接，并用螺母锁紧。横拉杆接头外端通过球头销与转向节连接。松开锁紧螺母，转动转向横拉杆（左、右两侧横拉杆的转动量应相同）就可以调整前轮前束。

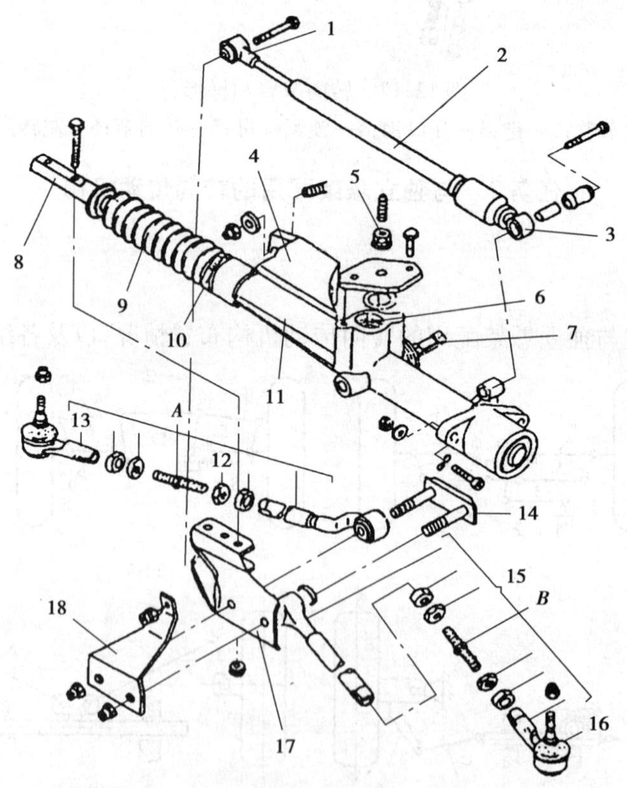

图 12.20 上海桑塔纳轿车转向器与转向横拉杆

1—转向减振器活塞杆端；2—转向减振器；3—转向减振器缸筒端；4—转向器壳体凸台；5—锁紧螺母与调整螺栓；6—补偿弹簧；7—转向齿轮轴；8—齿条输出端；9—防尘罩；10—卡箍；11—转向器壳体；12—右横拉杆总成；13—右横拉杆球头销；14—连接件；15—左横拉杆总成；16—左横拉杆球头销；17—转向支架（齿条与横拉杆连接件）；18—转向减振器支架；A、B—调节杆

上海桑塔纳轿车的转向传动机构如图12.20所示。其转向齿条一端输出动力,输出端8铣有平面并钻孔,用两个螺栓与转向支架17连接。支架17下端的两个孔分别与左、右转向横拉杆总成15、12的内端相连。横拉杆外端的球头销16、13分别与左、右转向节臂连接。通过调节杆 *A*、*B* 可以改变两根横拉杆总成的长度,以调整前束。

为了避免转向轮的摆振,减缓传至转向盘上的冲击和振动,转向器上还装有转向减振器2。减振器缸筒3固定在转向器壳体11上,其活塞杆端1经减振支架18与转向齿条连接。

项目4　机械转向系统的故障诊断与维修

项目目标

1. 掌握机械转向系统维护检查的内容、方法;
2. 掌握机械转向系的检修。
3. 掌握机械转向系统常见故障现象、原因及排除方法。

课前思考

机械转向系统的结构是怎样的?它是怎样工作的?主要部件有哪些?

项目内容

任务1　机械转向系统的检查与调整

任务描述

本任务要求掌握转向传动机构、转向操作机构、转向器等重要元件的检修要点及操作方法等,掌握转向盘自由行程的检查和调整方法。

学习引导

为了使转向系能保持较好的工作状态,除日常使用过程中注意保护外,还要定期进行维护保养。

1. 转向系统的检查

(1)检查系统密封性

①转向系统密封性的检查,应在热车时进行。

将转向盘快速朝左、右两侧转至极限位置,并保持不动,此时可产生最佳管内压力。目测检查转向控制阀、齿条密封(松开波纹管软管夹箍,再将波纹管推至一旁)、叶轮泵、油管接头是否有漏油现象,如有渗漏应更换密封件。

②如果发现储油罐中缺少ATF油时,应检查转向系统的密封性是否完好。

③当转向器主动齿轮不密封时,必须更换阀体中的密封环和中间盖板上的圆形绳环。

④如果转向器罩壳中的齿轮齿条密封件不密封,ATF油液可能流入波纹管套里,此时应拆

开转向机构,更换所有密封环。

⑤如油管接头漏油,应查找原因并重新接好。

(2)检查转向油泵压力

①将压力表装到连接管阀体和弹性软管之间的压力管中。

②启动发动机。如果需要,向储油罐补充 ATF 油。

③快速关闭截止阀(关闭时间不超过 5 min)并读出压力数,表压额定值为 6.8 ~8.2 MPa。如果没有达到额定数值,就应检查压力和流量限制阀是否完好。如不正常,应更换压力和流量限制阀,或更换叶轮泵。

(3)检查系统压力

在发动机怠速工作时打开压力表节流阀,使转向盘向左或右旋转至极限位置,同时读出压力表上的压力。额定值表压为 6.8 ~8.2 MPa。如果向左或右边的额定值达不到要求,就要修理转向器或更换总成。

2. 转向操纵机构的检修与调整

(1)转向盘自由行程的检查

汽车每行驶 12 000 km 左右,就应检查转向盘的自由行程,检查方法是:

①启动发动机(机械转向系无需启动发动机)。

②转动转向盘使前轮处于直线行驶位置。

③轻轻移动转向盘,在转向轮就要开始移动时(或感觉到阻力时),使用直尺测量转向盘外缘的移动量,一般为 15 ~20 mm。

④如果不符合要求,应该检查转向器间隙、调整转向球头销等。

一般情况下,通过转向盘自由行程和转向盘转动阻力的检查,可以判断转向器轴承预紧度和转向器传动副配合间隙大小。如果不符合要求,需要对转向器轴承预紧度和转向器传动副配合间隙进行调整。以循环球式转向器为例,如图 12.21 所示,旋送摇臂轴上调整螺栓的锁紧螺母 1,拧动调整螺栓 2,使自由行程满足 ±15°,然后将调整螺栓锁紧。

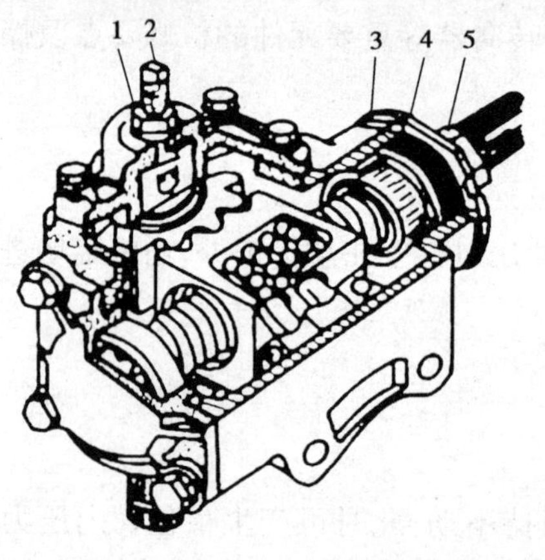

图 12.21 转向盘自由行程的调整

1—锁紧螺母;2—调整螺栓;3—锁片;
4—锁紧螺母;5—调整螺母

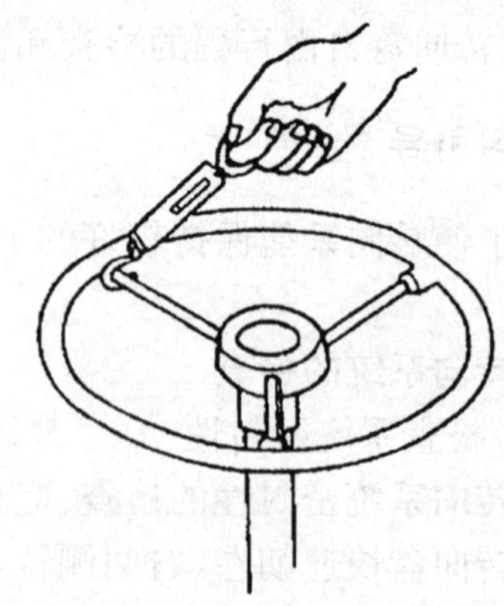

图 12.22 转向盘转动阻力检查

(2)转向盘转动阻力检查

转向盘转动阻力可用如图 12.22 所示弹簧秤拉动转向盘边缘进行测量。

$$转动力 = M/r$$

式中 M——转动力矩;

r——转向盘半径。

(3)转向盘锁止功能的检查

①将点火开关转至“LOCK”位置,轻轻转动转向盘,此时转向盘应该锁止,不能转动。

②将点火开关转至“ACC”位置,转向盘应能自由转动。

(4)转向操纵机构松动、摆动检查

用双手握住转向盘,在轴向和径向方向上用力摇动,观察此时转向盘是否移位。由此了解转向盘与转向轴的安装情况,以及轴承是否松旷等。

3. 转向传动机构的检修与调整

(1)检查

①转向摇臂的检查。

a. 用磁力探伤法检查转向摇臂是否有裂纹,若有裂纹应更换。

b. 检查转向摇臂上端的锯齿花键有无磨损、损坏,若有应更换。

c. 检查转向摇臂的锁紧螺母,其螺纹不应有损伤,否则应更换。

d. 检查转向摇臂下端和转向拉杆球头销的连接,应牢固、可靠,切不可松旷,否则应修复。

②转向拉杆的检查。

a. 检查横拉杆杆体有无裂纹、弯曲,其直线度误差一般不大于 2 mm,否则应校直。直拉杆 8 字孔磨损不超过 2 mm。

b. 各螺纹部位不应有损坏,与螺塞配合不松旷,否则应更换。

c. 球头销、球座体及钢碗应无裂纹、不起槽;球头销颈部磨损不超过 1 mm,球面磨损失圆 $\not>0.50$ mm,螺纹完好;弹簧不应有弹力减弱或折断。

d. 防尘装置应齐全有效。

③转向节臂和梯形臂的检查。

a. 检查转向节臂和梯形臂是否有裂纹,若有应更换。

b. 检查两端部的固定与连接部位,要求牢固、可靠。

④转向减振器(桑塔纳轿车)的检查。

a. 检查是否漏油,若渗漏严重,应更换或分解修理,更换密封圈等零件。

b. 察看支承是否开裂,若有应更换。

c. 检查减振器的工作行程,必须拆下来试验。$L_{max}=556$ mm,$L_{min}=344.5$ mm,最大阻尼载荷为 560 N,最小阻尼载荷为 180 N。

⑤转向臂及横拉杆的检查。

a. 检查槽形螺母是否松脱,如松脱应予拧紧。同时,也应检查开口销、盖等的装配情况。

b. 使转向盘从直行状况向左、向右方向反复转过 60°左右,此时检查横拉杆、转向臂等是否松脱、松旷。

(2)转向拉杆球头销预紧度的调整

①组装横、直拉杆总成时,注意在球头销、球碗表面涂抹润滑油。

②组装直拉杆时,用弯头扳手将调整螺塞拧到底后,再退回 1/4 圈左右,并使开口销孔对准,然后穿入开口销锁止螺塞。

③组装横拉杆时,将螺塞拧到底,再退回 1/4 ~ 1/2 圈,装上开口销锁止螺塞。

4. 转向器的检修与调整

(1)转向器的维护

①检查转向器固定是否可靠,有无漏油现象。若有,应将转向器可靠固定,找出漏油原因并加以排除。

②检查转向器外壳是否破裂,视情况进行焊补或者更换新的部件。

③检查调整齿轮、齿条间隙。

④检查调整转向盘自由行程。

⑤按规定力矩紧固转向器螺钉、转向器与车架的固定螺钉、转向管柱固定螺钉等。

⑥转向器润滑油一般每隔 8 000 km 检查添加,每隔 48 000 km 更换;每隔 2 000 km 润滑转向传动轴。

(2)转向器的检修与调整

齿轮齿条转向器由于结构紧凑,传动机构简单,在乘用车上得到了广泛的使用。现以天津夏利齿轮齿条转向器为例,阐述该类型转向器的检修与调整,其组成结构如图 12.23 所示。

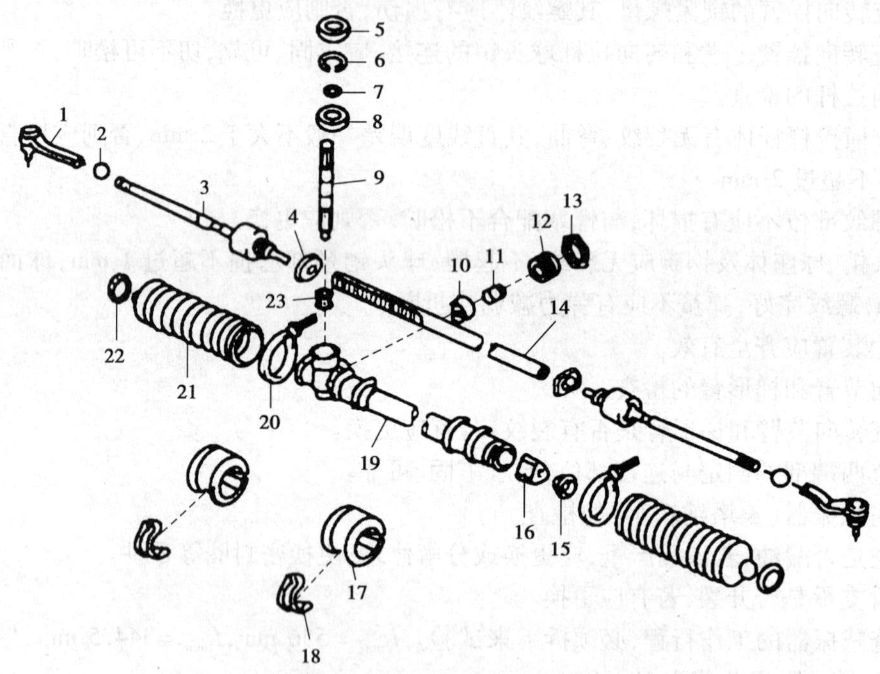

图 12.23 天津夏利齿轮齿条转向器结构

1—转向横拉杆接头总成;2—锁紧螺母;3—转向横拉杆与齿条接头;4—转向齿条接头锁紧螺母;5—油封;6—孔用弹性挡圈;7—轴用弹性挡圈;8—向心球轴承;9—轴向齿轮;10—齿条导向块;11—压紧弹簧;12—调整螺栓;13—所经螺母;14—转向齿条;15—齿条衬套锁;16—转向齿条衬套;17—转向器壳体橡胶垫圈;18—转向器壳体固定夹;19—转向器壳体总成;20—防尘罩箍带;21—转向齿条防尘罩;22—防尘罩锁簧;23—滚针轴承

①检查齿条的摆差和齿的磨损情况。齿条的最大摆差为 0.15 mm。检查齿条背面是否磨损或者损坏,如有则更换齿条和衬套。更换时,在新的衬套内涂敷二硫化钼润脂膏,将衬套装入转向齿条壳体,并对准内侧的 3 个孔。

②检查轴承是否松旷,若磨损严重则更换新轴承。

③调整齿条的预紧度。用扳手拧紧压簧调整螺栓,紧固力矩为 6.9 N·m,前后移动转向齿条约 15 次,使齿条处于稳定状态。然后继续拧紧压簧调整螺栓,拧紧力矩为 12.3 N·m,再用扳手将压簧螺栓退回 1/8 圈。接着使用专用工具测量齿条的预紧度是否符合规定值(29.4 ~ 58.8 N·m),如果没有达到规定值,则应重复上述操作。

任务 2　机械转向系统的故障诊断

任务描述

本任务要求熟悉机械转向系常见故障的故障现象,学会寻找分析故障原因,从而找出排除故障的方法。要求学习过程中训练分析推理的能力。

学习引导

机械转向系在使用过程中由于维护调整不当、磨损、碰撞变形等原因,会出现转向器过紧,转向传动机构和转向操纵机构松旷、变形、发卡等,从而造成转向盘自由转动量过大、转向沉重、行驶跑偏、前轮摆振等故障。这些故障现象通常为综合性故障,除与转向系统有关外,还可能与轮胎、悬架、车身等有关。

1. 转向盘自由转动量过大

(1)故障现象

汽车转向盘位于直行位置时,转向盘左右转动的游动角度过大。

(2)故障原因

①转向系的齿轮啮合间隙调整不当。

②转向系齿轮箱安装不良。

③转向系齿轮磨损。

④转向轴万向节磨损。

⑤左、右横拉杆连接处磨损。

(3)故障诊断与排除

在自由转动量过大的诊断过程中,重点应判明故障是由转向器还是由拉杆轴节磨损的原因造成的。检查故障时,先架起汽车转向轮,再左右转动转向盘。当用力转动时,拉杆才同步运动,说明拉杆连接处磨损量过大;若拉杆不动,则说明转向器齿轮的磨损过大。

2. 转向沉重

(1)故障现象

①汽车转弯行驶时,转动转向盘很吃力;

②汽车转向时,转向盘不能自动回位。

(2)故障原因

①转向器方面的原因:

a. 转向器缺乏润滑油。

b. 转向摇臂与衬套配合间隙过小或无间隙。

c. 转向轴弯曲或转向轴管凹陷碰擦,有时会发出“吱吱”的摩擦声。

d. 转向器输入轴上下轴承调整过紧,或轴承损坏受阻。

e. 转向器啮合间隙调整过小。

②转向传动机构的原因:

a. 各处球销缺乏润滑油。

b. 转向直拉杆和横拉杆上球销调整过紧,压紧弹簧过硬或折断。

c. 转向节主销与衬套配合间隙过小,或衬套转动使油道堵塞,润滑油无法进入,使衬套与转向节主销烧蚀。

d. 转向直拉杆或横拉杆弯曲变形。

e. 转向节止推轴承损坏、调整过紧或缺少润滑油。

f. 转向节臂变形。

③前桥(转向桥)和车轮方面的原因:

a. 前轴变形、扭转,引起前轮定位失准。

b. 轮胎气压不足。

c. 前轮轮毂轴承调整过紧。

d. 转向桥或驱动桥超载。

④其他部位的原因:

a. 车架弯曲、扭转变形。

b. 前钢板弹簧或前悬架变形。

c. 前轮定位不正确。

(3)故障诊断与排除

①检查汽车是否超载或前部装载过多,前轮胎气压是否过低。若轮胎气压偏低,应充气使之达到规定值。

②支起前桥,用手转动转向盘试验。

a. 若感到转向盘轻便,说明前轴或车架变形、前轮定位失准等,应检查校准;

b. 若转向仍感沉重,说明故障在转向器或转向传动机械,与前桥和车桥无关。

③拆下转向摇臂,转动转向盘试验。

a. 若感觉转向轻便,说明故障在转向传动机构;用手左右扳动前轮试验,检查转向节主销与衬套的配合情况,若扳动车轮比较费力,说明转向节主销润滑不良或配合间隙过小,应加注润滑脂或调整配合间隙。

b. 检查转向节止推轴承,若轴承缺油或损坏,应更换。

c. 检查转向拉杆各球头的润滑和松紧度情况。若拉杆球头过紧,应加注润滑脂或调整拉杆球头的松紧度,若转向仍然沉重,说明故障在转向器;应检查转向器内润滑油量和质量若润滑油液面过低,说明转向器内缺少润滑油,应添加至规定位置;若润滑油变质,应更换润滑油;检查转向器自由行程,若自由行程过小,说明转向器啮合转动副啮合间隙过小,应调整;转动转向盘,察听转向轴与套管有碰擦声,若有碰擦声,说明转向轴或套管变形,应校直。

d. 检查转向传动轴万向节,若万向节缸油,应加注润滑脂。若万向节十字轴轴承损坏,应更换新件。

e. 检查转向器蜗杆上下轴承的预紧度，若预紧度过大，应调整。

若上述检查结果均正常，应拆检转向器，检查转向器内部的轴承、衬套、啮合副齿有损坏或严重磨损等，根据检视情况，更换相应零部件。

3. 行驶跑偏

(1)故障现象

①汽车直线行驶时，转向盘不居中间位置；

②必须紧握转向盘，预先校正一角度后，汽车才能保持直线行驶，若稍放松转向盘，汽车会自动向一侧跑偏。

(2)故障原因

①左右前轮气压不相等或轮胎直径不等。

②两前轮的定位角不等。

③两前轮轮毂轴承的松紧度不等。

④前束过大或过小。

⑤前桥(整轴式)弯曲变形或下控制臂(独立悬架式)安装位置不一致。

⑥前后车轴不平行。

⑦车架变形或左右轮距相差太大。

⑧一边车轮制动拖滞。

⑨转向轴两侧悬架弹簧弹力不等。

(3)故障诊断与排除

①外观检查：

a. 检查左、右两前轮轮胎气压是否一致。若不一致，应按规定充气，使两前轮轮胎气压保持一致。

b. 检查左、右两前轮轮胎的磨损程度。若磨损程度不一致，应更换磨损严重的轮胎。

c. 检查左、右两前轮轮胎的花纹是否一致。若花纹不一致，应更换轮胎，使花纹一致。

d. 将汽车停放在平坦的地面上，察看汽车前部高度是否一致。若高度不一致，说明悬架弹簧折断或弹力不一致，应更换。

②用手触摸跑偏一方的车轮制动鼓和轮毂轴承部位，感觉温度情况。

a. 若感觉车轮制动鼓特别热，说明该轮制动器间隙过小或制动回位不彻底，应检查调整。

b. 若感觉轮毂特别热，说明该轮轴承过紧，应重新调整轴承预紧度。

③测量前后桥左右两端中心的距离是否相等。若不相等，说明轴距短的一边钢板弹簧错位，车轴或半轴套管弯曲等，应检查维修。

④用前轮定位仪检查前轮定位是否正确。若不正确，应调整。

4. 单边转向不足

(1)故障现象

汽车左右转向时，某一边转向角过小。

(2)故障原因

①转向摇臂安装位置不对。

②转向角限位螺钉调整不当。

③前钢板弹簧、骑马螺栓松动,或中心螺栓松动。

④直拉杆弯曲变形。

⑤钢板弹簧安装时位置不正,或是中心不对称的前钢板弹簧装反。

(3)诊断与排除

①外观检查。

a. 检查转向拉杆有无变形,若有变形,应校直。

b. 检查悬架弹簧有无变形,钢板弹簧中心螺栓有无折断,若有变形或折断,应更换。

c. 检查前轴有无变形,若有变形,应校直。

②若汽车在维修后出现单边转向不足,应将汽车停放在平坦的地面上,支起前桥,将转向盘一边转到底,再回转另一边到底,记住转向盘转动的总圈数。再将转向盘由一边转过总圈数的一半,检查前轮是否处于直线行驶位置。若前轮不处于直线行驶位置,说明转向摇臂安装位置不对,应拆下重新安装。若转向盘转不到总圈数的一半时转向角限位螺钉就顶住转向节,说明转向角限位螺钉调整不当,应重新调整。

③若上述检查结果均正常,应拆检转向器,检查转向器内是否有异物卡住,转向器啮合传动副磨损过甚或变形等,根据检视情况更换相应零部件。

5. 低速摆头

(1)故障现象

汽车在低速行驶时,感到方向不稳,产生前轮摆振。

(2)故障原因

①转向器传动副啮合间隙过大。

②转向传动机构横、直拉杆各球头销磨损松旷、弹簧折断或调整过松。

③转向节主销与衬套的配合间隙过大或前轴主销孔与主销配合间隙过大。

④前轮轮毂轴承装配过松或紧固螺母松动。

⑤后轮胎气压过低。

⑥车辆装载货物超长,使前轮承载过小。

⑦前悬架弹簧错位、折断或固定不良。

(3)故障诊断与排除

①外观检查:

a. 检查车辆是否因装载货物超长而引起前轮承载过小。

b. 检查后轮胎气压是否过低,若轮胎气压过低,应充气使之达到规定值。

c. 检查前悬架弹簧是否错位、折断或固定不良。若错位,应拆卸修复;若折断,应更换新件;若固定不良,应按规定力矩拧紧。

②检查转向盘自由行程:

a. 由一人握紧转向摇臂,另一人转动转向盘,若自由行程过大,说明转向器啮合传动副间隙过大,应调整。

b. 放开转向摇臂,仍由一人转动转向盘,另一人在车下观察转向拉杆球头销,若有松旷现象,说明球头销或球碗磨损过甚、弹簧折断或调整过松,应先更换损坏的零件,再进行调整。

③若以上检查结果均正常,可支起前桥,并用手沿转向节轴轴向推拉前轮,凭感觉判断是否松旷。若有松旷感觉,可由另一人观察前轴与转向节连接部位:

a. 若此处松旷,说明转向节主销与衬套的配合间隙过大,或前轴主销孔与主销配合间隙过大,应更换主销及衬套;

b. 若此处不松旷,说明前轮毂轴承松旷,应重新调整轴承的预紧度。

④若非上述原因所致,应对前轴进行检查,检查前轮定位是否正确。若不正确,应调整;检查前轴是否变形,若有变形应进行校正。

6. 高速摆头

(1)故障现象

汽车行驶中出现转向盘发抖,车头在横向平面内左右摆动、行驶不稳等。有下面两种情况:

①在高速范围内某一转速时出现。

②转速越高,摆头现象越严重。

(2)故障原因

①转向轮动不平衡。

②前轮定位不正确。

③车轮偏摆量大。

④转向传动机构运动干涉。

⑤车架、车桥变形。

⑥悬架装置出现故障:左右悬架刚度不等、弹簧折断、减振器失效、导向装置失效等。

(3)故障诊断与排除

①外观检查:

a. 检查后轮胎气压是否过低。若气压过低,应充气使之达到规定值。

b. 检查前桥、转向器及转向传动机构是否松动。若松动,应紧固。

c. 检查前减振器是否漏油。若漏油或失效,应更换新件。

d. 检查左右悬架弹簧是不时折断或弹力减弱。若有折断或弹力减弱,应更换新件。

e. 检查悬挂弹簧是否固定可靠。若松动,应紧固。

②支起驱动桥,用三脚架塞住非驱动轮,启动发动机并逐步使汽车换入高速挡,使驱动轮达到车身摆振的车速。

a. 若此时车身和转向盘出现抖动,说明传动轴严重弯曲或松旷,转向轮动不平衡或偏摆量大(前驱动)。

b. 若此时车身和转向盘不抖动,说明故障为车架、车桥变形或前轮定位不正确。

③检查前轮是否偏摆:

a. 支起前桥,在前轮轮辋边上放一划针,慢慢地转动车轮,察看轮辋是否偏摆过大。若轮辋偏摆量过大,应更换新件。

b. 拆下前轮,在车轮动平衡仪上检查前轮的动平衡情况。若不平衡量过大,应加装平衡块予以平衡。

c. 若上述检查结果均正常,应检查车架、车桥是否变形,并用前轮定位仪检查调整前轮定位。

实训15　转向器的拆装与检测

实训目的

1. 观察转向系的组成,注意转向器、转向传动机构、转向桥之间的传动连接关系。

2. 熟悉前轮定位的内容和调整内容。

3. 对蜗杆曲柄指销式和循环球式转向器进行拆装,观察其结构,分析其工作原理,熟悉其调整部位。

实训内容

1. 拆装与调整循环球式转向器;

2. 拆装与调整蜗杆曲柄指销式转向器。

技术标准与要求

1. 拆循环球式转向器时,要放出转向器内的润滑油;

2. 拆卸时,两个循环道夹中的钢球最好不要混在一起,不要丢失;

3. 循环球式转向器安装时,传动副在直线位置上应呈无间隙啮合。

4. 拆蜗杆曲柄指销式转向器要注意拆装顺序;

5. 安装时,注意指销与蜗杆的啮合间隙的调整;

工具准备

实训车;转向器总成;卡簧钳,专用弯头扳手,铜棒,拉具,零件盘,台虎钳,常用汽车维修工具及工作台等。确保每4~6人有1套工具。

实训步骤

1. 循环球式转向器的拆装与调整

(1)转向器的拆卸

①在车上拆下循环球式转向器的转向垂臂、万向节叉的锁紧螺母;将转向器总成从车上拆下并卸下通气塞,放出转向器内的润滑油。

②将转向臂轴转到中间位置,再拧下侧盖的4个紧固螺栓,用软质锤或铜棒轻轻敲打转向臂端头,取出侧盖和转向臂轴总成,如图12.24所示。

注意:松开转向摇臂轴紧固螺母后,在转向摇臂和摇臂轴间做好装配记号;取转向臂轴时别碰伤油封。

③拧下转向器底盖上的4个紧固螺栓,用橡胶锤(或铜棒)轻轻敲击转向螺杆上端,拆下底盖和调整垫片,如图12.25所示。

④从壳体中取出转向螺杆及转向螺母总成,如图12.26所示。

注意:取出时别碰伤油封。

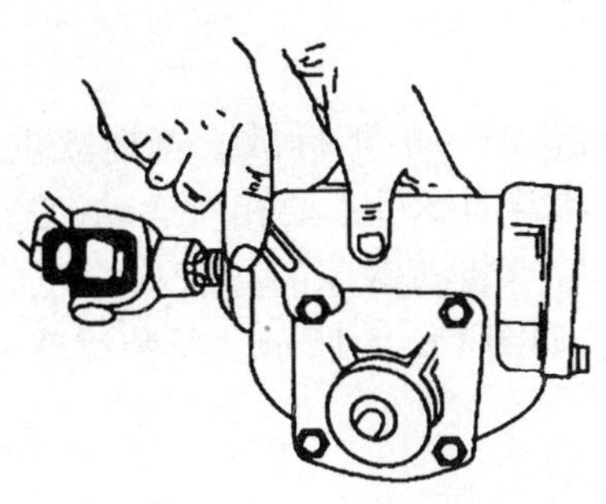
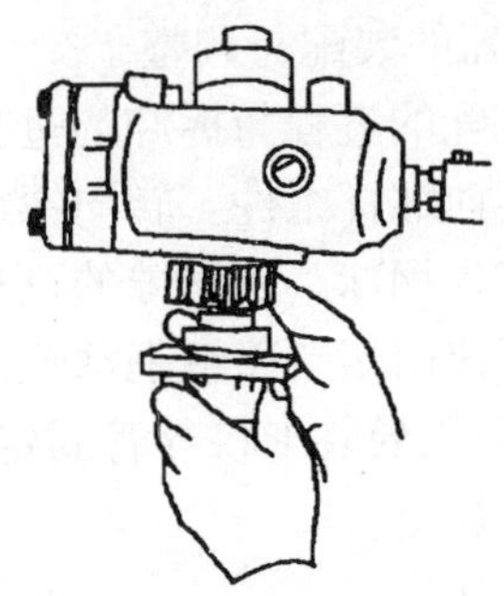

图 12.24　拆下侧盖和转向摇臂轴总成

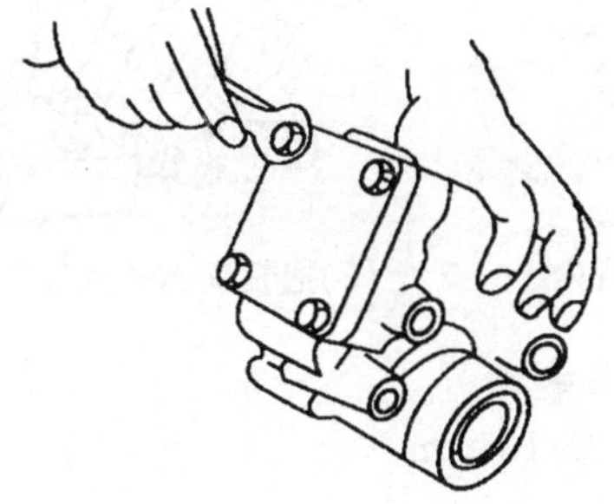
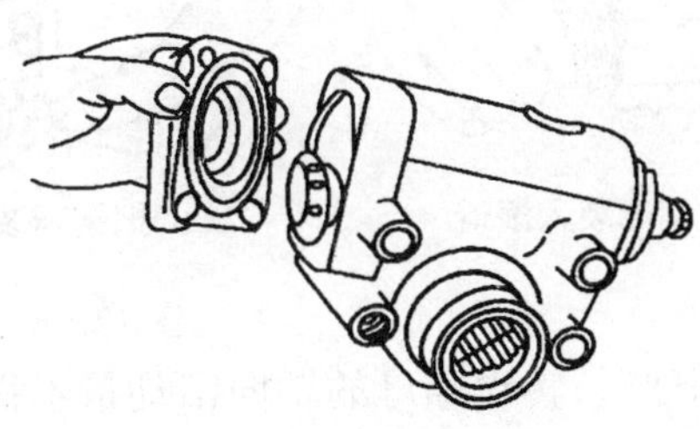

图 12.25　拆卸转向器底盖

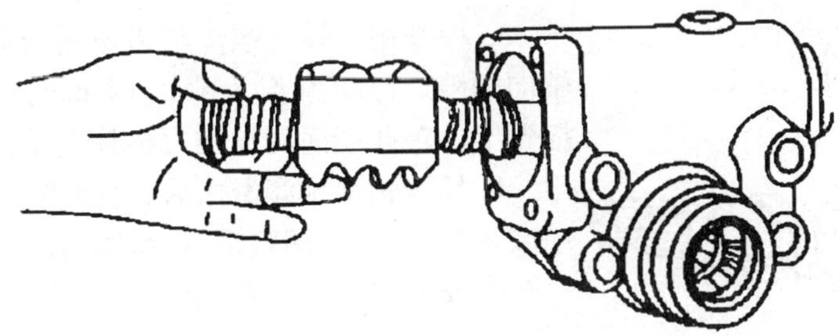

图 12.26　拆下转向螺杆及转向螺母总成

⑤螺杆及螺母总成如无异常情况,尽量不要解体。必须解体时,应先拧下 3 个固定导管夹的螺钉,拆下导管。再握紧螺母,慢慢转动螺母,排出全部钢球,如图 12.27 所示。

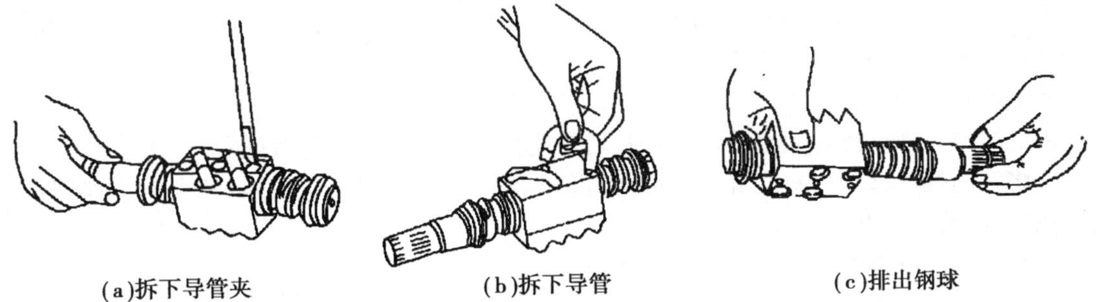

(a)拆下导管夹　(b)拆下导管　(c)排出钢球

图 12.27　螺杆及螺母总成分解

注意:两个循环道夹中的钢球最好不要混在一起,不要丢失。每个循环道有 48 个钢球。如果螺母里留有一个钢球,螺母也不能拆下。

(2)转向器的装配与调整

转向器装配的过程与拆卸的过程相反。

①安装转向螺杆组件。转向螺杆螺母组件在维修时一般不拆散。若拆散重新组装时,先平稳地逐个装入钢球。装钢球的过程中,转向螺杆和转向螺母不要相对运动,必要时只能稍许转动转向螺杆或用塑料棒将钢球轻冲进滚道内;然后给装满钢球的导管口涂压润滑脂以防止钢球脱出,最后用导管卡将导管固定在转向螺母上,如图 12.28 所示。所装钢球的直径和数量必须符合原厂规定。

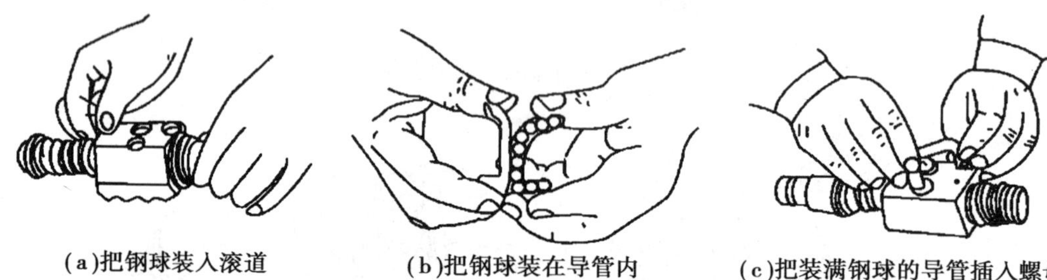

(a)把钢球装入滚道　(b)把钢球装在导管内　(c)把装满钢球的导管插入螺母

图 12.28　装复钢球

②装入钢球后,转动螺母的轴向窜动量不得大于 0.10 mm。

③将轴承内圈压在转向螺杆的轴颈上。

④组装摇臂轴。

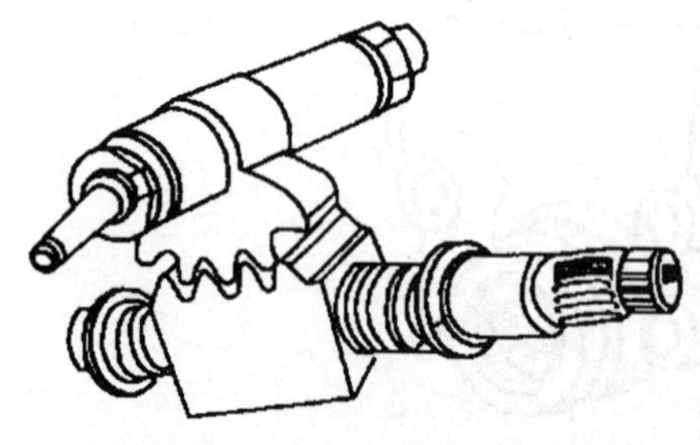

图 12.29　齿扇与齿条的啮合情况

a. 检查用于转向螺母与齿扇啃合间隙的调整螺钉的轴向间隙。此间隙若大于 0.12 mm,则应在调整螺钉与摇臂上的轴孔端面间加推力垫片调整,如图 12.29 所示。

b. 摇臂轴承预润滑之后,将摇臂装入壳体内,并按顺序装入推力垫片、调整螺钉、垫圈、弹性挡圈。

⑤安装转向器上盖、下盖。

a. 把轴承装入下盖承孔中。

b. 安装调整垫片和下盖,从壳体孔中放入转向螺杆组件,安装下盖。装下盖之前在结合平面上涂以密封胶。

c. 把轴承外圈和转向螺杆油封压入上盖,并装入上盖调整垫片和上盖。

d. 通过增减下盖调整垫片或用下盖上的调整螺塞调整转向螺杆的轴承紧度。检查转向盘的转向力矩,一般为 0.6~0.9 N·m。

⑥安装转向器侧盖。

a. 给油封涂密封胶后,油封唇口向内,均匀地将油封压入壳体上承孔内。

b. 将转向螺母移至中间位置(转向器总圈数的 1/2),使扇形齿的中间齿与转向螺母的中间齿相啮合,装入摇臂轴组件。

c. 侧盖密封垫涂以密封胶,再安装、紧固。

⑦调整转向器啮合间隙。

a. 使转向器的传动副处于中间位置(直行位置)。

b. 通过调整螺钉调整转向器传动副的啮合间隙,在直线位置上应呈无间隙啮合。

c. 中间位置上,转向器转动力矩应为 1.5~2.0 N·m。转向器转动力矩调整合格后,按规定扭矩锁紧调整螺钉。

⑧安装摇臂时,应注意将摇臂与摇臂轴二者的装配记号对正,应特别注意摇臂固定螺母确实做到紧固、锁止可靠。

⑨按原厂规定加注润滑油。

⑩有条件时,应检查转向器反驱动力矩(转向轴处于空载状态时,使摇臂轴转动的力矩),符合原厂规定。

2. 蜗杆曲柄指销式转向器

蜗杆曲柄指销式转向器的结构如图 12.4 所示。

(1)转向器的拆卸

①将转向器从车上拆下,用棉纱将转向器外部以及转向器蜗杆轴和摇臂轴的轴端、连接件擦干净,卸下转向器蜗杆轴上的万向节叉的紧固螺栓、螺母、垫圈;从转向摇臂轴上卸下垂臂;卸下转向器侧盖上与车架连接的 4 个螺栓、螺母、垫圈;拧出转向器加油和放油螺塞,排空转向器总成内部的润滑油,将螺塞仍然拧到转向器壳体上,以免丢失。

②松开摇臂轴调整螺钉的锁紧螺母,把调整螺钉 2 逆时针旋转一周。

③将两个螺母一起拧到转向器侧盖上的双头螺栓 1 上,然后用扳手逆时针拧动压在下面的螺母,卸下双头螺栓,再卸下侧盖上的其余 6 个螺栓,取下侧盖。

④用于抓住摇臂轴扇形块,拔出摇臂轴(可以用木锤敲击摇臂轴输出端的一头,帮助取出摇臂轴)。

⑤卸下转向器下盖的紧固螺栓、垫圈,取下转向器下盖,用铜锤轻轻敲击蜗杆轴花键端部,取出垫块及蜗杆(带轴承总成)。

⑥松开转向器上盖的紧固螺栓、垫圈,取出上盖、垫片、油封、平面止推轴承外圈和轴承保持架。

⑦分解转向器后用干净的汽油或煤油清洗零件,洗净后的零件用压缩空气吹干。

注意:禁止用汽油清洗橡胶类的密封件,如油封和 O 形密封件等。

(2)转向器的装配与调整

装配前应复查所更换的零件和修复零件,复查合格的零件清洗后用压缩空气吹干。在装配中,应尽可能地使用专用工具,相关螺栓、螺母的紧固力矩应符合原厂规定。

①安装转向器下盖。

a. 先把转向蜗杆下轴承的外座圈压入壳体 9,有滚道的一面沉入壳体下端面,距离为 12.5 ~ 13.0 mm。

b. 把 O 形密封圈压入轴承垫块的槽内。密封圈不得产生扭曲,不得损伤密封圈外缘,防止漏油。

c. 安装下盖 15,下盖中心的凸台向外。

d. 在下盖上面装好调整螺塞和锁止螺母。下盖紧固螺栓暂勿完全拧紧,待上盖紧固螺栓紧固后再完全紧固下盖紧固螺栓。

②安装转向蜗杆。

a. 将转向蜗杆的上下轴承的内圈压入转向蜗杆的上、下支承轴颈。

b. 把转向蜗杆放入壳体中。

c. 放入上轴承保持架。

③安装上盖。

a. 将转向蜗杆放入壳体上端承孔内，外座圈平面沉入承孔，与壳体上端面距离为 12.5 ~ 13.0 mm。

b. 换装上盖 O 形密封圈和上盖油封。

c. 将原调整垫片按原有的顺序和数量放入转向器上盖。

提示：该调整垫片是用来调整转向螺杆中心位置的，制造厂家已经调好，维修时不需要重新调整，但仍需保持原调整垫片的总厚度。EQ1090 型汽车转向器垫片厚度分别为 0.5 mm 一张，0.2 mm 一张，0.1 mm 一张。三张交错叠压，其总厚度不得大于 1.2 mm。

e. 紧固上盖固定螺栓。

f. 将下盖固定螺栓拧紧。

④检查调整转向蜗杆轴承预紧度。

蜗杆轴承预紧度的检查调整，应在摇臂轴未装入壳体之前进行，并使用的专用工具。

a. 用内六角扳手把调整螺塞 14 拧到底，再退回 1/8 ~ 1/4 圈，使蜗杆轴在输入端具有 1.0 ~ 1.7 N · m 的预紧力矩。

b. 用专用扳手将锁紧螺母 13 拧紧，把调整螺塞锁死，拧紧力矩为 49 N · m。锁紧调整螺塞时，要保证调整螺塞位置不变。后应复查输入端转动力矩是否符合要求，否则应重新调整。

⑤组装指销。

a. 指销必须成对更换，防止造成左、右转向间隙不等，引起转向力不均匀的故障，还应同时更换指销轴。

b. 组装指销与轴承组件，再用专用压套压住轴承外圈将组件压入（压出承孔），调整指销轴承的紧度。调整时，把指销上的螺母拧紧，以指销能转动自如且无轴向间隙为合适。调整后，将止动垫片翻起 1 ~ 2 齿，将螺母锁紧。

⑥将摇臂轴装入壳体。

将摇臂轴组件预润滑后装入壳体，使指销与转向蜗杆咬合。咬合后转向蜗杆应转动自如，转动圈数不少于 8 圈。

⑦安装侧盖 3。注意两个双头螺栓要旋入指定的螺孔内。

⑧调整指销与蜗杆啮合间隙。

a. 先松开摇臂轴调整螺钉的锁紧螺母。

b. 将蜗杆轴转到转不动位置后，再退回 3 圈左右，使指销处于蜗杆的中间位置。

c. 顺时针旋转调整螺钉 2，同时来回转动蜗杆，直到感觉有阻力为止。

d. 在蜗杆的输入端检查转动力矩，应不大于 2.7 N · m。

e. 在调整螺钉的周围涂上密封胶，然后拧紧锁紧螺母，拧紧力矩不小于 49 N · m。

f. 复查蜗杆输入端的转动力矩，如有变化应重新调整，直到符合要求为止。

经验方法：指销处于蜗杆的中间位置，用旋具将调整螺钉拧到底，再退回 1/8 圈，以轴向推、拉摇臂轴无明显间隙感觉，转动摇臂时灵活自如无卡滞现象为合适。

提示：若转向螺杆的中心位置不准确，可变更上盖垫片总厚度进行调整。汽车在二级维护时应检修调整转向器传动间隙。

⑨安装摇臂。

a. 摇臂与摇臂轴的安装标记要对正。

b. 摇臂紧回螺母的紧固力矩应符合原厂规定，而且锁止可靠。

c. 按原厂规定加注润滑油（EQ1092：1.1LGL-4 或 GL-5 齿轮油）。

提示：改装车若转向器的安装角度有所变化，加注润滑油的容量必须满足转向螺杆上端轴承的润滑需要。

实训结果

①完成实训报告册，说明转向器总成拆装过程中应注意的问题。

②填写实训工单，进行实训考核。

本模块知识小结

1. 转向系的功用是按照驾驶员的意愿改变汽车的行驶方向和保持汽车稳定的直线行驶。

2. 转向系由转向操纵机构、机械转向器和转向传动机构三大部分组成。

3. 转向系角传动比是指转向盘的转角与转向盘同侧的转向轮偏转角的比值。

4. 转向盘的自由行程是指转向盘在空转阶段的角行程，这主要是由于转向系各传动件之间的装配间隙和弹性变形所引起的。

5. 转向器是转向系中的降速增矩传动装置，其功用是增大由转向盘传到转向节的力，并改变力的传动方向。

6. 转向器传动效率是指转向器输出功率与输入功率之比。当功率由转向盘输入、从转向摇臂输出时，所求得的传动效率称为正传动效率；反之，转向摇臂受到道路冲击而传到转向盘的传动效率则称为逆效率。

7. 转向器的常见类型为：齿轮齿条式转向器、循环球式转向器、蜗杆曲柄指销式转向器。

8. 转向操纵机构的功用是产生转动转向器所必需的操纵力。

9. 转向操纵机构一般由转向盘、上转向轴总成、转向管柱、转向传动轴、转向万向节叉总成、滑动叉万向节总成等组成。

10. 安全式转向柱分为可分离式安全操纵机构和缓冲吸能式转向操纵机构。

11. 转向传动机构的功用是将转向器输出的力和运动传给转向轮，使两侧转向轮偏转以实现汽车转向，并保证左右转向轮的偏转角按一定关系变化。

12. 与非独立悬架配用的转向传动机构一般由转向摇臂、转向直拉杆、转向节臂、梯形臂和转向横拉杆等组成。各杆件之间都采用球形铰链连接，并设有防止松动、缓冲吸振、自动消除磨损后的间隙等的结构。

13. 机械转向系常见的故障有转向沉重、低速摆头、高速摆头、单边转向不足等。

复习思考题

1. 转向操纵机构的一般组成有哪些？

2. 简述安全式转向柱的型式及基本工作原理。

3. 转向柱的调节有哪些内容？

4. 目前在轻型及微型轿车上为什么大多数采用齿轮齿条式转向器？

5. 为什么在装配曲柄指销式转向器时，摇臂轴外端面和转向摇臂上孔外端面的刻印应对齐？

6. 为什么循环球式转向器广泛应用于各类汽车上？

7. 目前生产的一些新车型的转向操纵机构中，为什么采用了万向传动装置？

8. 在汽车转向系中，怎样同时满足转向灵敏和转向轻便的要求？

9. 什么是可逆式转向器、不可逆式转向器和极限可逆式转向界？它们各有何优缺点？各适用于哪类汽车？

10. 什么是转向盘的自由行程？为什么转向盘会留有自由行程？自由行程过大或过小对汽车转向操纵性能会有何影响？一般范围应是多少？

11. 转向传动机构的功用是什么？

模块 13
动力转向系统

知识目标

1. 掌握动力转向装置的功用、组成和工作原理；
2. 掌握液压式动力转向系的组成、原理；
3. 掌握电动动力转向系的结构和工作原理；
4. 学会动力转向系的检修方法。
5. 掌握动力转向系的常见故障现象。

能力目标

1. 能正确运用各种拆装工具、机具设备和检测仪器；
2. 能对转向系各机件进行解体和清洗；
3. 能对动力转向系的故障正确进行分析和排除；
4. 会进行动力转向系的检查与调整。

项目 1　动力转向系认识

项目目标

1. 了解动力转向装置的功用；
2. 掌握液压动力转向系的基本组成；
3. 熟悉动力转向系的工作原理。

课前思考

汽车为什么需要动力转向装置?

项目内容

1. 动力转向系的功用

由于汽车载重量和自重的增加,汽车在转向过程中所需克服的前轮阻力也将随着前桥负荷相应增加,从而要求加大作用在转向盘上的转向力,使驾驶员感到转向沉重。当前桥负荷已经达到某一数值后,仅仅依靠人力来实现转向就非常费力。为使驾驶员操纵轻便和提高车辆的机动性,目前最有效的方法是在汽车的转向系统中加装转向加力装置,依靠发动机的动力驱动转向助力泵,以液力来增大驾驶员操纵前轮转向的力量。这样,驾驶员就可以轻便灵活地操纵吨位较大的车辆,大大地减轻劳动强度,提高了行驶安全性。一般把采用了转向加力装置的转向系统称为动力转向系统。

动力转向系是利用一定的动力助力方式,对转向器施加作用力以减少驾驶员转动转向盘的操纵力、减轻驾驶疲劳的转向系统。

动力转向装置由机械转向器、转向控制阀、转向动力缸以及将发动机输出的部分机械能转换为压力能的转向油泵(或空气压缩机)、转向油罐等组成。

2. 动力转向系的分类

动力转向系按动力介质的不同分为气压式、液压式和电动式三类。

气压式动力转向系主要用于采用气压制动系统的货车和客车。对于装载质量过大的货车,因为其气压制动系统的工作压力较低,使得部件结构复杂、尺寸过于庞大、消耗功率多、易产生泄漏,而且转向力也不宜有效控制,所以这种助力系统不适用于大型货车和小型轿车。

液压动力转向系工作灵敏度高,结构紧凑、外廓尺寸较小,工作时无噪声,工作滞后时间短,而且能吸收来自不平路面的冲击。因此,液压式动力转向系在各类汽车上得到了广泛的应用。液压式动力转向系按液流形式可以分为常流式和常压式,目前大部分车型都采用常流式转向系统。常流式动力转向系统是指在汽车行驶过程中,助力泵从油罐吸入油液,又被油泵排出,经过转向控制阀回到油罐,一直处以常流状态。常流式动力转向器按照控制阀形式可以分为滑阀式动力转向器和转阀式动力转向器。液压式动力转向系还可以按照动力缸、转阀和转向器的相互位置可以分为整体式和分置式;根据传动方式可以分为循环球式和齿轮齿条式。

电动动力转向系通常需要微机控制,目前处于发展阶段。

任务1　滑阀式动力转向系统的工作原理

任务描述

要求掌握滑阀式动力转向系统的结构特点,理解工作原理。

学习引导

滑阀式动力转向系统其结构复杂、体积大,大多应用于大型货车、客车和工程机械上。下面介绍它的结构和工作原理。

液压常流滑阀式动力转向装置的基本组成如图 13.1 所示,主要包括转向储油罐、转向油泵、转向控制阀、转向动力缸等。

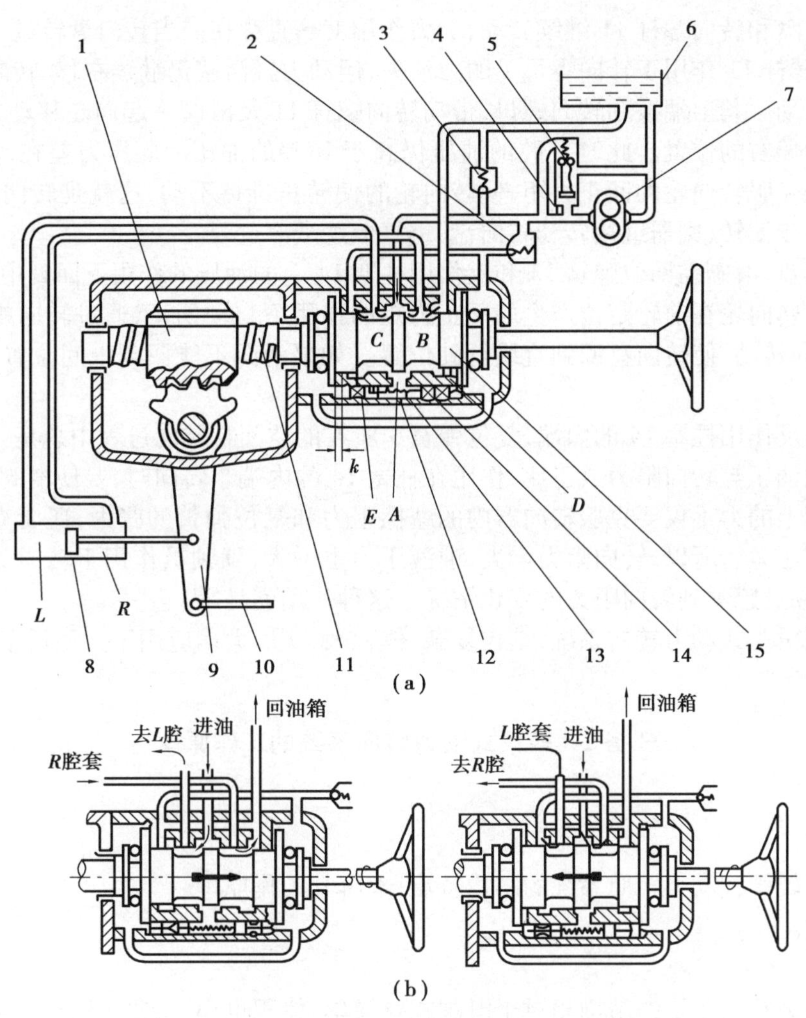

图 13.1　液压常流滑阀式动力转向装置

1—转向螺母;2—单向阀;3—安全阀;4—节流孔;5—溢流阀;6—转向储油罐;
7—转向油泵;8—转向动力缸;9—转向摇臂;10—转向直拉杆;11—转向螺杆;
12—阀体;13—滑阀复位弹簧;14—反作用柱塞;15—滑阀

当汽车直线行驶时,如图 13.1(a)所示,滑阀 12 在复位弹簧 13 的作用下保持在中间位置。转向控制阀内各环槽相通,自油泵 7 输送出来的油液进入阀体环槽 A 之后,经环槽 B 和 C 分别流入动力缸 8 的 R 腔和 L 腔,同时又经环槽 D 和 E 进入回油管道流回油罐 6。这时,滑阀与阀体各环槽槽肩之间的间隙大小相等,油路畅通,动力缸 8 因左、右腔油压相等而不起加力作用。

当汽车右转向时,驾驶员通过转向盘使转向螺杆 11 向右转动(顺时针)。开始时,转向螺母暂时不动,具有左旋螺纹的螺杆 11 在螺母 1 的推动下向右轴向移动,带动滑阀 15 压缩弹簧 13 向右移动,消除左端间隙 h,如图 13.1(b)所示。此时环槽 C 与 E 之间、A 与 B 之间的油路通道被滑阀和阀体相应的槽肩封闭,而环槽 A 与 C 之间的油路通道增大,油泵送来的油液自 A 经 C 流入动力缸的 L 腔,L 腔成为高压油区。R 腔油液经环槽 B、D 及回油管流回储油罐 6,动力缸 8 的活塞右移使转向摇臂 9 逆时针转动,从而起加力作用。

只要转向盘和转向螺杆 11 继续转动,加力作用就一直存在。当转向盘转过一定角度保持不动时,转向螺杆 11 作用于转向螺母 1 的力消失,但动力缸活塞仍继续右移,转向摇臂 7 继续逆时针方向转动。其上端拨动转向螺母,带动转向螺杆 11 及滑阀一起向左移动,直到滑阀 15 恢复到中间稍偏右的位置。此时 L 腔的油压仍高于 R 腔的油压。此压力差在动力缸活塞上的作用力用来克服转向轮的回正力矩,使转向轮的偏转角维持不动,这就是转向的维持过程。如转向轮进一步偏转,则需继续转动转向盘,重复上述全部过程。

松开转向盘,滑阀在回位弹簧 13 和反作用柱塞 14 上的油压的作用下回到中间位置,动力缸停止工作。转向轮在前轮定位产生的回正力矩的作用下自动回正,通过转向螺母 1 带动转向螺杆 11 反向转动,使转向盘回到直线行驶位置。如果滑阀不能回到中间位置,汽车将在行驶中跑偏。

在对装的反作用柱塞 14 的内端,复位弹簧 3 所在的空间在转向过程中总是与动力缸高压油腔相通。此油压与转向阻力成正比,作用在柱塞 14 的内端。转向时,要使滑阀移动,驾驶员作用在转向盘上的力不仅要克服转向器内的摩擦阻力和复位弹簧的张力,还要克服作用在柱塞 2 上的油液压力。所以,转向阻力增大,油液压力也增大,驾驶员作用于转向盘上的力也必须增大,使驾驶员感觉到转向阻力的变化情况。这种作用就是"路感"。

液压常流滑阀式动力转向系统,结构复杂、体积大,所以大多应用于大型货车、客车和工程机械上。

任务2　转阀式动力转向系统的工作原理

任务描述

要求掌握转阀式动力转向系统的结构特点,理解其工作原理。

学习引导

转阀式动力转向系统的结构相对于滑阀式要简单、体积也小,主要应用在小型汽车上。下面介绍它的结构和工作原理。

1. 转阀式动力转向器的工作原理

液压常流转阀式动力转向装置的基本组成如图 13.2 所示,也是由转向油泵、转向动力缸、转向控制阀等组成。

下面将以北京切诺基汽车转阀整体式动力转向器为例,讲述转阀式动力转向系统的工作原理,其结构如图 13.3 所示。

当汽车直线行驶时,转阀处于中间位置,如图 13.4(a)所示。工作油液从转向器壳体的进油孔 B 流到阀体 13 的中间油环槽中,经过其槽底的通孔进入阀体 13 和阀芯 12 之间,此时阀芯处于中间位置。进入的油液分别通过阀体和阀芯纵槽和槽肩形成的两边相等的间隙,再通过阀芯的纵槽以及阀体的径向孔流向阀体外圆上、下油环槽,通过壳体油道流到动力缸的左转向动力腔 L 和右转向动力腔 R。流入阀体内腔的油液在通过阀芯纵槽流向阀体上油环槽的同时,通过阀芯槽肩上的径向油孔流到转向螺杆和输入轴之间的空隙中,从回油口经油管回到油罐中去,形成常流式油液循环。此时,上、下腔油压相等且很小,齿条—活塞既没有受到转向螺杆的轴向推力,也没有受到上、下腔因压力差造成的轴向推力。齿条—活塞处于中间位置,动力转向器不工作。

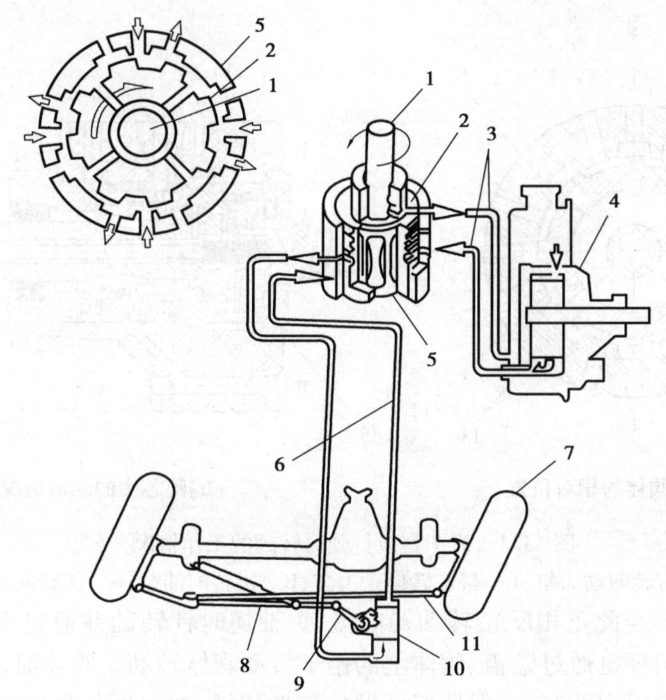

图13.2　液压常流转阀式动力转向装置

1—阀芯;2—阀体;3—油管;4—转向油泵;5—转向器壳体;6—油管;7—车轮;
8—转向横拉杆;9—转向摇臂;10—转向动力缸;11—转向拉杆

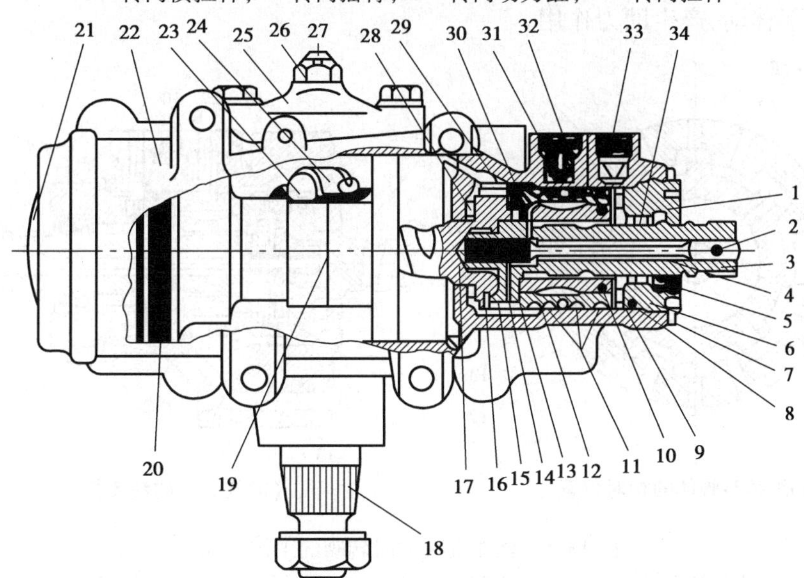

图13.3　北京切诺基汽车转阀整体式动力转向器

1—卡环;2—锁销;3—短轴;4—扭杆;5—骨架油封;6—调整螺塞;7—锁母;8、10、11、15、20—O形密封圈;
9—推力滚针轴承;12—阀芯;13—阀体;14—下端轴盖;16—锁销;;17—转向螺杆;18—转向摇臂轴;
19—转向螺母(齿轮-齿条);21—转向器端盖;22—壳体;23—循环球导管;24—导管压紧板;25—侧盖;
26—锁紧螺母;27—调整螺钉;28—推力滚针轴承;29—定位销;30—锁销;31—止回阀;32—进油口;
33—出油口;34—滚针轴承

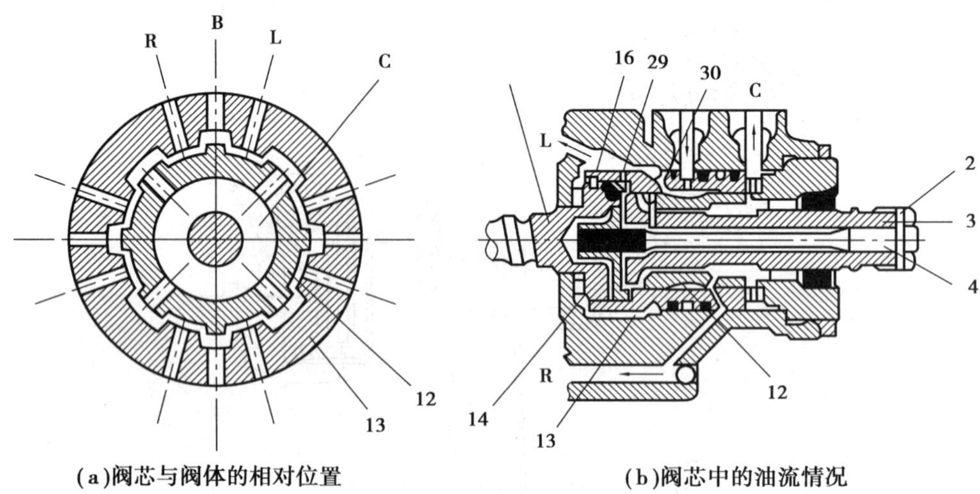

图 13.4 汽车直线行驶时转阀的工作情况

R—接右转向动力缸;L—接左转向动力缸;B—接转向油泵;C—接转向油罐

左转向时(右转向与此正相反),转动转向盘,短轴逆时针转动并通过下端轴销带动阀芯同步转动,同时弹性扭杆也通过轴盖、阀体上的销子带动阀体转动。阀体通过缺口和销子带动螺杆旋转,但由于转向阻力的存在,促使扭杆发生弹性扭转,造成阀体转动角度小于阀芯的转动角度,两者产生相对角位移,如图 13.5(b)所示。这就造成通下腔的进油缝隙减小(或关闭),回油缝隙增大,油压降低;上腔正相反,油压升高,上下动力腔产生油压差,齿条—活塞在油压差的作用下移动,产生助力作用。

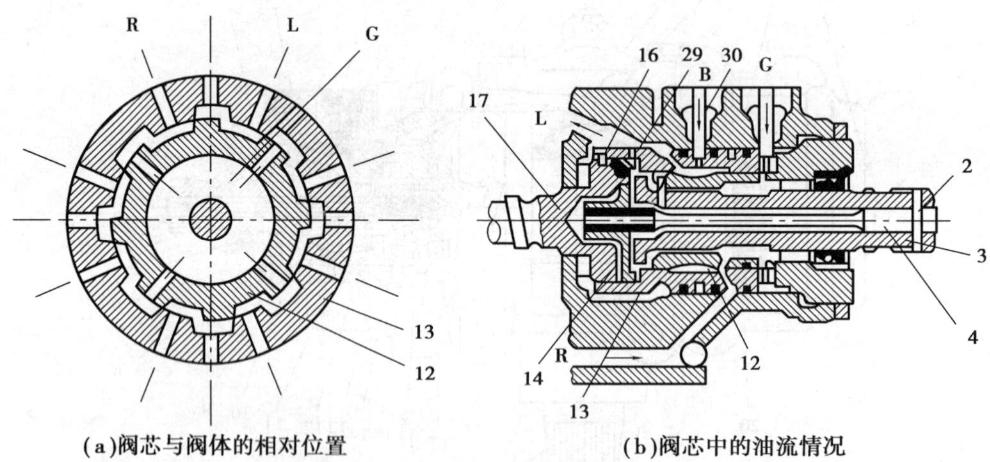

图 13.5 汽车左转向时转阀的工作情况

R—接右转向动力缸;L—接左转向动力缸;B—接转向油泵;C—接转向油罐

当转向盘转动后停在某一位置,阀体随转向螺杆在液力和扭杆弹力的作用下,沿转向盘转动方向旋转一个角度,使之与滑阀的相对角位移量减小,上、下动力缸油压差减小,但仍有一定的助力作用,使助力转矩与车轮的回正力矩相平衡,车轮维持在某一转角位置上。

在转向过程中,若转向盘转动的速度快,阀体与阀芯的相对角位移量也大,上、下动力腔的油压差也相应加大,前轮偏转的速度也加快;转向盘转动得慢,前轮偏转的也慢;转向盘转到某一位置上不动,前轮也偏转到某一位置上不变。此即“快转快助,大转大助,不转不助”原理。

转向后需回正时,驾驶员放松转向盘,阀芯在弹性扭杆作用下回到中间位置,失去助力作用,转向轮在回正力矩的作用下自动回位。若驾驶员同时回转转向盘时,转向助力器助力,帮助车轮回正。

当汽车直线行驶偶遇外界阻力使转向轮发生偏转时,阻力矩通过转向传动机构、转向螺杆、螺杆与阀体的锁定销作用在阀体上,使之与阀芯之间产生相对角位移,动力缸上、下腔油压不等,产生与转向轮转向相反的助力作用,转向轮迅速回正,保证了汽车直线行驶的稳定性。

当液压动力转向装置失效后,汽车失去方向控制是非常危险的。所以,一旦液压动力转向装置失效,该动力转向器将变成机械转向器,其动力传递路线与机械转向系完全一致。

2. 转阀式动力转向器

桑塔纳 2000 型轿车转向控制阀采用的是常流转阀式结构,结构紧凑、操作可靠、工作灵敏。桑塔纳 2000 型轿车的动力转向是在原机械式齿轮齿条转向器基础上增加了储油罐、液压泵、控制阀及动力缸。其结构如图 13.6 和图 13.7 所示。

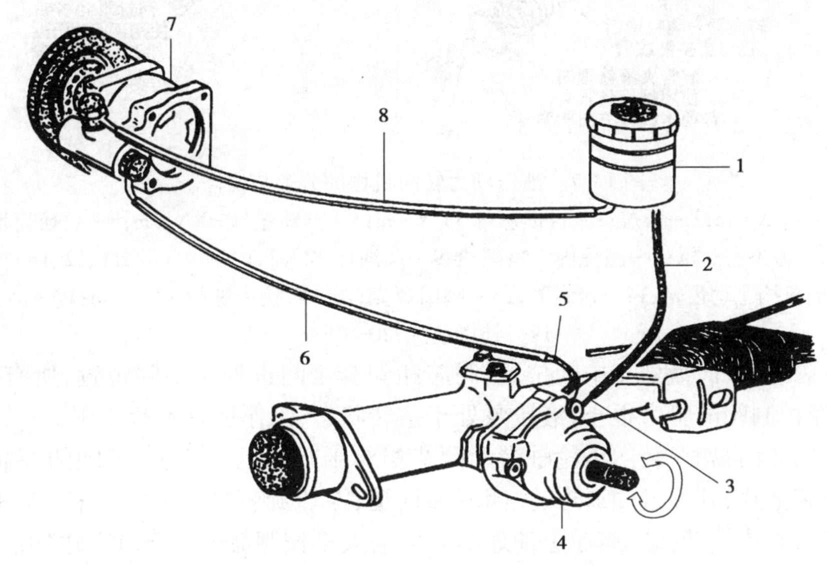

图 13.6　桑塔纳 2000 型轿车动力转向器及管路布置

1—储油罐;2—动力转向器出油软管;3—动力转向器出油硬管;4—动力转向器;
5—动力转向器进油硬管;6—动力转向器进油软管;7—叶片式油泵;8—进油软管

控制阀为常流转式,上部的阀体为滑阀结构,阀体与小齿轮设计加工为一体。阀芯上有控制槽,阀芯通过转向齿轮轴上的拨叉来拨动。转向齿轮轴用销钉与阀中弹性扭力杆相连。扭力杆的刚度决定了阀的特性曲线,同时起到阀的中心定位作用。

液压泵(叶片泵)的额定流量为 6 L/min,额定工作压力为(104 ±4)kPa。为了保证轿车在高速行驶时有较强的路感,泵的流量随发动机转速的提高呈下降趋势。为了保证转向系统的工作,防止液压系统工作压力超过允许的最大工作压力,泵内装有一限压阀,当工作压力超过限压阀的额定值时,压力油通过限压阀卸压返回到吸油口。发动机驱动液压泵,由液压泵的压力油通过控制阀作用于转向器的齿轮、齿条上来实现转向。其工作原理如下:

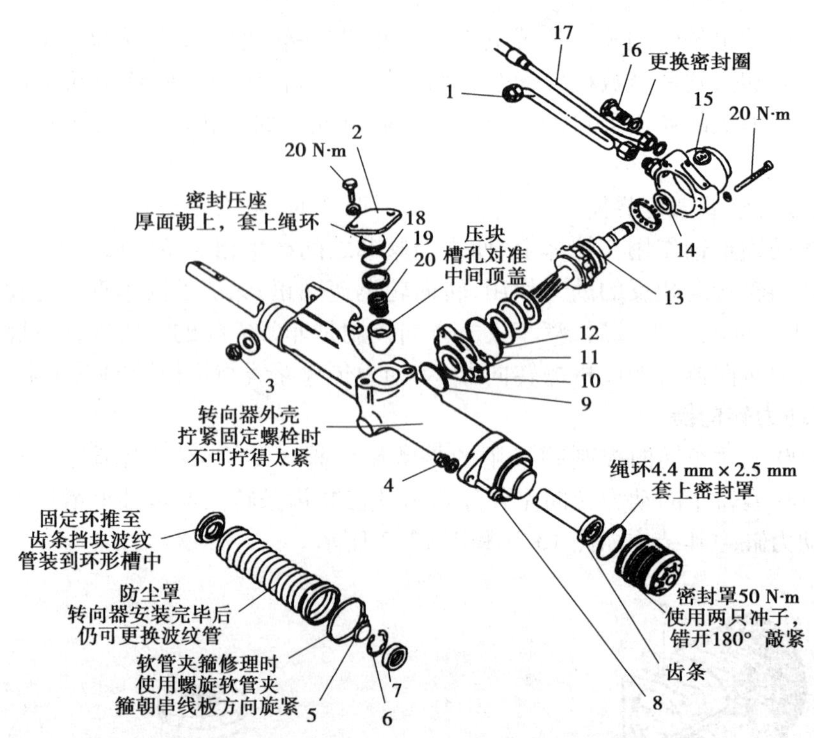

图 13.7　液压动力转向机构的分解与检修

1—油管 40 N·m;2—压盖;3—自锁螺母 35 N·m;4—自锁螺母 20 N·m;5—更换齿形环;6—挡圈;7—齿条密封罩;8—圆柱内六角螺栓;9—圆绳环 42×2;10—中间盖;11、12、18—圆绳环;13—转向机构主动齿轮;14—密封圈;15—阀门罩壳;16—管接头螺栓 30 N·m;17—回油管;19—补偿垫片;20—压簧

当直线行驶时,方向盘处于中间位置,阀芯和阀套之间也处于中间位置,所有的控制口接通,液压油流经控制阀的阻力很小,液压泵处于空转状态,工作油缸不起作用。

当向右转动方向盘时,转向齿轮轴带动阀芯相对于阀套运动,改变了阀的控制口位置:右边旋转柱塞阀芯下降,开大过油通道,关闭回油通道;左边旋转柱塞阀芯上移,关闭进油通道,打开回油通道。右边旋转柱塞阀芯进油通道开度的大小控制流入工作缸左边的液压油的流量和油压,油压推动活塞向右运动,起到助力作用。同时,工作缸右边的液压油在活塞的作用下,通过打开的回油槽返回储油罐,如图 13.8 所示。当向左转动方向盘时,情况与向右转动方向盘时相反。

用动力转向后,由于液压阻尼力的增加,削弱了汽车转向回正能力,因此,桑塔纳 2000 型轿车的前桥主销后倾角增大到 1°30′±30′,满足了汽车回正性的要求,改善了司机"路感"反应,保证了汽车在高速行驶时的稳定性。

由于动力转向器的阀孔具有节流阻尼作为,减轻了因道路不平引起的方向盘抖动和打手,所以动力转向系统取消了机械式齿轮齿条转向系统中的转向减振器。这种转阀在转向盘位于中间位置时常开,工作液压油一直处于常流状态,如图 13.9 所示。

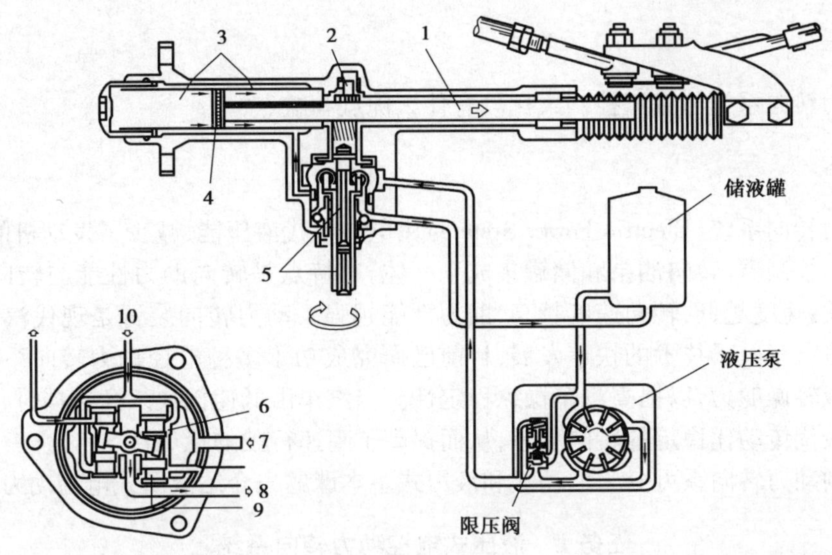

图13.8　动力转向系统工作原理

1—齿条;2—齿轮;3—工作主缸;4—活塞;5—弹性扭力杆;6—控制阀;7—进油口;8—出油口;9—柱塞阀芯;10—通向工作缸右边;11—通向工作缸左边

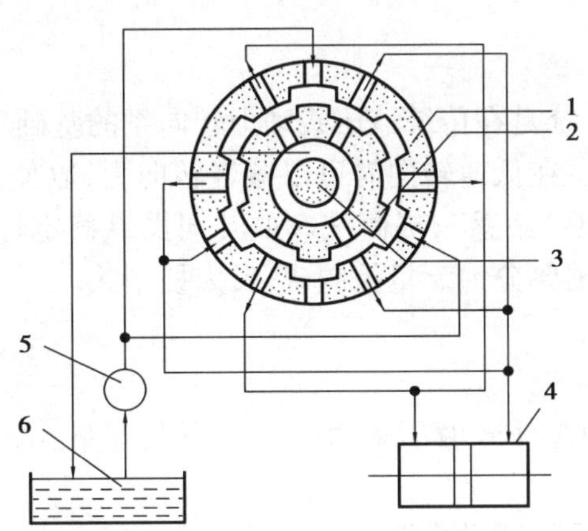

图13.9　转向控制阀工作原理图

1—阀套;2—阀芯;3—扭杆;4—动力油缸;5—转向油泵;6—储油罐

项目2　电控动力转向系统

项目目标

1. 掌握液压式电控动力转向系的组成、基本结构和工作原理；
2. 掌握电动式电控动力转向系的组成、基本结构和工作原理。

课前思考

电控动力转向系统与液压控制式比较有什么优点和缺点?

项目内容

电控动力转向系统(Electric Power System)用电能取代液压能,减少了发动机的能量消耗。该系统将转向控制器、转向油泵和储罐集成于一体,其特点是转向助力性能与转向速度、行车速度密切相关:速度越低,转向速度越高,助力性能越强。动力转向装置是现代汽车的重要装备之一。随着汽车电子技术的快速发展,目前已研究成功了多种电控动力转向系统。该系统能在低速时减轻操舵力,以提高汽车操纵稳定性。当汽车由低速挡换入高速挡时,电控系统能够保证提供最优传动比稳定的转向手感,从而提高了高速行驶的稳定性。

电子控制动力转向系可分为电动式和液力式。本课题先介绍液压式电控动力转向系。

任务1　液压式电控动力转向系统

任务描述

掌握流量控制式、反力控制式电控动力转向系统的组成和工作原理。

学习引导

液压式电控动力转向系统是在传统液压式动力转向系的基础上加装了转向助力电子控制装置构成的。其主要优点是:在低速转向时可以减轻转向力,以使汽车的转向轻便;在高速时则可适当增大转向力,以改善“路感”,提高汽车的转向操纵稳定性。根据液压式电控动力转向系统的控制方式不同,它主要分为流量控制式、反力控制式。

1. 流量控制式 EPS

(1)组成和工作原理

流量控制式 EPS 主要由整体式液压动力转向油泵及管路、电磁阀、车速传感器和电子控制单元(ECU)等组成。

电磁阀安装在动力转向器(或动力缸)的高、低油道之间。电脑根据车速传感器提供的车速信号,按预设程序确定电磁阀的开度(即旁路流量),并向电磁阀发出占空比信号控制旁路流量。一般情况下,车速越高,转向阻力越小,电脑控制的电磁阀通电占空比越大,转向助力作用也越小;反之,转向助力作用越强。

通常情况下,流量控制式 EPS 还设有转向角速度传感器,以便使电脑感知汽车急转弯或连续转弯工况,并对该工况实施较大助力增益控制,提高汽车的转向操纵性。

图 13.10 为流量控制式电控动力转向系统,由旁路电磁阀、ECU 等组成。

旁路电磁阀是主要执行元件,安装在液压整体式动力转向器控制阀通向动力油缸左、右两腔的油道与回油道之间。当电磁阀开启时,动力缸的高压油道就被旁路,车速信号改变电磁阀通电占空比,从而控制旁路流量,改变转向助力的增益倍率,使转向盘上获得转向力(“路感”)。车速越高时,电脑使流过电磁阀的平均电流越大,旁路流量越大,动力缸的助力作用越小,转向盘上的“路感”随之增大。

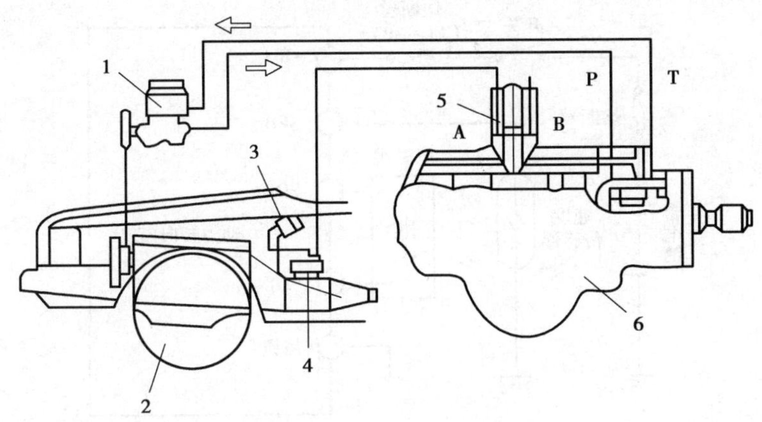

图 13.10　流量控制式 EPS 组成

1—动力转向油泵;2—车轮;3—车速传感器;4—ECU;5—电磁阀;6—动力转向传感及控制阀

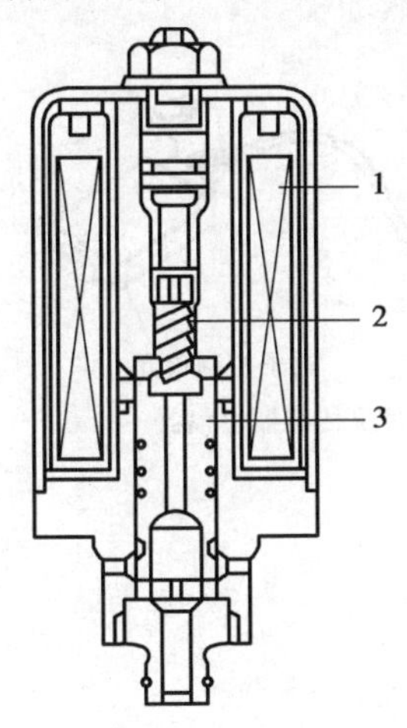

图 13.11　旁电磁阀

1—线圈;2—弹簧;3—阀

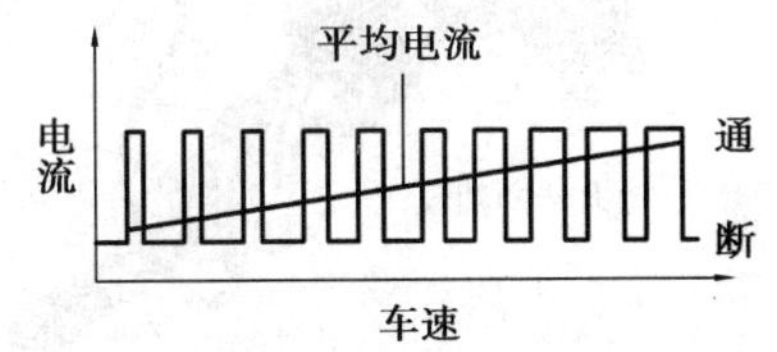

图 13.12　电流信号

图 13.11 为旁路电磁阀的结构。旁路电磁阀主要由针阀弹簧和电磁线圈组成。当线圈通电时,针阀受磁力作用而升起,使阀打开;断电时,针阀受弹簧作用关闭。电磁阀的驱动信号由动力转向 ECU 提供。图 13.12 所示为固定频率的脉冲电流信号,其占空比随车速的提高而增大,使流过电磁线圈的平均电流增大,电磁阀的平均开度也随之增大,旁路分流量增加,助力油缸的加力作用减小。

当控制电路发生故障致使电磁阀不能通电时,旁通电磁阀将关闭,使系统处于最大转向助力状态。

动力转向 ECU 是核心控制元件。它根据车速传感器提供的车速信号,通过改变旁通电磁阀驱动信号占空比的方式调节转向力。凌志轿车电控 PPS 的电路如图 13.13 所示。其电路受点火开关控制,由电源电路、速度传感电路、电磁阀控制电路和搭铁电路组成,总体构成与工作原理都比较简单。

(2)日产蓝鸟轿车电子控制动力转向系统介绍

图 13.14 为日产蓝鸟轿车使用的流量控制式动力转向系统。

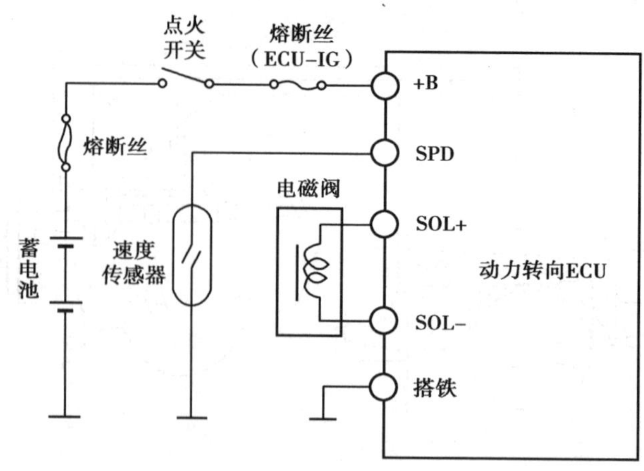

图 13.13　凌志轿车电控 PPS 的电路

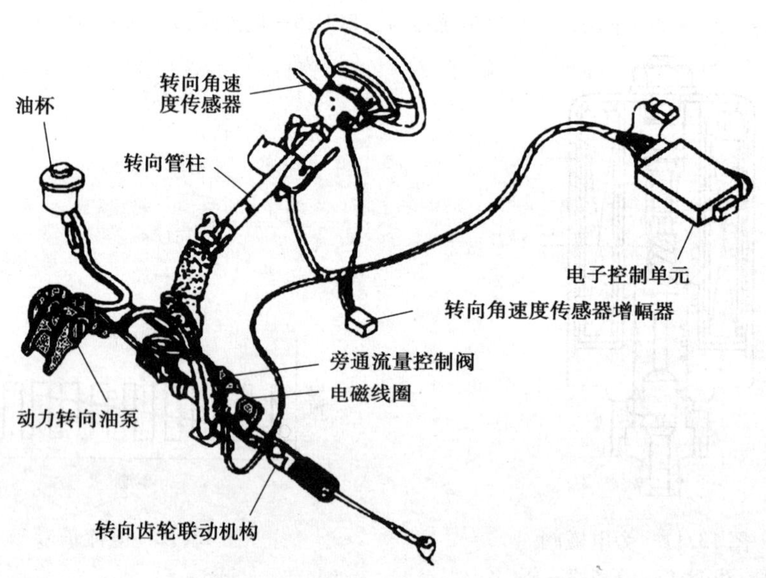

图 13.14　日产蓝鸟轿车动力转向系统

它是在一般齿条式液压动力转向系统的基础上增加旁通流量控制阀、车速传感器、转向盘转向角速度传感器及增幅器、电子控制单元和模式选择开关等构成的。其控制原理如图13.15所示。

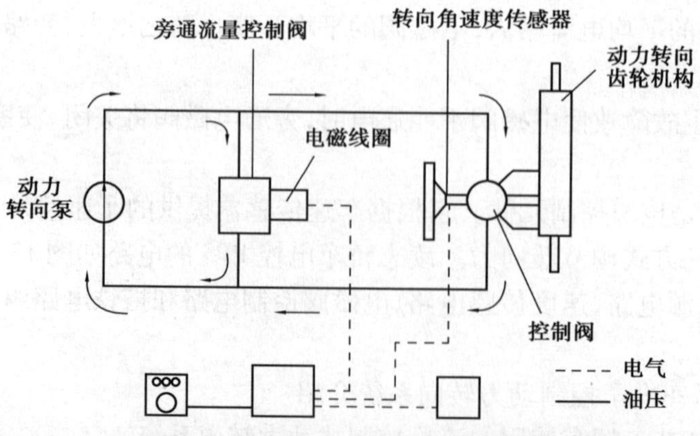

图 13.15　日产蓝鸟轿车动力转向系统原理

电子控制单元根据车速传感器、转向角传感器和模式选择开关信号向旁通流量控制阀发出控制信号,调整动力转向器的供油旁路流量和压力,以获得适当的转向路感。

当车速增高时,电脑使分流阀的分流量增加,转向器的供油压力减小,动力转向助力油缸的助力作用(增益)减小,转向力增加,“路感”增强。在不同的行驶条件下,驾驶员还可以利用设在仪表板上的控制模式选择开关选择合适的控制模式。

另外,电子控制单元还可通过转向角速度传感器信号感知汽车的特殊转向工况,对汽车急转弯时的转向助力进行最优控制。日产蓝鸟轿车电子控制动力转向系统电路如图 13.16 所示。

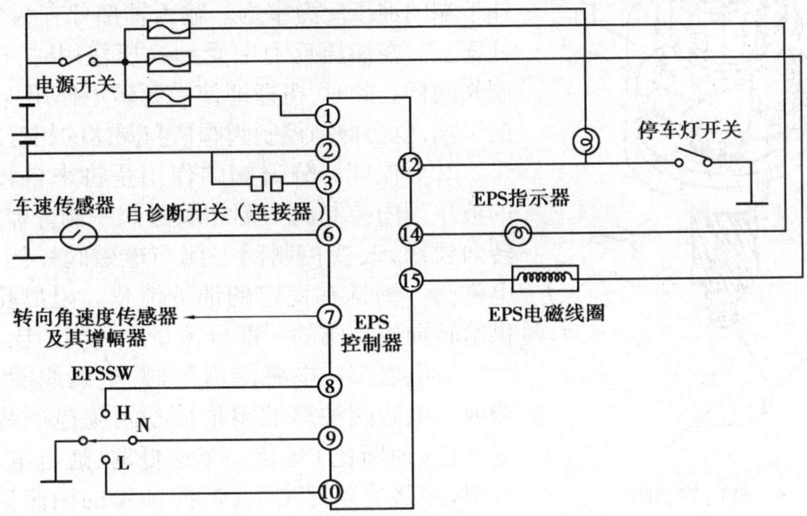

图 13.16　日产蓝鸟轿车电子控制动力转向系统电路图

2. 反力控制式 EPS

(1)反力控制式 EPS 的组成

反力控制式 EPS 的组成如图 13.17 所示,主要由转向控制阀、分流阀及固定节流小孔、电磁阀、动力油缸、转向油泵、车速传感器和电子控制单元(ECU)等组成。它的主要结构特点是在转向控制转阀阀芯的前端加装了两对反向柱塞。

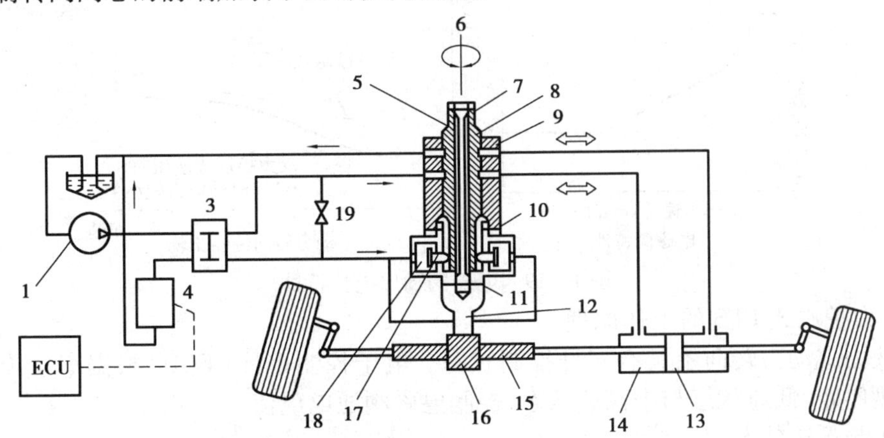

图 13.17　反力控制式 EPS 组成

1—转向油泵;2—储油罐;3—分流阀;4—电磁阀;5—扭力杆;6—转向盘;7,10,11—销;8—转阀阀杆;9—控制阀阀体;12—转向齿轮轴;13—活塞;14—转向动力缸;15—转向齿条;16—转向齿轮;17—柱塞;18—油压反力室;19—阻尼孔

由于转向控制阀的阀体与阀芯间装有扭力弹簧，因此转向时施加在转向盘上的转向力使弹簧变形，使阀芯与阀体发生相对角位移而改变油路，实现对转向加力的控制。此时，所需施加在转向盘上的转向力大小取决于扭转扭力弹簧所需力矩的大小。

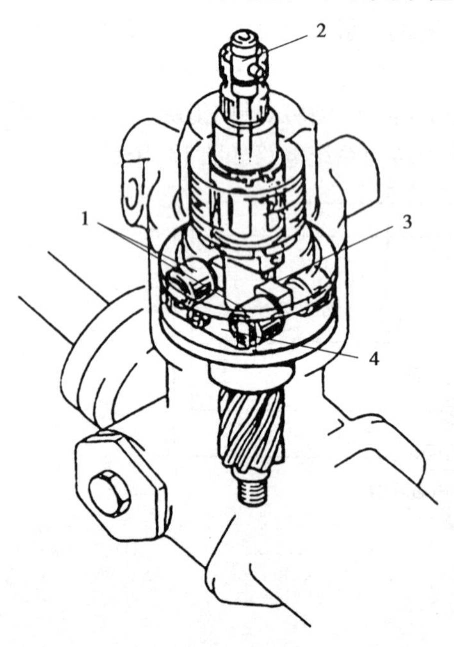

图 13.18　转向控制阀
1—柱塞；2—扭杆；
3—凸起；4—油压反力室

①转向控制阀。

转向控制阀的结构如图 13.18 所示，其基本结构是在传统的整体式动力转向控制阀的基础上，在内部增加了一油压反力室和四个小柱塞，四个小柱塞位于控制阀阀体下端的油压反力室内。输入轴部分有两个小凸起顶在柱塞上。在油压反力室受到高压作用时，柱塞将推动控制阀阀杆。此时，扭杆即使受到转矩作用，由于柱塞推力的影响，也会抑制控制阀阀杆与阀体的相对回转。

②分流阀。分流阀的作用是将来自转向油泵输出的液压油向控制阀一侧和电磁阀一侧分流，按照车速和转向要求，改变控制阀一侧与电磁阀一侧的油压，确保电磁阀一侧具有稳定的油液流量。阻尼孔的作用是把供给转向控制阀的一部分流量分配到油压反力室一侧。

③电磁阀。电磁阀由滑阀、电磁线圈、油路通道等构成。电磁阀油路的阻尼面积可随电磁线圈通电电流占空比（通断比）变化。车速低时，通电电流大，滑阀被吸引，油路的阻尼增大，流向油箱的回流量增加。随着车速的升高，电流减小，油液回流量也减少。

④电子控制单元（ECU）。电子控制单元工作时，ECU 向电磁阀线圈发出固定频率的脉冲控制信号，并根据接受到车速传感器提供的车速信号的变化改变脉冲信号的占空比，使电磁阀的平均开度发生相应变化。ECU 向电磁阀输出电流平均值随车速的变化特性如图 13.19 所示。

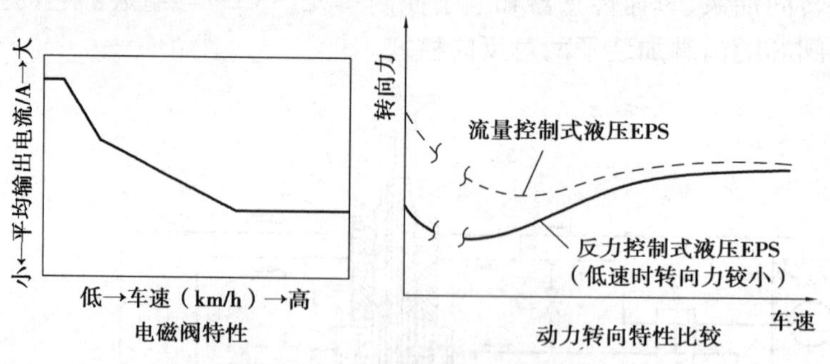

图 13.19　电磁阀输出电流特性

（2）反力控制式 EPS 的工作原理

电控液力式动力转向系具有三种控制状态。电子控制单元（ECU）根据车速传感器信号判断出车辆停止、低速状态与中高速状态，控制电磁阀通电电流。

①停车与低速状态。

该状态下，电子控制单元（ECU）使电磁阀通电电流大，经分流阀分流的油液通过电磁阀流回油箱，柱塞受到的背压小（油压低），柱塞推动控制阀阀杆的力矩小。因此只需要较小的转向力就可使扭杆扭转变形，使阀体与阀杆发生相对转动而使控制阀打开，油泵输出油压作用到动力缸右室(或左室),使动力缸活塞左移(或右移),产生转向助力。

②中高速直行状态。

车辆直行时,转向偏摆角小,扭杆相对转矩小,控制阀油孔开度减小,控制阀侧油压升高。由于分流阀的作用,使电磁阀侧油量增加。同时,随着车速的升高,通电电流减小,通过电磁阀流回油箱的阻尼增大,油压反力室的反力增大,使柱塞推动控制阀阀杆的力矩增大,转向盘手感增强。

(3)中高速转向状态

从存在油压反力的中高速直行状态转向时,扭杆的扭转角更加减小,控制阀开度更加减小,控制阀侧油压进一步升高。随着该油压升高,油液将从固定阻尼孔向油压反力室供给。这样,除从分流阀向油压反力室供给的一定流量油液外,增加了从固定阻尼孔侧供给的油液,导致柱塞推力进一步增强。此时需要较大的转向力才能使阀体与阀杆之间作相对转动而实现转向助力作用,使得在中高速时驾驶员可获得良好的转向手感和转向特性。

反力控制式 EPS 在电控装置失效而使电磁阀上无控制信号时,将会保持最大的转向"路感",使低速转向时方向较为沉重。

反力控制式动力转向系统的主要优点是可以在较大车速范围内获得良好的转向"路感",但其主要缺点是结构复杂,价格相对较高。

任务 2　电动式电控动力转向系统

任务描述

本任务要求掌握电动式电控动力转向系统的组成及其工作原理。

学习引导

电动式电控动力转向系通常需要微机控制,目前处于发展阶段。

1. 电动式 EPS 的组成

电动式 EPS 通常是在机械式转向系统的基础上加装转向转矩传感器、车速传感器、电子控制单元(ECU)、直流电机等装置构成,各部件在车上的布置如图 13.20 所示。其组成如图 13.21 所示。

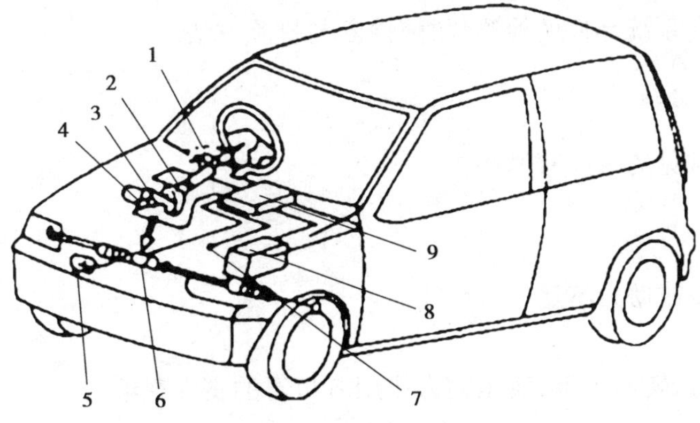

图 13.20　电动动力转向系在车上的布置

1—车速传感器;2—转矩传感器;3—减速机构;4—电动机与离合器;5—发电机;6—转向机构;7—发动机转速传感器;8—蓄电池;9—电子控制单元

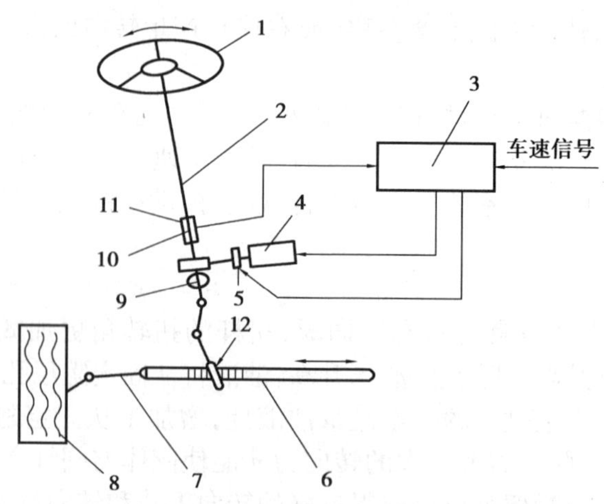

图 13.21 电动式电控动力转向系的组成

1—转向盘;2—输入轴(转向轴);3—电子控制单元;4—电动机;5—电磁离合器;6—转向齿条;7—转向横拉杆;8—轮胎;9—输出轴;10—扭力杆;11—转矩传感器;12—转向齿轮

2. 电动式 EPS 的工作原理

当操纵转向盘时,装在转向轴上的转矩传感器不断测出转向轴上的转矩,并由此产生一个电压信号。该信号与车速信号同时输入电子控制单元。电子控制单元根据这些输入信号进行运算处理,确定助力转矩的大小和转向,即选定电动机的电流和转向,调整转向的助力。电动机的转矩由电磁离合器通过减速机构减速增矩后,加在汽车的转向机构上,使之得到一个与工况相适应的转向作用力。

项目3 动力转向系统的故障诊断

项目目标

1. 掌握动力转向系统常见的故障类型;
2. 掌握动力转向系统部件的检测、故障诊断与排除方法。

课前思考

动力转向系统常见的故障有哪些?

项目内容

1. 动力转向沉重或助力不足

(1)故障现象

汽车转弯行驶时,转向沉重,液压助力作用有短暂的丧失现象。

(2)故障原因

①油泵 V 形带松弛;

②储油罐油面过低;

③油泵压力不足；

④压力控制黏结；

⑤外泄漏过大；

⑥内泄漏过大；

⑦转向轴衬套太紧；

⑧前悬架变形；

⑨液压系统内有空气。

(3)故障诊断与排除

①检查转向油泵驱动部分的情况:用手压下转向油泵的驱动皮带,若压下量过大,说明驱动皮带过紧,需调整。启动发动机,使发动机处于怠速运转,突然提高发动机的转速,检查转向油泵驱动皮带有无打滑现象。如有打滑现象,说明驱动皮带过松或磨损过甚,应调整或更换。

②检查转向油液在储液罐中的液面高度:若转向油液液面处于下线或"MIN"线以下,说明转向油液不足,应添加至规定位置。

③检查转向油液储液罐内的滤清器:取下滤清器,观察滤网的状况。若发现滤网过脏,说明滤清器堵塞,应清洗;若发现滤网破裂,应更换。

④检查系统中是否有空气:先启动发动机,并使其处于怠速运转,然后来回转动几次转向盘,观察转向油液的状况。若发现转向油液中有泡沫或油液混浊,说明转向系统中有空气混入,应排除。检查转向油泵的进油管是否破裂,若有破裂,应更换。检查各管路接头是否松动,若松动,应紧固。检查转向油泵轴上的密封环是否损坏,若漏油,应更换新件。

⑤检查转向系统的油压:用压力表连接在转向油泵和转向助力器之间,使发动机处于怠速运转,关闭压力表阀门,若10 s内压力达不到固定值,说明转向油泵压力不足,应拆检维修;将转向盘转到左或右极限位置,打开压力表阀门,若压力达不到规定值,说明转向助力器有故障或阀调整不当,应拆检调整。

2.动力转向系统有噪声

(1)故障现象

汽车转向时,转向油泵处产生响声。

(2)故障原因

①油泵V形带松弛；

②油泵轴承损坏；

③压力板或转子损伤；

④油泵环过度磨损；

⑤储油罐不足；

⑥液压系统有空气或压力软管连接不牢；

⑦油泵装配不当；

⑧溢流阀故障。

(3)故障诊断与排除

①检查储油罐内转向油液面高度:若液面低于下线或"MIN"线以下,说明转向油液液面过低,应添加至规定位置。若转向油液消耗过快,说明有严重漏油处,应检查排除。

②检查转向油泵驱动部分的情况:用手下压转向油泵的驱动皮带,若压下量过大,说明驱

动皮带过松，应调整。

③检查转向油压中是否有空气：打开储油罐盖，启动发动机并使其处于怠速运转，来回转动几次转向盘，观察转向油液中是否有气泡。若有气泡，说明转向油液中混入空气，应排除。

④检查储油罐滤网是否堵塞，油管路布置是否正确：取下储油管滤网，如发现过脏，说明油液循环不畅，应清洗；若油管路弯折、凹瘪，应更换。

⑤若上述检查结果均正确，应拆检转向油泵，检查叶片是否有划痕和检查泵体是否有划痕，根据拆检情况更换相应的零件。

3. 左右转向轻重不同

(1)故障现象

汽车行驶时，向左和向右转向操纵力不相等。

(2)故障原因

①转向控制阀阀芯(或滑阀)偏离中间位置，或虽然在中间位置但与阀体槽肩的缝隙大小不一致；

②控制阀内有污物阻滞，使左右转动阻力不同；

③液压系统中动力缸的某一油腔渗入空气；

④油路漏损。

(3)故障诊断与排除

这种故障多是油液脏污所致，应按规定更换新油后再进行检查。

①如果油质良好或更换新油后故障没有消除，应对液压系统进行排气并检查系统有无油液泄漏。液压系统中出现泄漏时，应更换泄漏部位的零部件。

②如果故障仍不能排除，则可能是由于控制阀定中不良造成的。滑阀式转向控制阀可在动力转向器外部进行排除，通过改变转向控制阀阀体的位置来实现。如果滑阀位置调整后仍不见好转，应拆检滑阀测量其尺寸，若偏差较大，应更换滑阀。对于转阀式转向控制阀，必须通过分解检查来排除故障。

实训16　动力转向系统的检查与调整

实训目的

1. 掌握液压动力转向系维护的内容和方法；
2. 能进行动力转向器的拆装和调整；
3. 能进行动力转向系的检测。

实训内容

1. 动力转向系的维护；
2. 动力转向器的拆装与调整；
3. 动力转向系的检测。

工具准备

实训车;常用汽车维修工具及工作台。确保每 4 ~ 6 人有 1 套工具。

实训步骤

1. 液压动力转向系的维护项目

(1)转向储油罐液面高度的检查及油液的更换

转向储油罐的功用是储存、滤清、冷却动力转向系统工作油液,其表面有不同方式表示液面高度。如果液面高度太低,将使动力转向系渗入空气,造成汽车转向操作不稳,忽轻忽重或有噪声。

①转向储油罐液面的检查:

a. 将车辆停放在平坦的地面上,使前轮处于直行位置。

b. 启动发动机,并使其达到正常的工作温度。

c. 使发动机怠速运转大约 2 min,左、右打几次转向盘,使油温达到 40 ~ 80 ℃,关闭发动机。

d. 观察储油罐的液面,此时液面应处于"Max"(上限)与"Min"(下限)之间,液面低于"Min"时,应加至"Max"。

e. 对于用油尺检查的汽车,应拧下带油尺的封盖,用布将油位标尺擦净,将带油尺的封盖插入储油罐内拧好,然后重新拧出,观察油尺上的标记,应处于"Max"与"Min"之间,必要时将转向油加至"Max"处。

②转向油液的更换

a. 放油:支起汽车前部,使两前轮离开地面;拧下转向储油罐盖,拆下转向油泵回油管,然后将转向油放入容器中;发动机怠速运转,在放转向油的同时左右转动转向盘。

b. 加油与排气:向转向储油罐内加注符合规定的转向油;停止发动机工作,支起汽车前部,并用支架支撑,连续从左到右转动转向盘若干次,将转向系统中多余空气排出;检查转向储油罐中油面高度,视需要加至"Max"标记处;降下汽车前部,启动发动机怠速运转,连续转动转向盘,注意油面高度的变化,当油面下降时就应不断加注转向油,直到油面停留在"Max"处,并在转动转向盘后储油罐中不再出现气泡为止。

(2)系统压力的检查

①如图 13.22 所示,接好压力表和节流阀。

②将节流阀打开,启动发动机并以怠速运转,使转向盘向左、右旋转到极限位置,同时读出压力表上的压力,额定值为 6.8 ~ 8.2 MPa。

③如果向左或向右的额定值达不到要求,就要修理转向器或更换总成。

提示:如果动力转向系出现失效或转向沉重等故障,应检查转向油泵和系统的工作压力。

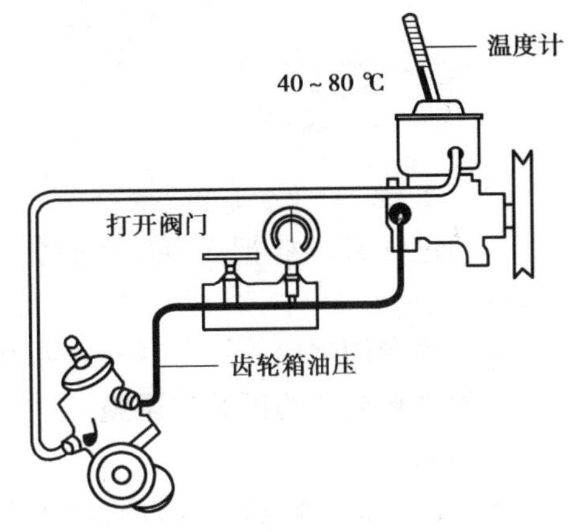

图 13.22　系统压力的检查

(3)转向盘的检查

转向盘的检查主要包括操纵力和回位情况两个

方面。

①检查转向操纵力：

a. 检查转向操纵力时，将汽车停放在水平干燥的路面上，油液温度达到 40～80 ℃，轮胎气压正常，并使前轮处于直线行驶位置。

b. 发动机怠速运转，将一弹簧秤钩在转向盘边缘上，拉动转向盘，检查转向盘左右转动一圈所需拉力变化。一般来说，如果转向操纵力超过 44.5 N，说明动力转向工作不正常，应检查有无皮带打滑或损坏，转向油泵输出油压或油量是否低于标准，油液中是否渗入空气，油管是否有压瘪或弯曲变形等故障。

②转向盘回位检查。

检查时，一面行驶一面察看下列各项：

a. 缓慢或迅速转动转向盘，检查两种情况下的转向盘操纵力有无明显的差别，并检查转向盘能否回到中间位置。

b. 使汽车以约 3.5 km/h 的速度行驶，将转向盘顺时针或逆时针转动 90°，然后放开手 1～2 s。如果转向盘能自动回转 70°以上，说明工作正常，否则应查明故障原因并予以排除。

(4)转向油泵皮带张紧力的检查与调整

①皮带张紧力的检查：

汽车停在干燥路面上，运转发动机使油液上升到正常温度，左右转动转向盘，此时驱动皮带负荷最大，如果皮带打滑，说明皮带张紧度不够或油泵内有机械损伤。这种方法为快速、经验法。

②皮带张紧力的调整：

a. 松开转向油泵支架上的后固定螺栓，如图 13.23 所示。

b. 松开专用螺栓的螺母，如图 13.24 所示。

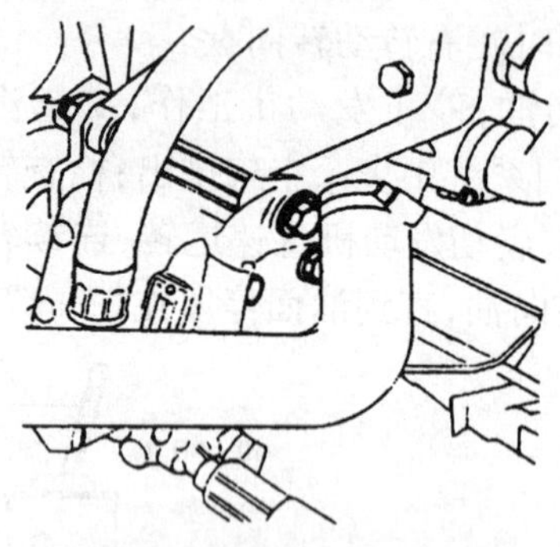

图 13.23　松开后固定螺栓

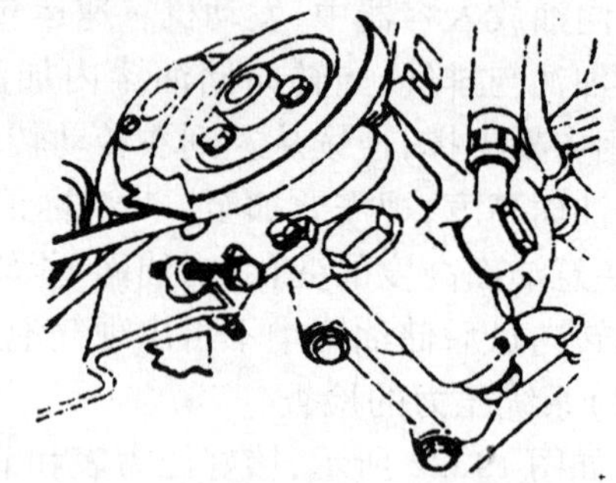

图 13.24　松开专用螺栓的螺母

c. 通过张紧螺栓把 V 形带绷紧，如图 13.25 所示。当压在 V 形带中间处，V 形带应有 10 mm挠度。

④拧紧专用螺栓的螺母，拧紧转向油泵支架上的固定螺栓。

2. 动力转向器的拆装与调整

(1)转向器分解

①吊起车辆，排放转向液压油(ATF 润滑油)。

②拆下固定横拉杆的螺母，如图 13.26 所示。

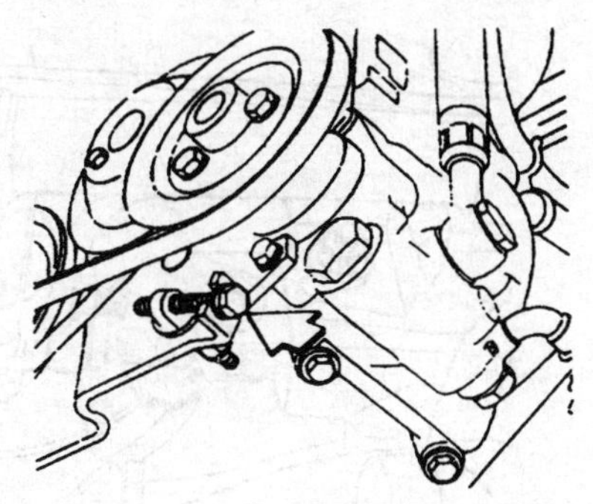

图13.25　张紧V形带

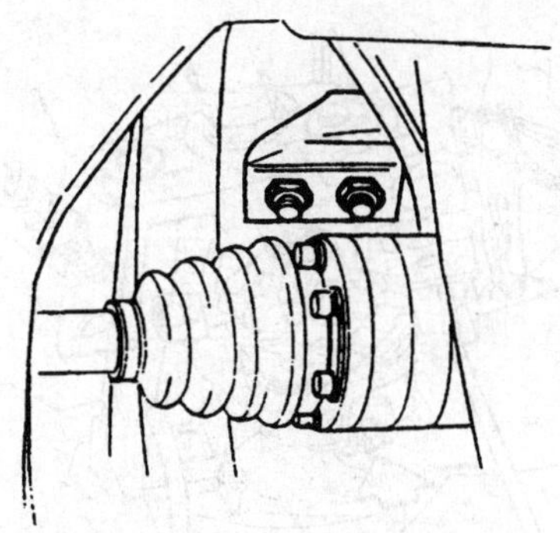

图13.26　拆卸横拉杆固定螺母

③拆卸左前轮罩处的转向器固定螺栓，如图13.27所示。

④松开在转向控制阀外壳上的高压油管，如图13.28所示。

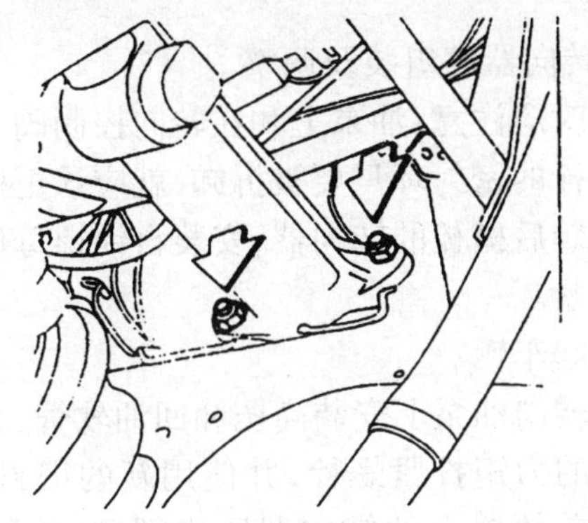

图13.27　拆卸左前轮罩处的转向器固定螺栓

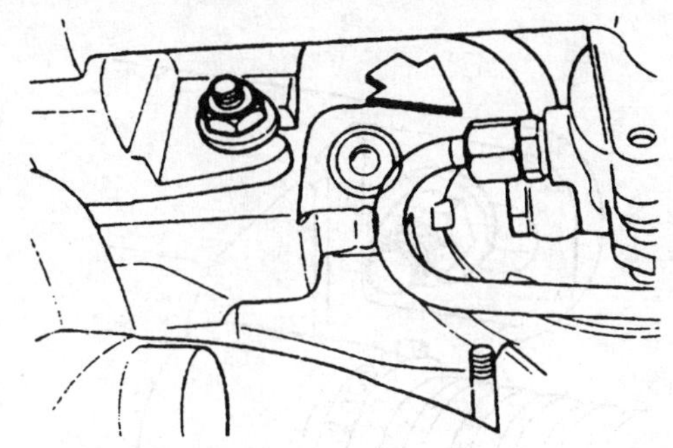

图13.28　松开高压油管

⑤拆卸后横板上固定转向器的左边自锁螺母，如图13.29所示。

⑥把车辆放下，拆卸紧固齿条与转向横拉杆的螺栓，如图13.30所示。

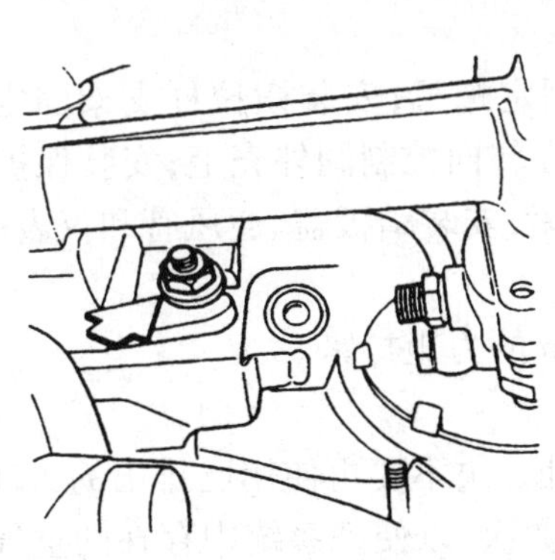

图13.29　拆卸后横板上固定转向器的左边自锁螺母

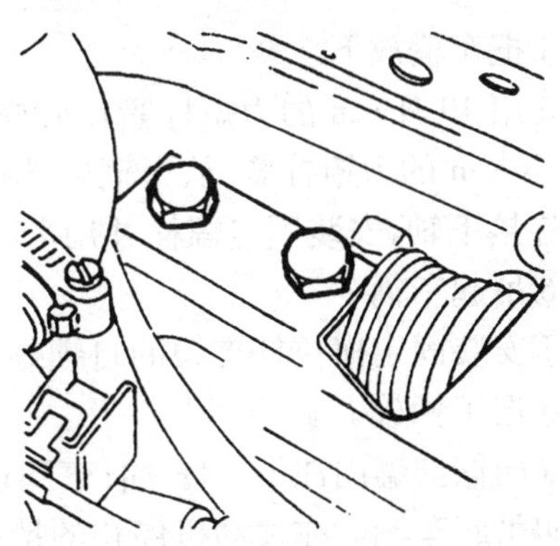

图13.30　拆卸紧固齿条与转向横拉杆的螺栓

⑦拆卸仪表板侧边下盖、通风管和踏板盖。

⑧拆卸紧固转向小齿轮与下轴的螺栓，如图13.31所示，并使各轴分开。

⑨拆卸防尘套，从汽车内部拆卸固定转向控制阀外壳上回油软管的泄放螺栓，如图13.32所示。

图 13.31 拆卸紧固转向小齿轮与下轴的螺栓

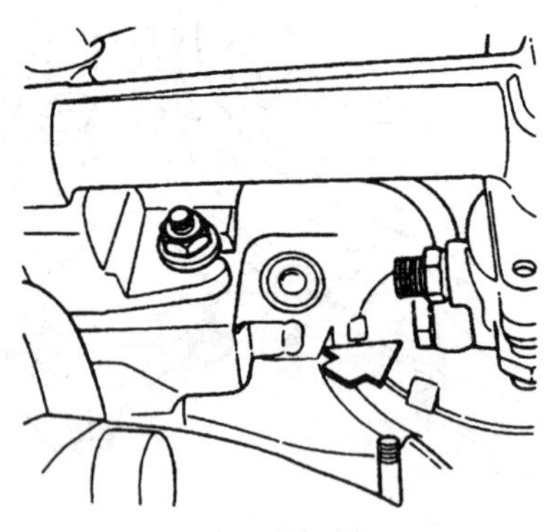

图 13.32 拆卸泄放螺栓

⑩拆卸后横板上转向器的固定自锁螺母，如图 13.33 所示。

⑪拆下转向器。

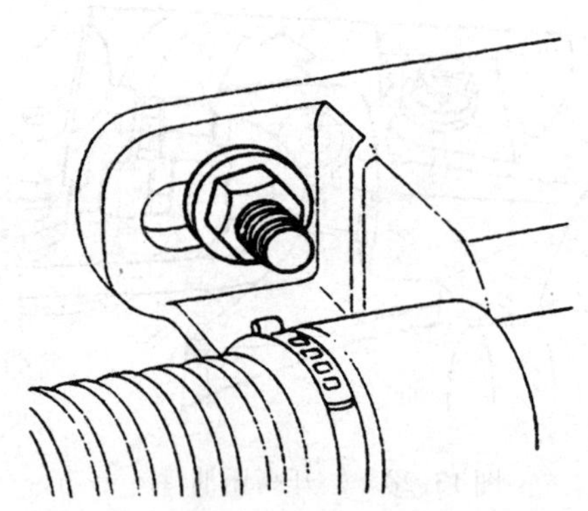

图 13.33 拆卸后横板上转向器的固定自销螺母

(2)转向器的组装及调整

安装时应注意：油泵上和在转向控制阀上固定泄放螺栓的密封环只要被拆卸，就应该更换。

①安装后横板的转向器，安装自锁螺母但不必完全拧紧。

②吊起车辆。

③在转向油泵上安装高压和回油软管，并用 40 N · m 的力矩拧紧螺栓，并使用新的密封圈；安装在左前轮罩上的转向器固定螺栓，并用 20 N · m 的力矩拧紧螺母，安装在后横板上转向器固定自锁螺母，并且用 40 N · m 的力矩拧紧螺母；把高压管固定在转向控制阀外壳上。

④把车辆放下。

⑤用 40 N · m 的力矩拧紧在后横板上转向器的固定螺母；安装横拉杆支架固定螺栓，并用 45 N · m 的力矩拧紧；从车辆内部把回油软管安装在转向控制阀外壳上；安装保护网(防尘套)；连接下轴，安装固定螺栓并用 25 N · m 的力矩拧紧；安装踏板盖、通风管和仪表板盖。

⑥吊起车辆。

⑦安装固定横拉杆支架的自锁螺母，并用 45 N · m 的力矩拧紧。

⑧把车辆放下。

⑨向储油罐内注入 ATF 油，直到达到标有“Max”处。决不要再使用已排出的 ATF 油。

⑩吊起车辆。在发动机停止的情况下转动转向盘数次，以便把系统中存在的空气排出，并补充 ATF 油，使之达到“Max”处。

⑪启动发动机，完全向左和右转动转向盘，观察油面高度，一直操作到油面稳定在“Max”处为止。

本模块知识小结

1. 动力转向系是利用一定的动力助力方式，对转向器施加作用力以减少驾驶员转动转向盘的操纵力、减轻驾驶疲劳的转向系统。动力转向系按动力介质的不同分为气压式、液压式和电动式三类。

2. 液压式动力转向装置要包括转向储油罐、转向油泵、转向控制阀、转向动力缸等。

3. 滑阀整体式动力转向器主要由机械转向器、转向动力缸和转向控制阀组成。

4. 转阀整体式动力转向器主要由机械转向器、转向动力缸和旋转式转向控制阀三者组合而成。

5. 液压动力转向系常见的故障有动力转向沉重或助力不足、动力转向系统有噪声、左右转向轻重不同等。

6. 液压动力转向系的维护作业的内容包括：转向储油罐液面高度的检查及油液的更换，转向油泵皮带张紧力的检查与调整，转向盘的检查。

7. 电子控制动力转向系可分为电动式电控动力转向系和液力式电控动力转向系。

8. 液压式电控动力转向系统的控制方式不同，主要分为流量控制式、反力控制式。

9. 流量控制式 EPS 主要由整体式液压动力转向油泵及管路、电磁阀、车速传感器和电子控制单元（ECU）等组成。电磁阀安装在动力转向器（或动力缸）的高、低油道之间。电脑根据车速传感器提供的车速信号，按预设程序确定电磁阀的开度（即旁路流量），并向电磁阀发出占空比信号控制旁路流量。一般情况下，车速越高，转向阻力越小，电脑控制的电磁阀通电占空比越大，转向助力作用也越小；反之，转向助力作用越强。

10. 反力控制式 EPS 主要由转向控制阀、分流阀及固定节流小孔、电磁阀、动力油缸、转向油泵、车速传感器和电子控制单元（ECU）等组成。它的主要结构特点是在转向控制转阀阀芯的前端加装了两对反向柱塞。

11. 电动式 EPS 通常是在机械式转向系统的基础上加装转向转矩传感器、车速传感器、电子控制单元（ECU）、直流电机等装置构成。

12. 电动式 EPS 的工作原理：当操纵转向盘时，装在转向轴上的转矩传感器不断测出转向轴上的转矩，并由此产生一个电压信号。该信号与车速信号同时输入电子控制单元，电子控制单元根据这些输入信号进行运算处理，确定助力转矩的大小和转向，即选定电动机的电流和转向，调整转向的助力。电动机的转矩由电磁离合器通过减速机构减速增矩后，加在汽车的转向机构上，使之得到一个与工况相适应的转向作用力。

复习思考题

1. 简述动力转向系的功用及常见类型。
2. 简述液压动力转向系各部件的名称。
3. 简述液压常流滑阀式动力转向系的工作原理。

4. 简述液压常流转阀式动力转向系的工作原理。
5. 简述流量控制室 EPS 的组成。
6. 流量控制室 EPS 的工作原理是什么？
7. 电动式 EPS 的工作原理是什么？

模块 14 四轮转向系统

知识目标

1. 掌握机械式四轮转向系的组成、基本结构和工作原理；
2. 掌握液压式四轮转向系的组成、基本结构和工作原理；
3. 掌握电子控制液压式四轮转向系的组成、基本结构和工作原理。

项目 四轮转向系统的认识

项目目标

1. 了解四轮转向系统的优点；
2. 掌握四轮转向的特性。

课前思考

四轮转向与二轮转向有什么不同之处？

项目内容

1. 四轮转向系统概述

现代汽车，特别是高级汽车，发动机的功率在不断增大，行驶速度也在不断提高，这也使得两轮转向汽车在高速行驶时，相对于一定的转向角增量，其车身的横摆角速度和横向加速度和稳定性变差。为了增强汽车在高速行驶或者侧向风力作用下的操纵稳定性，改善低速时的操纵轻便性，自 20 世纪 80 年代末，四轮转向的汽车相继推出，主要应用在较高级和新型轿车上。

四轮转向系统 4WS(4 wheel steering System)中的后轮转向是根据汽车行驶速度或者方向盘的转角大小来进行控制的。在车速较低或者方向盘转角较大时，后轮的转向与前轮转向相反；当车速较高或者放线盘转角较小时，后轮的转向与前轮转向方向相同。

当汽车高速行驶转向时，车身离心力会使车辆后部向侧面移动，产生侧滑，车速和转向的急剧程度决定了侧滑的大小。如果侧滑过大，会使汽车产生横向旋转，从而使驾驶员失去对车辆的控制，此时，四轮转向系统使后轮转向方向与前轮相同，侧滑程度将会减轻，从而使稳定性得到改善。但在高速行驶时，前后轮转向相同时的转向角要比低速转向相反时的角度小得多。

2. 四轮转向系统优点

①转向响应快：在整个车速变换范围内，车辆对转向输入的响应更迅速和准确。

②转向能力强：车辆在高速行驶时以及在潮湿路面上的转向特性更加稳定和可靠。

③直线行驶稳定性好：车辆在高速工况下的直线行驶稳定性提高，路面不平度和侧风对车辆行驶稳定性影响减小。

④低速性能好：低速时，后轮朝前轮偏转方向的反向偏转，使得车辆转变半径大大减小，因此更容易控制。

3.4WS 的转向特性

(1)4WS 车低速四轮转向特性

汽车在低速转向的情况下，可以认为车辆的行驶方向和车辆的朝向大体一致，所以各车轮上几乎不产生转向力。4 个轮胎前进方向的垂线在一点相交，而车辆以此点（转向中心）为中心进行转向。图 14.1 所示为低速转向时的行驶轨迹。

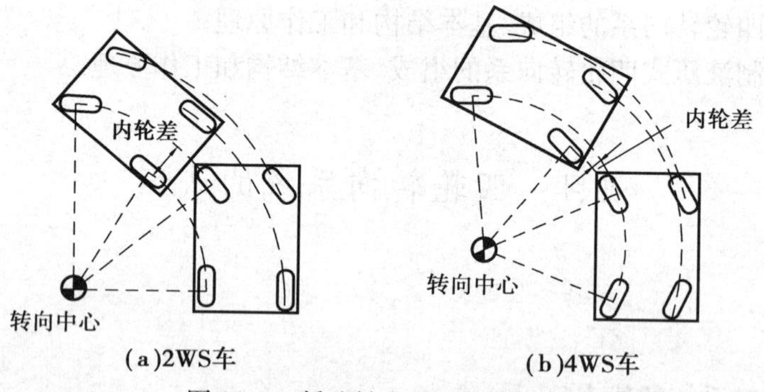

图 14.1 低速转向时的行驶轨迹

2WS 汽车的情况是后轮不转向，所以其转向中心大致在后轴的延长线上。4WS 汽车的情况是对后轮进行逆向操纵，转向中心比 2WS 汽车靠近车体处。在低速转向时，若两前轮转向角相同，则 4WS 汽车的转向半径更小，内轮差也小，转向性能好。对小轿车而言，如果后轮逆向转向 5°，则可以减少最小转向半径 0.5 m，内轮差约 0.1 m。

(2)4WS 中高速转向特性

直线行驶的汽车转向是汽车质心绕转向中心的公转和汽车绕质心的自转两运动的合成运动。如图 14.2 所示为 2WS 汽车中高速转向时车辆的运动状态：前轮转向时，前轮产生侧偏角 α，并产生旋转向心力使车体开始自转。当车体出现自转时，后轮产生侧偏角 β 和旋转向心力。车速越高，离心力越大，所以必须给前轮更大的侧偏角，使它产生更大的旋转向心力。与此同时，后轮也产生与此相应的侧偏角，车体的自转趋势更加严重。也就是说，车速越高，转向时容易引起车辆的旋转和侧滑。

理想的高速转向运动状态是尽可能使车体的倾向和前进方向一致，从而使后轮产生足够的旋转向心力。4WS 汽车通过对后轮同向转向操纵，使后轮也产生侧偏角，使它与前轮的旋转向心力相平衡，从而抑制自转运动，得到车体方向和车辆前进方向一致的稳定转向状态，如图 14.3 所示。

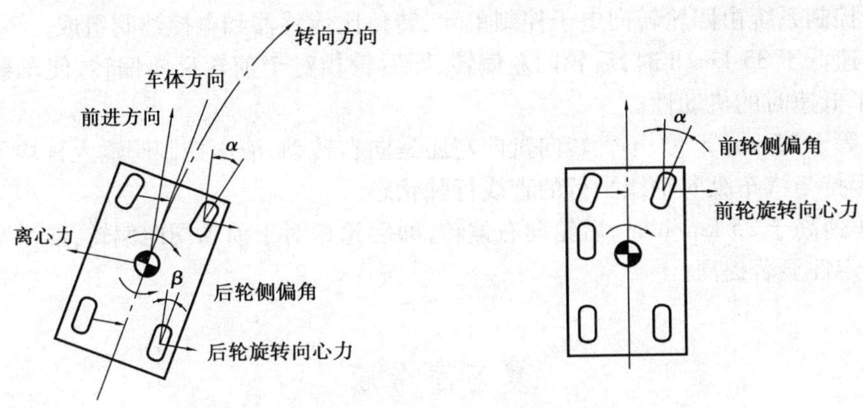

图 14.2 2WS 汽车中高速转向时车辆的运动状态

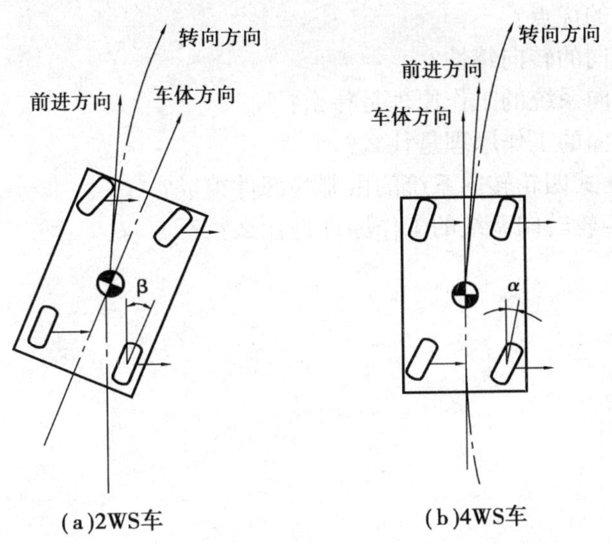

图 14.3 中高速转向时 2WS 和 4WS 同向转向操纵比较

本模块知识小结

1. 四轮转向系统优点:转向响应快,转向能力强,直线行驶稳定性好,低速性能好。

2. 4WS 的转向特性:车低速转向特性,中高速转向特性。

3. 机械式四轮转向系统中采用了两个转向器,分别用于前后轮偏转。两个转向器之间用一根双曲轴连接。

4. 液压式四轮转向系统后轮的偏转方向始终与前轮偏转方向相同,且后轮的偏转角不大于 1.5°。

5. 电子控制液压式四轮转向系主要由前轮动力转向系统、后轮转向系、车速传感器、电子控制单元等组成。

6. 后轮转向系由转向控制步进电机、相位控制机构、液压控制阀、后轮转向动力缸等组成。

7. 电子控制系统由四轮转向电子控制单元、转角比传感器和电控油阀组成。

8. 当车速低于 35 km/h 时，后轮向左偏转，即后轮相对于前轮反向偏转，使车辆转向半径减小，提高了低速时的机动性。

9. 车速等于 35 km/h 时，不管转向盘向左还是向右转动，液压控制阀输入杆均不产生轴向位移，后轮保持与汽车纵向轴线平行的直线行驶状态。

10. 当车速高于 35 km/h 时，后轮向右偏转，即后轮相对于前轮同向偏转，使汽车高速行驶时的操纵稳定性显著提高。

复习思考题

1. 简述四轮转向的优点？
2. 什么是四轮转向的转向特性？
3. 机械式四轮转向系统的工作原理是什么？
4. 液压式四轮转向的工作原理是什么？
5. 简述电子/液压式四轮转向系统的由哪些部件组成？
6. 电子/液压式四轮转向系统的工作原理是什么？

学习领域 4
汽车制动系

模块 15
制动系统认识

知识目标

1. 掌握制动系的功用、组成；
2. 了解制动系的分类；
3. 掌握汽车制动系的基本组成和工作原理。

能力目标

1. 熟悉汽车制动系各组成部分，能够对照实物说出名称和功用；
2. 理解汽车制动系的工作原理。

项目　汽车制动系统认识

项目目标

1. 掌握汽车制动系的基本组成；
2. 理解汽车制动系的工作原理。

课前思考

汽车制动力是如何产生的？汽车制动系统是怎样实现制动的？

项目内容

汽车制动系统是汽车安全行驶的保障。在宽阔平坦、车流人流少的路况中，在保证安全行驶的前提下，汽车可以提高行驶速度，从而提高运输效率和经济效益；在进入弯道、路面不平、两车交会、遇到障碍物时，汽车要能在尽可能短的距离内降低车速或停车；在长下坡时，要求能将车速控制在安全范围内；对停驶的车辆、特别是在坡道上停驶的车辆，要保证驻留原地不动。因此，汽车上设置有驻车系统。

1. 制动系统的功用与组成

汽车制动系的功用是：按照需要使汽车减速或在最短距离内停车；下坡行驶时保持车速稳定；使停驶的汽车可靠驻停。

汽车制动系依据装置的目的及操作不同，可分为如下几种：

(1)驻车制动系

它一般为机械式，以手动操作为主，但也有部分轿车采用脚操作。驻车制动主要用于使停驶的车驻留原地，防止车辆滑溜。制动器安装在传动轴上的称为中央制动器；制动器安装在后轮上的称为复合式制动器。在行车制动装置失效或在坡道上起步时，可临时用驻车制动装置。

(2)行车制动系

行车制动系用于使行驶中的车辆减速或停车，制动器全部安装在车轮上，通常由驾驶员用脚操纵。它一般以液压为主要操作动力，兼有真空助力辅助制动，使驾驶者易于操作。大型卡车、客车则以压缩空气制动为主，其他的也有采用电气制动。

(3)应急制动、安全制动和辅助制动系

应急制动装置就是用独立的管路控制车轮制动器作为备用系统，其作用是在行车制动装置失效的情况下保证汽车仍能实现减速或停车。安全制动装置是当制动气压不足时起制动作用，使车辆无法行驶。辅助制动装置是为了下长坡时减轻行车制动器的磨损而设，其中利用发动机排气制动应用最广。

汽车上设置有彼此独立的制动系统，它们起作用的时刻不同，但它们的组成却是相似的，主要由制动器和传动机构组成。它们一般有以下 4 个组成部分。

①供能装置：包括供给、调节制动所需能量以及改善传能介质状态的各种部件，如气压制动系中的空气压缩机。

②控制装置:包括产生制动动作和控制制动效果的各种部件,如制动踏板等。

③传动装置:将驾驶员或其他动力源的作用力传到制动器,同时控制制动器的工作,从而获得所需的制动力矩。它包括将制动能量传输到制动器的各个部件,如制动主缸、制动轮缸等。

④制动器:产生阻碍车辆运动或运动趋势的力的部件。

比较完善的制动系统应具有制动力调节装置、报警装置、压力保护装置或防抱死装置等附加机构。

2. 制动系统的分类

制动系按功能的不同可以分为行车制动系、驻车制动系以及应急制动、安全制动和辅助制动系。

按照制动能源分类,汽车制动系又可以分为人力制动系、动力制动系和伺服制动系。

①人力制动系是以驾驶员的施加于制动踏板或手柄上的力作为唯一制动能源的制动系。其中又分液压式和机械式两种,机械式仅用于驻车制动。

②动力制动系是完全靠由发动机的动力转化而成的气压或液压形式的势能进行制动的制动系,其中又分为气压式、真空液压式、空气液压式。

③伺服制动系是兼用人力和发动机动力进行制动的制动系。

3. 制动装置的基本结构与作用原理

以一定速度行驶的汽车具有一定的动能,要使它按需减速停车,路面必须强制地对汽车车轮产生一个阻止汽车行驶的力——制动力,这个力的方向与汽车行驶的方向相反。实质上,制动就是将汽车的动能强制地转化成其他形式的能量,即转化为热能,扩散于大气中。

(1)基本结构

图 15.1 所示的行车制动装置是由车轮制动器和液压传动结构两部分组成。车轮制动器由旋转部分、固定部分和张开机构所组成。旋转部分是制动鼓 8,它固定于轮毂上和车轮一起旋转。固定部分是制动蹄 10 和制动底板 11 等。制动蹄上铆有摩擦片 9,蹄的下端松套在支承销 12 上,支承销固定在制动底板上,上端用回位弹簧 13 拉紧,压靠在轮缸活塞 7 上。制动底板用螺栓与转向节凸缘(前轮)或桥壳凸缘(后轮)固定在一起。制动蹄通过液压轮缸油压的压力推动轮缸活塞 7 使制动蹄张开,或用凸轮的张开机构来促动。

(2)制动作用的产生

不制动时,制动鼓的内圆柱面与摩擦片之间保留一定间隙,制动鼓可以随车轮一起旋转。制动时,踩下制动踏板 1,推杆 2 便推动主缸活塞 3,迫使制动油经油管 5 进入制动轮缸 6,推动轮缸活塞 7 使制动蹄 10 张开,与制动鼓全面贴合压紧。此时,不旋转的摩擦片 9 对旋转的制动鼓 8 将产生一个摩擦力矩,其方向与车轮旋转方向相反,大小决定于轮缸的张力、摩擦系数和制动鼓及制动蹄的尺寸。制动鼓将该力矩传到车轮后,由于车轮与路面间有附着作用,车轮即对路面作用一个向前的圆周力 F_{μ}。与此相反,路面会给车轮一个向后的反作用力,方向与汽车行驶方向相反,这个力就是车轮受到的制动力 F_B。各轮上制动力的和是汽车受到的总制动力。制动力由车轮经车桥和悬架传给车架及车身,迫使整个汽车产生一定的减速度,甚至停车。

放松制动踏板,在各回位弹簧的作用下,制动蹄与制动鼓的间隙又恢复,制动解除。

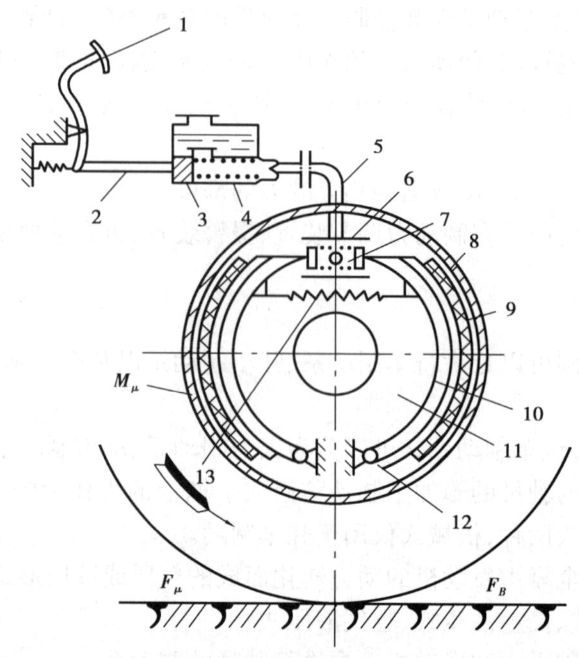

图 15.1　制动装置原理图

1—制动踏板；2—主缸推杆；3—主缸活塞；4—制动主缸；5—油管；6—制动轮缸；7—轮缸活塞；8—制动鼓；9—摩擦片；10—制动蹄；11—制动底板；12—支承销；13—制动蹄回位弹簧

4. 对制动系的要求

为了保证汽车能在安全的条件下发挥出高速行驶的能力，制动系统必须满足下列要求：

①具有良好的制动效能，其评价指标有制动距离、制动减速度、制动力和制动时间。制动效能可以用制动实验仪器来检验。在实际使用过程中，常以制动距离来间接衡量整车的制动效能。制动距离是以某一速度开始紧急制动（例如 30 km/h 或 50 km/h），从驾驶员踩上制动踏板起直到停车为止汽车所走过的距离。

②操纵轻便。即操纵制动系统所需的力不应过大。对于人力液压制动系，最大踏板力不大于 500 N（轿车）和 700 N（货车）。踏板行程不大于 150 mm（货车）和 120 mm（轿车）。

③制动稳定性好。即制动时，前、后车轮制动力分配合理，左、右车轮上的制动力矩基本相等，汽车不跑偏、不甩尾，磨损后间隙应能调整。

④制动平顺性好。制动力矩能迅速而平稳地增加，亦能迅速而彻底地解除。

⑤散热性好。连续制动时，制动鼓的温度高达 400 ℃，摩擦片的散热能力要高（指摩擦片抵抗因高温分解变质引起的摩擦系数降低），水湿后恢复能力快。

⑥对挂车的制动系，还要求挂车的制动作用应略早于主车。挂车自行脱挂时能自动进行应急制动。

本模块知识小结

1. 汽车制动系的功用是：按照需要使汽车减速或在最短距离内停车；下坡行驶时保持车速

稳定;使停驶的汽车可靠驻停。

2. 制动系按功能的不同可以分为行车制动系、驻车制动系以及应急制动、安全制动和辅助制动系。

3. 驻车制动主要用于使停驶的车驻留原地,防止车辆滑溜。行车制动系用于使行驶中的车辆减速或停车。应急制动就是用独立的管路控制车轮制动器作为备用系统,其作用是当行车制动装置失效的情况下保证汽车仍能实现减速或停车。

4. 按照制动能源分类,汽车制动系又可以分为人力制动系、动力制动系和伺服制动系。

5. 汽车上设置有彼此独立的制动系统,它们起作用的时刻不同,但它们的组成却是相似的,主要由制动器和传动机构组成。

复习思考题

1. 简述制动系的功用。

2. 说明制动系的组成和工作原理。

模块 16
车轮制动器

知识目标

1. 理解车轮制动器的功用；
2. 掌握车轮制动器的主要类型、基本组成和工作原理；
3. 掌握车轮制动器的拆装与检测方法。

能力目标

1. 学会正确解体和装配车轮制动器；
2. 能对车轮制动器的主要零件进行检验。

项目1　鼓式车轮制动器

项目目标

1. 掌握鼓式车轮制动器的结构和功用；
2. 了解鼓式车轮制动器的分类与要求。

课前思考

鼓式车轮制动器要满足哪些要求？鼓式车轮制动器是如何工作的？鼓式车轮制动器有什么特点？

项目内容

1. 鼓式车轮制动器的结构

制动器是制动系中用以产生阻碍车辆运动或运动趋势的力的部件。一般制动器都是通过其中的固定元件对旋转元件施加制动力矩，使后者的旋转角速度降低，同时依靠车轮与路面的附着作用，产生路面对车轮的制动力以使汽车减速。

凡利用固定元件与旋转元件工作表面的摩擦而产生制动力矩的制动器,都称为摩擦制动器。各类汽车所用的摩擦制动器可分为鼓式和钳盘式两大类。鼓式制动器的摩擦副中的旋转元件为制动鼓,工作面为圆柱面。简单的鼓式车轮制动器由旋转部分、固定部分、促动装置和定位调整机构组成。

(1)旋转部分

旋转部分多为制动鼓。制动鼓通常为浇铸件,对于受力小的制动鼓也可用钢板冲压而成,如图 16.1 所示。

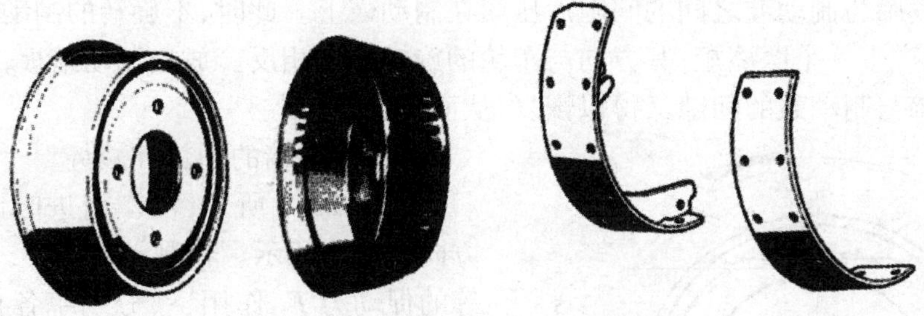

图 16.1　制动鼓和制动蹄

(2)固定部分

固定部分是制动底板和制动蹄。制动底板固装在车桥的凸缘盘上,通过支承销与制动蹄相连。制动蹄常用钢板冲压后焊接而成或由铸铁或轻合金烧铸,采用 T 形截面,以增大刚度,摩擦片采用粘接或铆接的方式固定于制动蹄上,如图 16.1 所示。

(3)促动装置

促动装置的作用是对制动蹄施加力使其向外张开。常用的促动装置有制动凸轮和制动轮缸,如图 16.2 所示。

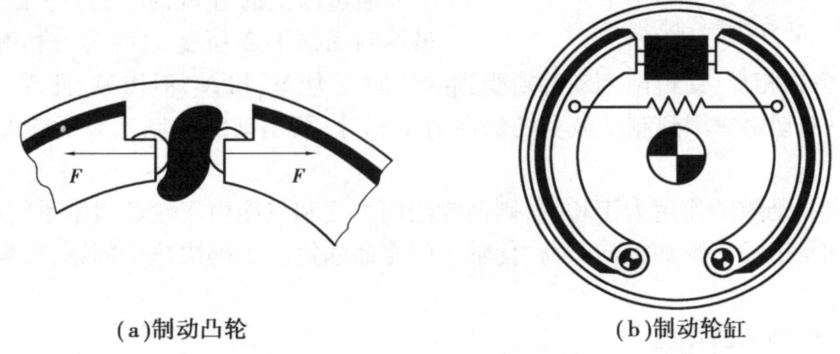

(a)制动凸轮　　(b)制动轮缸

图 16.2　制动蹄的促动装置

(4)定位调整装置

制动蹄不工作时,其摩擦片与制动鼓之间应有合适的间隙,此间隙一般为 0.25 ~0.5 mm。间隙过小易造成制动解除不彻底;但间隙过大又将使制动踏板行程过大,以致使驾驶员操作不便,同时也会推迟制动器起作用的时刻。但是在制动过程中,摩擦片的不断磨损必将导致此间隙逐渐增大。因此,各种形式的制动器均设有检查、调整此间隙的装置。

定位调整装置的作用是保持和调整制动蹄和制动鼓间正确的相对位置。

2. 鼓式制动器的工作原理

(1)制动器的工作过程

汽车行驶中不需要制动时,制动踏板处于自由状态,制动主缸无制动液输出,制动蹄在复位弹簧 13 的作用下压靠在轮缸活塞上,制动鼓的内圆柱面与摩擦片之间保留一定间隙,制动鼓可以随车轮一起旋转。

制动时,驾驶员踩下制动踏板,主缸推杆 2 便推动制动主缸内的活塞前移,迫使制动液经管路进入制动轮缸,推动轮缸的活塞向外移动,使制动蹄克服复位弹簧的拉力绕支承销转动而张开,消除制动蹄与制动鼓之间的间隙后压紧在制动鼓上。此时,不旋转的制动蹄摩擦片对旋转的制动鼓就产生一个摩擦矩,其方向与车轮的旋转方向相反。放松制动踏板,在复位弹簧的作用下,制动蹄与制动鼓的间隙又得以恢复,从而解除制动。

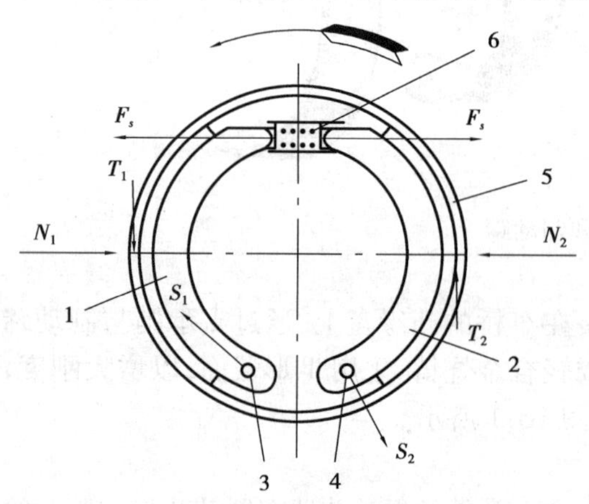

图 16.3　领从蹄式制动器示意图
1—领蹄;2—从蹄;3,4—支承点;
5—制动鼓;6—制动轮缸

(2)制动蹄的增势和减势

如图 16.3 所示,汽车前进时制动鼓的旋转方向如箭头所示。在制动过程中,两制动蹄在相等的促动力 F_s 作用下,分别绕各自的支承点向外偏转紧压在制动鼓上。同时,旋转的制动鼓对两蹄分别作用着法向反力 N_1 和 N_2,以及相应的切向反力 T_1 和 T_2。T_1 使得制动蹄 1 在制动鼓上压得更紧,则 N_1 变得更大,这种情况称为“助势”作用,相应的制动蹄被称为“领蹄”;与此相反,T_2 作用的结果则使得制动蹄 2 有放松制动鼓趋势,即 N_2 和 T_2 有减小的趋势。这种情况称为“减势”作用,相应的制动蹄被称为“从蹄”。

通过以上的分析,我们会得出这样的结论:虽然制动蹄 1、2 所受的促动力相等,但由于 T_1 和 T_2 的作用方向相反,使得两制动蹄所受到的法向反力 N_1 和 N_2 不相等,且 $N_1 > N_2$,相应的 $T_1 > T_2$。所以制动蹄作用到制动鼓上的法向力不相等;两制动蹄对制动鼓所施加的制动力矩也不相等。

制动蹄对制动鼓的作用力不相等,则两蹄法向力之和只能由车轮轮毂轴承的反力来平衡,这样对轮毂轴承造成了附加径向载荷,使轴承的寿命缩短。为解决这个问题,出现了各种不同的鼓式制动器。

3. 鼓式车轮制动器类型

鼓式车轮制动器按其制动蹄促动装置的形式可分为轮缸式车轮制动器和凸轮式车轮制动器。

根据制动时两制动蹄对制动鼓的径向作用力之间的关系,鼓式制动器可分为简单非平衡式、平衡式和自增力式。

(1)非平衡式制动器

制动鼓受来自两制动蹄的法向力不能互相平衡的制动器称为非平衡式制动器。

非平衡式车轮制动器的工作过程如图 16.3 所示,其结构特点是:两制动蹄的支承点都位于蹄的下端,而促动装置的作用点在蹄的上端,共用一个轮缸张开,且轮缸活塞直径是相等的。

其性能特点是:汽车前进或倒车制动时,各有一个“领蹄”和“从蹄”。领、从蹄对制动鼓的法向作用力不相等,而这个不平衡的法向作用力只能由车轮的轮毂轴承来承担。

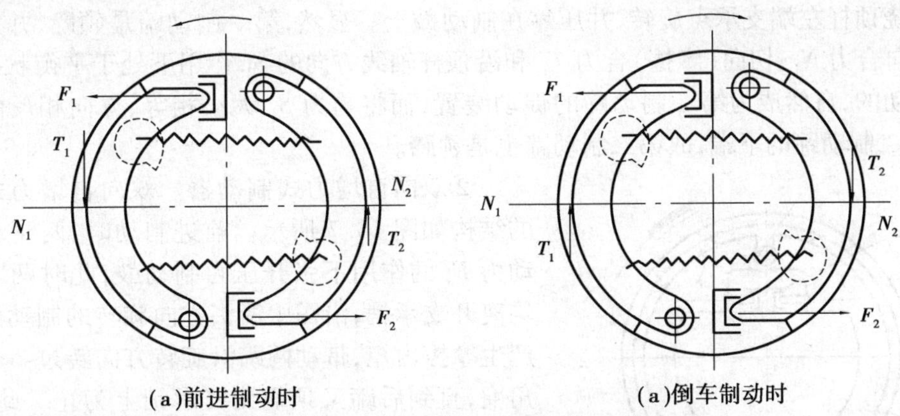

图 16.4　单向平衡式车轮制动器的结构

(2)平衡式制动器

制动鼓受来自两蹄的法向力互相平衡的制动器称为平衡式制动器。

①单向平衡式制动器。单向平衡式制动器的结构如图 16.4 所示,其结构特点是:两制动蹄各用一个单向活塞制动轮缸,且前后制动蹄与其轮缸、调整凸轮零件在制动底板上的布置是中心对称的,两轮缸用油管连接。其性能特点是:前进制动时两蹄均为“领蹄”,有较强的增力;倒车制动时两蹄均为“从蹄”,制动力较小。

②双向平衡式制动器。双向平衡式制动器的结构如图 16.5 所示,其结构特点是:制动蹄、制动轮缸、复位弹簧均为成对地对称布置,两制动蹄的两端采用浮式支承,且支点在周向位置浮动,用复位弹簧拉紧。其性能特点是:汽车前进或倒车中制动时,两个制动蹄均为“领蹄”,均有较强的增力,制动效果好,蹄片磨损均匀。

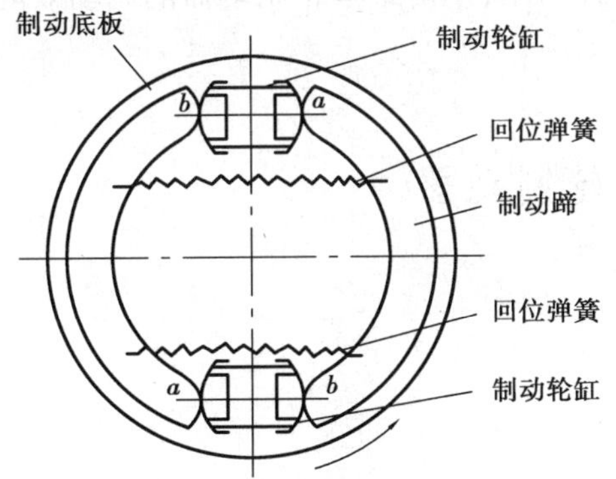

图 16.5　双向平衡式车轮制动器的结构

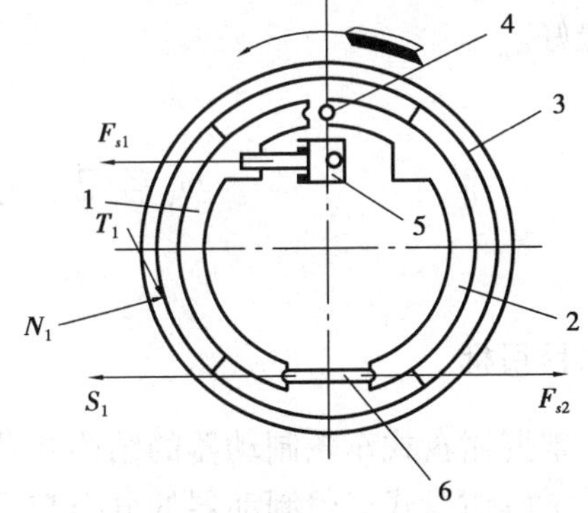

图 16.6　单向自增力式制动器的结构

1—第一制动蹄;2—第二制动蹄;3—制动鼓;4—支承销;5—轮缸;6—顶杆

(3)自增力式制动器

①单向自增力式制动器。单向自增力式制动器的结构如图 16.6 所示。其制动蹄 1 和制动蹄 2 的下端分别浮支在浮动的顶杆两端。制动器只在上方有一个支承销 4。不制动时,两

蹄上端均靠各自的复位弹簧拉靠在支承销上。

汽车前进制动时，单活塞式轮缸只将促动力 F_{s1} 加于第一制动蹄，使其上端离开支承销，整个制动蹄绕顶杆左端支承点旋转，并压靠在制动鼓上。显然，第一制动蹄是领蹄，并且在促动力 F_{s1}、法向合力 N_1、切向（摩擦）合力 T_1 和沿顶杆轴线方向的 S_1 作用下处于平衡状态。由于顶杆是浮动的，自然成为第二制动蹄的促动装置，而将与力 S_1 大小相等、方向相反的促动力 F_{s2} 施于第二制动蹄的下端，故第二制动蹄也是领蹄。

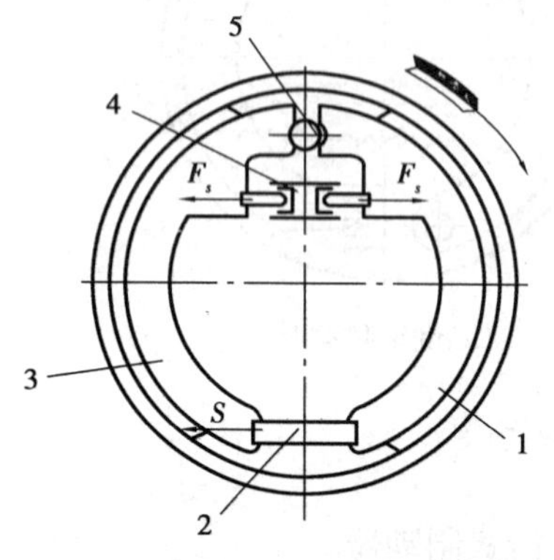

图 16.7　双向自增力式制动器的结构
1—前制动蹄；2—顶杆；3—后制动蹄；4—制动轮缸；5—支承销

②双向自增力式制动器。双向自增力式制动器的结构如图 16.7 所示。前进制动时，两制动蹄在促动力 F_s 的作用下张开压力制动鼓，此时两蹄的上端均离开支承销，沿图中箭头方向旋转的制动鼓对两蹄产生摩擦力矩，带动两蹄沿旋转方向转过一个不大的角度，直到后蹄又顶靠到支承销上为止。此时，前蹄为“领蹄”，但其支承为浮动的推杆。制动鼓作用在前蹄的摩擦力和法向力的一部分对推杆形成一个推力 S，推杆又将此推力完全传到后蹄的下端。后蹄在推力 S 的作用下也形成“领蹄”，并在轮缸液压促动力 F_s 的共同作用下进一步压紧制动鼓。推力 S 比促动力 F_s 大得多，从而使后蹄产生的制动力矩比前蹄更大。

倒车制动时，作用过程与此相反，与前进制动时具有同等的自增力作用。

总结：以上介绍的各类型制动器各有利弊。就制动效能而言，在基本结构参数和轮缸工作压力相同的条件下，自增力式制动器居榜首，以下依次为双向平衡式、单向平衡式、非平衡式。但就制动效能的稳定性而言，自增力式车轮制动器对摩擦系数的依赖性最大，因此其制动效能的稳定性最差；非平衡式车轮制动器制动效能的稳定性居中；平衡式车轮制动器的制动效能稳定性最好。

项目 2　钳盘式车轮制动器

项目目标

1. 掌握钳盘式车轮制动器的结构和功用；
2. 了解钳盘式车轮制动器的分类与要求。

课前思考

钳盘式车轮制动器是什么结构？钳盘式车轮制动器是如何工作的？钳盘式车轮制动器有什么特点？

项目内容

1. 钳盘式车轮制动器的基本结构和工作原理

(1)基本结构

钳盘式制动器的旋转元件为圆盘状的制动盘,工作面为圆盘端面,其基本结构如图 16.8 所示。钳盘式制动器的旋转元件是制动盘,它和车轮固装在一起旋转,以其端面为摩擦工作表面。钳盘式制动器的固定元件是:制动块、导向支销和轮缸及活塞,它们均被安装于制动盘两侧的钳体上,总称为制动钳。制动钳用螺栓与转向节或桥壳上的凸缘固装,并用调整垫片来调整钳与盘之间的相对位置。

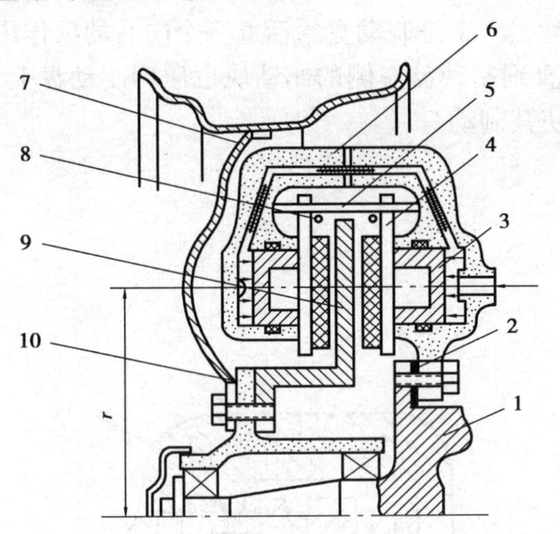

图 16.8　钳盘式制动器基本结构

1—转向节或桥壳凸缘;2—调整垫片;3—活塞;4—制动块;5—导向支承销 6—钳体;7—轮辐;8—回位弹簧;9—制动盘;10—轮毂凸缘

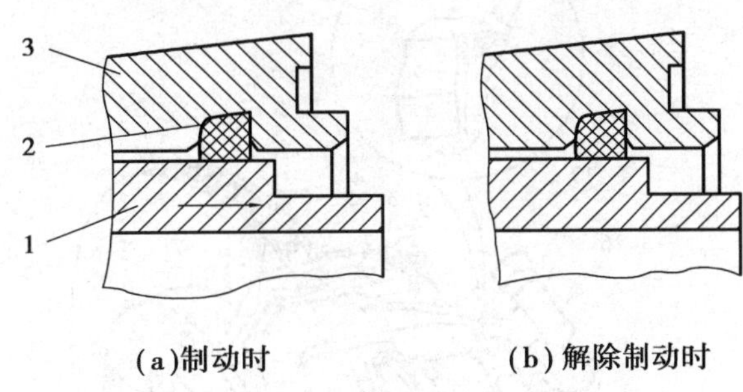

图 16.9　活塞密封圈的工作情况

1—活塞;2—矩形橡胶密封圈;3—轮缸

(2)工作原理

钳盘式制动器制动时,油液被压入内、外两轮缸中,经液压作用的活塞朝制动盘方向移动,推动制动块紧压制动盘,产生摩擦力矩而制动。在此过程中,轮缸槽内的矩形橡胶密封圈的刃边在摩擦力的作用下产生微量的弹性变形,如图 16.9(a)所示。

放松制动时,液压系统压力消除,密封圈恢复到其初始位置,活塞和制动块依靠密封圈的弹力和弹簧的弹力回位,如图 16.9(b)所示。由于矩形密封圈刃边的变形量很微小,在不制动时,摩擦片与盘之间的间隙每边只有 0.1 mm 左右,它足以保证制动的解除。

2. 盘式制动器的类型

盘式制动器根据其固定元件的结构形式可分为钳盘式制动器和全盘式制动器。

钳盘式制动器的固定元件为制动钳,制动钳中的制动块由工作面积不大的摩擦块与其金属背板组成,每个制动器中有 2 ~ 4 块。钳盘式制动器按制动钳固定在支架上的结构形式可分为定钳盘式和浮钳盘式,如图 16.10 所示即为定钳盘式制动器。

全盘式制动器的固定元件的金属背板和摩擦片都做成圆盘形,因此其制动盘的全部工作面可同时与摩擦片接触。全盘式制动器由于制动钳的横向尺寸较大,主要应用在重型车上。

3. 典型盘式制动器

下面以桑塔纳轿车前轮制动器为例进行介绍。

如图16.10所示为桑塔纳轿车的前轮盘式制动器，该制动器为浮钳盘式制动器。它由制动盘、内外摩擦块、制动钳壳体、制动钳支架、前制动轮缸等组成。其制动盘固定在轮毂上，夹在内外摩擦衬块中间，与前轮一起转动。制动钳通过螺栓（兼作导向销）与制动钳支架相连（支架固定于转向节凸缘上），钳体可沿螺栓相对于制动盘作轴向移动。轮缸布置在制动钳的内侧。固定支架上有导轨，通过两根特制弹簧安装内、外制动块，内、外制动块可沿导轨作轴向移动。

制动器的工作情况如图16.11所示。制动时，来自制动主缸的制动液通过油道进入制动轮缸，推动活塞及其制动块向左移动，并压到制动盘上。于是制动盘给活塞一个向右的反作用力 P_2，使得活塞连同制动钳体沿导向销向右移动，直到制动盘左侧的制动块也压到制动盘上。此时，两侧的制动块都压在制动盘上，夹住制动盘使其制动。

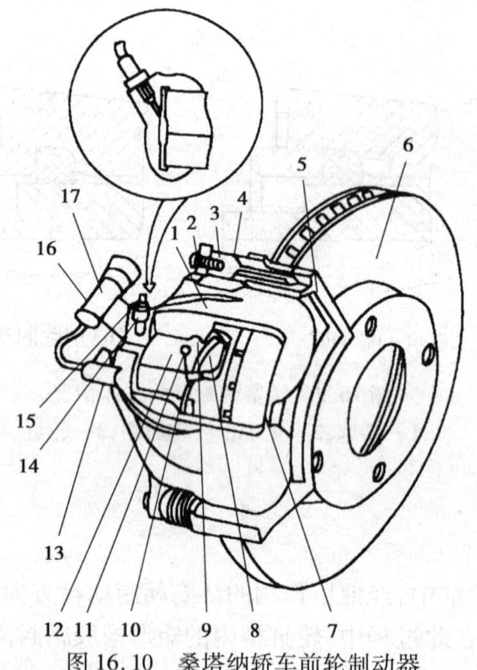

图16.10 桑塔纳轿车前轮制动器

1—制动钳体；2—紧固螺栓；3—导向销；4—防护套；5—制动钳支架；6—制动盘；7—固定制动块；8—消声片；9—防尘套；10—活动制动块；11—密封圈；12—活塞；13—电线导向夹；14—放气螺钉；15—放气螺钉帽；16—报警开关；17—电线夹

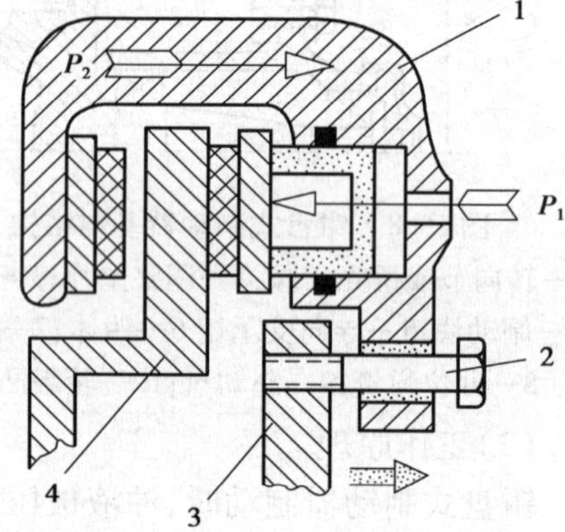

图16.11 浮钳盘式制动器工作原理

1—制动钳体；2—导向销；3—制动盘

4. 盘式制动器的特点

盘式制动器的优点：

①散热能力强，热稳定性好。受热后，制动盘只在径向膨胀，不会影响制动间隙。

②抗水衰退能力强。受水浸后，水在离心力作用下被很快甩干，摩擦衬片上的剩水也由于压力高而容易挤出，一般仅需要一到二次制动后即可恢复正常。

③制动时的平顺性好。

④结构简单,维修方便。

⑤制动间隙小,便于自动调节。

盘式制动器的不足之处:

①制动时无助势作用,故要求管路液压较高。

②防污性差,制动衬片磨损较快。

项目 3　驻车制动器

项目目标

1. 掌握驻车制动器的结构和功用;

2. 了解驻车制动器的分类与要求。

课前思考

行车制动器能使行驶的车辆减速或停车,但是停车之后,还要保证车辆可靠驻停;车辆坡道起步时,驾驶员一只脚能否同时松制动踏板和踩加速踏板?汽车上哪套装置能起到防止车辆滑溜、坡道起步的作用呢?它与行车制动器又有什么区别和联系呢?

项目内容

1. 驻车制动器的功用

①防止车辆停驶后滑溜;

②使车辆在坡道上能顺利起步;

③行车制动系失效后临时使用或配合行车制动器进行紧急制动。

2. 驻车制动器的类型

驻车制动器按其安装位置可分为中央制动式和车轮制动式两种。中央制动式通常安装在变速器的后面,其制动力矩作用在传动轴上;车轮制动式通常与车轮制动器共用一个制动器总成,但传动机构是相互独立的。

驻车制动器按其结构形式可分为鼓式、盘式、带式和弹簧作用式。

3. 典型驻车制动器

下面以东风 EQ1090E 型汽车驻车制动器为例,阐述驻车制动器的结构和工作原理。

(1)制动器的结构

如图 16.12 所示为东风 EQ1090E 型汽车驻车制动器的结构,该制动器为中央制动、鼓式、简单非平衡式驻车制动器。其制动鼓通过螺栓与变速器输出轴的凸缘盘紧固在一起,制动底板固定在变速器输出轴轴承盖上。两制动蹄通过偏心支承销支承在制动底板上,其上端装有滚轮,在回位弹簧的作用下滚轮紧靠在凸轮的两侧。凸轮轴支承在制动底板的上部,轴外端与摆臂连接,摆臂的另一端与穿过压紧弹簧的拉杆相连,拉杆再通过摇臂、传动杆与驻车制动杆相连。驻车制动杆上连有棘爪,驻车制动器工作时,棘爪嵌入齿扇上的棘齿内,起锁止作用。

解除制动时,需按下驻车制动杆上的按钮使棘爪脱离棘齿才能扳动驻车制动杆。

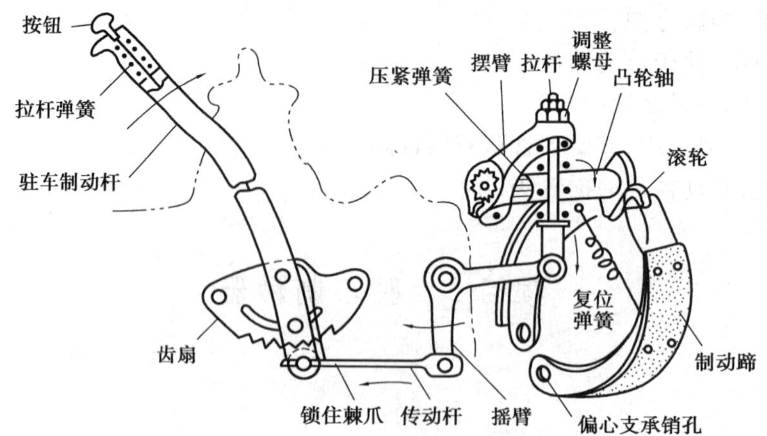

图 16.12　东风 EQ1090E 型汽车驻车制动器

(2)制动器的工作原理

驻车制动时,将驻车制动杆上端向后拉动,则制动杆的下端向前摆动,传动杆带动摇臂顺时针转动,拉杆则带动摆臂顺时针转动,凸轮轴亦顺时针转动,凸轮则使两制动蹄以支承销为支点向外张开,压靠到制动鼓上,产生制动作用。当制动杆拉到制动位置时,棘爪嵌入齿扇上的棘齿内,起锁止作用。

解除制动时,按下驻车制动杆上的按钮使棘爪脱离棘齿,向前推动制动杆,则传动杆、拉杆、凸轮轴按逆时针方向转动,制动蹄在回位弹簧的作用下回位,制动蹄与制动鼓间恢复制动间隙,制动解除。

实训 17　车轮制动器的拆装与检测

实训目的

1. 对照实物掌握各种类型车轮制动器的结构特点;
2. 通过简单拆装巩固车轮制动器主要零部件的名称和作用;
3. 熟悉车轮制动器各主要零部件的相互装配关系。

实训内容

1. 观察车轮制动器的安装位置;
2. 拆装车轮制动器盖及压盘总成;
3. 观察车轮制动器各零件状态。

技术标准与要求

1. 拆装并检测调整桑塔纳轿车的前、后制动器和驻车制动器;
2. 拆装时,严谨将油液、油脂和水黏附到制动器上;
3. 拆装过程必须使用专用工具。

工具准备

实训车;鼓式制动器、钳盘式制动器及驻车制动器总成;游标卡尺、常用汽车维修工具及工作台等。确保每4~6人有1套工具。

实训步骤

1.鼓式制动器的拆装与检测

(1)事前准备

①拆装前,将工位清理干净,排除障碍物,准备好相关工具、物品;然后将车辆停驻在举升机平台的中央位置,拉紧驻车制动器,变速器置于空挡,打开并可靠支撑机舱盖,将护裙粘贴在车辆左、右侧翼子板上,安装转向盘套、换挡手柄套、座套,铺设地板垫。

②依次拆卸蓄电池负极电缆,断开氧传感器、"+B"导线连接器,做好实训准备。

(2)制动器的拆卸

①观察实训准备好的状况,观察制动器及其操纵机构在汽车上的安装情况。

②拧松车轮螺栓螺母(拧紧力矩110 N·m),取下车轮。

③用专用工具VW637/2卸下轮毂盖,如图16.13所示。

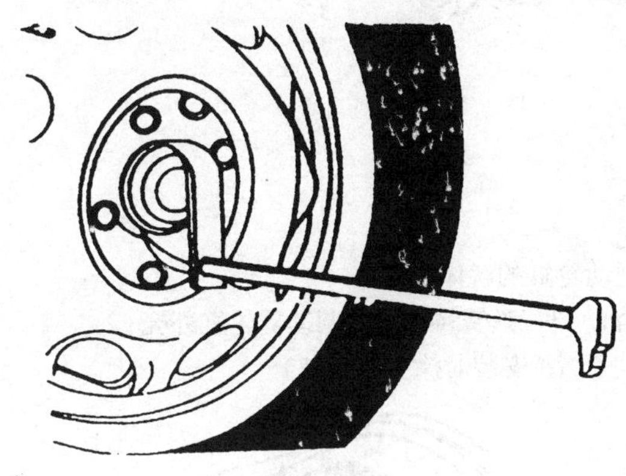

图16.13 卸下轮毂盖

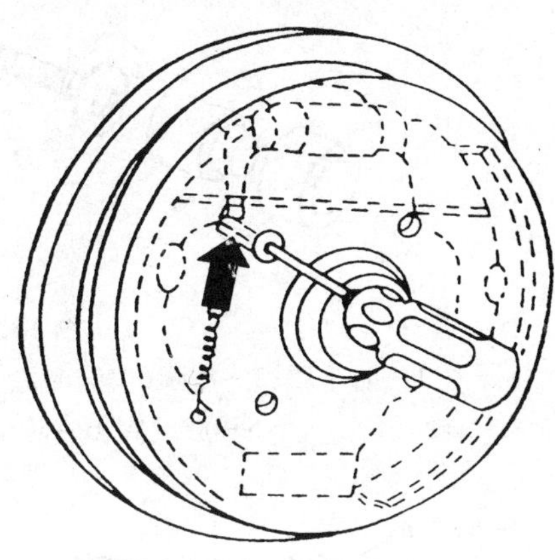

图16.14 拨动楔形块

④取下开口销,旋下后车轮轴承上的六角螺母,取出止推垫圈。

⑤用螺丝刀通过制动鼓螺孔向上拨动楔形块,如图16.14所示,使制动蹄与制动鼓放松。

⑥用鲤鱼钳拆下压簧座圈。用手从下面的支架上提起制动蹄,取出下回位弹簧。

⑦取下制动杆上的驻车制动拉索,用鲤鱼钳取下楔形件的回位弹簧和上回位弹簧。

⑧卸下制动蹄,如图16.15所示。

⑨把带压力杆的制动蹄卡紧在台虎钳上,拆下定位弹簧,取下制动蹄,如图16.16所示。

⑩如有必要,拆下制动轮缸并解体,如图16.17所示。

(3)制动器的检测

使用车轮制动器时,制动蹄与制动鼓间存在着磨损,磨损引起制动蹄上摩擦片厚度减小,制动鼓内径增大,使得蹄、鼓间的间隙增大,制动器的起作用时刻推迟,制动效能下降。因此,汽车行驶一定里程或出现制动不良的故障时,应对车轮制动器进行必要的调整和检修。

车轮制动器的检修内容和方法如下:

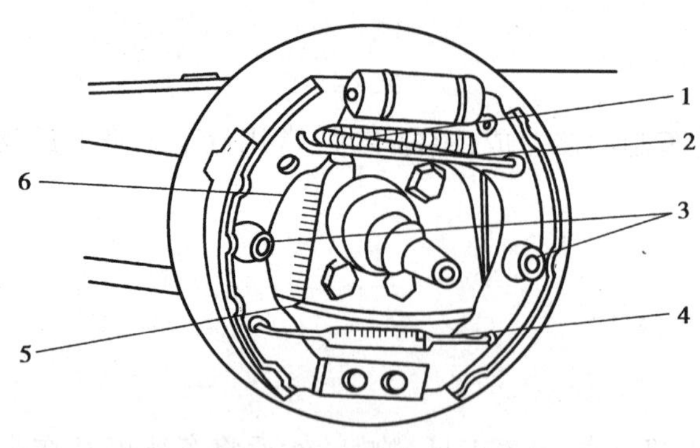

图 16.15　卸下制动蹄
1—上回位弹簧;2—压力杆;3—弹簧及座圈;
4—下回位弹簧;5—驻车制动拉索;6—楔形件回位弹簧

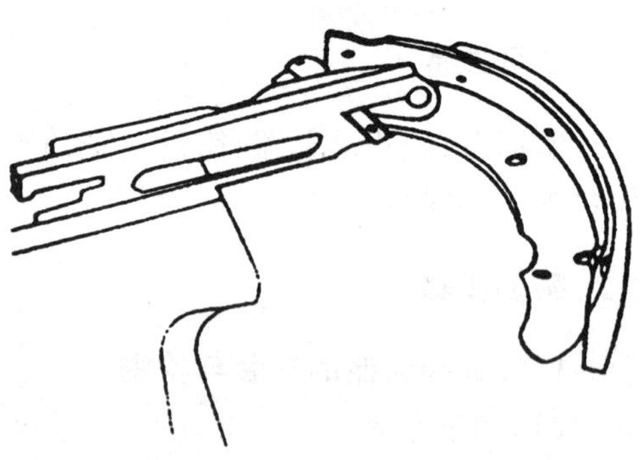

图 16.16　拆卸制动蹄定位弹簧

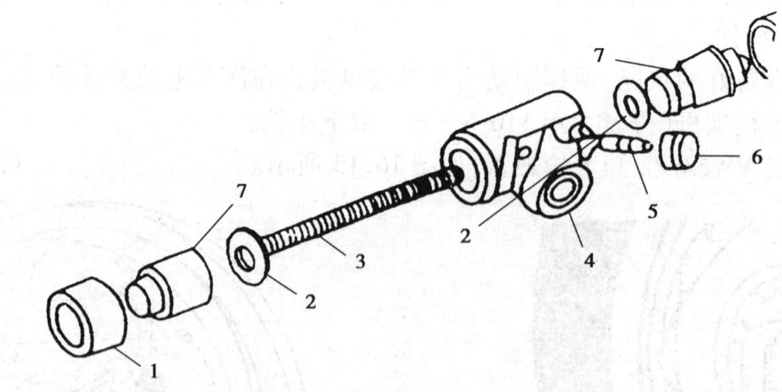

图 16.17　制动轮缸的解体
1—防尘罩;2—皮圈(安装时涂上制动液);3—弹簧;4—车轮制动器轮缸外壳;
5—放气阀;6—防尘罩;7—活塞(安装时涂上制动液)

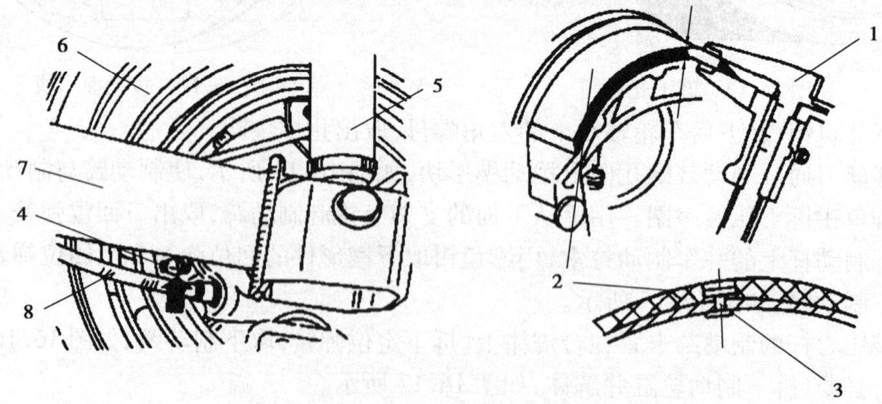

图 16.18　后制动蹄衬片厚度的检查
1—卡尺;2—摩擦片;3—铆钉;4—观察孔;5—后减振器;6—制动底板;7—后桥体;8—驻车制动器

①制动蹄衬片厚度的检查。如图 16.18 所示,用游标卡尺测量制动蹄片的厚度,标准值为 5 mm,使用极限为2.5 mm。其铆钉与摩擦片的表面深度不得小于1 mm,以免铆钉头刮伤制动

鼓内表面。在未拆下车轮时，后制动蹄摩擦片的厚度可从制动底板 6 的观察孔 4 中检查。

②制动鼓内孔磨损及尺寸的检查。如图 16.19 所示，首先检查制动鼓 1 内孔有无烧损、刮痕和凹陷，若不能修磨应更换新件；检查制动鼓内孔尺寸及圆度误差时，用游标卡尺 2 检查内孔尺寸，标准值为 $\phi180$ mm，使用极限为 $\phi181$ mm。用工具 3 测量制动鼓内孔的圆度误差，使用极限为 0.03 mm，超过极限应更换新件。

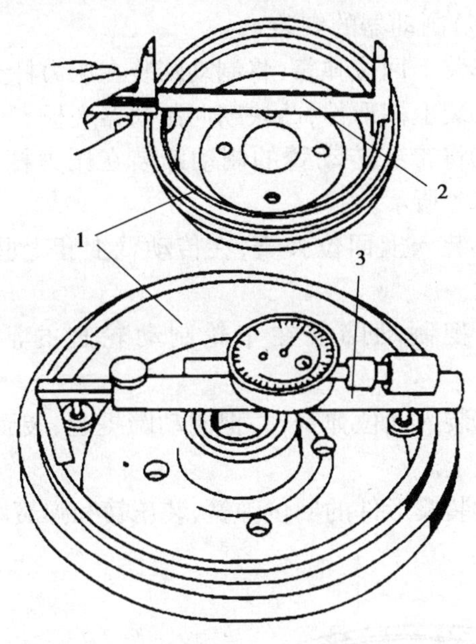

图 16.19　后制动鼓内孔磨损及尺寸的检查
1—后制动鼓；2—游标卡尺；3—测量不圆度工具

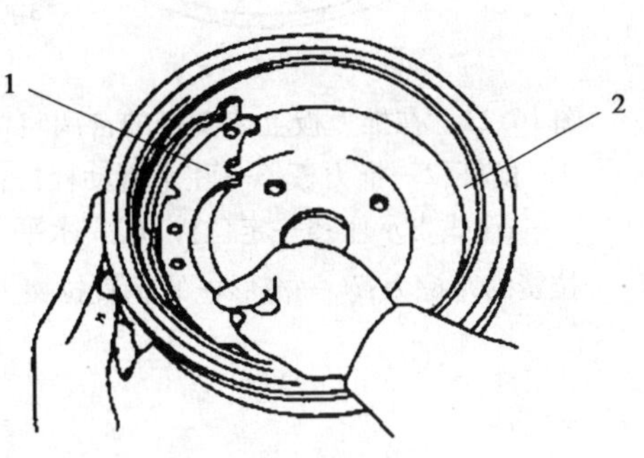

图 16.20　后制动蹄衬片与后制动鼓接触面积的检查
1—后制动蹄片；2—制动鼓

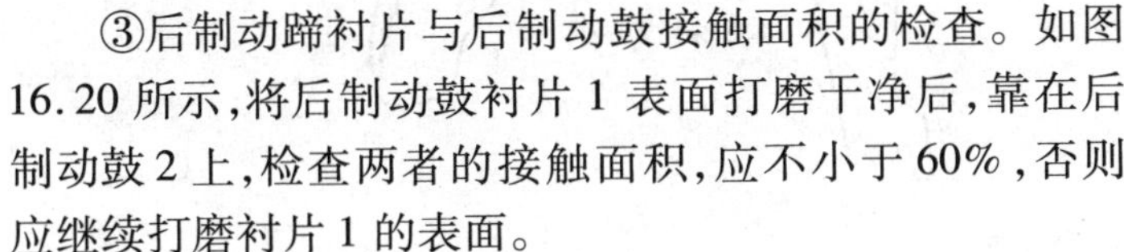

③后制动蹄衬片与后制动鼓接触面积的检查。如图 16.20 所示，将后制动鼓衬片 1 表面打磨干净后，靠在后制动鼓 2 上，检查两者的接触面积，应不小于 60%，否则应继续打磨衬片 1 的表面。

④后制动器定位弹簧及复位弹簧的检查。如图16.21 所示，若后制动器定位弹簧、上复位弹簧、下复位弹簧和楔形调整板拉簧的自由长度增长率达 5%，则应更换新弹簧。

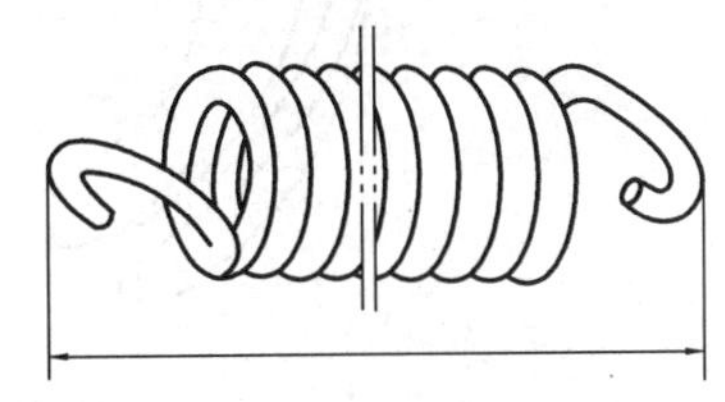

图 16.21　后制动器定位弹簧的检查

(4)制动器的调整

车轮制动器装配完毕后，为保证制动蹄衬片与制动鼓之间具有合适的间隙，应对其进行必要的调整。调整方法分为人工调整法和自动调整法。

桑塔纳轿车后轮制动器的间隙调整装置为在推力板上装楔杆的自调装置，其结构和工作情况如图 16.22 所示。楔杆的水平拉簧使楔杆与推力板间产生摩擦防止楔杆下移，垂直拉簧随时力图拉动楔杆下移。当蹄鼓间隙正常时，楔杆静止于相对应位置；当蹄鼓间隙大于规定值时，蹄片张开的行程被加大，垂直拉簧的力 F_2 增大，$F_2 > F_1$，楔杆下移，楔杆的下移使得水平拉簧的力也被加大，摩擦力 F_1 相应加大，则楔杆在新的位置静止。

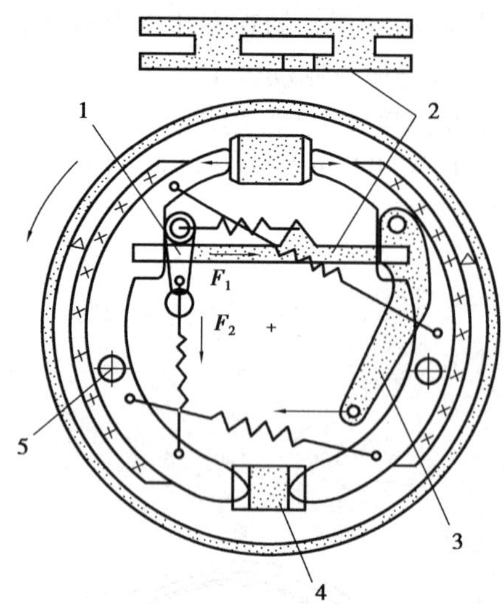

图 16.22　在推力板上装楔杆的自调装置
1—楔杆;2—推力板;3—驻车制动杠杆;4—浮式支承座;5—定位件;F_1—水平拉簧的摩擦力;F_2—楔形杆的垂直拉簧力

放松制动后,制动蹄在回位弹簧的作用下收拢。由于推力板已变长,只能被顶靠在新的位置,从而保持规定的制动间隙值。

此类自调装置属于一次性调准的结构,前进或倒车制动均能自调。

(5)制动器的安装

①装上回位弹簧,将制动蹄装在压力杆上。

②装上楔形件,凸块朝向制动器底板。

③将带有传动臂的制动蹄装在压力杆上,如图 16.23 所示。

④装入上回位弹簧,在传动臂上套上驻车制动拉索。

⑤把制动蹄装在车轮制动轮缸的活塞外槽上。

⑥装入回位弹簧,并把制动蹄提起,装到下面的支座上。

⑦装楔形件的回位弹簧,装压簧和弹簧座圈。

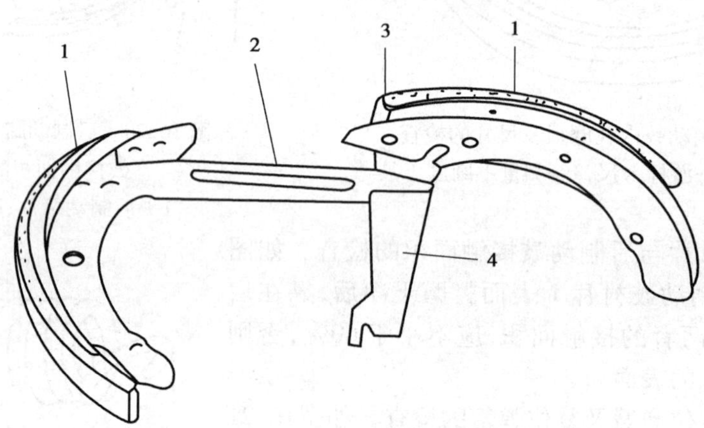

图 16.23　将制动蹄装在压力杆上
1—制动蹄;2—压力杆;3—销轴;4—制动杆

⑧装上制动鼓及后轮轴承,然后调整轮毂轴承的间隙。

⑨用力踩一下脚制动器,使后车轮制动蹄片正确就位,摩擦片与制动鼓的间隙得到自动调整。

2. 盘式制动器的拆装与检测

(1)事前准备

①拆装前,将工位清理干净,排除障碍物,准备好相关工具、物品;然后将车辆停驻在举升机平台的中央位置,拉紧驻车制动器,变速器置于空挡,打开并可靠支撑机舱盖,将护裙粘贴在车辆左、右侧翼子板上,安装转向盘套、换挡手柄套、座套,铺设地板垫。

②依次拆卸蓄电池负极电缆,断开氧传感器、“+B”导线连接器,做好实训准备。

(2)制动器的拆装

①观察实训准备好的状况,观察制动器及其操纵机构在汽车上的安装情况。

②拆下制动器总成:

a.松开车轮螺栓螺母(拧紧力矩为110 N·m)。

b.松开制动钳壳体的紧固螺栓(拧紧力矩为70 N·m),前轮制动器即可与车轮轴承分离。

c.拧松制动器罩的螺栓,制动器罩即可从转向节体上取下。

d.松开制动软管接头。

③制动摩擦片的拆卸:

a.拆卸上、下定位螺栓,如图16.24所示,用手卸下上、下定位弹簧。

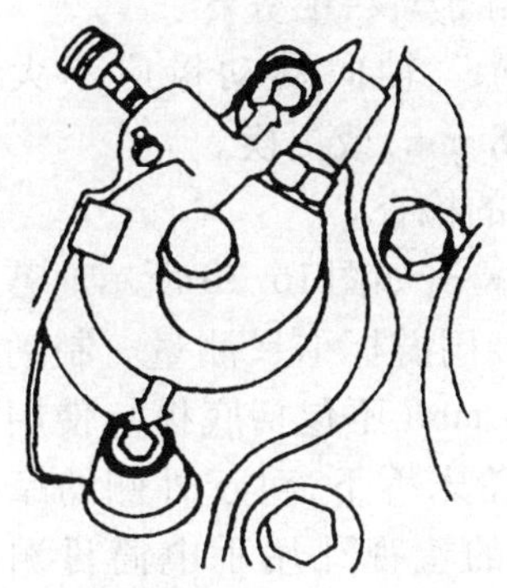

图16.24　卸下上下定位螺栓

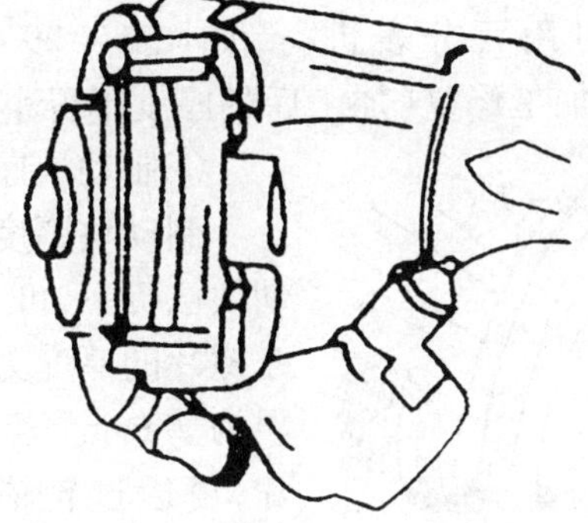

图16.25　拆下制动钳壳体

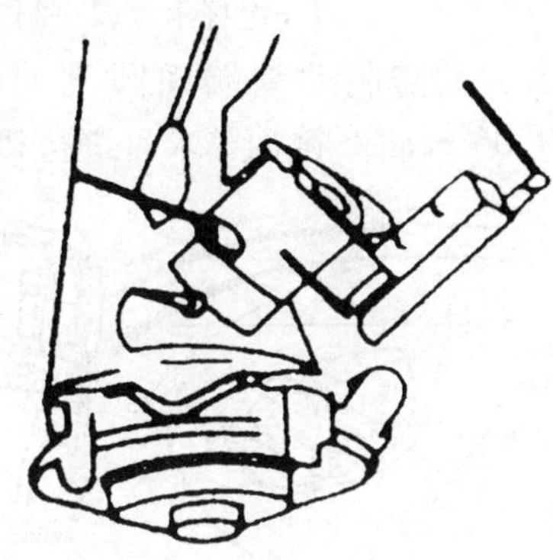

图16.26　把活塞压回到制动钳壳体内

b.取下制动钳壳体,如图16.25所示,取下制动器底板上的制动摩擦片。

c.把制动钳活塞压回制动钳壳体内,如图16.26所示。活塞回位前,先抽出制动液储液罐中的制动液,否则会引起制动液外溢,损坏表面油漆。制动液有毒,排放制动液时,只能使用专用容器存放。

④制动摩擦片的安装:

a.装入新的摩擦片,安装制动钳壳体,用70 N·m的力矩紧固定位螺栓。

b.安装上、下定位弹簧,如图16.27所示。

c.安装后,停车时用力将制动器踏板踩到底数次,以便使制动摩擦片正确就位。

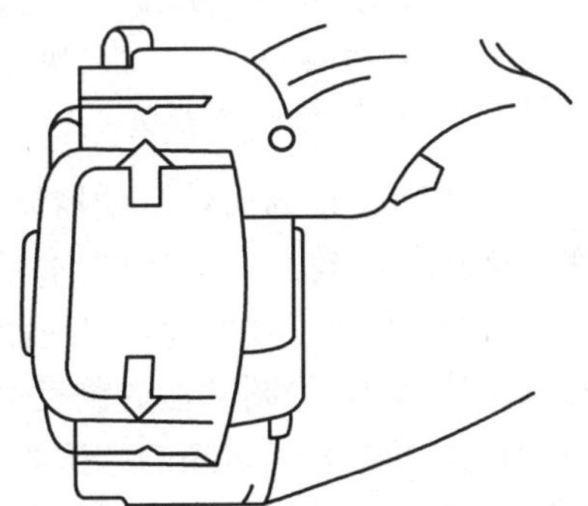

图16.27　安装上、下定位弹簧

(3)制动器的检查、调整

①制动盘厚度的检查。

制动盘使用磨损会使其厚度减小,厚度过小会引起制动踏板振动、制动噪声及颤动。

检查制动盘厚度时,可用游标卡尺或千分尺直接测量,如图16.28所示。桑塔纳轿车前制动盘标准厚度为10 mm,使用极限为8 mm,超过极限尺寸时应予更换。

②制动盘端面圆跳动的检查。

制动盘端面圆跳动过大会使制动踏板抖动或使制动衬片磨损不均匀。

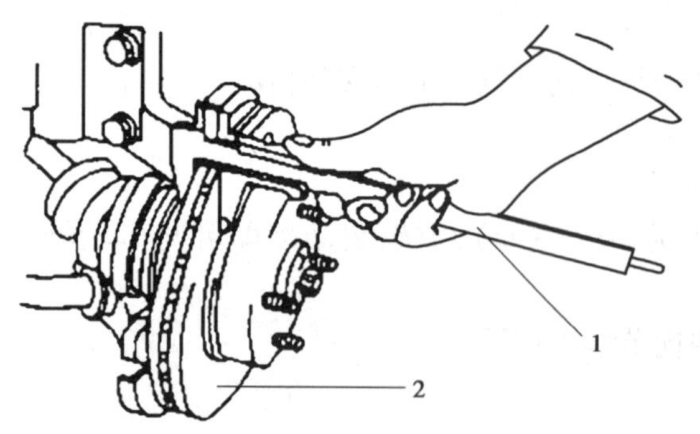

图 16.28　制动盘厚度的检查

1—游标卡尺;2—制动盘

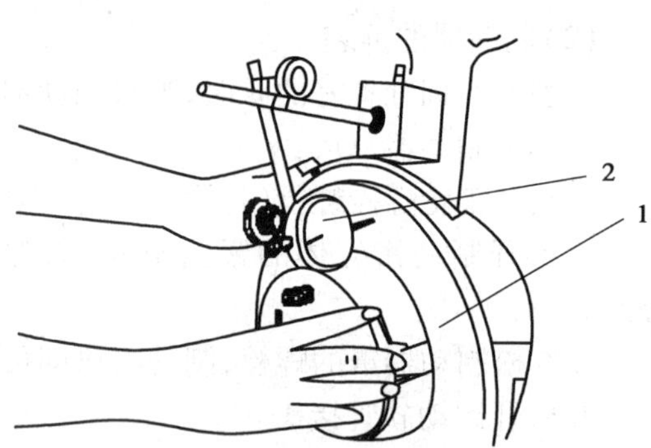

图 16.29　制动盘端面圆跳动的检查

1—制动盘;2—百分表

检查制动盘端面圆跳动可用百分表进行,如图 16.29 所示。轴向跳动量应不大于 0.06 mm。不符合要求可进行机加工修复(加工后的厚度不得小于 8 mm)或更换。

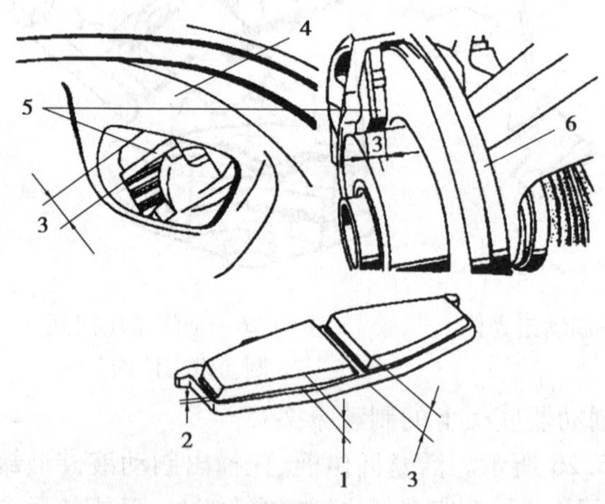

图 16.30　制动块厚度的检查

1—制动块摩擦片厚度;2—制动块摩擦片磨损极限厚度;3—制动块的总厚度;4—轮辐;5—外制动块;6—制动盘

③制动块厚度的检查。

制动块厚度的检查如图 16.30 所示。若制动块已拆下,可直接用游标卡尺测量。制动块摩擦片的厚度为 14 mm(不包括底板),使用极限为 7 mm。若车轮未拆下,对于外侧的摩擦片,可通过轮辐上的检视孔用手电筒目测检查。对于内侧摩擦片,可利用反光镜进行目测。

④制动器间隙的调整。

制动过程中,制动块与制动盘间存在着相对的运动,两者均有不同程度的磨损。制动盘、制动块磨损后,制动器的间隙会增大,制动时活塞的行程增加,制动器开始起作用的时间滞后,制动效果下降。因此,制动器的间隙应随时调整。

桑塔纳轿车的前轮制动器制动间隙为自动调整,工作过程如图 16.31 所示。其矩形密封圈 3 嵌在制动轮缸的矩形槽内,密封圈内圆与活塞外圆配合较紧,制动时活塞 1 被压向制动盘,密封圈发生了弹性变形;解除制动时,密封圈要恢复原状,于是将活塞拉回原位。当制动盘与制动块磨损后,制动器的制动间隙增大,若间隙大于活塞的设置行程 δ 时,活塞在制动液压力的作用下克服密封圈的摩擦阻力而继续前移,直到实现完全制动为止。解除制动时,由于密封圈弹性变形量的限制,密封圈将活塞拉回的距离小于活塞前移的距离,则活塞与密封圈之间这一不可恢复的相对位移便补偿了过量的间隙。

3. 驻车制动器的调整

(1)事前准备

①拆装前,将工位清理干净,排除障碍物,准备好相关工具、物品;然后将车辆停驻在举升机平台的中央位置,拉紧驻车制动器,变速器置于空挡,打开并可靠支撑机舱盖,将护裙粘贴在

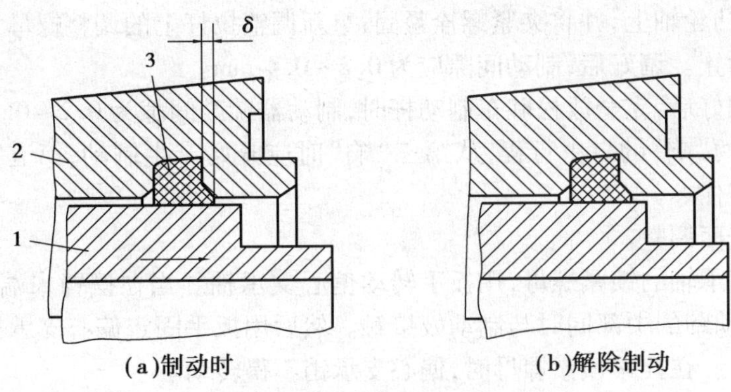

(a)制动时　　(b)解除制动

图 16.31　桑塔纳轿车前轮盘式制动器制动间隙的自动调整

1—活塞;2—制动钳;3—密封圈

车辆左、右侧翼子板上,安装转向盘套、换挡手柄套、座套,铺设地板垫。

②依次拆卸蓄电池负极电缆,断开氧传感器、"+B"导线连接器,做好实训准备。

(2)制动器的调整

制动器的调整如图 16.32 所示。

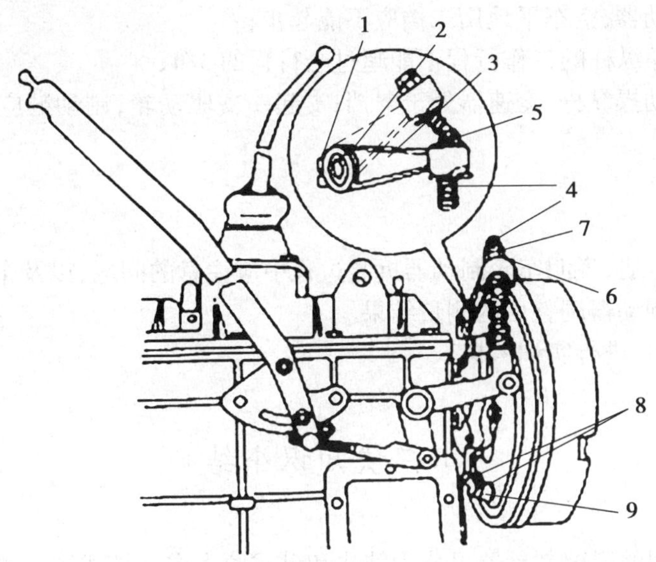

图 16.32　鼓式驻车制动器的调整

1—夹紧螺栓;2—凸轮轴;3—摇臂;4—拉杆;5—调整垫;6—调整螺母;

7—锁紧螺母;8—驻车制动蹄支承销;9—锁紧螺母

①拉杆长度调整。

当驻车制动器蹄鼓间隙过大时,可以将拉杆上的锁紧螺母松开,将制动操纵杆放松到最前端,然后拧动拉杆上的调整螺母,即可实现制动间隙调整。拧紧调整螺母,蹄鼓间隙减小;反之,蹄鼓间隙增大。调整完毕后,将锁紧螺母锁紧。

②摇臂与凸轮相互位置的调整。

通过拉杆长度的调整后,若操纵杆自由行程仍然偏大,则应调整摇臂与凸轮的相互位置:将驻车制动杆向前放松至极限位置;将摇臂从凸轮轴上取下,反时针方向错开一个或数个齿后，再将摇臂装于凸轮轴上，并将夹紧螺栓紧固；重新调整拉杆上的调整螺母，直到有合适的驻车制动拉杆行程为止。调好后，制动间隙应为0.2～0.4 mm。

驻车制动器调好后，完全放松驻车制动杆时，制动器蹄鼓间隙为0.2～0.4 mm。向后拉驻车制动杆时，应有两"响"的自由行程，从第三"响"时应开始产生制动，第五"响"时汽车应能在规定的坡道上停住。

③制动器的全面调整。

先拧松偏心支承轴的锁紧螺母，用扳手转动偏心支承轴。当在摆臂未端用力转动摆臂张开凸轮时，两个制动蹄的中部同时与制动鼓接触。然后用扳手固定偏心支承销，同时拧紧偏心支承销的锁紧螺母。在拧紧锁紧螺母时，偏心支承销不得转动。

④制动器性能的检查。

汽车每行驶12 000 km左右时，应对驻车制动器的性能进行检查。驻车制动器应满足以下性能：

a. 空载状态下，驻车制动装置应能保证车辆在坡度为20%（总质量为整备质量的1.2倍以下的车辆为15%）、轮胎与路面间的附着系数≥0.7的坡道上正、反两个方向保持固定不动的时间应≥5 min；

b. 拉紧驻车制动器，空车平地用二挡应不能起步；

c. 驻车制动器操纵杆的工作行程不能超过全行程的3/4；

d. 放松驻车制动操纵杆，变速器处于空挡；支起一支驱动轮，制动鼓应能用手转动且无摩擦声。

实训结果

①完成实训报告册，说明车轮制动器拆装过程中应注意的问题，以及车轮制动器各元件的检测结果以及车轮制动器调整后的测量结果。

②填写实训工单，进行实训考核。

本模块知识小结

1. 各类汽车所用的摩擦制动器可分为鼓式和盘式两大类。鼓式制动器摩擦副中的旋转元件为制动鼓，工作面为圆柱面；盘式制动器旋转元件为圆盘状的制动盘，工作面为圆盘端面。

2. 制动力作用于两侧车轮上的制动器称为车轮制动器；旋转元件固装在传动系的传动轴上，其制动力矩必须经过驱动桥再分配到两侧车轮上的制动器称为中央制动器。

3. 车轮制动器一般用于行车制动，部分汽车的后轮制动器兼用于驻车制动，中央制动器一般只用于驻车制动。

4. 简单的鼓式车轮制动器由旋转部分、固定部分、促动装置和定位调整机构组成。

5. 鼓式制动器的工作过程：汽车行驶中不需要制动时，制动踏板处于自由状态，制动主缸无制动液输出，制动蹄在复位弹簧的作用下压靠在轮缸活塞上，制动鼓的内圆柱面与摩擦片之间保留一定间隙，制动鼓可以随车轮一起旋转。

制动时，驾驶员踩下制动踏板，主缸推杆便推动制动主缸内的活塞前移，迫使制动液经管路进入制动轮缸,推动轮缸的活塞向外移动,使制动蹄克服复位弹簧的拉力绕支承销转动而张开,消除制动蹄与制动鼓之间的间隙后压紧在制动鼓上。此时,不旋转的制动蹄摩擦片对旋转的制动鼓就产生一个摩擦矩,其方向与车轮的旋转方向相反。

放松制动踏板,制动蹄与制动鼓的间隙在复位弹簧的作用下又得以恢复,从而解除制动。

6. 钳盘式制动器的旋转元件是制动盘,它和车轮固装在一起旋转,以其端面为摩擦工作表面。其固定元件是:制动块、导向支销和轮缸及活塞,它们均被安装于制动盘两侧的钳体上,总称为制动钳。制动钳用螺栓与转向节或桥壳上的凸缘固装,并用调整垫片来调整钳与盘之间的相对位置。

7. 钳盘式制动器制动时,油液被压入内、外两轮缸中,经液压作用的活塞朝制动盘方向移动,推动制动块紧压制动盘,产生摩擦力矩而制动。在此过程中,轮缸槽内的矩形橡胶密封圈的刃边在摩擦力的作用下产生微量的弹性变形。

放松制动时,液压系统压力消除,密封圈恢复到其初始位置,活塞和制动块依靠密封圈的弹力和弹簧的弹力回位。由于矩形密封圈刃边的变形量很微小,在不制动时,摩擦片与盘之间的间隙每边只有 0.1 mm 左右,它足以保证制动的解除。

8. 驻车制动器按其安装位置可分为中央制动式和车轮制动式两种。中央制动式通常安装在变速器的后面,其制动力矩作用在传动轴上;车轮制动式通常与车轮制动器共用一个制动器总成,只是传动机构是相互独立的。

9. 驻车制动时,将驻车制动杆上端向后拉动,则制动杆的下端向前摆动,传动杆带动摇臂顺时针转动,拉杆则带动摆臂顺时针转动,凸轮轴亦顺时针转动,凸轮则使两制动蹄以支承销为支点向外张开,压靠到制动鼓上,产生制动作用。当制动杆拉到制动位置时,棘爪嵌入齿扇上的棘齿内,起锁止作用。

解除制动时,按下驻车制动杆上的按钮使棘爪脱离棘齿;向前推动制动杆,则传动杆、拉杆、凸轮轴按逆时针方向转动,制动蹄在回位弹簧的作用下回位,制动蹄与制动鼓间恢复制动间隙,制动解除。

复习思考题

1. 什么是摩擦制动器? 它是如何分类的? 各自的结构特点如何?

2. 什么是领从蹄式制动器? 简述其结构及其工作原理,并指出哪一蹄是领蹄? 哪一蹄是从蹄?

3. 轮缸式制动器有哪几种形式?

4. 什么是非平衡式制动器? 试分析领从蹄式制动器是否为非平衡式制动器?

5. 什么是制动助势蹄和减势蹄? 装有此两种蹄的制动器是何种制动器?

6. 什么是双领蹄式制动器? 其结构特点如何?

7. 单向自增力式制动器的结构特点如何?

8. 盘式制动器与鼓式制动器比较有哪些优缺点?

9. 钳盘式制动器分成哪几类? 它们各自的特点是什么?

模块 17 制动传动装置

知识目标

1. 理解制动传动装置的基本原理；
2. 了解制动传动装置的布置形式和主要总成结构；
3. 掌握制动力分配调节装置的结构和工作原理。

能力目标

1. 能分析制动传动过程；
2. 能检修制动主缸；
3. 能检修制动轮缸。

项目 1　液压式制动传动装置

项目目标

1. 掌握液压式制动传动装置的基本组成和工作原理；
2. 掌握液压式制动传动装置的布置形式；
3. 掌握液压式制动传动装置的主要总成。

课前思考

液压式制动传动装置的基本结构是怎样的？它是怎样工作的？

项目内容

任务1　液压式制动传动装置的工作原理

任务描述

液压式制动传动装置是当前汽车传动系中应用最广泛的制动传动系统，掌握其结构特点和工作过程对实际应用有指导性意义。本任务要求掌握液压式制动传动装置具备的结构特点，理解工作原理。

学习引导

制动传动装置的功用是将驾驶员或其他动动力源的作用传到制动器，同时控制制动器的工作，从而获得所需要的制动力矩。制动传动装置按传力介质的不同可分为液压式、气压式和气液综合式；按制动管路的套数可分为单管路式和双管路式。按照交通法规的要求，现代汽车的行车制动系须采用双管路制动传动装置，因此，单管路制动传动装置已被淘汰。

1. 液压式制动传动装置的结构

液压式制动传动装置是利用制动液将制动踏板力转换为制动液压力，通过管路传至车轮制动器，再将制动液压力转变为制动蹄张开的机械推力。如图17.1所示，液压式制动传动装置由制动踏板、主缸推杆、制动主缸、储液罐、制动轮缸、油管、制动灯开关、指示灯、比例阀等组成。

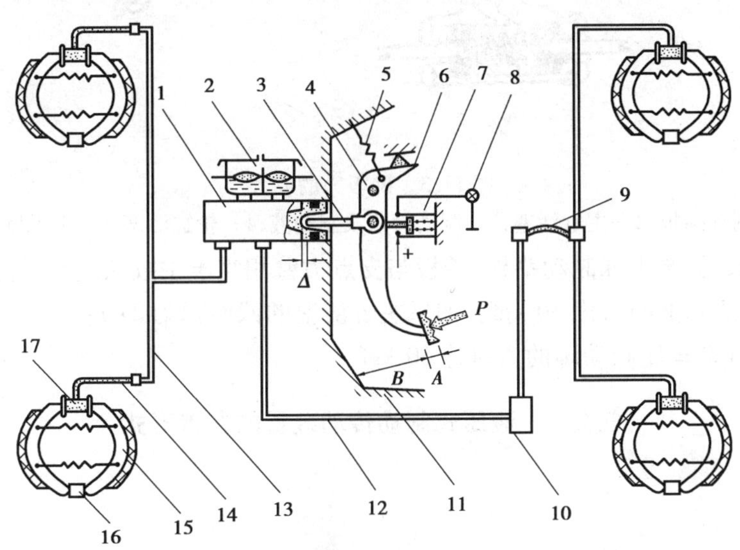

图17.1　液压式制动传动装置的组成

1—制动主缸；2—储液罐；3—主缸推杆；4—支承销；5—复位弹簧；6—制动踏板；7—制动灯开关；8—指示灯；9—软管；10—比例阀；11—地板；12—后桥油管；13—前桥油管；14—软管；15—制动蹄；16—支承座；17—制动轮缸；Δ—自由间隙；A—自由行程；B—有效行程

2. 液压式制动传动装置的工作原理

液压式制动传动装置的组成如图17.2所示。

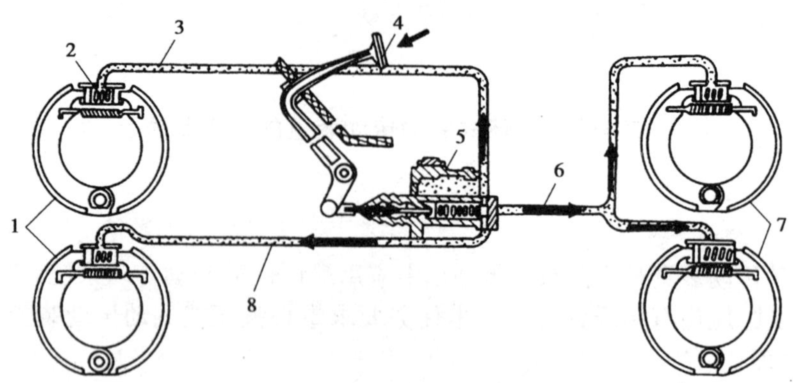

图 17.2　液压式制动传动装置的组成

1—前轮制动器;2—制动轮缸;3—右前桥油管;4—制动踏板;5—制动主缸;
6—后桥油管;7—后轮制动器;8—左前桥油管

液压制动传动装置以帕斯卡定律为基础,并且在传力过程中对驾驶员的踏板力进行了放大,使传递到制动轮缸及制动蹄上的制动力大于踏板力。踏板力放大原理如图 17.3 所示。

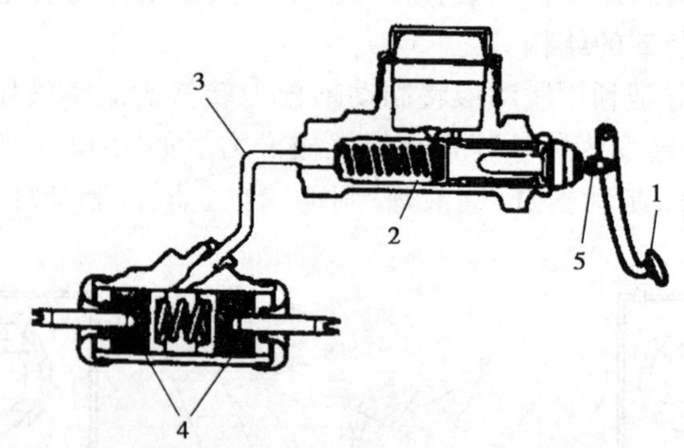

图 17.3　踏板力的放大

1—制动踏板;2—主缸活塞;3—制动管路及制动液;4—轮缸活塞;5—制动蹄推杆

如果以 10 kgf 脚踏力踩制动踏板,踏板与支点力臂相当于主缸活塞与支点力臂的 3 倍,则作用到制动主缸活塞上的力为 30 kgf。如果主缸活塞的截面积为 2 cm^2,而轮缸活塞的截面积为 4 cm^2,那么,推动车轮制动蹄的力可达 60 kgf。

任务 2　液压式制动传动装置的布置形式

任务描述

本任务要求掌握液压式制动传动装置的常见布置形式。

学习引导

双管路液压制动传动装置是利用彼此独立的双腔制动主缸,通过两套独立管路,分别控制两桥或三桥的车轮制动器。其特点是若其中一套管路发生故障而失效时,另一套管路仍能继续起制动作用,从而提高了汽车制动的可靠性和行车的安全性。下面介绍它的基本布置形式。

双管路的布置方案在各型汽车上各有不同，常见的有前后独立式和交叉式两种形式。

1. 前后独立式

如图 17.4 所示，前后独立式双管路液压制动传动装置由双腔制动主缸通过两套独立的管路分别控制前桥和后桥的车轮制动器。这种布置方式结构简式，如果其中一套管路损坏漏油，另一套仍能起作用，但会破坏前后桥制动力分配的比例，主要用于发动机前置、后轮驱动的汽车，如南京依维柯等。

2. 交叉式(也称为对角线式)

如图 17.5 所示，交叉式双管路液压制动传动装置由双腔制动主缸通过两套独立的管路分别控制前后桥对角线方向的两个车轮制动器。这种布置方式在任一管路失效时，仍能保持一半的制动力，且前后桥制动力分配比例保持不变，有利于提高制动方向稳定性，主要用于发动机前置、前轮驱动的轿车。

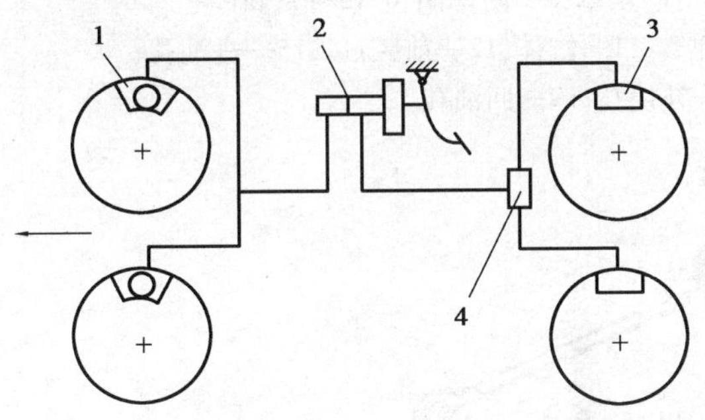

图 17.4　前后独立式的双管路液压制动传动装置
1—盘式制动器；2—双腔制动主缸；
3—鼓式制动器；4—制动力调节器

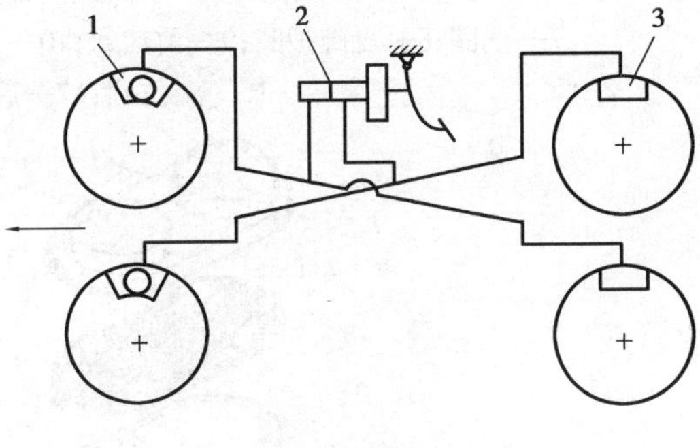

图 17.5　交叉式的双管路液压制动传动装置
1—盘式制动器；2—双腔制动主缸；
3—鼓式制动器

任务 3　液压式制动传动装置的主要总成

任务描述

在掌握液压式制动传动装置结构和工作原理的基础上，本任务要求了解液压式制动传动装置主要总成具备的结构特点，理解其工作原理，掌握检修方法。

学习引导

液压式制动传动装置主要总成包括制动主缸和制动轮缸，下面分别介绍它们的结构、工作原理和检修方法。

1. 制动主缸

(1)制动主缸的结构

制动主缸又称为制动总泵，处于制动踏板与管路之间，其功用是将制动踏板输入的机械力转换成液压力。它的基本结构如图 17.6 和图 17.7 所示。串联式双腔制动主缸主要由储液罐、制动主缸外壳、前活塞、后活塞及前后活塞弹簧、推杆、皮碗等组成。

主缸的壳体内装有前活塞、后活塞及回位弹簧，前后活塞分别用皮碗密封，前活塞用限位螺钉保证其正确位置。储油罐分别与主缸的前、后腔相通，前出油口、后出油口分别与轮缸相

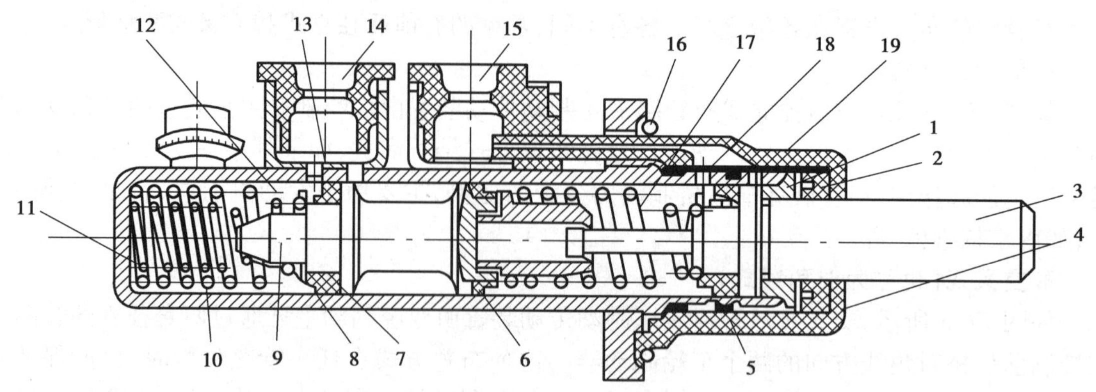

图 17.6　串联式双腔制动主缸

1—隔套;2—密封圈;3—后活塞(带推杆);4—防尘罩;5—防动圈;6,13—密封圈;7—垫圈;8—皮碗护圈;9—前活塞;10—前活塞弹簧;11—缸体;12—前腔;14,15—进油孔;16—定位圈;17—后腔;18—补偿孔;19—回油孔

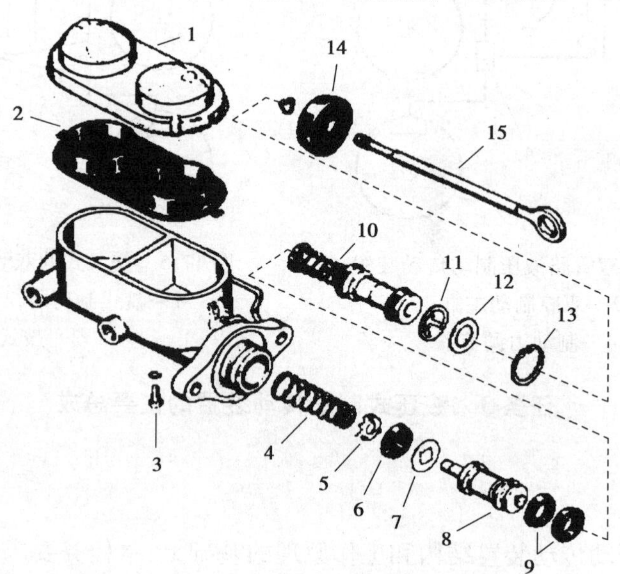

图 17.7　串联式双腔制动主缸的分解图

1—储液罐盖;2—膜片;3—限位螺钉;4—弹簧;5—皮碗护圈;6—前皮碗;7—垫圈;8—前活塞;9—后皮碗;10—后活塞;11—推杆座;12—垫圈;13—锁圈;14—防尘套;15—推杆

通,前活塞靠后活塞的液力推动而后活塞直接由推杆推动。

(2)制动主缸的工作原理

不制动时,制动主缸两活塞前部皮碗均遮盖不住其旁通孔,制动液由储液罐进入主缸。

正常状态下制动时,操纵制动踏板,经推杆推动后活塞左移,在其皮碗遮盖住旁通孔之后,后腔制动液压力升高,制动液一方面经出油阀流入制动管路,一方面推动前活塞左移。前活塞在后腔液压和弹簧弹力的作用下向左移动,前腔制动液压力也随之升高,制动液推开出油阀流入管路。于是两制动管路在等压下对汽车制动。

解除制动时,抬起制动踏板,活塞在弹簧作用下复位,高压制动液自制动管路流回制动主缸。如活塞复位过快,工作腔容积迅速增大,而制动管路中的制动液由于管路阻力的影响,来不及充分流回工作腔，使工作腔内油压快速下降，便形成一定的真空度，于是储液罐中的油液便经补偿孔和活塞上的轴向小孔推开垫片及皮碗进入工作腔。当活塞完全复位时，旁通孔开放，制动管路中流回工作腔的多余油液经补偿孔流回储液罐。

若与前腔连接的制动管路损坏漏油，则踩下制动踏板时只有后腔中能建立液压，前腔中无压力。此时，在压力差的作用下，前活塞迅速移到其前端顶到主缸缸体上。此后，后工作腔中液压方能升高到制动所需的值。

若与后腔连接的制动管路损坏漏油，则踩下制动踏板时，起先只是后活塞前移，而不能推动前活塞，因此后腔制动液压不能建立。但在后活塞直接顶触前活塞时，前活塞便前移，使前腔建立必要的制动液压而制动。

(3)制动主缸的检修

①检查储液罐是否破损，出现破损应更换。

②如图 17.8 所示，检查泵体 2 内孔和活塞 4 表面，其表面不得有划伤和腐蚀；用内径表 1 检查泵体内孔的直径 B，用千分尺 3 检查活塞的外径 C，并计算出内孔与活塞之间的间隙值，其标准值为 0.0 ~ 0.106 mm，使用极限为 0.15 mm，超过极限应更换新件。

③检查制动主缸皮碗、密封圈是否老化、损坏与磨损，否则应更换新件。

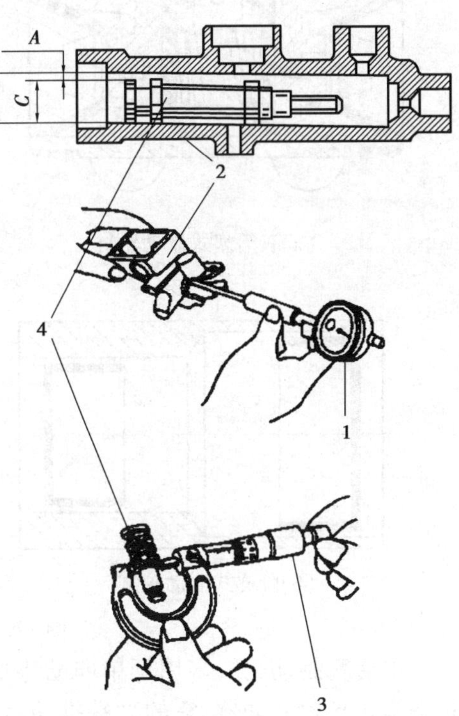

图 17.8　制动主缸与活塞的检查
1—内径表；2—制动主缸泵体；
3—千分尺；4—主缸活塞；
A—泵体与活塞的间隙；
B—泵体内孔的直径；C—活塞的外径

2. 制动轮缸

(1)制动轮缸的结构

制动轮缸的作用是将制动主缸传来的液压力转变为使制动蹄张开的机械推力。制动轮缸主要由缸体、活塞、皮碗，弹簧和放气螺钉组成，其基本如图 17.9 所示。

制动轮缸的缸体通常用螺钉固装在制动底板上，位于两制动蹄之间；内装铝合金活塞，密封皮碗的刃口方向朝内，并由弹簧压靠在活塞上与其同步运动。活塞外端压有顶块并与蹄的上端相抵紧。在缸体的另一端装有防护罩，可防止

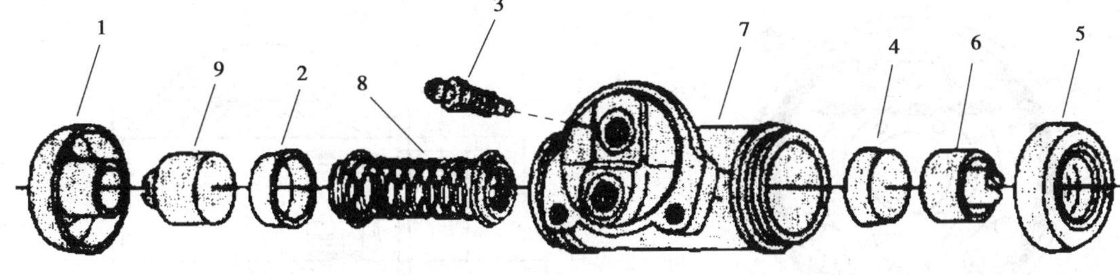

图 17.9　双活塞制动轮缸的分解图
1,5—防尘罩；2,4—皮碗；3—放气螺钉；6,9—活塞；7—轮缸体；8—回位弹簧总成

尘土及泥土的侵入。缸体上方装有放气螺塞，以便放出液压系统中的空气。

(2)制动轮缸的类型

常见的制动轮缸类型有双活塞式、阶梯式、单活塞式等，如图 17.10 所示。

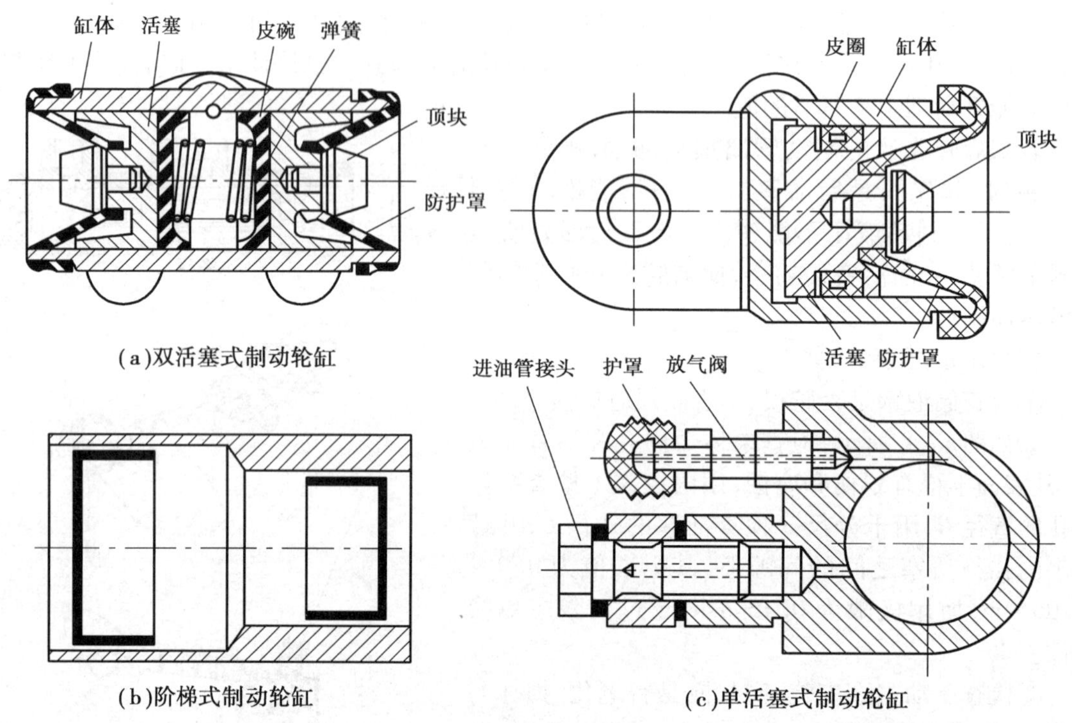

(a)双活塞式制动轮缸

(b)阶梯式制动轮缸

(c)单活塞式制动轮缸

图 17.10 常见的制动轮缸类型

单活塞制动轮缸多用于单向助势平衡式车轮制动器，目前趋于淘汰；阶梯式轮缸用于简单非平衡式车轮制动器，它的大端推动后制动蹄，小端推动前制动蹄，其目的是为了使前后蹄摩擦片均匀磨损。

(3)制动轮缸的工作情况

如图 17.11 所示，制动轮缸受到液压作用后，顶出活塞，使制动蹄扩张；松开制动踏板，液压力消失，靠制动蹄回位弹簧的力，使活塞回位。

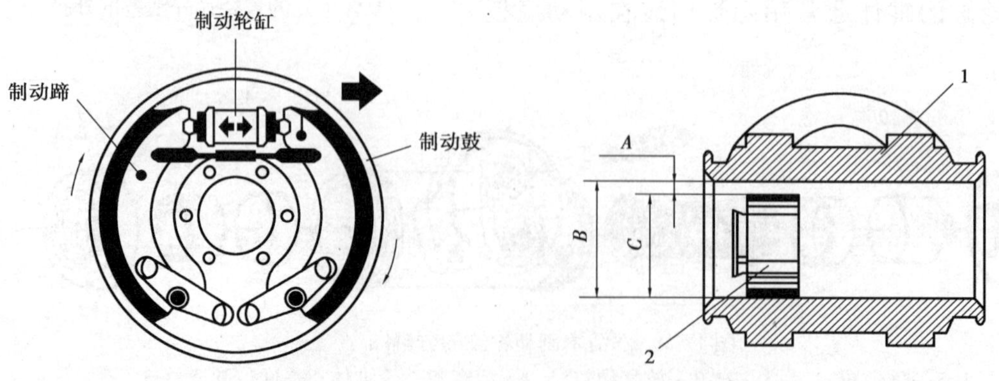

图 17.11 制动轮缸工作情况

图 17.12 制动轮缸缸体与活塞的检查

1—制动轮缸缸体；2—制动轮缸活塞

A—缸体与活塞的间隙；B—缸体内孔的直径；C—活塞的外径

(4)制动轮缸的检修

制动轮缸分解后,用清洗液清洗轮缸零件。清洗后,检查制动轮缸 1 内孔与活塞 2 外圆表面的烧蚀、刮伤和磨损情况。如果轮缸内孔有轻微刮伤或腐蚀,可用细砂布磨光。磨光后的缸内孔应用清洗液清洗后,用无润滑油的压缩空气吹干。然后测出轮缸内孔孔径 B,活塞外圆直径 C,并计算出内孔与活塞的间隙值,其标准值为 0.04 ~0.106 mm,使用极限为 0.15 mm,如图 17.12 所示。

任务 4　真空液压制动传动装置

任务描述

在普通的液压制动系统中加装真空加力装置,可以达到操纵轻便、制动可靠的目的。本任务要求了解真空增压式和真空助力式液压制动传动装置的组成和工作原理,掌握主要部件的结构、工作原理和检查方法。

学习引导

汽车行驶速度越来越快,采用人力液压制动的汽车要求较高的制动液压(可达 10 ~20 MPa)方能产生与车速相适应的制动力矩,但靠人力制动是难以实现的。特别是盘式制动系统,因制动器无助势作用,更必须加大制动液压。

在普通的液压制动系统中加装真空加力装置,可以减轻驾驶员施加于制动踏板上的力,增加车轮的制动力,达到操纵轻便、制动可靠的目的。

真空加力装置可分为增压式和助力式两种。增压式是通过增压器将制动主缸的液压进一步增加,增压器装在主缸之后;助力式是通过助力器来帮助制动踏板对制动主缸产生推力,助力器装在踏板与主缸之间。

1. 真空增压式液压制动传动装置

(1)真空增压式液压制动传动装置的组成和原理

如图 17.13 所示为跃进 NJ1061A 型汽车的真空增压式液压制动传动装置。它在液压制动传动装置中加装了一套真空增压系统,包括:由发动机进气歧管、真空单向阀、真空罐组成的供能装置;作为控制装置的控制阀;作为传动装置的真空伺服室、辅助缸和安全缸。

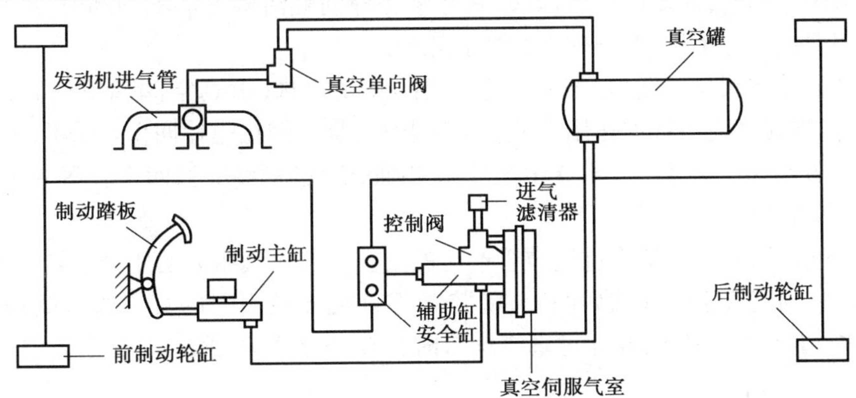

图 17.13　跃进 NJ1061A 型汽车的真空增压式液压制动传动装置

发动机工作时,在进气歧管真空度作用下,真空罐中的空气经真空单向阀被吸入发动机,因此罐中也产生并积累一定的真空度,作为制动加力的动力源。

踩下制动踏板时,制动主缸输出的制动液先进入辅助缸,由此一方面传入前后轮制动轮缸作为促动力,另一方面又作为控制压力输入控制阀,启动控制阀使真空伺服室产生的推力与来自制动主缸的液压力一起作用在辅助缸活塞上,从而使辅助缸输送到各制动轮缸的压力远高于制动主缸的压力。

安全缸的作用是当前后轮制动管路之一损坏漏油时,该管路上的安全缸自动封堵,保证另一管路仍能保持其中的压力。

(2)真空增压器

真空增压器的作用是将发动机产生的真空度转变为机械推力,使从制动主缸输出的液力进行增压后再输入各轮缸,增大制动力。

①结构。真空增压器的结构如图 17.14 所示,它由辅助缸、控制阀和伺服气室等组成。

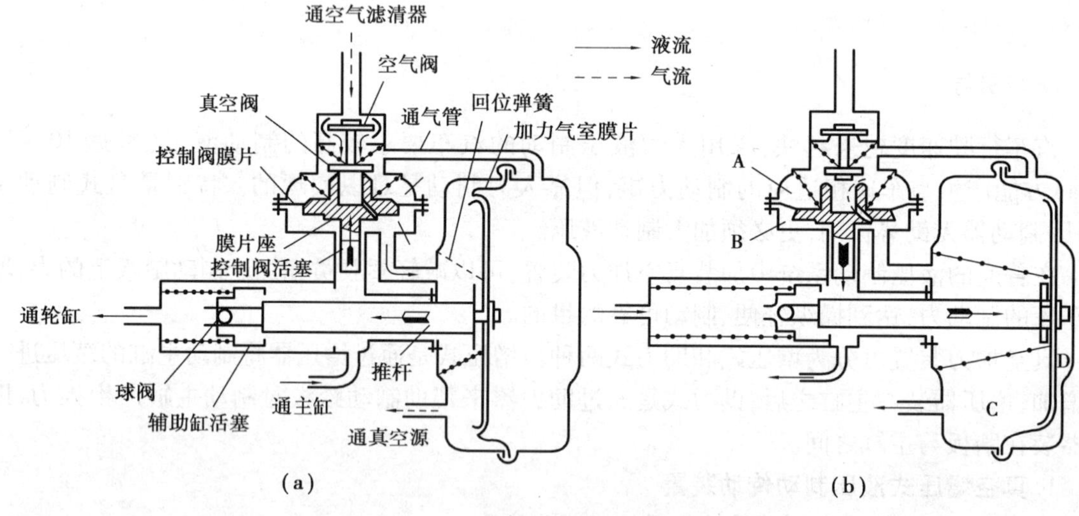

图 17.14　真空增压器的结构、原理

a. 辅助缸。辅助缸是将低压制动液变为高压的装置。装有皮圈的辅助缸活塞将辅助缸内腔分隔为两部分,左腔经出油管通向前后制动轮缸,右腔经进油接头与制动主缸相通。推杆后端与伺服气室膜片相连,前端嵌装着球阀,其球座在辅助缸活塞上。不制动时,推杆前部的球阀与阀座之间保持一定距离,保证辅助缸两腔相通。

b. 控制阀。控制阀是控制伺服气室起作用的随动机构,由真空阀和空气阀组成双重阀门。不制动时,空气阀在弹簧的作用下处于关闭状态;真空阀在膜片回位弹簧的作用下处于开启状态。膜片座中央有孔道使气室 A 和气室 B 相通,因此不制动时,四个气室 A、B、C 和 D 相通,且具有相等的真空度。

c. 伺服气室。伺服气室是将进气歧管产生的真空度与大气压力的压力差转变为机械推力的总成。膜片将伺服气室分成前后两腔,前腔 C 经前壳体端面上的真空管接头通向真空源,后腔 D 与控制阀上腔 A 相通,并通过真空阀与前腔 C、下腔 B 相通。

②工作原理。

真空增压器的工作原理如图 17.14 所示。

a. 未制动时，空气阀关闭，真空阀开启。控制阀四个气室相通，且具有相等的真空度；推杆在回位弹簧的作用下处于最右端位置，推杆前部的球阀与阀座之间保持一定距离，辅助缸两腔相通。

b. 制动时，踩下制动踏板，制动主缸的制动油液输入到辅助缸体中，一部分油液经活塞中间的小孔进入各制动轮缸，轮缸液压即等于主缸液压。与此同时，液压还作用在控制阀活塞上，当油压力升到一定值时，活塞连同膜片上移，首先关闭真空阀，同时关闭 C、D 腔通道，膜片座继续上移将空气阀打开，于是空气经空气阀进入 A 腔并到 D 腔。此时，气室 B、C 的真空度仍保持不变。这样，D、C 两腔产生压力差，推动膜片使推杆左移，球阀关闭辅助缸活塞中孔，制动主缸与辅助缸左腔隔绝。此时在辅助缸活塞上作用着两个力：主缸液压作用力和伺服气室输出的推杆力。因此，辅助缸左腔及各轮缸的压力高于主缸压力。

c. 维持制动时，制动踏板踩到某一位置不动，制动主缸不再向辅助缸输送制动油液，作用在辅助缸活塞和控制阀活塞上的力为一定值。但随着进入空气室空气量的增加，A 和 B 气室的压力差加大，对控制阀膜片产生向下的作用力，使膜片座及活塞向下移动，空气阀、真空阀开度逐渐减小，直至落座关闭。此时处于“双阀关闭”状态。油压对控制活塞向上的压力与气室 A、B 压力差造成的向下压力相平衡。气室 D、C 压力差作用在膜片上的总推力与控制油压作用在辅助缸活塞右端的总推力之和，与高压油液作用在辅助缸左端的总阻力抗相平衡，辅助缸活塞即保持相对稳定状态，维持了一定的制动强度。这一稳定值的大小取决于控制活塞下面的液压（主缸油压），即取决于踏板力和踏板行程。

d. 放松制动踏板时，放松制动踏板后，控制油压下降，控制活塞连同膜片座下移，空气阀仍处于关闭状态，而真空阀开启。于是 D、A 两气室的空气经 B、C 两气室被吸出，A、B、C、D 各气室均具有一定的真空度。推杆、膜片及辅助缸活塞在弹簧的作用下各自回位，轮缸油液从辅助缸活塞的小孔流回，解除制动。

（3）检验

真空增压器的检验可分为简单试验和仪表试验。简单试验包括制动踏板高度试验、控制阀检验及膜片行程的检验。仪表试验包括气密性试验、油密性试验和单向阀气密性试验。

①简单试验。

a. 制动踏板高度试验。启动发动机，并使其怠速运转，此时踩下制动踏板，并测出踏板距地板高度。然后，将发动机熄火，连续几次踩制动踏板，使真空度降为零，此时再踩下制动踏板，并测出踏板距地板的距离。正常情况下，后一次测得的距离应小于前一次，若两次距离相等，说明真空增压器不起作用。

b. 控制阀检验。启动发动机，不踩下制动踏板，将一团棉丝置于增压器空气滤清器口处。此时，棉丝应不被吸入，若棉丝被吸入，说明空气阀漏气；踏下制动踏板，棉丝应被吸入，若棉丝不被吸入，或者吸力过小，说明空气阀开度过小，或者助力器膜片破损。

c. 伺服气室膜片行程检查。发动机不工作而且不踩下制动踏板时，取下伺服气室加油孔橡胶盖，从该孔测出膜片位置。测完后再塞紧橡胶盖。启动发动机。并踩下制动踏板，取下伺服气室加油孔橡胶盖，再次测出膜片位置。两次测出的位置差，即为膜片行程。若膜片行程过小，说明增压器工作不良；若膜片行程过大，说明制动系统存在泄漏，或者制动间隙过大。

②仪表试验。

a. 不工作情况下真空增压器的气密性试验。如图 17.15 所示，将真空表和开关串联于真空罐与伺服气室真空接孔之间。在真空增压器不工作的情况下，打开开关，使真空表达到66.66 kPa的真空度，然后关闭开关。在15 s之内，真空表读数应不低于63.23 kPa。若真空度下降过快，则可能存在膜片破裂和空气阀关闭不严的故障。

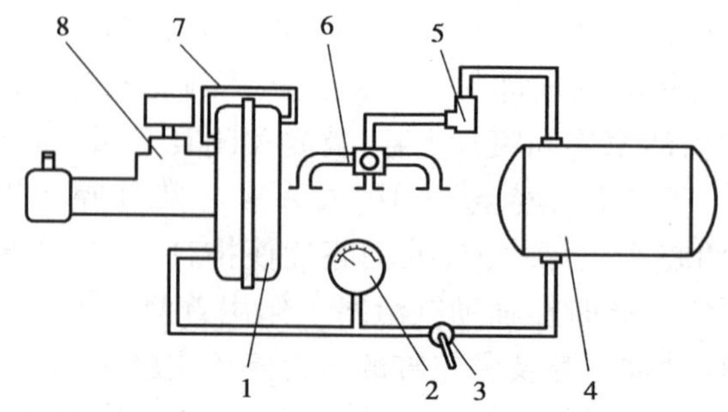

图 17.15　不工作情况下真空增压器气密性试验

1—真空加力气室；2—真空表；3—开关；4—真空储气筒；
5—单向阀；6—发动机进气管；7—通气管；8—辅助缸

b. 油密性试验。如图17.16所示，在辅助缸出口处接压力表和开关。首先将开关关闭，使制动主缸至辅助出口之间充满压力油，并将气体从放气螺钉处放净。然后打开开关，从 *A* 处充入压力为11.8 kPa 的制动液，关闭开关。10 s 内压力表数值不得低于10.8 kPa，否则，辅助缸存在泄漏问题。

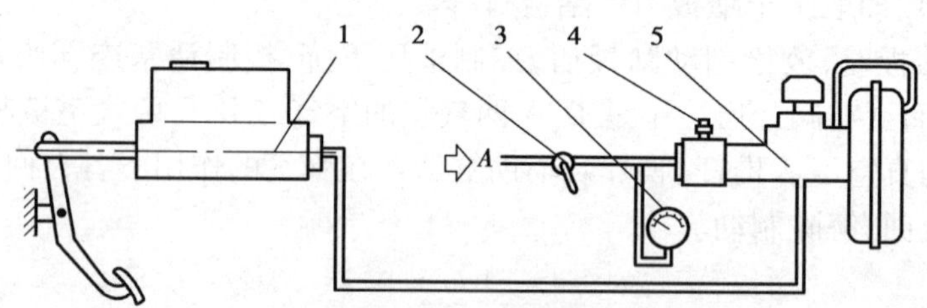

图 17.16　真空增压器油密性试验

1—制动主缸；2—开关；3—压力表；4—放气螺钉；5—真空增压器

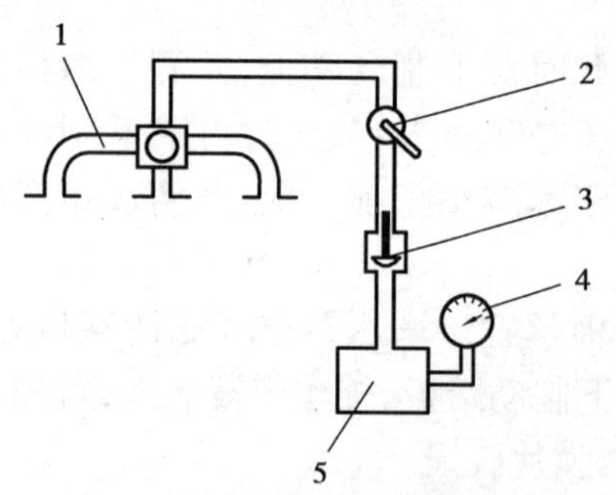

图 17.17　单向阀气密性试验

1—发动机进气管；2—开关；3—单向阀；
4—真空表；5—密封容器

c. 单向阀气密性试验。如图17.17所示，在发动机进气歧管与单向阀之间装一开关，在单向阀的另一端安装一个带真空表的容器。先打开开关，启动发动机，使密封容器上真空表的真空达67 kPa。然后关闭开关，真空表指针下降至64 kPa 的时间不得少于15 s。

d. 伺服气室的气密性试验。如图17.18所示，将伺服气室与控制阀之间的通气管拆下，并把控制阀一侧的管口堵住。打开开关，使真空表指针达35 kPa，然后再将开关关闭。此时，真空泵压力下降到27 kPa 时的时间应不小于1 min，否则，说明膜片密封不严。

真空增压器工作性能的好坏将直接影响制动系的制动效能。行驶中使用行车制动器时，如果感到制动踏板较以前硬且制动效能不良，应检查真空增压器的工作性能。

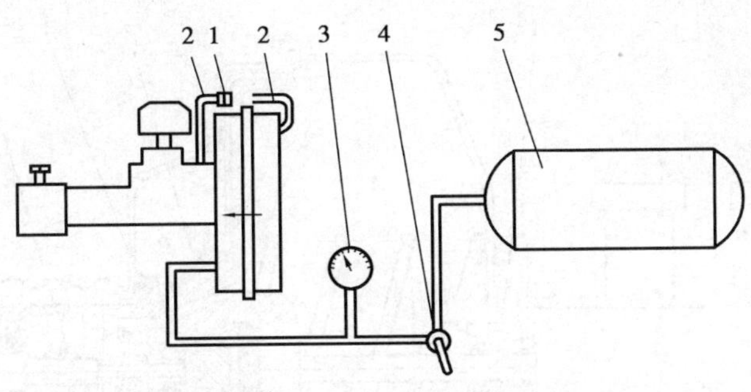

图 17.18　伺服气室膜片的气密性试验

1—制动阀;2—通气管;3—真空表;4—开关;5—真空储气筒

2. 真空助力式液压制动传动装置

(1)真空助力式液压制动传动装置的组成

如图 17.19 所示为奥迪 100 型轿车双管路真空助力式液压制动传动装置。串联双腔制动主缸的前腔通向左前轮制轮器的轮缸 12,并经感载比例阀 9 通向右后轮制动器的轮缸 13。主缸的后腔通向右前轮制动器的轮缸 12,并经感载比例阀 9 通向左后轮制动器轮缸 11。真空伺服气室 3 和控制阀 2 组成一个整体部件,称为真空助力器。制动主缸直接装在真空伺服气室的前端,真空单向阀 7 装在伺服气室上。真空伺服气室工作时产生的推力,也同踏板力一样直接作用在制动主缸 4 的活塞推杆上。

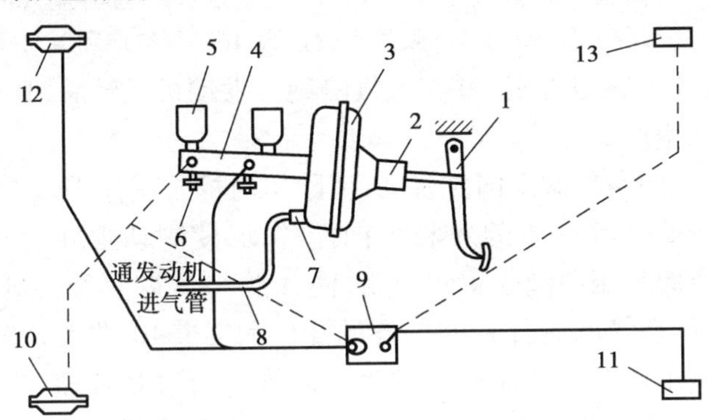

图 17.19　奥迪 100 型轿车真空助力式液压制动传动装置

1—制动踏板机构;2—控制阀;3—加力气室;4—制动主缸;5—储液罐;6—制动信号灯液压开关;7—真空单向阀;8—真空供能管路;9—感载比例阀;10—左前轮缸;11—左后轮缸;12—右前轮缸;13—右后轮缸

(2)真空助力器的结构

如图 17.20 所示为桑塔纳轿车所用的单膜片真空助力器。其真空助力器和制动主缸用 4 个螺钉固定在车身前围上,借推杆与制动踏板连接。伺服气室由前、后壳体组成,其间夹装有膜片和座,它的前腔经单向阀通进气歧管或真空罐;后腔膜片座毂筒中装有控制阀,空气阀 2 与推杆 6 固接,橡胶阀门 8 与在膜片座上加工出来的阀座组成真空阀。

(3)真空助力器的工作原理

①不制动时,未踩下制动踏板,控制阀处于非工作状态。回位弹簧 5 将推杆 6 连同空气阀 2 推至右极限位置,空气阀 2 紧压阀痤 9 而关闭;橡胶阀门 8 被压缩离开阀座 4 而开启。真空

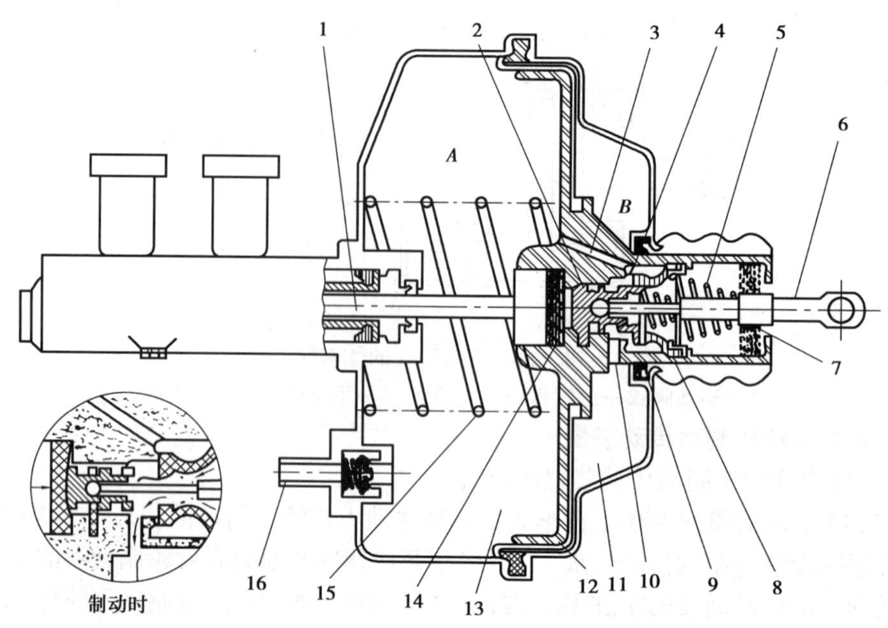

图 17.20　真空助力器结构

1—推杆;2—空气阀;3—真空通道;4—真空阀座;5—回位弹簧;6—制动踏板推杆;7—空气滤芯;8—橡胶阀门;9—空气阀座;10—通气道;11—加力气室后腔;12—膜片座;13—加力气室前腔;14—橡胶反作用盘;15—膜片回位弹簧;16—真空口和单向阀

通道 3 开启,伺服气室 A、B 两腔相通,并与大气隔绝。发动机运转后,真空单向阀被吸开,A、B 两腔内均具有一定的真空度。

②制动时,推杆 6 连同空气阀 2 向左移动,消除了与橡胶反作用盘 14 的间隙后,压缩橡胶反作用中心部分产生压凹变形,并推动推杆 1 向左移动,使制动主缸油压上升。与此同时,推杆 6 通过弹簧先将真空阀 8 压向阀座 4 而关闭,使 A 腔与 B 腔隔绝。进而空气阀 2 与阀座 9 分离而开启,外界空气经空气滤清器 7、空气阀的开口和气道 10 进入 B 腔。随着空气的进入,在加力气室膜片的两侧出现压力差而产生推力。此推力通过膜片座 12、橡胶反作用盘 14 推动推杆 1 左移。此时,推杆 1 上的作用力为踏板力和伺服气室推力之和,但伺服气室推力较踏板力大得多,从而使制动主缸输出的液压成倍地增高。

③维持制动时,踏板踩下停止在某一位置,推杆 6 和空气阀 2 推压橡胶反作盘 14 的推力不再增加,膜片两边压力差使橡胶反作用盘中心部分的凹下变形恢复平整,空气阀重新落座而关闭,出现“双阀关闭”的平衡状态。

④放松制动时,回位弹簧 5 使推杆 6 和空气阀 2 后移,真空阀 8 离开阀座 4,伺服气室 A、B 相通,成为真空状态。膜片和膜片座在回位弹簧 15 的作用下回位,主缸即解除制动。

真空助力器失效时,推杆 6 将通过空气阀 2 直接推动膜片座和推杆 1 移动,使主缸产生制动液压,但踏板力要大得多。

(4)真空助力器的试验

①就车检查真空助力器。将发动机熄火,首先用力踩几次制动踏板,以消除真空助力器中残余的真空度。用适当的力踩住制动踏板,并保持在一定位置,然后启动发动机,使真空系统重新建立起真空,并观察踏板,如图 17.21 所示。

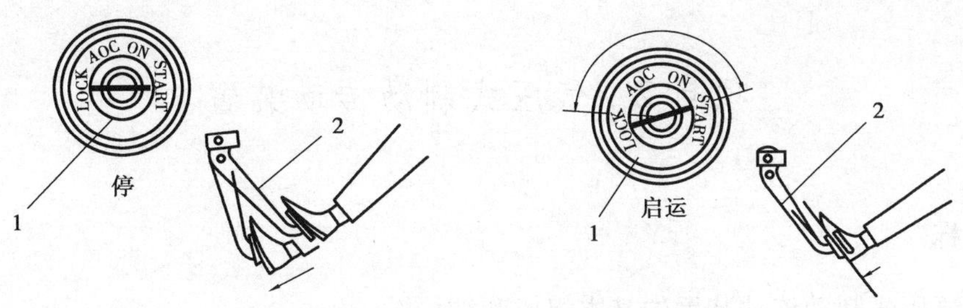

图 17.21　就车检查真空助力器

1—点火开关;2—制动踏板

若踏板位置有所下降,说明真空助力器正常;若踏板位置保持不动,说明助力器或真空单向阀损坏。

②真空助力器就车真空试验。

a. 将 T 形管、真空表、软管及卡紧装置等按图 17.22 所示连接好。

b. 启动发动机,怠速运转 1 min。

c. 卡紧与进气歧管相连的真空管上的卡紧装置,切断助力器单向阀与进气歧管之间的通路。

d. 将发动机熄火,观察真空表的变化。如果在规定时间内真空度下降过多(BJ2020 规定在 15 s 内真空度下降不大于 3 386.35 Pa),说明助力器膜片或真空阀损坏。

③真空助力单向阀试验。如图 17.23 所示,拆下与单向阀相连的真空管,将手动真空泵软管与单向阀真空源接口相连。扳动手动真空泵手柄,给单向阀加上 50.80 ~ 67.70 kPa 的真空度,在正常情况下,真空应保持稳定。如果真空泵指示表上显示出真空度下降,则表明单向阀损坏。

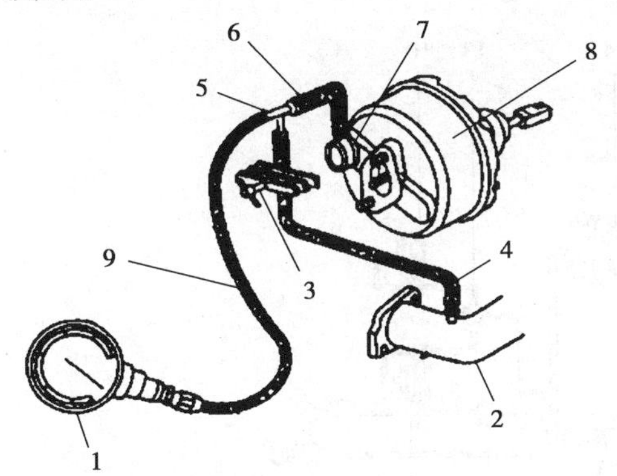

图 17.22　真空助力器的就车真空试验

1—真空表;2—进气歧管;3—卡紧工具;4—软管;5—三通接头;6—软管;7—单向阀;8—真空助力器;9—软管

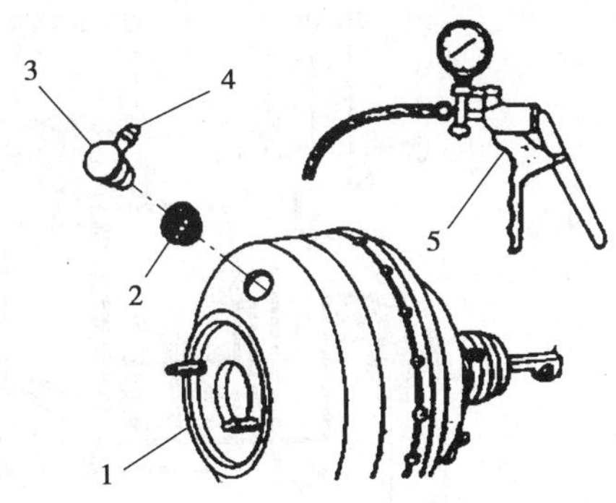

图 17.23　真空助力器的单向阀试验

1—真空表;2—单向阀密封圈;3—真空助力器单向阀;4—单向阀真空源接口;5—手动真空泵

项目2 气压式制动传动装置

项目目标

1. 掌握气压式制动传动装置的基本组成和结构；
2. 掌握气压式制动传动装置的工作原理；
3. 掌握气压式制动传动装置主要部件的结构及工作原理。

课前思考

气压式制动传动装置的基本结构是怎样的？它是怎样工作的？

项目内容

动力制动系分为气压制动系、气顶液制动系和全液压动力制动系三种。气压制动系是发展最早的一种动力制动系，其供能装置和传动装置全部是气压式的。驾驶员的肌体仅作为控制能源，而不是制动能源，其特点是制动操纵省力、制动强度大、踏板行程小，但需要消耗发动机的动力，制动粗暴而且结构比较复杂。因此，它一般在中型以上货车或客车上采用。

1. 气压制动系统的结构

气压制动系统控制装置大多数是由制动踏板机构和制动控制阀等气压控制元件组成，也有的在踏板机构和制动控制阀之间还串联有液压式操纵传动装置。其基本结构如图 17.24 所示。

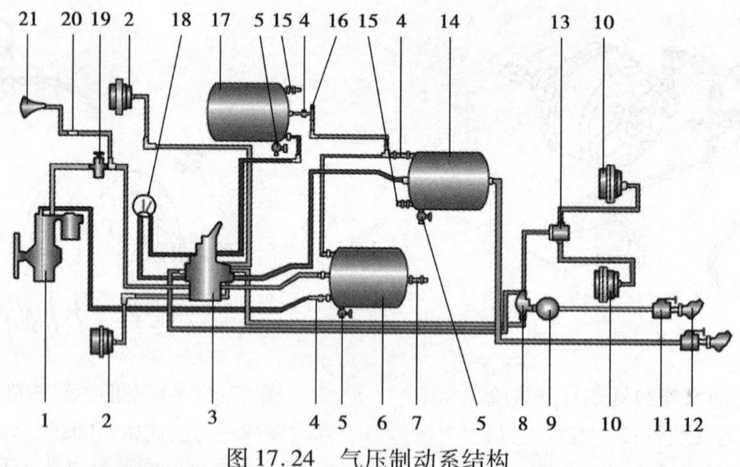

图 17.24 气压制动系结构

1—空气压缩机；2—前制动气室；3—并列双腔式制动阀；4—储气筒单向阀；5—放水阀；6—湿储气筒；7—安全阀；8—梭阀；9—挂车制动阀；10—后制动气室；11—挂车分离开关；12—连接头；13—快放阀；14—主储气筒（供前制动器）；15—低压报警器；16—取气阀；17—主储气筒（供后制动器）；18—双针气压表；19—气压调节阀；20—气喇叭开关；21—气喇叭

图 17.25 所示为解放 CA1092 型汽车双管路气压制动系统示意图。发动机驱动的活塞式空气压缩机将压缩空气经单向阀压入湿储气筒；湿储气筒上装有安全阀和供其他系统使用的

压缩空气放气阀，压缩空气在湿储气筒内冷却并进行油水分离，然后进入主储气筒的前、后腔。

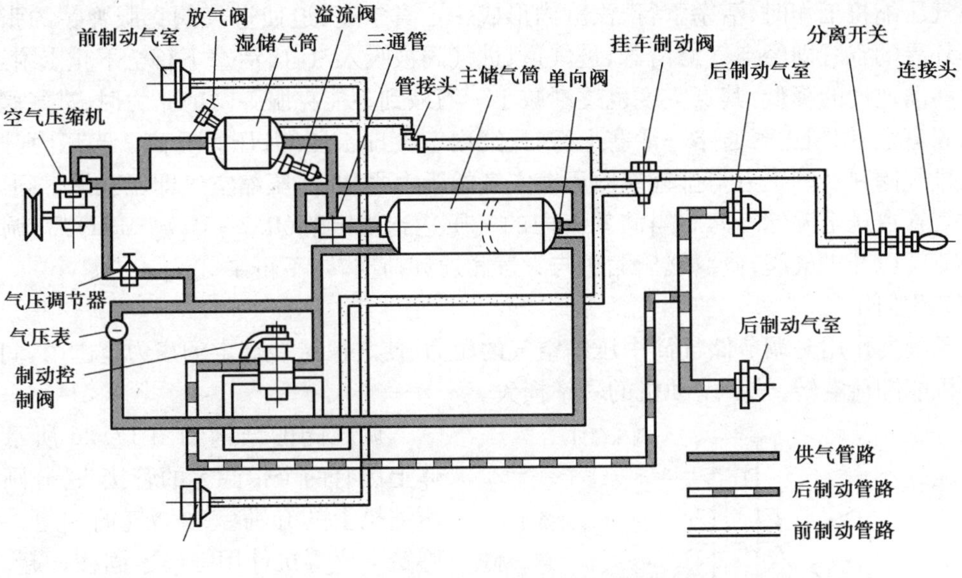

图 17.25　解放 CA1092 型汽车双管路气压制动系统示意图

主储气筒的前腔与制动控制阀的上腔相连，以控制后轮制动，并同时通过三通管与气压表、气压调节器相连。储气筒后腔与制动控制阀的下腔相连，以控制前轮制动，并通过三通管与气压表相连。气压表为双指针式，上指针指示储气筒前腔气压，下指针指示储气筒后腔气压。供气管路中常存有压缩空气，储气筒最高气压为 0.8 MPa。

当驾驶员踩下制动踏板时，拉杆带动制动控制阀拉臂摆动，使制动控制阀工作。储气筒前腔的压缩空气经制动控制阀的上腔进入后轮制动气室，使后轮制动；同时，储气筒后腔的压缩空气通过制动控制阀下腔进入前制动气室，使前轮制动。当放松制动踏板时，制动控制阀使各制动气室通大气以解除制动。

2. 主要部件的结构及工作原理

(1)空气压缩机

空气压缩机一般固定在发动机缸体的一侧，多由发动机通过皮带或齿轮来驱动，有的采用凸轮轴直接驱动。空气压缩机按缸数可分为单缸(用于东风 EQ1090E 型汽车)和双缸(用于解放 CA1092 型汽车)两种，其工作原理类似。

东风 EQ1090E 型汽车采用单缸风冷式空气压缩机。铸铁制成的缸体下端用螺栓紧固在曲轴箱上，缸体外表面铸有三道环形散热片，铝制汽缸盖用螺栓紧固于汽缸体上端面，其间装有密封缸垫。汽缸盖内装有进气阀和排气阀，侧面进气口上装有空气滤清器。进气阀由导向座、弹簧、阀片、阀片座、密封圈等组成，经进气道与小空气滤清器相通。排气阀由导向座、弹簧、阀片、阀片座、密封圈、波形垫圈等组成，经排气管接头与储气筒相通。进气阀上方设有卸荷装置(卸荷室和卸荷阀)，卸荷阀壳体内镶嵌着套筒，其中有卸荷柱塞和弹簧。

曲轴用两个球轴承支承在曲轴箱座孔内，前端伸出并固装有皮带轮。前轴颈和前轴承之间有油封，以防漏油。曲轴后端中心制成一圆孔，是空气压缩机润滑油的入口，孔内装有弹簧及杯形油堵，油堵右端面有润滑油节流孔。弹簧又使油堵右端面压靠在后轴承盖中央的端面上，起端面油封作用，防止润滑油大量泄入曲轴箱影响发动机及空气压缩机的正常油压。曲轴箱底部有回油管接头,使润滑油流回发动机油底壳。

空气压缩机工作时,活塞下行,汽缸内形成一定真空度,迫使进气阀克服弹簧的张力离开阀座。外界的空气即经空气滤清器、进气道、进气阀被吸入汽缸,活塞下行至下止点附近时,随着活塞移动速度的降低,其真空度也逐渐减小。当减到不能克服弹簧的张力时,进气阀被弹簧压靠在阀座上,切断进气通路。活塞上行时,缸内空气即被压缩,压力升高。当压力升高到足以克服排气阀弹簧的张力与排气室内压缩空气的压力之和时,压缩空气即压开排气阀,经排气室和排气管道送至湿储气筒。当储气筒内的气压达到规定值(0.7~0.74 MPa)后,调压机构便使卸荷阀压开进气阀,使空气压缩机与大气相通卸荷空转,不再泵气。

(2)调压阀

调压阀的作用是调节储气筒中压缩空气的压力,使之保持在规定的压力范围内,同时使空气压缩机能卸荷空转,减少发动机的功率损失。

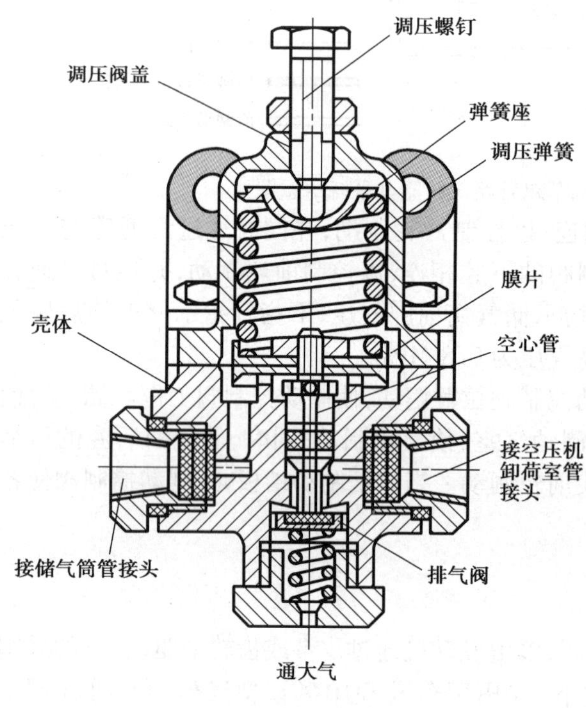

图 17.26 调压阀

调压阀的结构如图 17.26 所示。阀壳体上装有两个带滤芯的管接头,分别与空气压缩机上的卸荷室和储气筒相通。膜片及弹簧下座等机件用螺母紧固在一起,膜片的外缘被夹持在盖与壳体之间,构成膜片上、下两腔室。膜片上腔室经上盖上的小孔与大气相通;而下腔室经气体通道及管接头用气管与储气筒相通。调压弹簧上端通过上弹簧座支承在调压螺钉上;下端通过弹簧下座使膜片组件紧靠在壳体的环形凸肩上。空心管外圆柱面的中段与壳体的中心导向孔滑动配合,其间有密封圈;空心管的中心孔经上部的径向孔与膜片的下腔室相通;壳体下端腔室内装有排气阀及其压紧弹簧,并经孔 A 与大气相通。调节阀调节气压值可通过旋转盖上的调压螺钉改变调压弹簧的预紧力来予以调整。

当储气筒内气压未达到规定值时,膜片下腔气压较低,不足以克服调压弹簧的预紧力,膜片连同空心管及排气阀被调压弹簧压到下极限位置,调压阀不起作用。此时,由储气筒至卸荷室的通路被隔断,卸荷室与大气相通,卸荷阀杆处于最高位置,进气阀处于密封状态,空气压缩机对储气筒正常充气。图 17.27 所示为空气压缩机调节阀与卸荷阀的工作原理(卸荷)。

当储气筒气压升高到0.7~0.74 MPa 时,膜片下方气压作用力克服调压弹簧的预紧力而推动膜片向上拱曲,使空心管和排气阀随之上移,直至排气阀压靠在阀座上而关闭,切断卸荷室与大气通路。同时,空心管下端面也离开排气阀,出现间隙,于是储气筒中的压缩空气便沿图中箭头所示路线充入空气压缩机的卸荷室,迫使卸荷柱塞下移,使进气阀门开启。这时汽缸与大气相通,空气压缩机卸荷空转,湿储气筒内气体压力也不再升高。随着储气筒内的压缩空气不断消耗,调压阀膜片下面气压降低,膜片和空心管即在调压弹簧的作用下相应下移,当气

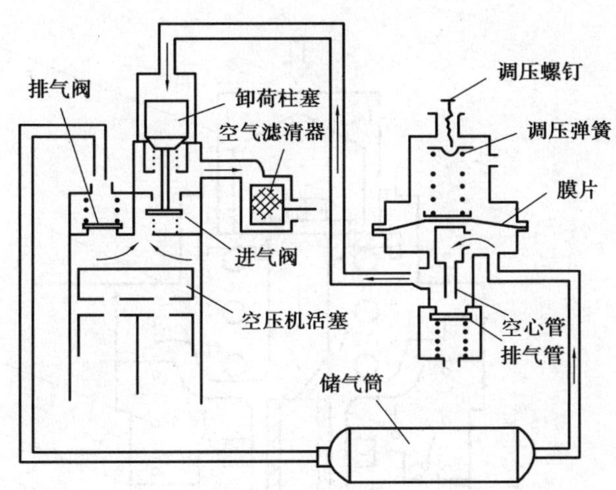

图 17.27　空气压缩机调节阀与卸荷阀的工作原理

压在 0.56 ~0.6 MPa 时，空心管下端将排气阀打开。卸荷室与储气筒的通路被切断，而与大气相通，卸荷室的压缩空气即排入大气。卸荷阀在其弹簧的作用下升高，进气阀又恢复正常，空气压缩机恢复对储气筒充气。

(3)制动控制阀

制动控制阀的作用是控制从储气筒充入制动气室和挂车制动控制阀的压缩空气量，从而控制制动气室中的工作气压，并有逐渐变化的随动作用，即保证制动气室的气压与踏板行程有一定的比例关系。制动控制阀常见结构有串联活塞式和并联膜片式。

①串联活塞式。如图 17.28 所示为解放 CA1092 型汽车气压式制动控制阀。它由上盖、上阀体、中阀体和下阀体等组成，并用螺钉连接在一起，其间装有密封垫。中阀体上的通气口 A_1 和 B_1 分别接后桥储气筒和后桥制动气室；下阀体上的通气口 A_2 和 B_2 分别接前桥储气筒和前桥制动气室。上下活塞与壳体间装有密封圈。下活塞由大小两个活塞套装在一起，小活塞对大活塞能进行单向分离。上腔阀门滑动地套装在芯管上，其外圆有密封隔套。下腔阀门滑动地套在有密封圈的下阀体中心孔中，中空的芯管和小活塞制成一体。

制动时，驾驶员将制动踏板踩到一定距离，通过滚轮、推杆使平衡弹簧及上腔活塞向下移动，消除排气间隙(上腔阀门与上腔活塞之间)而推开上腔阀门。此时，从储气筒来的压缩空气经 A_1 阀门与中阀体上的进气阀座间的进气间隙进入 G 腔，并经出气口 B_1 进入后制动气室，使后轮制动。与此同时，进入 G 腔的压缩空气通过通气孔 F 进入大活塞及下腔小活塞的上方，使其下移推开下腔阀门，此时从前桥储气筒来的压缩空气经下腔阀门与下体阀座之间形成的进气间隙进入 H 腔，并经出气口 B_2 充入前制动气室，使前轮制动。

当制动踏板保持在某一位置(即维持制动状态)时，压缩空气在进入 G 腔的同时由通气孔 E 进入上腔活塞的下方，并推动上腔活塞上移，使 G 腔中气压作用与回位弹簧的张力之和与平衡弹簧的压紧力相平衡。此时上腔阀门和下腔阀门均关闭，G 腔和 H 腔中的气压保持稳定状态，即为制动阀的平衡位置。

若驾驶员感到制动强度不足，可将制动踏板再踩下一些，此时上腔阀门和下腔阀门又重新开启，使中阀体的 G 腔和下阀体的 H 腔以及制动气室进一步充气，直至 G 腔中气压又一次达到与平衡弹簧的压力平衡，而 H 腔中的压缩空气对下腔活塞向上的压力重新与下腔活塞上方

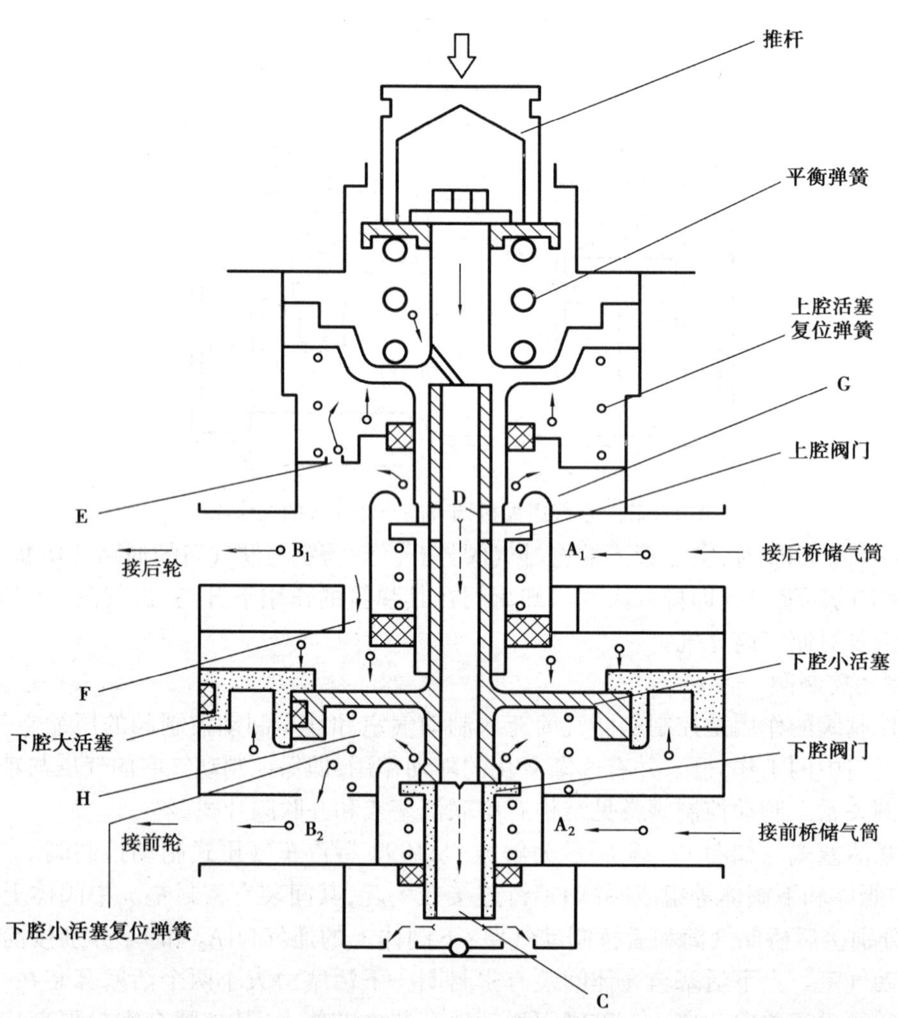

图 17.28　解放 CA1092 型汽车气压式制动控制阀

的压缩空气对下腔活塞向下作用的压力相平衡。在此新的平衡状态下，制动气室所保持的稳定压力比以前更高。同时，平衡弹簧的压缩量和踏板力也比以前更大。

当放松制动踏板时，操纵摇臂复位，芯管上移，平衡弹簧恢复到原来装配长度，上腔活塞上移到使下端与上腔阀门之间形成排气间隙。后制动气室的压缩空气经 G 腔排气间隙和其下面的排气口 C 排入大气。与此同时，下腔大活塞及下腔小活塞受回位弹簧的张力的作用而上升，使下腔阀门与下阀体的阀座接触，从而关闭储气筒与前制动气室的通路。另一方面，由于下腔大活塞及下腔小活塞的上移，小活塞的下端与下腔阀门之间也形成排气间隙，前制动气室的压缩空气经 H 腔及所形成的排气间隙以及下腔阀门和排气口 C 排入大气中。

若前桥管路失效，控制阀的上腔室仍能按上述方式工作，因此后桥管路照常工作。当后桥管路失效时，由于下腔室的大活塞上方建立不起控制气压而无法动作，上腔平衡弹簧将通过上活塞推动小活塞及芯管使小活塞与大活塞单向分离而下移，推开下阀门使前桥控制管路建立制动气压，并利用小活塞和平衡弹簧的张力相互平衡起随动作用。为了消除上活塞与上阀门间的排气间隙(图示 1.2 ±0.2 mm)所需要的踏板行程，称为制动踏板自由行程。排气间隙亦可进行调整。

②并联膜片式。并联膜片式制动控制阀由彼此独立的前腔制动阀和后腔制动阀及两阀共用的平衡臂、平衡弹簧、拉臂及上体等部分组成。其独立的左腔室与后桥储气筒和后桥控制管路连接；独立的右腔室与前桥储气筒和前桥控制管路连接。膜片组件的驱动形式是通过叉形拉臂、推压平衡弹簧、推杆、平衡臂同步地控制两腔的膜片芯管。平衡弹簧无预紧力，膜片制成挠曲型。

项目 3　制动力分配调节装置

项目目标

1. 掌握汽车制动力分配调节装置的结构；
2. 掌握汽车制动力分配调节装置的工作原理；
3. 掌握电子制动力分配调节装置的结构及工作原理。

课前思考

制动力分配调节装置的基本结构是怎样的？它是怎样工作的？

项目内容

汽车制动时，作用在车轮上的制动力随着踏板力的增加而增加，但最大制动力受到轮胎与路面附着力的限制，制动力不能超过附着力，否则，车轮将被“抱死”。无论前轮先抱死还是后先抱死，都会严重影响汽车行驶的安全性，并加剧轮胎的磨损。

汽车既要得到尽可能大的制动力，又能保持行驶方向的稳定性，就必须使汽车前后轮同时达到抱死的边缘。其条件是：前后轮制动力之比等于前后轮对路面垂直载荷之比。

但是，汽车装载量的不同和汽车制动时减速度的不同，引起了载荷的转移。汽车前后轮的实际垂直载荷比是变化的。因此，要满足最佳制动状态的条件，汽车前后轮制动力的比例也应是变化的。为使前后轮获得理想的制动力，现代汽车上采用了各种制动力调节装置，用以调节前后车轮制动管路的工作压力。常用的调节装置有限压阀、比例阀和感载比例阀等。

1. 限压阀

限压阀结构简单、性能可靠、维修方便，目前为绝大部分汽车制动力分配调节装置所采用。下面介绍它的结构和工作原理。

(1)结构

限压阀串联在制动主缸与后轮制动器的管路之间，其功用是当前、后制动管路压力 P_1 和 P_2 由零同步增长到一定值后，自动将 P_2 限定在该值不变。

如图 17.29 所示为限压阀的结构。其阀体上有三个孔口，A 口与制动主缸连通；B 口通两后轮轮缸。阀体内有滑阀 3 和有一定预紧力的弹簧 2。滑阀被弹簧顶靠在阀体内左端。

(2)工作原理

当轻踩制动踏板时，制动主缸产生一定的液压力 P_1，滑阀左端面推力为 $P_1 \times a$(a 为滑阀

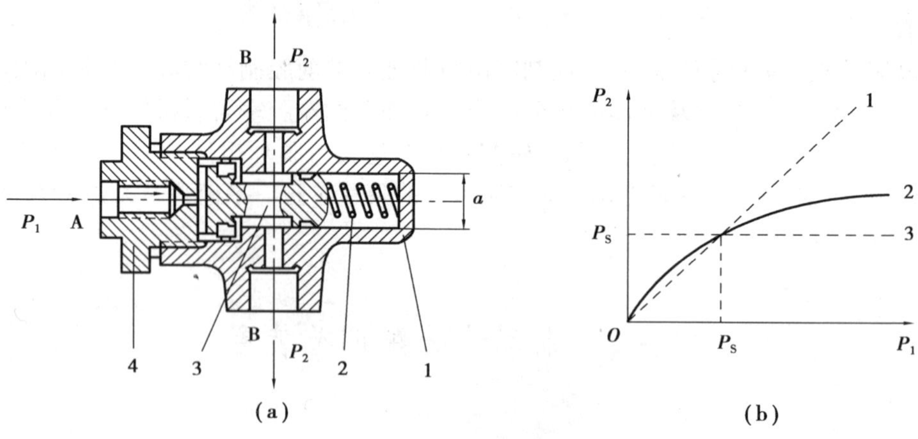

图 17.29　液压式限压阀及特性曲线

1—阀体;2—弹簧;3—滑阀;4—接头;

A—通制动主缸;B—通制动轮缸

左端面有效面积),滑阀右端承受弹簧力 F。此时,由于 $F > P_1 \times a$,滑阀不动,因而 $P_1 = P_2$,限压阀不起限压作用。

当踏板压力增大时,P_1 与 P_2 同步增长到一定值 P_S(限压点)后,活塞左方压力便超过右方弹簧的预紧力,即 $P_S \times a > F$,于是滑阀向右移动,关闭 A 腔与 B 腔的通路。此后,P_1 再增大时,P_2 也不再增大。

限压点 P_S 决定于限压阀的结构,与汽车的轴载质量无关。通常情况下,P_S 值低于理想值,不会出现后轮先抱死的情况。

2. 比例阀

比例阀也串联在制动主缸与后轮制动器的管路之间,其功用是当前、后制动管路压力 P_1 和 P_2 由零同步增长到一定值 P_S 后,自动对 P_2 增长加以限制,使 P_2 的增量小于 P_1 的增量。

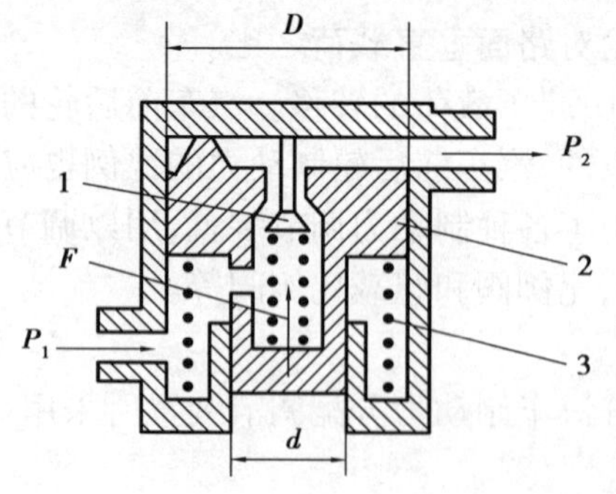

图 17.30　比例阀的结构

1—阀门;2—活塞;3—弹簧

(1)结构

比例阀由阀体、活塞、弹簧等组成,基本结构如图17.30所示。

(2)工作原理

比例阀通常采用两端承压面积不等的异径活塞。不工作时,异径活塞 2 在弹簧 3 的作用下处于上极限位置。此时阀门 1 保持开启,因此在输入控制压力 P_1 与输出压力 P_2 从零同步增长的初始阶段,$P_1 = P_2$。但是压力 P_1 的作用面积小于压力 P_2 的作用面积,故活塞上方液压作用力大于活塞下方的液压作用力。在 P_1、P_2 同步增长的过程中,活塞上、下两端液压作用力之差超过弹簧 3 的预紧力时,活塞便开始下移。当 P_1 和 P_2 增长到一定值(P_S)时,活塞内腔中阀座与阀门接触,进油腔与出油腔被隔绝,此即比例阀的平衡状态。

若进一步提高 P_1,则活塞上升,阀门再度开启,油液继续流入出油腔,使 P_2 也升高,但由于活塞的下端面积小于其上端面积,因此 P_2 尚未增加到新的 P_1 值,活塞又下降到平衡位置。

3. 感载比例阀

有些车辆在实际载重量不同时，其总重力和重心位置变化较大。因此，满载和空载时的前后轮制动力分配差距也较大，所以应采用随汽车实际装载质量变化而改变的感载比例阀。

(1)结构

感载比例阀的结构如图 17.31 所示。阀体 3 安装在车身上，其中活塞 4 为两端承压面积不等的差径结构，其右部空腔内有阀门 2。

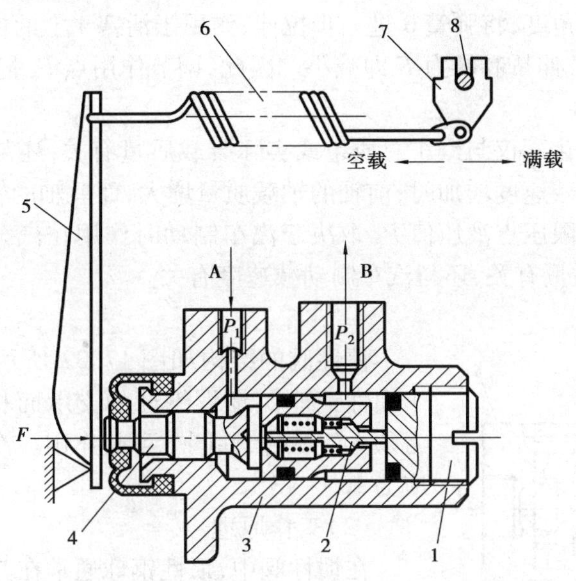

图 17.31　液压式感载比例阀及其感载控制机构

1—螺塞；2—阀门；3—阀体；4—活塞；5—杠杆；

6—感载拉力弹簧；7—摇臂；8—后悬架横向稳定杆

(2)工作原理

汽车不制动时，感载比例阀活塞在拉力弹簧 6 通过杠杆 5 施加的推力 F 作用下处于右极限位置。阀门 2 因其杆部顶触螺塞 1 而开启，使左右阀腔连通。

轻微制动时，来自制动主缸的液压 P_1 由进油口 A 进入，并通过阀门 2 从出油口 B 输出至后轮缸，出油口 B 处液压 $P_2 = P_1$。此时，活塞右端面的推力为 $P_2 \times b$(b 为活塞右端面圆形有效面积)，小于左端的推力 $P_1 \times a$(a 为活塞左端面圆形有效面积，$a < b$)与推力 F 之和。在此状态下，活塞不动，阀门 2 仍处于开启状态，$P_2 = P_1$。

重踩制动踏板时，制动管路的液压 P_2 和 P_1 将同步增长，当增长至活塞左右两端面液压之差大于推力 F 时，活塞即左移一定距离。阀门 2 落座，将左右两腔隔绝。此时的液压为限压点的液压 P_S，活塞处于平衡状态。若进一步提高 P_1，则活塞将右移，阀门 2 再度开启，油液继续流入出油腔，使 P_2 也升高。但由于 $a < b$，P_2 尚未升高到等于 P_1 时，阀门 2 又落座，将油道切断，活塞又处于平衡状态。这样，自动调节过程将随踏板力的变化反复不断地进行。在 P_1 超过 P_S 后，P_2 虽随 P_1 按比例增长，但总是小于 P_1。

从上述过程得知，活塞处于平衡状态时，其两端的压力差和弹簧的推力 F 总维持着下述关系：

$$P_2 \times b = F + P_1 \times a$$

由此式得知，P_2 与弹簧推力 F 成正比关系，限压点液压 P_S 的大小也取决于弹簧推力 F 的大小。F 增大时，P_S 就愈大；反之则小。只要使弹簧的预紧力能随实际轴载质量变化，便能实现感载调节。

当汽车的轴载变化时，车身和车桥间的距离发生变化，利用此变化来改变弹簧的预紧力，即能实现感载调节。拉力弹簧6右端经吊耳与摇臂7相连，而摇臂则夹紧在汽车后悬架的横向稳定杆8的中部。当汽车的轴载质量增加时，后桥向车身移近，后悬架的横向稳定杆便带动摇臂7逆时针转过一个角度，将弹簧6进一步拉伸，作用于活塞4上的推力 F 便增加；反之，轴载质量减小，弹簧6的拉伸量和推力 F 即减小。因此，调节作用点 P_S 随轴载质量而变化。

4. 惯性阀

汽车轴载质量的变化不仅与汽车总质量或实际装载质量有关，还与汽车制动时的减速度大小有关。当汽车制动减速度增加时，前轴的轴载质量增大，而后轴的轴载质量减小。

惯性阀的作用是使限压点液压值 P_S 取决于汽车制动时作用在汽车重心上的惯性力。即 P_S 不仅与汽车的实际质量有关，还与汽车制动减速度有关。

(1)结构

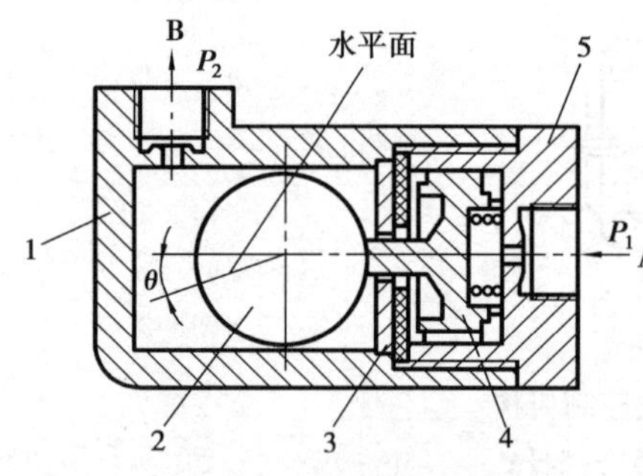

图17.32　惯性限压阀

1—阀体；2—惯性球；3—阀座；4—阀门；5—阀盖

惯性阀的结构如图17.32所示。惯性限压阀内有一个惯性钢球2，惯性钢球的支承面相对于水平面的仰角 θ 必须大于零，惯性阀方可起作用。汽车在水平路面上时，θ 应为10°~13°。

(2)工作原理

在惯性阀中，惯性钢球通常在其本身重力作用下处于下极限位置，并将阀门4推到与阀盖5接触，使得阀门4与阀座3之间保持一定间隙。此时进油口A与出油口B相通。

当汽车在水平路面上施行制动时，来自主缸方面的压力由进油口A输入惯性阀，再从油口B进入后制动管路。输出压力 P_2 即等于输入压力 P_1。当路面对车轮的制动力使汽车产生减速度时，作为汽车零件的惯性钢球也具有相同的减速度。在控制压力 P_1 较低、减速度较小时，惯性钢球向前的惯性力沿支承面的分力不足以平衡钢球的重力沿支承面的分力时，阀门仍保持开启状态，输出压力 P_2 仍等于输入压力 P_1。当 P_1 上升到一定值 P_S，制动减速度增大到足以实现上述二力平衡时，阀门弹簧便通过阀门将钢球推向前方，使阀门得以压靠阀座，切断液流通路。此后 P_1 继续升高，前轮制动力也即汽车汽车总制动力继续增大，钢球的惯性力使钢球滚到前上极限位置不动。阀门对阀座的压紧力也因 P_1 的升高而加大，但 P_2 保持 P_S 值不变。

当汽车在上坡路上施行制动时，由于支承面仰角 θ 增大，惯性钢球重力沿支承面的分力也增大，使得惯性阀开始起作用所需的控制压力值 P_S 也升高，即所限定的输出压力 P_2 值更高。这正与汽车上坡时后轮附着力加大相适应。当汽车在下坡路上施行制动时，后轮附着力减小，惯性阀所限定的 P_S 也正好相应地降低。

5. 组合阀

近年来，一些新车型上装用了组合阀。组合阀一般集计量阀、故障警告开关及比例阀于一体，用于前盘后鼓式制动系中。组合阀左端是计量阀，中间是制动故障警告开关，右端是比例阀。

(1)计量阀

计量阀位于通向前制动器的管路中,常闭,由液压力控制打开。其作用是达到前后轮的平衡制动,即后轮鼓式制动器开始工作后,前轮盘式制动器才开始工作。因为一般情况下,盘式制动器动作快,而鼓式制动器相对盘式制动器而言需要克服弹簧拉力和杆系间隙,制动动作较慢。计量阀体有一个接头连接到主缸,另有两个接头分别连接到左右前轮。到输出口的液压力由与计量阀杆相连的零件总成控制。计量阀杆的右端装有密封,左端装有膜片。密封和膜片之间放置弹簧。计量阀杆右端由光滑区域和滚花区域组成。

(2)故障警告开关

当前、后制动管路压力相等时,开关销位于开关活塞中部的轴颈中,开关销与开关接线柱不接触,故障警告灯灭。当前、后制动管路之一出现泄漏时,压力将不相等,假设后制动管路压力高于前制动管路压力,则开关活塞左移,从而将开关销顶起,使之与开关接线柱接触,故障警告灯便点亮。

组合阀集计量阀、故障警告开关及比例阀的功能于一体,通过它们的共同协调工作,进行制动力的协调分配。

本模块知识小结

1. 液压式制动传动装置是利用制动液将制动踏板力转换为制动液压力,通过管路传至车轮制动器,再将制动液压力转变为制动蹄张开的机械推力。液压式制动传动装置由制动踏板、主缸推杆、制动主缸、储液罐、制动轮缸、油管、制动灯开关、指示灯、比例阀等组成。

2. 双管路液压制动传动装置是利用彼此独立的双腔制动主缸,通过两套独立管路分别控制两桥或三桥的车轮制动器。

3. 液压式制动传动装置主要总成包括制动主缸和制动轮缸。

4. 真空加力装置可分为增压式和助力式两种。增压式是通过增压器将制动主缸的液压进一步增加,增压器装在主缸之后;助力式是通过助力器来帮助制动踏板对制动主缸产生推力,助力器装在踏板与主缸之间。

5. 气压制动系统控制装置大多数是由制动踏板机构和制动控制阀等气压控制元件组成,也有的在踏板机构和制动控制阀之间还串联有液压式操纵传动装置。

6. 限压阀串联在制动主缸与后轮制动器的管路之间,其功用是当前、后制动管路压力 P_1 和 P_2 由零同步增长到一定值后,自动将 P_2 限定在该值不变。

7. 比例阀也串联在制动主缸与后轮制动器的管路之间,其功用是当前、后制动管路压力 P_1 和 P_2 由零同步增长到一定值 P_S 后,即自动对 P_2 增长加以限制,使 P_2 的增量小于 P_1 的增量。

8. 感载比例阀调节制动力随汽车实际装载质量变化而改变。

9. 惯性阀的作用是使限压点液压值 P_S 取决于汽车制动时作用在汽车重心上的惯性力。即 P_S 不仅与汽车的实际质量有关,还与汽车制动减速度有关。

10. 组合阀一般集计量阀、故障警告开关及比例阀于一体,用于前盘后鼓式制动系中。

11. 电子制动力分配系统不管是轻车还是重车条件下，都能产生锯齿形的压力调节作用，使制动力曲线与理想的制动力分配曲线拟合率较好，制动效率较高。

复习思考题

1. 对照实物或图片说明典型车辆液压制动传动装置的基本组成和工作原理。
2. 实操并说明典型液压制动装置的检修及排放气。
3. 汽车上为什么要设置制动力分配装置？
4. 简述限压阀、比例阀、感载比例阀、惯性阀的工作原理。

模块 18
制动系统的检修与常见故障排除

知识目标

1. 掌握液压制动系统的检查与调整方法；
2. 掌握液压制动系统空气的排出方法；
3. 掌握气压制动系统的检查与调整方法；
4. 掌握制动系统常见故障诊断与排除方法。

能力目标

1. 能正确检查与调整液压制动系统；
2. 能正确排出液压制动系统空气；
3. 能正确检查与调整气压制动系统；
4. 能正确诊断制动系统常见故障并排除故障。

项目1 制动系统的检修

项目目标

1. 掌握液压制动系统的检查与调整；
2. 掌握液压制动系统空气的排出方法；
3. 掌握气压制动系统的检查与调整。

课前思考

制动系统的基本结构是怎样的？它是怎样工作的？可能会出现什么故障？

项目内容

任务1　液压制动系统的检查与调整

任务描述

液压制动系统在当前汽车制动系中应用最广泛，掌握其检查与调整方法对实际岗位工作有指导性意义。本任务要求掌握液压制动系统的检查与调整方法。

学习引导

液压制动系的检查与调整包括主要驻车制动系和行车制动系两方面的维护项目。

1.驻车制动系

(1)驻车制动手柄行程

①检查。用手拉动驻车制动手柄，检查驻车制动手柄的行程是否在规定的槽数内(拉动手柄时可以听到"咔嗒"声，一般为3～5声)。如果不符合标准，应调整驻车制动手柄的行程。

②调整。驻车制动手柄行程的调整如图18.1所示，先松开锁紧螺母，然后根据需要转动调整螺母，行程合适后再紧固锁紧螺母。

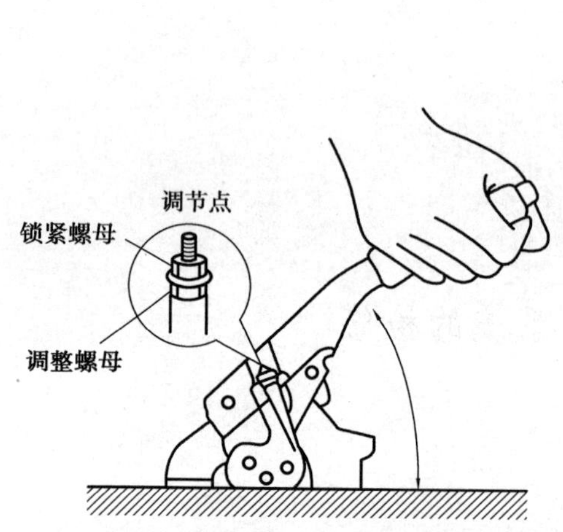

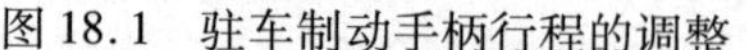

图18.1　驻车制动手柄行程的调整

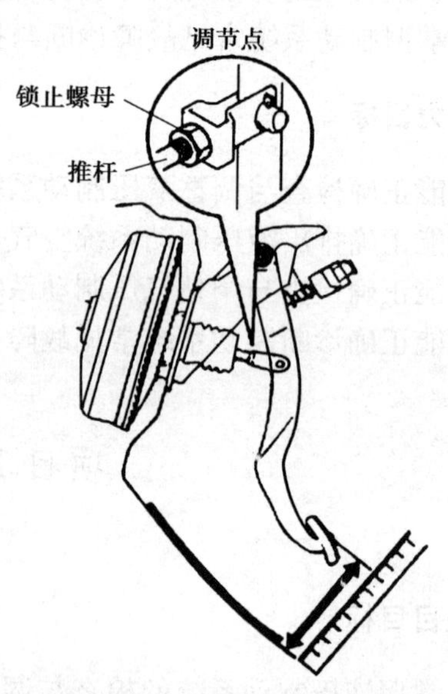

图18.2　制动踏板自由行程的调整

当驻车制动手柄行程的调整不能达到标准时，则应先调整后轮制动蹄片或驻车制动蹄片的间隙，再调整驻车制动手柄行程。

(2)驻车制动指示灯的工作情况

在点火开关位于ON，检查并确保拉动驻车制动手柄时，在听到第一个"咔嗒"声前，驻车指示灯就已经点亮。

2. 行车制动系

(1)制动踏板

①制动踏板状况。通过踩下制动踏板检查:

a. 踏板反应的灵敏度;

b. 踏板是否能完全踩下;

c. 是否有异响;

d. 是否过度松动。

②制动踏板高度。

a. 检查:用直尺测量从地面到制动踏板上表面的距离。如果超出规定,应调整踏板高度。

b. 调整:先拆下制动灯导线,松开制动灯开关锁紧螺母,视调整要求将制动灯开关旋进或旋出,直到调整合适;然后紧固制动灯锁紧螺母;最后检查制动灯开关与踏板的接触情况,确保工作正常。制动踏板高度调整后应再次检查踏板自由行程。

③制动踏板自由行程。

a. 检查:发动机熄火,踩下制动踏板几次,以消除真空助力器的真空,然后用手指轻轻按压制动踏板,感觉有阻力时测量此位置与制动踏板高度之差即为制动踏板的自由行程。如果踏板自由行程不符合要求,应进行调整。

b. 调整:松开推杆上的锁紧螺母,转动踏板推杆直到踏板自由行程正确,然后紧固锁紧螺母,如图 18.2 所示。

(2)真空助力器

①真空助力器工作情况检查。

如图 18.3 所示,启动发动机,怠速运转 1 ~2 min 后停机;踩下制动踏板数次,检查踏板是否升高;踩下踏板后,启动发动机,检查踏板是否下沉。如不能下沉,说明真空助力器工作不良,应检查真空管路或更换真空助力器。

②真空助力器的真空检查。

如图 18.4 所示,启动发动机,制动踏板踩下并保持 30 s 后停止发动机,检查踏板高度是否不变。若变化,说明真空助力器有真空泄漏。

(3)制动管路

①检查制动液渗漏:升起车辆,检查制动管路是否有制动液渗漏的部位,应重点检查管接头部位。

②检查制动管路损坏:

a. 升起车辆,检查制动管路是否有凹痕或其他损坏。

b. 检查制动软管是否扭曲、磨损、开裂、隆起等损坏。

③制动管路安装:将转向盘左右转到极限位置,检查制动管路和制动软管是否会与车轮或车身接触。

(4)盘式制动器和鼓式制动器

盘式及鼓式制动器的检查见前面所述的盘式车轮制动器和鼓式车轮制动器的检修部分。

(5)液压制动系统的排放气

液压制动系统的排放气见本模块任务 2。

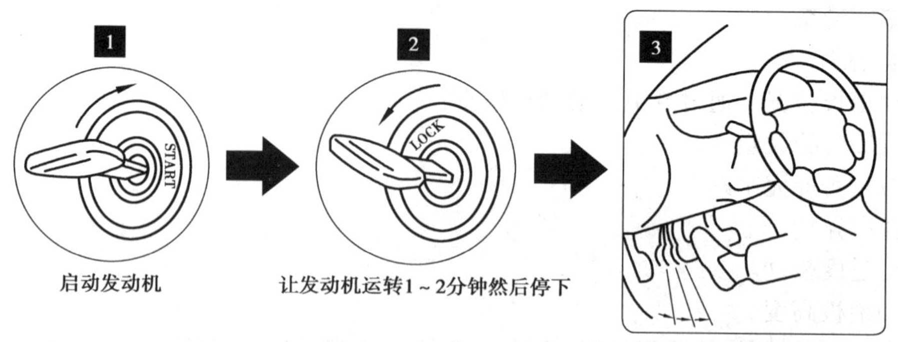

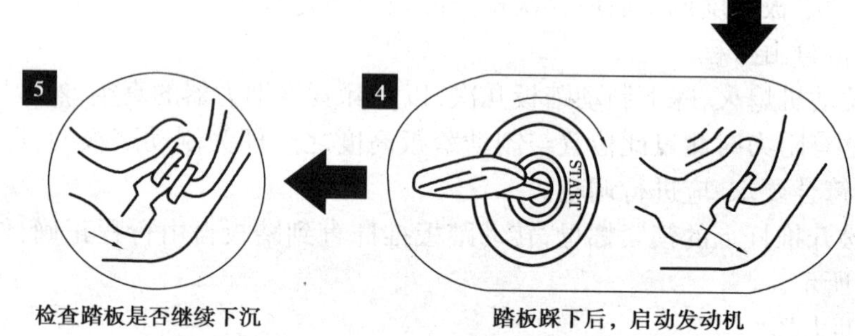

图 18.3　真空助力器工作情况检查

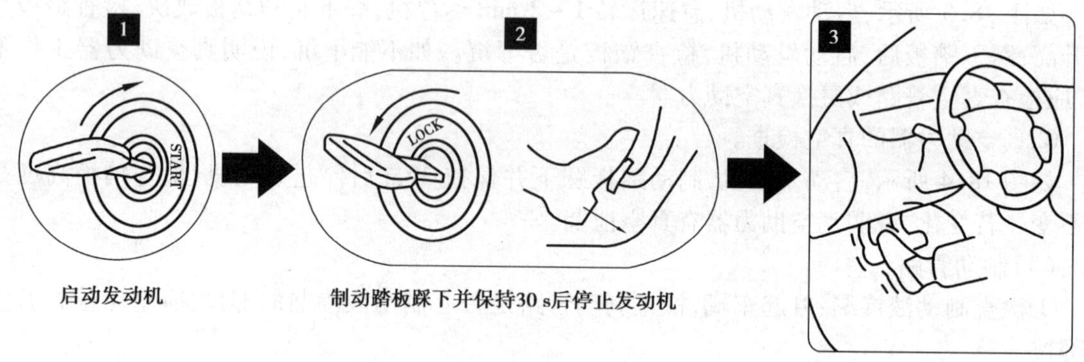

图 18.4　真空助力器的真空检查

任务 2　液压制动系统空气的排出

任务描述

排出液压制动系统空气是进行液压制动系统维护的重要内容。本任务要求掌握正确操作液压制动系统空气排出的方法。

学习引导

液压制动系统中如渗入空气，制动时系统中的空气被压缩，会造成踏板行程增加，踏板发软，影响制动效果。在维修过程中，由于拆检液压制动系统、接头松动或制动液不足等原因造成空气进入管路时，应及时将系统中的空气排出。

以桑塔纳轿车制动系统的排气为例。该车制动系统的排气应使用 VW/238/1 型制动系统加油—放气装置，如图 18.5 所示。

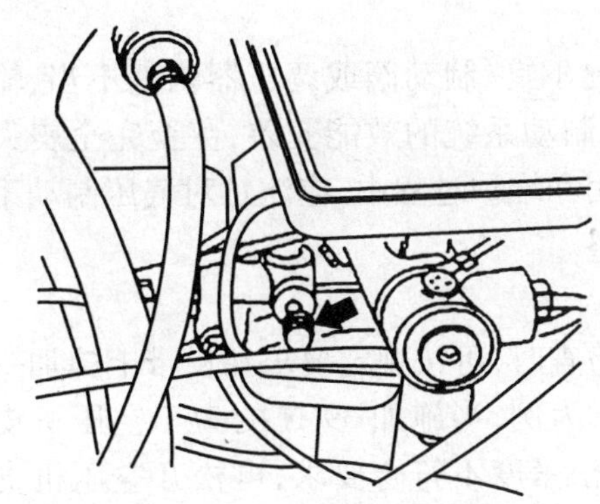

图 18.5　用专用设备对制动系统排气

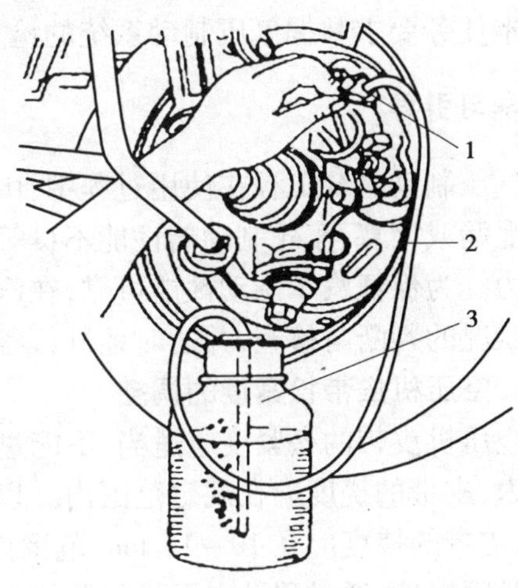

图 18.6　液压制动系统排气的通用方法

1. 使用专用的加油—放气装置

使用专用的加油—放气装置，排气的方法和步骤为：

①接通 VW/238/1 型制动系统加油—放气装置。

②按规定顺序打开放气螺钉。

③排出制动钳和制动分泵中的气体。

④用专用排液瓶盛放排出的制动液。

排气的顺序为：右后轮—左后轮—右前轮—左前轮。

2. 不使用专用的加油—放气装置

若没有专用的加油—放气装置，可用以下通用方法进行排气：

①启动发动机，使其怠速运转。

②将软管一头接在放气螺塞上，另一头插在一个盛有部分制动液的容器中，如图 18.6 所示。

③一人坐于驾驶室内，连续踩下制动踏板，直到踩不下去为止，并且保持不动。

④另一人将放气螺塞拧松一下，此时，制动液连同空气一起从胶管喷入瓶中，然后尽快将放气螺塞拧紧。

⑤在排出制动液的同时，踏板高度会逐渐降低，在未拧紧放气螺塞之前，切不可将踏板抬起，以免空气再次侵入。

⑥每个轮缸应反复放气几次，直至将空气完全放出（制动液中无气泡）为止，按照右后轮—左后轮—右前轮—左前轮的顺序逐个放气完毕。

⑦在放气过程中,应及时向储液罐内添加制动液,保持液面的规定高度。

装有制动压力调节器的汽车在放气过程中,应不断地按动汽车后部,要时刻观察制动液储液室内的制动液液面,随时添加制动液直至制动系统中的空气放净为止。

任务3　气压制动系统的检查与调整

任务描述

本任务要求掌握气压制动系统的检查与调整方法。

学习引导

气压制动系统工程在使用过程中,由于空压机工况不良、制动阀或调压器调整不当、输气管路泄漏或堵塞、车轮制动器性能不良等,都会使气压制动系统的效能变差,甚至完全丧失制动能力。为保证汽车制动性能可靠,在汽车的日常使用和维护过程中,应注意对气压制动系统工作状况的判断与检查,并适时地进行各种必要的调整。

1. 空压机皮带松紧度的调整

空压机皮带的松紧度应适当,不能过松或过紧。检查时,可按规定要求在皮带上施加一定的压力,皮带的挠度应在规定范围内。以CA1091汽车为例,当施加39 N的力于空压机皮带上时,皮带的挠度应在10～15 mm范围内。如果皮带松紧度不符合要求,可松开空压机支架上的紧固螺栓,通过移动空压机位置的方法来调整。调好后,拧紧紧固螺栓。

2. 气压调节器的调整

当发现储气筒气压过高或过低,可通过调整螺钉进行调节。以CA1091汽车为例,正常工作情况下,储气筒气压应保持在637～833 kPa范围内。气压过高,可向外旋出调整螺钉;气压过低,可向内旋入调整螺钉。

3. 制动踏板自由行程的调整

在制动踏板处于自由状态时,气压制动阀的排气阀应处于常开位置。制动排气阀的间隙称为排气间隙,反映到制动踏板上,就是制动踏板的自由行程。调整制动踏板的自由行程就是调整这个排气间隙。以CA1091汽车为例,其排气间隙应在1.0～1.4 mm范围内。如果排气间隙不符合要求,可通过旋动制动阀拉臂上的调整螺钉进行。旋松调整螺钉的锁紧螺母,旋入调整螺钉,自由行程减小;旋出调整螺钉,自由行程增大。调整完毕后,紧固调整螺钉锁紧螺母。

4. 车轮制动器间隙的调整

车轮制动器的调整分为局部调整和全面调整两种。局部调整是以制动蹄片的下端为支点,通过调整蜗杆、移动蹄片上端,从而使制动蹄片间隙发生改变的调整方法。这种方法调整时,制动蹄片上、下两端间隙的变化不完全相同,上端改变大些,下端改变小些。全面调整则是通过调整蜗杆和支点销轴,同时改变制动蹄片上、下两端的间隙。当通过局部调整不能使制动蹄片与制动鼓间隙恢复正常,或是镗削了制动鼓以及更换了制动蹄片后,必须进行全面调整。

进行局部调整时,应先取出调整臂的防尘罩,用扳手推进调整臂的滑动锁止套,使蜗杆轴的六角头露出。转动蜗杆轴,使制动鼓与制动蹄片的间隙保持在规定的范围内。最后,用锁止套锁紧蜗杆轴,装上防尘罩。在进行局部调整时,不可松动制动蹄支承销或改变其安装位置,以防制动时破坏制动蹄片与制动鼓的贴合情况。一旦改变了制动蹄支承销的安装位置,就必须进行全面调整。

进行全面调整时,应先松开制动蹄支承销的固定螺母,转动支承销,使两个销轴端部的标记朝内相对;再旋松凸轮支承座紧固螺栓螺母,对于 CA1091 汽车,还应将制动气室推杆上的连接叉和制动调整臂松开;取下调整臂的防尘罩,用扳手推进调整臂的滑动锁止套并使蜗杆轴的六角头露出;转动蜗杆轴,使蹄片压向制动鼓,并从制动鼓的检查孔中,用厚薄规检查两个蹄片与制动鼓是否贴紧。如果发现在蹄片轴一端有间隙,则用转动制动蹄支承销的方法予以消除。调整好后,小心拧紧制动蹄支承销处的固定螺母和凸轮支承座紧固螺栓螺母;连接好制动气室推杆连接叉和调整臂;用扳手转动蜗杆轴,使制动鼓动与制动蹄片在两端保持一定的间隙。对于 CA1091 汽车,靠近蹄片轴一端应在 0.2 ~0.5 mm 范围内;靠近凸轮轴一端应在 0.4 ~0.7 mm 范围内。最后,用滑动锁止套锁住凸轮蜗杆轴并套上防尘套。

项目2　制动系统常见故障诊断与排除

项目目标

1. 掌握制动系统常见故障的诊断方法;
2. 能够排除制动系统的常见故障。

课前思考

制动系统的常见故障有哪些? 可以采用什么方法诊断、排除?

项目内容

任务1　液压式制动传动系统常见故障与排除

任务描述

本任务要求了解液压式制动系统的常见故障,并能够诊断和排除这些常见故障。

学习引导

液压式制动系统常见的制动系故障包括制动失效、制动不灵、制动跑偏、制动拖滞等。

1. 制动失效

(1)故障现象

踩下制动踏板,车辆不减速,即使连续几脚制动也无明显减速作用。

(2)故障原因

①制动踏板至制动主缸的连接松脱;

②制动储液室无液或严重缺液;

③制动管路断裂漏油;

④制动主缸皮碗破裂。

(3)诊断与排除

首先踩动制动踏板试验,根据踩制动踏板时的感觉检查有关部位。

①若制动踏板与制动主缸无连接感,说明制动踏板至制动主缸的连接松脱,应检查修复。

②踩下制动踏板时,若感到很轻或稍有阻力感,则应检查主缸储液室内制动液是否充足。若主缸储液室内无液或严重缺液,应添加制动液至规定位置。再次踩下制动踏板时,若仍没有阻力感,则应检查制动主缸至制动轮缸的制动软管或金属管有无断裂漏油。

③踩下制动踏板时,虽然感到有一定的阻力,但踏板位置保持不住,明显下沉,则应检查制动主缸的推杆防尘套处是否有制动液泄漏。若有制动液泄漏,说明制动主缸皮碗破裂;若车轮制动鼓边缘有大量制动液,则应检查制动轮缸皮碗是否压翻、磨损是否严重。

2. 制动不灵

(1)故障现象

①汽车制动时,踩一次制动踏板不能减速或停车,连续踩几次制动踏板的效果也不好。

②汽车紧急制动时,制动距离太长。

(2)故障原因

①制动踏板自由行程太大;

②制动主缸储液室内存油不足或无油;

③制动液变质(变稀或变稠)或管路内壁积垢太厚;

④制动管路内进入空气或制动液气化产生了气阻;

⑤制动主缸、轮缸、管路或管接头漏油;

⑥制动主缸、轮缸的活塞及缸筒磨损过度;

⑦制动主缸、轮缸的皮碗老化或磨损引起密封不良;

⑧制动主缸的进油孔、储液室的通气孔堵塞;

⑨制动主缸的出油阀、回油阀不密封;活塞复位弹簧预紧力太小;活塞前端贯通小孔堵塞;

⑩制动器的制动鼓与制动蹄片间隙不当;制动鼓与制动蹄片接触面积太小;制动蹄片质量不佳或沾有油污,制动蹄片铆钉松动;制动鼓产生沟槽磨损或失圆,制动时变形;

⑪真空增压器或助力器的各真空管路接头松动、脱落,管路有破裂处;膜片破裂或者密封圈密封不良;单向阀、控制阀密封不良;辅助缸活塞、皮碗磨损过甚;单向球阀不密封。

(3)诊断与排除

踩动制动踏板作制动试验,根据踩制动踏板时的感觉检查相应的部位。

①若一脚踩下制动踏板,踏板到底且无反力;连续几次踩制动踏板都能踩到底,且感觉阻力很小。则应检查储液室中制动液液面高度是否符合要求,若液面低于下线或“MIN”线以下,说明制动液液面太低;检查制动踏板连动机构有无松脱。

②连续几脚踩制动踏板时,踏板高度仍过低,并且在第一脚制动后,感到总泵活塞未回位,踩下制动踏板即有制动主缸与活塞碰击响声,则应检查主缸的活塞回位弹簧是否过软;主缸的皮碗是否破裂。

③连续踩几次制动踏板时,踏板高度低而软,则应检查制动主缸的进油孔或储液室的通气孔是否堵塞。

④一脚踩下制动踏板时,踏板高度过低;连续几脚踩下制动踏板时,踏板高度稍有增高并

有弹性感,则应检查系统内是否存有气体。

⑤一脚踩下制动踏板时,踏板高度较低;连续几脚踩下制动踏板时,踏板高度随之增高且制动效能好转,则应检查制动踏板的自由行程及制动器的间隙。

⑥维持制动踏板高度时,若缓慢或迅速下降,则应检查制动管路是否破裂、管接头是否密封不良;主缸、轮缸皮碗或皮圈密封是否良好。

⑦安装真空增压器或助力器的车辆,踩下制动踏板时,若踏板高度适当但太硬,且制动不灵,则应检查增压器或助力器的工作情况;检查制动系油管是否有老化、凹瘪、制动液黏度太大等现象。

⑧踩制动踏板时,若踏板有向上反弹、顶脚的感觉,且制动力不足,则应检查增压器的辅助缸活塞磨损是否过度;辅助缸活塞、皮碗是否密封不良;辅助缸单向球阀是否密封不良。

⑨路试车辆时,观察各车轮的制动情况。若个别车轮制动不良,则应检查该车轮的制动软管是否老化;摩擦片与制动鼓间的间隙是否不当;摩擦片是否有硬化、油污、钉外露现象;制动鼓内臂是否磨损成沟槽;摩擦片与制动鼓的接触面积是否过小。

3. 制动跑偏

(1)故障现象

①汽车行驶制动时,行驶方向发生偏斜;

②紧急制动时,方向急转或车辆甩尾。

(2)故障原因

①左右车轮轮胎气压、花纹或磨损程度不一致;

②左右车轮轮毂轴承松紧不一、个别轴承破损;

③左右车轮的制动蹄摩擦衬片材料不一或新旧程度不一;

④左右车轮制动蹄摩擦片与制动鼓的接触面积、位置不一样或制动间隙不等;

⑤左右车轮轮缸的技术状况不一,造成起作用时间或张力大小不相等;

⑥左右车轮制动鼓的厚度、直径、工作中的变形程度和工作面的粗糙度不一;

⑦单边制动管路凹瘪、阻塞或漏油;单边制动管路或轮缸内有气阻;

⑧单边制动蹄与支承销配合过紧或锈蚀;

⑨一侧悬架弹簧折断或弹力过低;

⑩一侧减振器漏油或失效;

⑪前轮定位失准;

⑫转向传动机构松旷;

⑬车架、车桥在水平平面内弯曲、车架两边的轴距不等;

⑭感载比例阀故障。

制动跑偏的根本原因是左右车轮的制动力不等。一些不属于制动系的零件,其技术状况不良时,即影响到车辆正常行驶时的跑偏,也影响到了制动时的跑偏。

(3)诊断与排除

①若车辆正常行驶时亦有跑偏现象,则首先作以下外观检查:检查左右车轮轮胎气压、花纹和磨损程度是否一致;检查各减振器是否漏油或失效;检查悬架弹簧是否折断或弹力是否一致。

②支起车轮,用手转动和轴向推拉车轮轮胎。若一侧车轮有松旷或过紧感觉,应重新调整

轴承的预紧度；若转动车轮有发卡或异响，应检查该轮轮毂轴承是否破损或毁坏。

③对汽车进行路试。制动后，若汽车向一侧跑偏，则为另一侧的车轮制动不良。

首先对该车轮制动器进行放气，若无制动液喷出，说明该轮制动管路堵塞，应予以更换。若放出的制动液中有空气，说明该轮制动管路中混入空气，应予以排放。

观察该轮制动器间隙，若制动器间隙过大，说明制动蹄摩擦片磨损严重或制动自调装置失效，应更换新件。

上述检查结果如都正常，应拆检该轮制动器。检查制动盘或制动鼓是否磨损过甚或有沟槽，若磨损过甚，应更换；若有严重沟槽，应车削或镗削。检查制动蹄摩擦片（摩擦衬块）是否有油污或水湿及磨损过甚，若摩擦片（衬片）有油污或水湿，应查明原因并清理；若摩擦片磨损过甚，应更换。检查制动轮缸或制动钳活塞，若有漏油或发卡现象，应更换新件。

④若制动时，汽车出现忽左忽右跑偏现象，则应检查前轮定位是否符合要求，若前轮定位不正确，应调整；检查转向传动机构是否松旷，若松旷，应紧固、调整或更换新件。

⑤若制动时，车辆出现甩尾现象，应检查感载比例阀是否有故障。

4. 制动拖滞

(1)故障现象

抬起制动踏板后，全部或个别车轮的制动作用不能立即完全解除，以致影响了车辆重新起步、加速行驶或滑行。

(2)故障原因

①制动踏板无自由行程，制动踏板拉杆系统不能回位；

②制动总泵回位弹簧折断或失效；

③制动总泵回油孔被污物堵塞，密封圈发胀或发粘与泵体卡死；

④通往分泵的油管凹瘪或堵塞；

⑤制动盘摆差过大；

⑥前制动器密封圈损坏，造成活塞不能正常复位；

⑦前、后制动器分泵密封圈发胀或发粘与泵体卡死；

⑧鼓式制动器制动蹄回位弹簧折断或过软；

⑨鼓式制动器制动蹄摩擦片破裂或铆钉松动；

⑩鼓式制动器制动鼓严重失圆。

(3)诊断与排除

①将汽车支起，在未踩制动踏板的情况下，用手转动车轮。若某一车轮转不动，说明该轮制动器拖滞；若全部车轮转不动，说明全部车轮制动器拖滞。

②若为个别车轮制动器拖滞，应首先旋松该轮制动轮缸的放气螺钉，若制动液急速喷出，随即车轮能旋转自如，说明该轮制动管路堵塞，轮缸未能回油，应更换新件。若车轮仍转不动，则拆下车轮，解体检查制动器。

③若全部车轮制动器拖滞，则首先检查制动踏板自由行程是否符合要求，若自由行程过小，应调整。然后检查制动踏板的回位情况，用力将制动踏板踩到底并迅速抬起，若踏板回位缓慢，说明制动踏板回位弹簧失效或踏板轴发卡，应更换或修复。再检查制动主缸的工作情况，打开制动液储液室盖，由一人连续踩制动踏板，另一人观察制动主缸的回油情况。若不回油，说明制动主缸回油孔堵塞，应清洗、疏通；若回油缓慢，说明制动液过脏或变质，应更换新制

动液。

5. 驻车制动不良

(1)故障现象

①拉紧驻车制动器,汽车很容易起步;

②在坡道上停车时,拉紧驻车制动器,汽车不能停止而发生溜车现象。

(2)故障原因

①驻车操纵杆的自由行程过大;

②驻车操纵杆系或绳索断裂或松脱、发卡等;

③驻车制动器间隙过大;

④驻车制动器摩擦片磨损过甚或有油污;

⑤驻车制动鼓磨损过甚、失圆或有沟槽;

⑥驻车制动蹄运动发卡;

⑦驻车制动蹄摩擦片与制动鼓的接触面积太小。

(3)诊断与排除

①将汽车停放在平坦的地面上,拉紧驻车制动器操纵杆,挂入低速挡起步。若汽车很容易起步而发动机不熄火,说明驻车制动不良。

②从驻车制动器操纵杆放松位置往上拉,直至拉不动为止。检查操纵杆的行程,若行程过大,说明操纵杆的自由行程过大,应调整。检查拉动操纵杆的阻力,若感觉没有阻力或阻力很小,说明操纵杆或绳索断裂或松脱,应更换或修复;若感觉很沉,说明操纵杆或绳索及制动器发卡,应拆检修复。

③从检视孔检查中央驻车制动器(东风 EQ1092、解放 CA1092 汽车)或后轮制动器(奥迪、桑塔纳等轿车)的间隙是否符合要求,若制动器间隙过大,应调整。

④若上述检查结果均正常,应拆检驻车制动器。检查制动蹄摩擦片是否磨损过甚或有无油污;检查制动鼓是否磨损过甚、失圆或有沟槽;检查制动蹄运动是否发卡,若有发卡现象,应修复或润滑;检查制动蹄摩擦片与制动鼓的接触面积是否符合要求,若接触面积过小,应更换或修整。

任务2　气压式制动传动系统常见故障与排除

任务描述

本任务要求了解气压式制动系统的常见故障,并能够诊断和排除这些常见故障。

学习引导

气压式制动系统常见的制动系故障包括制动不灵或失效、制动发咬、制动跑偏等。

1. 制动不灵或失效

(1)故障现象

制动时,各车轮的制动作用不好或不起制动作用。

(2)故障原因

①空气压缩机工作不良而使储气筒内气压低或无气,可能是由于空气压缩机皮带过松或

折断,空气压缩机排气阀漏气,空气压缩机排气阀弹簧过软或折断,活塞或活塞环漏气所致。

②气管破裂或接头松动。

③制动阀膜或制动气室膜片破裂。

④制动踏板自由行程过大。

⑤制动臂蜗杆调整不当,使制动气室推杆伸出过多。

⑥摩擦片与制动鼓间隙过大或摩擦片有油污。

(3)诊断与排除

①如压表指示数为"0",可踏下制动踏板,松起时如有放气声,即说明气压表有故障,应更换气压表。如无放气声,则检查空气压缩机皮带和由空气压缩机至储气筒一段气管的情况。

②经上述检查,情况良好,如气压表指示数很低,则故障在空气压缩机,应检查排气阀或汽缸内部技术状况并予以修复。

③如气压表指示压力数值合乎标准,可踏下踏板,检查由制动阀至各车轮间有无漏气之处。如无漏气处,则检查踏板自由行程和调整制动蹄摩擦片与制动鼓的间隙。

2. 制动发咬

(1)故障现象

抬起制动踏板后,制动阀排气缓慢或不排气,不能立即解除制动;或排气虽快,但仍有制动作用,致使汽车起步困难或行车无力。

(2)故障原因

①制动踏板无自由行程。

②制动阀的排气阀调整垫片过薄,其回位弹簧过软、折断或橡胶阀座老化发胀。

③制动阀挺杆锈蚀。

④制动踏板至制动阀位臂之间传动件发卡。

⑤制动凸轮轴与支架衬套锈蚀发卡。

⑥制动鼓与摩擦蹄片间隙过小。

⑦制动蹄支销锈污或回位弹簧过软、折断。

⑧半轴套管与其后桥壳或轮毂轴承配合处磨损造成松动。

⑨制动气室膜片老化变形,单层胶膜破裂鼓起或制动软管老化,气流不畅。

(3)故障诊断

抬起制动踏板时制动阀排气缓慢或不排气,多属制动阀故障,表现为各轮制动鼓均发热。若排气声怯或继续排气而制动发咬,一般为个别轮制动发咬,摸试各轮制动鼓温度高者,即为有故障之轮。

①若确定制动阀有故障,应先检查制动踏板自由行程。若自由行程太小或没有,应予以调整。若自由行程正常,可旋松排气阀试验。如有好转,则为排气阀调整垫片过薄。若仍无好转,可检查排气阀回位弹簧及胶座以上均正常,则应检查制动挺杆是否锈污及制动传递杆件是否活动灵活。

②个别轮发咬时,可抬起制动踏板,观察制动气室推杆回位情况。若其回位缓慢或不回位,应检查制动凸轮轴与其支架套是否失去润滑或不同轴度过大而发卡。若架起车轮检查该间隙正常,而落下车轮后间隙在变化,则系轮毂轴承松旷或半轴套管与后桥壳配合松动。若间隙正常,可检查制动气室膜片及回位弹簧是否有问题。

3. 制动跑偏

(1)故障现象

制动时,同轴两车轮不能同时制动,汽车不能沿立脚点直行方向停车而偏向一侧。

(2)故障原因

①左右车轮摩擦片与制动鼓的间隙大小不均。

②个别车轮摩擦片有油污、硬化或铆钉头露出。

③左右车轮摩擦片材料不一致或接触不良。

④个别车轮凸轮轴发卡或制动气室有问题。

⑤个别轮制动鼓失圆度过大或鼓壁磨出沟槽。

⑥两前轮钢板弹簧的弹力不等。

⑦有负前束。

⑧横、直接杆球头销或垂臂松旷。

(3)故障诊断

首先进行路试。制动时,汽车向左偏斜即为右边车轮制动不灵,向右边偏斜好为左边车轮制动不灵。停车后察看左右两边车轮在地面上的拖痕,拖痕短而轻的一边车轮制动不灵。参照上述原因进行排除,如是摩擦片有问题,可进行修复、更换、调整、紧固等。气压制动跑偏与液压制动跑偏有许多相同之处,可以互相参考。

本模块知识小结

1. 液压制动系统的检查与调整包括主要驻车制动系和行车制动系两方面的维护项目。

2. 排出液压制动系统空气是进行液压制动系统维护的重要内容。

3. 为保证汽车制动性能可靠,在汽车的日常使用和维护过程中,应注意对气压制动系统工作状况的判断与检查,并适时地进行各种必要的调整。

4. 液压式制动系统常见的制动系故障包括制动失效、制动不灵、制动跑偏、制动拖滞等。

5. 气压式制动系统常见的制动系故障包括制动不灵或失效、制动发咬、制动跑偏等。

复习思考题

1. 简述液压制动系统的检查与调整项目及方法。

2. 简述液压制动系统空气排出的方法。

3. 简述气压制动系统检查、调整的方法。

4. 简述液压式制动系统常见的故障、产生原因及排除方法。

5. 简述气压式制动系统常见的故障、产生原因及排除方法。

模块 19
底盘电控系统认识

知识目标

1. 理解防抱死制动系统的工作过程;
2. 了解车身电子稳定系统;
3. 了解汽车汽车驱动防滑控制系统。

项目1　防抱死制动系统认识(ABS)

项目目标

1. 了解汽车抱死的危害;
2. 掌握防抱死制动系统的组成与作用;
3. 掌握制动防抱死的工作过程。

课前思考

汽车在行驶过程中,出现了抱死现象会有什么后果?

项目内容

1. ABS 系统概述

现代汽车上大量安装防抱死制动系统,简称 ABS(Antilock Braking System)。ABS 既有普通制动系统制动功能,又有防止车轮被完全抱死的功能,是目前汽车上最先进、制动效果最佳的制动装置。

普通制动系统在湿滑路面上制动或在紧急制动的时候,车轮容易因制动力超过轮胎与地面的摩擦力而完全抱死。完全抱死的车轮会使轮胎与地面的附着摩擦力下降,驾驶员无法控制汽车的行驶方向,制动过程中极易出现侧滑、甩尾和冲到公路外的危险情况。随着高速公路的发展,汽车的速度越来越快,制动时车轮安全抱死会出现更大的危险性。因此,出于安全考虑，汽车必须安装防抱死制动系统。

防抱死系统的特点主要有四个：

(1)能缩短制动距离

在紧急制动的状态下，ABS 能使车轮处于既滚动又拖动的状况，拖动的比例占 20% 左右。这时轮胎与地面的摩擦力最大，即所谓的最佳制动点或区域。普通的制动系统无法做到这一点。

(2)增加制动时的稳定性

汽车在制动时，4 个轮子上的制动力是不一样的。如果汽车的前轮先抱死，驾驶员就无法控制车轮的行驶方向，容易出现撞车的危险。倘若汽车的后轮先抱死，则会出现侧滑、甩尾，甚至出现汽车“掉头”的严重事故。ABS 可防止四个轮子制动时被完全抱死，从而提高了汽车在制动过程中的稳定性。

(3)减轻轮胎的磨损情况

事实上，车轮完全抱死会造成轮胎杯型磨损，轮胎表面磨耗不均匀，使轮胎损耗增加。经测定，汽车在紧急制动时车轮抱死所造成的轮胎累加磨损费，已超过一套防抱死制动系统的造价。

(4)使用方便，工作可靠

ABS 系统的使用与普通制动系统的使用几乎没有什么不同，制动时只要把脚踏在制动板上进行正常的制动即可。如果需要，ABS 就会自动进入工作状态。遇到雨雪路滑，驾驶员再也没有必要用一连串的点刹车方式进行制动，ABS 会使制动保持在最佳点。ABS 工作时，驾驶员会感到制动踏板有颤动，并听到一些噪音，这都属于正常现象。ABS 工作十分可靠，并有自诊断能力。

2. ABS 系统工作原理

ABS 系统由 ABS 电脑、液压装置、车轮转速传感器、制动液压管路及电气配线等组成。

每个传感器都有一个带齿的脉冲轮，脉冲轮随车轮一起转动，并切割传感器产生的磁场，然后传感器将感应出来的交流信号送到 ABS 电脑中。

ABS 电脑是一个微处理器，它主要有三项功能：

①输入信号的计算。

②输出信号控制。

③自诊断功能。

液压装置位于发动机舱内，与其他普通的制动系统制成一整体。液压装置主要由电磁阀、回油泵电机、电磁阀继电器、泵电机继电器组成。

ABS 系统的工作原理：车轮转速探头负责监督四个车轮的转速，一旦发现车轮有了被锁死的倾向，便由带压力控制器的液压装置使刹车液泵回，减小刹车力，以保证车轮不致完全停住，待刹车力低到一定程度又迅即恢复刹车力，如此反复，从而达到在刹车的同时保持车轮始终处于可操控状态的目的。外在表现为刹车踏板的“颤抖”现象。

此外，ABS 电脑还不断地监测系统电路，一旦有出现故障，ABS 电脑就会关闭防抱死系统，同时点亮故障指示灯并在存储器内存入一个相应的故障码。

3. ABS 系统工作过程

ABS 系统工作中可以分解为减压、保压、增压三个过程。

(1)减压过程

当电磁阀通入较大的电流时,柱塞移至上端,主缸和轮缸的通路被截断,轮缸和液压油箱接通,轮缸的制动液流入液压油箱,制动压力降低。与此同时,驱动电动机启动,带动液压泵工作,把流回液压油箱的制动液加压后输送到主缸,为下一个制动周期做好准备,如图 19.1 所示。

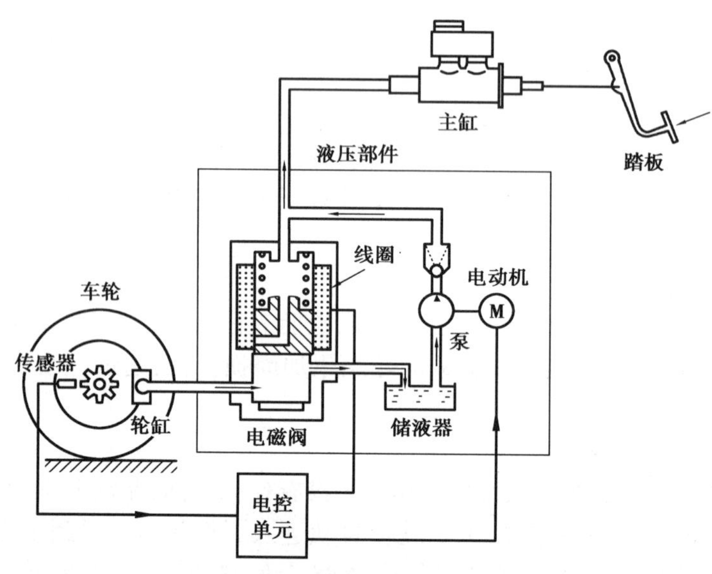

图 19.1　ABS 工作(减压过程)

这种液压泵叫再循环泵。它的作用把减压过程中的轮缸流回的制动液送回高压端,这样可以防止 ABS 工作时制动踏板行程发生变化。因此,液压泵在 ABS 工作过程中必须常开。

(2)保压过程

电磁阀通入较小的电流时,柱塞移至图 19.2 所示的位置,所有的通道都被截断,所以能保持制动压力。

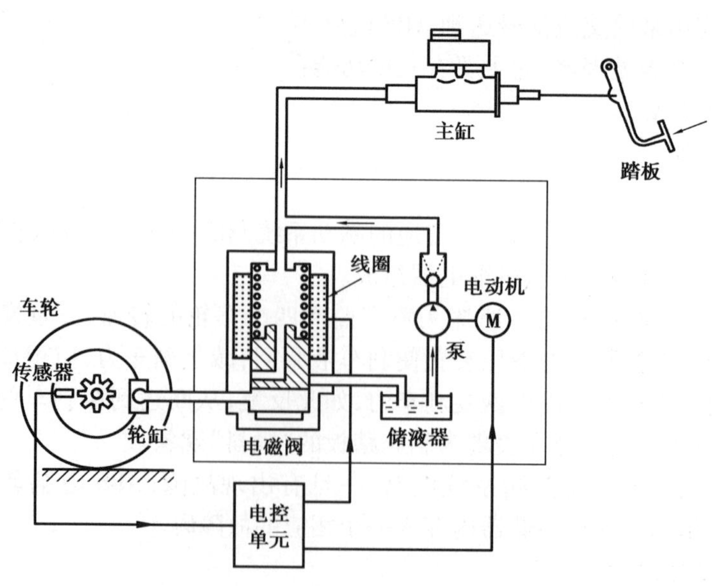

图 19.2　ABS 工作(保压过程)

(3)增压过程

电磁阀断电后,柱塞又回到图 19.3 所示的初始位置。其主缸和轮缸再次相通,主缸端的高压制动液(包括液压泵输出的制动液)再次进入轮缸,增加了制动压力。增压和减压速度可以直接通过电磁阀的进出油口来控制。

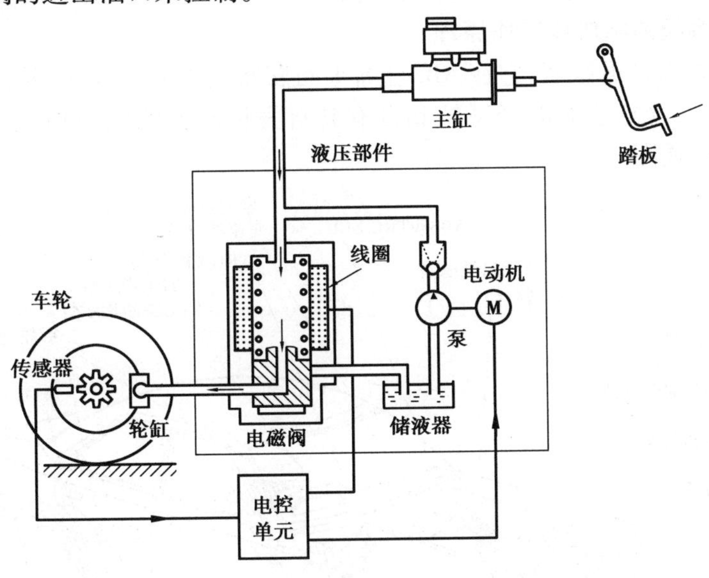

图 19.3　ABS 工作(增压过程)

项目 2　驱动防滑/牵引力控制系统认识(ASR/TCS)

项目目标

1. 了解汽车驱动防滑控制系统的作用;
2. 掌握汽车驱动防滑控制系统的组成和工作原理。

课前思考

汽车在行驶过程中,出现了打滑现象会有什么后果?

项目内容

1. 概述

汽车驱动防滑控制系统亦称 ASR,即 Acceleration Slip Regulation 或 Anti-Slip Regulation 的英文缩写。ASR 驱动防滑系统也叫牵引力控制系统 TCS(Traction Control System)、TRC(Traction Regulation Control)。

ASR 的基本功能是防止汽车在加速过程中打滑,特别是防止汽车在非对称路面或在转弯时驱动轮的空转,以保持汽车行驶方向的稳定性、操纵性和维持汽车的最佳驱动力,以及提高汽车的平顺性。

从控制车轮和路面的滑移率来看,ASR 和 ABS 系统采用了相同的技术,但两者所控制的车轮滑移方向是相反的。可见 ASR 系统与 ABS 系统密切相关,常将它们结合在一起使用,构成行驶安全系统。这样,它们可共用许多电子元件和可用共同的系统部件来控制车轮的运动。其电子控制及保护装置都被装在同一个壳体内。

2. ASR/TCS 系统的组成和工作原理

ASR/TCS 是 ABS 的升级版,它在 ABS 上加装可膨胀液压装置、增压泵、液压压力筒、四个车轮速度传感器,以及复杂的电子系统和带有其自身控制器的电子加速系统。图 19.4 为 ASR/TCS 系统的组成图。

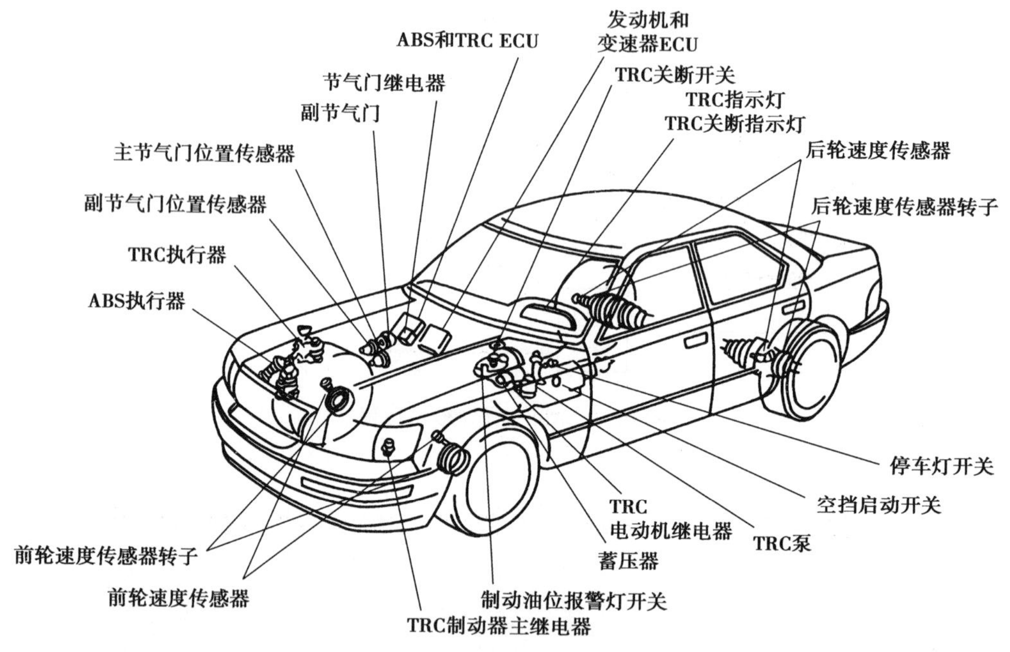

图 19.4 驱动防滑系统的组成

当 TCS 感应到车轮打滑的时候,首先会经过引擎控制电脑改变引擎点火的时间,减低引擎扭力输出或是在该轮上施加刹车以防该轮打滑,如果在打滑很严重的情况下,就控制引擎供油系统。TCS 在运用的时候,变速箱会维持较高的挡位,在油门加重的时候,会避免突然下挡以免打滑得更厉害。

TCS 与 ABS 的区别在于:ABS 是利用感测器来检测轮胎何时要被抱死,再减少该轮的刹车力以防被抱死,它会快速地改变刹车力,以保持该轮在即将被抱死的边缘,而 TCS 主要是使用引擎点火的时间、变速箱挡位和供油系统来控制驱动轮打滑。

TCS 对汽车的稳定性有很大的帮助,当汽车行驶在易滑的路面上时,没有 TCS 的汽车在加速时驱动轮容易打滑。如果是后轮打滑,将会造成甩尾,如果是前轮打滑,车子方向就容易失控,导致车子向一侧偏移。而有了 TCS,汽车在加速时就能够避免或减轻这种现象,保持车子沿正确方向行驶。在 TCS 应用时,可以在仪表板显示出地面是否有打滑的现象发生。它有一个控制旋钮,如果想要享受一下自己控制的快感,在适当的时机可以将系统关掉,而车子重新启动时 TCS 就会自动放开。

项目3　车身电子稳定系统认识(ESP)

项目目标

1. 了解车身电子稳定系统的作用;
2. 掌握车身电子稳定系统的组成。

课前思考

什么是车身电子稳定系统?

项目内容

1. 概述

车身电子稳定系统ESP(Electronic Stability Program),是一种牵引力控制系统,即可以控制驱动轮,也可以控制从动轮。如后轮驱动汽车常出现的转向过多情况,此时后轮失控而甩尾,ESP便会刹慢外侧的前轮来稳定车子;在转向过少时,为了校正循迹方向,ESP则会刹慢内后轮,从而校正行驶方向。ESP系统包含ABS(防抱死刹车系统)及ASR(防侧滑系统),是这两种系统功能上的延伸。因此,ESP称得上是当前汽车防滑装置的最高级形式。

ESP系统由控制单元及转向传感器(监测方向盘的转向角度)、车轮传感器(监测各个车轮的速度转动)、侧滑传感器(监测车体绕垂直轴线转动的状态)、横向加速度传感器(监测汽车转弯时的离心力)等组成。控制单元通过这些传感器的信号对车辆的运行状态进行判断,进而发出控制指令。ABS及ASR只能被动地做出反应,而ESP则能够探测和分析车况并纠正驾驶的错误,防患于未然。ESP对过度转向或不足转向特别敏感,例如汽车在路滑时左拐过度转向(转弯太急)时会产生向右侧甩尾,传感器感觉到滑动就会迅速制动右前轮使其恢复附着力,产生一种相反的转矩而使汽车保持在原来的车道上。当然,任何事物都有一个度的范围,如果驾车者盲目开快车,任何安全装置都难以保全。

2. ESP系统组成

①传感器:包括转向传感器、车轮传感器、侧滑传感器、横向加速度传感器、方向盘油门刹车踏板传感器等。这些传感器负责采集车身状态的数据。

②ESP电脑:将传感器采集到的数据进行计算,算出车身状态,然后跟存储器里面预先设定的数据进行比对。当电脑计算数据超出存储器预存的数值,即车身临近失控或者已经失控的时候则命令执行器工作,以保证车身行驶状态能够尽量满足驾驶员的意图。

③执行器:ESP的执行器就是4个车轮的刹车系统,作用就是帮驾驶员踩刹车。和没有ESP的车不同的是,装备有ESP的车其刹车系统具有蓄压功能。简单地说蓄压,就是电脑可以根据需要,在驾驶员没踩刹车的时候替驾驶员向某个车轮的制动油管加压,好让这个车轮产生制动力。

④与驾驶员的沟通:仪表盘上的ESP灯。

3. ESP **工作原理**

（1）工作原理

ESP 的作用就是当驾驶员操纵汽车超过极限值后电脑自动介入修正驾驶。电脑控制车辆运动的手段有两个：第一是控制节气阀收油，衰减汽车动力，让速度降下来；第二个手段就是对某些车轮进行制动，让汽车的速度能够减小到极限值以内。那么电脑怎么样知道车辆的运动状况是否接近极限呢？这就需要两套传感器为电脑搜集行车信息。一套是方向盘转向角度传感器；另一套是车轮转速传感器（每个车轮上都装有一个）。前者用来收集驾驶者的转向意图，后者是用来监测车辆运动状况。当方向盘转向角度传感器检测到驾驶员的转向角度以后，就会通知 ESP 电脑；与此同时，各个车轮转速传感器测得的车轮转速信息也会传递到 ESP 电脑。电脑可以根据各个车轮的转速计算出车辆的实际运动轨迹。如果实际运动轨迹跟理论运动轨迹有区别，或者检测出某个车轮打滑（丧失抓地力），电脑就会首先通知节气阀，减小开度（收油），然后通知制动系统对某个车轮进行制动，修正运动轨迹。当实际运动轨迹与理论运动轨迹（驾驶员意图）相一致时，ESP 自动解除控制。

（2）工作过程

①车辆左转，当车辆出现转向不足的时候，ESP 各个传感器会把转向不足的消息告诉电脑，然后电脑就控制左后轮制动，产生一个拉力和一个扭力来对抗车头向右推的转向不足趋势。

②车辆左转，当后轮抓地不足或者后驱车油门踩猛了出现转向过度的时候，ESP 会控制右前轮制动，同时减小发动机输出的功率，纠正错误的转向姿态。

③直线刹车由于地面附着力不均匀出现跑偏的时候，ESP 会控制附着力强的轮子减小制动力，让车按照驾驶员预想的行驶线路前进。同样，当一边刹车一边转向的时候，ESP 也会控制某些车轮增大制动力或者减小制动力让车子按照驾驶员的意图行进。

本模块知识小结

1. 防抱死系统 ABS 的特点主要有四个：能缩短制动距离，增加制动时的稳定性，减轻轮胎的磨损情况，使用方便、工作可靠。

2. ABS 系统由 ABS 电脑、液压装置、车轮转速传感器、制动液压管路及电气配线等组成。

3. ABS 系统工作中可以将其分解为减压、保压、增压三个过程。

4. 汽车驱动防滑控制系统基本功能是防止汽车在加速过程中打滑，特别是防止汽车在非对称路面或在转弯时驱动轮的空转，以保持汽车行驶方向的稳定性、操纵性和维持汽车的最佳驱动力，以及提高汽车的平顺性。

5. 汽车驱动防滑控制系统是在 ABS 上加装可膨胀液压装置、增压泵、液压压力筒、四个车轮速度传感器，以及复杂的电子系统和带有自身控制器的电子加速系统。

6. 车身电子稳定系统是一种牵引力控制系统，即可以控制驱动轮，也可以控制从动轮的。如后轮驱动汽车常出现的转向过多情况，此时后轮失控而甩尾，ESP 便会刹慢外侧的前轮来稳定车子；在转向过少时，为了校正循迹方向，ESP 则会刹慢内后轮，从而校正行驶方向。

7. ESP 系统由控制单元及转向传感器（监测方向盘的转向角度）、车轮传感器（监测各个车轮的速度转动)、侧滑传感器(监测车体绕垂直轴线转动的状态)、横向加速度传感器(监测汽车转弯时的离心力)等组成。

复习思考题

1. 什么是汽车防抱死系统?其作用是什么?
2. ABS 的工作过程是怎样的?
3. 什么是汽车汽车驱动防滑控制系统?有什么作用?
4. 什么是车身电子稳定系统?有什么作用?

参考文献

[1] 贺大松. 汽车底盘构造与维修[M]. 北京:机械工业出版社,2009.
[2] 郭新华. 汽车构造[M]. 北京:高等教育出版社,2004.
[3] 秦海滨. 汽车底盘电控技术[M]. 大连:大连理工大学出版社,2007.
[4] 张红伟. 汽车底盘构造及维修[M]. 北京:高等教育出版社,2009.
[5] 谭锦金,何晶. 汽车底盘构造与维修[M]. 大连:大连理工大学出版社,2007.
[6] 杨海鹏. 汽车自动变速器原理与维修[M]. 北京:北京理工大学出版社,2011.
[7] 杨晓波. 汽车自动变速器结构与维修[M]. 青岛:中国海洋大学出版社,2010.
[8] 张宝生,邵林波. 汽车底盘构造与维修[M]. 北京:冶金工业出版社,2009.
[9] 曾鑫,卫登科. 汽车底盘拆装技能实训[M]. 北京:人民邮电出版社,2008.